Grille et référence des mots joués

Les mots sont localisés grâc[e]
référence commence par une
par un nombre, il est vertical.

	1	2	3	4	5	6	7	8	9	10	11	12	13	14	15
A															
B															
C															
D															
E					C										
F					U										
G					R										
H				P	A	Y	E	E							
I					T										
J					E										
K					S										
L															
M															
N															
O															

Référence de PAYÉE : H 4 ; de CURÂTES : 5 E. Par ailleurs, dans les parties reproduites, les jokers sont remplacés par des points d'interrogation.

Michel CHARLEMAGNE
Ancien champion francophone
Chroniqueur du Scrabble au journal « *Le Monde* ».

Afin de vous informer de toutes ses publications, **marabout** édite des catalogues régulièrement mis à jour. Vous pouvez les obtenir gracieusement auprès de votre libraire habituel.

Michel CHARLEMAGNE

LE GUIDE MARABOUT DU SCRABBLE®

•MARABOUT•

L'auteur remercie Michel Pialat de son précieux concours.

SCRABBLE est une marque déposée de J.-W. SPEAR & Sons, P.L.C., utilisée sous licence de Mattel Europa B.V. Ce livre est publié avec l'aimable autorisation de J.-W. SPEAR.

Sommaire

Histoire du Scrabble

La vogue du Scrabble est telle actuellement que beaucoup veulent savoir quelles fées se sont penchées sur son berceau. D'après certains, c'est un colonel américain qui l'aurait inventé pour lutter contre le désœuvrement du temps de paix. Pour le romancier Vladimir Nabokov, il s'agit d'un jeu qui se pratiquait dans la Russie des tzars. Voici les faits que nous ont communiqués les ex-fabricants américains du jeu, Selchow & Righter.

Comme le Monopoly, le Scrabble est un produit de la crise économique des années 30. Un architecte américain en chômage, Alfred Mosher Butts, conçut ce jeu dès 1931, mais heureusement pour lui il retrouva du travail avant de le mettre au point, car tous les grands fabricants de jeux le refusèrent parce que trop intellectuel. En 1948, Butts confie à son ami Brunot le soin de fabriquer artisanalement son jeu. La première tâche des nouveaux associés est de lui trouver un nom un peu racoleur (jusqu'alors ils l'appelaient «it»). Parmi leurs nombreuses suggestions, seul «Scrabble» s'avère n'être pas déjà breveté, et ils l'adoptent. *To scrabble, c'est gratter, faire des pieds et des mains,* ce qui évoque bien un joueur manipulant fébrilement ses lettres sur son chevalet alors que le délai accordé arrive à son terme ; mais c'est aussi *griffonner,* acception que l'on retrouve dans la Bible : *David scrabbled on the doors of the gate* (I Samuel 21, 13). De 1948 à 1952, le Scrabble ne parvient pas à s'imposer ; la fabrique de Brunot, pompeusement baptisée *Production and Marketing Corporation,* s'est installée dans une école désaffectée du Connecticut et ne tourne qu'une heure et demie par jour, sa production quotidienne de seize jeux suffisant à la demande.

Quelques joueurs écrivent pour réclamer des lettres : leur chien trouve à son goût le vernis qui enrobe les petits carrés en bois d'érable importé de la Forêt-Noire. Le vent tourne en 1952. La demande de jeux de Scrabble est telle que la petite fabrique travaille jour et nuit sans pouvoir la satisfaire. Magasins de jouets, papeteries, drugstores et grands magasins demandent des jeux à cor et à cri. La production étant devenue un cauchemar, Brunot doit s'associer avec un industriel du jeu ayant pignon sur rue, Selchow & Righter de Bay Shore (New York). Celui-ci commence par fabriquer le jeu sous licence, puis, en 1971, acquiert tous les droits pour le continent américain, la firme anglaise Spear fournissant le reste du monde. En 1986, Selchow & Righter vend les droits du Scrabble à Coleco, société qui fait faillite en 1988. En 1989, Hasbro rachète la marque et devient numéro 1 mondial dans le domaine des jeux avec *Scrabble*, *Monopoly* et *Trivial Pursuit*. Pourtant, dans la bataille homérique livrée en 1994 contre Mattel (les poupées *Barbie*) pour le rachat de Spear, c'est Mattel qui a le dessus.

On se perd en conjectures sur les causes de la vogue soudaine du jeu en 1952. Selon certains, l'un des propriétaires de *Macy's,* le plus grand magasin de New York (et du monde), apprit à jouer pendant ses vacances d'été ; de retour à New York, il entra dans une violente colère lorsqu'il s'aperçut que le Scrabble était absent de ses rayons de jouets.

À la même époque, le Scrabble franchit l'Atlantique et tarde là encore à s'imposer. Les premiers jeux adaptés à la langue française, made in Germany, entrent dans l'Hexagone au compte-gouttes dès 1951. En 1954, la firme anglaise Spear acquiert les droits de fabrication et de diffusion pour tous les pays non américains (actuellement, on peut jouer en allemand, en néerlandais, en espagnol, en afrikaans, en arabe, en russe, etc.).

En France, c'est le Club Méditerranée qui lance vraiment le jeu en 1966, mais c'est en Belgique que s'élaborent, grâce à Hippolyte Wouters, Jean Dubois et un groupe d'amis, les règles du Duplicate qui, au Scrabble comme au bridge, va permettre la compétition. L'enfantement de la Fédération française de Scrabble ne va pas sans douleur. Dans un premier temps, le monde des affaires tente de récupérer la compétition dont il pressent la vogue potentielle, mais reprend ses billes quand il s'aperçoit qu'elle n'est pas rentable (il faut beaucoup plus de place et d'arbitres pour un tournoi de Scrabble que pour un tournoi de bridge). La Côte d'Azur et la Lorraine s'intéressent à la compétition avant Paris. Le premier tournoi international, pompeusement rebaptisé, après coup, Championnat du

Monde francophone, a lieu à Cannes les 28 et 29 décembre 1972. En 1974 coexistent la Fédération nationale, cannoise, présidée par Gérard Chaumoître, et la Fédération française, parisienne, présidée par Agnès Bauche, aussi désargentées l'une que l'autre. La fusion n'intervient qu'un an après.

Plus précoce, la Fédération belge de Scrabble a crû plus sereinement grâce au dévouement et au désintéressement de ses dirigeants, grâce aussi à la forte concentration de ses joueurs qui a permis la création d'un championnat interclubs très stimulant. En remportant en 1998 le Championnat francophone pour la 5e fois, le Belge Christian Pierre a égalé le record de Michel Duguet.

La création des Fédérations suisse, québécoise, béninoise, camerounaise, congolaise, ivoirienne, libanaise, luxembourgeoise, nigérienne, roumaine, sénégalaise, togolaise et tunisienne permet aux compétitions de devenir véritablement francophones.

En 2001, Franck Maniquant remporte au top les 6 premières manches du Championnat francophone ; en 2003, Antonin Michel gagne le Championnat de France sans perdre un point en cinq manches, dont deux jouées en moins de deux minutes par coup.

Actuellement, le meilleur joueur est DupliTop, ex-Vocabble, logiciel qui, en quelques secondes, trouve les solutions maximales, même si elles dépassent huit lettres ou si elles sont «collantes». DupliTop n'est vendu qu'aux membres de la Fédération française de Scrabble

En 1989, la Fédération internationale a rédigé et publié son propre dictionnaire de référence, l'*Officiel du Scrabble* (Larousse), ouvrage refondu en 1993, 1998 et 2003.

Alfred Butts, créateur du Scrabble, est mort le 4 avril 1993.

L'année 2002 a été l'année suisse. Le championnat de Suisse toutes catégories a été remporté par Hugo Delafontaine, âgé de 13 ans. D'autre part, le Championnat du monde francophone, qui s'est joué à Montréal, a pour la première fois été remporté par un Suisse, Jean-Pierre Hellebaut. Celui-ci a récidivé en 2003, mais, pour la première fois, un Africain, le Sénégalais Arona Gaye, est monté sur le podium, finissant 3e derrière le Belge Christian Pierre.

Texte et illustration du règlement fourni par le fabricant

Le Scrabble est un jeu de lettres qui se joue à 2, 3 ou 4 personnes. Ce jeu consiste à former des mots entrecroisés sur une grille avec des lettres de valeurs différentes, les cases de couleur de la grille permettant de multiplier la valeur des lettres ou des mots. Le joueur qui a obtenu le plus grand nombre de points à l'issue de la partie est le gagnant. Selon l'habileté des joueurs, les scores à l'issue d'une partie peuvent atteindre 500 points ou plus.

Une partie à deux joueurs est plus intéressante qu'à trois ou a fortiori à quatre. Celui qui joue après vous peut, au bénéfice du troisième, réduire à néant vos efforts pour ouvrir ou fermer le jeu. En outre, le nombre total des lettres (102) restant le même, vous pourrez jouer, en moyenne, 16 coups à deux, 10 à trois et 7 seulement à quatre.

PLATEAU DE JEU

Le plateau de jeu représente une grille de 15 cases sur 15.
Ces cases possèdent des coordonnées. Celles-ci servent à décrire les positions d'un mot sur le plateau. Par exemple, si vous jouez un mot à l'extrême gauche du haut du plateau, ses coordonnées sont A 1 s'il est horizontal, et 1 A s'il est vertical.

Chez les scrabbleurs, on ne dit pas plateau, mais grille.

CASES PRIME

Ce sont les cases colorées du plateau.

CASES PRIME POUR LETTRE

Une case bleu clair double la valeur de la lettre qui l'occupe. Une case bleu foncé triple la valeur de la lettre qui l'occupe.

EX, en 7 H, rapporte 21 points : $1 + [10 \times 2] = 21$
BOY, en 6 F, rapporte 20 points : $[3 \times 3] + 1 + 10 = 20$.

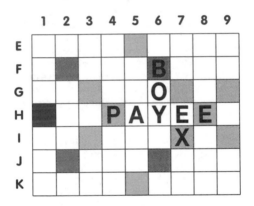

CASES PRIME POUR MOT

La valeur d'un mot est doublée quand l'une de ses lettres est placée sur une case rose, elle est triplée quand l'une de ses lettres est placée sur une case rouge.
Si un mot est posé à la fois sur une case Lettre Prime et Mot Prime, on multiplie d'abord la valeur de la lettre avant de multiplier la valeur du mot.

Au premier coup, PAYÉE, joué en H 4, rapporte 38 points :
$[3 \times 2] + 1 + 10 + 1 + 1 = 19$ points multipliés par 2
(puisque PAYÉE recouvre la case centrale rose **Mot Double**)
$= 38$.

Si le mot formé occupe deux cases Mot Double, la valeur du mot est multipliée par 4. Si le mot formé occupe deux cases Mot Triple, la valeur du mot est multipliée par 9.

Au deuxième coup, CURÂTES (passé simple du verbe *curer*), joué en 5 E, rapporte 36 points : [3 + 1 + 1 + 1 + 1 + 1 + 1] = 9 multipliés par 4 = 36. CURÂTES est un quadruple.

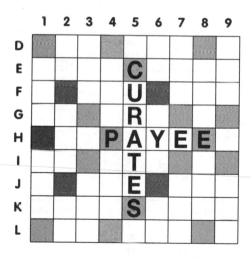

Au troisième coup, SÉCATEUR, en O 1, rapporte 140 points : [1 + 1 + 3 + 1 + 1 + 1 + 1 + 1] = 10 × 9 = 90, plus 50 points de prime de Scrabble (voir ci-dessous) = 140. SÉCATEUR est un nonuple. Noter que la case bleu clair O 4, recouverte au coup précédent, a perdu son effet multiplicateur.

Les primes des lettres et des mots ne comptent que lors du placement de ce ou ces mots. Une fois que les cases de couleur sont occupées, elles perdent leur effet multiplicateur.

A contrario, si on place une lettre «en pivot» sur une case bleu clair ou bleu foncé, c'est-à-dire si cette lettre est commune à deux mots perpendiculaires l'un à l'autre, la prime de lettre est comptabilisée pour les deux mots :

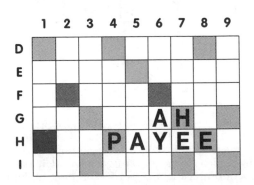

AH, G 6, rapporte 29 points : 9 points pour AH (1 + [4 × 2]), 11 points pour AY [1 + 10] et 9 points pour HE ([4 × 2] + 1), soit 29 points en tout. La case bleu clair Lettre Double en G 7, recouverte simultanément par les mots AH et HE, a eu un effet multiplicateur dans ces deux mots.

102 LETTRES

Il y a 100 lettres de l'alphabet et 2 lettres blanches appelées jokers.
La valeur de chaque lettre est indiquée en bas à droite de celle-ci.

Valeur et répartition des lettres.

Lettre	Valeur	Nombre	Lettre	Valeur	Nombre
A	1	9	O	1	6
B	3	2	P	3	2
C	3	2	Q	8	1
D	2	3	R	1	6
E	1	15	S	1	6
F	4	2	T	1	6
G	2	2	U	1	6
H	4	2	V	4	2
I	1	8	W	10	1
J	8	1	X	10	1
K	10	1	Y	10	1
L	1	5	Z	10	1
M	2	3	Joker	0	2
N	1	6		TOTAL : 102	

Les jokers ne possèdent pas de valeur, et peuvent remplacer n'importe quelle autre lettre. Lorsqu'on se sert d'un joker, on doit indiquer quelle lettre celui-ci représente, après quoi elle ne pourra plus être changée pendant tout le reste de la partie.

Lorsqu'un joker occupe une case Mot Double ou Mot Triple, la somme totale des lettres qui forment le ou les mots est doublée ou triplée, bien que le joker n'ait aucune valeur.

Lorsqu'un joker est placé sur une case Lettre Double ou Lettre Triple, sa valeur est toujours nulle.

Surtout en Duplicate, les joueurs ont intérêt à écrire sur un joker, dès qu'il est posé sur la grille, la lettre qu'il remplace. Utilisez pour cela un crayon pour tableau blanc ou une gommette en papier. Le trichloréthylène dissout l'encre des crayons-feutres, mais aussi le plastique dont sont faites les lettres…

PRÉPARATION

Toutes les lettres sont placées dans le sac. Chaque joueur en pioche une et celui qui a pioché le plus près du A sera le premier joueur (un joker remplace la lettre de votre choix). Les lettres piochées sont remises dans le sac. Chaque joueur pioche ensuite 7 lettres et les place sur son chevalet.

Si un joueur prend une lettre en trop, son adversaire lui retirera au hasard une lettre.

Le jeu se déroule dans le sens des aiguilles d'une montre, et à son tour de jeu, chacun a le droit de jouer un mot, d'échanger des lettres ou de passer son tour.

PLACER LE PREMIER MOT

Le premier joueur forme un mot de deux lettres ou plus et le place sur la grille. Ce mot doit se lire soit horizontalement, soit verticalement et l'une des lettres doit être placée sur la case centrale où il y a une étoile. Les mots en diagonale ne sont pas permis.

COMPTER SES POINTS

Un joueur termine son tour en comptant et annonçant le total des points qu'il a obtenu. Ensuite, il prend au hasard dans le sac autant de lettres qu'il en a joué, afin d'avoir toujours sept lettres sur son chevalet.

Le premier joueur a tiré A E E L M P Y. Il pourrait se débarrasser de 6 lettres en plaçant PALMÉE en H 4 pour 24 points : [3 × 2] + 1 + 1 + 2 + 1 + 1 = 12 multipliés par 2 (la case centrale étant rose, le mot compte double) = 24. Comme il ne joue pas au «mot le plus long» mais au «mot le plus cher», il préfère jouer PAYÉE. Le premier mot devant passer par la case centrale, il ne peut, à son grand chagrin, placer le Y (sa lettre la plus chère) sur une case bleu clair (Lettre Double). À défaut, il y pose son P : PAYÉE en H 4 rapporte 38 points : [3 × 2] + 1 + 10 + 1 + 1 = 19 multipliés par 2 (la case centrale étant rose, le mot compte double) = 38. Notons qu'il est d'usage de placer le premier mot horizontalement, surtout en Duplicate.

FIN DU TOUR

À la fin de son tour, le joueur pioche autant de lettres qu'il en a joué, afin de toujours avoir 7 lettres sur son chevalet.

Le premier joueur a conservé L et M ; il tire 5 lettres pour compléter son jeu.

JOUEUR SUIVANT

Le deuxième joueur, et ensuite chaque joueur à son tour, ajoute une ou plusieurs lettres aux lettres déjà placées sur le plateau pour former des mots nouveaux. Toutes les lettres jouées en un seul tour doivent être placées dans le même sens, SOIT horizontalement, SOIT verticalement. Les lettres doivent former un mot entier et si, en même temps, elles touchent celles de mots contigus, elles doivent toutes former des mots complets, comme dans les mots croisés. Le joueur bénéficie de tous les points résultant de tous les mots formés ou modifiés par ses placements.

Il y a cinq façons différentes de former un mot nouveau :
1) Ajouter une ou plusieurs lettres à un mot déjà placé sur la grille. Un mot peut être prolongé dans un sens ou dans l'autre, ou dans les deux sens en même temps.

Le deuxième joueur a tiré A C E R S T U. Il peut allonger PAYÉE en jouant SURPAYÉE en H 1, le S venant sur la case rouge (Mot Triple). La case bleu clair H 4 et la case rose étoilée H 8, recouvertes par PAYÉE au coup précédent, ne donnent plus lieu à des primes. Le score est donc [1 + 1 + 1 + 3 + 1 + 10 + 1 + 1] = 19 multipliés par 3 (puisque le mot recouvre une case rouge Mot triple) = 57 pts.

2) Placer un mot à angle droit avec un mot déjà sur la grille. Ce nouveau mot doit utiliser au moins l'une des lettres du mot déjà sur la grille ou lui en ajouter une.

VOYAIT, en 6 F, rapporte 28 points : [4 × 3] + 1 + 10 + 1 + [1 × 3] + 1 = 28.

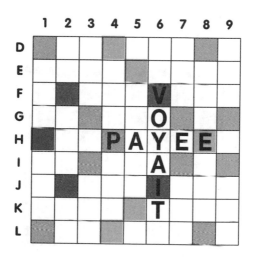

3) Placer un mot complet parallèlement à un mot déjà joué de telle sorte que les lettres qui se touchent forment aussi des mots complets.
Dans ce cas, plusieurs mots sont formés et les valeurs de chaque mot formé sont additionnées.

SACRET, *grand faucon mâle*, placé en G 5, rapporte 34 points : 1 + 1 + [3 × 2] + 1 + [1 × 2] + 1 = 12 + 2 (SA) + 11 (AY) + 7 (CE) + 2 (RÉ) = 34. Notons que le C est doublé dans les deux mots nouveaux SACRET et CE. En revanche la case rose H 8, déjà recouverte par PAYÉE, a perdu son effet multiplicateur dans le mot RÉ.

4) Placer un mot à angle droit avec un mot déjà sur la grille en lui ajoutant une lettre.

SACRET, placé en 9 H et faisant PAYÉES, permet d'empocher, outre la valeur de SACRET (10 points), celle de PAYÉES (17 points) soit 27 points en tout.

5) Relier des lettres avec un mot. Ce type de mouvement n'est possible qu'après plusieurs tours.

GALEJÂT en M 3, est placé *en double appui*. Il rapporte 46 points : 2 + 1 + 1 + 1 + [8 × 2] + 1 + 1 = 23 × 2 (Mot Double) = 46.

50 POINTS DE BONUS

**Quand un joueur joue les 7 lettres de son cheva-
let en une seule fois, il marque un bonus de
50 points. Ces 50 points sont additionnés à la
valeur du mot qu'il a formé et ceci après la
majoration éventuelle des cases Prime.**

RECAUSÂT en 5 E permet de placer les 7 lettres du chevalet... On dit que le joueur fait un Scrabble (ou il scrabble),
ce qui lui procure un bonus de 50 points. RECAUSÂT
rapporte 90 points : 1 + 1 + 3 + 1 + 1 + 1 + 1 + 1 = 10 ×
4 (les deux cases roses Mot Double sont recouvertes en
même temps) = 40 + 50 points de Scrabble = 90. Dans les
pays anglophones, ce bonus est appelé *bingo*.

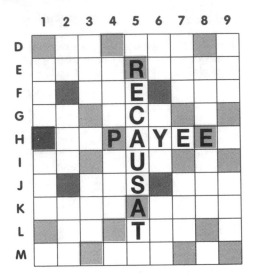

CHANGER SES LETTRES

À votre tour de jeu, vous pouvez choisir d'échanger une, plusieurs ou toutes les lettres de votre chevalet. Pour cela, écartez, face cachée, les lettres que vous souhaitez échanger, et prenez le même nombre de lettres nouvelles dans le sac, ensuite placez celles que vous avez écartées dans le sac, puis passez votre tour.
Attention : l'échange ne peut avoir lieu que s'il reste au moins 7 lettres dans le sac.

PASSER

Vous pouvez décider de passer votre tour, que vous puissiez ou non jouer un mot.

Passer son tour en espérant « scrabbler » (placer toutes ses lettres) au tour suivant n'est pas un bon choix si on joue contre un adversaire aguerri. Celui-ci s'empressera de boucher le jeu, et « le passeur » aura perdu son tour pour rien.

FIN DE JEU

Le jeu s'arrête quand la pioche est épuisée et que l'un des joueurs a placé toutes les lettres de son chevalet, ou bien quand toutes les combinaisons possibles ont été posées sur le plateau, ou bien que tous les joueurs passent deux fois de suite.

Lorsque tous les scores ont été additionnés, chaque joueur soustrait de son score la somme de la valeur des lettres restant sur son chevalet. Si l'un des joueurs a utilisé toutes ses lettres, il ajoute à son score la somme de toutes les lettres restantes de tous ses adversaires.

Par exemple, si un joueur a les lettres X et U sur son chevalet à la fin du jeu, son score sera réduit de 11 points.

MOTS AUTORISÉS

1. Sont admis tous les mots repris en tête d'article dans l'O.D.S., seule référence officielle (O.D.S. = l'OFFICIEL DU SCRABBLE, éditions LAROUSSE, 2003). En l'absence de l'O.D.S., l'ouvrage de référence sera le Petit Larousse illustré (mots figurant en caractères gras dans la première partie).

2. Les flexions de ces mots (féminins, pluriels, formes de conjugaison) sont également admises, pour autant que l'O.D.S. les valide explicitement ou implicitement.

3. Les mots suivis de parenthèses sont acceptés, comme : ENVI (à l'), ENCONTRE (à l'), CATIMINI (en), JEUN (à), etc., mais sont invariables.

4. Les verbes pronominaux sont admis à tous les temps, puisqu'ils répondent au chapitre précédent, comme : PÂMER (se), ENFUIR (s'), PIEUTER (se), etc.

5. Les mots étrangers repris dans l'O.D.S. comme HADJ(s), BRIK(s), KOT(s), REFUZNIK(s), DAYAK(s), KANJI(s), etc., ainsi que les mots d'argot, comme MAC(s), VIOC(s), VALOCHE(s), ENFOIRE(s), FROMGI(s), NÉNÉ(s), MÉZIG (inv.), PÉBROC(s), ZIEUTER, VIET(s), etc.

6. Les abréviations devenues noms communs, ainsi que leur éventuel pluriel, comme ZOO(s), KILO(s), PROF(s), FAC(s), INFO(s), etc., ainsi que CAF (inv.), FOB (inv.), etc.

7. Les mots considérés comme noms propres, mais étant repris en tête d'article dans le dictionnaire de référence (O.D.S.) et qui sont donc des noms communs, comme AY(s), LLOYD(s), ROBERT(s), BRÉSIL(s), INDE(s), VICHY(s), NEW-TON(s), etc.

8. Certains mots découlant d'une marque déposée, comme SCRABBLE(s), DURIT(s), BIC(s), MARTINI(s), SOLEX, etc.

9. Au pluriel, les mots étrangers peuvent prendre un S final à la française tout en conservant leur pluriel étranger, dans le cas où celui-ci est mentionné, comme : GOY (pl. GOYIM, GOYM, ou GOYS), BRAVO (pl. BRAVI ou BRAVOS), WATT-MAN (pl. WATTMEN ou WATTMANS), LADY (pl. LADIES ou LADYS), KSAR (pl. KSOUR ou KSARS), etc.

10. Les interjections, comme HI, PFFT, BERK, YOUPI, ZOU, HELLO, etc., ainsi que les onomatopées, comme VLAN, VROOM, DING, etc.

11. Les 5 mots sans voyelle : BRRR, PST, PFF, PFFT et VS (prononcez VERSUS).

Il en existe un sixième : GRRR.

MOTS REFUSÉS

Tous les mots ne figurant pas dans l'O.D.S. Dans le Petit Larousse illustré, les mots suivants sont refusés :
1. Les mots dont les lettres sont séparées par un point, comme O.K., S.O.S., etc., par un tiret, comme COW-BOY, par un espace blanc comme DON JUAN, etc., par une apostrophe, comme PRUD'HOMME (HOMME est accepté seul), etc.
2. Les symboles chimiques ou autres, comme Fe, Cu, Km, Cx, etc., les abréviations dont les lettres sont séparées par un point, comme S.V.P. (par contre OVNI, SIDA, etc., sont acceptés, car ces mots s'écrivent sans point entre leurs lettres). Est également refusé le mot ETC. car celui-ci est

suivi d'un point. Ont été écartés de l'O.D.S. les sigles comme ACTH, TSF, ABC.
3. N'ont pas été retenus les mots comme ACHILLE (tendon d'), BUNSEN (bec), etc.

Dans l'O.D.S., les mots invariables autres que les adverbes, prépositions, etc., sont suivis d'un butoir (∎).

MOTS CONTESTÉS

Lorsqu'un mot a été joué, il peut être contesté avant que les points ne soient ajoutés au total et que le joueur suivant ne commence son tour. Dans ce cas, vous êtes autorisé à consulter un dictionnaire pour vérifier la validité du mot contesté. Si le mot n'est en effet pas autorisé, le joueur reprend ses lettres et passe son tour.

D'après ce nouveau point de règlement, aligné sur le règlement britannique et non plus américain, contester un mot **valable** ne coûte rien au contestataire. Ceci est regrettable. D'une part, la contestation « à risque » pimente le jeu. D'autre part, si la contestation ne coûte rien, un joueur peut être tenté de contester certains mots évidents de son adversaire pour réfléchir à son propre tirage pendant que le dictionnaire est consulté. Nous vous proposons d'adopter le règlement de la F.I.S.F., qui figure en fin de cet ouvrage :

> *L'O.D.S. ne peut être consulté qu'en cas de contestation. Si un joueur estime qu'un mot placé par son adversaire est erroné, il doit dire «JE CONTESTE» avant que l'adversaire n'ait pioché de nouvelles lettres. Si le contestataire a raison, le fautif reprend ses lettres et perd son tour. Si le contestataire a tort, il est pénalisé de dix points et la partie continue. Dans le cas d'un mot erroné non contesté et laissé sur la grille, si l'adversaire du joueur qui l'a posé le prolonge et est contesté à juste titre, il reprend ses lettres et rejoue à une autre place.*

Un autre point de l'ancien règlement, qui préconisait une limitation du délai de réflexion, a disparu lui aussi... Or on sait que les parties interminables rebutent beaucoup de joueurs. Nous vous conseillons, là encore, de conserver l'ancienne disposition:

En compétition officielle, les joueurs peuvent utiliser une pendule d'échecs. Le temps imparti à chaque joueur est alors de trente minutes pour l'ensemble de la partie. Lorsqu'un joueur a épuisé ce temps, il n'a plus le droit de jouer: il ne peut ni rejeter de lettres, ni en piocher, ni en poser sur la grille. Son adversaire continue à jouer seul, sans possibilité de rejet, jusqu'à la fin de la partie ou du solde de son temps de jeu.

Si les joueurs jouent avec un chronomètre au lieu d'une pendule, ils disposent chacun de deux minutes pour jouer chaque coup. Si un joueur pose son mot en moins de deux minutes, aussitôt après avoir joué, il remet le chronomètre à zéro et il le déclenche pour son adversaire. Si un joueur n'a pas joué à l'expiration de ses deux minutes, il passe son tour.

RÉSUMÉ DES POINTS DE RÈGLES LITIGIEUX

• **Toute lettre en contact avec une autre lettre doit former un mot existant avec cette lettre.**

• **Un mot peut être rallongé à ses deux extrémités au cours du même mouvement.**

• **Toutes les lettres jouées au cours d'un même mouvement doivent former une ligne continue horizontale ou verticale.**

• **Il n'est pas permis d'ajouter plusieurs lettres à des mots différents, ni de former de nouveaux mots à différents endroits du plateau pendant le même tour.**

• **Le bonus des cases Prime ne s'applique que pendant le tour où des lettres sont placées dessus.**

• **Quand plus d'un mot est formé au cours du même mouvement, chaque mot est compté. Les lettres communes sont comptées (avec majoration éventuelle d'une case Prime) dans la valeur de chaque mot.**

• **Si un mot chevauche deux cases Mot Prime,**
le mot est multiplié par 4 ou par 9.

11. La partie continue jusqu'à ce que la pioche
soit épuisée et que l'un des joueurs ait placé
toutes les lettres de son chevalet, ou jusqu'à ce
que toutes les combinaisons possibles aient été
posées sur le plateau.

Technique

Recherche du Scrabble

Placer un Scrabble, c'est-à-dire poser toutes les lettres d'un coup, est à la fois le plus rentable et le plus satisfaisant pour l'esprit. Dès que le tirage est donné, le scrabbleur doit donc, sinon en trouver un, du moins décider s'il y a lieu de chercher dans ce sens. Pour cela, il faut que ce tirage comporte un minimum de voyelles et de consonnes, et aussi des lettres qui se «marient» bien. On tire A G G O R U V : il faut tout de suite renoncer au Scrabble et se concentrer en priorité sur le V, la lettre la plus chère. Plus tard, on tire B C E M N O R . Bien qu'il n'y ait que deux voyelles, il faut envisager un Scrabble car quatre consonnes se marient bien : le M et le B d'une part, le B ou le C et le R de l'autre ; si un A ou un E est libre sur la grille, on fera ENCOMBRA ou ENCOMBRE ; si on dispose d'un I, INCOMBER ou COMBINER.

Il y a des «Scrabbles d'imagination» (l'expression est de Philippe Lormant), c'est-à-dire qui échappent à toute construction logique. De rares joueurs les trouvent, soit parce qu'ils sont en état de grâce, soit parce que leurs doigts les ont placés par hasard sur la réglette : AUROCHS, AUTOGOAL, BOUTEFEU, CÉDÉROM, COAUTEUR, HAVRESAC, SUNLIGHT, TEOCALI, TRÉPANG, etc.

À chaque tirage, accordez-vous vingt à trente secondes pour donner une chance à votre intuition divinatrice ; passé ce délai, il est temps de construire. À cette fin, la majorité des joueurs trouve commode de placer sur la réglette ou sur la table soit le début, soit la fin d'un mot possible. De très rares joueurs ne «tricotent» pas, tout au moins en Duplicate : ils jouent sans jeu, en se contentant de regarder le tableau mural.

Préfixes

– **DÉ** et **RE**. La plupart des verbes avec ces lettres initiales figurent à la **lettre D du vocabulaire**.
– **IN**, **EN**, **IM**, **EM**, **CON**, **COM**
– **AÉRO** : AÉROBIC, AÉROBIE, AÉROBUS, AÉRODYNE, AÉROGARE, AÉROGEL, AÉROLITE, AÉRONEF, AÉROSOL, AÉROSTAT
– **ANA** : ANABIOSE, ANACARDE, ANADROME, ANATHÈME, ANATIDÉ, ANATIFE, ANATEXIE, ANATROPE
– **ANTI** : ANTIART, ANTIBOIS,E, ANTICHAR, ANTIENNE, ANTIFEU, ANTIGANG, ANTIJEU, ANTIJUIF, ANTIMITE, ANTIOPE, ANTIPAPE, ANTIPODE, ANTISIDA/, ANTITOUT/, ANTIVOL
– **APO** : APODOSE, APORIE, APOCOPÉ,E, APOTHÈME
– **AUTO** : AUTOCAR, AUTOCOAT, AUTODAFÉ, AUTO-GAME, AUTOGÈNE, AUTOGÉRER, AUTOGIRE, AUTOGOAL, AUTOLYSE, AUTONYME, AUTOSTOP, AUTOTOUR
– **DIA** : DIA,S, DIACIDE, DIACODE, DIAPRER, DIASCOPE, DIASPORA, DIATOMÉE, DIAZOTE
– **ÉPI** : ÉPICÈNE, ÉPICRÂNE, ÉPILOBE, ÉPINIER,E, ÉPIPHANE, ÉPIPHYSE, ÉPIPHYTE, ÉPISSER, ÉPISTATE, ÉPITEXTE, ÉPITOGE, ÉPITOMÉ, s'ÉPIVARDER
– **FOR** : FORDISME, FORJETER, FORLANCER, FORMERET, FORMICA, FORMOLER, FORTICHE.
– **GÉO** : GÉO,S, GÉODÉSIE, GÉOÏDE, GÉOMÈTRE, GÉOPHAGE, GÉOPHILE, GÉOTAXIE, GÉOTRUPE
– **ISO** : ISO/, ISOBARE, ISOBATHE, ISOCARDE, ISOCÈLE, ISOCLINE, ISODOME, ISOGAME, ISOGONE, ISOPODE, ISOSPIN, ISOTONIE, ISOTROPE
– **NÉO** : NÉO,S, NÉODYME, NÉOGÈNE, NÉOGREC, NÉOMÉNIE, NÉONAZI,E, NÉOPROMU,E, NÉORURAL,E, NÉOTÉNIE, NÉOTTIE
– **OLÉ** : OLÉANDRE OLÉCRANE, OLÉFINE, OLÉICOLE, OLÉIFÈRE, OLÉODUC, OLÉOLAT
– **PAR** : PARFAIRE non défectif, PARFILER, PARJURER
– **PER** : PERFECTO, PERFORMER vi, PÉRIBOLE, PÉRIDOT, PÉRIGÉE, PÉRINÉAL…, PÉRINÉE, PÉRIOSTE, PÉRIPATE, PÉRITEL, PERSÉIDE, PERSIFLER et **PRÉ** : PRÉCUIRE, PRÉDATÉ,E, PRÉEMPTER, PRÉLAVER, PRÉNOTER
– **PRO** : PROCLISE, PROCLIVE, PROLINE, PROPYLE(E), PROTÈLE, PROTIQUE, PROTOMÉ
– **SUR** : SURARMER, SURBOOKÉ,E, SURCOTER, SURCUIT,

SURDOSER, SURINER, SURJALER, SURLIGNER, SURPAYER, SURSEMER, SURPRIME, SURTAXER, SURTITRER, SURVESTE, SURVOLTER

– **TRÉ** : TRÉFILER, TRÉMATER, TRÉPASSER, TRÉPIDER vi, TRÉVIRER

– **TRI** : TRICHLO, TRIFIDE, TRIDENT,É,E, TRIFOLIÉ,E, TRIPANT,E, TRISSER, TRITURER

– **UNI** : UNIATE, UNIAXE, UNICAULE, UNICITÉ, UNI-CORNE, UNIFOLIÉ,E, UNILOBÉ,E, UNIMODAL…, UNI-OVULÉ,E, UNIPARE, UNIPRIX, UNITIF…, UNIRAMÉ,E, UNIVALVE, UNIVOQUE

Suffixes et désinences verbales

• Les **désinences verbales** constituent une véritable mine pour le scrabbleur :
-A, **-AI**, **-ÂT**, **-AIT**, **-ENT**, **-ANT**, **-AIENT**, **-RA**, **-RAI**, **-RAS**, **-RAIS**, **-RAIT**, **-RONT**, **-ONS**, **-EZ**, **-IS**, **-IT**, **-US**, **-UT**, **-ÂMES**, **-ÂTES**, **-ÎMES**, **-ÎTES**, **-ÛMES**, **-ÛTES**. N'oubliez pas de sonoriser la désinence -ENT : si le verbe n'existe pas, le nom, l'adjectif ou l'adverbe existent peut-être : SARMENT, RÉNITENT,E, UNIMENT/. Les participes présents sont invariables, sauf ceux employés comme adjectifs ou noms (voir liste page 346).

Attention aux passés simples et futurs abusifs! «Décevai», «aimerat», «jetera», «épèlera», «fuya» sont des barbarismes.

– **ASSE(S)**, **ISSE(S)**, **USSE(S)**. Malgré son allure rébarbative, l'imparfait du subjonctif est très facile à former : il suffit d'ajouter SE à la deuxième personne du singulier du passé simple, d'où des formes telles que DISSE(S), ÉPRISSE(S), CUISISSE(S), BUSSE(S), PLUSSE(S), VINSSE(S), etc.

• **Suffixes**
– **ADE**, **IDE**, **ODE**
– **AGE**. Penser aussi aux verbes en -GER, précieux pour les tirages riches en voyelles : LIGNAGE + E = NÉGLIGEA
– **AL**, **ALE**, **AIL**
– **AN**. Les noms et adjectifs en -AN ne doublent pas le N au féminin, sauf PAYSAN, ROUAN, SCRIBAN et VALAISAN : FAISANE, SÉVILLANE, mais PAYSANNE, ROUANNE, SCRIBANNE et VALAISANNE. Noter les verbes BANANER, BOUCANER, CANCANER vi, HAUBANER, RUBANER, SAFRANER, TRÉPANER. Noter aussi CHOUANNER vi et ENRUBANNER...
– **AUX**, **EUX**, **EAUX**, voir la lettre X du Vocabulaire.
– **COLE** : AÉRICOLE, AGRICOLE, APICOLE, AQUACOLE, AQUICOLE, AVICOLE, CARACOLE vi, CARICOLE, CAVICOLE, HUMICOLE, IGNICOLE, LIMICOLE, MADICOLE, NIDICOLE, NIVICOLE, OLÉICOLE, ORBICOLE, RAPICOLE vt, RIZICOLE, RUPICOLE, SALICOLE, SAXICOLE, TUBICOLE, VINICOLE, VITICOLE
– **ÉEN**, **ÉENNE** : ACCRÉEN, ACHÉEN, ALIZÉEN, ARAMÉEN, ARCHÉEN, AZURÉEN, BAHAMÉEN, BOOLÉEN, CADMÉEN,

CANANÉEN, CARIBÉEN, CÉRULÉEN, CHALDÉEN, CHAS-
SÉEN, CHELLÉEN, COR(N)ÉEN, CYCLOPÉEN, DAHOMÉEN,
DÉDALÉEN, ÉBURNÉEN, EGÉEN, ÉLYSÉEN, EUROPÉEN,
FIDÉEN, FUXÉEN, GALILÉEN, GHANÉEN, GORÉEN, GUI-
NÉEN, ISTRÉEN, JUDÉEN, LÉTHÉEN, LINNÉEN, LOMÉEN,
LYCÉEN, MACANÉEN, MANAMÉEN, MANDÉEN, MAZDÉEN,
NABATÉEN, NAZARÉEN, NÉMÉEN, NOUMÉEN, PALUDÉEN,
PANAMÉEN, PÉLÉEN, PHOCÉEN, PYGMÉEN, PYRÉNÉEN,
SABÉEN, SADUCÉEN, SIDÉEN, TRACHÉEN, VENDÉEN
– **EL**, **ELLE**.
– **ET**, **ETTE**. Seuls féminins en -ÈTE : (IN)COMPLÈTE,
CONCRÈTE, DÉSUÈTE, (IN)DISCRÈTE, (IN)QUIÈTE, PRÉ-
FÈTE, REPLÈTE, SECRÈTE
– **EUR**, **EUSE**. Certains mots en -**EUR** n'ont pas de féminin,
d'autres en -**EUSE** n'ont pas de masculin. Lorsqu'un mot
en -**EUR** n'existe pas ou est implaçable, pensez à un
éventuel mot en -**URE** : ANCRURE, CRÊPURE, CREUSURE,
ENFLURE, INCISURE, MOUCHURE, RUINURE, TRIPLURE
– **FÈRE** : AÉRIFÈRE, ALIFÈRE, AQUIFÈRE, AURIFÈRE, CÉRI-
FÈRE, LANIFÈRE, OLÉIFÈRE, OSSIFÈRE, PILIFÈRE, ROSI-
FÈRE, ROTIFÈRE, SALIFÈRE, VINIFÈRE
– **GÈNE** : ALLOGÈNE, ANTIGÈNE, ATTAGÈNE, CÉTO-
GÈNE, É(R)OGÈNE, (H)EXOGÈNE, KÉROGÈNE, MUTAGÈNE,
ONCOGÈNE, OXYGÈNE,R, PHOSGÈNE, PY(R)OGÈNE
– **IEN**, **IENNE**
– **IER**, **IÈRE**. Un certain nombre de mots en -IER n'ont
pas de féminin ; des mots en -RIE sont parfois l'ana-
gramme de ces féminins manquants : BOÎTIER-BOITERIE ;
CÂBLIER-CÂBLERIE ; FIGUIER-FIGUERIE ; HERBIER-HER-
BERIE ; PIQUIER-PIQUERIE, VIGUIER-VIGUERIE ; VOILIER-
VOILERIE
– **IF**, **IVE**. Avec beaucoup de voyelles, pensez aux verbes
en -**FIER** (voir la liste à l'entrée DÉFIER du Vocabulaire,
page 124)
– **IN**. Les féminins sont en -INE. Pas de mot en -INNE sauf
INNÉ,E et PINNE
– **ISER** : CORANISER, se DUALISER, DYNAMISER, FÉMINI-
SER, JAPONISER, JUDAÏSER, LABÉLISER, LATINISER, MINO-
RISER, NOMADISER, NOVÉLISER, NUMÉRISER, ODORISER,
PAGANISER, PRÉAVISER, SIMILISER, TITRISER, UPÉRISER,
VIRILISER
– **ISME**, **ISTE**. Les mots en -**ISTE** sont souvent les ana-
grammes de flexions en -**ÎTES** ou de mots en -**ITÉS** : AGO-
NISTE (AGONÎTES), BATISTE (BATÎTES), DUALISTE

(DUALITÉS), INNÉISTE (INNÉITÉS), LAÏCISTE (LAÏCITÉS), LAXISTE (LAXITÉS), NUDISTE (NUDITÉS), POLISTE (POLÎTES), RÉALISTE (RÉALITÉS), STYLISTE (STYLITES), VÉRISTE (VÉRITÉS); cf ÂGISME (ÂGÎMES), MENTISME (MENTÎMES), SUIVISME (SUIVÎMES)

– **OIR**, suffixe de nom ou de verbe (voir liste page 337). Notez BOIRE,S, DOLOIRE, LARDOIRE et AVALOIR(E), COULOIR(E), DRAYOIR(E), ÉPISSOIR(E), GLISSOIR(E), JABLOIR(E), VOIR(E)

– **OIS**, **OISE**. Pensez en particulier aux habitants de ville : AGATHOIS AGENOIS, ANTIBOIS, BAMAKOIS, BERNOIS, BIENNOIS, BINCHOIS, BLAISOIS ou BLÉSOIS, BONNOIS, CANNOIS, DACQUOIS, DAKAROIS, DIEPPOIS, GANTOIS, GENEVOIS, GÉNOIS, GRASSOIS, HULLOIS, JEANNOIS, LENSOIS, LUSAKOIS, MANCHOIS, MASEROIS, PALOIS, POINTOIS, RÉMOIS, SEDUNOIS, SÉTOIS, TURINOIS

– **OL** : AÉROSOL, ARGYROL, BANDOL, BIERGOL, BUTANOL, CARBUROL, CATERGOL, CÉVENOL, CRÉOSOL, ÉNOL, ENTRESOL,É,F, ESPAGNOL, EUGÉNOL, FORMOL(-ER), GIRASOL, GLYCÉROL,É, GUIGNOL, HYDROSOL, ICHTYOL, LITHOSOL, MANNITOL, (M)ÉTHANOL, MONERGOL, NAPHTOL, (O)ESTRIOL, PALÉOSOL, PENTANOL, PHÉNOL, PROPANOL, RÉTINOL, RHODINOL, SCATOL(E), SORBITOL, THYMOL, VITRIOL(-ER)

– **ON**. Les féminins sont en -ONNE sauf DÉMONE et MORMONE, mais on dit LAPONE ou LAPONNE, LETTONE ou LETTONNE, NIPPONE ou NIPPONNE. Tous les verbes sont en -ONNER ou -ONNIR sauf ASSONER vi, COCONNER vi, CONSONER vi, DÉTO(N)NER vi, DÉZONER, DÉTRÔNER, DISSONER vi, s'ÉPOUMONER, HORMONER, (O)ZONER, PRÔNER, RAMONER, SILICONER, SULFONER, TRÔNER vi, VIOLONER

– **OT**, **OTE**, **OTTE**
– **TION**
– **UM**. Liste p. 340.

Si vous manquez de voyelles, pensez :

– aux syllabes nasales, grosses consommatrices de consonnes : BRUNCHA, BRUNCHE(R, vi), ONGLETS, PRINCES, TREMPANT, ROGNANT, RONGENT

– au suffixe -**ARD** : BAGNARD(E), BRAGARD(E), CYRARD, MOTARD(E), TRICARD(E), TUCARD(E)
– au suffixe -**ING** (voir liste page 343).

Si vous manquez de consonnes, pensez :

– aux suffixes -**AIE**, -**OIE** et -**UIE** (voir pages 335 - 336)
– aux suffixes -**EAU** et -**EUSE**
– aux suffixes -**(G)EAI**, -**(G)UE**, -**(Q)UE** et -**EU(X)**, si vous avez un joker.

Utilisation des cases de couleur

Il va de soi que le joueur a intérêt à occuper les cases rouges (Mot Triple) ou roses (Mot Double). Dès le deuxième coup, il a en principe l'occasion d'occuper deux cases roses (E 5 et K 5 d'une part, E 11 et K 11 de l'autre), donc de quadrupler un mot de sept ou huit lettres (CURÂTES p. 13). Mais les cases bleu foncé (Lettre Triple) et bleu clair (Lettre Double) ont aussi leur importance. Un K, un X, un Y ou un Z bien placés rapportent facilement plus de 30 points. L'idéal est de surmultiplier une lettre chère, c'est-à-dire :

– la placer sur une case bleu clair ou bleu foncé en pivot, formant deux mots qui multiplient chacun la lettre chère. Les mots ainsi formés sont les suivants : JE, KA, WU, EX, XI, AY, HA, HÉ, HI, HO, AH, EH, OH, FA FI, IF, VA, VÉ, VS, VU, BI, BU, CA, CE, CI, OC, PI, PU

– la doubler ou la tripler dans un mot lui-même doublé ou triplé : au premier coup, avec E E O S U V X , on est tenté de placer VEXES en H 4 pour 42 points :

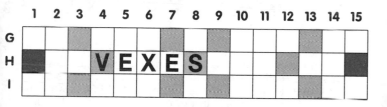

mais en posant VOEUX en H 8, on marque 12 points de plus.

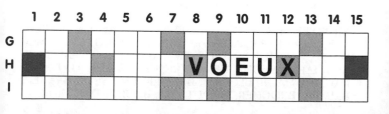

Rajouts

Tout mot prolongé a sa valeur portée au crédit du joueur qui l'a prolongé. Celui-ci a intérêt à opérer ce rajout à l'aide d'une des lettres d'un mot qu'il place perpendiculairement au mot déjà joué, de façon à empocher la valeur des deux mots.

FOEHNS, placé en 9 C, rapporte 17 points + 17 points (pour PAYÉES) = 34 points.

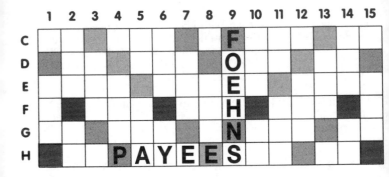

Les lettres permettant les rajouts les plus courants sont S, E (féminin d'un adjectif ou du participe passé d'un verbe transitif) et celles permettant la formation ou la prolongation d'une désinence verbale : R, A, I, T. Il faut aussi penser au Z qui peut servir de rajout à nombre de mots féminins en -IE :
ACIÉRIE**Z**, AMNISTIE**Z**, BOTTERIE**Z**, BOUDERIE**Z**, GROUPIE**Z**, JALOUSIE**Z**, etc.
    Mais il faut préparer aussi les rajouts initiaux, plus inattendus, donc plus difficiles.

ABORNER, **A**BOUTER, **A**BRASER, **A**DIEU, **A**FOCAL, **A**GRAINER, **A**HEURTER, **A**LIGOT, **A**MATIR, **A**MATRICE, **A**MODAL…, **A**PIQUER, **A**POSTER, **A**QUEUX…, **A**SPERME, **A**SOCIAL…, **A**TONIQUE, **A**TYPIQUE, **A**WALÉ, **A**ZONAL… **B**AU, **B**LÂMAGE, **B**LOQUE, **B**RAMER, **B**RASSEYE, **B**RAYER, **B**RIMER, **B**ROCHER, **B**ROUTARD, **B**RUINEUX…, **B**URNE.

CHABLER, CLAQUER, CLIGNER, CLOUEUSE, CLOQUE, CRAILLER vi, CROULER.

DÉCOTER, DÉNERVER, DÉVENTER, DOUILLER, DRAGUER, DRAINER, DRAPER, DRAYER, DROSSER...

ÉBOUTER, ÉBRASER, ÉBRIQUER, ÉCALER, ÉCHANSON, ÉCHAUMER, ÉCROULER, ÉDAM, ÉDENTER, ÉGERMER, ÉLAPIDÉ, ÉLIER, ÉMONDER, ÉMOTTER, ÉPARQUE, ÉPIQUE, ÉPLOYER, ÉPOCHÊ, ÉPOQUE, ÉQUINE, ÉRODER, ÉTIGER, ÉTRIQUER...

FLAQUE, FLÉCHER, FLOUER, FLOUVE, FLUSTRE, FRANGER, FRAYER, FREDONNER, FRELATER, FRIPER, FRASER, FROUER vi, FROUILLER vi.

GÉRABLE, GERSEAU, GLACER, GLISSER, GRAILLER, GRAINER, GRASSOIS, GRATIFIER, GRAVELIN, GRÉER, GROGNER vi, GROUILLER, GRONDEUR...

HARUSPICE, HELLÉBORE, HENNUYER, HEXOGÈNE, HOUILLER, HULULER vi.

ICONIQUE, ICONICITÉ, ÎLOTIER, INIQUE, ISABELLE.

JACTER, JACTEUR, JARRETER...

KÉROGÈNE.

LÂCHETÉ, LADRESSE, LAZURITE.

MAILLER, MANCHOIS, MASQUE, MASTERS, MÉTHANAL, MÉTHANOL.

NARGUER, NAVICULE, NOMBRER...

OCELLE, OCREUX, ODIEUX, OHÉ, ORANGER vt ou nm, ORONGE, OUKASE, OUZBEK, OVALISE, OZONER...

PAILLER, PANIER(E), PAPIVORE, PARÉAGE, PARQUER, PAYS, PEUX, PILS, PLACER, PLAQUER, PLAYON, PLIER, PLISSER, PRÉCUIRE, PRÉLAVER, PRÉNOTER, PRÉPARER, PRÉPAYER, PRÉPOSER, PRESTER, PRESTO,S, PRÉTENDRE, PRÉTIRER, PRÉVALOIR, PRÉVENIR, PRÉVENTE, PRÉVÔTÉ, PRUDENTE, PSAUTIER, PUNIQUE, PURINER, PURIQUE.

RAGRÉER, RALLER vi, RALLIER, RAMENDER, RANIMER, RAPLATIR, RAPLOMBER, RAPPARIER, RAPPUYER, RAPPRÊTER, RASSORTIR, RASSURER, RAVILIR, RAVINER, RAVISER, RAVIVER, RAVOIR/, RÉLARGIR, REM(M)AILLER, REMBLAVER, REMBOÎTER, REMMENER, REMOUDRE, REMPIÉTER, REMPLOI, REMPLOYER, REMPLUMER, REMPOCHER, REMPRUNTER, RENDOSSER, RENFAÎTER, RENFILER, RENFONCER, RENGAGER, RENONCER vt, RENTAMER, RENTER, RENTOILER, REPLOYER, REPOINTER, RESSAYER, RESSUYER, RETIGER vi, RETOUPER, ROTER vi, ROUSTE, RUNIQUE, RURBAIN,E.

SABOULER, SCANNER vt ou nm, SCANNEUR, SCHNOUF,

SCONE, **S**ERRANT,E, **S**HARPIE, **S**IMPLEXE, **S**KIPPER vt ou nm, **S**LOCHE, **S**PET, **S**POILER n, **S**POULE, **S**QUILLE, **S**TA-RIFIER. **S**TEP, **S**TOMATE, **S**TRIDENT,E, **T**ALAIRE, **T**ARGUER, **T**ASSETTE, **T**CHÈQUE, **T**HAÏ,E, **T**HALER nm, **T**HALLE, **T**HERMES, **T**OUAILLE, **T**RAILLE, **T**RAMEUR…, **T**RAPPEUR, **T**ROCHÉE, **T**ROCHET, **T**RONCE, **T**ROQUET, **T**ROUILLER vi, **T**UBÉRALE, **T**UNIQUE.
UNIF, **U**NIQUE, **U**PAS, **U**RANIDE, **U**SABLE, **U**TOPIQUE, **U**VAL, **U**VAUX.
VACUITÉ, **V**AGILE, **V**ANESSE, **V**ASQUE, **V**ÊLEMENT, **V**ER-SEAU, **V**ÊTAGE, **V**IGNOBLE, **V**IDEAUX, **V**INIQUE.
WALLONS, **W**HIP, **W**ON.
YASSE, **Y**EN, **Y**IN, **Y**OLE, **Y**PRÉAU.
ZAÏRE, **Z**ARABE, **Z**EN, **Z**ÉOLITHE, **Z**ESTE, **Z**ÊTA/, **Z**OO-LIT(H)E, **Z**OOSPORE, **Z**OOTHÈQUE, **Z**OREILLE.

On peut aussi se contenter de prolonger un mot de plusieurs lettres afin d'atteindre une case rose ou rouge pour multiplier ce mot. Exemple : le premier mot de la partie est BRUNI en H 4 ; si les tirages suivants le permettent, on pourra jouer : **REM**BRUNI en H 1 (33 points) ou BRUNIS-**SAIENT** en H 4 (45 + 50 de Scrabble = 95 points), ces deux rajouts pouvant d'ailleurs s'effectuer l'un après l'autre. Enfin, on peut allonger un mot par les deux bouts *simultanément* : **REM**BRUNI**SSES,** H 1, rapporte 98 points (48 + 50).

1	2	3	4	5	6	7	8	9	10	11	12	13	14	15

H R E M B R U N I S S A I E N T

I

Le mot joué au premier coup d'une partie est généralement placé en H 4, afin de valoriser sa consonne chère ou semi-chère initiale. Il s'ensuit que les rajouts initiaux de 3 lettres, appelés *benjamins* en hommage au champion Benjamin Hannuna, doivent être préparés dès le deuxième coup.

Collage (ou maçonnerie)

Un joueur plaçant un mot parallèlement à un autre encaisse la valeur de tous les petits mots perpendiculaires ainsi formés. Exemple : PUNISSE en I 3 : 64 + 5 (VU) + 2 (EN) + 11 (XI) + 3 (ES) + 2 (ES) = 87.

Sans «coller», on perd 5 points :
PUNISSE en 9 C : 64 + 18 (VEXÉES) = 82.

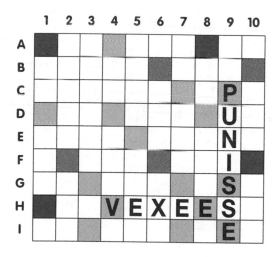

La partie libre

La partie libre est le jeu classique tel qu'il est défini par le fabricant et qu'il se joue en famille. C'est une formule intéressante car elle combine avec équilibre technique, stratégie et chance. Celle-ci ne doit pas cependant être surestimée. Les compétitions de parties libres sont toujours gagnées par des scrabbleurs de premier plan.

• **Conjugaisons :** beaucoup de joueurs les bannissent en arguant qu'elles facilitent trop le jeu. Ceci n'est vrai qu'en apparence : elles multiplient les possibilités alors que le joueur n'a qu'un délai limité pour les envisager toutes. Et surtout, les formes conjuguées permettent une succession de rajouts qui ouvrent et enrichissent le jeu : ainsi JE peut se prolonger en JEU, JEUN, JEÛNA, JEÛNAI, JEÛNAIS. Il paraît établi que la vogue du Scrabble francophone est liée aux possibilités qu'offrent les conjugaisons françaises. S'en priver, c'est s'automutiler.

• **Stratégie de la partie libre :** le coup idéal est celui qui vous rapporte beaucoup, ferme le jeu pour l'adversaire et vous permet de refaire un bon coup quand c'est de nouveau à vous de jouer. Ces trois impératifs sont malheureusement souvent contradictoires et il faut trouver un compromis entre eux.

À deux, on joue une quinzaine de coups avant épuisement des lettres. Il faut marquer une moyenne de 27 points par coup pour arriver à 400, chiffre honorable. Si l'on peut réaliser un coup de plus de 40 points, il faut donc le faire sans s'inquiéter de la suite de la partie. Dans le cas contraire, il faut considérer :

a) *L'ouverture donnée à l'adversaire.*
Marc ayant joué PAYÉE en H 4, Françoise a tiré A A C E H N U .

Pas de T pour CHANTEAU, *pièce de violon*. Toutefois la désinence -EAU permet CHAPEAU (4 E) qui, malheureusement, ne double pas. PANACHE (4 H) procure le score honorable de 28 points. Pourtant jouer PANACHE serait extrêmement risqué. Il suffit que Marc ait dans son jeu un E, un R, un S ou un Z pour jouer perpendiculairement à PANACHE, empocher ce mot et tripler son propre mot, donc réaliser facilement une quarantaine de points.

PENCHA (4 H, 26 points) est mieux joué. Certes, s'il a un I, un S ou un T, Marc pourra jouer perpendiculairement à PENCHA et placer un mot double sur la rangée N. Mais il ne marquera qu'une trentaine de points et ouvrira sans doute une des deux cases rouges Sud.

Françoise peut préférer fermer le jeu : AH en G 6 rapporte 29 points, le H étant pivot sur une case bleu clair : ACHE, *céleri*, en G 6 (36 points) ouvre davantage : avec un B, un C, un F, un G, un H, un K, un L, un M, un S, un T ou un V, Marc pourrait jouer perpendiculairement à ACHE et placer un mot recouvrant la case rose E 5 ou K 5 (ou idéalement les deux).

De toute façon, fermer le jeu pour l'adversaire aboutit très vite à le fermer également pour soi. Françoise, qui a un beau tempérament offensif, décide de jouer PENCHA en 4 H.

b) *Son propre reliquat pour le coup suivant.*
Il ne faut pas jouer un coup médiocre si l'on doit peiner au coup suivant avec des lettres identiques ou incompatibles. Marc a un tirage peu enthousiasmant : E G G I U U V.
– VUE rapporte 22 points faciles en 3 M, mais ce coup est à proscrire car il ouvre deux rouges Sud ; d'autre part, il resterait G G I U, donc peu d'espoir de faire un Scrabble au coup suivant.
– GIGUE (N 3, 23 points) procure un meilleur reliquat (VU) mais ouvre également les deux rouges, avec possibilité d'empocher PENCHAIS ou PENCHAIT avec un mot en -OS (ZOOS, CLOS…) ou en -OT (ABOT, BLOT, BOOT, CLÔT, ÉCOT, FLOT, FOOT, PHOT, PLOT, SPOT).
– VAGUE (M 3, 20 points) : ouverture du rouge O 8 (avec VAGUES, VAGUER ou VAGUEZ) et reliquat passable (G I U).
– CIGUË (K 4, 16) : ouverture directe du rouge O 8, et reliquat passable (V G U).
– CUVE (K 4, 18) : ouverture du rouge O 8 (avec CUVÉE, CUVER, CUVES ou CUVEZ) et reliquat mauvais (G G I U).
– VÉCU (K 2, 18) n'ouvre pas ; le reliquat est identique au précédent.
Finalement, Marc opte pour un coup d'attente :
– GIGUE (8 D) ne lui rapporte que 9 points mais ne ferme pas le jeu et lui laisse trois bonnes lettres : V U E.

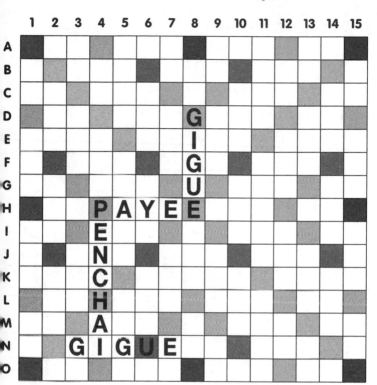

Cas particuliers

• **Tirage avec un joker et pas de Scrabble possible**
Il faut garder le joker et faire un coup d'attente en conservant des lettres compatibles pour le coup suivant.
Exemple. Françoise a B E F H U V ? . Elle doit se débarrasser d'au moins deux consonnes :
F H (CHEF, K 4, 24), reliquat : **? B U V**. Possibilités de BAVEURS, ABREUVE, BUVARDS, etc.
B H (BAH, M 3, 16), reliquat : **? E F U V**. Possibilités plus limitées : FLEUVES, FERVEUR, FLOUVES, FLUVIALE.
V F (VEUF, 7 G, 24), reliquat : **? B E H**. Possibilités de HÉBÉTER, ÉBAHIR, HABITUE, plus de nombreux mots comme BÊ(C)HERA, le joker remplaçant un C.

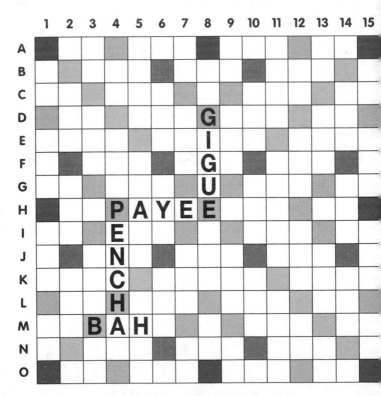

• Tirage avec un joker et des grosses lettres.

Utilisez le joker si vous pouvez réaliser au moins une cinquantaine de points.

Tirage : A B O P S Z ?

Marc pourrait jouer BOPS (N 1, 30 points) et conserver A Z ? pour faire un Scrabble au coup suivant. Il paraît raisonnable d'éviter ce coup d'attente. BAS(E)Z en M 3 rapporte 50 points et, en N 2, 84 points !

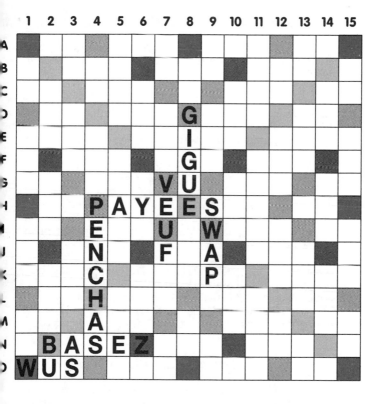

En revanche, avec B I K O P S ?, Marc ne doit pas brader son joker pour faire K(A)S en 3 M (44 points) ; il le conservera en jouant SKI en N 2 (38 points) ou, mieux encore, en 9 H (39 points, pas de rouge ouvert).

Françoise a tiré B I L P S W ?. Elle peut être tentée de passer son tour en changeant le W et deux autres consonnes, espérant faire un Scrabble au coup suivant. Mais la perte de points due à un tour passé est certaine, le Scrabble futur est hypothétique et la possibilité de retirer ultérieurement le W n'est pas exclue. Il vaut mieux jouer W(U)S en O 1 pour 38 points, ou, mieux encore, SW(A)P en 9 H pour 41 avec un reliquat meilleur (B I L au lieu de B I L P).

- **Changement d'une ou plusieurs lettres, en perdant son tour.**

Il faut s'y résigner si, ne pouvant réaliser qu'un coup médiocre, on est sûr de ne pas faire mieux avec le tirage suivant.

Exemple 1. Tirage : B D G H N O V. Il ne faut pas jouer OH pour une vingtaine de points, le reliquat B D G N V serait pratiquement inexploitable au coup suivant. Le mieux est de tout changer, sauf peut-être le D.

Exemple 2. Tirage : C H M P R T Z. Si aucune voyelle n'est libre sur la grille, il faut tout changer sauf le Z, facilement négociable. Si un E est libre, jouez CHEZ et conservez les lettres M P R T qui se marient bien ; ou jouez HERTZ et conservez C M P. Si un A est libre, jouez TRAMP ou TZAR (reliquat : C H Z ou C H M P). Si un O est libre, placez ROMPT et gardez C H Z.

Exemple 3. Tirage : A A E E I O U. Ne changez pas toutes vos voyelles, vous risquez de ne tirer que des consonnes… Essayez de placer 3 ou 4 lettres avec un mot comme OUÏE, FOUIE, ROUIE, HOUAI, ÉNOUAI, OUATAI, etc. Si ce n'est pas possible, conservez un A et un E et jetez le reste.

Exemple 4. Tirage : A E G I N Q R. S'il n'y a pas de U sur la grille, cherchez à placer QAT, CINQ ou IRAQIEN. Vous envisagez de jouer GARNIE, en espérant au coup suivant « marier » le Q avec un U tiré ou posé par l'adversaire (on peut d'ailleurs améliorer ses chances en ne jouant pas son A de façon à faire éventuellement QAT). En fait, vous avez toutes les chances de faire un Scrabble si vous changez le Q en passant votre tour.

En effet, si vous tirez :

- A, vous pourrez poser NAGERAI ou 5 anagrammes.
- B, BAIGNER.
- C, CRAIGNE ou RINÇAGE.
- D, DAIGNER ou 6 anagrammes.
- E, ANERGIE ou 6 anagrammes.
- I, GAINIER ou INGÉRAI.
- L, ALIGNER ou LIGNERA.
- M, GAMINER, GERMAIN ou MARGINE.
- N, ENGRAIN.
- O, RONGEAI.
- P, PAGINER.
- R, GRAINER ou REGARNI.
- S, ARGIENS ou 13 anagrammes !
- T, AGIRENT ou 8 anagrammes.
- Z, GRAINEZ ou RANGIEZ.

sans compter tous les Scrabbles en 8 lettres…

Exemple 5. Tirage : A E G I N R W. Ce tirage est nettement meilleur que le précédent, le W n'étant plus une lettre de cauchemar. Si on ne peut placer un grand classique comme WHIG, DEWAR, SWING, WAGON ou ROWING, il ne faut pas pour autant changer le W, mais plutôt jouer WU, EWE, WON, WEB, DAW, IWAN, NEWS, WALÉ ou WALI, ce qui laisse un excellent reliquat.

Exemple 6. Tirage : A B N Q S V ?. Il ne faut pas se contenter de jouer le V ou de le changer dans l'espoir de tirer un A, un E ou un U pour faire BANQ(U)AS ou BANQ(U)ES ; en effet, les chances d'un tel tirage sont inférieures à 30 %. Si on peut placer trois consonnes en s'appuyant sur une voyelle libre (DANS, BENS, IBNS, BONS, BUNS, VANS, VINS), les chances de placer un gros Scrabble le coup suivant comme VAQ(U)ERA ou BRAQ(U)ES restent réduites. Le mieux est sans doute de changer le Q, le B et le N. En conservant A S V ?, on peut espérer faire un Scrabble au tour suivant même si on ne tire pas de voyelle [L(E)VANTS, BRAV(O)NS, etc.].

Les passionnés de partie libre pourront lire le *Nouveau Guide du Scrabble* d'Aurélien Kermarrec ou *Stratégie du Scrabble* de Vincent Labbé.

Partie libre

Béatrice contre…

	TIRAGE	MOT	RÉF	PTS	OBSERVATIONS
1	EEEFNTV	FENTE	H 4	24	Ouvre moins que EVENTE [D-, M-, R-] [-E…] ou VENTEE
2	VE + AANPE	PAVANEE	J 1	79	faisant ABIETINEE, *conifère*.
3	?RUSXER	SUR(T)AXER	B 2	82	(F)ERREUX, RESE(A)UX, etc., E 5, 60, sauvent les meubles
4	EFGMORU	EMOU	A 7	37	ou émeu, *oiseau coureur*. Ouvre moins que MORGUE, A 8, 38 [-E, R, S, Z; -RAS…]
5	FGR + EHIU	EUH	2 L	26	FURIE, D 11, 27, ouvre à tout-va
6	FGIR + DEL	KEFIR	15 D	51	*Boisson fermentée*
7	DGL + AMRT	Rejette DGLMT		0	RA, bon reliquat. DAMAT, 14 A, 16 ouvre le rouge Nord-Est
8	AR + CEOOT	COQ	A 1	38	Excellent reliquat : 265 sept-lettres possibles en tirant deux bonnes lettres
9	AEORT + DN	TORNADE	K 7	68	Ou TADORNE, *canard*
10	AALSUWY	YAWLS	I 11	51	WILAYAS, M 7, 72. YAWLS préserve un A mais coûte 21 points
11	AU + IDLNS	SIDI	G 3	29	*Monsieur*, en arabe. FLANS, 4 H, 26
12	ALNU	ALUN	N 10	10	

Total : 495 +4 (reliquat d'Émilien) = 499

Émilien

	TIRAGE	MOT	RÉF	PTS	OBSERVATIONS
1	ABEEIIT	ABIETINE	6 B	64	ABIETIN, *d'un sapin.* Perd 12 pts sur BÉA-TIFIE, trop ouvrant [-E, -R –S ou -Z]
2	?CJNOTU	JUPON	1 H	45	Conserve le joker. CONJU(R)AT 2 D, 68. Délectation morose : si Émilien joue BÉA-TIFIE, PAVANEE ne passe pas
3	?CT + AFLS	(D)ELECTAS	E 5	86	C(O)STALE A 8, 90, beaucoup trop risqué
4	AEHILNP	JUPONNAI	1 H	51	*Soutins (une jupe) par un jupon.* Pas de L pour PHALLINE. HEP, A 1, 30
5	EHLP + AKO	HOPAK	D 11	67	*Danse ukrainienne.* KAPO, A 1, 57, ouvrait moins
6	EL + EELOQ	QUELLE	3 A	26	
7	EO + DIIRT	VITE	3 J	23	Ouvre moins que TIEDIR, G 5, 17. DIORITE, ne passe pas
8	DIOR + GIT	GARI	14 C	16	*Farine de manioc.* Pas de E pour DOIGTIER
9	DIOT + SSB	OBITS	8 K	30	*Services funèraires*
10	DOS + GMUZ	ZIGS	M 7	26	Perd 6 points sur ZUT, mais le reliquat est meilleur
11	DMOU + MRV	VROUM	G 8	15	Béa n'a que 4 lettres. Il faut dégraisser. VER, F 2, 20
12	DM				4 points empochés par Béa

Total : 449-4 (reliquat d'Émilien) = 445

Partie libre. Revanche

Émilien contre…

	TIRAGE	MOT	RÉF	PTS	OBSERVATIONS
1	AHINORU	HOURI	H 4	24	*Très belle femme.* Perd 2 points sur HOUARI, *voile*
2	AN + AACKT	KAWA	M 3	44	
3	ACNT + EES	TENACES	K 8	81	Ouvre moins que SECANTE
4	EELSTVY	SYLVE	N 5	85	*Forêt*, faisant NAY, *flûte indienne.* LYSEES 14 I, 70
5	ET + EELLR	REFLET	H 10	27	
6	EL + EIOTZ	ZEOLITHE	4 B	92	*Silicate de certaines roches volcaniques.* TOILEREZ, 7 C, 70
7	EMNORSU	NUMEROS	C 7	77	
8	BEEIOPS	BIPEES	A 8	48	*Appelées par des «bips»*, faisant BRU
9	O + B?IJMR	JOB	3 I	38	Faisant JEU et conservant le joker
10	?IMR + DES	REMEDIA	11 E	23	
11	?S	O(S)TS	J 3	25	Ou host, *armée moyenâgeuse*

Total : 564 +2 (reliquat de Béatrice) = 566

Béatrice

	TIRAGE	MOT	RÉF	PTS	OBSERVATIONS
1	AFLNTUW	OUTLAW	5 H	30	
2	FN + AEOUX	FANAUX	L 4	50	Perd 12 points sur FAUX, 4 L, qui eût ouvert deux rouges Sud
3	EO + AFINV	FONÇA	12 H	28	FOVEA, J 11, 31, ouvre le rouge Est
4	EIV + EHRU	EUH	O 7	40	HIVER, M 11, 33 rapporte moins et bouche moins
5	EIRV + GQU	QUE	14 F	26	Bon débarras! GUIVRE, *hér., serpent*, M 10, 31, faisant FONÇAI
6	EGIRV + EL	ELZEVIR, B	B 2	54	GRIVELER, *partir sans payer*, 10 A, 66, ou GRIVELEE, 11 A, 74, sont jugés trop ouvrants
7	G + ?AAGIR	REGAG(N)AI	2 A	59	
8	CINNOTT	CONTINT	1 H	92	
9	ADEIMPS	APIDES	M 10	29	*Abeilles*, faisant FONÇAI
10	M + D	ME	F 10	7	
11	D				2 points empochés par Émilien

Total : 415-2 = 413

Le Duplicate

Inventé par le Belge Hippolyte Wouters et un groupe d'amis en 1972, le Duplicate est une variante du jeu qui élimine complètement le facteur chance. Presque toutes les compétitions se jouent en Duplicate.

• **Principe**. Tous les joueurs jouent la même partie avec les mêmes lettres, mais ne marquent que les points correspondant aux mots qu'ils ont trouvés.

• **Règlement**. Chaque joueur dispose d'un jeu complet dont il classe les lettres avant la partie, généralement par ordre alphabétique. L'arbitre (ou à défaut un joueur) tire sept lettres au hasard et les annonce à voix haute. Tous les joueurs tirent également ces mêmes sept lettres, cherchent le mot qui rapporte le maximum de points et, dans un délai de trois minutes, l'écrivent sur un bulletin-réponse avec le score correspondant. L'arbitre rassemble ces bulletins et annonce le «top», c'est-à-dire le mot le plus cher qui a été trouvé et sa valeur. **Tous les joueurs posent sur leur grille le mot retenu par l'arbitre**, mais ne sont crédités par celui-ci que du nombre de points que leur propre mot leur a rapportés. Si le mot «top» (autrement dit le mot retenu) utilise moins de sept lettres, l'arbitre conserve le reliquat et tire au hasard le complément afin que le tirage suivant comporte également sept lettres; si le mot «top» utilise sept lettres, l'arbitre en tire sept nouvelles. Il faut noter que, lors des quinze premiers coups, chaque tirage doit comporter au minimum deux voyelles et deux consonnes. Dans la négative, les sept lettres du tirage sont remises dans le sac et sept nouvelles lettres sont tirées.

Les joueurs, nantis du deuxième tirage, cherchent de nouveau à former le mot le plus cher possible en l'articulant sur le premier, comme dans le Scrabble classique. Sur le bulletin, ils écrivent non seulement ce deuxième mot et le score correspondant, mais aussi trois lettres au moins du premier mot, afin que l'arbitre sache où les deux mots se raccordent.

														N° de table
							C							**15**
							U							
							R							Indication
							A							alphanumérique
							T							
							E							
				Y	E	E	S							
														Points
														78

Les lettres de raccord YEE sont indispensables à l'arbitre pour qu'il contrôle le score indiqué; en effet, il y a un autre emplacement possible pour CURÂTES.

Toutefois, au lieu de raccorder leur mot, les joueurs peuvent utiliser la notation alphanumérique, fondée sur les lettres et les nombres qui figurent respectivement à gauche et au sommet de la grille.

													N° de table	
						C							**15**	
						U								
						R							Indication	
						A							alphanumérique	
						T								
						E							**9**	**B**
						S								
													Points	
													78	

L'indication alphanumérique concerne la première lettre du mot joué. Le nombre précède la lettre lorsque le mot est vertical.

La partie se poursuit jusqu'à ce que les 102 lettres du jeu soient épuisées (une vingtaine de tirages sont généralement nécessaires, la prescription deux voyelles-deux consonnes n'existant que pour les quinze premiers coups : à partir du seizième coup, une voyelle et une consonne suffisent). Le gagnant est évidemment celui qui a réalisé le plus gros score total. La valeur de sa performance peut se mesurer en pourcentage par rapport au top, pourcentage que l'on calcule en divisant son propre total par la somme des tops. Un pourcentage de 90 % constitue une bonne performance. Le nombre des joueurs n'est limité que par la dimension de la salle et les possibilités d'arbitrage, mais on fait d'excellentes parties à trois, à deux ou même en solitaire (voir le chapitre *Jouer seul sans ordinateur* page 58), soit encore en jouant contre le logiciel DupliTop (voir le chapitre page 57).

• **Technique.** Il n'y a pas de stratégie du Duplicate comme il y en a une de la partie libre : à chaque tirage, il faut réaliser le score maximum, sans s'inquiéter de l'ouverture du jeu, du reliquat d'un tirage, du gaspillage des jokers. Priorité doit être accordée à la recherche du Scrabble, puis à l'utilisation optimale des grosses lettres et des cases de couleur.

• *Coups de sécurité*. Relativement limitée au début de la partie, lorsqu'il y a peu d'emplacements libres, la recherche du meilleur coup est particulièrement stressante lorsque la grille est ouverte de tous côtés et que les possibilités sont multiples. Pour se libérer de ce stress qui s'aggrave à mesure que les trois minutes s'égrènent, le joueur doit très vite trouver – et écrire de peur de l'oublier – un mot qui lui assure un minimum de points et lui permette de consacrer le reste de son temps à la recherche d'un gros coup.

• *Pastilles aide-mémoire*. Autorisées par le règlement, elles sont placées par le joueur aux emplacements intéressants de la grille. Elles lui rappellent les cases rouges ou deux fois doubles ouvertes et les possibilités de rajout payant. On peut en fabriquer facilement avec une vieille chambre à air et un emporte-pièce.

Partie jouée au club Nice-Côte d'Azur.

Neuf cases doivent être signalées par des pastilles :
— la case C 1 qui ouvre deux cases rouges si on tire un A ou un E pour faire ABOULENT ou ÉBOULENT.
— les cases E 7 et E 9 qui ouvrent un quadruple possible en sept ou huit lettres.
— la case H 13 qui permet, avec un S, d'empocher, outre son propre mot, les 14 points de (Z)LOTYS.
— la case K 11 qui permet de doubler le K avec un mot comme TANK ou SKA, OKA, etc.

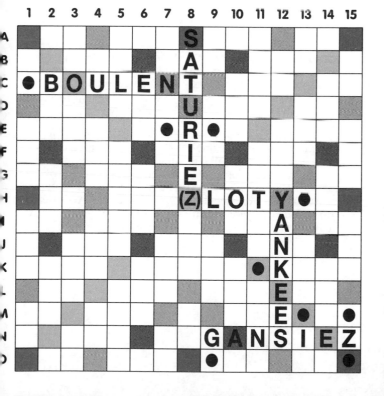

– la case O 9 qui ouvre une case rouge en faisant GO (par exemple DÉTRÔNA en O 5 : 81).

– La case M 13, au cas où l'on tire un X : EX, M 12 (faisant XI), 44. En guise de pense-bête, séparez la lettre X des autres lettres.

– La case M 15 qui ouvre la case rouge H 15 avec une flexion verbale en -EZ.

– la case rouge O 15 qui est ouverte avec des mots comme GAZA, GAZE, MAZA, MAZE ou MÉZÉ (48 pts), PLANÈZE (57 pts), JÈZE (84 pts), etc.

Soit le tirage A D E H I N P. Le Scrabble n'étant pas évident, le joueur cherche un coup de sécurité sur le Z. S'il ne trouve pas NAZE ou NAZI (15 L, 42), il essaie de tripler un mot en faisant ABOULENT et trouve ÉPAND (1 A, 37) ou, mieux encore, APHIDÉ (1 C, 55) ; à défaut, il se rabat sur HAÏK, PÉKIN ou PÉKAN (32 points dans la ligne K). Quand il a inscrit son mot de sécurité sur son bulletin, sans oublier le raccord et le score, le joueur peut réenvisager la question du Scrabble et trouver éventuellement DAUPHINE (4 A, 84) ; ou DIAPHANE (B 6, 85). Si c'est un fort en thème, il placera DAPHNIES, *petits crustacés d'eau douce*, en A 1 (104 pts), ou, au singulier, en 1 B (108 pts), faisant ABOULENT.

- *Risques à prendre.* Il arrive qu'un scrabbleur hésite à placer un mot dont il n'est pas sûr. Les risques qu'il prendra seront d'autant plus justifiés qu'il aura davantage de retard sur le premier. L'excellent principe de Michel Pialat est qu'il ne faut pas tenter un mot douteux si celui-ci n'a pas une valeur au moins deux fois supérieure à un mot dont on est sûr. Ceci dit, les noms en -EUR et en -AGE dérivés d'un verbe représentent un bon risque (IMAGEUR, TRACTAGE, etc.).

- *Marquage des jokers :* voir p. 16.

Le logiciel DupliTop

Si vous avez un ordinateur, le logiciel DUPLITOP sera pour vous un adversaire toujours frais et dispos, toujours serviable, du moins en Duplicate.

Il peut soit vous tirer une partie de son cru, soit vous faire rejouer une partie déjà publiée et dont vous lui indiquez successivement tous les tirages. Les options suivantes sont à portée d'index :

• *Existence d'un mot.* Pour un mot dont vous n'êtes pas sûr
• *7 + 1.* Possibilités de Scrabble offertes par votre tirage
• *Affichage des solutions.* Vous pouvez comparer votre trouvaille non seulement avec le top, mais aussi avec les 200 meilleures solutions
• *Prolongements et benjamins.* Rajouts d'une ou plusieurs lettres plaçables devant ou derrière un mot
• *Officiel du Scrabble.* Donne la définition de n'importe laquelle des 200 solutions grâce à un clic droit
• *Collantes.* Cite les mots plaçables en collante au-dessus ou au-dessous d'un mot placé sur la grille (bouton Dupli-Top), Top des tops (grille réduite)
• *Partie joker.* Tire ou rejoue une partie joker
• *Programme VocABC,* distinct du programme DupliTop proprement dit. Donne tous les 7 + 1 et 7 − 1 procurés par des tirages fournis par le joueur, ou, à des fins d'entraînement, par le programme lui-même
• *Programme Vocaliste* distinct lui aussi du programme DupliTop proprement dit. Ce programme, précieux pour les cruciverbistes, permet de trouver toutes les variations possibles sur un thème donné : mots commençant par un P et finissant par un N ; mots ayant un Y en avant-dernière position ; mots avec Q non suivi d'un U ; mots comprenant la suite de lettres KIL ; mots pouvant être prolongés par un L initial ou final (**L**AQUEUX, ARBITRA**L**), *anacycliques* (mots lisibles dans les deux sens, comme ÉTALER et RELATE) ; *palindromes* (mots ne changeant pas quand on les lit dans les deux sens comme NAURUAN). Ce programme permet également certaines recherches sémantiques dans l'O.D.S. Par exemple, vous pouvez retrouver le nom des quatre castes hindoues : BRAHMANE - KSATRIYA - VAIÇIA, VAISHIA ou VAISYA - SHUDRA ou SUDRA

Jouer seul sans ordinateur

Le Duplicate se prête admirablement au plaisir solitaire scrabblesque. Il suffit de disposer d'une partie déjà jouée, telle qu'en publient l'Express, certains quotidiens régionaux et surtout Scrabblerama (voir les *Adresses utiles* en fin d'ouvrage): ce mensuel en publie régulièrement plus de 20 par numéro.

Posez un cache sur la partie afin de ne voir que le premier tirage. Quand vous aurez trouvé un mot, baissez le cache d'un cran: vous découvrirez la solution et le tirage suivant. Sur votre grille, posez cette solution (et non pas la vôtre) au bon endroit grâce à ses références (colonne «Réf»), qui s'appliquent à la première lettre du mot posé. Les lignes horizontales de votre grille sont désignées par une lettre allant de A à O; les colonnes, par un nombre allant de 1 à 15. Lorsque la référence d'un mot commence par une lettre, il est horizontal; par un chiffre, il est vertical. Le tiret qui précède parfois un tirage signifie que le reliquat du tirage précédent a été rejeté, faute de voyelles ou de consonnes.

N°	TIRAGE	SOLUTION	Réf	Pts
1	E E F I R T X			
2	T + A?E H T T	REFIXE	H 8	56
3	D A I N P U U	TA(C)HETTE	13 A	72
4	N U + A E E M O	DUPAI	7 F	31
5	A M O + E H P R	NUEE	14 E	36
6	C D E I L M S	AMORPHE	6 I	84
7	D M + E E I N N	SICLE	15 H	93
8	A A E E L Q S	DEMINENT	A 6	83
9	Q + I O R R U V	ALAISEE	11 E	28
10	- F I N R S T U	VIOQUE	O 1	72
11	N + A B I L T V	SURFIT	8 J	34
12	B I T + A A B M	VLAN	10 J	30
13	I T + E L L R Z	BAMBA	B 2	29
14	R + C I N S Y ?	TILLEZ	12 J	59
15	R S Y ? + O S T	ZINC	O 12	47
16	E J O R R S W	OAR(I)STYS	3 A	102
17	R R W + D E U U	JOIES	D 1	38
18	D W + A E G O O	JUREUR	1 D	39
19	G O O + G K N	DEWAR	L 2	30
	Total: 976	MOKO	8 A	15

Les Anacroisés

Ce jeu est un excellent entraînement pour trouver les Scrabbles, tant en 7 qu'en 8 lettres. Une semaine sur deux, Paris-Match publie un Anacroisés géant de 120 mots. Scrabblerama en propose de plus petits.

Les définitions ont été remplacées par des tirages. Les tirages des mots courts (moins de six lettres) ne sont pas donnés. Le nombre qui suit certains tirages correspond au nombre d'anagrammes du mot à trouver.

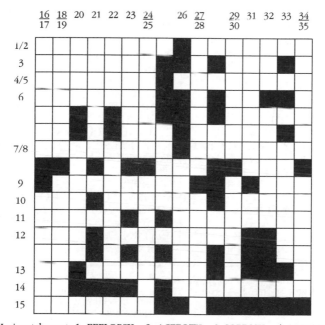

Horizontalement. 1. EEELOPSX - 2. ACEEOTX - 3. IOPRSSY - 4. EEILSTT (+ 2) - 5. AEFFGRRU - 6. EIORSSS - 7. EEEINNSS (+ 1) - 8. EIOQRTU - 9. GHINOORS - 10. AELNSU (+ 1) - 11. AAIMRSSS - 12. ABCEELLO - 13. AEEIPPR (+ 2) - 14. ABIMSSUU - 15. EIMOSST (+ 2).

Verticalement. 16. EEIOPRT (+ 3) - 17. BEFILSU (+ 1) - 18. ELOSSXY - 19. AHNNOORT - 20. ELOPRSU - 21. EILOSST (+ 1) - 22. AEEGNRTU - 23. AEIISST - 24. EEELSSU - 25. AELLOOST - 26. AEEIORSS - 27. CEIORTUY - 28. ABELSUX - 29. EFFORRU - 30. AILNPRS - 31. EFIILLNT - 32. BEEEQSU - 33. EIRRSUU - 34. CEEEERT - 35. AAHISTT.

Solution page suivante.

Les parties joker

Cette variante du Scrabble Duplicate constitue un excellent exercice pour le Duplicate en habituant les joueurs au stress qu'ils ressentent devant un tirage aux possibilités multiples. Chaque tirage comporte un joker, mais, dans le mot retenu, on substitue au joker la lettre qu'il est censé représenter, ce qui permet de conserver le joker pour le coup suivant.

N°	TIRAGE	SOLUTION	Réf	Pts
1	? E E K L O O			
2	? A A A I P Z	(R)ELOOKE (1)	H 7	100
3	? A + B E I U V	APAI(S)EZ (2)	13 C	54
4	? E M O Q R U	BOUVE(T)AI	11 G	74
5	? A A E E M S	MO(U)QUERE	8 A	119
6	? A B E M N T	AMA(S)SEE	O 7	88
7	? H U I L G E	EMB(O)UANT	E 4	90
8	? E F N O S W	HUILAGE(S) (3)	M 7	82
9	? F N O W + L O	RELOOKEES	H 7	54
10	L N + ? E H I T	WOOFE(R)	4 A	54
11	? E I L R S T	LITH(I)NES (4)	15 A	92
12	? A E E F R T	TRIL(L)ES	I 2	78
13	? E E I N U C	AF(F)RETE (5)	1 C	97
14	? I J R T V Y	U(N)CINEE (6)	L 2	76
15	I T V + ? A A G	JURY	2 K	40
16	I V G + D N P U	(F)ATWA (7)	A 1	39
	Total : 1158	PRUINE	F 3	21

(1) KO(H)OL, H 4, 46 - (2) ZAO(U)IA, 10 F, 36 - (3) HUGOLIE(N), B 5, 65 - (4) (P)LINTHES, 15 A, 83 ; (A)NTHELIE, K 4, 70 ou HEL(A)IENT, K 6, 60 - (5) ou FARTEE(S), 1 D. Le premier joker reste sur la grille - (6) ou INCU(B)EE, L 2 ; CER(A)UNIE, 3 G, 74 - (7) Le deuxième joker reste sur la grille.

Solution de l'Anacroisés. 1. EXPLOSEE - 2. ECOTAXE - 3. PYROSIS - 4. ILETTES (LISETTE SITTELE) - 5. GRAFFEUR - 6. ROSISSE - 7. ESSENIEN (INSENSEE) - 8. TORIQUE - 9. HONGROIS - 10. AULNES (ALUNES) - 11. RAMASSIS - 12. ECOLABEL - 13. PRIAPEE (PEPIERA PREPAIE) - 14. SUBSUMAI - 15. STOMIES (MITOSES SOMITES) - 16. EPIROTE (PETOIRE POTERIE POTIERE) - 17. FIBULES (FUSIBLE) - 18. XYLOSES - 19. HONORANT - 20. SPORULE - 21. LOTISSE (SOLISTE) - 22. NEGATEUR - 23. SIESTAI - 24. ESSEULE - 25. OLEOLATS - 26. OSERAIES - 27. EUROCITY - 28. SABLEUX - 29. OFFREUR - 30. PRALINS - 31. TEFILLIN - 32. BEQUEES - 33. USURIER - 34. ECRETEE - 35. HASTATI.

Vocabulaire

Ce vocabulaire comporte tous les mots utiles au scrabbleur avec leur sens, leur dérivation, leur accord, leur conjugaison s'il y a lieu, et les anagrammes les plus importantes.

• *Choix des mots.* Nous avons essayé d'incorporer tous les mots peu courants ou difficiles à orthographier ou à conjuguer. Cette sélection reste arbitraire, tel mot familier à un joueur étant de l'hébreu pour l'autre. Le lecteur a la possibilité de rajouter à la main, dans les espacements laissés à cet usage, tel mot ou telle forme verbale lui posant problème.

• *Conjugaisons.* La transitivité de tous les verbes a été précisée, généralement «par défaut», les verbes transitifs n'étant suivis d'aucune indication. Certains d'entre eux, très courants, ne sont mentionnés que pour leur caractère transitif peu évident: COMMUNIER, FESTOYER, TRICHER. D'autres verbes, non transitifs, sont cependant traités comme tels parce que leur participe passé est variable ou parce qu'un homographe en -ÉE «annule» leur intransitivité: CONVENIR peut se conjuguer avec *être*, donc a un participe passé variable. LOUCHER a un participe passé invariable, mais LOUCHÉE, nf, existe. Tous les verbes pronominaux sont précédés de «se» ou de «s'» et ont un participe passé variable. En revanche, les verbes intransitifs sont suivis de «vi» et ont un participe passé invariable. Enfin, la conjugaison des verbes en -ELER, -ETER, en -AIRE et en -OUDRE a été précisée, alors que les verbes défectifs sont suivis de toutes leurs formes licites.

• *Mots invariables.* Les mots invariables sont suivis d'un butoir (/), sauf les interjections, suivies d'un point d'exclamation. Bien entendu, les mots en -S, -X et -Z ne peuvent, au pluriel, prendre un S final.

• *Sens des mots.* Il est suggéré:
– par une abréviation en italiques: ABATANT *menui* signifie qu'il s'agit d'une pièce de bois.
– par un ou deux mots d'explication: ABER fjord

– par la dérivation, les mots de même étymologie étant séparés par une virgule au lieu d'un point : le sens d'ABRA-SION découle de celui d'ABRASER.
– par un complément d'objet : ACCOUVER une poule.
– par un mot entre parenthèses : ACINUS (glande).
– par « de » suivi d'un article défini et un nom, qui signifie « relatif à » : COLOMBIN,E du pigeon.

• *Genre des adjectifs.* Pour gagner de la place, nous n'avons indiqué que le masculin de la plupart des adjectifs et remplacé le féminin par des points de suspension :
– ABÉLIEN... implique ABÉLIENNE.
– ABRASIF... implique ABRASIVE.
– ABSIDAL... implique ABSIDALE et le pluriel ABSIDAUX.
– AMBLEUR... implique AMBLEUSE.
– BILEUX... implique BILEUSE.
– CENSUEL... implique CENSUELLE.
– CLAIRET... implique CLAIRETTE.

• *Rajouts.* Ils sont indiqués en caractères gras : **A**BATTEUR ; ABRICOT**É,**E.

• *Benjamins.* De nombreux rajouts initiaux de 3 lettres permettant, aux coups suivants, d'atteindre la case Rouge Ouest sont indiqués entre parenthèses : FLUENCE (CON-DIF-)

• *Verbes à préfixes ou rajouts multiples.* Afin de faciliter les révisions, nous avons groupé à la lettre D la plupart de ces verbes : **DÉ**CORDER (AC- EN- RE- CON-vi DIS-vi RAC-). Lorsque le préfixe DÉ- ne figure pas parmi les rajouts possibles, nous avons cité ceux-ci en même temps que le verbe simple : MISER (RE- TA- ATO- CHE- CHRO- DYNA- ISLA- MAXI- MINI- OPTI- SODO-).

• *Anagrammes.* Elles sont indiquées en petites capitales, **sans accent et sans cédille**, telles que les mots apparaissent au joueur manipulant ses lettres. Elles figurent après la première entrée dans l'ordre alphabétique : ainsi HER-CULE est suivi de son anagramme LECHEUR, tandis que l'entrée LÉCHEUR est seulement suivie d'un astérisque. La présence de deux ou trois astérisques signifie que le mot concerné comporte deux ou trois anagrammes. Lorsqu'une ana-gramme est précédée d'un dièse (#), elle correspond non pas à l'entrée proprement dite, mais à son pluriel ou à son féminin. Exemples: ACANTHE ETANCHA ENTACHA # ENSACHAT. ETANCHA et ENTACHA sont les anagrammes d'ACANTHE; ENSACHAT est l'anagramme d'ACANTHES. CRÉATIF... REACTIF # FARCITES # VERACITE RECEVAIT. REACTIF est l'anagramme de CRÉATIF; FARCITES est l'anagramme de CRÉATIFS; VERACITE et RECEVAIT sont les anagrammes de CRÉATIVE. Si le dièse suit un infinitif, l'anagramme correspond au participe passé. Exemple: DÉVERDIR # DEVIDER. Faute de place, nous n'avons pas indiqué les anagrammes trop faciles ou trop nombreuses: ABRASER n'est pas suivi de BRASERA SABRERA; ALIGOTÉ de GALIOTE ILOTAGE LOGEAIT OTALGIE TOILAGE.

Les anagrammes des mots avec lettre chère ne sont répertoriées que dans la liste des mots contenant cette lettre chère (voir le paragraphe suivant).

• *Lettres chères.* Les mots à lettre chère jouant un rôle capital, nous les avons listés deux fois: une fois à l'ordre alphabétique, et une fois regroupés aux lettres J, K, Q, W, X, Y, Z. Les mots à plusieurs lettres chères sont eux-mêmes rassemblés à la fin du Vocabulaire. D'autre part, les anagrammes des mots à lettre chère sont toutes regroupées avec les lettres chères. Ainsi ACÉTEUX..., placé à l'ordre alphabétique (entre ACÉTATE et ACÉTIFIER), n'est suivi d'aucune anagramme; placé à la lettre X (entre ABYSSAUX et ACIÉREUX), il est suivi de ses anagrammes CETEAUX et EXECUTA.

• *Listes supplémentaires* (à la fin de l'ouvrage).
– mots à plusieurs lettres chères
– mots en -AIE
– mots en -ANT,E
– infinitifs en -ER pouvant être complétés par un S ou un E
– mots comportant un G et un H
– mots où le H est séparé du C
– mots en -ING
– mots en -OIE
– mots en -O
– mots en -UM
– prénoms (et noms mythologiques)
– mots anglais.

Abréviations

→ renvoie à un type de conjugaison
« » entoure un mot faux
≠ indique un antonyme
adj adjectif, généralement en É,E
ARBRIER (M-adj) signifie que le féminin MARBRIÈRE existe.
Les mots terminés par -ER sont, par défaut, des verbes transitifs
Afr ou *afr* Afrique ou africain
agr agriculture
alc alcool
alp alpinisme
Am Amérique ou américain
anat anatomie
anc ancien ou anciennement
anthr anthropologie
Antil ou *antil* Antilles ou antillais
ar arabe
arachn arachnide, araignée
arb arbre ou arboriculture
arch architecture
arg argot
art beaux-arts
astr astronomie
ato atomistique
av aviation
batr batracien
Belg ou *belg* Belgique ou belgicisme
biochim biochimie
biol biologie
boiss boisson
bot botanique
bri bridge
brod broderie
cép cépage
cham champignon
ch de f chemins de fer
chim chimie
chir chirurgie
cin cinéma
coif coiffure ou couvre-chef
com commerce
const construction
cost costume
crust crustacé
cycl cyclisme
déco décoration
dr droit
écol écologie
écon économie
écri écriture
élec électricité ou électronique
élev élevage
embry embryologie
éq équidé ou équitation
ethn ethnologie
Esp ou *esp* Espagne ou espagnol
étof étoffe
expl explosif
fab fabricant
féod féodalité
fin finances ou financier
fortif fortifications
fos fossile
from fromage
gén génétique
géog géographie
géol géologie
géom géométrie
gram grammaire
Grèce ou *grec* Grèce antique
Helv ou *helv* Suisse ou helvétisme
hér héraldique
hind Inde ou hindouisme
hipp hippisme
hist historique
hydroc hydrocarbure

icht ichtyologie, poisson
impr imprimerie
inf informatique
ins insecte
isl Islam ou islamique
Jap ou jap Japon ou japonais
joaill joaillerie
lang langue
ling linguistique
litt littérature
log logique
mach machine
mag magistrat
mam mammifère
mar marine
math mathématique
méc mécanique
méd médecine
menui menuiserie
mét métal ou métallurgie
mil militaire ou guerre
min minéral ou minéralogie
mine minier
mob mobilier
moll mollusque
mon monnaie
monu monument
M Âge Moyen Âge
mult multimédia
mus musique
myth mythologie
n nom
Océ ou océ Océanie
ois oiseau
opt optique
orf orfèvrerie
out outil
ouv ouvrier
pap papillon
pât pâtisserie
péj péjoratif
phar pharmacie
philo philosophie
phon phonétique

phys physique
physio physiologie
poé poésie
pol politique
préhist préhistoire
psy psychologie
pub publicité
Québ ou québ Québec ou québécisme
réc récipient
rel religion
rept reptile
Réun la Réunion ou réunionnais
rhét rhétorique
Rome ou rom Rome antique
scol éducation
sculp sculpture
sp sports
spat domaine spatial
stat statistique
styl stylistique
taur tauromachie
tech technique ou technologie
tél téléphone ou télécoms
ten tennis
text textile
théâ théâtre
T.P. travaux publics
urb urbanisme
v Par défaut, verbe transitif
vt verbe transitif ou participe passé variable… CICLER, bien que vi, est renseigné comme vt parce que le nom CICLÉE existe
vi verbe intransitif ou participe passé invariable
véhi véhicule
vén vénerie
vét terme vétérinaire
vêt vêtement
vit vitamine
vx vieux
zoo zoologie

De A à Z

Noter l'intérêt du A, non seulement comme désinence du passé simple et du futur, mais comme rajout initial: **A**CE, **A**BORNER, **A**GNOSIE, **A**KAN, **A**LOGIQUE, **A**MODAL..., **A**RACK, *etc.*

Mots avec deux A consécutifs: AA, BAASISME, BAASISTE, CAATINGA, DJAMAA, DJEMAA, GRAAL, KRAAL, KURSAAL, MAAR, MAATJE, MARKKAA/, RAAG, RUFIYAA, SAANEN, TAAL.

AA coulée de lave. ABACA *arb.*
ABACOST *vêt* CABOTAS
TABASCO # CABOSSAT.
ABACULE mosaïque ÇABLEAU.
ABAJOUE. ABALONE *moll.*
ABAQUE boulier.

ABASIE *méd* # ABAISSE.
ABATAGE,
ABATANT,S, **A**BATTANT,S *menu,*
ABATÉE *mar* ou **A**BATTÉE.
ABÂTARDIR. **A**BATIS.
ABATTEUR..., **A**BATTURE.

ABBESSE, ABBATIAL...
s'**AB**CÉDER, ABCÈS. ABDOS.
ABÉE de moulin. ABEILLER,E.
ABÉLIEN... *math* BALEINE,
ABER fjord.
ABERRER vi se tromper (-ANT,E).
ABESSIF cas (privation) (cf AD).
ABÊTIR. ABHORRER haïr.

ABIES sapin, ABIÉTIN,E(-E).
ABIOTIQUE impropre à la vie.
ABLATER retrancher.
ABLATIF... **A**BLE ablette.
ABLÉGAT *rel* # GALBATES.
ABLERET filet de pêche carré
ou ABLIER n (F-n).
ABLUTION OUBLIANT.

ABOI. ABOITEAU digue.
ABOLITIF... ABOMINER.
ABONDER vt. ABONNIR (R-).

ABORDEUR navire qui aborde.
ABORNER délimiter (cf AD-).
ABORTIF...
ABOT *éq* entrave.
ABOTEAU digue, aboiteau.

ABOUCHER. ABOULER (S-).
ABOULIE *méd* (K-) EBOULAI
BOULAIE BOUELAI.
ABOUT *menu* extrémité,
ABOUTER (R-; cf É- et RE-),
ABOUTAGE (R-).
ABOUTI,E (IN-).

ABOYER, ABOYEUR...

ABRAS *out.* **A**BRASER (cf É-),
ABRASIF... BAFRAIS # BAVERAIS,
ABRASION abornais.
ABRAXAS *pap.*

ABRÉAGIR vi GABARIER v ou nm.
ABREUVAGE. ABRIBUS
BARBUS + I.
ABRICOTÉ,E BORACITE.
ABRIER couvrir (cf ABLIER n).
ABRIVENT VIBRANTE.
ABROUTIR brouter.

ABSCISSE. ABSCONS,E.
ABSIDE BASIDE # BIDASSE,
ABSIDAL…, ABSIDIAL…
ABSINTHÉ,E THEBAINS.
ABSOLUT/ etc BLOUSAT (-USSE,S),
ABSOUS, ABSOUT/ ABSOUTE.
ABSTÈME *rel* EMBETAS EMBATES.
ABSTRACT résumé,
ABSTRAIRE → BRAIRE.
ABSTRUS,E obscur # ARBUSTES.

ABUSEUR… violeur.
ABUSUS *dr.* ABUTER unir.
ABYME/ *art*, ABYSSE,
ABYSSAL… ABYSSIN,E.
ABZYME enzyme.

ACABIT. ACADIEN… (Canada).
ACALÈPHE *zoo* ACEPHALE
CHAPELA + E.
ACANTHE ETANCHA ENTACHA
ENSACHAT.
ACARIEN *zoo* CANERAI CARENAI.
ACARIOSE. **A**CARPE sans fruits.
ACARUS *zoo* parasite (donne la gale).
ACATÈNE *tech* sans chaîne.
ACAULE sans tige.

ACCÉDER vi, ACCÉDANT,E.
ACCENTUE**L**…
ACCISE taxe, ACCISIEN.

s'ACCOINTER # OCCITANE.
ACCOLER, ACCOLAGE.
ACCON *mar* acon, ACCONAGE,
ACCONIER n COINCERA.
ACCORER *mar*, ACCORAGE.
ACCORNÉ,E *hér* # CORNACEE.
ACCORT,E # ACCOTER.
ACCOT écran, ACCOTER*,
ACCOTOIR. ACCOUER *éq.*
Pas d'«accouage»; cf COCUAGE.
ACCOURCIR. ACCOUTRER.
ACCOUVER une poule.

ACCRÉEN… d'Accra (Ghana)
CARENCE CREANCE
ACCRÉTER *astr* s'accroître
CETERAC CRETACE.
ACCRO. ACCROIRE/. ACCU**L**.

ACE. ACENSER (une terre).
ACÉPHALE* sans tête.
ACÉRACÉE (érable) ARECACEE.
ACERBITÉ BACTERIE BECTERAI.
ACÉRER (L- M- DIL-).
ACESCENT,E *chim* ACCENTS + E,
ACÉTAL,S, ACÉTATE,
ACÉTEUX…, ACÉTIFIER,
ACÉTIQUE, **A**CÉTONE,
ACÉTYLE.

ACHAINE fruit # ENSACHAI.
ACHALER agacer (-ANT,E).
ACHARDS mets (V-)
ou **A**CHARS (cf ÉCHARS,E).
ACHE *bot*. ACHE**B** *Afr* bot.
ACHÈNE *bot* achaine ACHEEN.
ACHÉEN*… Grèce. **A**CHEVAGE.
ACHIGAN *icht*. ACHILLÉE *bot*.
ACHOLIE absence de bile.
s'**A**CHOPPER APPROCHE.
ACHOURA *ar*. **A**CHROMAT,
ACHROME CHOMERA AMOCHER,
ACHROMIE (peau non colorée).
ACHYLIE absence de chyle.

ACIDAGE. ACIDALIE *pap*.
ACIDIFIER,
ACIDOSE CODAIS + E,
ACIDULER RADICULE,
ACIDURIE *méd* DECUIRAI.
ACIÉRER (DÉS-),
ACIÉRAGE AGACERIE,
ACIÉREUX…
ACINÉSIE *méd* INCISEE + A
ou **A**KINÉSIE (pas de mouvt)
ACINUS, pl ACINI/ (glande),
ACINEUX…

ACLINIQUE. ACMÉ apogée,
ACMÉISME *litt* ECIMAMES,
ACMÉISTE ECIMATES.
ACNÉ, ACNÉIQUE.

ACOLYTE, ACOLYTAT.
ACON chaland, accon, ACONAGE,
ACONIER n NOCERAI ECORNAI.
ACONIT *bot.* s'ACOQUINER.
ACORE *bot* (cf ACCORER).
ACOUSMIE *méd* (audition).

ACQUÉRIR, ACQUIERS (J-),
ACQUIERT, ACQUÉRONS etc,
ACQUÉRAIS etc, ACQUIS etc,
ACQUERRAI etc,
ACQUERRAIS etc,
ACQUIÈRE,S, ACQUISSE etc,
ACQUET (J-), ACQUIT.

ACRA beignet. ÂCREMENT/.
ACRIDIDÉ criquet
ou ACRIDIEN... ACRIDINE
CNIDAIRE CEINDRAI INDICERA.
ACRIDINE**** *chim.*
ACROMION (os), ACROMIAL...
ACRONYME sigle (ex. : OVNI).
ACROPOLE. ACROSOME *bio.*
ACROTÈRE socle de statue.

ACTER, ACTANT,S *ling.*
ACTINE protéine CATINE NATICE
CASTINE SCIANTE,
ACTINIDE (radioactive) CITADINE
ACTINIE *zoo* CANITIE # SCIAIENT,
ACTINITE coup de soleil CITAIENT,
ACTINIUM métal radioactif,
ACTINOTE *géol* COTAIENT.
ACTIVANT,E,
ACTIVEUR CURATIVE CUVERAIT.
ACTUAIRE *stat* AUTARCIE.

ACUL fond. ACULÉATE *ins.*
ACUMINÉ,E *bot* pointu.
ACYLE radical organique.

ADA *inf.* ADAC *av.* ADAV *av.*
ADAGIO.
ADAMIEN... AMENDAI # DESAMINA
ou ADAMITE *rel* (nu) DEMATAI,
ADAMIQUE, ADAMISME.

ADDAX antilope.
ADDENDA/, ADDENDUM/.
ADDICTIF... (drogue).
ADDITIF, ADDITIVÉ,E DEVIDAIT.
ADDUIT *chim* résultat d'une
addition.

ADÉNINE *chim* base # ANDESINE,
ADÉNITE *méd* EDENTAI,
ADÉNOÏDE, ADÉNOME.
ADENT mortaise
ADERMINE *chim* MADERIEN
MENDIERA DEMINERA.
ADESSIF cas (proximité) (cf AB-).
ADEXTRÉ *hér*, ADEXTRÉE.

ADIANTE fougère (R-) ANATIDE
AIDANTE
ou ADIANTUM MINAUDAT.
ADIPIQUE (acide),
ADIPOSE *méd* DEPOSAI # POSSEDAI.
ADIPSIE *méd* (sans soif).
ADIRÉ *dr* perdu, ADIRÉE.
ADITION *dr* acceptation.

ADJUVANT,E *méd*,
ADJUVAT *anc* assistant.
ADNÉ,E *bot* soudé

ADO (F- S-). ADOBE brique.
ADON *québ* hasard. **A**DONC/.
ADONIDE plante à fleurs rouges.
ADONIES fêtes ANODISE DANOISE.
ADONIEN... *poé* (vers). ADONIS.
ADOPTANT,E,
ADOPTIEN... rel DEPOINTA
DOPAIENT ANTIPODE.
ADORNER orner (cf ABORNER).
ADOUBER un chevalier.

ADRAGANT,E (gomme).
ADRAR djebel RADAR.
ADRESSAGE. ADRET (au soleil).
ADSCRIT,E écrit près de.
ADSORBER *chim* retenir à la surface.
ADSTRAT *ling* (concordances).
ADULAIRE pierre nacrée.
ADULTÉRER gâter.

ADVENIR (3es pers. et participes).
ADVENTIF… qui pousse isolément.
ADVERBAL… ADYNAMIE.
ADYTON chambre de temple grec.

AÈDE poète. AEGOSOME *ins*.
AEGYRINE silicate de fer et sodium.
AEPYORNIS *ois fossile* (autruche).

AÉRAGE *mine* AREAGE, AÉRATEUR.
AÉRICOLE, AÉRIFÈRE RAREFIEE,
AÉRIUM.
AÉROBIC. AÉROBIE *biol* (AN-).
AÉROBUS ARBOUSE EBROUAS
BOUSERA.
AÉROCLUB BOUCLERA.
AÉRODYNE *av* (plus lourd que l'air).
AÉROGARE ARROGEA + E.
AÉROGEL *chim* RELOGEA.
AÉROLITE ETOILERA ETIOLERA.
AÉRONEF, AÉROPORTÉ,E.
AÉROSOL (cf ROSÉOLE).
AÉROSTAT ≠ AÉRODYNE.

AESCHNE *ins* ACHEENS ACHENES
ENSACHE # CHASSEEN ENCHASSE.
AETHUSA plante très toxique
ou **A**ETHUSE # HAUTESSE.
AÉTITE oxyde de fer ETETAI.

AFAT femme soldat.
AFFABULER. AFFADIR.
AFFAIRER vt (cf AFFÉRER vi).
AFFAITER *ois* dresser.

AFFÉAGER un fief.
AFFECT état affectif.
AFFENAGE (foin) EFFANAGE.
AFFÉRER vi *dr* EFFARER vt,
AFFÉRENT,E.
AFFERMER. AFFERMIR (R-).
AFFÉTÉ,E maniéré.

AFFIANT,E *dr* AFFINAT # EFFANAIT.
AFFIDÉ,E complice, AFFILER,
AFFILAGE, AFFILEUR, AFFILOIR.
AFFIN voisin. AFFINER (R-),
AFFINAGE (R-), AFFINEUR… (R-),
AFFINOIR.
AFFIQUET parure.
AFFIXÉ,E *ling*, AFFIXAL…

AFFLEURER vt.
AFFLOUER renflouer.
AFFLUER vi, AFFLUENT,E.
AFFOUAGER *dr* (-GER,E adj).
AFFOUILLER. AFFRES.
AFFRICHER (un terrain).
AFFRIOLER. AFFRUITER.
AFFUSION d'eau. AFFÛTAGE,
AFFÛTEUR…, AFFÛTIAU,X.

AFGHAN,E, AFGHANI *mon*.
AFICION *taur*. **A**FIN/.
AFOCAL… AFRO/.

AGA *isl* dignitaire. AGACERIE*.
AGALAXIE absence de lait.
AGAME *zoo*. **A**GAMÈTE ETAMAGE.
AGAMI *ois*. AGAMIE reprod. sexuée.
AGAMIDÉ agame, lézard.

AGAPE. AGAPÈTE *rel* TAPAGÉ + E
PAGEATES. Cf GAPETTE.
AGARIC *cham* GRACIA.
AGASSE pie. AGASSIN *bot*.
AGATE, AGATISÉ,E # ETAGEAIS.
AGATHOIS,E d'Agde.
AGAVE, AGAVACÉE.

AGENAIS,E d'Agen NAGEAIS.
AGENCIER n d'agence de presse.
AGENDER noter DERANGE GRENADE.
AGÉNÉSIE stérilité.
AGENOIS,E agenais. AGENTE,
AGENTIF *ling* FIGEANT NEGATIF.
AGÉRATE *bot* ETAGERA
ou AGERATUM MAUGREAT.
AGÉTAC accord douanier.

AGGLO. AGHA *isl* chef, aga.
AGIE. AGIO,
AGIOTER vi AGRIOTE ERGOTAI,
AGIOTAGE,
AGIOTEUR... AUTOGIRE GOUTERAI.
ÂGISME racisme AGISSANT,E.
AGITATO/ *mus* AGIOTAT.
AGLOSSA *pap* ou AGLOSSE.
AGLYCONE *chim*.
AGLYPHE *(rept)* sans crochets.

AGNAT,E *dr*. AGNATHE *zoo*.
AGNATION *dr* parenté.
AGNEL *mon* (avec un agneau).
AGNELER vi, mais AGNELÉE nf,
j'AGNELLE, AGNELAGE,
AGNELET ELEGANT EGALENT,
AGNELIN,E. AGNOSIE *méd*.

AGOGIQUE *mus* modifie le tempo.
AGONAL... (jeux) AGONIR.
AGONISER vi (cf AGENOISE).
AGONISTE *anat* (muscles).
AGORA. AGOUTI rongeur.

AGRAINER du gibier.
AGRAPHIE *méd* (écriture).
AGRARIEN...
AGRÉAGE AGREGEA,
AGRÉEUR...
AGRÈG, AGRÉGAT TAGGERA,
AGRÉGER. AGRÈS.
s'AGRIFFER. AGRILE *ins*.
AGRION petite libellule,
AGRIOTE** # ORGIASTE
(cf GRIOTTE). AGRIPPER.

AGROSTIS *bot*. AGROTIS *pap*.
AGRUME MURAGE.
AGUETS. AGUEUSIE *méd* (goût).
AGUI nœud. AGUILLER jucher
GUERILLA # GLAIEUL.

AHAN, AHANER vi peiner.
s'AHEURTER s'obstiner.
AHURIR.

AICHE appât (L- M-), AICHER.
AIDANT,E**. AIDEAU planche.

AÏEUL,E,S, AÏEUX.

AIGAGE droit à l'eau GAGEAI.
AIGLEFIN *icht* INFLIGEA.
AIGLETTE *hér* petite aigle.
AIGLON,ONNE GALION.
AIGNEL *mon* ou AGNEL.
AIGREFIN escroc.
AIGRELET,., (M-) REGELAIT GELERAIT.
AIGRETTÉ,E RETIGEAT.
AIGRIN jeune poirier ou pommier.
AIGUADE *mar*, AIGUAGE *dr*,
AIGUAIL rosée,
AIGUERIE *dr* (eau) AIGUIERE,
AIGUIÈRE*. AIGUILLAT,S requin.

AÏKIDO *sp* AIL,S ou AULX.
AILANTE *arb* ANALITE ALIENAT.
AILLER (B- C- F- M- P- R- T-),
AILLADE (pain), AILLOLI.
AÏNOU *lang jap*. AÏOLI.
AIRBAG. AIRBUS.
AIREDALE chien DELAIERA DEALERAI.
AIRELLE myrtille.
AIRER nicher. AIRURE *mine*.

AIS. AISSEAU planche (P- V-).
AISSETTE marteau (C-).
AISY ferment lactique.
AÎTRES d'une maison. AIXOIS,E.

AJACCIEN…

AJISTE (auberge de jeunesse).

AJOINTER (cf É-) joindre.

AJOUPA petite hutte antillaise.

AJOUR, AJOURER. AJOUT (R-).

AJUSTEUR…, AJUSTOIR,
AJUSTURE de fer à cheval.

AJUT *mar* nœud, AJUTAGE tuyau.

AKAN *lang.* AKÈNE fruit.

AKINÉSIE *méd* voir acinésie.

AKKADIEN… d'Akkad (Mésopot.)

AKUAVIT eau-de-vie, AKVAVIT.

ALACRITÉ enjouement.

ALAIRE des ailes (M- S- T-).

ALAISÉ,E *hér* central.

ALANDIER n (four) NADIRALE.

ALANGUIR.

ALANINE *chim* ANNELAI.

ALAOUITE *Maroc* ALOUATE + I.

ALASTRIM variole TRAMAILS.

ALATERNE *arb* ARANTELE.

ALBACORE thon blanc.

ALBANAIS,E BANALISA.

ALBÉDO *phys* OBLADE # DOSABLE.

ALBERGE fruit voisin de la pêche
ALGEBRE GERABLE BRELAGE.

ALBINOS OLIBANS ANOBLIS.

ALBITE feldspath pâle.

ALBRAQUE *mine* galerie avec eau.

ALBUGO *méd*, ALBUGINÉ,E.

ALBUMEN d'œuf,
ALBUMINÉ,E,
ALBUMOSE BOULAMES MABOULES.

ALCADE *mag esp.*

ALCAÏQUE *Antiquité* (vers).

ALCALI sel d'ammonium,

ALCALIN,E # ALLIANCE CANAILLE,

ALCALOSE (sang trop alcalin),

ALCANE *hydroc*, ALCÈNE *hydroc*.

ALCAZAR palais maure.

ALCOOLAT (-E),

ALCOOLÉ, ALCOOLO.

ALCORAN coran.

ALCOTEST CALOTTES,

ALCOYLE *chim* ou ALKYLE,

ALCYNE *hydroc*. ALCYON *ois.*

ALDÉHYDE composé organique.

ALDERMAN,S ou -MEN/ *mag*
MALANDRE.

ALDIN,E *impr* (caractère).

ALDOL *chim*, ALDOSE
DESOLA # DESSOLA DOLASSE.

ALE bière. ALÉA. ALEM *isl.*

ALÉNOIS *(bot)* ANISOLE LEONAIS,E.

ALENTIR. ALENTOUR.

ALÉOUTE langue de l'Alaska.

ALEPH/ lettre hébraïque.

ALÉPINE tissu d'Alep INALPEE
PINEALE # PENALISE PANELISE,

ALEPPIN,E d'Alep (cf PRÉALPIN).

ALÉRION aiglette AILERON ENROLAI.

ALÉSER, ALÉSEUR.,. ALESURE
RALEUSE LAUREES. ALÉSIEN…

ALÉSOIR, ALÉSURE***.

ALEURITE *arb* TAULIERE ELUERAIT.

ALEURODE puceron.

ALEURONE *bot* protéine.

ALEVINER # AVELINE NIVEALE
ENLEVAI.

ALEXIE *méd*. ALEXINE *chim*.

ALEXIQUE ne lit pas (alexie).

ALEZAN,E. ALÉZÉ,E *hér* alaisé,e.

ALFA.

ALFANGE cimeterre (pas de
«flanage»).

ALFATIER,E ERAFLAIT FRELATAI.

ALFÉNIDE alliage ENFILADE.

ALGAZELLE.

ALGÉROIS,E GLOSERAI LOGERAIS.

ALGICIDE tue les algues.

ALGIDE *méd* qui donne froid,

ALGIDITÉ DIGITALE.

ALGIE douleur. ALGINE *chim*,
ALGINATE sel LANGEAIT
AGNELAIT ANTALGIE,
ALGIQUE relatif à la douleur.
ALGOL inf. ALGONKIN,E indien.
ALGUAZIL *Esp* policier.

ALIAS.
ALIBORON âne ANOBLIR + O.
ALICANTE vin. ALIDADE règle.
ALIÉNANT,E ANNELAIT ANNALITE.
ALIFÈRE ailé (S-),
ALIFORME EMORFILA MOFLERAI.
ALIGOT purée. **A**LIGOTÉ (vin).
ALINÉA, **A**LINÉAIRE.
ALIOS grès. ALIQUOTE *math*.
ALISE fruit rouge de l'**A**LISIER.
ALISMA plantain ou ALISME.
ALIZARI racine de la garance.
ALIZÉ, ALIZÉEN…
ALIZIER n alisier (sorbier).

ALKERMÈS liqueur rouge.
ALKYLE *chim* alcoyle.
ALLACHE *icht*. ALLANT,E (B-).
ALLATIF *ling* cas FAILLAT FALLAIT.
ALLÉGIR amincir GRAILLE.
ALLÉGRO. ALLÈLE *gène*.
ALLÉLUIA. ALLÈNE *chim*.
ALLER (B-vi C D- R-vi T-vi).
ALLEU,X *féod* (-TIER nm).
ALLIACÉ,E de l'ail ECAILLA,
ALLIAIRE qui sent l'ail.

ALLÔ ! ALLO**C** COLLA.
ALLODIAL… (alleu) non taxable.
ALLOGAME *bot* (reproduction).
ALLOGÈNE ALLONGEE.
ALLOSOME chromosome sexuel.
ALLOTIR répartir ROILLAT.
ALLUCHON dent d'engrenage (B-).
ALLUMEUR…, ALLUMOIR.
ALLURÉ,E chic.
ALLUSIF… FUSILLA.

ALLUVION, ALLUVIAL…
ALLYLE *chim*, ALLYLÈNE.

ALMANACH.
ALMANDIN,E pierre.
ALMÉE danseuse orientale.
ALMÉLEC alliage léger CAMELLE.

ALOÈS. ALOGIE *psy* LOGEAI,
ALOGIQUE. **A**LOI *mét*.
ALOPÉCIE *méd* POLICEE + A.
ALOSE *icht*. ALOUATE singe
(cf ALÉOUTE et ALAOUITE).
ALOYAU,X.

ALPACA ou ALPAGA lama,
ALPAGE. ALPAGUER.
ALPAX alliage (alu et silicium).
ALPE (P- S-) ou ALPAGE pré,
ALPESTRE.
ALPHA/. ALPHABET,E.
ALPISTE *bot*. ALSACE vin.

ALTAÏQUE (monts d'Asie centrale).
ALTÉRANT,E ALTERNAT,S,
RELATANT ALERTANT,
ALTÉRITÉ LATERITE,
ALTERNAT***,S.

ALTHAEA guimauve
ou ALTHÉE HALETE # HELATES.
ALTIPORT. ALTISE *ins*.
ALTISTE *mus* LESTAIT LITATES,
ALTO (S-) ALTUGLAS plexiglas.

ALU.
ALUCITE *pap* ECULAIT # ECLUSAIT.
ALUETTE jeu TALUTEE.
ALULE plumes d'oiseau.
ALUMINER, **A**LUMINEUX…
ALUMNAT lycée religieux.
ALU**N** (F-). ALUNER (alu) (F-).
ALUNAGE (alun) (F-).
Pas d'« aluneur »; cf NEURULA,
ALUNERIE. ALUNIR. ALUNITE
LINTEAU NAUTILE # LUISANTE.

ALVÉOLÉ,E. ALVIN,E *méd.*
ALYSSE plante ornementale,
ALYSSON ou ALYSSUM.
ALYTE crapaud accoucheur.
AMAN pardon. AMANDAIE *(arb)*,
AMANDÉ,E, AMANDIER n *arb*,
AMANDINE. AMANITE *cham.*
AMARANTE rouge.
AMAREYEUR… de parc à huîtres.
AMARIL,E de la fièvre jaune
MARIAL,E AMIRAL,E.
AMARINER, AMARINAGE.
AMARNIEN… *géog.* AMARRER.
AMASSETTE couteau (R-).
AMASSEUR… (R-).
AMATEURE AMEUTERA MATEREAU.
AMATHIE *crust.* AMATIR (mat).
AMATRICE MACERAIT CAMERAIT.
AMAUROSE *méd* ROUAMES + A.

AMBAGES. AMBIANCER vi.
AMBITUS *mus* BITUMAS.
AMBLER vi *éq* aller l'amble,
AMBLEUR… *éq* # BRULAMES.
AMBLYOPE presque aveugle.
AMBOINE bois ABOMINE.
AMBON *rel anc* tribune.
AMBRER, AMBRÉINE *chim*,
AMBRETTE *arb* (cf O-) EMBATTRE.

AMÉBÉE *Grèce* chant. AMEN/.
AMENSAL… *(bot)* # MELAENAS.
AMENTALE *arb* (saule, noyer).
AMERLO (-QUE), AMERLOT.
AMERRIR.
AMÉTABOLE *ins* sans
métamorphose.
AMÉTROPE *méd* EMPOTERA.
AMEUBLIR. AMHARA éthiopien.

AMIBIASE *méd*, AMIBIEN… (N-),
AMIBOÏDE.
AMICT *vêt rel.*
AMIDE (ammoniac), AMIDINE
DIAMINE DEMINAI MENDIAI.
AMIÉNOIS,E. AMIGNE *cép.*
AMIGO *belg* cachot IMAGO.

AMIMIE *méd*, AMIMIQUE.
AMINÉ,E *chim* (DÉS-v).
AMIRALAT ALARMAIT. AMISH.
AMITIEUX… AMITOSE *méd.*
AMIXIE *biol* non-croisement.

AMMAN *helv* titre MAMAN.
AMMI herbe.
AMMOCÈTE larve de lamproie.
AMMODYTE vipère.
AMMONAL,S (dans un explosif),
AMMONIAC (cf CAMIONNA).
AMMONITE *moll.* AMMONIUM.
AMNIOS membrane du fœtus,
AMNIOTE # ETAMIONS MONETISA.

AMOCHER**.
AMODAL… *stat.*
AMODIER *agr* louer MODERAI.
AMOK folie malaise.
AMOLLIR. AMOME *Afr bot.*
AMONCELER # CAMELEON,
j'AMONCELLE.
AMONT.

AMORAL…, AMORALITÉ.
AMORÇAGE,
AMORCEUR… MACROURE,
AMORÇOIR.
AMORDANCER une étoffe.
AMOROSO/ *mus.*
AMORPHE AMPHORE.
AMOUILLER vi être près de vêler.

AMPÉLITE schiste.
AMPÉRAGE, AMPÉRIEN…
AMPHI. AMPHIBIEN.
AMPHIUME *zoo.* AMPLI.
AMPOULÉ,E (style).

s'AMUÏR *ling* (muet). AMULETTE.
AMURER *mar.* AMUSETTE,
AMUSEUR… SAUMURE.
AMUSIE *méd* (musique)
AMUISSE MESUSAI.
Pas d'«amusique»; cf ESQUIMAU.

AMYGDALE. AMYLE *chim*,
AMYLACÉ,E, AMYLASE,
AMYLÈNE, AMYLIQUE,
AMYLOÏDE, AMYLOSE.

ANA recueil. ANABAS *icht*.
ANABIOSE *zoo* (renaissance).
ANABLEPS poisson aux gros yeux.
ANACARDE cajou DRACAENA.
ANACONDA boa, eunecte.
ANACROISÉS.
ANACRUSE *mus* CARNEAU + S.
ANADROME *icht* (remonte le courant).
ANAGOGIE élév. de l'âme (cf AP-).

ANA**L**.,., *psy*, ANALITÉ**
(cf ANNAL..., ANNALITÉ).
ANALECTA/ anthologie CATALANE.
ANALOGON élément d'analogie.
ANAMNÈSE *méd*. **A**NANAS.
ANAPESTE pied: 2 brèves, 1 longue.
ANAPHASE 3e phase de la div. cell.
ANAPHORE répét. d'un mot (-SE).

ANA**R**. ANATEXIE *géol* fusion.
ANA**T**HÈME. ANATIDÉ** canard.
ANATIFE *crust* ENFAITA # FANATISE.
ANATROPE *bot* (ovule) renversé.
ANAVENIN vaccin.

ANCHE *mus* (B-v C H-v M- R- T-).
ANCHOIS (M-adj).
ANCOLIE fleur ONCIALE.
ANCRER, ANCRAGE
(cf ENCRER, ENCRAGE),
ANCRURE CRANEUR NACRURE.

ANDAIN de foin, ANDAINER.
ANDALOU,SE.
ANDANTE (B- M-) # DANSANTE.
ANDÉSINE* *géol*, ANDÉSITE.
ANDIN,E (D- G-nm) # DANIEN...
ANDORRAN,E.
ANDRÈNE abeille solitaire.

ANDROCÉE *(bot)* ENCODERA.
ANDROÏDE automate.
ÂNÉE (âne). ANE**L** anneau.
ANÉMIER, ANÉMIANT,E.
ANERGIE ≠ ALLERGIE.
ANÉROÏDE (barom.) DENOIERA.
ANETH fenouil.
ANEURINE vit. B1 ENNUIERA.

ANGARIE *mar*. ANGÉITE *méd*
EGAIENT NEIGEAT # SIEGEANT.
ANGELOT LOGEANT LONGEAT
SANGLOTE GALETONS,
ANGÉLUS. ANGEVIN,E.
ANGIITE *méd* # GISAIENT SINGEAIT
ou ANGÉITE. ANGINEUX...
ANGIOME tumeur # AGONIMES
ANGLAISER *éq*. ANGLE**T** *arch*.
ANGLICAN,E, ANGLICHE.
ANGOLAIS,E. ANGON arme.
ANGOR *méd*. ANGROIS coin.
ANGSTRÖM unité.

ANHÉLER vi *méd* HALENER vt.
ANHYDRE sans eau.
ANICIEN... du Puy NIACINE.
ANIDROSE *méd* DERAISON.
ÂNIER,E de l'âne.
ANIL *arb*, ANILIDE *chim* ENLAIDI,
ANILINE colorant (ROS-),
ANILISME *méd* ELIMINAS.
ANILLE hér (M-v V-adj).
ANIMATO/ *mus*,
ANIMELLE testicule MANILLEE.
ANIMISME MAINMISE, ANIMISTE.
ANION *phys* (-IQUE).
ANISER (N- T- BOT-vi COR-
HUM- MÉC- ORG- PAG- ROM-
TÉT- URB-),
ANISETTE (S-),
ANISOLE** solvant # ALESIONS.

ANJOU vin.
ANKARIEN... ANKYLOSER.

ANNAL... dure 1 an, ANNALITÉ**.
ANNAMITE ANEMIANT.
ANNATE 1 an de revenu au pape.
ANNECIEN... ANCIENNE NANCEIEN.
ANNELER (C- ÉP-), j'ANNELLE,
ANNELET,
ANNÉLIDE ver LINDANE + E,
ANNELURE (C-). ANNEXITE *méd*.

ANNIHILER.
ANNONE *Rome* taxe annuelle
(cf ANONE et ÂNONNER).

ANOBIE *ins* vrillette.
ANOBLIR (cf ENNOBLIR).
ANODE électrode. ANODIN,E.
ANODIQUE, ANODISER.
ANODONTE *moll.*
ANOMAL... hors norme,
ANOMALA *ins*, ANOMALON *ato.*
ANOMIE anarchie, ANOMIQUE.
ANOMOURE crustacé décapode.

ANONA *bot* ou ANONE,
ANONACÉE. ÂNONNER.

ANOPHÈLE nm moustique.
ANOPSIE *méd* (vue) # OPINASSE.
ANORAK.
ANORDIR vi. ANOREXIE *méd.*
ANOSMIE *méd* ANOMIES.
ANOURE *batr* (sans queue).
ANOXIE *méd*, ANOXÉMIE,
ANOXIQUE privé d'oxygène.

ANSÉ,E. ANSÉRINE *bot.*
ANSPECT *mar mil* levier PACSENT.

ANTABUSE (alcool) ABUSANT + E.
ANTALGIE*** attén. de la douleur.
ANTAN/. ANTE pilastre d'angle.
ANTEBOIS plinthe OBTENAIS
BOTANISE.

ANTÉFIXE *antiq* sculpture de toit.
ANTENAIS,E (ovin d'un an)
NANTAISE ANEANTIS NEANTISA.
ANTÉPOSER *ling* placer avant.

ANTHÉLIE *astr* HELAIENT.
ANTHÉLIX *anat* (oreille).
ANTHÉMIS *bot*, ANTHÈRE *(bot)*,
ANTHÈSE *(bot)* ETHANES HANTEES.
ANTHRAX *méd.* ANTHRÈNE *ins.*

ANTIART.
ANTIBOIS,E d'Antibes OBSTINAI.
ANTICHAR TRANCHAI.
ANTICHOC CONCHIAT COINCHAT.
ANTIDATER. ANTIDOTE.
ANTIENNE *rel* verset (K-).
ANTIFEU/ FUTAINE INFATUE
ENFUTAI.

ANTIGANG GAGNANT + I.
ANTIGEL GENITAL GLENAIT.
ANTIGÈNE produit un anticorps
GENAIENT GENTIANE.

ANTIHALO *photo* INHALAT + O.
ANTIJEU,X. ANTIJUIF...
ANTIMITE MITAIENT.
ANTINAZI,E. ANTIPAPE *hist.*

ANTIOPE *mult* EPOINTA PIANOTE.
ANTIPODE***. ANTIROI.
ANTISIDA/. ANTITOUT/.
ANTIVOL VIOLANT VOILANT.
ANTONYME contraire.
ANURIE arrêt de la sécrétion rénale.

AORISTE *ling* temps. AORTIQUE,
AORTITE OTERAIT TOREAIT
EROTISAT.

AOÛTER mûrir OUATER TOUERA,
AOÛTAT, AOÛTERON *ouv*
(d'août),
AOÛTIEN... OUATINE ENOUAIT.

APACHE.
APADANA salle du trône, en Perse.
APAGOGIE raisonnement par
l'absurde (cf ANAGOGIE).
APANAGER vt (-GER,E adj).
APARTÉ,S. APATHIE.
APATITE *géol* EPATAIT.
APATRIDE. APAX (H-) mot unique.

APEPSIE *méd* (digestion).
APÉRITIF... PIFERAIT PETRIFIA,
APÉRO,
APERTURE *ling* REPUTERA.
APÉTALE. APETISSER (R-).
APEURER (cf É-). APEX sommet.

APHASIE *méd.* APHÉLIE *astr.*
APHÉRÈSE (*bus* pour *autobus*).
APHIDÉ (R-) puceron # DIPHASE,
APHIDIDÉ, APHIDIEN (cf O-).
APHONE, APHONIE.
APHTE, APHTEUX...
APHYLLE sans feuilles.

API,S. APICAL... *biol.*
APICOLE (R-vt),
APIDÉ abeille (L-v R- S-).
APIÉCEUR... *ouv* PEAUCIER EPUCERAI.
APIFUGE anti-abeilles.
APIGEONNER appâter.
APIOL (*bot*). APION.
APIQUER *mar*, APIQUAGE.
APIS abeille, APIVORE (P-)
OVIPARE # PAVOISER VAPORISE.

APLANAT *opt*. APLASIE *méd*.
APLAT. APLITE roche fine.
APLOMB, APLOMBER *québ* (R-).
APNÉE, APNÉIQUE,
APNÉISTE, plongeur.

APOASTRE *astr* APOSTERA.
APOCOPÉ,E (*géo* pour *géographie*).
APODE *zoo*. APODOSE *ling*.
APOGAMIE *embry*. APOLLON.
APOLOGUE, APOLOGIE.

APOMIXIE (*bot*) reprod. ss fécond.
APOPHYSE excroissance d'un os.
APOPTOSE *embry* mort cellulaire.
APORIE *log* contradiction.
APOSTAT,E *rel* TAPOTAS.
APOSTER un guetteur # SAPOTE.
APOTHÈME perpendiculaire.

APPARAUX *mar*.
APPAIRER APPARIER RAPPERAI.
APPARIER**.
APPAROIR/ *dr*, il APPERT/.
APPART TRAPPA RAPPAT.
APPAS (H- J- M- N- R- Z-),
APPÂT (id). APPEAU (*ois*) sifflet.

APPELANT,E. APPENDRE vt.
APPENTIS remise.
APPERT/ (-ISER). APPLET *inf.*
APPOINTIR aiguiser
(R- ; cf RAPOINTIR).
APPONDRE joindre, APPONSE.
APPONTER vt (cf ANTÉPOSE).
APPUYOIR outil de ferblantier.

APRAXIE *méd*. APRIORITÉ.
APSARA déesse. APSIDE (C-) *astr*.
APTÈRE (*ois*), APTÉRYX *ois* kiwi.
APURER, APUREMENT.
APYRE (feu), APYREXIE *méd*,
APYROGÈNE (pas de fièvre).

AQUACOLE, AQUAGYM,
AQUAVIT voir AKUAVIT,
AQUEDUC, AQUEUX...,
AQUICOLE, AQUIFÈRE.
AQUILAIN *éq*. AQUILIN.
AQUILON. AQUITAIN,E.
AQUOSITÉ (contient de l'eau).

ARA perroquet (-C -K -CK).
ARABETTE *bot* BARATTEE.
ARABICA, ARABIQUE,
ARABISER, ARABISME
ABIMERAS EMBRASAI ABRIAMES,
ARABITÉ. ARABLE.

ARAC ou ARACK ou ARAK.
ARACÉE *bot.* ARAIRE charrue.
ARALDITE colle DILATERA.
ARALIA arbuste # SALARIA.

ARAMÉEN... AMENERA EMANERA.
ARAMIDE fil DEMARIA DAMERAI.
ARAMON *cép* RAMONA.

ARANÉIDE araignée
DENIERA + A,
ARANTÈLE* toile d'araignée.
ARASER. ARATOIRE.
ARAUCAN chilien CANARA + U.
ARAWAK amérindien.

ARBITRAL... ARBOIS vin.
ARBORISER, ARBOUSE*** fruit,
ARBRIER n fût d'arbalète (M-adj),
ARBUSTIF...

ARCADIE *géog* # ASCARIDE,
ARCADIEN... ENCADRAI
DERACINA RADIANCE.
ARCANE mystère.
ARCANNE craie.
ARCANSON résine ARCONNAS.
ARCASSE *mar* charpente (B- C-).
ARCATURE arcades TRACEUR + A.
ARCBOUTER (-ANT,S) # CABOTEUR.

ARCHAL/ *mét* fil. ARCHANGE.
ARCHÉE *(alch)* principe de vie.
ARCHÉEN... *géol* ECHARNE
ENSACHER.
ARCHELLE étagère HARCELLE
ALLECHER.
ARCHÉO archaïque.
ARCHÈRE, trou pour un arc,
ARCHERIE ARCHIERE CHARRIEE,
ARCHI *arch.* ARCHIDUC.
ARCHIÈRE** ou ARCHÈRE.
ARCHINE unité.
ARCHIVER CHAVIRER.
ARCHONTE *mag* TACHERON
ENROCHAT.
ARÇONNER une vigne, ARCURE.

ARDILLON de ceinture (D- T-).
ARDITI/ *mil* (Italie) («hardis»).
ARDOISER un toit.

ARE, ARÉAGE*.
AREC palmier, ARÉCACÉE*.
AREG/ pl de ERG.
ARÉIQUE sec, ARÉISME.
ARÉNA piste, ARÉNACÉ,E,
ARÉNAIRE *bot* ENRAIERA,
ARÉNEUX... sableux, ARÉNITE.
ARÉOLE *anat.* ARÉOPAGE.
ARÉQUIER n ou AREC.
ARÊTIER,E (tuile de l'arête d'un toit).
ARÉTIN, ARÉTINE d'Arezzo.
AREU !

ARGAN fruit de l'ARGANIER.
ARGAS parasite des volailles.
ARGENTER,
ARGENTAN alliage RANGEANT,
ARGENTIN,E GRAINENT INGERANT,
ARGENTON ou ARGENTAN
NAGERONT RONGEANT.
ARGIEN... *Grèce* d'Argos.
ARGILACÉ,E de l'argile GLACERAI,
ARGILEUX...
ARGININE *chim* NIGERIAN.
ARGIOPE araignée # PRAGOISE.

ARGOL fiente combustible.
ARGON gaz, ARGONIDE gaz.
ARGOT (M-),
ARGOTIER,E (G-) RETROAGI,
ARGOULET arquebusier à cheval.
ARGOUSIN ARGUIONS RAGUIONS.
ARGOVIEN... *Helv* d'Argovie.

ARGUER (C- L- N- T-),
ARGUE (idem, plus F- et S-).
ARGUS. ARGUTIE GUETRAI
TARGUIE GUITARE URGEAIT.
ARGYRIE *méd*, ARGYROL *chim*,
ARGYROSE minerai d'argent.

ARIA mélodie ou tracas.
ARIEN… *rel* (cf ARYEN…, IRIEN…).
ARIETTE petite mélodie.
ARILLÉ,E *bot.* ARIOSO *mus.*
ARISER *mar* (ST- CÉS- POL- SOL-) ou ARRISER. ARISTO.
ARKOSE grès. ARLEQUIN,E.
ARLÉSIEN… ARLONAIS,E d'Arlon.

ARMADA # MADRASA.
ARMAGNAC.
ARMAILLI pâtre RIMAILLA.
ARMATOLE *hist* gendarme grec.
ARMELINE peau (C-) MINERALE.
ARMET *anc* casque,
ARMEUSE *élec* AMUREES RAMEUSE.
ARMILLE *arch* RAMILLE MAILLER.
ARMINIEN… *hist* protestant.
ARMOIRIES pl MOIRERAI + S.
ARMOISE *bot.* ARMON de timon.
ARMORIER *hér* ARMORIAL…

ARNAQUER. ARNICA *méd.*
AROBE unité ou ARROBE.
AROBAS,E @ ou ARROBAS,E.
AROÏDÉE *bot* (arum) # ARDOISEE.
AROL pin, AROLE ou AROLLE.
ARONDE hirondelle ADORNE.
ARPÉGER *mus* (accord).
ARPÈTE ou ARPETTE REPETAT.
ARPION.

ARRACHIS CHARRIAS
ARRENTER *dr* RENTRERA.
s'ARRÉRAGER rester dû.
ARRÊTAGE REGATERA,
ARRÊTOIR. ARRHES.
ARRIÉRER. ARRIMER (DÉS-),
ARRIMAGE MARGERAI,
ARRIMEUR ARMURIER.
ARRISER *mar* ariser. ARRIVANT,E.
ARROBE *Esp* arobe (poids et capac.).
ARROBAS,E @, arobas,e ARBORAS.
ARROCHE *bot* (G-vt) ROCHERA.
ARROI appareil. ARROYO chenal.

ARS *éq.* ARSÉNIÉ,E (-EUX…),
ARSÉNITE. ARSIN,E brûlé.
ARSIS *poé* accentuation.

ARTEFACT création humaine.
ARTEL coopérative (URSS).
ARTÉMIA *crust* MATERAI RETAMAI.
ARTÉRITE ATTERRIE REITERAT RETRAITE.
ARTÉSIEN… de l'Artois (C-).
ARTHRITE,
ARTHROSE ROHARTS + E.
ARTICHAUT. ARTICULET.
ARTIMON mât arrière.
ARTISAN (P-), ARTISANE (C- P-).
ARTISON insecte qui ronge le bois.

ARUM. ARUSPICE voyant (H-).
ARVALE *Rome* prêtre.
ARVERNE gaulois ENVERRA.
ARVICOLE *zoo* (L-) VIOLACER.
ARVINE vin valaisan.
ARYEN… ARYLE *chim* radical.
ARYTHMIE *méd.* ARZEL *éq*

ASA/ *photo.* ASANA (yoga).
ASARET herbe vomitive.
ASBESTE amiante BETASSE SEBASTE.
ASCARIS ou ASCARIDE.* ver.
ASCÈSE. ASCIDIE *zoo.*
ASCITE *méd.* ASDIC *mar.*

ASE enzyme. ASELLE *crust* (B-).
ASEPSIE EPAISSE EPIASSE,
ASEPTIQUE, ASEPTISER.
ASEXUÉ,E, ASEXUEL…

ASHRAM (guru). ASIAGO *from.*
ASIALIE absence de salive.
ASIARQUE *anc*, ASIATE # ASTASIE.
ASIENTO *dr esp* OSAIENT ATONIES # STENOSAI ASSOIENT.
ASILAIRE (B-) d'un asile psychiatrique.
ASINE (âne), ASINIEN…
ASISMIQUE sans séisme.
ASKARI *hist* soldat colonial.

ASOCIAL… COALISA.
ASPARTAM,E ersatz de sucre.
ASPE ou ASPLE dévidoir.
ASPERME (sans sp.), ASPERMIE.
ASPÉRULE *bot* PARLEUSE.
ASPHALTER.
ASPI *mil* (G-). **A**SPIC.
ASPIDIUM fougère.
ASPIRAIL,AUX, ASPIRANT,E.
ASPIRINE PARISIEN.
ASPLE aspe. ASPRE colline.

ASQUE *(cham.)* ASRAM ashram.
ASSAI/ *mus.* ASSAMAIS *lang.*
ASSAVOIR/.
ASSE marteau ou ASSEAU (C- T-)
(cf AISSEAU).
ASSE**C** *agr* (étang) ASSENER.

ASSEOIR (R-), ASSIED,S
ASSEYONS -YEZ -YENT
ou ASSOIS ASSOIT
ASSOYONS -YEZ ASSOIENT,
ASSIÉRA -I -S -IS etc
ou ASSOIRA etc,
ASSEYAIS ou ASSOYAIS etc,
ASSIT ASSIMES etc,
ASSEYE ASSEYIONS etc
ou ASSOIE ASSOYIONS etc,
ASSEYANT ou ASSOYANT.

ASSERTIF… *dr* FRISATES.
ASSETTE asse (B- C- M- P- T-;
cf AISSETTE).
ASSIBILER *phon.*
ASSOIFFER. ASSOLER *agr.*
ASSOMMER (cf sommeil).
ASSONER vi, ASSONANT,E.
ASSURAGE *alp* GAUSSERA.
ASSYRIEN…

ASTABLE *élec.* ASTARTÉ *moll.*
ASTASIE* *méd.* ASTATE *ato.*
ASTER n *bot*,
ASTÉRIE ATRESIE ESTARIE RETAISE
ou ASTÉRIDE, **A**STÉROÏDE.

ASTHÉNIE *méd* HANTISE + E.
ASTI vin. ASTI**C** *out* (cf ASPI,C).
ASTICOT COTTAIS COTISAT,
ASTICOTER # COITATES (-EUR…).
ASTIGMATE.

ASTRAKAN.
ASTRAL… ASTROÏDE courbe
ADROITES DOSERAIT DOTERAIS.
ASTRONEF FARTONS + E
(cf FORANT et AÉRONEF).
ASTURIEN… ASYNDÈTE *ling.*
ASYMÉTRIE. **A**SYNERGIE.
ASYSTOLE arrêt du cœur.

ATACA *bot* (baie) ou ATOCA.
ATAMAN cosaque ATMAN + A.
ATARAXIE quiétude absolue.
ATAVIQUE (B-), ATAVISME.
ATAXIE *méd*, ATAXIQUE.

ATCHOUM ! MOUCHAT.
ATÈLE singe.
ATELLANE *litt rom* ALLANTE + E.
ATÉMI *arts martiaux jap* coup.
ATÉRIEN… (stade d'une époque géol.).
ATERMOYER vt ajourner.

ATHANÉE funérarium # HANSEATE.
ATHANOR alambic.
ATHÉISME.
ATHÉNÉE lycée, ATHÉNIEN…
ATHÉROME lésion d'une artère.
ATHÉTOSE *méd* (mouvements).
ATHLÈTE HALETTE HATELET
(BI- TRI- PENT-).
ATHYMIE *méd*, **A**THYMIQUE.

ATIMIE *Grèce* privation de droits.
ATLANTE *arch* ETALANT TANTALE.
ATMAN *rel.* ATMOLYSE *chim.*

ATOCA fruit. ATOLL.
ATOMISER MORTAISE AMORTIES
MOIRATES, ATOMISME,
ATOMISTE EMOTTAIS OMETTAIS.

ATONAL,E,S ou AUX *mus*
(cf TONAL,E,S ou AUX),
ATONALITÉ *mus*,
ATONIE, **A**TONIQUE.
ATOUR. **A**TOXIQUE.

ATRABILE *anc* bile BLATERAI
ETABLIRA TABLERAI.
ATRÉSIE*** *méd* rétrécissement.
ATRIAU,X mets. ATRIUM (N-).
s'ATROPHIER.
ATROPINE *phar*, **A**TROPISME.
ATROPOS papillon crépusculaire.

ATTACUS *pap* (pour la soie).
ATTAGÈNE *ins* ETAGEANT.
ATTÉLABE *ins* ATTABLEE.
ATTENANT,E. ATTENTER vi.
ATTERRIR.
ATTIÉDIR DETIRAIT.
ATTIFER FRETAIT FRETTAI
FITTERA,
ATTIFET # FITTATES.
ATTIGER vt meurtrir TITRAGE
ETIGEAT # GITATES SAGITTE
TIGEATES SAGITTEE ETAGISTE.
ATTIQUE. ATTISOIR SIROTAIT.
ATTITRER ATTERRIT.

ATTORNEY avocat, avoué.
ATTRAIRE attirer ▸ BRAIRE,
ATTREMPER chauffer un four.
s'ATTRIQUER *québ* s'attifer.
s'ATTROUPER # RETOUPAT.
ATYPIE, **A**TYPIQUE, ATYPISME.

AUBADE *mus*. AUBAGE de roue.
AUBAIN étranger (cf AUBIN).
AUBÈRE *éq*. AUBERON de coffre.
AUBETTE abri EBATTUE # BATTEUSE.
AUBIER n *arb* # BUSERAI BAISEUR
BAISURE.

AUBIFOIN bleuet.
AUBIN mi-trot, mi-galop.
AUBINER *ch d f* URBAINE.

AUBOIS,E de l'Aube
BOUSAI # EBOUAIS # BOISSEAU.
AUBURN/. AUCUBA *arb*.
AUDIBLE,
AUDIMAT MAUDIT + A,
AUDIO/ (cf AUDOIS,E),
AUDIOTEX inform. téléphonées.
AUDIT *fin*, AUDITER.
AUDOIS,E de l'Aude.
AUDONIEN... de St-Ouen.

AUGÉE (B- J-).
AUGERON,ONNE du pays d'Auge.
AUGET, AUGETTE petite auge.
AUGITE *géol*. AUGMENT *ling*.
AUGURER, AUGURAL...,
AUGURAT. AUGUSTIN,E *rel*.

AULA salle, AULIQUE *hist*.
AULNE *arb* aune
AULNAIE aunes, aunaie ALUNIE + A.
AULOFÉE *mar* (lof)
ou AULOFFÉE AFFLOUEE.
AULX ails.

AUMAILLE gros troupeau.
AUMUSSE *vêt rel* fourrure.
AUNER mesurer (S-vi),
AUNAGE (S-). AUNAIE aulnaie.

AURÉLIE méduse ELUERAI.
AURÉOLER RELOUERA
(cf **L**AURÉOLE).
AUREUS *mon* URAEUS SUREAU.
AURICULÉ,E *anat*.
AURIFÈRE, AURIFIER.
AURIGE de char # SARIGUE.
AURIQUE voile en trapèze.
AURISTE *méd* (oreilles) (M-).
AUROCHS CHOURAS.
AURORAL...

AUSPICE EPUCAIS.
AUSSIÈRE *mar* (H-) ESSUIERA.
AUSTRAL,E,S ou AUX # LAUREATS.

AUTAN vent. AUTARCIE*.
AUTEURE ou AUTRICE.
AUTISME *méd* (N-) AMUITES,
AUTISTE # SITUATES.

AUTOCOAT *vêt*. AUTODAFÉ.
AUTOGAME *biol*. AUTOGÈNE.
AUTOGÉRER # OUTRAGEE.
AUTOGIRE**. AUTOGOAL *foot*.
AUTOLYSE *biol* autodestruction.
AUTOMNAL... AUTONYME *ling*.
AUTOPORT parking.
AUTOSOME *gén*. AUTOSTOP.
AUTOTOUR circuit avec auto louée.
AUTOUR,S épervier. AUTRICE.
AUTRUI/. AUTUNITE *chim*.

AUVERNAT *cép* AVENTURA.
AUXDITS, AUXDITES.
AUXINE *biol*. AUXQUELS.

AVACHIR.
AVAL,S (N- R-), AVALANT,E.
AVALEUR... (C- R-nm).
AVALISTE avaliseur TAVELAIS.
AVALOIR,E sangle # OVALAIRE
VALORISA.
AVARIER.
AVE/. AVELINE*** noisette (J-).
AVEN. AVENT. AVERS.
AVEULIR rendre veule.

AVIAIRE *(ois)* # AVISERAI,
AVICOLE (C-) OLIVACE VIOLACE
VOCALISE,
AVICULE *moll* (N-) CUVELAI,
AVIFAUNE *(ois)*. AVILIR (R-).
AVINER (R-), AVINAGE.
Pas d'«avineur»; cf VAURIEN.
AVIVAGE (R-), AVIVEMENT.

AVOCASSER vi *dr péj*.
AVOCETTE échassier.

AVODIRÉ *arb afr* DEVORAI.
AVOINER battre. AVOISINER.
AVORTER,
AVORTEUR... TROUVERA RETROUVA.
AVOUABLE. AVOYER une scie.
AVULSION *méd* extraction.

AWACS (radars).
AWALÉ *Afr* jeu ou AWÉLÉ.

AXEL saut avec rotation.
AXÈNE *biol*, AXÉNIQUE *méd*.
AXER (F- T-), AXIAL... (CO-),
AXILE *bot*, AXIS vertèbre (M- T-).
AXIOME. AXOLOTL larve.
AXONE *anat*. AXONAIS,E (Aisne).
AXONGE graisse.

AY (G- N- R-) vin. AYANT,S.
AYMARA langue indienne
(Am. du S).

AZALÉE *arb*. AZÉRI,E *géog*.
AZEROLE fruit. AZERTY/ *inf*.
AZILIEN... *géol* (âge).
AZIMUT,É,E, AZIMUTAL...

AZOBÉ *arb*. AZOÏQUE sans vie.
AZOLLA fougère aquatique.
AZONAL... mondial.
AZORER *helv* réprimander.
AZOTER, AZOTATE,
AZOTÉMIE, AZOTEUX...,
AZOTIQUE, AZOTITE,
AZOTURE, AZOTURIE,
AZOTYLE. AZTÈQUE.

AZULEJO carreau bleu,
AZULÈNE *hydroc*,
AZURER, AZURANT,S,
AZURAGE, AZURÉEN...,
AZURITE *chim*.
AZYGOS (veine).
AZYME (pain sans levain).

B

Les mots en -IBLE sont plus difficiles à construire que les mots en -ABLE : LOISIBLE, RISIBLE, NUISIBLE, TERRIBLE, etc. Pensez à mettre le B en deuxième position avec une consonne en troisième position : ABCÉDER, ABSENT, ABSTENU, ABSTRUS, ÉBRIÉTÉ, OBSCUR, OBTENU, OBVENIR, OBVIER.

BAASISME *isl* BAISAMES ABIMASSE,
BAASISTE BAISATES.
BABALLE # BASEBALL.
BABEURRE EBARBURE EBARBEUR.
BABILLER vi. BABINE.
BABISME *isl* (tolérance).
BABOLER vi bégayer.
BÂBORDAIS *mar.* BABOUCHE.
BABOUIN,E # BOBINEAU.
BABOUNE,S *québ* moue.
BABY,S ou -IES.

BACANTE # CABESTAN.
BACCARAT cristal. BACCHANTE.
BÂCHER, BÂCHAGE.
BACHIQUE (Bacchus).
BACHOLLE seau.
BACHOTER. BACHOTTE fût.
BÂCLER, BÂCLAGE,
BÂCLEUR... (cf CÂBLER etc.).
BACON, BACONIEN... *philo.*
BACUL croupière de harnais.

BADABOUM! BADAMIER n *arb.*
BADAUDER vi.
BADÈCHE *icht* DEBACHE.
BADER regarder bouche bée.
BADERNE (vieille) BENARDE.
BADGER, BADGEUSE lecteur.
BADIANE *arb.* BADIGEON.
BADINER vi (cf BEDAINE),
BADINAGE BAIGNADE.
BADLANDS terrains argileux.
BADOIS,E SODABI.

BAES *belg* bistrotier, fém BAESINE
BASSINEE SESBANIE.
BAFFER gifler (cf BI- BU-n).
BAFFLE. BÂFRER, BÂFREUR...

BAGAD,S *mus*, pl BAGADOU/.
BAGASSE tige de la canne à sucre.
BAGAUDE brigand (pas de
«daubage»).
BAGAYOU étui pénien. BAGEL pain.
BAGNARD,E (cf C et F.)
BAGNOLE ENGLOBA. BAGOU,T.
BAGUER BAUGER BRAGUE,
BAGUAGE. BAGUEL pain, bagel.
BAGUIER n.
BAGUIO typhon.

BAHAÏ *isl* œcumén., BAHAÏSME
ou BÉHAÏ, BÉHAÏSME.
BAHAMÉEN... ou BAHAMIEN
BAHREÏNI,E HIBERNAI INHIBERA,
BAHREÏNIEN...
BAHT monnaie thaïe BATH.
BAHUTAGE tapage.
Pas de «bahuter»; cf HAUBERT.

BAI. BAIL/. BAILE *mag.*
BAILLER, donner,
BAILLEUR... BULLAIRE BULLERAI.
BAILLI,E ou BAILLIVE.
BAÏNE *mar* courant. BAÏOQUE *mon.*
BAÏRAM *isl* fête (ou BAY-, BEÏ-).
BAISABLE, BAISEUR***...,
BAISOTER avec des petits baisers.

BAISSIER,E. BAISURE*** *tech.*
BAJOCIEN… *géol* (jurassique).
BAJOYER n digue.
BAKCHICH. BAKÉLITE.
BÄKEOFE mets alsacien.
BAKLAVA gâteau oriental.
BAKUFU *mil jap* gouvernement.

se BALADER (cf BALLADE),
BALADEUR…
BALADIN,E # ENDIABLA.
BALAFON *mus.* BALAFRER.
BALAISE ou BALÈSE.
BALAN/ ou BALANT/ doute.
BALANE *crust.*
BALANDRE barque (cf BÉ-).
BALANITE *méd.* BALANT/ balan/.
BALATA gomme, BALATUM.
BALBOA *mon* (Panamá) BABOLA.

BALE du grain. BALÉARE.
BALEINÉ,E, BALÉNIDÉ *zoo*
ENDIABLE.
BALÈSE.
BALÈVRE de pierre VERBALE.
BALÈZE, BALÈSE ou BALAISE.

BALINAIS,E de Bali LIBANAIS.
BALISER (GLO- VER-),
BALISAGE,
BALISEUR… BLEUIRAS SUBLERAI.
BALISIER n *bot.* BALISTE *mil.*
BALIVER *(arb)*, BALIVAGE,
BALIVEAU jeune arbre.

BALLAST *mar*, BALLASTER.
BALLER vi (cf BASELLE*),
BALLANT,E.

BALLONNER, BALLONNET.
BALLOTE *bot.* BALLOTTER.
BALLOTIN emballage (confiserie).
BALLUCHON.
BALOIS,E de Bâle ABOLIS.
BALOURD,E LOUBARD
(cf FALOURDE, PALOURDE).

BALSA bois léger.
BALTE, BALTIQUE.
BALUCHON. BALUSTRE.
BALZAN,E *éq* (taches aux pieds).

BAMAKOIS,E.
BAMBA danse. BAMBARA *lang.*
BAMBIN,E. BAMBOCHER vi.
BAMBOU. BAMBOULA.

BAN. BANAL,E,S ou -AUX,
BANALISER # ENSABLAI.
BANANER duper, BANANIER,E.
BANAT province.
BANBAN boiteux.

BANCABLE,
BANCAIRE CARABINE.
BANCAL,E,S.
BANCHER (béton), BANCHAGE.
BANCO. BANCOUL fruit
(cf s'ENCOUBLA).

BANDANA foulard.
BANDER, BANDANT,E.
BANDIÈRE bannière DEBINERA.
BANDOL vin. BANG,S.

BANGIÉE algue rouge BAIGNEE.
BANI/ *mon.* BANIAN hindou.
BANLON fibre synthétique.
BANNE panier. BANNERET *féod.*
BANNETON, BANNETTE.

BANON *from* (feuille de chêne).
BANQUER vt.
BANQUETER vi, je BANQUETTE.
BANQUIER,E.
BANTOU,E # EBOUANT,
BANTU,S.

BANVIN *féod.* BANYULS apéritif.
BANZAÏ!
BAPTISME *rel*,
BAPTISTE (cf BATISTE).

se BAQUER, se baigner, BAQUET,
BAQUETER, je BAQUETTE.
BARAKA. BARAQUER.
BARATINER.
BARATTER RABATTRE REBATTRA.

BARBAQUE. BARBECUE.
BARBET…, BARBICHU,E,
BARBIER,E, BARBIFIER,
BARBILLE *tech.*
BARBITAL,S BARIBAL + T.
BARBON. BARBOT *icht.*
BARBOTER. BARBOTTE *icht.*
BARBOTIN,E roue dentée.
BARBOUZE. BARBULE *(zoo).*
BARCASSE *mar* CABRASSE

BARD claie. BARDAF!
BARDER, BARDAGE.
BARDANE plante des décombres.
BARDASSER *québ* secouer.
BARDEAU planche DAUBERA.
BARDELLE selle DEBALLER.
BARDIS *mar.* BARDIT chant.
BARDOT mi-cheval, mi-âne.

BAREFOOT ski nautique.
BARÈGE *étof* ABREGE.
BARÉTER vi barrir.
BARGE *mar.* BARGUIGNER vi.

BARIBAL,S ours. BARINE (russe).
BARIOLER BORRELIA.
BARISIEN… de Bar-le Duc (cf P-).
BARJAQUER vi bavarder.
BARJO ou BARJOT.
BARKHANE dune en croissant.

BARLONG, BARLONGUE *géom.*
BARMAID,
BARMAN,S ou BARMEN/.
BARN *ato* unité de surface.
BARNACHE oie (cf BER-) ou
BARNACLE BALANCER (cf BER-).
BARNUM cirque.

BAROLO vin du Piémont.
BARONET ENROBAT OBERANT
ou BARONNET ENROBANT
BATONNER ABORNENT.
BARONNIE RABONNIE.
BAROUD RADOUB,
BAROUDER vi
(cf RADOUBER vt).
BAROUF,E # BAFOUER # ESBROUFA
ou BAROUFLE (cf M-).

BARRANCO ravin à flanc de volcan.
BARREL unité de mesure du pétrole.
BARRENS terres nues. BARREUR…
BARRIR vi, BARRIT,S.
BARROT *mar* poutre transversale.
BARRURE verrou.
BARYE unité, BARYON *ato,*
BARYTÉ,E *chim,* BARYTINE,
BARYTITE, BARYTON *mus,*
BARYUM *mét.* BARZOÏ chien.

BASAL… BASALTE roche.
BASANER RABANES.
BASEBALL*. BASELLE *bot* SABELLE.
BASIC *inf,*
BASICITÉ *chim* CIBISTE + A.
BASIDE* *cham* cellule reproductrice.
BASILEUS titre. BASIN *étof.*
BASILIC *bot* CIBLAIS.
BASIQUE, BASISTE *pol* (cf BAA-),

BASKET. BASMATI riz.
BASOCHE gens de justice.
BASQUAIS,E. BASQUET panier.
BASQUINE jupe basque.
BASSETTE *vx* jeu de cartes.
BASSINER,
BASSINET ABSTIENS BAISSENT.
BASSISTE *mus,* BASSON.

BASTAGUE *mar* ou BASTAQUE.
BASTAING ou BASTING madrier,
BASTERNE *anc* litière.
BASTER vi céder (cf ASBESTE**).

BASTIAIS,E BAISSAIT.
BASTIDE DEBATIS DEBITAS,
BASTIDON,
BASTILLÉ,E *hér* BILLATES.

BASTIN corde. BASTING bastaing.
BASTION (-ONNER fortifier).
BASTON, BASTONNER bâtonner
(cf BOSTON, BOSTONNER vi).
BASTOS balle.

BATACLAN BALANCAT CABALANT.
BATAVE, BATAVIA.
BATAYOLE *mar* (de rambarde).
BATCH,S ou ES *inf*
(cf C- M- P- pl PATCHS).

BÂTER un âne. BATELAGE *mar*,
BATELER, je BATELLE,
BATELET ABLETTE # TESTABLE.
BATELEUR… amuseur.
BATH*,S. BATHYAL… (océan).

BATIDA cocktail.
BÂTIÈRE toit ABRITEE BEERAIT
REBATIE # BETISERA.
BATIFOLER vi # OBLATIF + E.
BATIK *étof*. BATISTE *étof*.

BATOILLER vi *helv* bavarder.
BÂTONNER***, BÂTONNAT *dr*,
BÂTONNET BETONNAT OBTENANT.
BATOUDE tremplin DEBOUTA
BOUTADE.
BATTABLE (A-).
BATTÉE de porte (A-).
BATTURE *québ* rivage (A-).

BAU,X *mar*.
BAUD unité (signaux).
BAUDROIE lotte BOUDERAI.
se BAUGER** (sanglier).
BAUHINIA *arb* (cf HAUBANAI)
ou BAUHINIE.
BAUMIER n *arb*. BAUXITE.

BAVAROIS,E. BAVASSER vi,
BAVER des ragots,
BAVEUR… BAVURE, BAVEUX…,
BAVOCHER *impr*. BAVOLET *coif*.
BAYADÈRE danseuse.
BAYER vi béer. BAYLE berger.
BAYOU lac. BAYRAM voir baïram.
BAZOOKA. BAZOU bagnole.

BEAGLE chien GALBEE.
BÉANCE BECANE # ABSENCE.
BÉARNAIS,E. BEATNIK.
BEAUF. BEAUFORT *from*.
BEAUPRÉ mât oblique BÉBÊTE.
BÉBITE ou BIBITE *québ* insecte.
BÉCARD saumon âgé, beccard.
Pas de «bécarde»; cf s'ABCÉDER.
BÉCARRE *mus* (annule le bémol).
BECAUSE/ (cf D-vt, R-vi).
BECCARD bécard. BECFIGUE *ois*.
BÊCHER,S vt, BÊCHAGE.
BÉCHAMEL.
BÉCHIQUE *phar*. BÊCHOIR.
BÉCOSSES *québ* vécés.
BÉCOTER, BECQUÉE,
BECQUET *impr*, BECQUETER,
je BECQUETE ou je BECQUETTE,
BECTER, BECTANCE.

BÉDANE burin.
BÉDÉ, BÉDÉISTE DEBITEES.
BÉDÉGAR galle de l'églantier.
BEDON, BEDONNER vi.
BÉDOUIN,E BOUDINE DOUBIEN.
BÉER vi. BEFFROI.

BÉGARD hérétique, beggard,
béguard.
BÉGAYANT,E, BÉGAYEUR…
BÉGONIA ENGOBAI.
BÉGU,E *éq*.
BÉGUARD voir bégard.
BÉGUETER vi crier (chèvre),
je BÉGUÈTE. BÉGUEULE.
BÉGUINE *Belg rel* (cf BIGUINE).
BÉGUM titre.

BÉHAÏ *rel* œcuméniste, bahaï,
BÉHAÏSME bahaïsme EBAHIMES.
BEIGNE # ESBIGNE.
BEÏRAM *isl* baïram ou bayram.
BÉJAUNE *ois*.
BÉKÉ blanc antillais.

BEL,S. BÉLANDRE *mar* balandre.
BÊLEMENT. BÊLER,
BÊLANT,E # TENABLE ENTABLE.
BELGA ancienne monnaie belge.
BÉLIÈRE ANNEAU LIBEREE # EBISELER.
BÉLINO *photo*. BÉLÎTRE LIBERTE.
BÉLIZIEN… de l'ex-Honduras.
BELLÂTRE REBELLAT.
BELLOT,OTTE joliet. BELON
BELOTÉ,E,
BELOTEUR… TROUBLEE.
BÉLOUGA caviar GABELOU
ou BÉLUGA.

BÉMOLISER baisser d'un demi-ton.
BEN fils. BÉNARD,E* (serrure).
BENDIR *Afr* tambour BRINDE.
BENE/. BÉNEF. BENÊT.
BENGALE/, BENGALI,E (Inde).
BÉNICHON *helv* fête de la moisson
BICHONNE BONNICHE (cf BO-).
BÉNIGNE. BÉNINOIS,E BIENNOIS.

BENJI saut à l'élastique. BENJOIN.
BENOÎT,E BONITE # BEOTIEN
BETOÎNE EBONITE # ODTIENF ROISENT.
BENTHOS organismes marins.
BENZÈNE, BENZINE, BENZOATE,
BENZOL, BENZOLÉ,E,
BENZYLE *chim*, BENZOYLE.

BÉOTHUK Amérindien.
BÉOTIEN***…,
BÉOTISME EMBOITES.
BÉQUÉE, BÉQUET,
BÉQUETER,
je BÉQUETE ou je BÉQUETTE.
BÉQUILLER.

BER charpente de navire en chantier.
BERBÈRE. BERBÉRIS arbuste.
BERCAIL/ CABLIER CALIBRE CIBLERA.
BERÇANT,E # CABERNET,
BERCEUR… BÉRÉZINA.
BERGERAC vin. BÉRIBÉRI *méd*.
BERK! BEURK! BÉRIMBAU,S *mus*.
BERLUE BURELE BRULEE.
BERME. BERMUDA.

BERNACHE oie barnache
BRANCHEE EBRANCHE (cf BA-)
ou BERNACLE CERNABLE (cf BA-).
BERNEUR… # EBURNEES.
BERNICLE *moll* ou BERNIQUE.
BERNOIS,E BORINES ROBINES
BEERIONS.
BERRUYER,E de Bourges.
BERTHE col. BERTHON canot.
BÉRYL *pierro*. BERZINGUE/.

BESACIER,E porteur de besace.
BESAIGUË *out* ou BISAIGUË.
BESANT *mon*. BESAS (dés) 2 As.
BÉSEF/ ou BÉZEF/. BESET besas.
BÉSICLES CESSIBLE CIBLÉES + S.
BÉSIGUE ancien jeu de cartes.

BESOGNER vt EBORGNES # ENGOBES.
BESSEMER n *mét* convertisseur.
BESSON,ONNE jumeau.
BESTIAL…, BESTIAU,X.

BÉTAIL/ (cf BESTIAL),
BÊTASSE**.
BÊTATRON *ato* BATERONT
RABOTENT.
BÉTEL *arb*. BÊTIFIER,

BÊTISER vi, BÊTISIER n.
BÉTOINE*** *bot*.
BÉTOIRE aven # SOBRIETE.
BÉTONNER BRETONNE ENROBENT.
BETTE *bot*. BETTING *hipp* cote.
BÉTYLE pierre sacrée.

BEUGLER vt,
BEUGLANT,E BLAGUENT.
BEUR,E, BEURETTE.
BEURK! ou BERK!
BEURRAGE, BEURRIER,E.
BÉVATRON *ato* BAVERONT.
BEY, BEYLICAL…, BEYLICAT.
BEYLISME (Stendhal).
BÉZEF/ bésef. BÉZOARD *(zoo)*.
BI vélo. BIACIDE (cf DI- TRI-).

BIAFRAIS,E. BIAISER.
BIARROT,E # RABIOTER ROBERAIT
ORBITERA.
BIATHLON *sp*, **BI**ATHLÈTE.
BIAURAL… (audition) BLAIREAU.
BIAXE.
BIBACIER n néflier du Japon.
BIBANDE *têl portable*.
BIBELO**TER** vi collectionner.
BIBENDUM.
BIBI. BIBINE. BIBION *ins*.
BIBITE bébite *ins québ*.
BIBLISTE.

BI**C. BI**CARRÉ,E *math*
CRABIER # BERCERAI.
BICHER vi CHIBRE, BICHETTE.
BICHOF vin chaud épicé.
BICHON chien, BICHONNER.
BICKFORD *expl*. BICLOU vélo.
BICOT. BICOUCHE (route).
BICROSS. BICYCLE.
BIDASSE**. BIDE.
BIDENT (cf TRIDENT).
se BIDONNER. BIDULE. BIEF.
BIENNAL… BIENNOIS*,E *Helv*.
BIERGOL *chim* OBLIGER (ou DI-).
BIÈVRE castor VIBREE.

BIFACE *out* (taillé des 2 côtés).
BIFFER, BIFFAGE. BIFFETON.
BIFFIN *arg* fantassin. BIFFURE.
BIFIDE fendu (cf TRIFIDE).
BIFIDUS bactérie.

BIFLÈCHE (affût). BIFOCAL…
BIFOLIÉ,E *bot*. **BIF**TECK.

BIGARADE fruit amer BADGERAI.
BIGARRER, BIGARREAU.
BIGE char. **BI**GÉMINÉ,E *arch*.
BIGHORN mouton sauvage.
BIGLER, BIGLEUX…
BIGNOLE concierge GLOBINE
GOBELIN IGNOBLE ou BIGNOLLE.

BIGNONE *arb* ou BIGNONIA.
BIGOR de l'artillerie de marine.
BIGORNER # BROIGNE.
BIGOUDEN,E breton.
BIGRE bougre. BIGRILLE lampe.
BIGUE *T.P.* grue.
BIGUINE danse # BISINGUE/.

BIHARI *lang*. BIHOREAU *ois*.
BIJECTIF… *math*.
BIJUMEAU *anat*. BIKINI.

BILABIÉ,E *bot*, BILABIAL…
BILAME *élect* bande avec 2 lames.
se BILER, BILIÉ,E, BILIAIRE,
BILEUX…, BILIEUX…

BILL projet de loi.
BILLER *mét*, BILLAGE,
BILLETÉ,**E** *hér*, BILLETTE.
BILLON talus, BILLONNER.
BILLION.
BILOBÉ,E *bot* # LOBBIES
(cf UNI- TRI-).
BILOCAL… (résidence des époux).
BILOQUER labourer.

BIMANE (a deux mains) # BINAMES
NABISME.
BIMBELOT bibelot. **BI**MESTRE.
BIMÉTAL,AUX TIMBALE.
BIMODAL… *math*.
BIMOTEUR EMBOUTIR…

BINAGE. BINAIRE *math*.
BINARD chariot NIBARD BRANDI
ou BINART # BRISANT.
BINAURAL… (audition) biaural.
BINCHOIS,E de Binche BICHIONS.
BINERIE *com* IBERIEN # SIBERIEN.
BINETTE, BINEUR…

BING ! BINGO loto.
BINÔME, BINÔMIAL…
BINON *inf* élément binaire.
BINTJE pomme de terre. BINZ.

B**IO**. BIOAMINE ABOMINE + I.
BIOCIDE *biol*. BIOGAZ gaz.
BIOGÈNE *biol*, BIOGÉNIE.
BIOMASSE (vie) BOISAMES
EMBOSSAI.
BIOME (savane, toundra).

BIONGULÉ,E (cf BEUGLIONS).
BIONIQUE *biol* et *tech*.
BIOPSIE *méd*. BIOPUCE (A.D.N.).
BIOTE (vie), BIOTIQUE.
BIOTINE vit. B, BIOTITE mica.
BIOTOPE (vie), BIOTYPE *psy*.
BIOXYDE (cf DIOXYDE).

BI**P**. BIPALE PIBALE (cf TRI-).
BIPARE *(bot)* BIPERA (cf UNI-).
BIPARTI,E # BIPERAIT, **BI**PARTITE
(cf TRIPARTI,E, TRIPARTITE).
BIPASSER contourner.

BIPÈDE, BIPÉDIE BIPIED + E.
BIPENNÉ,E qui a deux ailes.
BIPER,S vt (bips) ou BIPEUR.
BIPHASÉ,E. BIPIED.
BIPLACE. BIPLAN.
BIPOINT *math*.
BIPÔLE *phys* dipôle.
BIPOUTRE TUBIPORE.

BIQUE, BIQUET…
BIRBE. BIRDIE *golf* par -1.

BIRÈME galère BRIMEE.
BIRIBI mil. BIRMAN,E MINBAR
MIRBANE NIMBERA.
BIROTOR.
BIROUTE *av* manche à air
ESTOURBI.
BIRR monnaie éthiopienne.

BISAÏEUL,E.
BISAIGUË *out* besaiguë (2 lames).
BISBILLE.
BISCAÏEN… *Esp* ou BISCAYEN…
BISCHOF vin. BISCÔME pain.
BISCOTIN, BISCOTTE.
BISCOTO ou **BIS**COTEAU.
BISCUITER recuire.

BISEAUTER # BESTIAU + E.
BISER.
BISE**T** pigeon, BISETTE canard.
BISEXUÉ,E, **BI**SEXUEL…

BISHOP vin. BI**3**INGUE*/ tordu.
BISMUTH, BISMUTHÉ,E.
BISOC charrue à deux socs.
BISON, BISONNE BOSNIEN.
BISONTIN,E *géog*. BISOU bizou.
BISQUER vi. **BIS**QUINE *mar*.

BISSAC sac. BISSEL essieu.
BISSER, BISSEUR… *scol* BRUISSE.
BISSEXTE 29 février.
BISSEXUÉ,E ou L…

BISTABLE *élec*.
BISTORTE *bot* BOTTIERS BISTROTE.
BISTRER.
BISTRO (-QUET), BISTRO**T**,E**.

BI**T** *inf*.
BITER, BITTER,S comprendre.
BITONAL,E,S ou AUX ANOBLIT
LOBAIENT.
BITONIAU,X BOUINAIT, INABOUTI.
BITORD corde. BITOS chapeau
BITTER,S vt biter ou n liqueur.

BITTU,E bitu,e TITUBE # TUBISTE,
se BITTURER # TITUBER TRIBUTE,
BITU,E ivre, bittu. BITUBE (arme).
BITUMER TERBIUM, BITUMAGE,
BITUMEUX…, BITUMINER.
se BITURER se bitturer BRUITER.

BIVALENT,E (cf CO- DI- TRI-
UNI-, plus les 3e p. pl. du
présent : A- DÉ- RA- CA- RE-
CHE- PRÉ-)
BIVALVE *moll* VIVABLE.
BIVEAU équerre.

BIWA luth japonais.
BIZERTIN,E de Bizerte (Tunisie).
BIZET mouton.
BIZINGUE/ (de travers) (cf BER-/).
BIZNESS.
BIZOU. BIZUT, BIZUTH,
BIZUTER, BIZUTAGE.

BLABLA (-BLA), BLABLATER vi.
BLACK. BLAFF ragoût de poisson.
BLAGUER vt BULGARE BRULAGE.
BLAIR, BLAIRER.
BLAISOIS,E de Blois, blésois,e.
BLÂMABLE,
BLÂMAGE gaffe # GALBAMES.

BLANCHET *impr* CHABLENT.
BLANCHON jeune phoque.
BLANDICE *québ* séduction.
BLAPS *ins*. BLASER.
BLASON, BLASONNER.
BLASTE *(bot)* embry,
BLASTULA *embry* (cf MORULA,
GASTRULA et NEURULA).
BLATÉRER vi crier (chameau).
BLATTE cafard.
BLAZE nez. BLAZER n.

BLÈCHE moche. BLÉDARD.
BLÊMIR vt. BLENDE (zinc).
BLENNIE *icht*.

BLÉSER vi, BLÉSITÉ.
BLÉSOIS,E de Blois, blaisois,e.
BLET…, BLETTIR.
BLETS**ER** rapiécer, BLET**Z** rustine.

BLEUIR BREUIL, BLEUTER.
BLIAUD *M-Âge* tunique
ou BLIAUT BLUTAI # SUBLAIT.
BLIBLIS pois chiches.
BLIND *poker*. BLINI.
BLINQUER *belg* astiquer (-ANT,E).
BLISTER n emballage plastique.
BLITZ. BLIZZARD.

BLOCAGE. **B**LOCAUX *géol*.
BLOCHET *const*. BLOC**K** *ch d f*.
BLONDE**L** *opt*. BLONDEUR,
BLONDIN,E, BLONDINET…,
BLONDIR, BLONDOYER vi.

BLOOM *tech*. BLOOMER n *vêt*.
BLOQUANT,E, BLOQUEUR…
BLOT *arg* bonne affaire.
BLOUSER,
BLOUSANT,E TABULONS BUTANOLS.
BLOUSSE déchets.

BLUES. BLUET. **B**LUETTE *litt*.
BLUFFER BUFFLER, BLUFFEUR…
BLUSH,S ou ES fard.
BLUTER tamiser, **B**LUTAGE,
BLUTERIE, BLUTOIR.

BOB. BOBBY,S ou -IES.
BOBÈCHE (pour la cire d'une bougie).
BOBET… niais.
BOBEUR… *sp* (bobsleigh) BOURBE.
BOBINAGE. BOBINARD bordel.
BOBINER, BOBINEAU*,
BOBINEUR…, BOBINIER,E,
BOBINOIR, BOBINOT.
BOB**O**. BOBONNE.
BOBTAIL chien. BOCAGE**R**,E.

BOCARD (minerai), BOCARDER.
BOCHE. BOCHIMAN *lang* khoin.

BOCK.
BODEGA *Esp* cave-bistrot.
BODHI *rel.*
BODY,S ou -IES *sous-vêtement.*
BOEING. BOER policier des taxis.
BOËSSE sculp ébarboir BOSSEE.
BOÈTE appât (LIS-) ou
BOËTTE ou BOITTE. BOF!

BOG jeu. BOGEY *golf* par + 1.
BOGGIE *ch d f* bogie (2 essieux).
BOGHEAD houille.
BOGHEI boguet ou BOGHEY.
BOGIE boggie. BOGOMILE *rel.*
BOGUÉ,E a un bug. BOGUE**T** *véhi.*
BOHÈME, BOHÉMIEN…
(cf BONHOMIE). BOHRIUM *chim.*

BOÏAR boyard. BOÏDÉ boa.
BOILER *belg helv* n chauffe-eau
BOLIER LIBERO (cf BRISOLÉE).
BOILLE bidon (cf R-vt).
BOIRE,S.
BOISER, BOISAGE, BOISEUR
OBUSIER BOUSIER OUREBIS.
BOITERIE, BOITILLER vi.
Pas de «boiteur»; cf BIROUTE.
BOITON (porcs). BOITTE boëte.
BOKIT pâtisserie antillaise salée.

BOLCHO *pol.* BOLDO *arb.*
BOLDUC ruban. BOLÉE de cidre.
BOLÉRO. BOLET *cham*
ou **BO**LETALE BALLOTE + E.
BOLIER** n filet.
BOLIVAR,S ou ES *mon,*
BOLIVIEN…
BOLLARD *mar* bitte (cf L- et M-).
BOLONAIS,E de Bologne.

BOMBAGE. BOMBANCE,S.
BOMBASIN étoffe de soie.
BOMBEUR… tagueur.

BOMBONNE ou BONBON**NE**.
BOMBYX *pap.* BÔMÉ,E *mar.*

BONACE calme (cf BONASSE).
BONAMIA parasite ABOMINA.
BONARD,E bonnard # ABONDER
BONDERA # BADERONS
(cf CON(N)ARD,E, ZONARD,E,
MONARDE).

BONDAGE (sado-masochisme).
BONDELLE poisson de lac.
BONDER remplir,
BONDON bonde, **BON**DONNER.
BONDRÉE buse.

BONGARE *rept* BORNAGE EBORGNA.
BONGO (deux petits tambours).

BONHOMIE. BONI,S.
BONICHE. BONICHON bonnet.
BONIFACE simplet.
BONIMENTER vi. BONITE* *icht*
BONJOUR,S.

BON(N)ARD,E (cf C-) BRANDON.
BONNETTE *mar* voile.
BONNICHE** ou BONICHE.
BONNOIS, E de Bonn.

BONOBO singe. BONSAÏ SNOBAI.
BONSOIR,S. BONUS
BONZE (cf G-), BONZESSE (cf G-),
BONZERIE.

BOOGIE *mus.* BOOK *hipp* (paris).
BOOLÉEN… *math* ou BOOLIEN…
BOOM,
BOOMER n ht-parleur, BOUMEUR
BOOSTER,S vt stimuler
ROBOTS + E.
BOOT. BOP.

BORA vent. BORACITE* *chim.*
BORAIN,E borin,e BORNAI # ABRIONS
ENROBAI # SNOBERAI BAIERONS.
BORANE *chim* (bore et hydrogène).

BORASSE *arb* ou BORASSUS.
BORATÉ,E *chim*, BORAX.
BORCHTCH potage.

BORDAGE. BORDEAUX.
BORDELLE *Afr* prostituée.
BORDERIE *agr* BRODERIE BORDIERE.
BORDIER,E** qui borde.
BORDIGUE claies. BORDJ fort.
BORE. BORÉAL,E,S ou -ÉAUX.
BORÉE vent (JAM-). BORIE maison.
BORIN,E *Belg*. BORIQUÉ,E *chim*.

BORNAGE**. **BOR**NOYER viser.
BORORO Indien du Brésil.
BOROUGH *G.B.* arrondissement.
BORRELIA* bactérie.
BORT diamant. BORTSCH.
BORURE (bore avec corps simple).
BOSCO *mar*. BOSCOT,OTTE.
BOSCO**YO** racine aérienne.
BOSKOOP pomme. BOSNIEN*...
BOSON *ato* particule.
BOSS. BOSSER (CA- EM-),
BOSSAGE d'un mur GOBASSE.
BOSSELER, je BOSSELLE.
BOSS**ER** vt (CA- EM-)
BOSSETTE de mors (cf C- F-).
BOSSEUR... BOSSUER BOURSES
BROUSSE.
BOSSOIR *mar* appareil de levage.
BOSSUER*** bosseler.
BOSTON danse, BOSTONNER vi.

BOT,E. **BO**TANISER vi.
BOTRYTIS *cham*.
BOTTELER, je BOTTELLE.
BOTTER,
BOTTERIE *com* BOTTIERE,
BOTTEUR *sp*, BOTTIER,E*.
BOTTIN. BOTTINE OBTIENT
BOITENT BIENTOT.

BOUBOU. BOUBOULER vi crier.
BOUCAN**ER** de la viande (EM-).
BOUCAU,X entrée d'un port.
BOUCAU**D** crevette grise, boucot.
BOUCAU**T** fût (cf BOUCOT).

BOUCHAIN *mar* arc de la carène.
BOUCHEUR... de bouteilles.
BOUCHOT parc à moules.
BOUCHOYER tuer (un porc).
BOUCOT boucaud
(cf BOUCAUT).

BOUDDHA. BOUDERIE.
BOUDINER.

BOUÉLER vi crier EBOULER
RUBEOLE.
BOUETTE appât boëte, boëtte.
BOUEUR éboueur (É-).
BOUFFEUR... BOUFFIR.

BOUGNAT. BOUGONNER.
BOUGRAN toile pour doublure,
BOUGRINE *québ* veste doublée.

BOUIBOUI. BOUIF cordonnier.
BOUINER bricoler ROUBINE.
BOUJARON ration de rhum.
BOUKHA *alc*. BOULAIE*** *(arb)*.

BOULANGER vt ou n.
BOULBÈNE *géol* sable et limons.
BOULDER n bloc. BOULER vt *taur*.
BOULETÉ,E *éq* (le boulet en avant).
BOULEUX... *éq* trapu (É-).
BOULGOUR mets (blé concassé).

BOULIN trou pour échafaudage.
BOULIN**E** *mar* UNILOBE.
BOULISME *sp*, BOULISTE.
BOULLE/ *mob* LOBULÉ,E
(cf SOLUBLE).
BOULOCHER vi pelucher.
BOULOIR *out* (cf C- F- R- V-/).
BOULOTTER.

BOUM,S, BOUMER v déf,
BOUME/, BOUMA,T, -AIT,
BOUMERA,IT (cf EMBOUE).
BOUMEUR *mus* boomer n.
BOUQUETÉ,E. BOUQUINER.

BOUR,E valet d'atout, au jass.
BOURACAN *étof* (poils de chameau).
BOURBE*, BOURBEUX...
BOURBON. BOUR**E** bour.
BOURGE bourgeois.
BOURONNER vi *helv* couver (feu).
BOURRADE.
BOURRELER, je BOURRELLE.
BOURREUR... (de crâne).
BOURRIDE bouillabaisse (cf -ADE).
BOURRIER éboueur.
BOURRIN**E** maison du marais vendéen.
BOURROIR pilon (É-).

BOUSER l'aire d'une grange.
BOUSEUX... ≠ BOUEUSES,
BOUSIER** n *ms.* BOUSIN bruit.
BOUTEFAS mets.
BOUTEFEU,X.
BOUTER, BOUTEUR *T.P.* bull.
BOUTISSE *const* pierre (A-v).
BOUTOIR du sanglier.
BOUTRE *mar.* BOUTURER.

BOUVERIE *élev* BOUVIERE.
BOUVET rabot,
BOUVETER, je BOUVETTE.
BOUVIER,E*,
BOUVRIL (abattoirs).
BOUZOUKI ou BUZUKI luth.

BOVIDÉ, BOVIN,E ≠ OBVIENS.
BOWETTE mine. BOWLING.
BOXER,S vt, BOXEUSE.
BOXON bordel.
BOY. BO**Y**ARD noble russe, boïar.
se BOYAU**TER**.
BOYCOTT, BOYCOTTER.
BOYOMAIS,E de Kisangani (Congo).

BRABANT charrue.
BRACHIAL... *anat* du bras.
BRACONNER vt.
BRACTÉE petite feuille BECTERA,
BRACTÉAL... CARTABLE.

BRADAGE. BRADE**L** reliure.
BRADEUR... BRADYPE *mam.*
BRAGARD,E de Saint-Dizier.
BRAGUE** *mil* cordage.
BRAHMAN,E,
BRAHMI *lang* (Inde) MIHRAB,
BRAHMINE femme de brahmane.

BRAI *chim*, **B**RAIE (**B**RAYER vt).
BRAIMENT,
BRAIRE v déf **B**RAIS **B**RAIT,
BRAYONS, -EZ, **B**RAIENT,
BRAYAIS etc., **B**RAYIONS etc.,
BRAIRAI etc. (-S etc.), **B**RAIE,S,
BRAYANT.
BRAISER,
BRAISAGE ABREAGIS GABARIES.
BRAMER vt.

BRAN son. BRANCARDER.
BRANCHIE *(icht)* (p. respirer).
BRANCHUE BRUNCHA
BRAND *M-Âge* épée. BRANDADE.
BRANDE *bot* (sous-bois).
BRANDON* tison.
BRAND**Y** cognac.

BRANLEUR...,
BRANLEUX... *québ* hésitant.
BRANQUE sot.
BRANTE hotte BERNAT BREANT
≠ BRASENT SABRENT.

BRAQUAGE, BRAQUEUR...
BRASER (A- É- EM-),
BRASAGE GABARES SABRAGE.
Pas de «braseur»; cf BRASURE ***.
BRASERO ARBORES RESORBA
ROBERAS.
BRASILLER vi scintiller
(cf BRÉSILLER vt).
BRASQUER *mét* enduire.
BRASSEYER orienter un espar.
BRASSEUR..., BRASSIN cuve.
BRASURE (É-) SABREUR
SABURRE BEURRAS.

BRAVACHE, BRAVADE,
BRAVERIE, **B**RAVI/ tueurs.
BRAYER,S *vt* enduire ou *n* cuir.

BREAK (-FAST), BREAKER *vt ten*.
BRÉANT** *ois* bruant.
BRÉCHE**T**.
BREEDER *n ato*. BREGMA *anat*.
BRÊLER *mar* fixer, BRÊ-
LAGE***.
BRÈME carte à jouer.
BREN son. BREN**T** pétrole.
BRÉSIL bois. BRÉSILLER émier.
BRÉSILLE**T** arbre brésilien.

BRESSAN,E de la Bresse (Vosges).
BRESTOIS,E ORBITES + S.
BRETAUDER castrer # DEBUTERA.
BRETAILLER *vi* tirer l'épée.
BRETÈCHE *arch*, BRETESSÉ,E *hér*.
BRETTER rayer, BRETTEUR…,
BRETTELER (cf BRETELLE),
je BRETTELLE.
BRETZEL.
BREUIL* taillis.
BREVETER, je BREVÈTE
ou je BREVETTE.
BRÉVITÉ d'une voyelle ou syllabe.

BRIARD,E de la Brie. BRIBE.
BRICELET *helv* gaufre
(cf BRACELET et CELEBRET).
BRICK deux-mâts. BRICOLER.
BRIDAGE BRIGADE BRIDGEA.
BRIDGER *vt*. BRIDON bride.
BRIE. BRIEFER exposer,
BRIEFING. BRIFFER manger.
BRIGAND**ER** *vt* malmener.
BRIK beignet tunisien.

BRILLANT**ER**, rendre brillant.
BRILLER *vi* (cf BRÉSILLE).
BRIMBALER.
BRINDE* toast. **BRI**NELL *(mét)*.
BRINGÉ,E rayé # GIBERNE
ESBIGNER.
BRINGUER ennuyer # BURGIEN…

BRIO,S.
BRIOCHÉ,E. BRIOCHIN,E *géog*.
BRION d'étrave.

BRIQUET**ER**, je BRIQUETTE.
BRIS, BRISANCE *(expl)* CINABRES,
BRISANT,E # BRAISENT ABSTENIR.
BRISCARD.
BRISEUR… BRISURE # BRUISSER,
BRISIS versant brisé d'un toit.
BRISKA chariot-traîneau.
BRISOLÉE *helv* repas valaisan.
BRISQUE *mil* chevron d'ancienneté.
BRISTOL. BRISURE*.

BRITISH/. BRIVISTE.
BRIZE herbe.

BROCANTE**R**. BROCARD**ER**.
BROCART *étof* (soie et or).
BROCCIO fromage corse, BROCCIU
ou l'anagr. BRUCCIO # OBSCURCI.

BROCHAGE, BROCHANT,E *hér*.
BROCHEUR, **B**ROCHEUSE,
BROCHOIR *éq* marteau pour ferrer.
BROCOLI (cf COLIBRI).

BRODEUR…
BROIGNE* *anc* tunique.
BROKER *n* courtier en Bourse.
BROL *belg* bric-à-brac.

BROMÉ,E *chim*, BROMATE.
BROMÉLIA *bot* LOMBAIRE.
BROMIQUE, BROMISME *méd*,
BROMURÉ,E # EMBOURRE.

BRONCA *taur*. BRONCHER *vi*.
BRONZANT,E,
BRONZEUR… *mét*, BRONZIER,E.
BROOK *hipp* rivière.
BROQUARD cerf ou **BRO**QUART.
BROQUETTE clou.

BROSSIER,E SORBIERS,
BROSSERIE (cf **G**ROSSERIE).
BROU de noix. **B**ROUE écume.
BROUET potage. BROUETTER.
BROUILLY vin. BROU**M**!
BROUSSIN *(arb)* SUBIRONS.
BROU**T**,S pousse. **B**ROUTAGE,
BROUTARD veau ou BROUTART.
BROWNIE *pât.* BROWNIE**N**... *ato.*
BROWNING pistolet.
BROYAGE, BROYAT,S,
BROYEUR... BRRR!

BRUANT *ois* bréant TURBAN.
BRUCCIO* *from* voir broccio.
BRUCELLA bactérie.
BRUCHE *ins* (cf C- et P-).
BRUCINE *chim* INCUBER.
BRUGEOIS... BRUGNON.
BRUINER v déf → BOUMER,
BRUINEUX...
BRUIR assouplir. BRUIRE,
BRUISSER** vi, BRUITER*,
BRUITAGE, BRUITEUR...

BRÛLERIE, BRÛLEUR...,
BRÛLIS *agr*, BRÛLOIR à café,
BRÛLON odeur, BRÛLOT.
BRUMAIRE,
BRUMASSE (-SSER v déf →
BOUMER,
BRUMER v déf → BOUMER
(cf REBUMES*, BRUMAIRE,
MARRUBE et MASTURBE).

BRUNANTE soir RUBANENT.
BRUNÂTRE BEURRANT.
BRUNCH, BRUNCHER vi.
BRUNÉIEN... *Asie* RUBENIEN
(cf ÉBURNÉEN).
BRUNET...
BRUNOISE *mets* ROUBINES.
BRUSHING.
BRUTION *mil.* (du Prytanée).
BRUXISME grincement des dents.

BRYONE plante grimpante.
BUANDIER,E laveur de linge.
BUBALE antilope. BUBON *méd.*

BUCAILLE blé noir.
BUCCAL..., BUCCIN trompette.
BÛCHER,S vt ou n,
BÛCHETTE (cf Z-), BÛCHEUR...
BUCRANE *arch* (bœuf)
(cf BUGRANE).
BUDDLEIA arbuste AUDIBLE + D.
BUDGÉTER (-TISER).

BUFFER n *inf* zone de mémoire.
BUFFLER* polir, BUFFLAGE,
BUFFLON,ONNE jeune buffle.
BUG *inf* défaut. BUGAKU *jap* nô.
BUGGÉ,E un bug, bogué. (DÉ-v).
BUGGY,S ou -IES *véhi* (tout-terrain).
BUGLE saxhorn. BUGLOSSE *bot.*
BUGNE *pât.* BUGRANE *bot.*

BUILDING. BUIRE vase médiéval.
BUISSAIE zone plantée de buis.
BUKAVIEN... de Bukavu (Congo).
BULB *mar.* BULBAIRE *anat,*
BULBEUX..., BULBILLE *bot.*
BULGE *mar.* BULGOMME nappe.
BULL *T.P.* bouteur. BULLAIRE** *rel.*
BULLDOG. BULLER (sceau).
BULLEUX,,, *méd.* BULOT *moll.*

BUN *pât.* BUNA caoutchouc.
BUNGALOW BUNKER n *mil.*
BUNRAKU *jap* marionnettes.
BUPRESTE *ins* PUBERTES.
BUQUER *helv* frapper (cf D-).

BURAT *étof*, BURATIN,E
BURINAT BURINAT TURBINA.
BURE. BURELÉ**,E (timbre),
BURELLE *hér.* BURG château fort.
BURGAU *moll.*
BURGER n mets (cf MURGER n).
BURGIEN*... de Bourg-en-Bresse.
BURGONDE. BURGRAVE.

BURINER, BURINAGE BAIGNEUR,
BURINEUR. BURKA voile, burqa.
BURLAT cerise. BURLE vent du N.
BURMESE chat birman REBUMES.
BURNE couille (É-adj).
BURNOUS. BURON fromagerie.
BURQA burka. BURSITE *méd*
BUSTIER BITURES BRUITES.

BUSAIGLE buse BEUGLAIS,
BUSARD. BUSC *(vêt)* lame.
BUSER *belg* recaler.
BUSETTE *mét* (de four) BUTTEES.
BUSH,S ou ES (buissons),
BUSHMAN,S pl BUSHMEN/.

BUSHIDO *jap* code (cf HIBOU).
BUSINESS. BUSQUER *(busc).*
BUSTIER***,E.

BUTANE # ABSTENU ABUSENT,
BUTANIER n *mar,*

BUTANOL BOULANT. BUTÈNE.
BUTER, BUTEUR, BUTEUSE.
(cf BUTTER, BUTTEUR nm).
Pas de «butage»; cf TUBAGE.
BUTINAGE, BUTINEUR…
BUTOIR (cf BUTTOIR).
BUTOME jonc EMBOUT.
BUTÔ *jap.* BUTOR, BUTORDE.
BUTTER *agr,* BUTTAGE,
BUTTEUR, BUTTOIR charrue.
BUTYLE *chim,* BUTYLÈNE.
BUTYRATE *chim* (beurre),
BUTYREUX…, BUTYRINE.

BUVABLE, BUVANT,S (verre),
BUVÉE *agr,* BUVETIER,E.
BUXACÉE (buis).
BUZUKI luth. BUZZER n vibreur.

BYE! BYLINE épopée russe.
BYRONIEN… BYSSUS *(moll).*
BYTE *inf* octet. BYZANTIN,E.

C

Tous les mots avec cédille sont difficiles : RAPIÉÇA, SUÇOTER, INDIÇONS, APERÇUT, DÉÇURENT. C'est pourquoi les anagrammes de ce genre ont été dépouillées de leur cédille.

Pensez aux finales -ANCE : AISANCE, OUTRANCE, et -ENCE : AUDIENCE, URGENCE.

ÇA. CAATINGA *bot* (Brésil).
CAB. CABALER, CABALEUR…
CABAN. CABANER *mar* (EN-).
CABANON.
CABAS. CABASSET *anc* casque.
CABÈCHE tête. CABÉCOU *from.*
CABERNET* cépage.
CABESTAN* *mar* treuil vertical.

CABIAI *mam* CABILLAU,D,X.
CABILLOT *mar* cheville d'amarrage.
CABINIER n *ouv élec.*
CÂBLAGE, CÂBLEAU* câble,
CÂBLERIE CALIBREE CELEBRAI,
CÂBLEUR…, CÂBLIER*** n *mar,*
CÂBLISTE *cin* CELIBATS,
CÂBLOT COBALT CLABOT.

CABOCHE. CABOCHON pierre.
CABOTER vi *mar* CRABOTE,
CABOTAGE, CABOTEUR*.
CABOTINER vi. CABOULOT.
CABRAGE. CABRETTE *mus.*
CABRIOLER vi. CABUS chou.

CACA. CACABER vi (perdrix).
CACAILLE *belg* babiole.
CACAOTÉ,E # CACATOES.
CACAOUI canard ACCOUAI.
CACAO, CACAOYER,E.
CACARDER vi crier (oie).
CACATOÈS* perroquet.
CACATOIS *mar* ACCOTAIS
ACCOSTAI.

CACHER vt (-A, -E/ ; É-v).
CACHER/ adj (cf CASCHER/),
CACHERE/ ECACHER CRACHEE,
CASHER/, CASCHER/,
CAWCHER/, KASHER/
ou KASCHER/.

CACHETER CETERACH,
je CACHETTE,
CACHETON COACHENT
ENCOCHAT (-TONNER vi).
CACHEXIE maigreur extrême.
CACHUCHA danse andalouse.

CACIQUE chef indien.
CACODYLE *chim* fétide.
CACOLET *méd anc* siège.
CACOSMIE *méd* (odorat).
CACTÉE *bot*, CACTACÉE,
CACTIER n ACTRICE, CACTUS.

CADASTRER, CADASTRAL…
CADDY,E ou CADDIE *golf* cadet
DECIDA DECADI.
CADE *arb.* CADEAUTER donner.
CADENCER.
CADÈNE *mar* # SCANDEE.
CADI *ar* juge, kadi.

CADMÉEN… *lang anc.*
CADMIER *mét*, CADMIAGE,
CADMIUM.

CADOGAN *coif* nœud, catogan.
CADOR.

CADRAGE,
CADRAT *impr* # CASTARD,
CADRATIN RADICANT,
CADREUR…
CADUC. CADUCÉE.
CADUCITÉ, CADUQUE.

CAECAL… *anat* du CAECUM.
CAENNAIS,E CANNAIES.
CAESIUM *mét* césium ECUMAILS.
CAF/ *mar* FAC. CAFARDER.
CAFÉIER,E, CAFÉINE
FAIENCE FIANCEE # FASCINEE,
CAFÉISME. CAFETAN robe (-T).
CAFETER vt cafter, je CAFETE
(cf FACETTER),
CAFETEUR… FACTUREE.
CAFETIER,E. CAFRE noir.
CAFTAN robe (-T). CAFTER vt,
CAFTEUR… FACTEUR FACTURE.

CAGÉE d'oiseaux.
CAGET claie, CAGETTE.
CAGIBI. CAGNA maison.
CAGNARD,E fainéant (cf B-, F-
et ACAGNARDER).
CAGNE *scol,*
CAGNEUX… # ECANGUES.
CAGNOTTE.
CAGOT,E *rel* (cf COTTAGE).
CAGOU échassier (Nlle-Calédonie).
CAGOULÉ,E (EN-vt)
COAGULE CLOUAGE COULAGE.

CAHORS vin. CAHOTER vt,
CAHOTANT,E, CAHOTEUX…
CAHUTE.
CAÏD, CAÏDAT.
CAÏEU,X ou CAYEU,X bulbe.
CAILLAGE (É-) GLACIALE,
CAILLANT,E *belg* froid.
CAILLETER vi bavarder,
je CAILLETTE.
CAILLOUTER (-EUX…, -IS).

CAÏMAN. CAÏQUE barque.
CAIRN tumulus RANCI RINCA.
CAIROTE COTERAI.
CAITYA temple bouddhiste.

CAJEPUT *bot méd* (-IER n).
CAJET claie. CAJOLEUR…
CAJOU,S noix. CAJUN *géog.*
ÇAKTA *rel,* ÇAKTI (ou S- et SH-),
ÇAKTISME (ou S- et SH-).

CALADION *bot* DIACONAL
ou CALADIUM.
CALAISON *mar.* CALAMAR.
CALAMBAC bois odorant.
CALAME roseau pour écrire.
CALAMENT herbe CALMANTE.
se CALAMINER.
CALAMUS roseau MACULAS.
CALANCHER vi # CHANCELA.
CALANDRER *méc.*
CALANQUE crique.
CALAO *ois.* CALATHÉA *bot.*

CALBOMBE *arg* bougie.
CALCÉMIE taux de calcium du sang.
CALCIF. CALCIFIER,
CALCIN *géol* dépôt. CALCIO *foot.*
CALCIQUE, CALCITE.
CALDEIRA dépression volcanique.
CALDOCHE de Nlle-Calédonie.

CALECIF. CALENDES.
CALENDO *from* CELADON.
CALEPIN PINACLE PELICAN.
se CALETER se calter ECLATER
RECELAT RECTALE, je me CALETE.

CALF veau. CALFAT *ouv mar,*
CALFATER FRACTALE # ECLAFAT.
CALIBRER. CALICHE minerai.
CALICULE *bot* calice.
CALIER n matelot (cale).

CALIFE, CALIFAT. CÂLINEUR…
CALIORNE *mar* ENCLORAI
CLONERAI CAROLINE.
CALISSON confiserie. CALL *fin*,
CALLER une danse, CALLEUR…
CALLEUX… CALLUNE bruyère.
CALMAGE *mét* MACLAGE,
CALMANT,E*. CALMAR.
CALMIR vi (cf LIMACE, MALICE),
CALMOS !

CALO argot.
CALOMEL *phar* # COLLAMES.
CALOTIN,E CLONAIT COLTINA,
CALOTTER RECOLTAT LECTORAT.
CALOYER,E moine grec.

CALQUAGE, CALQUEUR…
se CALTER s'enfuir, caleter.
CALUGER vi *luge* GLACEUR GLACURE.
CALURE qqn de salé. CALUS cal.
CALVA, CALVADOS.
CALVILLE pomme.
CALYPSO danse.

CAMAÏEU,S ou X art ECUMAI + A.
CAMAIL *rel* courte pèlerine.
CAMARD,E (nez) plat et écrasé.
CAMBER *helv* enjamber.
CAMBIAL… *fin* relatif au change
ALAMBIC # EMBACLAI,
CAMBISME, CAMBISTE.
CAMBIUM *(arb)* (génère le bois).
CAMBRAGE, CAMBREUR *ouv*,
CAMBRURE. CAMBRIEN… *géol.*
CAMBUSE CUBAMES.

CAMÉLÉON AMONCELE.
CAMÉLIA AMICALE MALACIE
(cf CAMAIL) ou CAMELLIA.
CAMÉLIDÉ chameau MEDICALE
DECIMALE.
CAMELINE *bot.* CAMELLE* sel.
CAMELOTE COLMATEE.

se CAMER.
CAMÉRAL… (dents) # CARAMELE.
CAMÉRIER,E *rel* REMERCIA
CREMERAI.
CAMIONNER. CAMISARD *rel.*
CAMORRA mafia.

CAMPANE cloche.
CAMPÊCHE bois lourd et dur.
CAMPEUSE EPUÇAMES.
CAMPHRER. CAMPO congé,
CAMPUS. CAMUS,E # SUÇAMES.

CANADA pomme,
CANADAIR *av* CANARDAI.
CANANÉEN… *géog.*
CANAQUE.
CANAR tube. CANARA *lang.*

CANASSON. CANASTA jeu.
CANCALE huître.
CANCAN, CANCANER vi.
CANCEL (pour le sceau),
CANCELLER annuler.
CANCHE fourrage.

CANDACE titre soudanais.
CANDELA unité de lumière
DECANAL # SCANDALE.
CANDIR (sucre).
CANDIDA levure (-T).

CANEPIN cuir fin (cf CALEPIN).
CANER (RI-vi BOU-vt CAN vi
CHI-vt), (être) CANÉE.
CANETAGE *(text)* ENCAGEAT.
CANETON ETANCON ENONCAT,
CANETTE ou CANNETTE.
CANEZOU corsage.

CANGE *anc* barque du Nil.
CANGUE carcan (É-v).

CANICHON canard CINCHONA.
CANIDÉ chien, loup.

CANIER n où poussent les roseaux,
CANISSE roseau, cannisse CASSINE.
CANITIE* (cheveux blancs).
CANNABIS, CANNER (S-vt ou n),
CANNAGE, CANNAIE roseaux,
CANNELER, je CANNELLE.
CANNETTE ou CANETTE
CANNEUR… (S-nm) RANCUNE
NUANCER,
CANNIER,E INCARNE CRANIEN
ENRACINE NARCEINE INCARNEE.
CANNISSE ou CANISSE roseau.
CANNOIS,E CANIONS CONNAIS
CANONISE ENONCAIS.

CANONIAL… *rel* réglementaire,
CANONISER. CANONNER.
CANOPE urne # CAPEONS.
CANOPÉE sommet de forêt.
CANOTER vi (cf ACÉTONE),
CANOTAGE, CANOTEUR…
CANOTIER,E.

CANT pruderie. CANTAL,S,
CANTALOU,E ou P CLOUANT + A.
CANTER n galop d'essai (EN-v).
CANTHARE vase à deux anses
ECHARNAT CHANTERA RECHANTA.
CANTINER RACINENT RICANENT,
CANTINÉE CENTAINE ENCEINTA.
CANTOR *mus*. CANTRE *text*.

CANULER, CANULANT,E,
CANULAR.
CANUS,E des canuts # USANCE,
CANUT. CANYON.
CANZONE,S, pl CANZONI/ *poé*.
CAOUA café. CAOUANE
ou CAOUANNE grande tortue.

CAPÉER vi réduire les voiles
ou CAPEYER.
CAPELER fixer PERCALE REPLACE,
je CAPELLE,
CAPELAGE. CAPELAN *icht*.
CAPELET *éq* tumeur EPECLAT.
CAPELINE chapeau EPINCELA.

CAPELLA/ *chant* ou CAPPELLA/.
CAPER un cigare d'une feuille de tabac.
CAPÉSIEN… *scol* PINACEES SAPIENCE.

CAPET *helv* bonnet d'armailli.
CAPÉTIEN… PATIENCE EPINCETA.
CAPEYER vi capéer, je CAPEYE.

CAPISCOL maître de chapelle
(cf ACCOMPLI).
CAPISTON CAPITONS CAPTIONS
CONSTIPA,
CAPITAN,E fanfaron # CAPAIENT,
CAPITÉ,E *bot* (tête ronde) # PACTISE,
CAPITOLE PECLOTAI.
CAPITON PIONCAT PONCAIT.
CAPITOUL *mag* COUPLAIT
COPULAIT OCTUPLAI.

CAPO petit chef (de camp), kapo.
CAPOEIRA danse OPIACERA.
CAPON lâche, CAPONNER vi.
CAPORAL,E.
CAPOTER, CAPOTAGE.
CAPOUAN,E de Capoue.
CAPPA *vêt rel* (cf COPPA).
CAPPELLA/ sans musique, capella/.
CÂPRIER n *arb*.
CAPRIN,E de la chèvre # CARPIEN
PINCERA # ESCARPIN,
CAPRIQUE (acide). CAPRON fraise.

CAPSAGE (tabac) PACAGES.
CAPSELLE *bot* thlaspi CAPELLES.
CAPSIDE *biol* capsule SPADICE.
CAPSIEN… *anthr* EPINCAS.
CAPSULER (DÉ- EN-).

CAPTABLE, CAPTAGE.
CAPTAL,S chef. CAPTATIF… *psy*,
CAPTEUR *élec*.
CAPTIEUX… trompeur.
CAPUCE *coif*, CAPUCIN,E ou O.
CAPULET *coif* PULTACÉ,E
PECULAT TAPECUL # SPECULAT.
CAPYBARA cabiai, rongeur.

CAQUER *(icht)*, CAQUAGE.
CAQUELON poêlon.
CAQUETER vi, je CAQUETTE,
CAQUETEUR… CAQUEUR…
CARABE *ins*, CARABIDÉ.
CARABIN,É*,E.
CARACAL,S lynx.
CARACO *vêt* ACCORA.
CARACOLER vi # ACCOLERA.
CARACUL ovin à longue toison.
CARAFER du vin, CARAFON.
CARAÏBE.
CARAÏTE juif (ou KA- ou QA-).
CARAMBA! CARAMÉLÉ*,E.
CARANGUE *icht* (cf HARANGUE).
se CARAPATER. CARAQUE *mar*.
CARASSE tabac. CARASSIN *icht*.
CARATE maladie tropic. de la peau.

CARBET case antillaise.
CARBONÉ,E, CARBURER (DÉ-),
CARBUROL. CARCAJOU blaireau.
CARCEL lampe. CARCÉRAL…

CARDAN. CARDAGE,
CARDER (BO- CA-vi RE- BRO-
FAU- PLA- RAN- REN-).
CARDÈRE chardon.
CARDERIE (où l'on carde) DECRIERA,
CARDEUR… # DECREUSA.
CARDIA *anat*, CARDIAL…
CARDIGAN. CARDIO CORDAI,
CARDITE *méd* (cœur).
CARDIUM coquillage.
CARDON artichaut DACRON CONARD.

CARÉLIEN… (Russie) CRENELAI.
CARENCER *méd*. CARÉNER.
CARET tortue. CAREX *bot* laîche.
CARGUER replier (une voile).

CARI, CARY, CARRY ou CURRY.
CARIACOU cerf. CARIANT,E.
CARIBE *lang* CIBARE BERCAI,
CARIBÉEN… caraïbe.
CARIBOU COURBAI.

CARICOLE *belg* bigorneau.
se CARIER, CARIANT,E
CARIEUX… (S-) # CAUSERIE SAUCIERE.
CARIGNAN,E cépage.
CARINATE *ois*.
CARIOCA de Rio ACCORAI.
CARISTE *ouv* (chariots motorisés).

CARLIN,E chien LARCIN
CALINER CLARINE LANCIER.
CARLISME (Don Carlos) MIRACLES,
CARLISTE # CLAIRETS RECITALS
ARTICLES.
CARME religieux du Carmel,
CARMEL *rel* MARCEL # CLAMSER.
CARMIN, CARMINER.

CARNAU,X de four ou CARNEAU
(cf CERNEAU et ANACRUSE).
CARNÉ,E. CARNÈLE *(mon)*.
se CARNIFIER # INFARCIE.
CAROGNE cheval ou mégère
CONGREA COGNERA CORNAGE.
CAROLIN,E*** de Charlem. CLAIRON.
CAROLO *Belg* de Charleroi COLORA.
CAROLUS *mon* CROULAS.
CAROMS jeu. CARONADE canon.
CAROTÈNE RACONTEE ORCANETE.
CAROTIDE CODERAIT DECORAIT.
CAROTTER CROTTERA RECTORAT.
CAROUBE fruit CORBEAU
ou CAROUGE COURAGE.

CARPE,E, CARPEAU jeune carpe,
CARPELLE *bot* PARCELLE.
CARPIEN*… (os). CARQUOIS.
CARRARE marbre.
CARRELER (DÉ- RE-),
je CARRELLE, CARRELET *icht*.
se CARRER, CARRICK redingote.
CARRIER,E *ouv* (dans une carrière).
CARRIOLE CORRELAI.
CARRON brique. CARROSSER.
CARROYER quadriller.
CARRY ou CARY voir CARI.

CARTAYER vi éviter les ornières.
CARTER,S vt *text* ou n.
CARTERIE (cartes postales).
CARTHAME *bot* REMACHAT MATCHERA.
CARTIER n (cartes à jouer) RECRIAT.

CARTONNER.
CARTOON film # OSTRACON.
CARVA *scol.* CARVI *bot* condiment.

CARY voir CARI. CARYER n noyer, CARYOPSE fruit sec.

CASAQUIN corsage.
CASBAH BACHAS.
CASCADER vi SACCADER vt CACARDES.
CASCARA *(arb)* purgatif.
CASCHER/ voir CACHER/ CACHER + S.
CASCO *helv* assurance tous risques.

CASÉEUX… *(from)*, CASÉIFIER, CASÉINE # ENCAISSE.
CASEMATER garnir de casemates.
CASERET… *(from)* moule.
CASERNER (EN-).
CASETTE (poterie) TESTACE.

CASH,S. CASHER/ voir CACHER/.
CASHMERE CHARMEES MECHERAS REMACHES CHERAMES.
CASIMIR n *étof.* CASING caisson.
CASOAR plumet # CROASSA.
CASQUER vt.

CASSABLE, CASSAGE.
CASSATE. CASSAVE galette.
CASSEAU *impr* (cf CASSOT).
CASSERIE (où l'on cassait le sucre) CESSERAI CESARISE ECRIASSE.
CASSETIN *impr* CASTINES SCIANTES.
CASSEUR…

CASSIE arbre antillais ou CASSIER n (cf QUASSIER n).
CASSINE* *vx* petite maison.
CASSON sucre. CASSOT cageot.

CASTAGNER. CASTAR,D* fort.
CASTEL, CASTELET SELECTAT.
CASTINE* *mét* calcaire. CASTING.
CASTRAT,S TRACTAS. CASTRAIS,E, CASTRUM ville (cf SCROTUM).

CASUEL… fortuit # CALLEUSE.
CASUISTE *rel* ECUISSAT CUITASSE.

CATA (cf KATA).
CATAIRE herbe-aux-chats, chataire.
CATALAN,E*. CATALASE enzyme.
CATALPA arbre à feuilles larges.
CATARRHE *méd* CHATRERA (-EUX…) (cf CATHARE).

CATCHER vi CRECHAT, CATCHEUR…
CATÉCHOL (cachou) CLOCHAT + E.
CATELLE *helv* carreau vernissé.
CATÉNANE assemblage de moléc.
CATERGOL carburant pour fusées.

CATGUT *chir* fil qui se résorbe.
CATHARE *rel* RACHETA (cf CATARRHE et CANTHARE).
CATHÈDRE chaise DETACHER.
CATHÉTER n sonde TACHETER.
CATHO. CATHODE électrode.

CATILLAC poire.
CATIMINI/ AMINCIT + I.
CATIN, CATINER *québ* dorloter.
CATION ion positif.
CATIR lustrer (cf COTIR).
CATLEYA fleur, cattleya.
CATOGAN *coif* nœud, cadogan.
CATTLEYA fleur, catleya.

CAUCHOIS,E de Caux COUCHAIS.
CAUCUS *pol* réunion d'élus.
CAUDAL... de la queue,
CAUDÉ,E *anat* # DECAUSE.
CAUDILLO chef. CAUDINES.
CAULERPE algue. CAURI coquille.
CAUSAL,E,S ou -AUX.
CAUSANT,E. CAUSATIF... *ling.*
CAUSETTE,S SAUCETTE,
CAUSEUR...
CAUTÈLE ruse # ECULATES.
CAUTÈRE *méd* RUTACEE
TRACEUSE SECATEUR ECURATES.

CAVAGE excavation.
se CAVALER, CAVALEUR...
CAVATINE *mus* CAVAIENT
VATICANE ENCAVAIT.
CAVEÇON *éq* anneau CONCAVE,
se CAVER, CAVET moulure.
CAVIARDER. CAVICOLE *zoo*,
CAVISTE CAVITES ACTIVES.
CAWCHER/ voir CACHER/.
CAYENNE POIVRE. CAYEU,X caïeu.
CAZETTE casette (cf G- M-).

CÉANS ici.
CÉBIDÉ singe. CÉBISTE cibiste.
CEBUANO *lang* (Indonésie)
BOUCANE.
CÉCIDIE galle.
CÉCILIE *batr* (aveugle).
CÉDANT,E *dr.* CÉDÉROM.
CEDEX, CEDI *mon* (Ghana) DECI.
CÉDRAIE cèdres. CÉDRAT fruit.
CÉDRIÈRE cèdres. CÉDULE *fisc.*
CÉGEP *québ* collège, CÉGÉPIEN...

CÉLADON* vert.
CELEBRET/ droit de dire la messe.
CELER cacher, je CÈLE.
CÉLESTA *mus*, CÉLESTIN *rel*
CLIENTES CENTILES CISELENT.
CELLA salle. CELLISTE (violonc.)
CELLULAR *étof.* CELSIUS degré.
CELTE, CELTIQUE,
CELTIUM *mét* # CULTISME.

CEMBRO pin (graines comest.)
CÉMENT *mét* (pour durcir la surface),
CÉMENTER ECREMENT (-EUX...).
CENDRER, CENDREUX...
CÈNE *rel* repas. CENELLE fruit.
CENNE piécette. CÉNOBITE moine.

CENS *fisc*, CENSÉ,E (A-v),
CENSEUR, CENSIER,E
SINCERE INCREES RINCEES,
CENSIVE terre EVINCES,
CENSORAT *scol* (censeur),
CENSUEL... NUCLEES ENCULES
(cf SENSÉ, SENSEUR, SENSUEL...).

CENTAURÉE bleuet, jacée.
CENTAVO *mon*, CENTIARE,
CENTIBAR *phys*, CENTILE *stat*,
CENTON vers NECTON # CONSENT.
CENTRAGE,
CENTREUR CURERENT RECURENT.
CENTURIE *anc* CEINTURE.
CÉNURE ténia ou COENURE
CENSURE CENSEUR.

CÈPE, CÉPÉE *arb*, CÉPAGE.
CÉPHALÉE *méd* CHAPELEE.
CÉPHÉIDE *astr*. CÉRAISTE *bot*.
CÉRAMBYX *ins*. CÉRAME vase,
CÉRAMIDE molécule DECIMERA.
CÉRASTE vipère. CÉRAT cire.
CÉRAUNIE *anc out*. CERBÈRE.
CERCAIRE larve.
CERCE calibre ou CERCHE.
CERDAN,E de Cerdagne # SCANDER
DECERNA ENCADRE # DESENCRA.

CÉRIFÈRE (cire)
ou CÉRIGÈNE GRINCÉ + E + E.
CERISAIE cerisiers ACIERIES.
CÉRITE silicate de cérium.
CÉRITHE *moll* TRICHEE # CHERITES.
CÉRIUM *mét*. CERMET céram.-métal.
CERNABLE*, CERNEAU de noix.
CERNURE cerne ENCREUR
CENSURER.

CERQUE (ins). **C**ERS vent.
CERTES. CERTIF.
CÉRULÉ,E bleu,
CÉRULÉEN… ENUCLEER.
CÉRUMEN sécrétion.
CÉRUSÉ,E (bois) couvert d'enduit,
CÉRUSITE RECUITES SECURITE.
CERVICAL… du cou.
CERVIDÉ cerf DECRIVE,
CERVIER n (loup) RECRIVE.
Pas de «cervière»; cf RÉÉCRIVE.
CERVOISE bière RECOIVES.

CÉSAR,
CÉSARIEN… RECENSAI RACINEES.
CÉSARISER accoucher par césar.
CÉSIUM métal alcalin, caesium.
CESSANT,E, CESSIBLE*.
CESTE *anc* gant pour la lutte.
CESTODE ver DECOTES.

CÉTACÉ,E. CÉTANE *chim*.
CÉTEAU *icht*. CÉTÈNE *chim*.
CÉTÉRAC** *bot* ou CÉTÉRAC**H***.
CÉTOGÈNE formant des cétones.
CÉTOINE *ins* (cf BÉTOINE).
CÉTONE *chim* (A-), CÉTOSE.
CÉVENOL,E (cf SÉNEVOL).
CEVICHE mets (poisson cru).
CÉZIG/, **C**ÉZIGUE/ sézig/, sézigue/.

CHABANOU femme du CHAH.
CHABIN,E, noir antillais blond.
CHABLER gauler. CHABLIS vin.
CHABLON pochoir.
CHABOT poisson à grosse tête.
CHABROL ou CHABROT mets.
CHACHLIK brochette d'agneau.
CHACONE ou CHACONNE danse
ENCOCHA.
CHACUN/, CHACUNE/.
CHADBURN *mar* transmetteur.
CHADOUF (pour un puits).
CHAFII *isl*, CHAFIITE FICHAIT + E.
CHAFOUIN,E sournois.

CHAH (S-). CHAHUTER.
CHAI. CHAILLE concrétion.
CHAÎNER arpenter,
CHAÎNAGE CHANGEAI,
CHAÎNEUR, **C**HAÎNEUSE,
CHAÎNIER n *ouv* CHINERAI NICHERAI.
CHAINTRE (labour) CHANTIER.
CHAÏOTE *bot* chayote CHATOIE.
CHAISIER,E CHIERAIS.

CHAKRA *occultisme* énergie du
corps.

CHALAND, CHALANDE (A-v).
CHALAZE *bot* attache dans l'ovule.
CHALDÉEN… cf CHALANDE.
CHALIN *québ.* éclair.
CHÂLIT cadre de lit.
CHALOIR/ (CHAUT/).
CHALONE *biol.* CHALOUPER.
CHALUT, CHALUTER vi.

CHAMADE (tambour).
CHAMAN,E prêtre-sorcier.
CHAMARRER. CHAMBARD**ER**.
CHAMBRA**Y** fil-à-fil avec chaîne bleue.
CHAMELON jeune chameau.
CHAMOISER tanner.
CHAMOTTE argile pour céramique.
CHAMPART (céréales) CAMPHRAT.
CHAMPI *enf.* trouvé, CHAMPISSE.
CHAMSIN simoun MACHINS.

CHAN lang (T-). CHANÇARD,E.
CHANCE**L** *rel* balustrade.
CHANCE**LER** vi, je CHANCELLE.
CHANCIR moisir CRACHIN.
CHANGEUR…

CHANLATE latte ACHALENT
CHENALAT ou **CHAN**LATTE.
CHANNE broc. CHANSONNER.
CHANTEAU de violon.
CHANTOIR aven RATICHON.
CHAOUCH *ar.* CHAOURCE *from.*

CHAPÉ,E *rel* couvert d'une cape.
CHAPELER de la chapelure,
je CHAPELLE. CHAPELE**T**.
CHAPITRER # PERCHAIT PRECHAIT,
CHAPITRA**L**...
CHAPKA *coif* (fourrure).
CHAPSKA *coif mil* (S-).
CHAPONNER castrer.
CHAQU**E**/.

CHARABIA RABACHAI.
CHARALE algue HARCELA RELACHA
LACHERA.
CHARANGO petit luth andin.
CHARBONNER noircir.
CHARDONNER carder (-NNAY)
CHARIA loi islamique.
CHARIOTE**R** # COHERITA.
CHARISME ascendant (A-).

CHARLO**T**. CHARLOTTE.
CHARNURE chairs (É-).
CHAROGNE (É-vt).
CHARPIE (cf SH-). CHARRE bluff.
CHARRÉE cendre. CHARRE**T** jeu.
CHARROI, CHARROYER,
CHARRON. CHARTE**R** n.
CHARRUE**R** # RAUCHER RUCHERA.
CHARTIL *véhi.* CHARTRE charte.

CHAS trou.
CHASSAGE *mine* GACHASSE,
CHASSANT,E *mine*, CHASSEUR...
CHASSÉEN***... (âge de la pierre).
CHASSIE de l'œil. CHÂSSIS.
CHASSOIR *out.* CHASUBLE.

CHÂTAIN,E # ENTACHAI ETANCHAI.
CHATAIRE herbe-aux-chats, cataire
CHATIERA RACHETAI TACHERAI.
CHÂTELET. CHATIÈRE trou.
CHATONNER vi (EN-vt).
CHATOYER vi. CHÂTREUR...
CHATTER vi *inf* (cf TACHETÉ).

CHAUDEAU soupe,
CHAUDRÉE soupe ECHAUDER.
CHAUFOUR four à chaux,
CHAULER CHALEUR LACHEUR,
CHAULAGE.
CHAUMER (É-) MACHURE MACHEUR,
CHAUMAGE. CHAUMARD *mar.*
CHAUMIER,E *ouv* MUCHERAI,
CHAUMINE. CHAU**T**/. CHAUX.
CHAUVIR vi dresser les oreilles,
→ FINIR, sauf CHAUVONS,
CHAUVEZ, CHAUVENT,
CHAUVAIS, etc., CHAUVANT.

CHAVIRER* vt.
CHAVANDE feu de la St-Jean.
CHAYOTE plante grimpante, chaïote...
CHEAP/ bon marché.
CHEBEC voilier ou CHEBEK.
CHÈCHE châle, CHÉCHIA *coif ar.*
CHÉDAIL *out agr.*
CHEDDAR *from.*
CHEDDITE *expl.* **CHÉ**FESSE.
CHEIK *ar* chef (S-), CHEIKH.
CHÉILITE *méd.* CHEIRE lave.

CHÉLATE *chim* LACHETE.
CHELEM (S-) ou SCHLEM.
CHELLÉEN... *géol.*
CHÉLOÏDE (cicatrice).
CHEMINOT,E MICHETON,
CHEMISER CHIMERES CHERIMES.

CHÊNAIE chênes CHAINEE.
CHENALER vi *mar* # SENECHAL.
CHENAPAN EPANCHA + N.
CHÉNAS vin. CHÊNEAU *arb.*
CHÈNEVIS graine ECHEVINS.
CHENI,T désordre # NICHET CHIENT.
CHENIL. CHENILLÉ,E (É-v).
CHENI**T** cheni. CHENU,E (barbe).

CHÉRER vi exagérer ou CHERRER.
CHÉRANT,E *québ* cher.
CHERGUI vent GUICHE + R.

CHÉRIF chef FICHER FRICHE (cf SH-),
CHÉRIFAT FICHERA + T.
CHERMÈS puceron CHREMES.
CHEROKEE indien. CHÉROT.
CHERRER vi exagérer, chérer.
CHERRY,S ou -IES
(cf SHERRY,S ou -IES).
CHÉRUBIN. CHERVIS *bot.*
CHESTER n *from* CHERTES.

CHEVAGE (A-) impôt féodal.
CHEVAINE *icht* INACHEVE.
CHEVALER étayer,
CHEVALIN,E.
CHEVÊCHE petite chouette.
CHEVER creuser (A-).
CHEVENNE, CHEVESNE chevaine.
CHEVÊTRE *menui.* CHEVILLER.
CHEVRER/ *helv* enrager
(cf REVERCHA).
CHEVRETER vi mettre bas,
je CHEVRETTE ou CHEVRETTER,
CHEVRIER,E garde les chèvres.
CHEVROTER vi (voix).
CHEYENNE indien.

CHIAC langue acadienne.
CHIADER DECHIRA, CHIADEUR…
CHIALER vi LICHERA CHIRALE,
CHIALEUR…
CHIANT,E # ECHINAT ENTICHA.
CHIANTI NICHAIT CHINAIT.
CHIARD.
CHIASMA *anat* MACHAIS,
CHIASME *rhét* croisement de mots.

CHIBOUK pipe. CHIBRE* pénis.
CHICANER. CHICANO mexicain
CONCHIA COINCHA # CACHIONS.
CHICHETÉ avarice.
CHICHI. CHICLE latex.
CHICON laitue. CHICOT.
CHICOTER déranger (MA-vi)
RICOCHTA.
CHICOTIN suc. CHICOTTE fouet.

CHIER vt, CHIENLIT, CHIERIE,
CHIEUR… CHIFFE (É-vt).
CHIGNER vi pleurer GRINCHE.
CHIGNOLE **CHI**GNON.
CHIISME *isl* CHIMIES, CHIITE.
CHILE ou CHILI piment mexicain.
CHILOM pipe à hasch.
CHIMIO, CHIMISME *chim* (lois).

CHINDER vi tricher ou SCHINDER
(cf ÉCHIDNÉ*).
CHINER teindre, CHINAGE.
CHINEUR… CHINURE NICHEUR.
CHINOISER vi.
CHINON vin NICHON.
CHINOOK vent des Rocheuses.
CHINTZ *étof.* CHINURE* *(étof).*

CHIONIS *ois* CHIIONS CHINOIS
ISCHION.
CHIOTTE. CHIOURME forçat.
CHIP. CHIPER, CHIPAGE.
CHIPETTE/ rien. CHIPEUR…
CHIPIRON seiche.
CHIPMUNK rongeur.
CHIPOTER donner à regret.

CHIQUER, CHIQUEUR…
CHIRAGRE *méd* goutte de la main,
CHIRAL… *chim*, CHIRO *méd.*
CHISEL charrue.
CHISTERA CHARITES CITHARES.
CHITINE d'insecte. CHITON *moll.*
CHIURE. CHLAMYDE *vêt anc.*

CHLEUH,E. CHLINGUER vi (S-).
CHLOASMA (taches de grossesse).
CHLORER, CHLORAGE,
CHLORAL,S,
CHLORATÉ,E TALOCHER,
CHLOREUX…,
CHLORITE TROCHILE,
CHLOROSE, CHLORURER.
CHNOQUE (S-).
CHNOUF drogue (S-).

CHOANE *anat* (fosses nasales).
CHOCARD *ois*. CHOC**O** chocolat.
CHOIR v déf, CHOIS CHOIT
CHOIENT, CHOIRAI etc.,
CHOIRAIS etc.,
CHUS etc., CHU, CHUE.
CHOKE *helv* starter.
CHOLÉMIE (bile dans le sang),
CHOLÉRA CHORALE LOCHERA,
CHOLINE *biol* HELICON # LECHIONS,
CHOLIQUE (acide) de la bile,
CHOLURIE (bile dans l'urine).

CHÔMER, CHÔMABLE.
CHONDRE corps de météorite.
CHO**P** *ten* balle coupée. CHOPER.
CHOPIN aubaine.
CHOPIN**ER** vi (cf ÉPINOCHE).
CHOPPER,S vi ou n (s'A- É-vt).
CHOQUARD corneille, chocard.

CHORAL,E*,S ou -AUX.
CHORBA soupe marocaine BROCHA.
CHORDE *embry* colonne vertébrale.
CHORÉE danse de St-Guy ROCHEE,
CHORÈGE mécène, CHORÉGIE,
CHOREUTE choriste RETOUCHE.
CHORION membrane ext. de l'œuf.
CHORISTE ORCHITES.
CHORIZO. CHOROÏDE *anat*.
CHORON sauce CHRONO.
CHORTEN *monu* TRONCHE ROCHENT.
CHOSIFIER # COHESIF + I,
CHOTT lac salé, CHÔTTE *helv* abri.

CHOUAN, CHOUANNER vi *mil*.
CHOUCAS *ois* CACHOUS COUCHAS.
CHOUCHEN hydromel breton.
CHOUCHOU,S (-TER).
CHOUIA,S petite quantité.
CHOUGNER vi pleurnicher
ou CHOUINER vi CHOURINE.
CHOULEUR *véhi* T.P. LOUCHEUR.
CHOUQUE *mar* ou
CHOUQUE**T**…

CHOURER ou CHOURAVER.
CHOURIN surin # RUCHIONS,
CHOURINER. CHOUTE.

CHRÊME huile sainte,
CHRÉMEAU *coif* MACHUREE.
CHRISME *rel*, CHRIST,S (-MAS).

CHROMER, CHROMAGE,
CHROMAT**E** TRACHOME,
CHROMEUR…, CHROMEUX…,
CHROMISER *mét* durcir,
CHROMITE *min* TRICHOME.
CHROMO. CHRONO*.
CHRYSIS guêpe, CHRYSOPE *ins*.

CHTI ou CHTIMI gars du Nord.
CHTONIEN… des dieux de l'enfer.
CHU,E. CHUM ami. CHUINTER.
CHURINGA amulette.
CHU**T**! CHUTER *théâ* faire taire.
CHUTEUR para. CHUTNEY sauce.

CHVA ou SCHWA voyelle inaccentuée.
CHYLE (intestin), CHYLEUX…
CHYME matière digérée.
CHYPRE parfum, CHYPRÉ,E.

CI. CIAO! CIBARE** *mil helv*.
CIBICHE, *arg*, CIBISTE *auto* cébiste.
CIBLER, CIBLAGE.
CIBOIRE vase. CIBORIUM dais.
CIBOULE *lég*, CIBOULOT *pop*.

CICADIDÉ cigale.
CICÉRO *impr* unité de mesure,
CICÉRONE *guide* COINCER + E.
CICLER vt *helv* crier ou SICLER.
CICUTINE extrait de la CIGUË.
CIDRERIE. CIEL,S ou CIEUX.
CIF/ *mar* FIC. CIGARIER,E.
CIL, CILIAIRE, CILIÉ,E.
CILICE chemise de crin.
CILLER (cf DESSILLER).

CIMAISE moulure ou CYMAISE.
CIMIER n ornement de casque

CINABRE sulfure de mercure.
CINCHONA* *arb.* CINCLE *ois.*
CINÉ, CINÉASTE CATINEES,
CINÉCLUB, CINÉPARC drive-in,
CINÉRAMA. CINÉRITE cendre.
CINÈSE *biol* SCIENE NIECES,
CINÉSHOP CHOPINES PECHIONS,
CINÉTIR CITRINE INCITER # INSCRITE.
CINGLAGE élimination des scories.
CINOCHE CONCHIE COINCHE.
CINOQUE, SINOQUE ou SINOC.
CINTRER, CINTRAGE GRACIENT.

CIPAL… municipal.
CIPAYE *mil* (Inde).
CIPOLIN marbre. CIPPE stèle.
CIPRE cyprès, CIPRIÈRE (cf CY-).
CIRCAÈTE rapace diurne.
CIRCINÉ,E *(bot)* circulaire.
CIREUR… CRIEUR… # CRUISER SUCRIER,
CIREUX…, CIRIER,E # CERISIER.
CIRON insecte minuscule.
CIRONNÉ,E vermoulu # CONNERIE.
CIRE. CIRRE *(bot)* ou CIRRHE
(cf SQUIRE SQUIRRE SQUIRRHE).
CIRRHOSE ROCHIERS.
CIRRUS nuage. CIRSE chardon.

CI**S** *chim* (cf SIS). CISALPIN,E.
CISELER, je CISÈLE, CISELAGE,
CISELE**T**, CISELEUR…,
CISELURE. CISJURAN,E (Jura).
CISOIRES cisailles.
CISPADAN,E en deçà du Pô.
CISSOÏDE (courbe) DISSOCIE.
CISTE *arb.* CISTRE mandoline.
CISTRON *biol* unité du gène.
CISTUDE tortue DISCUTE DECUITS.

CITER (EX- IN- LI- RÉ- SUS- FÉLI-),
CITATEUR,TRICE.
CITHARE (à cordes, sans manche).

CITRATE *chim* TIERCAT TERCAIT,
CITRIN,E** (citron), CITRIQUE,
CITRONNER # CONTENIR,
CITRUS oranger, citronnier.

ÇIVAÏSME *rel* VIACIAMES ou SI-, SHI-,
ÇIVAÏTE # VIACIATES ou SI-, SHI-.
CIVE *bot.* CIVELLE *icht.*
CIVETTE ciboulette.

CLABAUD chien de chasse,
CLABAUDER vi aboyer.
CLABOT** *méc* (pour accouplement),
CLABOTER # COTABLE # OBSTACLE.
(cf CLAPOT,ER vi, CRABOT,ER).
CLAC! CLADE *zoo, bot* groupe,
CLADISME DECIMAL + S.
CLADONIE lichen (cf DOLÉANCE).

CLAIE. CLAIM (mine d'or).
CLAIRE**T**… ARTICLE RECITAL.
CLAIRURE défaut d'une étoffe.

CLAM *moll.* CLAMEAU crampon.
CLAMECER vi *arg*, je CLAMECE.
CLAM**P** *chir* pince, **C**LAMPER,
CLAMPAGE. CLAMPIN soldat.
CLAMPS**ER** vi ou CLAMECER vi,
ou CLAMS**ER**** vi.

CLANDÉ bordel. CLANGOR *méd.*
CLAN, CLANIQUE,
CLANISME MENISCAL MANICLES,
CLANISTE CISELANT.
CLAP *cin*, CLAPMAN CLAMPA + N.
CLAPET. se CLAPIR se blottir.
CLAPOT *étof* machine (teinture).
CLAPOTER vi (-EUX…) PLACOTER vt
PECTORAL # PECLOTA PACTOLE,
CLAPOTIS, CLAPPER vi.

CLAQUER, CLAQUANT,E,
CLAQUAGE, CLAQUE**T** latte,
CLAQUETER vi, je CLAQUETTE,
CLAQUEUR *(théâ)*, CLAQUOIR.

CLARAIN *géol* (charbon) RACINAL
(cf DURAIN et VITRAIN).
CLARIAS *icht* RACLAIS SARCLAI.
CLARINE*** cloche pour bestiaux.
CLARISSE *rel* CLISSERA SLICERAS.
CLARK *belg* engin de levage.
CLASH,S ou ES.
CLASSAGE de fibres GLACASSE.

CLAUSTRER # LACUSTRE,
CLAUSTRAL…,
CLAUSTRO CLOTURAS.
CLAUSULE péroraison.

CLAVAGE. CLAVAIRE *cham*
CALVAIRE CAVALIER CLAVERAI.
CLAVARDER vi *inf* chatter,
CLAVEAU *arch* pierre,
CLAVELÉ,E *vét*. CLAVELIN 62 cl.
CLAVER *mine* remblayer.
CLAVETER, je CLAVETTE (DÉ-).
CLAVISTE *inf* (qui saisit) CLIVATES.

CLAY *belg* ball-trap.
CLAYÈRE d'huîtres voir CLOYÈRE,
CLAYETTE petite claie.
CLAYMORE grande épée.
CLAYON claie, CLAYONNER.

CLEAN/.
CLEARING *fin* CLIGNERA CINGLERA.
CLÉBARD ou CLEBS.
CLÉDAR *helv* porte de jardin.
CLENCHE de loquet (DÉ-v EN-v).
CLEPHTE brigand (ou K-) CHEPTEL.
CLERGEON *rel* CONGELER,
CLERGIE *dr* état de clerc.

CLIC,S, CLICK.
CLICHER, CLICHAGE,
CLICHEUR…
CLIGNER, CLIGNOTER vi.
CLIM. CLIMAX point culminant.
CLINAMEN liberté selon Épicure.

CLINFOC «petite voile» (en allem.).
CLINICAT. CLINKER n ciment.
CLIP, CLIPART image numérique,
CLIPSER (É-) ou CLIPPER,S vt.
CLIQUART *const* pierre.

CLIQUER vt *inf*, CLIQUET,
CLIQUETER vi, je CLIQUETTE.
CLISSER (une bouteille) (É-).
CLIVER fendre, CLIVABLE.
Pas de «cliveur…»; cf VÉSICULE.

CLOAQUE,
CLOACAL… ACCOLA ı L.
CLOCHER des melons. CLODO.
CLONER, CLONAGE CONGELA.
Pas de «cloneur»; cf CULERON et
RECULON.
CLONIE *méd* # CONSEIL CELIONS,
CLONIQUE, CLONUS.
CLOPER vt fumer. CLOPET sieste.
CLOPINER vi (cf PLIOCÈNE).
CLOPPER vi *belg* concorder.

CLOQUER, CLOQUAGE.
CLORE v défectif, CLÔT
CLOSONS CONSOLS
CLOSEZ CLOSENT,
CLOSIONS CLOSIEZ,
CLORAI etc., CLORAIS etc.,
CLOSANT CALTONS.
CLOSEAU petit clos ÉCOULAS,
CLOSERIE (É-) ECOLIERS CREOLISE.

CLOUEUSE. CLOUP *géol* PLOUC.
CLOUTER CLOTURE,
CLOUTAGE. CLOUTARD *scol*.
CLOUTIER,E.
Pas de «clouteur»; cf LOCUTEUR.
CLOVISSE *moll* palourde.
CLOYÈRE panier à huîtres (cf
CLAYÈRE, parc à huîtres).
CLUBISTE (club de la Révolution).
CLUPÉIDÉ *icht* PEDICULÉ,E.
CLUSE *géol*. CLUSTER n *mus*.
CLYSTÈRE lavement.

CNÉMIDE jambière MEDECIN.
CNIDAIRE**** méduse.
COACCUSÉ,E.
COACH *sp*, COACHER
COCHERA ECORCHA OCHRACE,
COACHING.
COACTIF... contraignant,
COACTION. COAGULUM.
COALESCER # ACCOLEES.
COALISER SCOLAIRE RECOLAIS
CALORIES.
COALTAR *chim* RACOLAT.
COAPTEUR *méd* RECOUPAT.
COASSER vi. COASSURER.
COATI *mam* (Amérique du Sud).
COAUTEUR COUTERA + U.
COAXIAL...

COB *éq.* **CO**BAYE.
COBÉA *arb*, COBÉE ou COBAEA.
COBIER n réservoir. COBOL *inf.*

COCA *arb* ou COCAÏER n
CORIACE ECORCAI.
COCAGNE/.
COCCI/ pl de COCCUS bactérie.
COCCIDIE *zoo*. COCCYX os.
COCHELET coq.
COCHER,S vt. COCHÈRE.
COCHET... coq # SCOTCHE.
COCHEVIS alouette huppée.
COCHLÉE *anat* CLOCHEE.
COCHYLIS *pap*. COCKER n.
COCKNEY. COCKPIT.

COCO. COCOLER *helv* cajoler.
COCONNER vi (ver),
COCOON, COCOONER vi.
COCORICO,S.
COCOTER vi ou COCOTTER vi.
COCTION cuisson CONCOIT.
COCU,E, COCUAGE, COCUFIER.
CODAGE,
CODANT,E ENCODAT # SECONDAT.

CODÉINE alcaloïde de l'opium.
CODÉTENU,E COUDENT + E,
CODÉTINS EDICTONS,
CODÉTINT.
CODEUR... (DÉ- EN- VO-m),
CODEX *phar* répertoire.
CODIRIGER. CODON *biol.*

COÉDITER. COEF rigole.
COELOME *zoo* cavité interne.
COENURE cénure ENCOURE
ENCROUE # RONCEUSE CORNEUSE.
COENZYME. COÉPOUSE.
COEXISTER vi.

COFFIN étui de pierre à faux.
COFFRAGE, **C**OFFREUR.
COGÉRER,
COGÉRANT,E CONGREAT.
COGITER, COGITO/ *philo.*
COGNAT parent.
COGNEUR... CONGRUE.
COGNITIF... pouvant connaître.

COHABITER vi.
COHÉREUR *radio* ECHOUER + R.
COHÉRITER vi # ECHOTIER.
COHÉSIF... (cf CHOSIFIE).
COHOBER distiller.

COI (-N -R -S -T), COIT**E**.
COIFFAGE, COIFFANT,E.
COINÇAGE.
COINCHER *manille* contrer
CONCHIER CORNICHE.
COIN**G**. COI**R** fibre.
COÏT, COÏTER vi.
COITRON *helv* limace CORNIOT.
COITTE couette (cf BOITTE).

COJUMEAU,X, -ELLE.
COKAGE, COKÉFIER,
COKERIE (cf COQUERIE),
COKEUR, COKING.

COLA ou **K**OLA. COLATEUR *agr.*
COLATIER n *arb* ou KOLATIER.
COLATURE *phar.* COLBACK.
COLCOTAR oxyde ferrique.
COLCRETE béton.
COLEADER n DECOLERA.
COLÉE coup d'épée pour adouber.
COLÉUS plante ornementale.
COLICINE *chim* CONCILIE.
COLINEAU ENCLOUAI LIONCEAU
ou COLINOT petit colin.
COLISAGE d'un colis.
COLITE *méd* (COC- LAC-).

COLLABO. COLLAPSER vi se pâmer.
COLLATIF... qui peut être conféré.
se COLLETER RECOLLET,
je me COLLETTE (DÉ-),
COLLETIN d'armure.
COLLE**Y** chien poilu à tête fine.
COLLIGER collecter.
COLLOÏDE. COLLOQUER *dr*
COLLURE *cin* raccord (cf COLURE).
COLLYBIE *cham.* COLLYRE.

COLMATER MORCELAT.
COLO (É-) COOL/.
COLOBE singe (cf COBOL).
COLOCASE *bot* (à rhizome comest.)
COLOMBIN,E de pigeon.
COLOMBO épice
COLONES pl *mon* CONSOLE.
COLONAGE *dr*, COLONAT.
COLOPHANE *mus* EPHONCAL,
COLORANT,E, COLORIS**ER**
COLOURED métis (Afr. du Sud).

COLT. COLTIN *coif*, COLTINER.
COLURE cercle céleste (cf COLL-).
COLVERT canard. COLZA.
COMANCHE. COMATEUX...
COMBAVA citron.
COMBATIF...
COMBE vallée profonde.
COMBI *véhi*, COMBINAT *écon*,
COMBO petit orchestre (cf GOMBO).

COMÉDON point noir de la peau.
COMICS. COMICE, COMICIAL...
(cf COMITIAL...).
COMITARD,E *péj* (comités).
COMITAT division de Hongrie.
COMITIAL... de l'épilepsie.

COMMA *mus* court intervalle.
COMMAND *dr* (-A -E -O -S).
COMMENDE *rel.* COMMÉRER vi.
COMMODAT *dr.* COMMUER.
COMMUNIER vt. COMMUTER.
COMORIEN... OMICRON + E.

COMPACTER.
COMPASSER mesurer.
COMPATIR vi (cf COMPÉTAI).
COMPÉTER vi *dr.* COMPIL *mus.*
COMPISSER. **COM**PLAIRE vi.
COMPLANT/ *dr* (-ER v).
COMPLEXER. COMPLIES *rel.*
COMPLOTER.

COMPO (cf CAMPO).
COMPON *hér*, COMPONÉ,E.
COMPOST *agr*, **COM**POSTER.
COMPOUND *méc* (-ER v).
COMPTAGE (cf CONTAGE).
COMPTANT,S, COMPTINE.

COMPULSER.
COMPUT *rel*, COMPUTER n *inf.*
COMTADIN,E (Vaucluse),
COMITAT du comte
CAMELOT COLMATE,
COMTAT, COMTOIS,E,
COMTESSE COMETES + S.

CON, CONNE,
CONARD*,E # DECORNA ENCORDA
ou CONNARD,E,
CONASSE ou CONNASSE.
CONATIF... (effort)
CONFIAT FACTION FONCAIT,
CONATION CONNOTAI COTONNAI,
CONATUS *philo* TOUCANS COUSANT.

CONCASSER.
CONCERT (A- E- I/ -O),
CONCERTI/. CONCETTI,S *litt.*
CONCHIER**. CONCRÉTER *chim.*
CONDÉ policier. CONDO appart.
CONDOM capote. CONDOR.
CONDYLE bout arrondi de l'os.
CONFER/. CONFERVE algue.
CONFETTI. CONFINS.
CONFIOTE, CONFIRE (DÉ-)
CONFIER FONCIER ENFORCI
→ SUFFIRE sauf CONFIT,E.
CONFLUER vi FURONCLE.

CONGA danse.
CONGAÏ, CONGAYE vietnamienne.
CONGRE anguille de mer (-E).
CONGRÉER un cordage de fil fin.
CONGERE NEOGREC.
CONGRU,E*.
CONICINE *chim.* CONICITÉ (I-).
CONIDIE spore # DECISION.
CONIFÈRE FONCIERE ENFORCIE.
CONJOINDRE,
CONJUNGO mariage.

CONNARD,E ou CONARD,E,
CONNASSE ou CONASSE,
CONNEAU, CONNERIE.
CONNECTER, CONNEXE.
CONNOTER COTONNER
NOCERONT (cf ÉCOTONE).
CONOÏDE (cône). CONOPÉE *rel.*
CONQUE. CONQUÊT *dr.*

CONSOEUR ECROUONS.
CONSOL *mar* COLONS.
CONSONER vi NOCERONS
ECORNONS.
CONSORT CROTONS CORTONS.
CONSOUDE *bot* COUDONS + E.
CONSPIRER vt organiser.
CONSPUER PUCERONS PONCEURS.
CONTAGE (contagion) # COGNATES.
CONTIGU,Ë. CONTINUO *mus.*

CONTREUR… *bridge* CURERONT.
CONTUMAX jugé en son absence.
CONTUS,E # COUSENT,
CONTUSIF…

CONVAINC,S. CONVENT réunion.
CONVERS *rel.* CONVICT forçat.
CONVOYER, CONVOYEUR…
CONVULSER # CUVELONS.
COOBLIGÉ,E *dr.* COOKIE.
COOL*/. COOLIE chinois.

COPAHU suc du COPAÏER.
COPAL,S résine du COPALIER
RAPICOLE POLICERA PICOLERA.
COPAYER n *arb* résineux, copaïer.
COPÉPODE petit crustacé.

COPIABLE. COPILOTER.
COPINER vi PORCINE PIONCER.
COPING défense contre le stress.
COPION *scol*, COPISTE PICOTES.
COPLA (flamenco). COPPA mets.
COPRA,H amande.
COPRIN *cham* PORCIN. COPRINCE.
COPS *(text)*, COPSAGE.
COPTE *rel.* COPULER vi.

COQUARD coup ou COQUART.
COQUÂTRE coq.
COQUEBIN,E niais. COQUELET.
COQUEMAR bouilloire.
COQUERET *bot.* COQUERIE *mar.*
COQUERON *mar.* COQUETEL.
COQUETER vi faire le coq,
je COQUETTE.
COQUILLER vt. COQUINET…

CORAIL,AUX,
CORALLIN,E CARILLON.
CORAN, CORANISER mémoriser.
CORBIN corbeau.
CORBLEU ! BOUCLER.

CORDAT,S grosse serge
TOCARD CRADOT # COSTARD,
CORDELER, je CORDELLE
DECOLLER # DECLORE,
CORDER, CORDERIE CORDIERE,
CORDEUR... *tennis*, CORDIER,E*.
CORDITE *expl* DICROTE DECROIT.
CORDOBA monnaie du Nicaragua.
CORDONNER (-T).
CORDOUAN,E.

CORÉ statue (A- S-) ou KORÊ.
CORÉEN...
CORÉGONE poisson des lacs.
CORFIOTE de Corfou (cf CON-).
CORICIDE *méd* (cors) CRICOIDE.
CORINDON pierre précieuse.
CORINTHE *cép* CHIERONT.
CORME fruit du CORMIER.
CORMORAN oiseau plongeur.

CORNAC. CORNACÉE* *bot*
CORNAGE*** *éq* (qui respire mal).
CORNAQUER guider.
CORNARD,E. CORNÉEN...
ENCORNE ENONCER RENONCE.
CORNEMENT (dans les oreilles).
CORNER,S vt,
CORNETTE COTERENT,
CORNEUR... *mus* joueur de corne.

CORNIAUD corniot CONDUIRA.
CORNIER,E *(arb)* RONCIER,E
UNI IRRRI'I
CORNIOT*. CORNIQUE *géog*.
CORNISTE *mus* joueur de cor.
CORNOUILLE fruit (-R nm).
CORNU,E.

COROLLE. CORON *min* maisons.
CORONAL... (couronne solaire).
CORONER n CROONER # OCRERONS.
COROSSOL fruit. COROZO *(bot)*.
CORPORAL,AUX *rel* linge.
CORPSARD polytechnicien.
CORPUS ensemble de textes CROUPS.

CORRAL,S enclos.
CORRÉLAT,S, CORRÉLER,
je CORRÈLE RECOLER.
CORRODER. CORROI (cuir),
CORROYER vt (-ÈRE ; cf CAR-vt).
CORSELET RECOLTES ELECTROS
SCLEROTE.
CORSETER ESCORTER,
je CORSÈTE. CORSO (chars).

CORTES parlement. CORTEX *anat*,
CORTICAL..., CORTINE hormone
CROIENT RECTION TRICONE,
CORTISOL COLORIS + T.
CORTON vin CROTON.
CORVIDÉ corbeau DIVORCE.
CORYMBE *(bot)* inflorescence.
CORYPHÉE (chœur). CORYZA.

COSAQUE. COSIES pl de COSY,S.
COSIGNER GERCIONS.
COSINUS COUSSIN COUSINS.
COSMOS, COSMIQUE
COSSARD,E RADSOCS # CORDASSE.
COSSER vi (béliers) (É- PI-).
COSSETTE *(bot)*. COSSON larve.

COSTAL... *anat* SCATOL CALOTS
OCTALES SCATOLE LACTOSE.
COSTAR ou COSTARD*.
COSTAUD,E # COUDATES
ou COSTEAU ECOUTAS SECOUAT.
COSTIÈRE *théâ* CRETOISE
COTIERES OSCIETRE COTERIES.
COSTUMER COSY,S ou -IES.

COTABLE*. CÔTELÉ,E.
COTEUR *Bourse* (É- FRI- PLA- TRI-).
COTHURNE chaussure CHOURENT.
COTICE *hér* bande diagonale.
COTIDAL... aux marées égales.
COTIGNAC confiture de coings.
COTINGA *ois* COGNAIT # COSIGNAT.
COTIR meurtrir (des fruits)
(cf CATIR).
COTISER COTIERS CRETOIS,
COTISANT,E. se COTONNER*

COTRE (un mât). COTRET fagot.
COTRIADE soupe de poissons.
COTTAGE (BOY- MAR-).
COTTER étayer (BOY- MAR-).
COTTIDÉ *icht* (chabot).
COTUTEUR COUTURE + T.
COTYLE cavité d'articulation.
COUAC. COUARD,E COUDRA
CUADRO # COUDERA.
COUCHER,S vt, COUCHANT,E,
COUCHEUR... COUCHURE,
COUCHIS lattis sous un plancher,
COUCHOIR (or), COUCHURE* (or).

COUDER, COUDAGE,
COUDIÈRE (pour rollers).
COUD,S, COUDRE,S vt *arb*.
COUDRAIE RADOUCIE COUDERAI,
COUDRIER n *arb* DUCROIRE.

COUENNE (-EUX...).
COUETTÉ,E ébouriffé # COUSETTE.
COUFFA *mar* (sur le Tigre) (ou K-).
COUFFE ou COUFFIN (cf COFFIN).
COUFIQUE *ar* écriture.

COUGNOU *belg* brioche.
COUGUAR ou COUGOUAR.
COUIC! COUILLE LUCIOLE (PI-),
COUILLON (-NNER),
COUILLU,E.

COUINER vi (cf COUSINÉE).
COULIS (vent),
COULISSER # OSSICULE.
COULOIRE égouttoir.
COULOMB *élec*. COULON *ois*.
COULPE,S. COULURE trace.

COUMAROU *arb* (fève tonka).
COUNTRY/ *mus*.

COUPASSER. **COU**PELLER *mét*.
COUPLAGE, COUPLEUR.
COUPOIR. COUQUE brioche.

COURATER vi *helv* courir çà et là.
COURBAGE. COURBATU,E.
COURÇON courson,onne # CONCOURS.

COURÉE cour, COURETTE.
COURIR (AC- EN- RE- SE-
CON- vi DIS- vi PAR-).
COURLAN *ois*. COURLIEU *ois*
ou COURLIS SOURCIL.

COUROS statue ROCOUS,
pl COUROI/ ou KOUROS,-OI/
(cf COUSOIR et COURROIE).
COURRE/. COURRIEL *inf* mél.
COURROUX.

COURSER.
COURSIE de galère (-Z) ECROUIS
SOUCIER # CREUSOIS RECOUSIS.
COURSIE**R**,E, COURSIE**Z**.
COURSIVE *mar* couloir étroit.
COURSON,ONNE branche taillée
ou COURÇON masc.
COURTAUD**ER** (un chien).
COURTIER,E. COURTIL jardin.
COURTINE rideau.

COUSETTE*, COUSEUR...,
je COUSIS, COUSISSE.
COUSINER vt. COUSOIR métier.
COÛTANT,S.
COUTIL tissu serré # LOUSTIC.
COUTRE soc. COUTURER.

COUVADE d'un père qui «couve»,
COUVAIN *(ins)* # CUVAISON,
COUVI (œuf), COUVOIR.
COUVRANT,E,
COUVRURE COUVREUR nm.
COUYON *belg* jeu de cartes.

COVALENT,E *chim*.
COVENANT pacte écossais.
COVOLUME *chim*.

COWPER n récupérateur de chaleur.
COXAL… de la hanche,
COXALGIE.
COYAU,X (toit) ou COYER n.
COYOTE.
CRABIER*,E* zoo mangeur de crabes.
CRABOT *méc*, CRABOTER,
CRABOTAGE.
CRAC, pl CRACS.

CRACHINER v déf → BOUMER.
CRACHOTER vi.
CRACK, CRACKER n biscuit,
CRACKING (pétrole). CRACRA/,
CRADE, CRADINGUE,
CRADO, CRADOT**
ou CRADOQUE.

CRAIGNOS *pop* GRACIONS.
CRAILLER vi crier (corneille).
CRAMBE *bot.* CRAMCRAM *bot.*
CRAMER, CRAMINE *helv* froid.
CRAMIQUE *belg* brioche.
CRAMPER *québ auto* braquer.

CRANSON *bot.*
CRANER entailler, CRÉNER
ou CRANTER CARRENT RENCART,
CRANTAGE.
se CRAPAÜTER # CAPTURE + A.
CRAPET *québ icht*, CRAPETTE jeu.
CRAPOTER vi fumer (-EUX…).
CRAPS (dés).
CRAQUER, CRAQUAGE *chim*,
CRAQUANT,E,
CRAQUELER, je CRAQUELLE.
CRAQUETER vi crier (cigogne),
je CRAQUETTE.
CRAQUEUR (pour raffinage).

CRASE *ling* contraction.
CRASH *av*, se CRASHER.
CRASPEC. CRASSANE poire.
CRASSER salir,
CRASSIER n CRISSERA CRISERAS.
CRASSULA plante grasse.

CRATON partie de l'écorce terrestre.
CRAU,S ou X (en Provence).
CRAVACHER. CRAVATER.
CRAVE corbeau.
CRAWL, CRAWLER, CRAWLEUR…
CRAYÈRE (craie), CRAYEUX…
CRAYONNER (-AGE, -EUR…).

CRÉ! CRÉATIF… REACTIF
FARCITES # VERACITE RECEVAIT.
CRÉATINE *biochim.* CRÉCHER vi.
CRÉDENCE buffet.
CRÉDIBLE, CREDO,S.
CREEK *u.s. et Nlle-Calédonie* rivière.

se CRÉMER,
CRÉMAGE # GERCAMES,
CRÉMANT,S CRAMENT.
CRÉMONE # SEMONCER ECREMONS.

CRÉNER voir craner, CRÉNAGE,
CRÉNELER, je CRÉNELLE.
CRÉNOM! se CRÉOLISER* *ling*.

CRÉOSOL huile COLORES,
CRÉOSOTER *chim* # SCOOTER + E.

CRÊPAGE. Pas de « crêpeur »;
cf PERCEUR et CRÊPURE.
CRÊPELÉ,E, CRÊPELU,E
SEPULCRE PERCLUSE SPECULER.
CRÊPIER,E RECREPI.
CRÉPINE filtre EPINCER.
CRÉPINS outils de cordonnier.
CRÉPIR CRÉPITER vi (DÉ vt)
(cf PRÉCITÉ,E).
CRÉPON, CRÊPURE.
CRÉSOL. CRÉSUS. CRÉSYL.

CRÉTACÉ**,E *géol.*
CRÉTELLE fourrage LECRELET.
CRÊTER *étof* (É-). CRÉTIN,E
CINTRE # ECRIENT CITERNE CINTREE.
CRÉTIQUE (brève entre 2 longues).
CRÉTOIS*,E*.
CRETONNE NOCERENT
ENCONTRE ENCORNET ECORNENT.

CREUSAGE carguees.
Pas de «creuseur»; cf CREUSURE*.
CREUSET. CREUSOIS**,E.
CREUSURE cavité ecureurs.
CREVAILLE ripaille, CREVARD,E,
CREVASSER,
CREVOTER vi dépérir, CREVURE.

CRIAILLER vi. CRIB (maïs).
CRIBLAGE, CRIBLEUR…,
CRIBLURE. CRIC. CRICKET.
CRICOÏDE* (anneau). CRICRI.
CRIEUR*… CRINCRIN violon.
CRINIER n *ouv.* CRINOÏDE *zoo.*

CRIOCÈRE *(bot)* insecte parasite.
CRIQUER vi se fendre (cf CERISE).
CRISER vi *helv* rager (cf CERISE).
CRISPANT,E. CRISPIN (gant).
CRISS arme (ou K-). CRISSER vi.
CRITHME *bot* TRICHE + M
ou CRITHMUM plante littorale.

CROASSER vi. CROATE.
CROBAR,D # BROCARD.
CROCHER, CROCHEUR… tenace,
CROCHETER, je CROCHÈTE,
CROCHIR tordre, CROCHON *géol.*
CROCO. CROCUS.

CROISURE de brins de soie.
CROÎT,S *élev* (DÉ-n RE-v) # TRISOC.
CROLLER vt *belg* boucler
RECOLLE ROCELLE.
CROMALIN épreuve en couleurs.
CROMLECH cercle de menhirs.
CROMORNE *anc* instrument à vent.
CROONER* n chanteur.

CROQUANT,E, CROQUET,
CROQUETTE, CROQUEUR…
CROSKILL *agr* rouleau.
CROSNE *bot* # CRESSON.
CROSS. CROSSER (hockey).
CROSSMAN,S ou -MEN/.

CROTALE (S-) RECOLTA RECOLAT.
CROTON* arbuste. CROTTER.
CROUILLE *helv* petit, chétif.
CROULER, CROULANT,E.

CROUP *méd* (cf G-). CROUPADE *éq.*
CROUPAL… du croup (cf G-)
COPULERA COUPLERA.
CROUPIR. CROUPON cuir.
CROÛTER RECOURT,
CROÛTEUX… CROWN verre.

CRUCHÉE, CRUCHON.
CRUDITÉ TRUCIDE # DISCUTER.
CRUENTÉ,E *méd* à vif.
CRUISER* n yacht à moteur.
CRUMBLE *pât.* CRÛMENT/.
CRUOR partie du sang.
CRURAL… de la cuisse # RACLEUR
RACLURE.
CRUSTACÉ,E ACCRUTES.
CRUZADO *anc mon*, CRUZEIRO.

CRYOGÈNE qui refroidit,
CRYOLITE fluorure,
CRYOSTAT (froid), CRYOTRON.
CRYPTER, CRYPTAGE,
CRYPTIE chasse aux hilotes.
CSARDAS danse. CTÉNAIRE *zoo.*
CUADRO** (flamenco).

CUBAIN,E INCUBA.
CUBER, CUBAGE, CUBATURE.
CUBÈBE *arb* poivrier.
CUBERDON *belg* confiserie.
CUBILOT four de fonderie.
CUBIQUE, CUBISME, CUBISTE.
CUBITAL… du coude,
CUBITUS (DÉ-). CUBOÏDE.
CUCHAULE *helv* pain au lait.
CUCU, CUCUL. CUCULLE *coif.*

CUESTA côte ASTUCE # SUCATES.
CUEVA cave (flamenco).
CUFAT *anc mine* ou CUFFAT.

CUILLER,E,E (-ON).
CUIRASSER.
CUIRE, je CUISIS (RE- PRÉ-).
CUIRETTE skaï. CUISEUR.
CUISSAGE/*dr*, CUISSARD,E,
CUISSEAU, CUISSOT.
CUISTAX *belg* kart.
CUISTOT. CUISTRE RECUITS
CURISTE SECURIT # SUSCITER.
se CUITER (BIS-).
CUIVRER, CUIVRAGE,
CUIVREUX…

CULARD *bœuf fessu*,
CULER *mar* (É- AC- EN- FÉ-
MA- RE- BAS- CAL- CIR-vi ÉJA-
FLO-vi INO- SPÉ-vi ARTI-
BOUS- ÉMAS- RÉTI- VÉHI-),
CULERON (harnais) RECULON.
CULEX moustique.
CULIÈRE (harnais) RECUEIL,
CULOTTER.
CULTISME* *Esp*, CULTIVAR *agr*.
CULTUEL… *rel*, CULTURAL… *agr*.

CUMIN. CUMULARD,E.
CUMULET culbute. CUMULUS.
CUNETTE canal.
CUPESSE *helv* chute. CUPIDON.
CUPRIQUE relatif au cuivre,
CUPRITE minerai PRECUIT.
CUPULE écorce de fruit.

CURABLE.
CURARANS (par du ·······)
CURAGE (É-).
CURARE, CURARINE RICANEUR.
CURATEUR *dr* assistant,
CURATIF… # SURACTIF.

CURCUMA *bot*.
CURER (É-).
CURETER, je CURETTE
SUCRETTE,
CURETAGE. CURETON
CONTEUR COURENT ENCOURT.
CUREUR (É- avec fém) CURURE.

CURIAL… *rel*. CURIATE (CURIE),
CURIDE *chim* DURCIE.
CURION chef de curie.
CURISTE*. CURIUM *chim*.
CURLEUR… *sp*, CURLING.

CURRY voir CARI.
CURSEUR,
CURSIF… (RÉ- DIS-), CURSUS.
CURULE *Rome*. CURURE* d'étang.

CUSCUTE plante parasite.
CUSPIDE *(bot)* pointe (BI- TRI-),
CUSPIDÉ,E à longue pointe acérée.
CUSTODE *auto* DOUCETS.
CUSTOM (auto personnalisée).

CUT *golf* (pour se qualifier).
CUTANÉ,E # SAUCENT CAUSENT.
CUTI. CUTICULE *biol*,
CUTINE (CI-) # CUISENT.
CUTTER n.

CUVAGE ou CUVAISON*,
CUVEAU, CUVELER, je CUVELLE,
CUVELAGE, CUVIER n cuve.

CYAN bleu, CYANATE,
CYANEA méduse ou CYANÉE,
CYANELLE algue,
CYANOSER, CYANURER.

CYCAS palmier, CYCADALE.
CYCLAMEN. CYCLANE *chim*.
CYCLECAR. CYCLÈNE *chim*,
CYCLINE, CYCLISER,
CYCLO. CYCLOÏDE *math*.
CYCLONE, CYCLONAL…
CYCLOPE (-ÉEN…),
CYCLOPIE *méd* CYCLOPIEN…

CYLINDRER (-AGE -AXE -EUR…),
CYMAISE moulure ou CIMAISE.
CYMBALE, CYMBALUM *mus*.
CYME *bot* mode d'inflorescence.

CYMRIQUE gallois (ou K-).
CYNIPS *ins*, CYNIPIDÉ.

CYON chien sauvage d'Asie.
CYPHOSE de la colonne vertébrale.
CYPRÈS (cf CIPRE),
CYPRIÈRE (cf CIPRIÈRE).
CYPRIN *icht*. CYPRINE sécrétion vag.
CYPRIOTE. CYPRIS *crust*.

CYRARD *scol* de St-Cyr.
CYSTINE *chim*, CYSTÉINE,
CYSTIQUE (vésicule ou vessie),
CYSTITE *méd* CYTISE *arb*.
CYTOKINE *biol*, CYTOLYSE,
CYTOSINE base, CYTOSOL *biol*.

CZAR. CZARDAS danse, csardas.

D

C'est à cette lettre que sont regroupés la plupart des verbes suscep-tibles de rajouts : ainsi, **DÉ**CELER (FI- RE- HAR- MOR- AMON- CHAN-vi DÉFI- DÉPU- ÉPIN- ÉTIN-vi) *signifie que l'on peut jouer* RECELER, FICELER, HARCELER, MORCELER, AMONCELER, CHANCELER vi, DÉFICELER, DÉPUCELER, ÉPINCELER *et* ÉTINCELER vi.

Si vous manquez de voyelles, pensez aux suffixes -ARD,E *et* -OND,E.

DA ! DAB père. DABA houe.
DABE. **D**ACE (Europe centrale).
DACQUOIS,E de Dax.
DACRON** textile synthétique.
DACTYLÉ,E (doigt), DACTYLO.
DADA. DADAIS.
DADAÏSME *litt,* DADAÏSTE.
DAGUER poignarder (IN-vi).
DAGUET cerf # DEGUSTA.

DAHABIEH *mar.* DAHIR décret.
DAHLIA. DAHOMÉEN... DAHU.
DAIGNER vi (cf DÉGAINE).
DAÏKIRI ou DAÏQUIRI.
DAIL pierre à faux ou **D**AILLE.
DAÏMIO *jap* (aristo) ou DAIMYO.
DAINE fem. du daim. DAÏQUIRI.
DAÏRA région d'Algérie.
DAIS. DAKAROIS,E.
DAKIN désinfectant.

DAL/. DALASI *mon* (Gambie).
DALEAU canal. **D**ALLER,
DALLAGE, DALLEUR nm.
DALMATE *géog.* DALOT daleau.
DALTON *phys* DOLANT # SOLDANT.
DAM,S. DAMAGE. **D**AMAN *mam.*
DAMASSER DESARMAS # DESAMAS.
DAMER,
DAMEUR... # DURAMES MUSARDE.
DAMNABLE. DAMPER n *tech.*

DAN. DANAÏDE *pap.* DANCE.
DANDIN niais, se DANDINER.
DANDY,S ou -IES, DANDYS**ME**.
DANIEN*... *géol* crétacé supérieur.
DANSABLE SALBANDE LABADENS,
DANSOTER vi # DENOTAS DETONAS
ou DANSOTTER vi.
DANUBIEN...
DAO (pensée chinoise).

DAPHNÉ *arb,* DAPHNIE *crust.*
DARAISE déversoir d'étang.
DARBOUKA *mus ar* ou
DERBOUKA
DARBYSME *rel,* DARBYSTE.
DARCE bassin dans un port, darse.
DARDER, **D**ARDILLON.
DARI *lang* (afghane). DARIOLE *pât*
DOLERAI IODLERA ORDALIE.
DARIQUE *mon* (frappée par Darius).

DARNE (içht). DARSANA vision.
DARSE bassin dans un port, darce.
DARSHAN,A darsana HARDAS + N.
DARTOIS *pât* ADROITS TORDAIS.
DARTRE *méd* RETARD TRADER nm
TARDER,
DARTREUX...,
DARTROSE TORSADER ROADSTER.

DASEIN *philo.* DASYURE *mam.*
DATER (MAN- ANTI- POST-),
DATABLE, DATAGE.
DATAIRE *rel.* DATATION.

DATCHA maison de campagne russe.
DATERIE *rel* REEDITA EDITERA,
DATEUR…
DATIF… *dr* # DEVISAT VIDATES,
DATION # SONDAIT TONDAIS.
DATURA *bot* TARAUD.

DAUBER dénigrer, DAUBEUR…
Pas de «daubage»; cf BAGAUDE.
DAUBIÈRE plat.
Pas de «daubier»; cf ÉBAUDIR*.
DAUMONT/ (attelage).
DAURADE ou DORADE.
DAUW zèbre. DAVIDIEN… *art.*
DAVIER n *méd* pince.
DAW dauw. **DA**YAK *lang.*
DAZIBAO affichette chinoise.

DEAL,
DEALER,S vt LARDEE LEADER,
DEALEUR… ELUDERA.
DEB «débutante» de la b. société.
DÉBÂCHER (RA-).
DÉBÂCLER une porte (EM-).
DÉBADGER.
DÉBALLER* (EM- REM- TRI-).
DÉBANDER un arc.
DÉBARDER (JO- BOM- CHAM-).
DÉBARRER une porte (EM- REM-).
DÉBÂTER,S vt (EM-v).
DÉBÂTIR *étof* (RE-) TRIBADE.
DÉBATTRE (A- É- EM- RA- RE-
COM-).

DÉBECTER. DÉBET dette.
DÉBILITER affaiblir.
DÉBINER (AU- BO- COM-
LAM-vi TUR-vt),
DÉBINAGE, **DÉ**BINEUR…
DÉBITAGE, DÉBITEUSE.
DÉBLAI,S ou E DIABLE # DISABLE.

DÉBOBINER (EM- RE- REM-).
DÉBOGUER *inf*, DÉBOGAGE.
DÉBOIRE,S n.

DÉBOISER (RE- RATI- FRAM-).
DÉBOITER (EM- REM-).
DÉBONDER un tonneau (A-vt
SURA-vi VAGA-vi).
DÉBORD, **DÉ**BORDER (A- RE-
SA- TRANS-).
DÉBOSSER débosseler (CA- EM-).
DÉBOTTER.

DÉBOUCHER (A- EM- RE-).
DÉBOUCLER.
DÉBOUILLIR, je DÉBOUS,
nous DÉBOUILLONS, etc.
DÉBOULER (A- É- RI-vi SA-
BOU-vi TRA-vi CHAM- BLACK-).
DÉBOUQUER vi *mar* (cf EM-vt).
DÉBOURBER (cf EM-).
DÉBOURRER (É- EM- REM-)
DEROBEUR.
DÉBOURS BOURDES.
DÉBOUS. DEBOUT/ (-A -E).
DÉBOUTER (A- É- EM- RA- RE-).

se **DÉ**BRAILLER.
DÉBRANCHER (É- EM- RE-).
DÉBRASER (A- É- EM-).
DÉBRAYER (EM-).
DÉBRIDER (HY-).
DÉBRIEFER *mil* # DEFIBREE.
DÉBROCHER (EM-).
DÉBRONZER.
DÉBRUTIR dégrossir (cf A-).

DÉBUCHER,S vt (cerf) (EM-
REM-v et n TRÉ-vt).
DEBUGGER,S vt *inf* → AIMER.
DÉBUTER (A- RE- CUL-).
DEBYE *élec* unité.

DÉCA (café). DÉCADI*** jour.
DÉCADRER (EN- RE-).
DÉCAÈDRE DECEDERA DECADREE,
DÉCAGONE ENCODAGE.
DÉCAISSER.
DÉCALER (É- RE-).
DÉCALOTTER.

DÉCAMPER. DÉCAN astr.
DÉCANAL*... (doyen), DÉCANAT.
DÉCANTER.

DÉCAPER PRECEDA DECREPA (RES-),
DÉCAPAGE, DÉCAPANT,E.
DÉCAPELER mar,
je DÉCAPELLE.
DÉCAPEUR... DRUPACEE.
DÉCAPODE crust (dix pattes).
DÉCAPOLE (dix villes).
DÉCAPOTER. DÉCATIR.
DÉCAUSER dénigrer (RE-vi).
DÉCAVER au jeu (EN- EX- RE-)
DECEVRA.

DECCA radionavigation.
DÉCÉDER (AB- AC-vi EX- RE-
CON- PRÉ- PRO-vi SUC-vi).
DÉCELER, (FI- RE- HAR- MOR-
AMON- CHAN-vi DÉFI- DÉPU-
ÉPIN- ÉTIN-vi),
DÉCÉLÉR**ER** vi.
DÉCEMVIR mag (-AL..., -AT).
DÉCENNAL..., DÉCENNIE.
DÉCENTRER (EX- RE- CON-).
DÉCERCLER (EN- RE-).
DÉCERNER (CON- DIS-).
DÉCEVOIR, **DÉ**ÇURENT.

DÉCHAÎNER (EN- REN-).
DÉCHANT mus contrepoint,
DÉCHANTER vi (EN- RE- TRO-n).
DÉCHARGER (RE- SUR-).
DÉCHARNER.
DÉCHAUMER (É-).
DÉCHAUSSER (EN- RE- REN-),
DÉCHAUX rel. **DÈCHE,S,**
DÉCHOIR v déf,
DÉCHOIS DÉCHOIT
DÉCHOYONS DÉCHOYEZ
DÉCHOIENT, DÉCHUS etc.,
DÉCHOIRAI etc., -RAIS etc.,
DÉCHOIE,S DÉCHOYIONS etc.,
DÉCHUSSE etc., **DÉCHU,E**

DÉCI* helv décilitre. DÉCIBEL.
DÉCIDEUR... DÉCIDU,E caduc,
DÉCIDUAL... embry (membrane).
DÉCILE stat 1/10, DÉCILAGE,
DECIMO/. **DÉ**CINTRER.
DÉCISIF... DÉCITEX text unité.

DÉCLAMER (AC- RÉ- EX- PRO-).
DÉCLIVE pente.
DÉCLORE v déf → CLORE
(É-, FORCLORE).
DÉCLOUER (EN- RE-)
EDULCORE DECOULER.

DÉCO/ (art).
DÉCOCHER (EN- RI-vi).
DÉCOCTÉ tisane.
DÉCODER (EN- TRANS-),
DÉCODAGE,
DÉCODEUR... DECOUDRE.

DÉCOFFRER (EN-).
DÉCOINCER, DÉCOLÉRER vi.
DÉCOLLER* (EN- RE- REDE-vi).

DÉCOMBRES.
DÉCOMMETTRE détordre,
DÉCOMMIS,E, DÉCOMMIT/.
DÉCOMPTER (ES- RE- DIS- PRÉ-).

DÉCONFIRE.
DÉCONNER vi DENONCER (cf AR-
CO-vi FA- MA-; -AGE -EUR...).
se **DÉ**CORDER (AC- EN- RE-
CON-vi DIS-vi RAC-).
DÉCORNER (É- EN-) ENCORDER
ENCODER.
DÉCORUM,S.

DÉCOTER (É- AC- BÉ- CO-vi
PI- SU- CHI- FRI- PLA- SUR-
TRI- ASTI-),
DÉCOUCHER vi (AC- RE-).
DÉCOULER* vi (É- ROU-).
DÉCOUPER (RE- SUR- REDÉ-).
DÉCOUPLER (AC- DÉSAC-).
DÉCOURS. DÉCOUSU**RE** vén.

DÉCRASSER (EN- DÉSEN-).
DÉCRÉDITER (AC- DIS-).
DÉCRÉMENT *inf* (É-v RE-n ; -ER v).
DÉCRÊPER PRECEDER # DEPECER.
DÉCRÉPIR (RE-) # PERCIDE.
DÉCRÉPITER vt (du sel).
DÉCRÉTER (É- AC- EX- SÉ- CON-).
DÉCREUSER text (RE-) décruser.

DÉCRI, **DÉ**CRIER (É- RÉ-).
DÉCRISPER # DECREPIS PERCIDES.
DÉCROCHER (AC- RAC-).
DÉCROISER (RE-).
DÉCROÎT**,S,
DÉCROÎTRE (AC- RE-).
DÉCROTTER.
DÉCRUER *text*, DÉCRUAGE,
DÉCRUSER *text*. **DÉ**CRYPTER.

DÉCUIRE (RE- PRÉ-) DECURIE.
DÉCUIVRER.
DÉCULASSER (cf ÉCULASSE).
DÉCULOTTER (RE-).
DÉCUMUL *(fisc)*. **DÉ**CURIE* *mil*,
DÉCURION CONDUIRE.
DÉCUSSÉ,E *bot* (cf DÉCUSSE).
DÉCUVER (EN-), **DÉ**CUVAGE.
DÉDALÉEN…
se **DÉ**DIRE (MÉ-vi RE- MAU-
PRÉ-), DÉDISEZ (MÉ- PRÉ-).
DÉDORER (A- RE- MOR- SUR-
SUBO-),
DÉDORAGE, **DÉ**DORURE.

DÉFAILLIR vi.
DÉFAIRE (RE- FOR-déf MAL-/
PAR- SUR- REDÉ- ; cf s'AFFAIRER).
DÉFANANT *agr*. **DÉ**FATIGUER.
DÉFAUFILER (É-).
DÉFAVEUR.
DÉFENDRE (RE- POUR-),
DÉFENS *dr*. DÉFÉQUER vt *chim*.
DÉFERLER *mar* déployer (une voile).
DÉFERRER (EN-). DÉFET *impr*.

DÉFEUILLER (EF-).
DÉFEUTRER (CAL-).

DÉFIANCE, DÉFIANT,E,
DÉFIBRER du bois.
DÉFICELER, je DÉFICELLE.

DÉFIER (MÉ- TU-adj CON- DÉI-
ÉDI- RÉI- SOL- UNI- AURI- BÊTI-
BONI- COCU- CODI- COKÉ-
ESTA-nm GÂTI-vi GÉLI- GREF-n
LÉNI- MATI- MODI- MOMI- NANI-
NIDI-vi NOTI- OSSI- PACI- PALI-
PANI- PURI- RAMI- RARÉ- RATI-
RUBÉ- SALI- TARI- TONI- TRUF-
adj TUMÉ- VÉRI- VINI- VIVI-
ACÉTI- ACIDI- AMPLI- BARBI-
BÉATI- CALCI- CARNI- CASÉI-
CERTI- CHOSI- CLARI- CRUCI-
DENSI- DULCI- ESCOF- FALSI-
FORTI- GAZÉI- GLORI- GRATI-
HORRI- JUSTI- LIGNI- LIQUÉ-
LUBRI- MAGNI- MASSI- MORTI-
MYSTI- MYTHI- NITRI- OPACI-
PÉTRI- PLANI- PONTI-vi PUTRÉ-
QUALI- RECTI- RÉÉDI- RÉUNI-
RUSSI- SACRI- SCARI- SIGNI-
SPÉCI- STARI- STATU- STUPÉ-
TERRI- TORRÉ- VERSI- VITRI-
(80 % de ces verbes ont deux I),

DÉFIGER *chim* liquéfier.
DÉFILER (AF- EF- EN- RE-
FAU- MOR- PAR- PRO- REN-
SUR- TRÉ- ÉFAU- ÉMOR-),
DÉFILAGE,
DÉFILEUR… DEFLEURI.
DÉFINIR (REDÉ- PRÉDÉ-).

DÉFLAGRER vi (-ANT,E).
DÉFLATER (un prix) DEFERLAT.
DÉFLÉCHIR dévier (IN- RÉ-).
DÉFLEURIR (EF- RE-).
DÉFLOQUER désamianter.
DÉFLUENT delta ; cf les adj AF-
EF- IN- CON- DIF- et les vi
REFLUER et **CON**FLUER.
DÉFOLIER FLORIDEE (cf EX-).

DÉFONCER (EN- REN-) DEFRONCE FECONDER.

DÉFORCER affaiblir (EF- REN-).

DÉFORMER (IN- RE- CON- PER-vi PRÉ- ; cf NÉO-adj).

DÉFOURNER # REFONDUE (cf EN-).

DÉFRAÎCHIR (RA-).

DÉFRANCHI,E penaud (AF-v).

DÉFRIPER. DÉFRISER.

DÉFRONCER. DÉFROQUER.

DÉFRUITER de l'huile (cf AF-).

DÉFUNTER vi.

DÉGAGER (EN- REN- RÉEN-).

DÉGAMMER vi *Afr* déconner.

DÉGAINER (EN- REN-).

DÉGANTER DEGREANT DERAGENT REGENDAT n.

DÉGARNIR (RE-) RINGARDE.

DÉGAUCHIR.

DÉGAZER, DÉGAZAGE.

DÉGELER (RE- CON- SUR-) DEREGLE.

DÉGÊNER *québ* mettre à l'aise (OXY- HALO- MORI ; -A -E).

DÉGERMER (É-).

DÉGLACER (VER-déf).

DÉGLUER (EN-). DÉGLUTIR.

DÉGOISER # GEOIDES # GEODESIE.

DÉGOMMER (EN- RE-).

DÉGONDER.

DÉGORGER (É- EN- RE vi REN-).

DÉGOTER ou **DÉGOTTER.**

DÉGOÛTER.

DÉGOUTTER vi (É-).

DÉGRAISSER (EN- REN-).

DÉGRAS huile. **DÉGRÉER** *mar* (A- RA- RE- CON- MAU-).

DÉGRIFFER (A-).

DÉGRIPPER (A- ; -ANT,S).

DÉGRISER (É-).

DÉGROSSER de l'or (cf EN-).

DÉGROSSIR vt (RE-).

DÉGROUPER (RE-).

DÉGUERPIR vt (une succession).

DÉGUEU/,

DÉGUEULER (É- EN-).

DÉGUILLER *helv* abattre (cf A- AI-).

DÉHALER *mar* (AC- EX- IN-),

DÉHALAGE. se **DÉHANCHER.**

DÉHOTTER vi partir.

DÉHOUILLER (cf MAC-).

DÉHOUSSER.

DÉICIDE, DÉIFIER EDIFIER,

DÉISME, DÉISTE, DÉITÉ.

DÉJANTER. **DÉJAUGER** *mar* vt.

DÉJAUNIR (cf **dé**rougir, **dé**verdir).

DÉJETER (RE- FOR- PRO- SUR- INTER-).

DÉJUCHER une poule.

DÉJUGER (AD- MÉ- RE- PRÉ-)

DÉLABRER (cf PA-vi).

DÉLACER (G- P- EN- RE- DÉG- DÉP- REP- VIO- REMP- VERG-déf DÉSEN- ENTRE-).

DÉLAINER une peau.

DÉLAISSER (RE-) DELIASSER.

DÉLAITER du beurre DELITERA (cf LAITÉ,E).

DÉLARDER dégraisser (MO-vi MOL-vi ÉPOU- PAIL-).

DÉLASSER (C- DÉC- PRÉ- REC- DÉCU- ÉCHA- MATE- SURC-).

DÉLATEUR DELEATUR/ ADULTERE DELUTERA,

DÉLATION DOLAIENT.

DÉLATTER (F-).

DÉLAVER (C- RE- EMB- ENC- PRÉ- REMB- ; cf ÉLAVÉ,E),

DÉLAVAGE.

DÉLAYER (BA- RE- DÉB- REMB-).

DELCO *auto* bobine DOLCE/.
DELEATUR/*** *impr* (-ER vt).
DÉLÉBILE. **DÉLÉGANT,E** *dr.*
DÉLÉGUER (AL- RE- SUBDÉ-) DEREGULE.
DÉLÉTÈRE,
DÉLÉTION *biol* (cf DÉLATION DILATION et DILUTION).

DÉLIAQUE de Délos ou DÉLIEN…
DÉLIASSER *inf* (cf EN-).
DÉLIEN… déliaque ELINDE.
DÉLIER (É- P- AL- EN- RE-DÉP- OUB- PAL- PUB- RAL-REP- SPO- SUR- AFFI- DÉFO-EXFO- HUMI- REMP- RÉSI-SUPP- CONCI- MÉSAL-).
DÉLIGNER scier (A- C- EN-FOR-vi RÉA- SOU- SUR-).
DÉLINÉER dessiner. DELIRIUM.
DÉLISSER *impr* (C- G- P- ÉC-PA- COU- DÉP- REP- DÉPA-).
DÉLITER découper (A- MI-vi DÉBI- FACI- HABI- PÉRIC-vi), DÉLITAGE DEGELAIT.

se **DÉLOGUER** *inf* (DIA-vt ÉPI-vt).
DÉLOT doigtier.
DÉLOVER un câble.
DELTISTE *sp*, DELTOÏDE muscle.
DÉLURER. **DÉLUSTRER** (IL-).
DÉLUTER ôter le lut (B- F- IL-TA- CHA-vi TUR-), **DÉ**LUTAGE DELEGUAT.

DÉMAGO # GODAMES.
DÉMAIGRIR *tech* (A-).
DÉMAILLER (É- EM- RE- RI-CHA- REM-) MEDAILLER.
DEMAIN/.

DÉMANCHER (cf **ÉMANCHE** *hér*).
DEMANDER (COM- QUÉ-).
DÉMANGER (RE-) GENDARME.

DÉMARCHER (RE-vi).
DÉMARIER *agr* (RE-) MERDERAI REDIMERA.
DÉMARRER (A- CHA- REDÉ-).
DÉMASCLER *(arb)* # DECLAMES.
DÉMÂTER (COL- FOR- TRÉ-CASE- ACCLI- REFOR-) READMET, **DÉMÂTAGE.**
se **DÉMATINER** *helv* se lever tôt.

DÈME division administr. MEDE.
DÉMÊLER (EM- JU- RE- GRU-POM- GROM- ENGRU- ENTRE-RESSE-),
DÉMÊLAGE, **DÉMÊLANT,E,**
DÉMÊLEUR… text, DÉMÊLOIR, DÉMÊLURE.

se **DÉMENER** (A- EM- RA-MAL- PRO- REM- SUR-).
DÉMENTIEL…
se **DÉMERDER** (EM-; -ARD,E, -EUR…).
DÉMETTRE (É- O- AD- RE-COM- PER- PRO- RÉÉ- SOU-RÉAD- DÉCOM- ENTRE- TRANS-).
DÉMEUBLER (RE-).

DEMIARD 1/4 de pinte.
DÉMIELLER (cf EMMIELLER).
DÉMINER (DO- GA-vi GÉ- GO-LA- NO- RU- ABO- ALU- CAR-CHE- CUL-vi ÉLI- EXA- FUL-TER- TRA-n ACHE- BITU-CALA- DÉSA- EFFÉ- ENLU-ILLU- INSÉ- VITA-),
DÉMINAGE,
DÉMINEUR MURENIDE.
DÉMIURGE dieu créateur.

DÉMO. DEMODE**X** acarien.
DÉMODULER reconstituer un signal.
DÉMON**E** EMONDE MONDEE.
DÉMORDRE vi (RE-vt).

DÉMOTIVER (RE-),
DÉMOTIVE.
DÉMOULER (RE- REM- SUR-
VER-) MODELEUR.
DÉMUSELER, je **DÉMUSELLE**.
DÉMUTISER un sourd.
DÉNANTIR *dr* RADINENT DRAINENT.
DENAR monnaie de la Macédoine.
DÉNATTER ATTENDRE DATERENT.
DENDRITE *fos* DEDIRENT DERIDENT.
DÉNÉBULER un aéroport.
DÉNEIGER (EN- RE-déf)
DENIGREE.
DÉNERVER (viande) REVENDRE
REVEREND # ENDEVER REVENDE
(cf **DÉSÉNERVER**).
DENGUE grippe DUEGNE.

DÉNI. **DÉNIAISER**.
DÉNIER,S vt (MA- RE- INGÉ-
REMA- CALOM- COMMU-vt).
DENIM toile.
DÉNITRER RIDERENT REDIRENT.
DÉNIVELER, je **DÉNIVELLE**.

DÉNOMBRER.
DÉNOMMER (RE- PRÉ- SUR-).
DÉNOTER (AN- CA-vi RE-
CON- MIG- PAG- PIA- PRÉ-
SUR- CLIG-vi GRIG-).
DÉNOUER (É- RE-).
DÉNOYER une mine (EN-
BOR- TOUR-vi),
DÉNOYAGE (cf **ENNOYAGE**),
DENSIFIER # DEFINIES.

DENTAL..., DENTER REDENT (É-
EN- IN- RU-); cf REDENTÉ,E,
DENTELER, je DENTELLE,
DENTINE DENIENT INDENTE
ENTENDIS,
DENTU,E, DENTURE RETENDU
TENDEUR RUDENTE.
se **DÉNUER** (SI- ATTÉ- DIMI-
ÉTER-vi EXTÉ- INSI- CONTI-).
DÉNUTRI,E *méd* # STURNIDE.

DÉPAILLER (É- EM- RA- RI-vi
COU- REM-).
DÉPANNER.
DÉPARER (EM- RÉ- SÉ- COM-
PRÉ- ACCA-) DERAPER PAREDRE.
DÉPARIER une paire (AP- RAP-).
DÉPARLER vi parler mal (RE-vt).
DÉPARTIR → PARTIR ou FINIR
(IM- RE- RÉ-).

DÉPASSER SAPERDES (BI- EX- RE-
COM- COU- SUR- TRÉ-; -ANT,S).
DÉPATRIER priver de patrie.
DÉPAVER (RE-), **DÉPAVAGE**.

DÉPECER**, DÉPEÇAGE,
DÉPECEUR...
DÉPEIGNER (RE-).
DÉPENDRE (AP- RE- SUS-).
DÉPENS *dr*, **DÉPENSER** (RE-
COM- DIS-).
DÉPEUPLER (RE-).

DÉPHASER EPHEDRAS.
DÉPIAUTER. **DÉPICAGE** *agr*.
DÉPILER ôter les poils (É- EM-
COM- REM- DÉSO-),
DÉPILAGE DEPLIAGE. Pas d'« épi-
lage ». Cf PLAGIÉE.
DÉPIQUER *agr* (A- RE- SUR-).

DÉPLAIRE vi (COM-vi) DEPLIERA
DEPILERA PEDALIER.
DÉPLANER *Afr* perturber
DÉPLANTER (IM- RE- COM-
SUP- RÉIM- TRANS-).
DÉPLISSER (RE-).
DÉPLOMBER (A- RA- SUR-).
DÉPLOYER (É- EM- RE- REM-).
DÉPLUMER (EM- REM-).

DÉPOINTER (É- AP- RE-).
DÉPOLIR (RE-).
DÉPOLLUER (-ANT,E -EUR nm).
DÉPONENT,E (verbe latin).

DÉPORT fin, **DÉ**PORTER
(AP- EM- EX- IM- RE- COL-
COM- RAP- REM- SUP-).
DÉPOSER (AP- EX- IM- OP-
RE- COM- DIS- PRÉ- PRO- SUP-
ANTÉ- POST- REDÉ- RÉIM-),
DÉPOSANT,E.
DÉPOTER (cf CA- EM- PA-vi
TA- CHI- CLA-vi CRA-vi REM-
TRI- DÉCA- GALI-),
DÉPOTAGE.
DÉPOUDRER (RE- SAU-).

DÉPRAVER.
se **DÉ**PRENDRE (É- AP- MÉ-
RE- COM- RAP- SUR - RÉAP-).
DÉPRIMER (EX- IM- OP- RÉ-
COM- SUP-).
DÉPRISER déprécier (MÉ- RE-).
DÉPUCELER # DECUPLEE,
je DÉPUCELLE.
DÉPULPER (cf DÉPEUPLER).
DÉPURER, **DÉ**PURATIF…
DÉPUTER (cf AM- IM- RÉ-
COM-n DIS- SUP-).
DÉQUILLER abattre (BÉ- CO-
EN- MA- REN- RES- DÉMA-
ÉCAR- RECO- REMA-).

DER,S.
DÉRADER vi *mar* (B- G- T-n
PA-vi DÉG- EXT- PÉTA-vi).
DÉRAGER vi REGARDE (EN-
OMB- OUT- OUV- ARRÉ-
FOUR- NAUF-).

DÉRAIDIR # DERIDAI DEDIRAI.
DÉRAILLER vi (B- C-vi É- G-
MO- MU- TI- TO-vi VI-vi COU-vi
DÉB- FER- MIT- TOR-vi).
DÉRAISON.
DÉRAMER du papier (B- C- T-)
DEMARRE MERDERA # DESARME.
DÉRANGER (F- O-v et nm AR-
EFF- ENG- RÉAR).
DÉRAPER vi (D- ATT- RATT-).

DÉRASER un mur (A- B- F- AB-
ÉB- ÉC- PH- DÉB- EMB-)
ADRESSE RESEDAS.
DÉRATER (PI- COU-vi HYD-
NIT-).
DÉRATISER.
DÉRAYER un sillon (B- D- F-
EN- DÉB- DÉF- EFF- EMB-
RENT- DÉSEN-),
DÉRAYAGE (cuir),
DÉRAYURE (-YEUSE).

DERBOUKA *mus ar* darbouka.
DERBY,S ou -IES # BRIDEES.
DERCHE cul DRECHE.
DERECHEF/ de nouveau.
DÉRÉEL… *psy* (-RÉALISER).
DÉRÉGLER (PRÉ-),
DÉRÉGULER.

DÉRIDER (B- DÉB- HYB-),
DÉRIDAGE *chir esth*.
DÉRIVER (D- P- AR- ÉT-; -ANT,E)
REVERDI VERDIER DEVIRER.
DÉRIVETER, je DÉRIVETTE.
DÉRIVEUR.
DERMATO MODERAT MOTARDE,
DERMATO**S**E.
DERMESTE *ins*, DERMIQUE,
DERMITE *méd* MEDITER.
DERNY,S *cycl* (Paris-Bordeaux).

DÉROBADE, DÉROBEUR*…
DÉROCHER décaper (B- C-
EN- ACC- APP- DÉB- DÉC-
EMB- GAR- REP- RAPP-).
DÉRODER *arb* (B- É- COR- REB-).
DÉROQUER *échecs* (C- T- DÉF-
DÉT- ESC- RÉCIP-).
DÉROUGIR.
DÉROUILLER (B- F-vi G- T-vi
EN- DÉB- DÉG- EMB- GAD-vi
PAT- VAD-vi VER-).
DÉROUTER (B- C- ÉC- ENC- FER-)
DETOURER REDOUTER RETORDUE.

DERRICK. DÉRUPE *helv* pente,
DÉRUPITER vi tomber.

DERVICHE *rel isl*.

DÉSABUSER.

DÉSAÉRER du béton # DERASEE.

DÉSALPER vi descendre
DEPARLES # PEDALES PELADES
(cf s'INALPER).

se DÉSÂMER se donner du mal.

DÉSAMINER ôter la fonction amine.

DÉSAMOUR EMOUDRAS.

DÉSAPER (DES-). DÉSARÊTER.

DÉSARROI DORERAIS REDORAIS
RODERAIS.

DÉSAXER (F- T- DÉT- MAL-
REL- RET- SURT-).

DESDITS, DESDITES.
DÉSEMBUER.
DÉSEMPLIR (R-). **DÉS**ENCRER
DÉSÉTAMER (R-) # DEMATEES.
DÉSHUILER de la laine.

DESIGN, DESIGNER,S vt
GEINDRES DENIGRES GREDINES.
DÉSILER (silo) (EN-) DELIRES
(cf DESSILER).
DÉSIRANT,E. DES**K** (presse).
DESMAN loutre.
DÉSOBÉIR # DEBOISE.
DÉSODÉ,E sans sel (HYPO-).

DÉSOPILER réjouir # DEPLOIES
DEPOLIES SOLIPEDE.
DÉSOXYDER (PPR- SUR-)
DESPOTAT PODESTAT POSTDATE.
DESQUAMER. **DES**QUELS…

DESSABLER (EN- DÉSEN-).
DESSALER (RE-).
DESSAPER désaper DEPASSER
SAPERDES.
DESSELLER (cf ENSELLÉ,E).
DESSERTIR.
DESSILLER les yeux (cf CILLER
et DÉSILER).

DESSOLER *éq* (cf AS- DÉ-
CON- RIS-) DROLESSE.
DESSOUCHER un champ.
DESSOÛLER ou **DESS**AOULER.
DÉSTOCKER (SUR-).
DESTRIER n TRIEDRES.
DESTROY/ destructeur.
DÉSUET,E SUDETE ETUDES.

DÉTACHER (AT- EN- RAT-
SOU- ; -ANT,E).
DÉTAILLER (BA-vi EN- IN- RE-
AVI- BRE-vi ENFU- RAVI-).
DÉTALER vi (É-).
DÉTALONNER *tech* (É-).
DÉTARTRER (cf EN- et
TARTRÉ,E) # DETERRAT.
DÉTAXER (RE- SUR-).

DÉTELER, je DÉTELLE,
DÉTELAGE.
DÉTENDRE (É- AT- EN- RE-
DI3- PRÉ- RÉEN-).
DÉTENIR (OB- RE- ABS- CON-
SOU- CODÉ- MAIN-) DENTIER
TEINDRE DENITRE.
DÉTERGER, DÉTERSIF…
DÉTHÉINER.
DÉTIRER (É- AT- RE- PRÉ- SOU-)
TRIEDRE,
DÉTIREUSE (élargit les tissus).

DÉTONER vi *expl*
(voir DÉNOTER), DÉTONANT,E.
DÉTONNER vi *mus* (É- DÉ-
BÉ- CO- EN- MI PI RA TÂ vi
BAS- BOS-vi BOU- CAN- CAR-
CHA-vi FES- LAI- MOU- PIS-).
DÉTORDRE (RE- DIS-),
DÉTORS,E (RE- DIS- ; -ION)
OERSTED # DOSSERET.
DÉTOURER* usiner (contour).
DÉTOURNER (EX- RE- BIS-
CON- RIS- CHAN-).
DÉTRACTER débiner (RÉ- CON-).
DÉTRAQUER (MA-).

DÉTREMPER (AT- RE-).
DÉTROQUER séparer des huîtres.
DEUG *scol.* DEUSIO/. DEUST *scol.*
DEUTON *ato* ou DEUTÉRON
DOUERENT DETOURNE RETONDUE.
DEUZIO/.

DEVADASI danseuse indienne.
DÉVALER, DÉVALOIR n.
DÉVASER (vase) ADVERSE
DEVERSA DRAVEES.
DEVENIR,S vt (A-n AD-déf OB-
RE- CON- PAR- PRÉ- PRO-
SOU- SUB-vi SUR- BIEN-/
REDE-).
DÉVENTER un voilier (É- IN-
SUR-déf RÉIN-).
DÉVERBAL… *ling* (nom).
DÉVERDIR # DEVIDER (RE-).

DÉVERGUER une voile (cf EN-).
DÉVERNIR (RE-) RENVIDER.
DÉVERS, **DÉ**VERSER (IN- RE-
CON-vi REN- TRA-).

DÉVIANCE, DÉVIANT,E
(cf DÉFIANCE, DÉFIANT,E).
DÉVIDER*** (É- EN- REN-),
DÉVIDAGE (É- EN- REN-),
DÉVIDEUR… (REN-),
DÉVIDOIR (É-).
DEVIN, **DE**VINER (A- RA- ALE-
PLU-déf ou PLEU-déf),
DEVINEUR…, DEVINERESSE.
DÉVIRER* *mar* (RE- CHA- SUR-vi
TRÉ-).
DEVISER (A- DI- RA- RÉ- SLA-
PRÉA- TÉLÉ-).

DÉVOISÉ,E sans sonorité DEVOIES.
DÉVOLTER (RÉ- SUR- VIRE-vi).
DÉVOLU,E, **DÉ**VOLUTIF…
DEVON appât, DÉVONIEN… *géol.*
DÉVOREUR…
DÉVOYER (A- EN- CON- LOU-
vi REN- VOU- FOUR- DÉGRA-).

DÉVRILLER.
DEWAR *réc* (froid). **DÉ**WATTÉ,E.
DEXTRE. DEXTRINE *chim,*
DEXTRORSE/ (tourne à droite).
DEXTROSE glucose. DEY.

DÉZINGUER *arg.* **DÉ**ZIPPER *inf.*
DÉZONER un pays (O-),
DÉZONAGE.

DHARMA *hind.* DHOLE canidé.

DIA diapo. DIABÈTE DEBATIE.
DIABOLO.
DIACIDE (cf BI- OX- PL- OXY-
TRI-) DECIDAI.
DIACLASE *géol* fissure.
DIACODE (sirop) DECODAI.
DIACONAL*… rel, DIACONAT.
DIADOQUE général d'Alexandre.
DIAGNOSE *méd* GANOIDES.
DIAGONAL… **DIA**KÈNE *bot.*

DIAL,S *chim* (2 fonctions
aldéhyde),
DIALCOOL (cf COLLOÏDE).
DIALLÈLE cercle vicieux.
DIALOGUER vt # DELOGUAI.
DIALYSER.

DIAM, DIAMANT**ER** (-TIN,E).
DIAMIDE *chim,* **DIA**MINE***
DIANE *mus mil.* DIANTRE !
DIAPAUSE *ins* arrêt du dévelop.
DIAPHYSE partie moyenne d'un os.
DIAPIR n montée de roches.
DIAPO.
DIAPRER, DIAPRURE PERDURAI.

DIARISTE d'un journal intime.
DIARRHÉE. **DIA**SCOPE *opt.*
DIASPORA dispersion PARODIAS.
DIASTASE enzyme.
DIASTOLE *méd* ≠ SYSTOLE
DESOLAIT IODLATES.

DIATHÈSE (troubles divers).
DIATOMÉE algue brune.
DIAULE flûte ELUDAI.
DIAZÉPAM *phar.* **DIA**ZOTE.
DIBI *Afr* viande grillée.
DICARYON (*cham*) (deux noyaux).
DICENTRA *bot.* DICLINE (fleur).
DICÉTONE *chim* (cf A-).
DICO. DICROTE** (pouls).
DICTAME *bot* DECIMAT MEDICAT.
DIDYME (*bot*) double (ÉPI).

DIÈDRE *géom* (deux demi-plans).
DIÈNE *chim*, DIÉNIQUE.
DIEPPOIS,E.
DIÉRÈSE *ling* DESIREE SIDEREE.
DIERGOL *chim* biergol (deux ergols).
DIÉSER *mus* hausser d'un demi-ton.
DIESEL (-ISER -ISTE),
DIESTER n. biocarburant diesel.

DIFFA *ar* fête. DIFFAMER.
DIFFLUER vi s'épancher (-ENT,E).
DIFFUSIBLE, **DIF**FUSION.
DIGAMMA/ lettre. DIGEST,E.
DIGICODE,
DIGIT *inf*, DIGITAL… # ALGIDITE,
DIGITÉ,E en forme de doigts.
DIGNOIS,E de Digne INDIGOS.
DIGON harpon DINGO.
DIGRAMME 2 lettres, 1 son.
DIGRESSER vi # DEGRISES.

DIKTAT. **DI**LACÉRER.
DILATANT,E. DILATION *phon.*
DILEMME. DILIGENTER.
DILUANT,S, DILUEUR *out*,
DILUTION.
DILUVIAL… (déluge),
DILUVIEN…, DILUVIUM *géol.*
DIMÈRE *chim* REDIME.
DIMORPHE (deux formes).

DIN/ *photo.* DINAR *mon.*
DINDONNER tromper.
DÎNETTE, DÎNEUR…
ENDUISE DESUNIE SUEDINE.

DING! DINGBAT devinette.
DINGHY *mar* ou DINGHIE.
DINGO*.
DINGUE (CRA- FOL- MAN-POU- VAL-vi).
DINGUER vi (VAL-vi) GUINDER vt.
DINORNIS grand oiseau fossile.

DIODE *élec.*
DIODON hérisson des mers.
DIOECIE (*bot*), DIOÏQUE
DIOL *chim* (cf DIAL), **DI**OLÉFINE.
DIONÉE *bot* DENOIE.
DIOPTRE *opt* surface qui réfracte.
DIOPTRIE PIEDROIT TRIPODIE.
DIORAMA *opt.* DIORITE roche.
DIOT saucisse (I-) DOIT,S.
DIOULA marchand africain.
DIOXINE, **DI**OXYDE.

DIPÉTALE (cf A-). DIPHASÉ*,E.
DIPHÉNOL *chim.* **DI**PHÉNYLE.
DIPLOÉ *anat* DIPOLE DEPOLI,
DIPLOÏDE *gén* (cf EU- HA-).
DIPLÔMER. DIPLOPIE (vue).
DIPODE *zoo.*
DIPÔLE* *phys* (ou BI-).
DIPSACÉE *bot* DEPECAIS
CAPSIDE* + E.
DIPTÈRE *ins.* DIPTYQUE *art.*

DIRCOM direction de la communic.
DIRE,S vt (cf ADIRE,E).
DIRHAM *mon* # MIDRASH
ou DIRHEM (cf DURHAM)
DIRLO *arg scol* directeur.
DIRIMANT,E *dr* qui annule.

DISABLE**,S *québ* descriptible.
DISAMARE fruit double.
DISCAL…, DISCO, DISCOÏDE.
DISCORD *mus*, **DIS**CORDER vi.
DISCOUNT CONDUITS,
DISCOUNTER,S vt.
DISERT,E qui parle bien.
DISETTEUX…

DISEUR… URSIDE RESIDU # SEDUISE.
DISPERSAL,S ou -AUX *av mil* parc
DISQUER *belg* découper.
DISSONER vi *mus* (-ANT,E).
DISSOUDRE, DISSOUS,
DISSOUTE, DISSOLUT etc.,
DISSOLUSSE etc.

DISTAL… loin d'un point de réf.
DISTHÈNE *chim.*
DISTILLAT. **DIS**TIQUE *poé.*
DISTOME ver MODISTE.
DISTORDRE (cf DÉ- RE-),
DISTORS,E # TORDISSE.
DISTRAIRE → TRAIRE.
DISTYLE (deux colonnes frontales).

DITO/ idem (É-).
DIURÈSE *méd* REDUISE SEDUIRE
UREIDES (cf DIÉRÈSE).
DIURNAL,AUX extrait de bréviaire.

DIVA *mus.*
DIVALENT,E VALIDENT
(cf BI- CO- TRI- UNI- ; penser
aussi à (ils) VALENT et aux
rajouts A- CA- DÉ- RA- RE-
CHE- PRÉ-).
DIVE (bouteille).
DIVERGER vi # DEGIVRE.
DIVETTE chanteuse DEVETIT.
DIVIS *dr* partagé.
DIXIE (-LAND). DIXIT/.
DIZAIN *poé* (-IER n),
DIZENIER n chef de 10 hommes.
DIZYGOTE faux jumeau.

DJAÏN,A ou E *hind*, **DJ**AÏNISME.
DJAMAA (notables) ou DJEMAA.
DJEBEL. DJELLABA robe.
DJEMAA djamaa. DJEMBÉ tambour.
DJIHAD guerre sainte. DJINN génie.

DOBERMAN chien DENOMBRA.
DOBRA *mon afr* (São Tomé).
DOC.

DODELINER vt ou
DODINER vt, DODINAGE.
DODO. DODOMAIS,E (Tanzanie).
DOGE, DOGAT.
DOGGER n *géol* (cf JOGGER,S vi).
DOGON malien.
DOGUIN,E jeune dogue GUIDON.
DOIGTER *mus.* DOIT*,S dette.
DOJO salle de judo.

DOL tromperie.
DOLAGE voir DOLER.
DOLBY. DOLCE*/ *mus.*
DOLDRUMS calme plat.
DOLÉANCE. DOLEAU hache.
DOLER amincir. DOLENT,E.
DOLIC haricot ou DOLIQUE.
DOLINE *géol* cuvette INDOLE.
DOLMAN veste (cf MANDOLE).
DOLMEN (cf MENDOLE).
DOLOIRE *out* (pour DOLER).
DOLOMIE roche, DOLOMITE.
DOLOSIF… *dr* relatif à un dol.

DOM,S. **D**OMBRÉ *Antilles* mets.
DOMIEN… (*D.O.M.*) DOMINE.
DOMINION. DOMISME (maison).
DOMPTAGE.

DOÑA,S titre.
DONACIE *ins* ENCODAI # SECONDAI.
DONAU,S *géol* (cf NODAUX).
DONAX *moll* trialle.
DONDAINE *mus.* DONDON.
DONF/. DÔNG *mon* (Vietnam).
DONNER (A- BE-vi BI- OR-
RE- AMI- BON- COR- DIN-
FRE- LAR- PAR- RAN-), DON-
NANT,E. DONZELLE.

DOPAMINE neurotransmetteur.
DOPANT,E # DEPOSANT,
DOPEUR, DOPING.
DOPPLER n *méd* (vitesse de la circ.)

DORADE daurade.
DORAGE, DOREUR…
DORIEN… (Asie mineure) RONDIE.
DORIN vin blanc vaudois.
DORIQUE. DORIS bateau de pêche.
DORMANCE *(bot)* MORDANCE,
DORMIR vt (EN- RE- REN- tous vt),
DORMEUR…, DORMITIF…
DORSAL… (-GIE).

DOSER, DOSABLE*, DOSETTE,
DOSEUR SOURDE # SURDOSE.
DOSSARD *sp*, DOSSE planche,
DOSSERET** pilastre de soutien,
DOSSIÈRE *éq* SIDEROSE,
DOSSISTE crawleur.
DOTAL… # SOLDATE DOLATES
DESOLAT,
DOTALITÉ caractère d'une dot.

DOUAIRE *dr.* DOUANCE (doué).
DOUAR *ar* village de tentes.
DOUBIEN**… du Doubs ou
DOUBISTE (cf BOUDDHISTE).
DOUBLEAU *arch* arc de soutien,
DOUBLER,S vt,
DOUBLANT,E, DOUBLET…,
DOUBLEUR…, **D**OUBLIS (toit),
DOUBLIER n grande nappe,
DOUBLON *mon* (-NNER vi).

DOUÇAIN *arb.* DOUCET…
DOUCHEUR préposé aux douches,
DOUCIN *arb* # CONDUIS,
DOUCINE moulure à 2 courbes.
DOUCIR une glace (A- RA-).
DOUDOU fille. DOUDOUNE.
DOUELLE *arch* (cf DOUILLE).
DOUER. DOUFE *arg belg* cuite.
DOUGLAS *arb.* **D**OUILLER payer.

DOUM *arb.* DOUMA (Russie).
DOUPION fil irrégulier.
DOURINE *éq* vét # SOURDINE.

DOURO *anc mon* (Espagne).
DOUSSIÉ *arb afr* SUEDOIS.
DOUTEUR…
DOUVAIN bois, DOUVELLE fût.
DOUZAIN *mon*, DOUZAINE.
DOYEN…, DOYENNETÉ.

DRACENA *arb* CANARDE
ENCADRA # SCANDERA
ou DRACAENA*.
DRACHE pluie # SCHADER vi,
DRACHER déf → BOUMER.
DRACHME *anc mon* (Grèce).

DRAG *véhi*. **D**RAGAGE.
DRAGEOIR boîte à dragées.
DRAGEON *(arb)* (-NNER vi).
DRAGLINE *T.P.* engin.
DRAGONNE de bâton de ski.
DRAGSTER n *sp*, DRAGUEUR…

DRAILLE sentier RALLIDE,
DRAIN, DRAINANT,E RADINANT,
DRAINEUR… INDURERA.
DRAISINE wagon DINERAIS.
DRAKKAR *mar.* DRALON *text.*
DRAM monnaie d'Arménie.
DRAPIER,E # DRAPERIE.
DRAVER du bois, DRAVEUR…
DRAWBACK rembours. de dr. douane.
DRAYER du cuir, **D**RAYAGE,
DRAYOIR *out* ou DRAYOIRE.

DRÊCHE* (orge). DRÈGE filet ou
DREIGE REDIGE DIGERE # DEGRISE.
DRELIN/. **D**RENNE grive.
DRESSANT,S *mine.*
DRESSING pièce. DRESSOIR.
DRÈVE *belg* allée bordée d'arbres.

DRIBBLER *sp* (-EUR…).
DRIFT *géol*, DRIFTER n *mar.*
DRILL singe (MAN-).
DRILLER percer. **D**RING/.

DRINK. **D**RISSE corde.
DRIVER,S vt,
DRIVEUR (cf DRA-…). Pas de
« driveuse »; cf ÉVIDURES

DROGMAN interprète, truchement.
DROGUE**T** étoffe décorée.
DRÔLE**T**…, DRÔLESSE*.
DROME *mar*. DRÔMOIS,E *géog*.
DROMON *mar*. DRONE leurre.
DRONTE dodo, oiseau disparu.

DROP.
DROPER négliger ou DROPPER.
DROPPAGE *av*. Pas de « dropage »;
cf PODAGRE.
DROSERA *bot* # ROSSARDE
DROSSERA.
DROSSER *mar* pousser à la côte.
DROUAIS,E de Dreux.

DRÛMENT/. DRUMLIN *géog*.
DRUMS *mus*, DRUMMER n.
DRUPE fruit, DRUPACÉ,E*,
DRUPÉOLE petite drupe.
DRUSE *géol*. DRUZE (Orient).
DRY/. DRYADE nymphe.

DUAL,E,S ou -AUX *math* (2),
se DUALISER LAIDEURS DILUERAS
DELURAIS,
DUALISME DILUAMES,
DUALISTE DILUATES.
DUBNIUM élément artificiel.
DUCAL… DUCASSE *belg* fête.
DUCAT, DUCATON COUDANT.
DUC**E**,S. DUCROIRE* n *dr*.
DUCTILE *mét* étirable DULCITE.
DUDGEON *out* (-NNER)
(cf TRUDGEON).
DUDIT/, (de) LADITE/,
pl DESDITS, DESDITES.

DUÈGNE*.
DUELLE *ling*, DUETTO *mus*.

DUGAZON rôle d'amoureuse.
DUGON *mam mar* ou DUGONG.

DUIT digue.
DUITER *text*, DUITAGE.

DULCIFIER # FIDUCIE + L,
DULCINÉE NUCLEIDE NUCLIDE + E,
DULCITE* *chim* ou DULCITOL.
DULIE/ culte (cf LATRIE/).

DÛMENT/.
DUMPER n engin, DUMPING.
DUNDEE voilier DENUDE.
DUNETTE *(mar)*. DUNK smash.

DUODÉNUM, DUODÉNAL…
DUODI jour. DUOPOLE *com*.

DUPERIE REPUDIE, DUPEUR…
DUPLEX, DUPLEXER *(téléc)*,
DUPLIQUER.
DUQUEL. DUQUER *bridge* (É-).

DURAILLE. DURAI**N** *chim*.
DURA**L**… *anat* de la dure-mère.
DURAMEN d'un tronc (pas de
« mandeur »).
DURATIF… *ling* (durée).
DURHAM (bœuf). DURIAN *arb*.
DURILLON. DURION durian.
DURIT. DUUMVIR *mag* (-AT).

se DUVETER, je me DUVÈTE
ou DUVETTE,
DUVETEUX… DUXELLES farce.

DYADE (deux), DYADIQUE.
DYARQUE *pol*, DYARCHIE.
DYKE filon de roche éruptive.

DYNAMISER, DYNAMITER,
DYNAMO, DYNASTE chef,
DYNE unité de force.

DYSBASIE *méd* (*mar*che),
DYSLALIE (parole),
DYSLEXIE (lecture),
DYSLOGIE (langage),
DYSMÉLIE (un membre),
DYSOSMIE (odorat),
DYSPNÉE (respiration),
DYSTASIE (station debout)
(cf EUSTASIE),

DYSTOCIE (accouchement)
≠ EUTOCIE,
DYSTOMIE (prononciation),
DYSTONIE (tonus),
DYSURIE (miction).

DYTIQUE *ins*. **D**ZÊTA/ lettre.

E

Pensez aux suites de voyelles atypiques AE (MELAENA), ÉA (PRÉAVIS), EI (FEINDRE), ÉO (INFÉODE), OE (ÉCOEURE).

Tous les verbes sont transitifs sauf: EFFLUVER, EMPIÉTER, ERRER, ÉTERNUER, ÉTINCELER, EXCELLER, EXCIPER, EXISTER et EXULTER.

EAGLE *golf* par -2 (B-).

ÉBAHIR. **É**BARBER du métal, ÉBARBAGE, ÉBARBEUR**…, ÉBARBOIR, ÉBARBURE**.
s'ÉBAUBIR s'étonner.
ÉBAUCHER, ÉBAUCHON.
s'ÉBAUDIR RIBAUDE (ou s'ESB-).

ÉBAVURER *mét* ABREUVER.
ÉBÉNACÉE *arb*, ÉBÉNIER n.
ÉBERLUER. ÉBIONITE hérétique.
ÉBISELER** (biseau), j'ÉBISELLE.

ÉBONITE***. **É**BOUER EBROUE, ÉBOUAGE, **É**BOUEUR.
ÉBOULER**, **É**BOULEUX…, **É**BOULIS EBLOUIS OUBLIES.
ÉBOURRER une peau.
ÉBOUTER OBTUREE BROUTEE, ÉBOUTAGE.

ÉBRANCHER élaguer (D- R-).
ÉBRASER une baie BARREES, **É**BRASURE BARREUSE.
ÉBRÉCHER. s'ÉBROUER.
ÉBRIQUER casser en morceaux.
ÉBURNÉ,E à l'aspect d'ivoire ou ÉBURNÉEN… (cf RUBÉNIEN…).

ÉCACHER** aplanir.
ÉCAILLER,E vt. **É**CALER une noix.
Pas d'«écalage»; cf GALÉACE.

ÉCALURE ECULERA # ECLUSERA RACLEUSE.
ÉCANG *out* (pour broyer le lin), ÉCANGUER (cf CANGUE), ECANGAGE.
ÉCARTELER, j'ÉCARTÈLE.
ÉCARTER, ÉCARTEUR *chir*.

ECCÉITÉ *philo* CECITE + E.
ECCLÉSIA assemblée (-AL…).

ECDYSONE hormone pour la mue.
ÉCERVELÉ,E (D-v)

ÉCHALAS pieu (-SSER v).
ÉCHALIER n échelle LECHERAI (cf ÉCHELIER).
ÉCHALOTE TALOCHEE.
ÉCHANSON. **É**CHANT/ (écher).
ÉCHARNER la chair d'une peau (D-).
ÉCHAROGNER *québ* couper.
ÉCHARS,E *mon* (n'a pas le titre légal).
ÉCHAUMER *agr* (D-).

ÉCHÉANT,E.
ÉCHELIER n (1 montant) LECHERIE.
ÉCHENILLER.
ÉCHER appâter. ÉCHET/ (D-).
ÉCHEVELER, j'ÉCHEVELLE.
ÉCHEVIN,E *mag* (-AL… -AT -AGE).
ÉCHIDNÉ hérisson DENICHE.
ÉCHIFFER *québ* effilocher.
ÉCHIFFRE charpente d'escalier (D-v).

ÉCHOIR v déf, ÉCHE**T** **É**CHOIT
ÉCHOIE **É**CHOIENT, **É**CHOIRA
ÉCHOIRONT, **É**CHOIRAIT,
ÉCHU,E,S,T, **É**CHURENT,
ÉCHUSSENT.
ÉCHOPPER *tech.* ÉCHOTIER*,E.
ÉCHOUAGE GOUACHEE.

ÉCIDIE rouille du blé (C-).
ÉCIMER étêter, ÉCIMAGE.
ÉCLAFER *helv* écraser.
ÉCLANCHE viande CHANCELÉ.
s'ÉCLATER, ÉCLATEUR *élec.*
ÉCLISSER *chir* fixer.
ÉCLOGITE roche métamorphique.
ÉCLORE (D-) v déf → CLORE.
ÉCLOSERIE pour l'aquaculture.
ÉCLUSER, ÉCLUSAGE GLACEUSE,
ÉCLUSIER,E.

ÉCMNÉSIE ≠ amnésie EMINCEES.
ÉCOBILAN d'un produit industriel.
ÉCOBUER *agr* (brûlis) COURBEE,
ÉCOBUAGE.
ÉCOCIDE *bot, zoo* destruction.
ÉCOIN *mine.* ÉCOINÇON *arch.*
ÉCOLABEL. ÉCOLAGE *scol,*
ÉCOLÂTRE *M Âge rel scol* directeur.
ÉCOLO, **É**COLOGUE EUCOLOGE,
ÉCO**M**USÉE.
ÉCOPER, ÉCOPAGE.
ECO**P**HASE *zoo* début de la vie.
ÉCORÇAGE, ÉCORCEUR…,
ÉCORÇOIR.
ÉCORNER (D-), ÉCORNURE éclat.

ÉCOSSAGE, ÉCOSSEUR…
ÉCOT. **É**CÔTER du tabac (D-),
ÉCÔTAGE. ÉCOTAXE.
ÉCÔTEUR de tabac ≠ SURCOTEE,
ÉCOTEUSE.
ÉCOTONE *écol.* **É**CO**T**YPE *biol.*
ÉCOUFLE *ois* milan.
ÉCOUMÈNE terres habitables.
ÉCOUTANT,E, ÉCOUTEUR,
ÉCOUTEUSE.

ÉCRASEUR…
ÉCRÉMEUR…, ÉCRÉMOIR.
ÉCRÊTER (D- S-),
ÉCRÊTAGE *élec* (S-),
ÉCRÊTEUR ERECTEUR RECRUTEE
(cf SÉCRÉTEUR)
ÉCRIVAINE.

ÉCROUER. **É**CROUIR *mét* étirer.
ÉCROÛTER *agr.* **É**CRU,E brut.

ECSTASY, ECSTASIÉ,E ECTASIES,
ECTASE *poé* (P- ÉP-), ECTASIE *méd.*
ECTHYMA *méd.* ECTINITE *géol.*
ECTOPIE (organe déplacé) PICOTEE.
EC**T**YPE *philo* ≠ ARCHÉTYPE.

ÉCUBIER n *mar.* ÉCUELLÉE.
ÉCUISSER *(arb)* fendre ≠ SCIEUSE.
ÉCULER.
ÉCUMAGE, ÉCUMEUR…,
ÉCUMEUX…, ÉCUMOIRE.
ÉCURER un puits,
ÉCURAGE CARGUEE (R-),
ÉCUREUR… ECZÉMA (-TEUX…).

ÉDAM *from.* ÉDEN, ÉDÉNIQUE.
ÉDENTER.
ÉDICTER. ÉDILE, ÉDILITÉ.
ÉDI**T**O. ÉDUCABLE.
ÉDULCORER ≠ DECOULER DECLOUER.

ÉFAUFILER (D-).
ÉFENDI *mag turc* FIDEEN
ou EFFENDI
EFFAÇAGE,
EFFACEUR, EFFAÇURE.
EFFANER ôter des feuilles,
EFFANAGE*, EFFANURE.
EFFÉMINER.
EFFENDI éfendi ≠ DEFENSIF.
EFFÉRENT,E *anat* (cf AFF-).
EFFILER, EFFILAGE AFFLIGEE,
EFFILEUR…, EFFILURE
(cf AFFILER, -AGE, -EUR).
s'**E**FFLEURIR se mettre à fleurir.

EFFLUENT,E qui s'écoule,
EFFLUVER vi *élec.* **EFFRANGER.**
EFFRÉNÉ,E. EFFUSIF… (roche).
ÉFRIT *ar* mauvais génie.
s'**ÉGAILLER** GALLERIE ALLERGIE
GRAILLEE.
ÉGALABLE GABELLE + A.
ÉGAYER (B-), **ÉGAYANT,E** (B-).
ÉGÉEN… de la mer Égée.
ÉGERMER EMERGER (D-).
ÉGLEFIN *icht* aiglefin FEELING.
ÉGLOGUE petit poème pastoral.
EGO/ (L-). **ÉGOHINE** scie à main
ou **ÉGOÏNE** # GENOISE SOIGNEE.
ÉGORGEUR…
EGOTISME (moi!), **ÉGOTISTE.**
ÉGOUTIER nm.
ÉGOUTTER ROUGETTE (D-vi).

ÉGRAINER. ÉGRAPPER.
ÉGRENER, ÉGRENAGE,
ÉGRENEUSE.
ÉGRISER polir,
ÉGRISAGE GAGERIES.
ÉGROTANT,E *méd* ERGOTANT/.
ÉGRUGER piler du sel.
ÉGUEULER ébrécher. EIDER n.

ÉJACULER, ÉJACULAT,S.
ÉJECT *psy*, **ÉJECTER,**
ÉJECTEUR, ÉJECTIF… *ling*,
ÉJECTION (D-). **ÉJET** éject (R-).
ÉJOINTER couper les ailes (cf A-),
ÉJOINTAGE.

ÉLAEIS palmier AILEES ou **ÉLÉIS.**
ÉLAGAGE,
ÉLAGUEUR… GUEULERA.
ÉLAND antilope.
ÉLAPHE cerf ALEPH + E.
ÉLAPIDÉ cobra.
ÉLASTINE protéine
ENLIATES LESAIENT ALENTIES.
ÉLATIF *ling* cas # FILATES FILETAS.
ÉLAVÉ,E *vén* au poil pâle.

ELBEUF drap. **ELBOT** *icht* flétan.
ELDORADO.
ÉLÉATE *philo* (d'Élée) ETALEE.

ÉLECTIF… (S-).
ÉLECTRET *phys*,
ÉLECTRO RECOLTE,
ÉLECTRON CELERONT RECOLENT,
ÉLECTRUM alliage d'or et d'argent.
ÉLÉGIR réduire LIEGER.
ÉLÉIS élaeis. **ÉLÉMI** résine.
ÉLÉPHANT,E (-IN,E).
ÉLEVON *av* gouvernail.

ÉLIDER (cf ÉLINDE).
ÉLIER du vin (lie). **ÉLIMER.**
ÉLINDE* bras articulé.
ÉLINGAGE NEGLIGEA,
ÉLINGUER *mar* (cf RALINGUER).
ÉLINVAR acier RAVELIN # SILVANER.
ÉLITAIRE LAITERIE LAITIERE
ELIERAIT.
ÉLITISME LIMITEES, **ÉLITISTE.**
ELLÉBORE (H-) *bot* (contre la folie).

ÉLODÉE *bot* (H-) # DESOLEE.
ÉLONGER *mar* allonger
ENLOGER LORGNEE.
ÉLOXÉ,E *mét* doré.
ÉLUANT,S *chim* # SULTANE SALUENT.
ÉLUCUBRER. ÉLUDER (PR-vi).
ÉLUER *chim* séparer,
ÉLUSIF… qui élude.
ÉLUTION *chim* IOULENT TONLIEU.
ÉLUVIAL… *géol*,
ÉLUVION # EVULSION.
ÉLYME *bot*. **ÉLYSÉEN**…
ÉLYTRE *ins* aile dure c. de la corne.
ELZÉVIR *impr* (-IEN…).

ÉMACIER ECREMAI.
ÉMAIL,S ou -AUX,
ÉMAILLER (D- R-).
ÉMANCHE *hér* (D-vt). **ÉMANER.**
ÉMASCULER.

EMBÂCLER vt (cf DÉ-vt).
EMBARGO OMBRAGE.
s'**EM**BARRER *éq* (R-).
EMBASE appui.
EMBÂTER (bât), EMBÂTAGE.
EMBATRE cercler (une roue), embattre
(cf **EM**BÂTER) ; autres formes :
EMBATIS etc. BATIMES,
EMBATRAI etc. ETAMBRAI n,
EMBATISSE etc., EMBATU,E
BUTAMES TUBAMES # EMBUATES.
EMBATTRE, embatre.
EMBECQUER *ois.* **EM**BEURRER.
EMBLAVER (R-) *agr.* EMBLÉE/.

EMBOBINER (R-).
s'**EM**BOIRE *art* se ternir
→ BOIRE ; cf EMBUER.
EMBOÎTER (R-).
EMBOLE *méd* ou EMBOLUS.
EMBOSSER *mar.* **EM**BOUCHER.
EMBOUER *mine* (cf BOUMER v déf),
EMBOUAGE.
EMBOUQUER *mar* (cf DÉ-vi).
EMBOURRER *text* (R-).
EMBOUT*, **EM**BOUTER,
EMBOUTIR*.

EMBRAQUER *mar* tendre.
EMBREVER *menui* assembler.
EMBRUINÉ,E.
EMBRUMER MEMBRURE.
EMBRUN.

s'**EM**BÛCHER *vén* (R-v et n).
EMBU,E terne (cf IMBU,E).
EMBUER (cf EMBOIRE).
EMBUVAGE *text* rétrécissement.

ÉMÉCHER enivrer.
ÉMENDER *dr* amender DEMENER.
ÉMERGER*, ÉMERGENT,E.
ÉMERI, ÉMERISER MISERERE/.
ÉMÉRITE, ÉMÉRITAT EMETTRAI.
ÉMERSION réapparition MINOREES.
ÉMÉTINE vomitif, ÉMÉTIQUE.

ÉMEU,S ou T *ois.* ÉMEUTIER,E.
ÉMIER émietter.
ÉMILIEN… (Italie) ELIMINE.
ÉMINCER. **É**MIR, **É**MIRAT,
ÉMIRATI,E # MÉTAIRIE EMIERAIT,
ou ÉMIRIEN… des Émirats MINIERE.
ÉMISSIF, **É**MISSIVE.
ÉMISSOLE petit squale.

s'**EM**MAILLER *ois* (R-).
EMMENTAL,S *from* EMMELANT.
EMMERDER.
EMMÉTRER mesurer.
EMMIELLER. **EM**MOTTÉ,E *agr.*
EMMURER.

ÉMONDER MODERNE ENDORME,
ÉMONDAGE ENDOGAME,
ÉMONDEUR…, ÉMONDOIR.
ÉMORFILER émousser une lame.
ÉMOTTER ôter les mottes OMETTRE,
ÉMOTTAGE, ÉMOTTEUR,… *mach.*
ÉMOU émeu. **É**MOUCHER,
ÉMOUCHET *ois* (-ETER),
ÉMOUCHOIR chasse-mouches.
ÉMOUDRE aiguiser (R-),
ÉMOULAGE (D- R-),
ÉMOULEUR… (D-masc R-).
ÉMOUSSAGE destr. de mousses.

EMPALMER escamoter.
EMPAN (main). EMPANNER *mar.*
EMPÂTER, **EM**PATHIE *psy.*
EMPATTER *tech* joindre.
EMPAUMER une balle.

EMPEIGNE.
EMPÊNAGE (où rentre le pêne).
EMPENNER une flèche (cf PENNÉ,E).
EMPERLER couvrir de gouttes.
EMPESAGE. EMPESTER vt.

EMPIERRER (cf É-).
EMPIÉTER vi (R-vt).

EMPILADE *québ* PELAMIDE,
EMPILAGE, **EMP**ILEUR…
EMPIRER vt. EMPLETTE.
EMPLUMER (R-).
EMPOIS colle OPIMES IMPOSE.
EMPOIS**E** pièce de laminoir
IPOMEES IMPOSEE EPISOME.
EMPOISSER enduire de poix.
EMPORIA/ pl d'EMPORIUM *com*
POMERIUM.
EMPORT/ *av* TROMPE PROMET
(cf EXPORT,S et IMPORT,S).
EMPOSIEU,S ou X aven.
EMPOTER (R-) (une plante),
EMPOTAGE (R-).

EMPREINDRE marquer,
j'EMPREINS PERMIENS.
EMPRUNTER # PUREMENT (R-)
(cf PRÉMUNIT et PERMUTE).
EMPUANTIR # PAUMENT + I.
EMPUSE *ins* mante.
EMPYÈME pus. EMPYRÉE ciel.

ÉMULER *inf* simuler (TR-vt).
ÉMULSEUR *chim*, ÉMULSIF…,
ÉMULSINE MELUSINE SELENIUM,
ÉMULSION MOULINES MEULIONS.

ÉNALLAGE tournure inattendue.
s'ÉNAMOURER. ÉNARQUE,
ÉNARCHIE *(E.N.A.)* ECHINERA.
ENCABANER des vers à soie.
ENCAGER.
ENCAN vente aux enchères,
ENCANTER CANERENT CARENENT.
ENCAQUER des harengs en caque.
ENCART (R-), **EN**CARTER.
ENCAS. **EN**CAVER CAVERNE,
ENCAVAGE,
ENCAVEUR… ENCUVERA.

ENCEINDRE, j'ENCEINS,
ENCEINT**E** voir CANTINÉE*.
ENCHÂSSER (RE- POUR-).
ENCHEMISER. **EN**CHÉRIR (R-).

ENCIERRO** lâcher de taureaux.
ENCLAVER # VALENCE.
ENCLENCHER. ENCLIN,E.
ENCLISE *ling* SILENCE.
ENCLORE → CLORE.
ENCLOUER ENCOLURE.

ENCOCHER. ENCODER*,
ENCODAGE*, **EN**CODEUR…
ENCOFFRER. ENCOLLER.
ENCOLURE*. ENCONTRE/****.
ENCOR/. s'ENCORDER*.
ENCORNER RENONCER,
ENCORNET**** calmar.
s'ENCOUBLER *helv* s'empêtrer.

ENCRER, ENCRAGE,
ENCREUR*… ENCRINE *zoo*.
ENCROUÉ,E *(arb)* tombé, emmêlé.
ENCULER, ENCULAGE,
ENCULEUR…
ENCUVER, **EN**CUVAGE.

ENDÉANS dans la limite de.
ENDÉMIE DEMINEE MENDIEE.
ENDENTER *méc*.
ENDÊVER**/ irriter REVENDE
DENERVE.
ENDIABLER. ENDIGAGE.
ENDISQUER enregistrer.

ENDOGAME* *ethn* (mariage)
≠ EXOGAME.
ENDOGÉ,E qui vit dans le sol.
ENDOGÈNE *géol* ≠ EXOGÈNE.
ENDOLORIR # INDOLORE.
ENDOS *fin* (K- CAL-).
ENDURO *moto* # SONDEUR.
ENDYMION jacinthe des bois.
ÉNÉMA *méd* poire pour l'oreille.

ENFAÎTER un toit (R-).
ENFANTER vt.
ENFARGER *québ* faire trébucher
FRANGEE.
ENFARINER.

ENFEU,S ou X *arch* niche
ENFICHER *élec* (une prise).
ENFIELLER. ENFIÉVRER.
ENFILADE*, **EN**FILAGE,
ENFILEUR… FLEURINE.
ENFLEURER (parfum).
ENFOIRÉ,E FEROIEN. **EN**FORCIR.
ENFUMAGE (cf FUMIGÈNE,
FUMAGINE et MAGNIFIE).
ENFÛTER (fût), ENFÛTAGE.

ENGAINER (R- ; -ANT,E).
ENGAMER un appât REMANGE
MENAGER MANEGER.
ENGANE pré salé camarguais.
ENGEANCE (V-). **EN**GERBER.

ENGLACÉ, E (DÉ-vt VER-v déf).
ENGLUER (DÉS-), ENGLUAGE.
ENGOBER un vase EBORGNE,
ENGOBAGE. **EN**GOMMER.
ENGONCER RENCOGNE.
s'ENGOUER s'énamourer.

ENGRAIN blé rustique.
ENGRAMME *psy* trace (cf DI-
ANA- DIA- ÉPI- MYO- PRO- TRI-).
ENGRANGER GANGRENER.
ENGRAVER (gravier) # VENGERA.
ENGRÊLÉ,E *bér* GRENELE.
ENGRENER emplir de grain (R-).
ENGROIS *out* coin ou
ANGROIS.

ENHERBER. ÉNIÈME # ENSIMEE.
ENJAVELER. **EN**JOINDRE.
ENJÔLER, ENJÔLEUR…
ENJUGUER (joug). ENJUIVER.
ENKIKINER. s'ENKYSTER.

ENLAÇURE *tech* ENCULERA.
ENLEVAGE *text*. ENLEVURE *art*.
ENLIASSER # SALESIEN (cf DÉ-).
ENLIER des pierres, des briques.
ENLIGNER mettre bout à bout.
ENLOGER** des pigeons.
ENLUMINER un manuscrit.

ENNÉADE (9). ENNEIGER.
ENNOBLIR (cf ANOBLIR).
ENNOYER inonder,
ENNOYAGE. ENNUAGER.
ÉNOL *chim*, ÉNOLATE.
ÉNOSTOSE (os).
ÉNOUER *étof* ôter les nœuds.
s'ENQUÉRIR → ACQUÉRIR,
ENQUERRE/. **EN**QUÊTER.
s'ENQUILLER s'introduire (R-).

ENRAYAGE (roue), ENRAYOIR,
ENRAYURE *agr*. ENRÊNER *éq*.
ENRÉSINER reboiser.
ENROBAGE ENGOBERA.
ENROCHER une constr. immergée
NOCHERE.
ENRÔLEUR ENROULER.

ENSABLER. ENSACHER** (sac).
ENSELLÉ,E cambré. **EN**SERRER.
ENSEVELIR # NIVELEES.
ENSILER du blé dans un silo
ENLISER LIERNES LESINER,
ENSILAGE.
ENSIMER *text* INERMES (DÉS-),
ENSIMAGE MAGNESIE.

ENSOUFRER # FOURNEES.
ENSOUPLE *text* cylindre.
ENSUIFER # ENFUIES INFUSEE
(cf SUIFER et SUIFFER).
s'ENSUIVRE (3ᵉᵃ pers.) VEINURES.
ENSUQUER abrutir.

ENTABLER *tech* RENTABLE
TENABLE BELANTE.
ENTACHER.
ENTAILLE (V-), **EN**TAILLER.
ENTAMURE entaille
ENUMERAT REMUANTE.
ENTARTER. ENTARTRER.
ENTELLE singe (D- TAR-).
ENTER greffer (D- R- T- V-déf)
ENTÉRITE *méd*. ENTÊTANT,E.
s'ENTICHER CHRETIEN ENCHERIT
CHIERENT.

ENTOILER (R-). ENTOIR *out agr.*
ENTÔLER (fille), ENTÔLAGE,
ENTÔLEUR… LOUERENT
RELOUENT ELUERONT.
ENTOLOME *cham* (à lames roses).
ENTOUR housse pour meuble (AL-).

ENTRACTE ECARTENT ECRETANT.
s'ENTRAIDER (pl et 3e p. sing).
ENTRAIT,S poutre (RENTRAIT,E,S).
ENTRANT,E (R-).
ENTRAXE distance entre deux axes.
s'ENTREBATTRE (pluriel et 3e p. s.),
s'ENTREBAT BATERENT BARETENT.
ENTREFER n *élec* FENETRER
REFERENT.
ENTREJEU,X joueurs du centre.
s'ENTREMET, ENTREMIS,E,
ENTREMIT (cf EXTREMIS).
ENTRENUI/ (-T/).
ENTRESOL,É,E LESERONT.
s'ENTRETUER (pl et 3e p. du sing).
ENTREVIS, ENTREVIT/.
ENTRISME *pol* (C-), ENTRISTE (C-).
ENTROPIE *phys* dégradation, désordre.
ENTROQUE *géol fos.*

ENTUBER (cf IN-), **EN**TUBAGE.
ENTURE cheville (D- P- T-).
ÉNUCLÉER*.
s'ÉNUQUER se casser le cou.
ÉNURÉSIE *méd* URINEES + E.

ENVASER (DÉS-).
ENVERGER croiser les fils de chaîne.
ENVERGUER # VENGEUR + E (cf DÉ-).
ENVI/. **EN**VIDER bobiner (R-),
ENVIDAGE (R-) VIDANGEE.
ENVINÉ,E (fût) qui sent le vin.
s'**EN**VOILER *tech* # NIVEOLE.

ENZOOTIE *méd.* ENZYME.
ÉOCÈNE 1re période (ère tertiaire),
ÉOGÈNE *géol* # SONGE + E + E
(N- OST- PAL-).

ÉOLIEN… OLEINE # NOLISEE INSOLEE,
ÉOLIPILE *mach* ou ÉOLIPYLE,
ÉOLIQUE d'Éolie (Asie mineure).
ÉOLITHE silex (Z-) HILOTE + E.

ÉON *rel.* ÉONISME (chev. d'Éon)
(cf IONISME).
ÉOSINE colorant # OSSEINE.

ÉPACTE (lune), ÉPACTAL… CAPELAT.
ÉPAGNEUL,E.
ÉPAILLER nettoyer (D-) PAREILLE,
ÉPAILLAGE (D-).
ÉPAIR qualité du papier.
ÉPAMPRER un cep.

ÉPANDRE PENARDE REPANDE (R-),
ÉPANDAGE,
ÉPANDEUR… REPANDUE.
ÉPANNELER dégrossir,
j'ÉPANNELLE.
ÉPANNER aplanir (D-).

ÉPAR barre pour fermer (-T).
ÉPARQUE chef, ÉPARCHIE.
ÉPART épar.
ÉPARVIN *éq* tumeur # PARVIENS.
ÉPATEUR PETAURE PATUREE
EPEURAT # EPURATES, ÉPATEUSE.
EPAUFRER écorner une pierre.
ÉPAULARD cétacé. ÉPAVISTE.

ÉPEAUTRE blé EPATEUR + E.
ÉPÉCLER *helv* briser CREPELE.
ÉPECTASE mort pendant l'orgasme
PETESEC + A.
ÉPEICHE *ois.* ÉPEIRE araignée.
ÉPÉISME *sp*, ÉPÉISTE PIETEES.

ÉPELER, j'ÉPELLE.
ÉPENDYME *anat.* ÉPÉPINER.
ÉPERLAN *icht.* ÉPERVIER,E.
ÉPERVIN éparvin # PREVIENS.
ÉPEURER, ÉPEURANT,E.

ÉPHÈBE, ÉPHÉBIE *Grèce*.
ÉPHÉDRA *arb*. ÉPHÉLIDE *anat*
(cf HAPALIDÉ et HAPLOÏDE).
ÉPHOD *vêt rel*. ÉPHORE *mag*,
ÉPHORAT, ÉPHORIE (cf EU-).
ÉPIAGE (épi) PIEGEA, ÉPIAISON,
ÉPIAIRE EPIERAI PAIERIE.
ÉPIBOLIE *embry* EPILOBE + I.
ÉPICARPE *(bot)* APPRECIE.
ÉPICÉA conifère.
ÉPICÈNE masc ou fém EPINCEE.
ÉPICLÈSE (St-Esprit) ECLIPSEE.
ÉPICRÂNE *anat* EPINCERA.
ÉPICYCLE *astr* cercle.
ÉPIDOTE silicate.
ÉPIDURAL... autour de la dure-mère
PALUDIER PLAIDEUR PRELUDAI.

ÉPIERRER PERRIERE,
ÉPIERRAGE. ÉPIEU,X.
ÉPIEUR # UPERISE EPUISER,
ÉPIEUSE EPUISEE.
ÉPIGÉ,E *bot* ≠ HYPOGÉ,E
et ENDOGÉ,E.
ÉPIGÉNIE *min* PEIGNEE + I.
ÉPIGONE disciple POIGNEE
PIGEONS.
ÉPIGYNE (fleur) ≠ HYPOGYNE.

ÉPILEUR... PUERILE.
Pas d'«épilage»; cf PLAGIÉE,
DÉPILAGE et EMPILAGE.
ÉPILLET épi PETILLE.
ÉPILOBE *bot*. ÉPILOGUER vt.
ÉPIMAQUE oiseau paradisier.

ÉPINAIE arbres épineux.
ÉPINCER* énouer, ÉPINÇAGE,
ÉPINCELER, j'ÉPINCÈLE
ou j'ÉPINCELLE,
ou ÉPINCETER, j'ÉPINCETTE,
ÉPINCEUR...
ÉPINER *agr* (ÉP-). ÉPINETTE *mus*.
ÉPINIER fourré PINIERE,
ÉPINIERE (P-).
ÉPINOCHE *icht* CHOPINE + E.

ÉPIPHANE *Grèce* (dieu ou roi).
ÉPIPHYSE (os). ÉPIPHYTE *(bot)*.
ÉPIPLOON *anat*. ÉPIROTE (Grèce).

ÉPISCOPE *opt*. ÉPISOME*** *biol*.
ÉPISSER *mar*, ÉPISSOIR (-E),
ÉPISSURE UPERISES PRISEUSE (CR-).
ÉPISTATE *mag grec* PIETATES
ETAPISTE.
ÉPISTÉMÉ savoir SEPTIEME EMPIETES.
ÉPISTYLE d'une colonne antique.

ÉPITAXIE *phys*. ÉPITE cheville.
ÉPITEXTE notes.
ÉPITHÈME *phar*. ÉPITHÈTE.
ÉPITOGE *vêt rom* (sur la toge).
PEGOSITE
ÉPITOMÉ résumé # EPSOMITE.
s'ÉPIVARDER *québ* s'agiter.

ÉPLOYER (ses ailes) (D- R- RED-).

ÉPOCHÊ *philo*. ÉPODE (ode) (COP-).
ÉPOI (cerf). ÉPOINTER (D- R-).
ÉPOISSES *from*. ÉPONTE mine
PONTEE # PENTOSE STENOPE.
ÉPONYME qui donne son nom,
ÉPONYMIE. ÉPOUILLER (D-).
ÉPOULARDER secouer des manoques.
s'ÉPOUMONER. ÉPOUSEUR.
ÉPOUTIR énouer ou ÉPOUTIER.
ÉPOXY,S *chim*, ÉPOXYDE.

ÉPREINDRE presser, j'ÉPREINS.
EPROM/ *inf* type de mémoire.
EPSILON/ (seule anag. var.: SINOPLE.)
EPSOMITE* *chim* sel amer.

ÉPUCER débarrasser des puces.
ÉPULIDE (gencive), ÉPULIS,
ÉPULIE # PLIEUSE PILEUSE.
ÉPULON *rel rom*. ÉPULPEUR.
ÉPURAGE,
ÉPURATIF... (D-) PUTREFIA,
ÉPUREMENT. ÉPURGE *bot*.
ÉPYORNIS autruche fossile (A-).

ÉQUERRER. ÉQUEUTER.
ÉQUIDÉ *éq.* ÉQUILLE *icht.*
ÉQUIN,E *éq.* ÉQUIPOLÉ *hér.*
ÉQUITANT,E *(bot).* ÉQUITÉ.
ÉQUIVALU,S ou T,
ÉQUIVAUT, ÉQUIVAUX.
ÉRADIQUER. ÉRAILLER la voix.
ÉRASMIEN… de l'humaniste Érasme.
ÉRATHÈME *géol* ère.
ERBINE *chim*, ERBIUM (T- YTT-).
ERBUE terre pour pâtures (H-).
ÉRECTEUR**, **ÉRECTRICE**.
ÉRECTILE CELERITE. ÉRÉMISTE.
ÉREPSINE enzyme INESPERE PERINEES.

ERG unité d'énergie,
ERGATIF *ling* cas FIGERA + T.
ERGOL *chim* substance énergétique
(BI- DI- CAT- HYP- MON-).
ERGONOME (trav.). ERGOTER,
ERGOTAGE EGORGEAT,
ERGOTEUR… ERGOTINE *chim.*

ÉRICACÉE *bot.* ÉRIGÉRON *bot.*
ÉRIGNE *chir* crochet INGERE
NEIGER REGNIE # RESIGNE ou
ÉRINE (S- V-). ÉRISTALE mouche.
ERMITE (D- T- TH-).
Pas d'«hermite»; cf THERMIE.

ÉRODER user (D-).
ÉROGÈNE RONGEE + E (K-),
ÉROS. ÉROSIF… # FROISSE.
ÉROTISER # SIROTEE.
ERRANCE. ERRATA/ pl de
ERRATUM,S MATURER TRAMEUR,
ERRONÉ,E.

ERS *bot* (cf ARS et ORS).
ERSATZ. ERS**E** *mar* anneau,
ERSEAU RESEAU (G- V-).
ÉRUCIQUE *chim.* ÉRUCTER.
ÉRUPTIF… # VITUPERE.
ÉRYTHÈME *méd* rougeur.

s'ESBAUDIR s'ébaudir
RIBAUDES SUBARIDE.
s'ESBIGNER*. ESBROUFER.

ESCALOPER couper finement.
ESCAPE *arch* ESPACE CAPEES (R-v).
ESCARBOT *ins* CRABOTES.
ESCAROLE chicorée RACOLEES.
ESCARRE *méd* ou ESCHARE ;
cf **ES**QUARRE *hér* (équerre).
ESCHER ou ÉCHER, appâter.
ESCIENT/ CEINTES INSECTE INCESTE
(PR-adj).
s'ESCLAFFER (cf ÉCLAFER).
ESCLAVON,ONNE slovène.

ESCOBAR hypocrite.
ESCOFFIER tuer. ESCOT *étof.*
ESCOUADE.
ESCOUPE pelle COUPEES.
ESCUDO *mon* COUDES DOUCES.
ESCULAPE CAPSULEE PLACEUSE.
ESCULINE *phar* LEUCINES.

ÉSÉRINE *chim.* ESGOURDER.
ESKIMO. ESKUARA langue basque.

ESPADA torero.
ESPADON *icht* # DESAPONS.
ESPALIER n mur avec arbres fruitiers.
ESPAR *mar.* ESPARCET… sainfoin
CREPATES RESPECTA PERCATES.
ESPONTON pique.

ESQUARRE *hér* (équerre).
ESQUICHER *bri* duquer. ESQUIF.
ESQUILLE (os) (R-v ; -EUX…).
ESQUIMAU,X ou DE, -TER vi.
ESQUINTER (-ANT,E).
ESQUIRE titre honorifique.

ESSAIMER. ESSANGER laver.
ESSART, ESSARTER défricher.
ESSAYER (R- RÉ-),
ESSAYAGE (R- RÉ-), ESSAYEUR…

ESSE crochet (C-v F-v G- M- P- V-vi).
ESSÉNIEN… *rel* INSENSEE.
ESSEULÉ,E. ESSOUCHER (D-).
ESSUYER (R-), ESSUYAGE (R-), ESSUYEUR…
EST/ (-E). ESTACADE digue (cf ESTOCADE).
ESTAFIER n valet armé.
ESTAGNON récipient NEGATONS TONNAGES SONGEANT.
ESTAMPER. ESTAMPIE danse.
ESTANCIA domaine CASAIENT ACENSAIT.
ESTARIE*** *mar* délai (SUR-).
ESTE *lang*. ESTER n,
ESTÉRASE ESSARTEE.
ESTERLIN *anc mon* LISERENT SILERENT RELISENT.
ESTHÉSIE *physio* SENSIBILITÉ HESITES + E.

ESTIVER pâturer,
ESTIVAGE VEGETAIS EVITAGES.
ESTOC épée.
ESTONIEN… TISONNEE.
ESTOPPEL *dr*. ESTOQUER.
ESTOURBIR # BIROUTES.
ESTRADIOT *anc mil*.
ESTRAN côte. ESTRIEN… *géog*.
ESTRIOL hormone (O-) LOTIERS TOLIERS ORTEILS,
ESTRONE (O-) hormone.
ESTROPE corde PORTEES PROTEES.

ÉTA/. ÉTABLER. ÉTAGER,E,
ÉTAGISTE *spat* TIGEATES SAGITTEE ATTIGEES.
ÉTAI. ÉTAL,S ou -AUX.
ÉTALAGER RATELAGE.
ÉTALEUSE *text*, ÉTALIER,E.
ÉTALONNER (D-). ÉTAMAGE*.
ÉTAMBOT *mar* (gouvernail) # TOMBATES BOTTAMES.
ÉTAMBRAI* (étaye un mât).
ÉTAMEUR… RAMEUTE AMEUTER ETAMURE
(cf RÉTAMER, -AGE, -EUR).

ÉTAMINE AMENITE MATINEE # AISEMENT SEMAIENT STAMINEE.
ÉTAMPER, ÉTAMPAGE,
ÉTAMPEUR…, ÉTAMPURE.
ÉTAMURE**.
ÉTANÇON** étai (-ONNER).

ÉTANT,S *philo* (cf AYANT,S).
ÉTAPISME *Québ pol*, ÉTAPISTE*.
ÉTARQUER une voile.
ÉTATIQUE, ÉTATISER (DÉS-),
ÉTATISME EMIETTAS EMETTAIS,
ÉTATISTE STEATITE.
ÉTAYER (M-n), ÉTAYAGE (M-).

ÉTENDAGE DEGANTEE.
ÉTENDARD DETENDRA DERADENT.
ÉTENDERIE four à verre.
ÉTENDOIR IODERENT (R-).
ÉTÉSIEN (vent). ÉTÊTAGE.
ÉTEUF balle. ÉTEULE chaume.

ÉTHANAL,S *chim* (M-) ANHELAT HALENAT,
ÉTHANE (M-) HANTEE,
ÉTHANOL (M-) # HALETONS LESOTHAN,
ÉTHER n (POLY-), ÉTHÉRÉ,E,
ÉTHÉRISER # HERITEES HETERIES THEIERES.
ÉTHIQUE, ÉTHICIEN… CHITINE + E.
ETHMOÏDE os du crâne.
ETHNIE THEINE # STHENIE,
ETHNIQUE.
ETHOS *anthr*. ÉTHUSE *bot* (A-).
ÉTHYLE (M-), ÉTHYLÈNE (M-).

ÉTIAGE bas niveau d'un fleuve AGITEE ETIGEA GAIETE # SIEGEAT.
ÉTIER n canal de marais salant (M- S-).
ÉTIGER une plante (R-vi).
ÉTIOLER. ÉTIQUE maigre (R-).
ÉTIRABLE (R-), ÉTIRAGE (R-),
ÉTIREUR *mét* # RESITUER,
ÉTIREUSE (D-). ÉTISIE maigreur.

ÉTOC récif.
ÉTOILER. ÉTOLE écharpe (P-).
ÉTOLIEN… (Grèce) ENTOILE.
ÉTOUPER (R-) # POUTSEE.
ÉTOUPILLER *expl* amorcer.
ÉTRÉCIR rendre étroit (R-).
ÉTREINDRE (R-).
ÉTRIPAGE (cf STRIPAGE).
ÉTRIQUER. ÉTRIVER taquiner
REVETIR TREVIRE RIVETER.
ÉTRON crotte. ÉTRUSQUE.
ÉTUVER, ÉTUVAGE,
ÉTUVEUR… ÉTYMON *ling.*

EUBAGE *rel* celte BAGUEE BAUGEE.
EUCARIDE homard.
EUCOLOGE* livre de prières.
EUDÉMIS *pap.* EUDISTE *rel* (F-)
SEDUITE ETUDIES DUITEES.
EUGÉNATE *méd* TANGUE + E + E.
EUGÉNOL *chim* ONGULEE.
EUGLÈNE algue ENGLUEE.
EUH/ (M- P-). EULÉRIEN… *math.*
EUMÈNE guêpe # MENEUSE.
EUMYCÈTE *cham.*

EUNECTE anaconda. EUNUQUE.
EUPENOIS,E d'Eupen (Belgique).
EUPEPSIE *méd* PIPEUSE + E.
EUPHONIE harmonie des sons.
EUPHORBE *bot.* EUPHORIE.
EUPLOÏDE (nombre normal de chrom.).
EURASIEN… SAUNIERE.
EURÊKA! (cf EUSKERA).
EURO, EUROCITY train,
EUROPIUM *mét.*
EUSCARA *lang*, ESKUARA,
EUSKARA ou EUSKERA.
EUSTACHE couteau.
EUSTASIE des mers TAISEUSE.
EUTEXIE *phys.* EUTOCIE *méd.*
EUTROPHE (lac) propre à la vie.

ÉVACUANT,E. ÉVASER (D-),
ÉVASURE RAVEUSE VAREUSE
VERSEAU.

ÉVECTION *astr* (cf ÉVICTION).
ÉVEILLEUR… (R-).
ÉVEINAGE stripping (varices).
ÉVENT de cétacé.
ÉVERSION *méd* (R-) RENVOIES.
ÉVIDER (D-),
ÉVIDAGE # DEVISAGE (D-),
ÉVIDOIR VIROIDE (D-).
ÉVIDURE. ÉVISCÉRER.
ÉVITABLE. ÉVITAGE *mar*
VEGETAI # ESTIVAGE.

ÉVOCABLE (R-).
ÉVOÉ! ou ÉVOHÉ! (Bacchus).
ÉVOLUTIF… (D-).
ÉVRYEN… d'Évry.
ÉVULSION* d'une dent (R-)
ou AVULSION.
EVZONE *mil* (grec).

ÉWÉ *Afr* langue. EX (T-).
EXACTEUR, EXACTION. EXAM.
EXARQUE titre, EXARCHAT.
EXCAVER.
EXCÉDANT,E, EXCÉDENT,S.
EXCENTRER. EXCEPTER.
EXCIPER vi. EXCISER *chir*,
EXCISEUR…, EXCISION.
EXCITON *phys.* EXCORIER la peau.
EXCRÉTER *méd* évacuer.
EXCURSUS digression.

EXEAT/ permis de sortie.
EXÉCRER. EXÈDRE *Grèce* salle.
EXÉGÈSE *rel*, EXÉGÈTE.
EXERÇANT,E *méd.*
EXÉRÈSE *chir* ablation.
EXERGUE inscription.
EXEUNT/ *théâ* « ils sortent ».

EXFILTRER un agent secret.
EXFOLIER une ardoise (-ANT,E).
EXHALER. EXHAURE (eaux).
EXHAUSSER.
EXHÉRÉDER déshériter.

EXIGEANT,E. EXIGENCE,
EXIGIBLE (IN-). EXIGU,Ë,
EXIGUÏTÉ. EXIT/ *théâ* «il sort».
EXOBASE (atmosph.). EXOCET *icht.*
EXOCRINE (glande).
EXOGAME (mariage), EXOGAMIE.
EXOGÈNE se forme à l'extérieur (H-)
≠ ENDOGÈNE.
EXON *gén.* s'EXONDER émerger.
EXORBITER. EXORDE *rhét.*
EXOSMOSE. EXOSTOSE (os).

EXPANSÉ,E *const.* **EX**PASSER *bri.*
EXPÉDIENT,E. EXPIABLE.
EXPIRER, EXPIRANT,E.
EXPLANT *biol* (cf IMPLANT).
EXPLÉTIF… *ling* (mot) superflu.
EXPLOSER vt (-EUR).
EXPO. EXPORT.
EXPRESS,E ou O.
EXPULSIF… EXSANGUE.

EXSUDER, EXSUDAT.

EXTENSIF…, EXTENSO/.
EXTOURNER *fin* rembourser.
EXTRA,S.
EXTRADER. EXTRADOS *av.*
EXTRADUR,E. EXTRAFIN,E.
EXTRAIRE → TRAIRE.
EXTRANT *inf* (cf INTRANT).
EXTRANET *inf* (cf INTRANET).
EXTREMA/ pl de EXTREMUM,S.
EXTRÉMAL…, EXTREMIS,
EXTREMUM *math* limite (v. extrema).
EXTRORSE *(bot)* (D-inv).
EXTRUDER *mét* (avec une filière),
EXTRUSIF… *géol.* **EX**TUBER *méd.*

EXULCÉRER. EXULTER vi.
EXUTOIRE. EXUVIE *zoo* (mue).

EYALET (Turquie). EYRA puma.

F

Ne négligez pas les mots en -IF et les verbes en -FIER (voir ci-des-sus la liste à l'entrée DÉFIER).

FA/. FABACÉE fève.
FABLIAU,X FABULAI,
FABLIER n FRIABLE,
FABULER vt (AF-).
FAC. FACÉTIE. FACETTER.
FÂCHERIE. FACHO.
FACIAL,E,S ou -AUX.
FACONDE DEFONCA FECONDA.
FACTAGE transport.
FACTIEUX... FACTITIF... *ling.*
FACTOTUM. FACTRICE.
FACTUEL... FECULAT FACULTE.
FACTUM écrit polémique.
FACULE *astr* FECULA FUCALE.

FADAISE. FADER *arg* partager.
FADEMENT/. FADET... (fée).
FADING *élec.* FADO. FAENA *taur.*
FAF fasciste. FAFIOT argent.
FAGACÉE hêtre, FAGALE.
FAGNE marais, FAGNARD,E.
FAGOTER FORGEAT FORTAGE,
FAGOTAGE, FAGOTEUR...
ou FAGOTIER,E FORGEAIT,
FAGOTIN. FAGOUE ris de veau
FOUAGE FOUGEA.

FAIBLIR vi. FAÏENCÉ**,E.
FAIGNANT,E fainéant.
se FAILLER. FAILLIR.
FAILLIS, -ISSONS etc., -ISSAIS etc.,
-ÎMES etc., FAILLIRAI(S) etc.
FAIM,S (MALE- MATE-).
FAINE fruit (hêtre) (RI-).
FAINÉANTER vi.
FAIRWAY *golf* parcours.
FAISAN,E ou T/, FAISANDER.
FAISEUR... REFUSAI FUSERAI
FAISSELLE *(from)* récipient.

FAÎTAGE *const,*
FAÎTEAU *arch* (EN-), FAÎTIER,E
TARIFIEE RATIFIEE # STARIFIE.
FAITOUT FOUTAIT.
FAIX (SUR- PORTE-).
FAJITA spécialité mexicaine.

FALACHA juif. FALAFEL boulette.
FALBALA *vêt* ornement.
FALERNE vin grec ENFLERA.
FALLE/ *québ* faim (cf FELLE,
FILLE, FOLLE, FALLU).
FALOT,E # FOETAL.
FALOURDE fagot (cf B- et P-).
FALSAFA *philo isl* AFFALAS.
FALUCHE *scol* béret (cf P-).
FALUN *agr,* FALUNER FLANEUR,
FALUNAGE. FALZAR.

FAMAS fusil (AF- DIF-).

FAN. FANAGE (foin) (EF-),
FANAISON, fait de se faner.
FANAL,AUX. FANATISER.
FANCHON fichu. FANDANGO.
FANEUR FANURE FURANE,
FANEUSE # FAUNESSE (EF-).
FANFAN. FANGEUX...
FANNY/ a marqué 0 point.

FANTASIA FANATISA.
FANTASMER vt. FANTOCHE.
FANTOMAL...
FANTON tige ou FENTON.
FANUM *Rome* temple.
FANURE** (fané) (EF-) (cf P-).
FANZINE revue pour fans.

FAQUIN homme vil.

FAR flan.
FARAD unité, FARADAY.
FARAUD,E FAUDRA FRAUDA
FARDEAU.
FARCIN *éq* morve.
FARDAGE fraude DEGRAFA.
FARDIER n chariot (charges lourdes).
FARÉ (Tahiti) (FAN-). **FAR**FADET.
FARGUE bordage GAUFRE.

FARIBOLE.
FARINACÉ,E FIANCERA,
FARINAGE *art* FRANGEAI,
FARINER REFRAIN (EN-),
FARINEUX…, FARINIER,E.
FARLOUSE *ois* FOULERAS
FLOUERAS REFOULAS.
FARO bière belge.
FAROUCH trèfle FOURCHA.
FARRAGO *agr.* FARSI *lang.*
FAR**T**, FARTER, FARTAGE.

FASCÉ,E *bé* (bandes), FASCIA *anat,*
FASCIÉ,E *biol* rayé # FASCISE.
FASCISER FARCISSE FRICASSE.
FASEILLER vi battre (voile)
ou FASEYER vi.
FASÉOLE fève.
FASSI,E de Fez FISSA.
FASTIGIÉ,E *arb* (vers le ciel) GATIFIES.
FASTOCHE *arg* facile.

FAT (A-), FATE. FATMA MATAF.
FATRASIE poème satirique absurde.
FATUITE, FATUM destin.
FATWA condamnation à mort.
FAUBER n *mar* balai ou FAUBERT.

FAUCARD faux, **FAU**CARDER,
FAUCHARD serpe,
FAUCHET… râteau,
FAUCHEUR…, FAUCHEUX *arachn,*
FAUCHON *agr* faux.
FAUCRE d'armure # SURFACE.
FAUFIL, FAUFILER (É- DÉ-).
FAUNESSE*. **FAU**NIQUE *zoo.*

FAUSSE**T**,É, FAUTER vi,
FAUTEUR, FAUTRICE.
FAUVERIE *zoo*, FAUVISME *art*,
FAUVISTE FAUTIVES.

FAVELA bidonville (Brésil).
FAVEROLE fève ou FÉVEROLE,
FAVISME *méd* (fèves) (cf FAUV-).
FAVORI,TE. FAVUS *méd* (peau).

FA**X** (TÉLÉ-), **F**AXER.
FAYARD hêtre. FAYOT,
FAYOTER vt, FAYOTAGE.
FAZENDA propriété (Brésil).

FÉAL… FÉCAL… des fèces,
FÉCALOME *méd*, FÈCES excréments.
FÉCIAL… *Rom* d'un prêtre, fétial…
FÉCULER, FÉCULENT,E,
FÉCULEUX…,
FÉCULIER,E CERFEUIL.

FEDAYIN ou **FE**DDAYIN.
FÉDÉ. FEEDER n canalisation.
FEEDBACK *inf* retour. FEELING*.
FEIGNANT,E.
FEIJOADA ragoût brésilien.
FEINTER, FEINTEUR… FEUTRINE,
FEINTISE tromperie.

FÉLIBRE poète de langue d'oc FEBRILE.
FÉLIDE *mam*, FÉLINITÉ.
FELLAGA FAGALE + L
ou FELLAGHA FELLAH paysan.
FELLATIO gâterie (-N)
(pas de «faillote»).
FELLE tube de verrier.
FÉLONNE, FÉLONIE OLEFINE.
FELOUQUE bateau à voiles et rames.

FÉMELOT pièce femelle du gouvernail,
FÉMINISER. FÉMORAL…

FENAISON (cf FANAISON).
FENDAGE, FENDANT,E drôle,

FENDARD *arg* pantalon
ou FENDART FARDENT,
FENDERIE où l'on fend bois ou fer,
FENDEUR… REFENDU,
FENDILLER,
FENDOIR # REFONDIS.
FENÊTRER* ou FENESTRER.
FENIAN,E indépendantiste (Irlande).
FENIL local à foin. FENNEC renard.
FENOUIL # FEULIONS (-LET).
FENTON fanton. **FENU**GREC *bot.*

FÉRAL,E,S ou -AUX sauvage.
FÉRALIES *Rome* fêtes. FERIA *Esp.*
FÉRIAL…, FÉRIÉ,E,S ou Z.
FÉRIR/.
FERLER *mar* replier (DÉ-), FERLAGE.
FERMAIL,AUX fermoir FILMERA,
FERMANT,E. FERMETTE.
FERMI *phys*, FERMION INFORME,
FERMIUM *chim.*
FÉROÏEN*… de Féroé, îles danoises.

FERRADE (bétail) DEFERRA,
FERRAGE (DÉ-), FERRANT,S,
FERRATE *chim*, FERRET (lacet),
FERREUR…, FERREUX…,
FERRIÈRE sac. FERRIES *mar.*
FERRIQUE, FERRITE,
FERROUTER *ch d f* # REFOUTRE.
FERRY,S ou -IES.
FERTÉ place forte (OF- SOUF-).
FÉRU,E. FÉRULE.

FESSER (CON- PRO-),
FESSIER,E REFISSE FRISEES,
FESSU,E # FUSEES.
FESTIF… # FIVETES,
FESTIN # FISSENT FITNESS,
FESTINER vt FREINTES INFESTER.
FESTONNER. FESTOYER vt,

FÉTARDE (cf P-v R-v).
FÉTIAL… *Rome* d'un prêtre, fécial…
FÉTIDITÉ. FÉTUQUE *bot.*

FEU,E,S,X ou J. FEUDISTE *dr.*
FEUIL film, FEUILLER *tech,*
FEUILLU,E. FEU**J** *arg* juif.

FEULER vi (cf FUSELÉE) crier (tigre).
FEUTRER (CAL-), FEUTRANT,E,
FEUTRAGE FURETAGE,
FEUTRINE*.

FÉVEROLE fève, faverole,
FÉVIER *arb* FIEVRE. FEZ *coif.*

FI. FIASQUE de vin.
FIBRANNE fibre artificielle,
FIBREUX… # RUBEFIES,
FIBRILLE, FIBRINE (-EUX…),
FIBROÏNE de la soie BONIFIER,
FIBROME *méd*, FIBROSE.
FIBULA *zoo* péroné,
FIBULE agrafe (IN-v) # FUSIBLE.

FI**C** *éq* verrue.
FICAIRE *bot* # SCARIFIE SACRIFIE.
FICELER (DÉ-), je FICELLE,
FICELAGE, FICELIER n.
Pas de «ficeleur»; cf FÉCULIER*.

FICHAGE. FICHAISE foutaise.
FICHER**, FICHANT,E (tir),
FICHET petite fiche CHETIF,
FICHISTE, FICHOIR. FICHTRE !
FICUS figuier (cf FUCUS).

FIDÉEN*… *Québ* de Ste-Foy,
FIDÉISME (foi), FIDÉISTE,
FIDÉLISER. FIDJIEN… de Fidji.
FIDUCIE *fin* (placement).

FIEFFER M-Âge donner en fief.
FIENTER vi (cf FEINTER vt).
FIÉROT,E. FIESTA.
FIEU,X fils. FIFI *québ* gay (RI-).
FIFILLE. FIFRELIN. FIGARO.
FIGEMENT. FIGUERIE (figues).
FIGULIN,E de la poterie.

FILABLE, FILAGE (FAU- MOR-
PAR- PRO- SUR- TRÉ),
FILAIRE (BI- UNI-),
FILANDRE *zoo* fil, FILANT,E.
FILAO *arb*. FILATEUR,
FILETER, je FILÈTE,
FILETAGE,
FILEUR... (PRO- TRÉ-),
FILIBEG kilt. FILICALE *bot*.
FILIOQUE/ *rel* et du fils,
FILLASSE fille. FILLER n *mon*.
FILMAGE, FILMIQUE.
FILOCHER vt. FILONIEN... *mine*.
FILOUTER FLUORITE.

FILTERIE filature LIFTIERE.
FILTRANT,E, FILTRAT.
Pas de «filtreur»; cf FLIRTEUR...
FINAGE fief. FINAL,E,S ou -AUX,
FINALISER, FINALITÉ
LENIFIAT FILAIENT ENFILAIT.
FINASSER vi, FINAUD,E.
FINERIE *tech*. FINETTE *text*.
FINISH,S. FINITUDE *philo*.
FINN *sp* petit yacht. FINNOIS,E.
FION anus. FIOUL FILOU.
FIRMAN *ar* édit.

FISSA*/. FISSILE qui se fend,
FISSIBLE, FISSION (-ONNER),
FISSURER.
FISTON FONTIS. FISTOT *mar*.
FISTULE FUTILES SULFITE (-EUX...).

FIT,S *bri*. FITNESS*** *sp*.
FITOU vin # SOUTIF.
FITTER *bridge*. FIVETE *méd*.
FIXAGE, FIXANT,E, FIXATEUR,
FIXATIF..., FIXETTE, FIXING (or),
FIXISME *biol*, FIXISTE, FIXITÉ.
FIZZ. FJELD plateau. FJORD.

FLA/ (tambour). FLAC !
FLACHE (tronc) (cf FLOCHE et
FOLACHE),
FLACHEUX, FLACHEUSE.

FLAFLA. FLAG (O-). FLAGADA.
FLAGELLER.
FLAGEOLER vi. FLAGEOLET.
FLAGORNER flatter # GONFLERA
REGONFLA.

FLAIREUR... FLEURIRA.
FLAMAND,E. FLAMANT.
FLAMBAGE, FLAMBANT,E,
FLAMBARD,E, FLAMBART,
FLAMBEUR..., FLAMBOYER vi.
FLAMENCO, fém FLAMENCA.
FLAMICHE tarte aux poireaux.
FLAMINE *Rome rel*, FLAMINAT.
FLAMMÉ,E (céramique) (-ETTE).

FLANCHET (bœuf) FLECHANT.
FLANDRE *mine* rondin.
FLANDRIN nigaud.
FLAPI,E PILAF.
FLASH, FLASHER une auto,
FLASHANT,E, FLASHAGE *P.A.O.*
FLAT appart. (cf FLET, FLETTE)
FLAVEUR goût.
FLAVINE *biol* (cf FLAMINE).
FLÉCHER, FLÉCHAGE.
FLEGME, FLEGMON *méd*
ou PHLEGMON (-EUX).

FLEIN panier.
FLÉMARD,E (pas de verbe)
ou FLEMMARD (ER vi).
FLÉNU,E flambant.
FLÉOLE *bot* ou PHLÉOLE.

FLET *icht*, FLÉTAN poisson.
FLETTE bateau.
FLEURAGE *déco*, FLEURER vt
REFLUER vi (AF- EF- EN-),
FLEURET, FLEURETER vi (flirt),
je FLEURETTE. FLEURINE* *géol*.
FLEXUEUX... ondulé, FLEXURE.

FLIBUSTER escroquer.
FLICAGE, FLICARD,E flic.
FLINGOT, FLINGUER (-EUR...).

FLINT *opt* (cf PLINT).
FLIP (porto). FLIPOT *menui.*
FLIPPER,S vi, FLIPPANT,E.
FLIQUER (-ESSE, -ETTE).
FLIRTEUR…

FLOBERT *helv* fusil.
FLOC,S. FLOCAGE *text.*
FLOCHE (soie). FLOCKAGE.
FLOCONNER vi (-EUX…).
FLOCULER vi *chim.* FLOE glace.
FLONFLON. FLOOD/ *photo.*
FLOP,S. FLOPÉE. FLOQUER.

FLORAL…, FLORÉAL,S mois.
FLORENCE crin. FLORIDÉE* *bot.*
FLOTTER du bois, FLOTTAGE,
FLOTTARD,E, FLOTTEUR.

FLOUER FOULER FLUORE FUROLE
(AF- REN-).
FLOUSE, FLOUSSE ou FLOUZE.
FLOUVE *bot.* FLOUZE fric.

FLUAGE *(mét).* FLUATE (fluor).
FLUCTUER vi.
FLUENCE *litt* (CON- DIF-),
FLUER vi *méd.* (AF-vi IN-
RE-vi CON-vi DIF-vi),
FLUENT,E # FEULENT (AF- DÉ-
nm EF- IN- CON- DIF-),
FLUIDISER.
FLUO, FLUOR, FLUORÉ***,E
REFOULE # FROLEUSE,
FLUORINE UNIFLORE,
FLUORITE*, FLUOROSE *méd,*
FLUORURE sel.

FLUSH,S ou ES *poker* couleur.
FLUSTRE *zoo mar.* FLÛTER *mus,*
FLÛTEAU, FLÛTIAU,X,
(cf FAUTEUIL),
FLÛTISTE. FLUTTER n *av.*
FLUX, FLUXER diluer,
FLUXAGE, FLUXMÈTRE.
FLYSCH *géol* détritus.

FOB/ *mar.* FOCAL… (A- BI-),
FOCALISER # FOLIACES, FOCUS.
FOEHN vent, se FOEHNER *coif.*
FOËNE harpon ou FOUËNE.
FOETAL*…, FOETUS.
FOFOLLE.
FOG. FOGGARA (irrigation).
FÖHN fœhn. se FÖHNER *coif.*

FOIL *(mar).* FOIRADE échec.
FOIRAIL foire ou FOIRAL,S.
FOIRER, FOIREUX… # SERFOUIE,
FOIROLLE *bot.*
FOISON, FOISONNER vi.
FOL/ lof.
FOLACHE folle, FOLASSE LOFASSE.
FOLDER n dépliant publicitaire.

FOLIACÉ,E (feuille), FOLIAIRE,
FOLIÉ,E # SOLFIE (BI- DÉ-v EX-v
PER- TRI- UNI-).
FOLINGUE ou FOLDINGUE.
FOLIO, FOLIOLE *bot* (BI- TRI-).
FOLIOT *horl.* FOLIOTER *impr,*
FOLIQUE (acide dans les feuilles).
FOLK, FOLKEUX…
FOLKLO/, FOLKSONG.
FOLLET…

FONÇAGE *min* forage,
FONCEUR…
FONCIER*,E* (TRÉ-*mine).*
FONCTEUR *math* relation.
FONDEUR… *ski* REFONDU.
FONDOIR (suif). FONDOUK *ar.*
FONDRE (RE- CON- MOR- PAR-).

FONGIBLE *com* consommable.
FONGIQUE *(cham),* FON-
GOÏDE,
FONGUEUX… tel un champignon.
FONGUS *méd* GNOUFS.
FONIO *ar* céréale.

FONTANGE *coif* (boucles postiches).
FONTINE *from* # FEINTONS FIENTONS.
FONTIS* *géol.* FONTS (baptismaux).

FOOT (BARE-), FOOTEUX…,
FOOTING.
FOR. FORABLE.
FORAMINÉ,E troué INFORMA + E.
FORÇAGE *bot* (hors saison) (REN-).
FORÇAIL/ (au) *québ* à la rigueur.
FORCEPS, FORCERIE serre,
FORCEUR *agr*, FORCIR (EN-).
FORCLORE/, FORCLOS,E.
FORDISME production selon Ford.
FORETAGE redevance, fortage.
FOREUR ≠ SOUFRER, FOREUSE (PER-).
FORÉZIEN… (pas d'«enfoirez»).
FORFAIRE non conj. sauf FORFAIS.
FORGEAGE, FORGEUR… *litt*.
FORINT *mon* FRITON FORTIN.
FORJET saillie, FORJETER.

FORLANCER *vén* (du gîte).
FORLANE danse ≠ ERAFLONS.
FORLIGNER vi déchoir.
FORLONGER distancer les chiens,

FORMAGE, FORMANT,S *ling*,
FORMATER *inf* REFORMAT (RE-),
FORMATIF… (IN- PER-).
FORMÈNE *vx* méthane.
FORMERET *arch* arc.
FORMIATE *chim*, FORMICA.
FORMIER n *ouv* FERMOIR.
FORMIQUE (acide des fourmis),
FORMOL, FORMOLER.
FORMOSAN,E. FORMYLE *chim*.

FORNIQUER vi.
FORTAGE* redevance, foretage.
FORTICHE. FORTIFS.
FORTIORI/. FORTRAIT,E *éq*.
FORTRAN *inf*. FORURE trou.

FOSBURY saut. FOSSANE *mam*.
FOSSOIR charrue, FOSSOYER vt.

FOUACE galette, FOUACIER nm.
FOUAGE* *féod* impôt (AF-v SER-).
FOUAILLER fouetter.

FOUCADE caprice, toquade.
FOUCHTRA! FOURCHAT.

FOUDRIER n tonnelier
FROIDEUR FROIDURE.

FOUÉE feu. FOUÈNE foëne.
FOUFOU, FOFOLLE.
FOUFOUNE sexe féminin.

FOUGASSE galette, fouace.
FOUGER fouir. FOUGERAIE.

FOUILLER (AF- BA- CA-vi RE-
FAR- TRI-),
FOUILLAGE.
FOUINER vi (cf ENFOUIE),
FOUINARD,E, FOUINEUR…
FOUIR (EN- SER-).

FOULAGE GOULAFE, FOULANT,E,
FOULERIE *text*, FOULEUR…
FOULING *mar*. FOULOIR *text*,
FOULON *ouv*, FOULONNER.
FOULQUE *ois* échassier.

FOURBURE *vét éq*.
FOURCHER, FOURCHET *vét*,
FOURCHON *out* dent. FOURGUER.

FOURME *from*. FOURMI
(cf SUIFORME et UNIFORME).
FOURNIER,E (*pain*), FOURNIL
FOURRAGER,E,S vt et adj dévaster.

FOUTAISE. FOUTEAU hêtre
FOUTEUR… REFOUTU, FOUTOIR.
FOUTOU *Afr* mets.
FOUTRAL,E,S ≠ REFOULAT,
FOUTRE,S v déf (pas de passé
simple ni de subjonctif imparfait).

FOVÉA (œil), FOVÉAL…
FOX. FOXÉ,E aigre (vin U.S.).

FOYALAIS,E de Fort-de-France.
FOYARD hêtre, fayard.

FRACTAL,E*,S *math.*
FRAGON petit houx.
FRAGRANT,E parfumé.

FRAI *(icht)* (-E).
FRAÎCHIR vi (cf FICHERAI),
FRAÎCHIN odeur de poisson frais.
FRAIRIE festin # FRAISIER FRISERAI.
FRAISER, FRAISAGE.
FRAISERAIE *agr* ou FRAISIÈRE.
FRAISEUR... FRAISURE SURFERAI
SURFAIRE.
FRAISIÈRE. FRAISIL cendre.
FRAISOIR *out* FOIRAIS + R,
FRAISURE* évasement d'un trou.

FRAMÉE javelot. FRANCHISER.
FRANCIEN... *lang* FINANCER,
FRANCISER, FRANCITÉ,
FRANCIUM *mét.* FRANCO/.
FRANGER (EF-). FRANGIN,E.
FRANQUE. FRAPE fripouille.
FRAPPAGE, FRAPPEUR...

FRASER de la pâte. FRASIL glace.
FRASQUE. FRATER n *rel* lai,
FRATRIE fr. et sœurs (cf PHR-)
FRITERA FERRAIT TARIFER.
FRAUDER vt.
FRAYER, FRAYAGE *physio*,
FRAYÈRE où fraient les poissons.
FRAYOIR *vén*, FRAYURE *vén*.

FREAK marginal. FREDAINE.
FREDON *mus*, FREDONNER.
FREESIA *bot* FRAISEE # FESSERAI.
FREEZER n.
FRÉGATER *mar* affiner,
FRÉGATON capit. de frég. FORGEANT.
FREINEUR... (bob). FREINTE *com.*
FRELATER.
FRELUCHE houppe (FAN-).

FRÊNAIE frênes FARINEE.
FRÉON gaz. FRÉROT.

FRESSURE abats REFUSER + S.
FRÉTEUR. Pas de «frétage»;
cf FRÉGATE.
FRETTER cercler, FRETTAGE.
(cf FRITTER, FRITTAGE,
FROTTER, FROTTAGE).
FREUDIEN... FREUX corbeau.
FRIBOURG fromage suisse.
FRICASSER. FRICATIF... *ling.*
FRICHTI. FRICOT, FRICOTER.
FRIDOLIN fritz.
FRIGO, FRIGORIE,

FRIMAIRE mois,
FRIMASSER *québ* givrer.
FRIMER regarder.
FRIMEUR... # FUMERIES.

FRINGUER. FRIPER # PERIF,
FRIPERIE FRIPIERE,
FRIPIER,E* # SPIRIFER.
FRIPONNER duper.
FRIQUÉ,E riche. FRIQUET *ois.*
FRIRE déf, FRIS, FRIT,E,
FRIRAI etc., FRIRAIS etc.

FRISAGE GIRAFES FIGERAS # AGRESSIF,
FRISANT,E (lumière) # FRAISENT.
FRISBEE jeu BRIEFES.
FRISELÉE de la p. de t. REFILEES.
FRISELIS (eau),
FRISETTE FRITTEES.

FRISKO *belg* glace.
FRISOLÉE de la p. de terre, friselée.
FRISON,ONNE *géog* # INFERONS
FREINONS.
FRISOTTER. FRISQUET...
FRISURE.

se FRITER se quereller.
FRITERIE TERRIFIE,
FRITEUSE FRUITEES, FRITON*.
FRITTER *mét*, FRITTAGE.
FRITZ *fam*, *vx* allemand, fridolin.

FROCARD moine. FROIDURE**.
FRÔLEUR…
FROMAGÉ,E, FROMAGER,E,
FROMGI ou FROMEGI.
FROMENTAL… du froment.
FROMTON ou FROMETON.
FRONCIS fronces.
FRONDER, **F**RONDEUR…
FRONSAC vin FRONCAS.
FRONTAIL de harnais RONFLAIT,
FRONTAL… RONFLAT FROLANT (PRÉ-).
FRONTEAU *rel* bandeau.

FROTTAGE, FROTTANT,E,
FROTTEUR…, FROTTIS,
FROTTOIR.
FROUER vi crier c. la chouette.
FROUFROU (-TER vi).
FROUILLER vi *helv* tricher vt.

FRUCTOSE sucre, FRUCTUS *dr.*
FRUSQUES. FRUSQUIN argent.
FRUSTE inculte. FRUSTRER.

FUCACÉE algue ou FUCALE*.
FUCHSIA [pron. étym. : «fouksia»].
FUCHSIEN… *math* FUCHSINE.
FUCHSINE* *chim.* FUCUS algue.
FUDGE *québ* sucrerie.
FUÉGIEN… de la Terre de Feu.
FUEL. FUERO *Esp* charte.
FUGACITÉ.
FUGU *jap* mets. FUGUER vi,
FUGUEUR… FÜHRER n.

FULGORE *ins* GOLFEUR,
FULGURER vi, FULGURAL…
FULIGULE canard. FULL *poker.*
FULMINER, FULMINATE.
FUMABLE (IN-).

FUMAGE (EN-). FUMAGINE *(bot)*,
FUMAISON, FUMERIE,
FUMERON bois vert (-ONNER vi),
FUMETTE. FUMIGER assainir,
FUMIGÈNE, FUMIVORE.
FUMURE.

FUN drôle, FUNBOARD pl. à voile.
FUNDUS fond (estomac).
FUNE filin,
FUNICULE *(bot)* (cf FULIGULE),
FUNIN corde.
FUNK,S *mus*, FUNKY,S. FUR/.

FURANE** ou FURANNE *chim.*
FURAX. FURCULA *ois* os en fourche
FURETER vi, je FURÈTE,
FURETAGE*, FURETEUR…
FURFURAL,S *chim* ou FURFUROL.
FURIA, FURIBARD,E,
FURIBOND,E, FURIOSO *mus.*
FUROLE*** feu follet.

FUSANT,E # ENFUTAS # FAUSSENT.
FUSCINE fourche.
FUSEL *chim* mauvaise eau-de-vie.
FUSELER, je FUSELLE,
FUSELAGE.
FUSER (IN- RE- DIF- PER-).
FUSETTE (pour du fil) (IN-).
FUSIBLE* (IN- DIF-).
FUSILIER n. FUSIONNER (L…).
FUSTET *arb*, FUSTINE teinture
SUIFENT # FUISSENT.

FUTAIE forêt.
FUTAILLE fût FEUILLAT.
FUTAINE*** *étof.*
FUTAL,S *arg.* FUTON matelas.
FUTUNIEN… (Océanie).

FUXÉEN… de Foix. FUYARD,E.

G

Les mots en -AGE sont une mine pour le scrabbleur.

Pensez aussi aux mots en -ING (voir liste page 343). Les mots comportant un G et un H, peu nombreux mais difficiles, sont répertoriés page 344.

Avec beaucoup de voyelles et un joker, pensez à faire de celui-ci un G : FU(G)UAIS, IMA(G)EAI

GABA neuromédiateur.
GABARE péniche,
GABARIER*,S vt. GABARIT.
GABARRE *mar*. GABBRO roche érupt.
GABELLE impôt, GABELOU*.
GABIE de mât, GABIER n GERBAI.
GABION *mil* abri, GABIONNER.
GABLE *arch* pignon (LAR-).
GABONAIS,E GABIONS + A.

GÂCHAGE, GÂCHEUR... GAUCHER.

GADE morue. GADELLE baie.
GADGET. GADIDÉ gade. GADIN.
GADITAN,E de Cadix DAIGNAT.
GADJÉ/ pl de GADJO,S non-gitan.
GADOUE # SOUDAGE.
GAÉLIQUE.
GAFFER *mar*, accrocher.
GAFFEUR... # SUFFRAGE.

GAGA. GAGAKU *jap* musique de cour.
GAGERIE saisie avant jugement,
GAGEUR... GRUGEA # SUGGERA,
GAGEURE EGRUGEA # SEGREGUA,
GAGISTE GITAGES.
GAGMAN,S ou -MEN/.
GAGNABLE, GAGNAGE pré
ou GAGNERIE, GAGNEUR...

GAÏAC *arb*, GAÏACOL *chim*.
GAIEMENT/ (É-n), GAIETÉ.
GAILLET... *bot* TILLAGE ALLEGIT.

GAÎMENT/ GEMINAT IMAGENT.
GAINER, GAINAGE,
GAINERIE GAINIERE,
GAINIER,E* INGERAI # SINGERAI
SIGNERAI RESIGNAI.
GAÎTÉ. GAIZE grès (cf GUÈZE).

GAL,S unité. GALAGO *mam*.
GALANTIN,E galant ALIGNANT.
GALAPIAT vaurien PLAGIAT + A.
GALATE (Asie mineure) GALETA.
GALAXIE (A-).
GALBANUM résine. GALBER.

GALÉACE grosse galère
ou GALÉASSE EGALASSE ALESAGES.
GALÉJER vi, GALÉJADE.
GALÈNE plomb des vieilles TSF.
GALÉODE arachnide DELOGEA.
GALÉRER vi (cf RÉGALER vt).
GALERNE vent. GALETAGE,
GALETER *méc* REGELAT TERGALE,
je GALETTE, GALETTEUX...

GALGAL,S tumulus préhistorique.

GALIBOT *mine* (cf GALIPOT).
GALICIEN... (Espagne).
GALIDIA *mam* ou GALIDIE.
GALILÉEN... NIELLAGE.
GALION* *mar*, GALIOTE.
GALIPOT résine, GALIPOTER
PILOTAGE.

GALLA *lang afr.* **G**ALLE (noix).
GALLE**C** *lang.* GALLÉRIE** *ins.*
GALLEUX… des composés du gallium.
GALLICAN,E (Égl. de fr. indépendante).
GALLIQUE *chim.* GALLIUM *mét.*
GALLO dialecte breton.
GALLOIS,E # EGOSILLA.
GALLO**N**. GALLO**T** *lang* gallo.
GALLUP sondage.

GALONNER # LONGANE.
GALOPER un cheval PERGOLA,
GALOPADE, GALOPANT,E,
GALOPEUR… GROUPALE,
GALOPIN,E # PLAGIONS # PLONGEAI.
GALOUBET flûte.
GALUCHAT peau de raie.
GALURE,
GALURIN LANGUIR # SURLIGNA.
GALVANO cliché.
GALVAUDER (-EUX…).

GAMAY *cép.*
GAMBA *crust.* GAMBE filin.
GAMBERGER *vt.*
GAMBETTE (cf JAMBETTE).
GAMBIEN… *Afr* INGAMBE.
GAMBILLER *vi.*
GAMBISTE *mus* MEGABITS.
GAMBIT *échecs* sacrifice d'une pièce.
GAMBUSIE *icht* AMBIGUES.
GAMELAN *mus* # CLONIONS.
GAMET *cép.* GAMÈTE *biol.*
GAMINER *vi* (cf ENSIMAGE*)
GERMAIN MARGINE.
GAMMA/. GAMMARE *crust.*
GAMMÉE (DÉ-vi).
GAMMON *jeu.* GAMOU *ar* fête.

GAN dialecte chinois.
GANACHE sot CHANGEA.
GANDIN élégant.
GANDOURA *ar* tunique sans manches.

GANG (ANTI-).
GANGA *ois.* GANGRENER*.
GANGUÉ,E entouré d'une gangue.
GANOÏDE *icht* # DIAGNOSE.
GANSER,
GANSETTE GESTANTE.
GANTELÉE *bot* ELEGANTE,
GANTELET, GANTER (DÉ-),
GANTIER,E, GANTERIE.
GANTOIS,E de Gand.

GAP décalage.
GAPERON *from* # SPORANGE
PAGERONS.
GÂPETTE casquette.

GARANCER teindre. GARBURE.
GARCETTE (cheveux sur le front).
GARÇONNE RENCONGA (-T).
GARDÉNAL,S GLANDERA.
GARDEUR… GRADUER DRAGUER,
GARDIAN,E AGRANDI.
GARDOIS,E du Gard # GODERAIE.
GARGOTER *vi* # GORGEAT.
GARI farine (NA- ZIN-/).
GAROU *arb.*
GARRIGUE GRUGERAI.
GARROCHER *québ* lancer.
GARROTTER. **G**ARS.

GASCONNER *vi* # ENGONCAS
AGENÇONS.
GASOIL GLOSAI.
GASPACHO soupe. **G**ASPI.
GASTRINE hormone,
GASTRITE TITRAGES,
GASTRULA *embry* LARGUAS + T.

GÂTEUR…, GÂTIFIER *vi*,
GÂTINE (NOU-),
GATINOIS,E SOIGNAIT AGITIONS.
GÂTION (enfant),
GÂTIONNE NEGATION,
GÂTISME GITAMES MITAGES
MEGISSAT.
GATTER *belv* sécher (la classe).

GAUCHIR.
GAUCHO (cf GOUACHER).
GAUDE *bot* (BA- NI- MAR-vi).
se GAUDIR se réjouir.
GAUFRER, GAUFRAGE,
GAUFREUR… GAUFRURE,
GAUFRIER n FIGURERA,
GAUFROIR, GAUFRURE*.
GAULAGE, GAULETTE bambou,
GAULIS branche de taillis.
GAULLIEN… ANGUILLE LINGUALE.
GAUMAIS,E *Belg.* GAUPE fille.
GAUR buffle. GAUSS unité.
se GAUSSER USAGERS SARGUES,
GAUSSEUR…
GAUSSIEN… *math* USINAGES.

GAVAGE, GAVEUR… # SEVRUGA.
GAVIAL,S *rept.* GAVOT,E de Gap.
GAVOTTE (cf J-). GAVROCHE.
GAY (MAR-). GAYAL,S buffle.
GAZER (DÉ-), GAZAGE (DÉ-),
GAZÉIFIER. GAZETIER,E.
GAZIER,E, GAZODUC,
GAZOGÈNE,
GAZOLE, GAZOLINE.
GAZONNER (DÉ- EN- RE-;
-EUX…).
GAZOU *Québ mus* instrument.

GÉASTER n *cham*.
GECKO lézard. GÉGÈNE torture.
GÉHENNE enfer (cf GHANÉEN).
GEIGNANT,E, GEIGNARD,E,
GEINDRE,S vi boulanger
DENIGRE GREDINE # DESIGNER.
GEISHA SEGHIA # HISSAGE.

GÉLATINÉ,E GELAIENT GENITALE
LIEGEANT,
GÉLIF… que le gel fend (IN- ANTI-m)
GIFLE # LEVIGE, GÉLIFIER.
GELINE poule LIGNEE (MOR-).
GÉLISOL sol gelé (PER-),
GÉLIVITÉ, GÉLIVURE VIRGULEE,
GÉLOSE, GÉLULE, GELURE.

GÉMEAU, GÉMELLÉ,E,
GÉMINER grouper. GÉMIR vt.
GEMMER, GEMMAGE,
GEMMAIL,AUX vitrail,
GEMMEUR…, GEMMULE bourgeon.
GÉMONIES escalier GOMINEES.

GÉNAL… de la joue.
GÉNÉPI fleur, liqueur PEIGNE.
GÉNÉRER,
GENÈSE (OO- BIO- DIA- ÉPI-
ORO- OVO-).
GENETTE *mam.* GÊNEUR…
GENEVOIS,E SEGOVIEN.
GÉNICULÉ,E coudé,
GÉNIEN… du menton.
GENIÈVRE. GÉNIQUE des gènes.
GÉNITEUR, GÉNITIF FEIGNIT,
GÉNOCIDE CONGEDIE.
GÉNOIS,E* GNOSIE OIGNES SOIGNE
(A-).
GÉNOME gén, GÉNOTYPE gènes.
GENOUILLÉ,E *anat* (A-v).
GENS. GENT,E,S (A-).
GENTIANE** plante amère.
GENTILÉ habitant LIEGENT.
GENTILLET…
GENTRY,S ou -IES petite noblesse
EGRISENT GRENETIS INTEGRES.

GÉO.
GÉODE roche, GÉOÏDE (terre),
GÉODÉSIE *géol* (-N…) DEGOISEE.
GEÔLE (FLA-vi LON- ROU-),
GEÔLIER,E.
GÉOPHAGE *icht.* GÉOPHILE *ins.*
GÉOPHONE écoute les sons du sol.
GÉORGIEN… (U.S.A. ou Caucase).
GÉOTAXIE *bot* orientation par pesanteur.

GÉOTRUPE *ins* («Peugeot» + R).
GÉRABLE*** (IN-).
GÉRANIÉE fleur EGRAINEE RENEIGEA,
GÉRANIOL *chim* LONGERAI REGIONAL.

GERBER (EN-), GERBAGE,
GERBANT,E # ABREGENT ENGERBAT,
GERBEUR... engin de levage,
GERBIER,E meule # BERGERIE.
GERBILLE rongeur, GERBOISE.

GERÇURE.
GERFAUT faucon GAUFRE + T.
GÉRIATRE médecin des vieux.
GERMER, GERMEN (reproduction),
GERMINAL,E,S ou -AUX
MALINGRE MANGLIER,
GERMOIR. GERMON thon.
GÉROMÉ *from.* GÉRONDIF *ling.*
GÉRONTE *théâ* vieux.
GERRIS araignée d'eau.
GERSEAU corde RAGEUSE
USAGERE ARGUEES RAGUEES
(cf RESSUAGE).
GERSOIS,E (Gers) GOSIERS GROSSIE.
GERZEAU nielle des blés.

en GÉSINE/, GÉSIR v déf,
GIS etc., GISAIS etc.,
GISANT,E.
GESSE *bot* (LAR-).
GESTANT,E* en gestation.
GESTAPO POTAGES POSTAGE PAGEOTS.
GESTIQUE, GESTUEL... GUELTES.
GETTER n *élec.* GEYSER n.
GHANÉEN...
GHETTO (LAR-; -ÏSER).
GHILDE guilde, corporation.

GIAOUR *isl* chrétien GOURAI.
GIBBEUX... bossu. GIBBON singe.
GIBBSITE *chim* (aluminium).
GIBELET foret. GIBELIN,E *rel.*
GIBOYER vt chasser,
GIBOYEUX...
GIBUS. GICLEUR. GIFT *méd.*
GIGA un milliard,
GIGABIT *inf*, GIGABYTE,
GIGAOCTET. GIGAWATT.
GIGOGNE. GIGONDAS vin.
GIGOTER vt, GIGOTTÉ,E.
GIGUER vt, GIGUEUR...

GILDE guilde GLIDE.
GILETIER,E. GILLE niais.
GIMMICK *pub* astuce.
GINDRE *ouv.* GINGIVAL... (gencives).
GINGLARD (vin), GINGLET
ou GINGUET...
GINKGO *arb.* GINSENG racine.
GIORNO/ (lumière comme le jour).
GIRAFEAU, GIRAFON GOINFRA.
GIRASOL *min* GLORIAS RIGOLAS.
GIRATION IGNORAIT RIGATONI
ORIGINAT ou GYRATION tour.
GIRAUMON(T) courge.
GIRAVION hélicoptère.
GIRELLE *icht* GRILLEE # GRESILLE.
GIRIE plainte. GIRL GRIL.
GIRODYNE giravion.
GIROFLE,E.
GIROLLE GORILLE # GRISOLLE.
GIRON (de la ceinture aux genoux).
GIRON**D**,E GORDIEN # DIGERONS.
GIRONDIN,E.
GIRONNER *arch* un escalier en colimaçon.

GIS voir GÉSIR, GISANT,E etc.
GISELLE *text* mousseline.
GÎTER vt loger (A- CO-),
GÎTAGE *const* # GAGISTE.
GITON mignon entretenu.
GIVRANT,E # VAGIRENT,
GIVRAGE, GIVREUX... # GUIVREES,
GIVRURE d'une pierre précieuse.

GLABELLE (entre sourcils), GLABRE,
GLAÇAGE apprêt,
GLAÇANT,E (VER-),
GLACERIE glacière.
GLACEUR**... *ouv*, GLACEUX...,
GLACIAL,E*,S ou -AUX,
GLACIEL... (glaces flottantes),
GLACIS, **G**LAÇURE**.
GLAGEON marbre. GLAÏEUL*.
GLAIRER un livre RELARGI ELARGIR,
GLAIREUX..., GLAIRURE.
GLAISER *agr* (AN-), GLAISEUX...

GLAMOUR cin (-EUX…).
GLANAGE LANGAGE # SANGLAGE.
GLANDER, GLANDAGE,
GLANDEUR…
GLANDULE *anat* (-EUX…).

GLANEUR… GLANURE GRANULE,
GLANURE**.
GLAPIR. **GL**ARÉOLE échassier.
GLASNOST SANGLOTS GLOSANT + S.
GLAS**S**,ES.
GLATIR vi crier (aigle).
GLAUCOME de l'œil, GLAVIOT,
GLAVIOTER # VOLTIGEA VOLIGEAT.

GLÉCOME lierre ou **GLÉ**CHOME.
GLÉNER *mar* lover. GLÉNOÏDE *anat.*
GLIAL… *anat* # ALLEGIS SILLAGE.
GLIDE* semi-voyelle. **GL**IE *anat*,
GLIOME *méd* tumeur LIMOGE.
GLISSAGE (bois), **GL**ISSEUR…,
GLISSOIR (glace) GROISILS
ou GLISSOIR**E**.

GLOBINE*** du sang,
GLOBIQUE *méc.* **GL**OBULEUX…,
GLOBULIN,E élément du sang.
GLOME *éq* plaque cornée du sabot.
GLOMÉRIS cloporte LIMOGER + S.
GLORIA café arrosé, GLORIOLE.
GLOSER vt expliquer.
GLOSSINE tsé-tsé, GLOSSITE *méd.*
GLOTTE (ÉPI-), GLOTTAL… *phon.*
GLOUGLOU (-TER vi).
GLOXINIA plante d'intérieur U.S.

GLU, GLUA**U**,X piège.
GLUCAGON hormone, **GL**UCIDE,
GLUCINE, GLUCOSÉ,E.
GLUER vt LUGER (se). **GL**U**I** paille.
GLUME *(bot)* étui, GLUMELLE.
GLUON particule. GLUTEN.
GLYCÉMIE *méd*, GLYCÉRIE *bot*,
GLYCÉROL,É, GLYCINE,
GLYCOL. GLYPHE *arch* ciselure (A-).

GNANGNAN mou. GNAULE.
GNEISS roche (-EUX… -IQUE).
GNÈTE liane (VI-v) ou GNETUM.
GNIOLE LEGION # GELIONS.
GNIOUF prison ou GNOU**F**.
GNOCCHI. GNOGNOTE/.
GNOLE (CHI- TOR-). **G**NOME.

GNOMIQUE poème (maximes).
GNOMON cadran solaire (-IQUE).
GNON (MI- OI- PA- PI- PO-
RO- BRU- CHI- GRI- GRO-
GUI- LOR- MOI- QUI- TRO-
ESTA- LUMI- SALI-).
GNOSE connaissance du divin (DIA-),
GNOSIE* *psy* (A-), GNOSIQUE.
GNOU (COU-). GNOUF gniouf (PI-).

GO,S. GOAL (AUTO-).
GOBAGE *(icht)* remous (EN-).
GOBELIN***. se GOBERGER.
GOBEUR… naïf.
GOBIE *icht*. GOBILLE bille (DÉ-v).
GODER vt (faux plis),
GODAGE,
GODAILLER vi (faux plis).

GODICHE, GODICHON,ONNE.
GODILLER vi. GODILLOT.
GODIVEAU boulette de viande.
GODRON *(orf)*, GODRONNER.

GOÉLAND. GOÉLETTE 2-mâts.
GOÉMON (-ONIER…).
GOETHITE hydroxyde de fer.
GOÉTIE *Afr* magie # EGOISTE.
GOGER *méd* couver. GOGLU *ois.*
GOGO. GOGUENOT,
GOGUES vécés. GOGUETTE,S.

GOÏ,S ou GOÏM/ non-juif.
se GOINFRER. GOITREUX…
GOLDEN pomme (cf GULDEN).
GOLÉE *helv* gorgée. GOLEM *rel* juive.
GOLFER vi (cf SOLFÈGE),
GOLFEUR*…, GOLFIQUE.
GOLIATH géant.
GOLMOTE *cham* ou **GOL**MOTTE.

GOMBO bot. GOMÉNOL,É,E
MONGOLE # MENOLOGE.
GOMINA, GOMINER,
GOMMAGE, GOMMETTE,
GOMMEUX…, GOMMIER n arb,
GOMMOSE bot maladie.

GON unité (cf GAN, GIN).
GONADE glande # SONDAGE.
GONANGE zoo polype.
GONE (de Lyon) (OO- ÉPI-
GOR- ISO- TRI-).
GONELLE icht gonnelle (TRI-).
GONFALON mil ou GONFANON.
GONFLANT,E, GONFLEUR.
GONIO av (radiorepérage).
GONNELLE icht gonelle.
GONOCYTE embry.
GONOSOME biol chromosome.
GONZE (cf B-), GONZESSE (cf B-).

GOPAK danse ukrainienne, hopak.
GOPURA arch hind tour GROUPA.
GORD pêche. GORDIEN* (nœud).
GORE,S (film) sanglant (FUL-; -T).
GORÉEN… Afr RONGEE ROGNEE.
GORFOU palmipède.
GORGEON verre GORGONE.
GORGERET… (ins.) GORGERIN arch.
GORGET rabot.
GORGONE* polype.

GORGOTON gosier.
GORON vin suisse. GOSETTE pât.
GOSPEL chant. GOSPLAN (URSS).
GOSSER helv couper avec un couteau.

GOTH,E (VISI- WISI-).
GOTHA aristocratie.
GOTIQUE lang, GOTHIQUE.
GOTON fille (GOR-).

GOUACHER. GOUAILLER railler
OUILLAGE LAGUIOLE.
GOUAPE voyou. GOUDA from.
GOUET arum. GOUGER canneler.
GOUGÈRE brioche au fromage.

GOUILLE mare (PI-v).
GOUINE (SA-).
GOUJAT,E.
GOUJONNER tech, GOUJURE tech.

GOULACHE goulash, goulasch.
GOULAFE* goinfre ou GOULAFRE.
GOULAG.
GOULASH goulache ou goulasch.
GOULE démon.
GOULÉE # LOGEUSE,
GOULET, GOULETTE,
GOULOT, GOULOTTE.

GOUM hist supplétifs (Maroc),
GOUMIER n # ROUGIMES.
GOUPIL renard. GOUPILLER.

GOUR plateau saharien (OUÏ-).
GOURAMI icht MORGUAI.
se GOURER, GOURANCE
ou GOURANTE TOURNAGE.
GOURDET bot oyat. GOURBI
GOURD,E # DROGUE.
GOUREN lutte # SONGEUR SURGEON.
GOURGANE fève.
GOURMADE coup.
GOURMÉ,E guindé. GOURMET…
Pas de «gourmer»; cf MORGUER vt.
GOUROU (KAN-).

GOUSSAUT cheval trapu.
GOÛTEUR…, GOÛTEUX…
GOUTTER vi (É-vt DÉ-vi),
GOUTTEUR… mil, GOUTTEUX
GOY,S ou GOYIM/ ou GOYM/,
GOYAVE fruit tropical, GOYAVIER n.

GRAAL,S (cf KRAAL). GRABAT lit.
GRABEN géol fossé. GRABUGE.
GRACILE GICLERA,
GRACIOSO théâ (cf GRAZIOSO/).

GRADER,S vt mil ou n T.P. engin.
GRADIENT météo DEGARNIT
DIGERANT.
GRADINE ciseau.

GRADUAT *belg scol* DRAGUAT.
GRADUS *poé* dictionnaire.

GRAFF, GRAFFEUR…,
GRAFFITE (-S-), GRAFFITER,
GRAFFITI GRIFFAIT.
GRAFIGNER *québ* égratigner.
GRAILLER, GRAILLON.
GRAINER réduire en grains (A- É-)
REGARNI ou GRENER,
GRAINAGE (A- É-) GAGNERAI
ou GRENAGE,
GRAINEUR… *impr* ou
GRENEUR…, GRAINIER,E.
GRAM/ *méd* solution.
GRAMEN herbe MANGER,S,
GRAMINÉE céréale.
GRAMMAGE poids du papier,
GRAMME (DI- EN- ANA- DIA-
ÉPI- MYO- PRO-vt TRI-).

GRANA parmesan (cf GRANUM).
GRANDET… GRADENT GARDENT.
GRANGÉE.
GRANIT, GRANITER (-EUX…)
GRATINER REGARNIT,
GRANITO *const* AGIRONT
IGNORAT ROGNAIT,
GRANULER,
GRANULAT,S LARGUANT,
GRANULIE *méd* RALINGUE
NARGUILE LANGUIER,
GRANUM *biol bot* structure.
GRAPHE *math*, GRAPHÈME *ling*,
GRAPHEUR *inf*, GRAPHIE (A-),
GRAPHITER (cf GRAFF-; -EUX…).

GRAPPA marc (É-v).
GRASSET… *(éq)* (membre postérieur).
GRASSEYER → CHANTER.
GRASSOIS,E de Grasse.
GRATERON *bot* ARROGENT
GARERONT RAGERONT ou GRATT-.
GRATINER*.
GRATIOLE *bot* LOGERAIT LIGOTERA.
GRATOS. GRATTEUR… GRATTURE,
GRATTEUX… *québ* avare,
GRATTOIR, GRATTURE*.

GRAU,S ou X.
GRAVATS.
GRAVELER couvrir de gravier,
je GRAVELLE (cf GRIVELER).
GRAVELIN chêne. GRAVELOT *ois*.
GRAVEUR…
GRAVIDE DEGIVRA. GRAVIER,E
GIVRERA # GREVERAI REVIRAGE.
GRAVITER *vi* (cf RIVETAGE),
GRAVITON particule VAGIRONT.
GRAVOIR *out* (pour graver).
GRAVOIS gravats VIRAGOS.
GRAY unité de dose de radiation.
GRAZIOSO/ *mus* (cf GRACIOSO,S).

GRÉAGE (A- RA-)
AGREGE REGGAE # GRESAGE.
GRÈBE palmipède des étangs.
GRÉBICHE impr ou GRÉBIGE
(cf GRIBICHE).

GREC (NÉO-adj FENU-),
GRÉCISER # CIERGES,
GRÉCITÉ, GRECQUER scier.
GREDIN,E*.
GREEN golf (autour du trou).
GRÉER *mar* (A-), GRÉEMENT,
GRÉEUR (A-) GUERRE.
GREFFAGE, GREFFEUR…,
GREFFIER,E, GREFFOIR,
GREFFON.

GRÈGE (A-v SÉ-v). GRÉGEOIS (feu).
GRÈGUES *vêt* EGRUGES GRUGEES
SUGGERE (SÉ-v).
GRÊLER, GRÊLEUX…
GRELIN cordage LINGER LIGNER.
GRELOTTER *vi*. GRELUCHE.
GRÉMIAL,AUX *rel* étoffe.
GRÉMIL *bot*. GRÉMILLE *icht*.

GRENACHE *cép* ECHANGER
RECHANGE.
GRENADER *mil* DERANGER.
GRENADIN,E *Esp* de Grenade.
GRENAGE (É- EN-). GRENAT.

GRENELER du cuir # ENGRÊLÉ adj,
je GRENELLE,
GRENER (É- EN- REN- GAN-)
ou GRAINER (A- É-),
GRÈNETIS** des monnaies,
GRENEUR *impr* GRENURE,
GRENEUSE (É-),
GRENU,E (SAU-),
GRENURE* aspect grené (EN-).

GRÉSER polir, GRÉSAGE**,
GRÈSERIE GRESIERE,
GRÉSEUX..., GRÉSIÈRE*.
GRÉSIL pluie de glace, GRÉSILLER vi.
GRÉSOIR *out* # GROSSIER REGROSSI.
GRESSIN petit pain.
GREUBONS *helv* restes attachés.
GRIBICHE sauce (cf **GRÉ**BICHE).
GRIÈCHE (pie).
GRIFFADE DEGRIFFA,
GRIFFEUR... GRIFFURE,
GRIFFON. GRIFTON soldat,
GRIFFTON ou GRIVETON.

GRIFFU,E, GRIFFURE*.
GRIGNARD,E *éq* (dents).
GRIGNER vi (faux plis).
GRIGNON (pain), GRIGNOTER.
GRIGOU avare. GRIGRI.

GRIL*, GRILL. GRILLAGER,
GRILLOIR.
GRIMACER vt.
GRIMAGE. Pas de «grimeur»;
cf GRUMIER et GUÉRÎMES.
GRIMAUD cuistre.
GRIMOIRE (indéchiffrable).
GRIMPER,S vt (RE-vt),
GRIMPANT,E TRAMPING,
GRIMPEUR...,
GRIMPION,ONNE *helv* parvenu.

GRINCER vi voir CÉRIGÈNE,
GRINÇANT,E.
GRINCHER vi (cf RECHIGNE),

GRINGE *helv* grincheux.
GRINGO *péj* (U.S.). GRINGUE/.
GRIOT *poé afr* (MAI-).
GRIOTTE cerise (MAI-)
RIGOTTE # GRISOTTE.
GRIP *sp.* GRIPETTE *québ* mioche.
GRIPPER (A- DÉ-), GRIPPAGE,
GRIPPAL...

GRISARD peuplier. GRISBI argent.
GRISET requin STRIGE,
GRISETTE TERGITES.
GRISOLLER vi chanter (alouette).
GRISON âne, GRISONNER vi.
GRISOTTE** broderie.
GRIVELER *dr* # LEVIGER,
je GRIVELLE (cf GRAVELER).
GRIVET singe vert.
GRIVETON soldat, grif(f)ton.
GRIVNA *mon* (Ukraine) ou HRIVNA,
GRIZZLI ou GRIZZLY.

GROGGY/. GROGNARD,E,
GROGNER, **G**ROGNEUR...,
GROGNONNER vi grogner.
GROIE sol (HON-v). GROISIL (verre).
GROLE soulier ou GROLLE.
GROMMELER, je GROMMELLE.
GRONDANT,E, **G**RONDEUR...,
GRONDIN *icht* (gronde quand il est pêché).
GROOM. GROOVE *mus.*
GROSCHEN *mon divis.* (Autriche).
GROSSERIE *mob* (cf **B**R-),
GROSSOYER *dr* copier.
GROUP sac. GROUPAGE,
GROUPAL... *psy*, GROUPEUR...
GROUPIE PIROGUE, GROUSE *ois.*

GROWLER n bloc d'iceberg.
GRRR! GRUAU,X farine.
GRUERIE *féod* # RESURGIE.
GRUÉRIEN... *géog helv.*
GRUGER (É-),
GRUGEOIR *out* (É-),

GRULETTE/ *helv* tremblote.
GRUME tronc (A-).
se GRUMELER (-EUX…) #
MERGULE MEUGLER REMUGLE,
je me GRUMELLE.
GRUMIER n véhi. GRUNGE *mode*.
GRUON *zoo* grue. GRUTER hisser,
GRUTIER,E TIGRURE # RESURGIT.
GRUYER,E faucon.
GRYPHÉE huître.

GUAI hareng. GUANACO lama.
GUANINE *biol* base # SANGUINE,
GUANO engrais.
GUARANI (-ES) *lang* NARGUAI.

GUÉ, GUÉABLE BLAGUEE.
GUÈBRE *rel* (Iran).
GUÈDE teinte bleue.
GUÉER vt (gué). GUELFE papiste.
GUELTE *com* prime.
GUÉPARD. GUÊPIER,E PIEGEUR.
GUÈRE,S. GUÉRET *agr* GUETRE.
GUÉRIDON ENGOURDI.
GUERROYER vt.
GUETALI terrasse LUGEAIT LEGUAIT.
GUÈTE tour.
GUÊTRER, GUÊTRON (court).
GUEULANTE, GUEULARD,E.
GUEUSER vt mendier.
GUEUZE bière. GUÈZE langue.

GUGUS, GUGUSS ou GUGUSSE.
GUIB antilope.
GUIBOLE ou GUIBOLLE.
GUIBRE *mar*. GUICHE *coif* (A-v).
GUIDANCE aide.
GUIDEAU filet. GUIDOUNE fille.
GUIFETTE *ois* (pas de «figuette»).
GUIGNARD,E malchanceux.
GUIGNER lorgner sur (BAR-vi).
GUIGNIER n cerisier.
GUIGNOL (-ÉE -ET). GUIGNON.

GUILDE. GUILLON bonde.
GUIMPER guiper. GUINCHER vi.

GUINDER* hisser, GUINDAGE,
GUINDANT,S *mar*, GUINDEAU.
GUINÉE *mon*. GUINÉEN… INGENUE.
GUINGOIS (de).

GUIPER torsader, guimper.
GUIPAGE, GUIPOIR *out*.
GUIPON balai. GUIPURE dentelle.
GUISE/.
GUISARME *M-Âge* pique IMAGEURS.
GUITOUNE tente (cf GUIDOUNE).
GUIVRÉ,E *hér* (serpent), voir
VOUIVRE.

GUJARATI *lang*. GULDEN florin.
GUNITER enduire, GUNITAGE.
GÜNZ glaciation (cf MINDEL,
RISS et WÜRM).
GUPPY,S ou -IES poisson tropical.

GURDWARA *rel* (sikh).
GURU. GUS, GUSS, GUSSE.
GUSTATIF… (cf FUSTIGEÂT).

GUTTURAL… GUYANAIS,E.
GUYANIEN… du Guyana.
GUYOT poire. GUZLA violon.

GYM. GYMKHANA.
GYMNASE, GYMNASTE,
GYMNIQUE, GYMNOTE anguille.
GYNÉCÉE, GYNÉCO,
GYNÉRIUM roseau.

GYPAÈTE vautour.
GYPSAGE, GYPSERIE,
GYPSEUX…, GYPSIER n plâtrier.
GYRATION giration. GYRIN *ins*.
GYROBUS bus.
GYROSTAT *phys* gyroscope

H

Le H se marie bien avec le C, *mais aussi avec le* P, *le* T *et le* S.

Pensez aux mots se terminant par H (COPRAH, MOLLAH, RUPIAH, MASSORAH), *par* CH (BRUNCH) *et par* SH (MIDRASH).

HA! HABANERA danse espagnole.
HABILITER. HABITUS *méd.*
HÂBLER vi (C-vt), HÂBLEUR…,
HÂBLERIE.

HACHETTE, HACHEUR…,
HACHIS**CH**. HACHURER.
HACIENDA domaine DECHAINA.
HACKER n pirate informatique.
HADAL… (profond) ≠ DEHALAS.
HADDOCK. HADITH *isl* récit.
HADJ pèlerin, HADJI ou HADJDJI
HADRON *ato* particule ≠ HARDONS.

HAFNIUM *mét.* HAGGIS mets.
HAHNIUM *chim* élément artificiel.

HAÏDOUC *mil* DOUCHAI,
HAÏDOUK ou HEIDUQUE.
HAÏK *vêt.* HAÏKU *poé* ou HAÏKAÏ.
HAILLON (-ONNEUX…).
HAINUYER,E *Belg* du Hainaut.
HAIRE chemise de crin (C-).
HAÏTIEN… HIAIENT. HAJE naja.
HAKA chant maori. HAKKA *lang.*

HALAGE. HALAL/ (viande).
HALBI cidre. **HAL**BRAN canard,
HALBRENÉ,E (faucon) épuisé.
HALECRET corps d'armure.
HALENER* flairer ANHELER vi,
HALETER vi, je HALÈTE*.
HALETTE** coiffe. HALEUR…
HALICTE *ins* LECHAIT ≠ LICHATES
HALIOTIS *moll.* HALIPLE *ins.*

HALITE sel gemme HELAIT.
HALLE (T-), HALLAGE redevance.
HALLAL/ halal/. HALLALI.
HALLIER n fourré.
HALO. HALOGÉNER.
HÂLOIR séchoir. HALON *chim.*
HALVA confiserie orientale.

HAMADA plateau. HAMMAM.
HAMSTER n. HAN,S Chine.

HANAFI sunnite ou HANAFITE.
HANAP. HANBALI *isl* sunnite.
se HANCHER se pencher.
HAN**D** (MARC-), HANDBALL.
HANGUL alphabet (Corée).
HANOUKKA *rel.* HANSART hachoir.
HANSE, HANSÉATE* HANTEES + A.

HAOUSSA *lang* (Afrique occidentale).
HAPALIDÉ singe. HAPAX apax.
HAPLOÏDE *gén* PHOLADE + I,
HAPLONTE être haploïde.
HAPTÈNE *chim* HEPTANE
PHENATE PANTHLE,
HAPTIQUE relatif au toucher.
HAQUENÉE *éq.* HAQUET *véhi.*

HARARAIS,E *Afr.* **H**ARAS.
HARCELER, je HARCÈLE ou
je HARCELLE**.

HARD,
HARDCORE *mus* DEROCHA + R.
HARD**ER** *vén* (des chiens) (POC-vt).
HARDWARE *inf.* HARENG (-ÈRE).

HARET chat sauv. # SEHTAR HERSAT.

HARFANG chouette AFGHAN + R.

HARISSA. HARKA *mil*, HARKI,E.

HARLE canard plongeur.

HARNOIS *litt* HAIRONS HORSAIN.

HARO !

HARPAGON PHARAON + G.

HARPAIL biches ou **HARP**AILLE.

HARPER pêcher. HARPIE (C- S-).

HARPISTE TRIPHASE.

HARPOISE fer de harpon.

HARRIER n chien. **H**ART corde.

HARUSPICE *Rome rel* voyant.

HASCH, HASCHICH. HASE *zoo.*

HASSID,S ou HASSIDIM/ *rel.*

HASSIUM élément chimique.

HAST lance,

HASTAIRE *Rome mil* (avec une lance)
ou HASTATI/ pl,

HASTÉ,E *bot* en fer de lance.

HÂTELET** broche (C-),

HÂTELLE viande.

HÂTEREAU boulette de viande.

HÂTIER n chenet TRAHIE HERITA.

HÂTIVEAU (fruit, légume).

HATTÉRIA *rept* (Océanie) HATERAIT.

HÂTURE arrêtoir de pêne.

HAUBAN (GAL-), HAUBANER.

HAUBERT cotte de mailles.

HAUSSER (C- EX- RE- DÉC-
ENC- REC- SUR-),

HAUSSIER n AHURISSE,

HAUSSIÈRE. HAUTBOIS (-TE).

HAUTESSE* titre donné au sultan.

HAUTIN vigne # SHUNTAI
(cf HAUTAIN,E).

HAÜYNE *géol* aluminosilicate.

HAVER *mine* tailler, HAVAGE.

HAVANE, HAVANAIS,E.

HAVENEAU filet ou HAVENET.

HAVEUR… voir haver. HAVIR brûler.

HAVRAIS,E VIHARAS # HAVERAIS.

HAVRE**SAC** VACHERAS.

HAVRIT *mine* fragments.

HAWAÏEN… ou HAWAIIEN…

HAYON *véhi* panneau arrière.

HÉ ! HEAUME *M-Âge* casque,
fabriqué par un HEAUMIER,E.

HEBDO.

HÉBÉTER, HÉBÉTUDE.

HÉBRAÏSER (cf ÉBAHIR),

HÉBREU,X, fém HÉBRAÏQUE.

HECTIQUE (fièvre),

HECTISIE maigreur ou ÉTISIE.

HECTO (-WATT -PIÈZE).

HÉGÉLIEN… HÉGIRE *isl* ère.

HEIDUQUE *mil* haïdouc ou haïdouk.

HEIN !

HÉLÉPOLE *Grèce mil* PHLEOLE + E.

HÉLIAQUE *astr*, HÉLIASTE *mag.*

HÉLICIER n *ouv* (cf LÉCHERIE),

HÉLICO # LOCHIES SCHOLIE,

HÉLICO**N*** *mus* (autour du cou).

HÉLIÉE (héliastes). HÉLIGARE.

HÉLIO *photo*, HÉLION *ato* (NÉP-).

HÉLIPORT,É,E PHILTRE + O,

HÉLISKI.

HÉLIUM *chim.* HÉLIX (de l'oreille).

HELLÉBORE *bot.* HELLÈNE.

HELLO ! **H**ÉLODÉE *bot* (aquatique).

HELVELLE *cham.* **HELV**ÈTE.

HEM ! HÈME (sang) (R- T-),

HÉMATIE globule,

HÉMATINE, HÉMATITE *min.*

HÉMATOME, HÉMATOSE *méd.*

HÉMIÈDRE (cristaux).

HÉMINE unité de capacité (C-),

HÉMINÉ**E** superficie (C-).

HÉMIOLE *mus* HOMELIE.

HÉMIONE mulet.

HÉMOLYSE destruction des globules.

HENNÉ teinture (GÉ-).

HENNI**N** *coif.* HENNIR vi.

HENNUYER,E *géog.* HENRY *phys.*

HEP ! HÉPARINE (foie),
HÉPATITE. HEPTANE** *chim.*
HÉRAUT.

HERBACÉ,E BECHERA EBRECHA.
HERBAGER,S vt (-GÈRE éleveuse),
HERBER des draps (EN- DÉS-),
HERBERIE (cf HERBIER nm),
HERBETTE, HERBEUX…,
HERBIER nm, HERBU, **H**ERBUE.
HERCHER vi *mine* ou HERSCHER,
HERCHAGE, HERCHEUR… (C-).
HERCULE LECHEUR.

HÉRÉDO *méd.* HEREFORD bovin.
HÉRITER (CO- DÉS-).
HERMÈS statue (C- T-).
HERMINE. Pas d'«hermite»;
cf THERMIE et THERMITE.
HERNIÉ,E, HERNIEUX…
HÉRO *fam.*
HÉROÏDE épître (SP-) RHODIEE.
HERPE *const mar* # SPHERE.
HERSAGE, HERSEUR…
HERSCHER vi *mine* ou HERCHER.
HERTZ unité, HERTZIEN…
HERVE fromage belge.

HÉSITER vi (cf ESTHÉSIE).
HESSOIS,E de la Hesse (Allemagne).
HÉTAÏRE fille HETRAIE
HESITERA ETHERISA.
HÉTAIRIE ligue
ou HÉTÉRIE HERITEE THEIERE,
HÉTÉRO # ORTHESE.
HETMAN cosaque, HETMANAT.
HÊTRAIE* hêtres.

HEU ! HEUR,S,T. HEURTOIR.
HÉVÉA arbre à caoutchouc HAVEE.
HEXAÈDRE *géom.* HEXANE *chim.*
HEXAPODE *ins* (à six pattes).
HEXOGÈNE *expl.* HEXOSE sucre.

HI !
HIATUS, HIATAL… # HALETAI.

HIBERNER vi (cf HIVERNER vt),
HIBERNAL… HIBISCUS.
HIC/. HICKORY noyer blanc.
HIDALGO *Esp.* HIDEUR laideur.
HIDJAB *isl* foulard.
HIE voir HIER vt. HIÈBLE sureau.
HIÉMAL… de l'hiver.
HIER/. HIER v paver, HIEMENT.

HILE (C-), HILAIRE. HILOIRE *mar.*
HILOTE *Grèce* # HOSTILE HOLISTE.
HIMATION manteau grec.
HINAYANA bouddhisme traditionnel.
HINDI,E, **H**INDOU,E.

HIP !
HIPPEUS *mil grec* pl HIPPEIS HIPPIES.
HIPPIE, HIPPY,S. HIPPISME.
HIRAGANA *jap* écriture syllabique.
HIRCIN,E du bouc # ENRICHI.
HIRSUTE HUITRES.
HIRUDINE,E sécretion des sangsues.
HISPIDE velu. HISSAGE**.

HISTONE protéine # HESITONS.
HISTORIER orner HISTORIEN.
HISTRION bouffon (-IQUE).
HIT *mus* (S-). HITTITE (Asie).
HIVERNER vt, HIVERNAL…

HO ! HOAZIN oiseau primitif.
HOBBY,S ou -IES. HOCA loto.
HOCHEMENT HOCHEPOT ragoût.
HOIR héritier (C-v déf), HOIRIE.
HOLÀ ! HOLDING *com* groupe.
HOLISME *philo*, HOLISTE**.
HOLLANDE. HOLMIUM *mét.*

HOLOCÈNE *géol* époque.
HOLOÈDRE (cristal) symétrique.
HOLORIME (vers) homophone.
HOLOSIDE *chim.* HOLOTYPE *bot.*

HOLSTEIN vache. HOLSTER n étui.

HOMBRE jeu de cartes RHOMBE.
HOME, HOMELAND *Afr. du S.*
HOMÉLIE*. HOMESPUN *étof.*
HOMINIDÉ primate,
HOMINIEN HOMININE,
HOMININÉ*, HOMINISÉ,E,
HOMMASSE.
HOMO homosexuel MOHO.
HOMOGAME *bot* HOMMAGE + O.

HONCHET jeu (ou J-) HOCHENT.
HONGRER châtrer, HONGREUR,
HONGROYER du cuir.
HONING ponçage. HONNIR.
HOOLIGAN ou HOULIGAN.

HOP! HOPAK gopak. HOPI indien.
HOPLITE fantassin grec.
HOQUETER vi, je HOQUETTE.
HOQUETON *mil* veste.

HORDÉACÉ,E de l'orge,
HORDÉINE protéine.
HORION (C-) coup.
HORMONER un veau,
HORMONAL... HORODATÉ,E.
HORSAIN* étranger ou HORSIN.
HORST *géol* môle SHORT.

HOSANNA *rel* AHANONS.
HOSPODAR titre turc.
HOST *mil anc* HOTS. HOSTIE.
HOSTO hôpital ou HOSTEAU.

HOT,S. HOTTER transporter (DÉ-),
HOTTERET hotte, HOTTEUR...
HOTU *icht* (cf POTU,E).

HOU!
HOUACHE sillage ou HOUAICHE.
HOUAGE piochage, HOURI voile.
HOUDAN poule (cf SOUDAN).
HOUER piocher.
HOUILLER,E, HOUILLEUX...

HOUKA pipe.
HOULIGAN hooligan.
HOULQUE avoine, houque.
HOUP!
HOUPPER, HOUPPIER n *(arb)*.
HOUQUE avoine, houlque (C-).

HOURD tour, HOURDER maçonner,
HOURDAGE, HOURDIS joint.
HOURI beauté. HOURQUE *mar.*
HOURRA(H) ou HURRAH.
HOURVARI vacarme.

HOUSE *mus* (POC-).
HOUSARD hussard HOURDAS.
HOUSEAU guêtre.
HOUSSER (DÉ-), HOUSSAGE.
HOUSSAIE houx,
HOUSSINER, HOUSSOIR balai.
HOYAU,X houe.
HRIVNA *mon* (Ukraine) ou GRIVNA.

HUARD *ois* # SHUDRA ou HUART.
HUB aéroport de correspondance.
HUCHER appeler, HUCHET cor.
HUCHIER n fabricant de huches.
HUERTA plaine. HUGOLIEN...
HUGUENOT,E. HUHAU! HUI.

HUILAGE, HUILERIE HUILIERE,
HUILEUX..., HUILIER,E*.
HUISSIÈRE. HUITAIN,E *litt,*
HUITANTE/. HUÎTRIER,E.
HULLOIS,E *Québ* de Hull #
HOUILLES.
HULOTTE rapace, HULULER vi.

HUM! HUMER (R- EX- IN- ENR-),
HUMAGE. HUMAGNE vin valaisan.
HUMANISER.
HUMÉRAL... de l'humérus MALHEUR,
HUMÉRUS os HUMEURS.
HUMICOLE (humus), HUMIQUE.
HUMORAL... des humeurs du corps.

HUN. HUNE (mât) (T-),
HUNIER n voile carrée.
HUNNIQUE des Huns.
HUNTER n *éq* THURNE (S-vt).

HURDLER n sauteur de haies.
HURLANT,E, HURLEUR…
HURON,ONNE ≠ HONNEUR,
HURONIEN… *géol.*
HURRAH ou HOURRA(H).

HUSKY,S ou -IES chien de traîneau.
HUSSARD,E housard SHUDRAS.
HUSSITE *rel* (du Tchèque Hus).
HUTIN têtu. HUTINET maillet.
HUTOIS,E *Belg* de Huy.
HUTU,E *Afr.*

HYADES sept étoiles (T-sing).
HYALIN,E comme du verre,
HYALITE opale, HYALOÏDE.
HYBRIDER *biol* croiser
HYDATIDE ténia. HYDNE *cham.*
HYDRAIRE hydre,
HYDRANT,E borne à incendie,
HYDRATER, HYDRAULE orgue.

HYDRE, HYDRÉMIE *méd*,
HYDRIE vase, HYDRIQUE,
HYDROGEL *chim*,
HYDROLAT eau, HYDROLÉ *phar*,
HYDROMEL, HYDROSOL *chim*,
HYDRURE *chim.*

HYÈNE. HYGROMA *méd* bursite.
HYMÉNÉE, HYMÉNIUM *(bot).*
HYMNE, HYMNIQUE.
HYOÏDE (os en U), HYOÏDIEN…

HYPER n. HYPERFIN,E *phys.*
HYPERGOL *chim.* HYPÉRON *ato.*
HYPÈTHRE (temple) sans toit.
HYPHE *(cham).* HYPNE mousse.
HYPNOSE, HYPNOÏDE.
HYPOCRAS vin.
HYPOGÉ,E *bot* sous terre ≠ ÉPIGÉ,E.
HYPOGYNE (fleur) ≠ ÉPIGYNE.
HYPOÏDE *auto* (pont).
HYPOMANE excité.
HYPONYME *ling.* HYPOSODÉ,E.
HYPOXIE *méd* manque d'oxygène.
HYSOPE arbrisseau méditerranéen.

I

Le I se double dans ANGIITE, CHAFII, CHAFIITE, CHIISME, CHIITE, HAWAIIEN, SCENARII, SYLVIIDÉ, TORII, *mais aussi à l'imparfait de tous les verbes en* -IER : FIIONS, FIIEZ.

Ne négligez pas des imparfaits peu euphoniques comme CRÉIONS, DÉNUIEZ.

IAKOUTE turco-mongol.
IAMBE *poé* pied, IAMBIQUE.
IBÈRE (L-). IBÉRIDE *bot*.
IBÉRIEN*... (L- S-),
IBÉRIQUE. IBÉRIS *bot* (BÉR-).
IBIDEM/. IBIS échassier (B- D-).
IBN *ar* fils, ben. IBO nigérian.

ICAQUE fruit de l'ICAQUIER.
ICARIEN... RICAINE # INCISERA SCENARII.
ICAUNAIS,E de l'Yonne.
ICEBERG, ICEFIELD.
ICELLE (F- M-), ICELUI/, ICEUX.
ICHOR sang purulent, ICHOREUX...
ICHTHUS *rel* ou ICHTHYS,
ICHTYOL huile, ICHTYOSE *méd*.
ICOGLAN officier (sultan) # GLACIONS.
ICONIQUE, ICONICITÉ.
ICTÈRE. ICTUS *méd* coup (R-).

IDE *icht*. IDÉAL,E,S ou IDÉAUX.
IDÉATION (idées) IODAIENT,
IDÉEL..., IDÉALITÉ,
IDEM/. IDIOME # IODISME.
IDOINE. IDOLÂTRER.
IF (C-/ K- N- P- R- T- V-).
IGAME (B-) préfet, IGAMIE (B-).

IGLOO ou IGLOU. IGNAME *bot*.
IGNÉ (feu) (D- L- O- P- S- V-),
IGNÉE (L- S-),
IGNICOLE *rel* (L-) LOGICIEN,
IGNIFÈRE, IGNIFUGER,
IGNITION, IGNITRON *élec*,

IGNIVOME (vomit le feu),
IGNIVORE (avale le feu) (L-) IVROGNE + I.

IGUANE saurien # USINAGE,
IGUANIDÉ ENDIGUAI (B-).
IGUE puits (A- B- C- D- F- G-v L-v Z-).

IJOLITE roche plutonique.

IKAT *étof*. IKEBANA *jap* art floral.

ILÉAL... de l'iléon ALLIE AILLE,
ILÉITE *méd*, ILÉON (intestin grêle).
ÎLET île (F- G- P-),
ÎLETTE (A-) # LISETTE SITTELE.
ILÉUS *méd* (BAS-). ILIAQUE (os).
ÎLIEN... ILION segment d'os.
ILLICO/ (cf ulluco). ILLITE argile.
ILLUTER *méd* (boue) TULLIER TILLEUR.
ILLUVIAL... *géol* (éléments dissous),
ILLUVION ou ILLUVIUM.
ILLYRIEN... (Adriatique).
ILMÉNITE *chim* MELINITE.

ILOTE esclave spartiate (H- P-).
ÎLOTAGE (P- S-),
ÎLOTIER TOILIER,
ÎLOTIÈRE TOILIERE TOILERIE.
ILOTISME condition d'ilote (H-).

IMAGER, IMAGEUR... *impr*,
IMAGIER,E # IMAGERIE,
IMAGINAL... (ins), IMAGO* (ins).
IMAM *isl* ministre, IMAMAT,
IMAN (L-), IMANAT.

IMBERBE.
IMBRÛLÉ,E # SUBLIMER.
IMBU,E rempli de soi (cf EMBU,E).
IMIDE *chim* composé, **I**MINE.
IMITABLE (L-). IMITATIF… (L-).
IMMANENT,E.
IMMATURE EMMURAIT.
IMMÉRITÉ,E. IMMERSIF…
IMMIGRER.
s'IMMISCER, **IM**MIXTION.
IMMODÉRÉ,E. IMMOTIVÉ,E.
IMMUN,E *méd* # MUNIMES.

IMPACTER. IMPALA *Afr* antilope LAMPAI PALMAI # SAMPLAI.
IMPALUDÉ,E *méd* (palu) DEPLUMAI.
IMPARITÉ. IMPARTIR → FINIR.
IMPAVIDE. IMPAYÉ,E.
IMPEC. IMPENSES dépenses immob.
IMPER n. IMPERIUM *Rome (mag).*
IMPÉTIGO. IMPÉTRER obtenir.

IMPLANT *méd* (cf EXPLANT).
IMPLEXE complexe (S-).
IMPLOSER vi (cf EMPLOIES),
IMPLOSIF… *phon* (consonnes).

IMPORT *belg* montant d'une facture.
IMPOSEUR… *ouv* (mise en page).
IMPOSTE *arch* SEPTIMO/. IMPRO.
IMPROUVER désapprouver.
IMPUBÈRE.
IMPULULDIE PUUISSEE PLUMIERS.

IN/. INABOUTI*,E. BITONIAU, BOUINAIT.
INABRITÉ,E BINERAIT BENIRAIT.
INACTIVER *biol* # VATICINE vi EVINCAIT (cf RÉ- DÉS- SUR-).
INACTUEL… CULAIENT ENCULAIT.
INADAPTÉ,E EPANDAIT.
INALIÉNÉ,E *dr* ANILINE + E.
INALPAGE montée à l'alpage,
s'INALPER LAPINER PRALINE.
INALTÉRÉ,E RALENTIE RELAIENT.
INANITÉ NIAIENT # INSANITE.

INAPAISÉ,E. INAPERÇU,E.
INAVOUÉ,E EVANOUI.

INCA (Pérou).
INCARNAT,E rouge RACINANT RICANANT.
INCH,S pouce, INCHES.
INCIPIT/ *litt* début.
INCISURE INCURIES CUISINER.
INCITANT,E. INCIVIL,E.
INCLURE, subj INCLUE,
INCLUS,E, INCLUANT,S,
INCLUSIF…

INCOMBER (3es pers.; -ANT/).
INCONEL *mét* (cf COLLINE).
INCOTERM *com.* INCRÉÉ,E *rel.*
INCUBER*vt.
INCUIT,E # UNICITE. INCURVER.
INCUS,E gravé en creux.

INDAGUER vi *helg* enquêter GUINDERA DINGUERA.
INDE bleu (D-). INDÈNE *hydroc.*
INDENTER *impr* DINERENT.
INDEXAGE, INDEXEUR…
INDIC. INDICA**N** *chim* (indigo).
INDICER *inf*, INDICIEL…
INDIGÈTE *rel rom.* INDIGO.
INDIUM métal blanc.
INDIVIS,E # DIVINISE.

INDOLE* *chim* composé.
INDUMITÉ,E PIEDMONT
INDOOR/ *sp.* INDOULE (H-) *hind.*
INDRI *mam.* INDRIEN… (Indre).
INDUCTIF… *log*, INDUIRE.
INDULINE *chim.* INDULT *rel.*
INDÛMENT/. INDURER.
INDUSIE *(bot)* INDUISE # ENDUISIS.
INDUVIÉ,E (au fruit protégé).

INÉCOUTÉ,E. INEMPLOI.
INENTAMÉ,E MENAIENT ANEMIENT.
INÉPUISÉ,E.

INERME *bot*, *zoo* désarmé.
INERTER des déchets, INERTAGE,
INERTIEL... NITRILE + E.
INÉTENDU,E.
INEXAUCÉ,E. INEXERCÉ,E.
INEXPERT,E. INEXPIÉ,E.
INFANT,E # SNIFANT.
s'INFARCIR *méd.* s'INFATUER.

INFÉCOND,E.
s'INFÉODER FONDERIE.
INFÉRER FREINER.
INFIBULER *Afr.* INFICHU,E.
INFIXE élément inséré dans un mot.
INFLUER faire couler, INFLUX.
INFO. INFORMEL... MORNIFLE.
INFOUTU,E.
INFRA/, INFRASON FARINONS.
INFULE *Rome* bandelette INFLUE.
INFUS, INFUSER SURFINE.

INGAMBE* alerte, agile.
INGÉLIF... INFLIGE ≠ GÉLIF...
INGÉRER NEGRIER GRENIER.
INGRISME (Ingres), INGRISTE.
INGUINAL... de l'aine.

INHABILE.
INHALER (cf ANHÉLER vi).
INIMITÉ,E. INIMITIÉ.
INIQUITÉ. INITIALER *québ.*
INJECTIF... INLAY obturation.

INNÉISME INSEMINE SIMIENNE,
INNÉISTE INNEITES, INNÉITÉ.
INNERVER.
INNOMÉ,E MINOEN NOMINE
MENIONS ou INNOMMÉ,E,
INNOMINÉ,E *anat* iliaque.
INNOVER, INNOVANT,E.

INOCULUM *méd.* INOCYBE *cham.*
INOTROPE *physio* (cœur). INOX.
INPUT *inf* (données) (cf OUTPUT).

INQUART alliage (¼ d'or, ¾ d'argent).
INQUILIN,E *zoo*, *bot* «locataire».
INSANE fou NAINES NANISE.
INSATURÉ,E.
INSCULPER graver # INCULPES.
INSÉMINER.
INSERT *T.V.* # RISSENT SINTERS.
INSIGHT *psy.* INSOLER *photo.*

INSTANT,E. INSTAR/.
INSTI ou INSTIT.
INSTIGUER *belg* pousser.
INSTILLER introduire goutte à goutte.
INSU/. INSUFFLER.
INSULA *Rome* îlot # SINUSAL.

INTAILLER graver # NIELLAIT.
INTELLO # TEILLONS.
INTER (L- P-vt S- T-vt).
INTERAGIR vi # INTEGRAI INGERAIT.
INTÉRIM INTIMER # MINISTRE.
INTERNET INERTENT INTENTER
RENITENT,E.
INTERRO (-I) # INTRORSE.
INTERROI *Rome* magistrat.
INTESTAT *dr* sans testament
ATTEINTS TINTATES ATTISENT.
INTESTIN,E.

INTI *anc mon* (Pérou). INTIFADA.
INTOUCHÉ,E NITOUCHE. INTOX.

INTRADOS surface concave
TONDRAIS TARDIONS.
INTRANET *inf* ≠ EXTRANET.
INTRANT nm *inf* NITRANT,E
≠ EXTRANT nm.

INTRIQUER compliquer.
INTRO. INTRON de gène.
INTROÏT *rel* # TITRIONS.
INTRORSE* (*bot*) ≠ EXTRORSE.
INTRUSIF... *géol.* INTUBER
TRIBUNE TURBINE BUTINER.
INTUITER.

INUIT,E esquimau # INUSITE ou INUK.
INULE *bot* aunée,
INULINE amidon # INSULINE.
INUSABLE NEBULISA.
INUSUEL...
s'INVAGINER *méd*
(cf ANGEVIN,E et INVENGÉ,E).
INVAR acier (ÉL-). INVASIF... *méd.*
INVENDU,E. INVENGÉ,E.
INVERSIF... *ling* (ordre des mots).
s'INVÉTÉRER se fortifier.
INVIOLÉ,E VIOLINE OLIVINE.
INVITANT,E, INVITEUR...
INVOLUTÉ,E *(bot).*

IODER, IODATE sel,
IODEUX... # ODIEUSE # SUEDOISE,
IODIQUE, IODISME* intoxication.
IODLER vi iouler, jodler ou yodler.
IODURÉ,E RUDOIE OURDIE
SOUDIER,E. Pas de «iodurer»;
cf ROIDEUR.

ION atome électrisé (F- L- P-).
IONIEN... (Asie), IONIQUE *arch.*
IONISER *phys* IRONIES IRONISE,
IONISANT,E TISONNAI.
IONISME *philo* (S-) (cf ÉONISME).
NIMOISE SIMONIE EMIIONS
MOISSINE EMISSION SIONISME.
IONONE (parfumerie). IOTA/ (R-vi).
IOULER vi iodler. IOURTE yourte.

IPÉ *Am* arbre. IPÉCA racine.
IPOMÉE patate. IPPON *judo* (N-).
IPSÉITÉ *philo*. IRAKIEN
IRAQIEN... ou IRAQUIEN...
IRE. IRÉNIQUE œcuménique,
IRÉNISME MINIERES.
IRIDÉE *bot*, IRIDACÉE DECRIAI + E,
IRIDIÉ,E *chim*. IRIDIEN... de l'iris.
IRIDIUM métal dur et lourd.
IRIEN... de l'iris # SIRENIEN
(cf ARIEN...),
IRISER, IRISABLE. IRITIS *méd* (iris).
IROKO arbre africain.
IRONE *chim*. IRONISTE ETIRIONS.
IROQUOIS,E.

s'IRRADIER # REDIRAI RIDERAI.
IRRÉFUTÉ,E.
IRRÉSOLU,E ROULIERS.

ISABELLE jaune
BAILLEES ABEILLES LABELISE.
ISARD chamois. ISARIEN... de l'Oise.
ISATIS *bot*. ISBA.
ISCHÉMIE abs. d'irrigation sanguine.
CHEMISE + I OU CHIMIES + E.
ISCHION*** bas de l'os iliaque.
ISERAN, ISERANE de l'Isère
ou ISÉROIS,E # SOIERIES.
ISIAQUE d'Isis, déesse égyptienne.
ISLAM, ISLAMISER ASSIMILER.

ISO/ *photo*. ISOBARE (pression atm.).
ISOBATHE *géol* HABITES + O.
ISOCARDE *moll*. ISOCÈLE.
ISOCHORE avec volumes égaux.

ISOCLINE *géog* SILICONE.
ISODOME *arch* (pierre) SODOMIE.
ISOÈTE fougère TOISEE # SETOISE.
ISOGAME (reproduction) MOISAGE,
ISOGAMIE (M-). ISOGONE (angles),
ISOGONAL... LOGIONS + A.
ISOHYÈTE (mêmes pluies).
ISOHYPSE (mêmes altitudes).

ISOLABLE BAILLES + O,
ISOLAT *othn*. ISOLOGUE *chim*.
ISOMÈRE *chim* REMOISE MOIREES,
ISOMÉRIE. ISONOMIE (cristaux).
ISOPET fables, ysopet # PIOOOTE.
ISOPHASE aux phases égales.
ISOPODE *crust* (aux pattes égales).
ISOPRÈNE *hydroc* EPIERONS.
ISOPTÈRE *ins*. ISOREL # RISSOLE.

ISOSISTE aux séismes égaux.
ISOSPIN *ato* # PISSIONS.
ISOTONE *ato*, ISOTONIE *chim*.
ISOTOPE *ato* noyau, ISOTOPIE.
ISOTRON appareil de séparation.
ISOTROPE *phys* POROSITE.

ISSANT,E *bér* sortant,e.
ISTRÉEN… d'Istres.
ISTHME.

ITEM élément. ITÉRER réitérer,
ITÉRATIF… FITTERAI.
ITHOS *rhét* (L-). ITOU/ (F- P-).
IULE *ins* mille-pattes.
IVE *bot* (C- D- L-/ N- P- R-v V-),
IVETTE (C- D- R-).

IVOIRIEN… *géog*, IVOIRIN,E,
IVOIRIER,E *ouv*.
IVRAIE *bot*.

IWAN salle voûtée.

IXER un film, IXAGE.
IXIA *bot* sorte d'iris. IXIÈME (D- S-).
IXODE tique.

J

Mots de 3 lettres : JAB JAM JAN JAR JAS JET JEU JOB JUS.

JAB petit direct. JABIRU cigogne.
JABLER rainurer une douve,
JABLAGE, JABLEUSE *mach*.
Pas de «jableur»; cf JURABLE.
JABLIÈRE *out* ou JABLOIR,E.

JABOT**ER** vi bavarder,
JABOTAGE, JABOTEUR…

JACAMAR *ots*. JACANA *ois*.
JACASSER vi, **JA**CASSEUR…,
JACASSIER, JACASSIÈRE.
JACÉE fleur mauve.
JACENT,E *dr* (AD- SUB-).
JACHÈRE. JACINTHE
JACISTE (Jeunesse agr. chrétienne),
cf JÉCISTE, JOCISTE et JUSTICE.

JACK *téléph*. JACKET *dents* couronne.
JACK**POT**.
JACO *jacot* (-T). JACOBÉE séneçon.
JACOBIEN… *math* (de Jacobi)
JACOBINE BAJOCIEN.
JACOBIN,E*.
JACOBITE (Jacques II) OBJECTAI.
JACOBUS *mon*. JACONAS *étof*.
JACO**T** perroquet, jaco, jacquot.

JACQUARD,É,E *text*.
JACQUES (cf JAQUE).
JACQUET jeu. (cf JAQUET).
JACQUIER n *arb*, JACQUIERS
ou JAQUIER. JACQUOT jaco(t).
JACTER vt, JACTANCE,
JACTEUR, JACTEUSE.
JACUZZI petit bassin à remous.

JADE DEJA/, JADÉITE DEJETAI.
JAILLIR (RE-), JAILLI,E (RE-).

JAÏN,A ou E (D-) *hind* (nirvana),
JAÏNISME (D-) ou JINISME.
JAIS lignite. JALAP *bot* (purgatif).
JALE jatte (T- SUR-v). JAM *jazz*.
JAMBAGE, JAMBART jambière,
JAMBÉ,E (belle jambe),
JAMBETTE, JAMBIER,E.
JAMBOREE. JAMBOSE baie
ou JAMEROSE MAJOREES.

JAN (jeu). JANGADA radeau.
JANTIER,E *mach* (pour jantes).
JANTILLE aube de moulin
(cf GENTILLE).
JAPON porcelaine (-ERIE -ISME
-ISTE).
JAPONISER (-ANT,E).
JAPPER vi, JAPPEUR…
JAQUE fruit du jaquier (-T; BAR-vi).
JAQUELIN,E cruche.
JAQUE**T** *mam* voir **JA**CQUET.
JAQUETTE. JAQUIER n jacquier.

JAR argot.
JAR**D** sable. JARDE *éq* tumeur.
JARDINER vt (-T -EUX…).
JARDON jarde.
JARGONNER vi.
JAROSSE *bot* ou JAROUSSE.
JARRETER avec des jarretières,
je JARRETTE.

JAS barre transversale d'ancre (-S).
JASER vt, JASANT,E *québ*,
JASEMENT JETAMES + N.
JASERAN cotte de m. ou JASERON.
JASETTE causerie JETATES JATTEES,
JASEUR… # JASSEUR JURASSE.
JASMIN,É,E.

JASPER. JASPINER. JASPURE.
JASS jeu, JASSER vi, JASSEUR**…
ou YASS, YASSER vi, YASSEUR…
JATAKA vies de Bouddha.
JATTÉE de lait.
JAUGER JUGERA (DÉ-vt),
JAUGEAGE, JAUGEUR…
JAUMIÈRE *mar* MIJAUREE.
JAUNASSE, JAUNET…,
JAUNIR (DÉ-).

JAVA, JAVANAIS,E NAVAJAS + I.
JAVART jarde. JAVEAU île.
JAVEL/. JAVELER *agr* (EN-),
je JAVELLE,
JAVELAGE, JAVELEUR…
JAVELINE, JAVELOT.
JAVOTTE bavarde (cf G-).
JAYET lignite noir, jais.
JAZZIQUE, JAZZMAN,S
ou JAZZMEN/, JAZZY/.

JEAN. JEANNOIS,E *Québ.*
JÉCISTE # JECTISSE.
JECTISSE* jetisse. JEEP.
JÉJUNUM *anat*, JÉJUNAL…
JENNY *mach text.* JEREZ vin.
JERK, JERKER vi.
JÉROBOAM bouteille de 3 l.
JÉRÔMIEN… *Québ* de St-Jérôme.
JERRICAN,E ou JERRYCAN.
JERSEY, JERSIAIS,E.
JÉSUS, JÉSUITE ou JÈZE *fam.*

JET (É- CA- OB- RE- SU- FOR-
PRO- SUR- TRA-),
JETER, je JETTE (DÉ- RE- FOR-
PRO- SUR- INTER-),
JETABLE (RE-), JETAGE morve,
JETEUR (PRO-) # SURJETE,
JETEUSE (PRO- SUR-).
JETISSE terre remuée, jectisse.
JEUN/, JEÛNER vi. JEUNET…
JEÛNEUR… JEUNISME,
JEUNISTE, JEUNOT,OTTE.

JÈZE *fam* jésuite.
JIGGER n machine textile.
JIHAD *isl* (D-) guerre sainte HADJI.
JINGLE *mus pub* (cf JON- JUN-).
JINGXI spectacle chinois.
JINISME *hind* ou JAÏNISME.
JIVARO indien d'Amazonie.

JOB. JOBARD dupe (-ISE, -ERIE),
JOBARDER duper.
JOBELIN argot des gueux.
JOBISTE *belg* étudiant avec un job.
JOCASSE grive.
JOCISME, JOCISTE. JOCKEY.
JOCKO pain. JOCRISSE niais.
JODHPUR *éq* pantalon.
JODLER vi, IODLER, IOULER
ou YODLER tous vi.
JOGGER,S vi → AIMER,
JOGGEUR…, JOGGING.

JOICE heureux.
JOINDRE (AD- EN- RE- CON-
DIS-),
JOINTER *tech* (A- É-),
JOINTAGE (É-), JOINTIF…,
JOINTOYER *const* (RE-),
JOINTURE JOUIRENT.

JOJO. JOJOBA arbuste d'Amérique.
JOKARI jeu. JOKER n.
JOLIET…, JOLIESSE,
JOLIMENT/, JOLIVETÉ.
JOMON *géol jap* ère.
JONCER canner, JONCACÉE,
JONCHAIE ou JONCHERAIE,
JONCHÈRE. JONCHET (jeu) (cf H-).
JONGLER vi, JONGLAGE,
JONGLEUR…, JONGLERIE.
JONKHEER n noble. JONQUE *mar.*
JORAN vent. JORURI *théâ jap.*
JOSEPH papier (-ISME, -ISTE).
JOTA danse espagnole (MI-v).

JOUABLE (IN-).
JOUAILLER vi jouer à moitié.
JOUAL,E,S ou -AUX *lang québ*.
JOUBARBE petite plante grasse.
JOUETTE qui joue. JOUFFLU,E.
JOUISSIF… JOUJOU,X.
JOULE unité. JOURNADE cotte.
JOUTER vi, JOUTEUR…
JOUVENCE/ (-AU, -LLE).
JOUXTER. JOVIAL,E,S ou -AUX.
JOVIEN… de Jupiter. JOYAU,X.
JOYSTICK *inf* manette de jeu.

JUBARTE baleine. JUBÉ tribune.
JUBILER vi. JUBILAIRE (jubilé),
JUBILANT,E.
JUCHER (DÉ-), JUCHOIR.
JUDAÏQUE, JUDAÏSER,
JUDAÏSME, JUDAÏTÉ judéité.
JUDAS. JUDD viande de porc.
JUDÉEN… de Judée (cf
DÉJEUNE), JUDÉITÉ judaïté.
JUDELLE échassier.
JUDO**GI** kimono, JUDOKA(-TE).

JUGAL… de la joue (CON-).
JUGER (AD- DÉ- MÉ- RE- PRÉ-),
JUGEABLE, JUGEOTE,
JUGEUR…
JUGULER, JUGULAIRE. JUIN.
JUILLET. JUIVERIE. JUJITSU.
JUJUBE fruit du JUJUBIER.
JULEP *pharm* base sucrée. JULES.

JULIE *helv* journal. JULIEN…
JULIÉN**AS** vin. JULOT. JUMAR *alp*.
JUMBO *mine* foreuse sur rails.
JUMEAU (BI- CO- TRI-),
JUMELLE (CO-). JUMEL coton.
JUMELER, je JUMELLE,
JUMELAGE. JUMENT**É**.
JUMP *bri*, JUMPER,S vi, JUMPING.

JUNCO *ois québ* (cf JONÇA ou
AJONC, JONCE et CAJUN).
JUNGLE. JUNIOR # JURIONS.
JUNK drogué. JUNKER n noble allem.
JUNKIE junk ou JUNK**Y**.
JUNONIEN… JUNTE.

JUPETTE, JUPIER,E *fab*.
JUPONNER une jupe (EN-).
JURABLE (fief) (pas de «jableur»).
JURANÇON vin.
JURANDE corporation.
JURAT,S, JUREMENT,
JURER (AB- AD- CON- PAR-),
JUREUR… JURY.
JUSANT marée. JUSÉE du tan.
JUSQUE,S.
JUSSIÉE plante aquatique d'ornement
ou JUSSIAEA ou JUSSIEUA.
JUSSIF… *ling*, JUSSION ordre.
JUTER vi (VER vt), JUTEUX
JUVÉNAT *rel* stage.

Mots qui contiennent la lettre J

ABAJOUE *(mam)*. **A**CAJOU.
ADJACENT,E. ADJECTIVER.
ADJOINDRE.
ADJUGER, **AD**JURER.
ADJUVAT *anc* assistant,
ADJUVANT,E *phar* qui potentialise.
AJACCIEN… AJISTE JETAIS.
AJOINTER (cf É-). **A**JONC.
AJOUPA hutte antillaise # SAPAJOU.
AJOUR, AJOURER. AJOUT (R-).

AJUSTAGE AJUTAGES,
AJUSTER (R- RÉ- DÉS-),
AJUSTEUR… AJUSTURE,
AJUSTOIR, AJUSTURE*.
AJUT *mar* nœud JUTA,
AJUTAGE tuyau JAUGEAT.

ANJOU vin.
ANTIJEU,X JEUNAIT. ANTIJUIF…
AZULEJO faïence # JALOUSEZ.

BAJOCIEN**… *géol.* BAJOUE (A-).
BAJOYER n digue.
BANJO (-ÏSTE).
BARJAQUER vi bavarder.
BARJO,T. **BÉ**JAUNE oiseau.
BENJAMIN,E. BENJI saut à l'élastique.
BENJOIN résine.
BIJECTIF… *math* (cf É- AD- IN- OB-).
BIJUMEAU (nerf).
BINTJE BENJI + T. BORD**J** *ar* fort.
BOUJARON *réc* BONJOUR + A.

CAJEPUT arbre à huile (-IER n).
CAJET claie JACTE. CAJOLEUR…
CAJOU,S noix (A- CAR-).
CAJUN *lang.*
CARCAJOU *Am* blaireau.
CISJURAN,E en deçà du Jura.
COJUMEAU,ELLE un des jumeaux.
CONJOINDRE, je **CONJ**OINS,
CONJOINT,E JONCTION.
CONJUNGO mariage.

DÉJÀ*/. DÉJANTER.
DÉJAUGER vt. **DÉ**JAUNIR.
DÉJETER. **DÉ**JUCHER une poule.
DÉJUGER (AD- MÉ- RE- PRÉ-).
DISJOINDRE.
DJAÏN,A ou E *hind,* DJAÏNISME.
DJAMAA notables
ou DJEMAA (cf MAATJE).
DJEBEL. DJELLABA robe.
DJEMAA djamaa. DJEMBÉ tambour.
DJIHAD guerre sainte. DJINN génie.
DOJO *judo* salle. DONJON.

ÉJACULER, ÉJACULAT,S.
ÉJECT *psy,* ÉJECTER,
ÉJECTEUR, ÉJECTIF… *ling* (cf IN-),
ÉJECTION (D-). **É**JET éject (R-).
ÉJOINTER un oiseau (cf A- ; -AGE).
ENJAVELER. ENJAMBEUR… *agr.*
ENJOINDRE.
ENJÔLEUR… ENJUGUER (bœufs).
ENJUIVER.
ENTREJEU,X *foot* (cf JEUNERENT).

FAJITA mets mex. FEIJOADA ragoût.
FEU**J** *arg* juif. FIDJIEN… de Fidji.
FJELD plateau usé (glacier). FJORD.
FORJET saillie, **FORJ**ETER.

GADJO,S non-gitan, pl GADJÉ/.
GALÉJER vi, GALÉJADE.
GOUJAT,E. GOUJON**NER** *tech,*
GOUJURE cannelure de poulie.
GUJARATI langue indo-aryenne.

HADJ pèlerin, HADJI*, HADJDJ.
HAJE naja (cf MAJE).
HIDJAB *isl* foulard JIHAD* + B.

IJOLITE roche profonde JOLIET + I.
INJECTER (RÉ-), INJECTIF… *math.*

KANDJAR poignard ou KANDJLAR.
KANJI écriture japonaise.
KHARIDJI *isl* intégriste.
KINKAJOU *Am du Sud* blaireau.
LARGONJI argot JONGLAI + R.

MAATJE jeune hareng (cf DJEMAA).
MAHARAJA,H,
MAHARADJA,H.
MAJE *mag* (cf MAYE et MAZE vt),
MAJESTÉ JETAMES. MAJEUR,E.
MAJORA**L**,AUX (langue d'oc),
MAJORA**T** *dr*, MAJORANT,E,
MAJORITÉ MIJOTERA.
MARACUJA fruit JACAMAR + U.
MEIJI ère. MÉJANAGE (laines).
MÉJUGER. MIJAURÉE*.
MIJOTER, MIJOTAGE.
MINIJUPE. MOJETTE haricot.
MONTJOIE jalon. MOUJIK.
MUDÉJAR,E *ar esp* (cf JUMAR).
MUNTJAC *Asie* petit cerf.

NAJA serpent à lunettes.
NAVAJA couteau. NAVAJO indien.
NINJA maître d'arts martiaux JAIN + N.

OBJECTA**L**… *psy.*
OJIBWAY indien.

PAJOT.
PANJABI *lang* ou PENDJABI.
PIROJOK ou PIROJKI pâté russe.
POLJÉ *géol* dépression.
PUJA *hind* image sacrée.
PYJAMA.

RAJA,H ou RADJA,H prince indien.
RAJOUT, **R**AJOUTER (SU-).
RAJUSTER ou RÉAJUSTER.
REJAILLIR,-IE.
REJETON,ONNE. REJUGER.
RIOJA vin rouge d'Espagne.

SAJOU ou SAPAJOU* singe.
SANDJAK *anc* province turque.

SOJA ou SOYA.
SUJÉTION JUTIONS + E.
SURJALER une ancre sur le jas.
SURJET, **SUR**JETER.

TADJIK,E. TAIJI symbole chinois.
TAJINE ragoût. TÉJU lézard JUTE.
TJÄLE sol gelé. TOKAJ vin.
TOLARJI/ *mon* pl de TOLAR.
TUPAJA *Asie mam*, TUPAÏA
ou TOUPAYE.

VERJUS suc, VERJUTER une sauce

K

Le K se marie bien avec le C (JACK, LACK, PUCK, RACK, ROCK, TECK), *le* H (KHI/, KHAN, KHAT, KHOL, LAKH, HAÏK, HAKA, SIKH,E), *le* Y (KYU, YAK, KYAT, DYKE, YUKO, KYSTE, KYUDO, HUSKY, KABYLE), *et certaines suites de voyelles atypiques* (BREAK, B[R]OOK, KAON, KIEF, KOALA). *Avec un joker, pensez à donner à celui-ci la valeur d'un* W *pour faire* K(W)A, (W)OK, KA(W)A, KA(W)I *et* KI(W)I.

Mots en 2 et 3 lettres : KA, KAN KHI/ KID KIF KIL KIP KIR KIT KOB KOP KOT KSI/ KWA KYU LEK OKA SKA SKI TEK WOK YAK.

Verbes contenant un K : ANKYLOSER, BREAKER, COKÉFIER, DÉSTOCKER, ENKIKINER, ENKYSTER, JERKER vi, KIBITZER, KID-NAPPER, KIFER ou KIFFER, KLAXONNER, KOTER vi, NICKELER, RAC-KETTER, RELOOKER, **S**KIPPER, SKIER vi, STOCKER, ZOUKER vi.

KA particule (O- S-). KABBALE *rel.*
KABIC veste bretonne ou KABIG.
KABOULI,E, KABOULIEN…
KABUKI *théâ jap.* KABYLE.

KACHA mets russe ou **K**ACHE.
KADI *ar* juge, cadi. KADDISH prière.
KAFKAÏEN…
KAGOU *ois* ou CAGOU.
KAÏNITE engrais # SKIAIENT.
KAISER n SKIERA.
KAKATOÈS *ois* ou CACATOÈS.
KAKAWI canard, cacaoui.

KAKÉMONO *art jap.* KAKI.
KALÉ gitan (cf JALE et WALÉ).
KALI plante épineuse (cf WALI).
KALIÉMIE taux de potassium (sang),
KALIUM potassium.
KALMOUK,E mongol de Sibérie.

KAMALA Asie *bot* (ténifuge).
KAMI *rel jap* être supérieur MAKI.
KAMI**CHI** *ois*. KAMI**KAZE**

KA**N** *ar* marché (A-).
KANA *jap* écriture AKAN
(cf KINA KINÉ KUNA INUK).
KANA**K**,E ou CANAQUE.
KANDJAR poignard, KANGLAR
ou KANDJLAR.
KANJI *jap* écriture.
KANNARA *lang* canara.
KANTIEN…, **K**ANTIENNE,
KANTISME, KANTISTE TANKISTE.

KAOLIN (-ITE -IQUE -ISER),
KAOLIANG sorgho. KAON ka.
KAPO d'un camp. KAPOK fibre,
KAPOKIER n. KAPPA/ lettre.

KARAÏTE *rel* (adepte de la Torah),
CARAÏTE ou QARAÏTE.
KARAKUL ovin. KARAOKÉ.
KARATÉ, KARATÉKA.
KARBAU,X ou S buffle BURKA + A
ou KÉRABAU,X ou S.
KAREN birman. KARITÉ *arb afr.*
KARMA,N *hind* (cf KERMA)
KARST *géol* KARTS (-IQUE).

KART, KARTING # starking.
KASAÏEN... (Congo) kinase + a.
KASHER/ rel shaker, CACHERE/,
CASHER/, CASCHER/,
CAWCHER/, KASCHER/hackers.
KASHROUT prescriptions kasher.
KASSITE (Asie Mineure) skiates.
KATA judo taka.
KATAKANA jap = KATA**KANA**.
KATCHINA génie amérindien.
KAVA arb, KAWA. KAWI lang.
KAYAC ou KAYAK.
KAZAKH,E (ex-urss).

KEBAB brochettes.
KEEPSAKE album-cadeau.
KEFFIEH turban. KÉFIR boisson.
KEIRETSU jap conglomérat.
KEIRIN sp cycl. KELVIN unité.
KENDO. KÉNOTRON mach élec.
KENTIA palmier. KÉNYAN,E.
KÉPHIR ou KÉPHYR kéfir. **KÉ**PI.

KÉRABAU,X ou S buffle, karbau.
KÉRATINE corne,
KÉRATITE méd (cornée),
KÉRATOME méd (peau), KÉRATOSE.
KERMA phys. KERMÈS ins (AL-).
KÉROGÈNE (roche). KÉROSÈNE.
KERRIA arb jap ou KERRIE.

KETCH (S-) mar. KETCHUP.
KETMIE hibiscus.
KEUF flic. KEUM mec.
KÉVATRON phys. KEVLAR fibre.

KHÂGNE scol, KHÂGNEUX...
KHALIFE, KHALIFAT.
KHALKHA langue mongole.
KHAMMÈS Afr métayer.
KHAMSIN vent ou CHAMSIN.
KHAN prince, KHANAT.
KHARIDJI isl. KHAT arb (halluc.).

KHÉDIVE vice-roi,
KHÉDIVAL..., KHÉDIVAT.
KHI/ (cf SIKH). KHMER,E.
KHOIN lang afr, KHOISAN,E.
KHÔL, KOHEUL ou KOHOL.
KIBBOUTZ,IM/.
KIBITZ bri spectateur, KIBITZER.
KICK moto. KICKER n baby-foot.
KID gamin,
KIDNAPPER (-AGE -EUR...).
KIÉVIEN...
KIF (-A, -E). KIFER ou KIFFER aimer.
KIEF béatitude.
KIKI. KIL. KILIM tapis.

KILO, KILOBIT inf, KILOBYTE inf,
KILOHM, KILOVAR,
KILOVOLT, KILOWATT.
KILT. KIMONO # monoski (MA-).
KINA mon. KINASE enzyme (URO-).
KINÉ méd (PÉ-adj CYTO- ENKI-v),
KINÉSIE phyrio (A- DYS-)
KINKAJOU Am. du Sud carnassier.
KINOIS,E de Kinshasa
(PÉ- TON- ; -ERIE).
KIOSQUE.

KIP mon (S-). KIPPA calotte.
KIPPER n hareng (S-n et v).
KIPPOUR.
KIR. KIRGHIZ,E. KIRSCH.
KIT. KITCH/ ou KITSCH/. KIWI.
KLAXON**NER**. KLEENEX.
KLEPHTE brigand grec, clephte.
KLEVENER n cép. **K**LIPPE géol.
KLYSTRON tube. KNACK saucisse.

KNESSET parlement d'Israël.
KNICKER n vêt. KNOUT fouet.

KOALA animal grimpeur.
KOB antilope. KOBOLD génie.
KODAK. KODIAK ours.
KOHEUL, KHÔL ou KOHOL.
KOINÈ lang. **K**OKA judo.

KOLA noix du KOLATIER.
KOLINSKI fourrure. KOLKHOZ,E.
KOMSOMOL,E jeune communiste.

KONDO monastère (cf KENDO).
KONZERN *fin* entente. KOP *foot.*
KOPECK. KOPPA/ lettre.
KORA *Afr* luth, KORISTE.
KORÊ statue. KORRIGAN,E nain.
KORTHALS chien. KOSOVAR,E.
KOT chambre, **K**OTER vi,
KOTEUR…
KOT**O** *mus.* KOUBBA *monu.*
KOUDOU antilope.
KOUFFA bateau rond (Tigre), couffa.
KOUGLOF *pât.* KOULAK paysan.
KOUMIS *éq* lait ou KOUMYS.
KOURGANE tumulus russe.
KOUROS statue, pl KOUROI/.
KOWEÏTI,E, KOWEÏTIE**N**…
KRAAL,S village (Afrique du Sud).
KRACH *fin.* **K**RAFT.
KRAK *fortif.* KRAKEN monstre.
KREML *fortif,* KREMLIN.
KREUZER n *mon* ou KREUTZER.

KRIEK bière belge.
KRILL du plancton. **K**RISS poignard.
KROUMIR vieillard.
KRYPTON gaz rare.

KSAR *fortif afr.* KSATRIYA caste.
KSI/. KSOUR/ pl de KSAR,S.

KUFIQUE *écri* ou COUFIQUE.
KUMMEL liqueur. KUMQUAT *arb.*
KUNA *mon* (cf KINA). KURDE.
KURSAAL,S salle pour curistes.
KURU encéphalite, **K**URUS.

KVAS *alc.* KWA *Afr occid.* langues.
KWACHA monnaie de la Zambie.
KWANZA monnaie de l'Angola.

KYAT monnaie de la Birmanie.
KYMRIQUE gallois ou CYMRIQUE.
KYRIE/ (VAL- WAL-).
KYRIE**LLE**.
KYSTE (EN-v), KYSTIQUE.
KYU dan. KYUDO tir à l'arc YUKO + D

Mots qui contiennent la lettre K

AÏKIDO art martial. AKÈNE.
AKAN* langue kwa.
AKINÉSIE *méd* ou ACINÉSIE.
AKKADIEN… (Asie Mineure).
AKUAVIT, AKVAVIT ou AQUAVIT.

ALGONKIN,E indien.
ALKERMÈS liqueur rouge.
ALKYLE *chim* ou ALCOYLE.
AMOK folie meurtrière MOKA.
ANKARIEN… ANKYLOSER.
ANORAK.

ARA**K** *alc* ou **A**RAC**K.**
ARAWAK amérindien.
ARKOSE grès. ASKARI *anc mil.*
ASTRAKAN.

BAKCHICH. BAKÉLITE.
BÄKEOFE mets alsacien.

BAKLAVA *pât.* BAKUFU *jap.*
BAMAKOIS,E.
BARAKA. BARKHANE dune.
BASKET (-TEUR…).
BATIK *étof.* BAZOOKA.

BEATNIK. BÉKÉ créole blanc.
BÉOTHUK amérindien.
BER**K**! BEUR**K**!

BICKFORD *expl* mèche.
BIFTECK. BIKINI.

BLACK. BLOC**K** *ch d f.*

BOCK. **BO**KIT pâtisserie salée.
BOOK (paris). BOSKOOP pomme.
BOUKHA *alc.* BOUZOUKI luth.
BREAK # SEBKRA (-FAST -DANCE),
BREAKER vt l'adversaire, au tennis.
BRICK deux-mâts à voiles carrées.
BRIK *Afr* beignet.
BRISKA *véhi* (sur de la glace).
BROKER n *fin.* BROOK rivière.
BUGAKU *jap* danse.
BUKAVIEN… de Bukavu (Congo).
BUNKER n.
BUNRAKU marionnettes AUBURN + K.
BURKA *isl* voile noir, burqa.
BUZUKI luth grec.

CAKE (PAN-).
ÇAKTA *rel*, ÇAKTI dieu (ou S- et SH-),
ÇAKTISME (ou S- et SH-).
CARRICK redingote.
CHAKRA *occult.* KRACH + A KACHA + R.
CHAPKA *coif.* CHAPSKA *coif* (S-).
CHEBEK 3-mâts.
CHEIK *ar* chef (S-) ou CHEIKH.
CHEROKEE. CHIBOUK pipe.
CHINOOK vent des Rocheuses.
CHIPMUNK écureuil américain.
CHOKE de fusil.
CLARK engin de levage. CLICK *ling.*
CLINKER n ciment avant broyage.

COCKER n. COCKNEY.
COCKPIT. COCKTAIL.
COKAGE, COKÉFIER (-ANT,E),
COKERIE, COKEUR, COKING.
COLBACK. COOKIE.
CRACK, CRACKER n biscuit,
CRACKING procédé de raffinage.
CREEK rivière (U.S. et Nlle-Caléd.).
CRICKET. CROSKILL rouleau.
CYTOKINE *biol* CITOYEN + K.

DAÏKIRI. DAKAROIS,E.
DAKIN solution désinfectante.
DARBOUKA *mus* ou derbouka.
DAYAK *lang* (Indonésie).
DERBOUKA.

DERRICK. DES**K** de presse.
DÉSTOCKER.
DIAKÈNE (fruit). DIKTAT.
DOCK (HAD- PAD-), DOCKER n.
DRAKKAR bateau des Vikings.
DRAWBACK *fin.* DRINK.
DUNK *basket* smash (cf F- J- P-).
DYKE roche éruptive.

ENKIKINER. ENKYSTER.
ESKIMO. ESKUARA *lang basque*,
EUSKARA ou EUSKERA.
EURÊKA !

FAKIR (-ISME). FEEDBACK *inf.*
FLOCKAGE flocage (FLOQUER).
FOLK, FOLKEUX…, FOLKLO/,
FOLKLORE, FOLKSONG.
FONDOUK *ar* entrepôt.
FREAK. FRISKO *belg* glace.
FUN**K** *mus* (rock), FUNKY (jazz)
(cf JUNK, JUNKY).

GAGAKU *mus jap.* GECKO lézard.
GIMMICK *pub.*
GINKGO *arb* (Chine).
GOPAK danse d'Ukraine ou HOPAK.
GYMKHANA course d'obstacles.

HACKER *inf* pirate.
HADDOCK aiglefin fumé.
HAÏDOUK *mil*, HAÏDOUC
ou HEIDUQUE.
HAÏK *vêt.* HAÏKU *poé* ou HAÏKAÏ.
HAKA chant maori. HAKKA *lang.*
HANOUKKA fête juive.
HARKA *hist* supplétifs, HARKI,E.
HÉLISKI *sp.* HICKORY noyer.
HOCKEY (-EUR…).
HOPAK gopak. HOUKA pipe.
HUSKY,S ou -IES chien de traîneau.

IAKOUTE turco-mongol. IKAT *étof.*
IKEBANA *jap* art floral.
INUK esquimau.
IRAKIEN…, iraqien… ou iraquien…
IROKO *arb afr* (cf IROQUOIS,E).

JACK *téléph.* JACKET *dents* couronne.
JACKPOT.
JATAKA vies de Bouddha.
JERK, JERKER vi.

JOCKEY. JOCKO petit pain long.
JOKARI jeu de plage. JOKER n.
JONKHEER n noble hollandais.
JOYSTICK *inf* manette de jeu.
JUDOKA**TE**.
JUNKER n noble allemand.
JUNK drogué, JUNKIE ou JUNKY.

LAC**K** 100 000 (B-) ou LAKH (MBA-).
LAKISTE poète anglais.
LAMBIC**K** *belg* bière forte.
LEK *mon.* LECKERLI pain d'épice.
LIMERICK poème comique.
LINKAGE *biol*, LINKS *golf.*

LOCKOUT, LOCKOUTER.
LOOK,É,E au look spécial.
LOKOUM *pât* ou LOUKOUM.
LUNAPARK *belg* (jeux électroniques).
LUSAKOIS,E de Lusaka (Zambie).

MAITRANK vin. MAKAIRE *icht.*
MAKÉMONO peinture, makimono.
MAKHZEN *ar* administration.
MAKI* singe. MAKILA canne.
MAKIMONO peinture, makémono.

MALÉ**KI** *isl* ou MALÉKITE.
MALINKÉ langue d'Afrique.
MAMELU**K**,E ou MAMELOUK,E.
MARK (TÉLÉ- REICHS-),
MARKKA,S *mon*, pl MARKKAA/.
MAZURKA.
MBALAKH danse sénégalaise.

MELKITE chrétien de Syrie.
MIKADO.
MOHAWK (cf TOMAHAWK).
MOKA*. MOKO marin, moco.
MONOKINI. **MONO**SKI*.
MOTOSKI. MOUJIK.
MOUKÈRE. MOUSSA**KA** mets.

NAGAÏKA fouet ou NAHAÏKA.
NAKFA monnaie de l'Érythrée.
NANKIN étoffe jaune.
NANSOUK *étof* ou NANZOUK.
NASKAPI,E amérindien.
NEBKA dune ou NEBKHA
(cf SEBKA, SEBKHA ou SEBKRA).
NECK ex-cheminée volcanique.
NETSUKE *jap* bouton sculpté.
NETWORK réseau tv.
NICKELER, je NICKELLE.
NOTEBOOK *inf.* NUBUCK cuir.
NUNATAK pic. NUNCHAKU fléau.

OKA *from* (K- M-). OKAPI girafe.
OKOUMÉ arbre. OPTRAKEN *ski.*
OSTIAK *lang* kotais tokais
ou **OST**YAK tokays.
OUKASE. OUMIAK *mar* (eskimo).
OUZBEK,E (ex-URSS).

PACHA**LIK** *anc* territoire turc.
PACK *sp* (TAL-). PACKAGE *com,*
PACKAGE**R** n (édition) (-EUR nm).
PACK**FUNG** ou PACFUNG alliage.
PADDOCK *hipp* enceinte (chevaux).
PALIKARE *mil* ou PALICARE.
PANCAKE.
PANKA ou PANCA écran (ventil.).
PAPRIKA. PARKA. PARKING.

PÉKAN *mam.* PÉKET *alc*, PÉQUET.
PÉKIN,É,E *étof*, **PÉ**KINOIS,E.
PEKOE thé. **PIB**ROCK cornemuse.
PICKLES condiments au vinaigre.
PIROJOK ou PIROJKI pâté.
PLOUK ou PLOUC.

POKER n. POLKA.
POTTO**(C)K** poney.
PRAKRIT *lang.* PRUSSIK *alp* nœud.
PUCK palet. PUNK, PUNKETTE.

QUAKER,ESSE. QUARK (ANTI-).
QUICK *tennis* terrain dur.

RACK *élec* meuble (A- C-).
RACKET, RACKETEUR…,
RACKETTER,S vt, (-TTEUR).
RAKI. RASKOL schisme russe.
RÉBÉTIKO chant grec.
REFUZNIK.
RELOOKER (cf LOOKÉ,E).
REMAKE.
RICKSHAW cyclo-pousse. RIKIKI.

ROCK (PIB-), ROCKER n.
ROCKET missile ou ROQUETTE.
ROCKEUR…, ROCKSTAR.
ROMSTECK ou RUMSTECK.
ROOKERY *(ois)* ou ROOKERIE.
SAKÉ *alc.* SAKI singe SKIA SKAI.
SAKIEH noria.
SAKTI *hind*, ÇAKTI ou SHAKTI,
SAKTISME, ÇAKTISME ou (SH-).
SANDJAK territoire turc.
SANSKRIT,E *lang* ou SANSCRIT,E.

SCHAPSKA *coif.*
SCHAKO *coif* ou SHAKO.
SCHEIK chef de tribu ou cheikh.
SCHNICK mauvaise eau-de-vie.
SCHNOCK ou SCHNOQUE.
SEBKA lac, SEBKHA ou SEBKRA*.
SEPPUKU hara-kiri.

SHAKER* n. SHAKO *coif.*
SHAKTI *hind*, çakti ou sakti ('-SME).
SHEKEL monnaie d'Israël.
SHIKHARA tour (Inde), sikhara.
SHOCKING/.
SIKH,E *rel.* SIKHARA tour (Inde).
SIKHISME *rel.* SIRTAKI danse.

SKA *mus* (Jamaïque). SKAÏ** fx cuir.
SKAT jeu. SKATE *sp*, SKATING.
SKEET tir sur plateaux d'argile.
SKELETON *sp* toboggan.
SKETCH,S ou SKETCHES.
SKI (HÉLI- MONO- MOTO-
TABA- TÉLÉ- VÉLO- KOLIN-
ZAKOU-),

SKIER vi, SKIABLE.
SKIF *mar* (1 rameur) ou SKIFF,
SKIFEUR… ou SKIFFEUR…
SKIN (crâne) rasé ou SKINHEAD.
SKIP benne. SKIPPER,S vt *mar.*
SKONS fourrure.
SKOPIOTE de Skopje (Macédoine).
SKUA *ois.* SKUNS skons, SKUNKS.
SKYDOME hublot de plafond.
SLIKKE partie basse de vasière.
SMOCKS fronces. SMOKING.
SNACK. SNOOKER n billard.

SOCKET douille, soquet ou socquet
STOCKE.
SODOKU *méd*(transmis par les rats).
SOUK. SOUKHOT fête juive
ou SOUKKOT.
SOUSLIK écureuil.
SOUVLAKI brochette.
SOVKHOZ,E *hist* ferme modèle.

SPARDECK *mar* SPARKLET (Seltz)
SPEAKER n (-INE). SPOUTNIK.
STAKNING *ski.* STARKING* *agr.*
STEAK (BEEF-). STEENBOK *mam.*
STICK (JOY-). STICKER n *pub.*
STOCKER (DÉ- SUR-),
STOCKAGE, STOCKISTE.

STOKER n *ch d f* alimente en charbon.
STOKES unité de viscosité cinématique
STOTINKA *mon* (Bulg.), STOTINKI/.
STRIKE *bowling.* STUKA avion.

SUKIYAKI *jap* mets.
SULKY,S ou -IES *hipp* voiture (trot).
SURBOOKÉ,E.
SURIKATE mangouste, suricate.
SURSTOCK(-ER v).
SVASTIKA croix ou SWASTIKA.

TABASKI fête. TADJIK,E.
TAKA* *mon* (JA-). TALPACK *coif.*
TANK. TANKA *hind* image pieuse.
TANKER n *mar.* TANKISTE*.

TCHETNIK partisan yougoslave.
TECK ou TEK. TECKEL.
TÉLÉMARK *ski*. **TÉLÉ**SKI.
TERLENKA fibre. TICKET.
TIKI *Océanie* statue de dieu
TOKAI vin d'Alsace ᴋᴏᴛᴀɪ.
TOKAJ (Hongrie). TOKAY tokai.
TOKAMAK *mach* ou TOKOMAK.
TOKYOTE ou TOKYOÏTE.
TOMAHAWK.
TONKA fève, tonca (cf TANKA).
TREK marche, TREKKING.
TRIC**K** *bridge* levée, tric (-STER n).
TRISKÈLE *déco* TELESKI + R.
TROÏKA trio. TRUC**K** wagon plat.

TUGRIK monnaie de la Mongolie.
TURK**MÈNE** (ex-ᴜʀss).

UKASE (O-). UKULÉLÉ guitare.
UZBEK,E (O-) (ex-ᴜʀss).

VALKYRIE. VEDIKA balustrade.
VÉLOSKI. VIKING. VODKA.
VOGELPIK jeu de fléchettes.
VOLAPÜK sorte d'espéranto.

WALKMAN. **WAL**KYRIE.
WHISKY, WHISKIES, WHISKEY.
WOK poêle chinoise en fonte.

YAK buffle tibétain ou YACK.
YAKITORI *jap* brochette.
YAKUSA maf(f)ieux ou YAKUZA.
YANKEE.
YAPOK marsupial ou YAPOCK.
YUKO avantage, au judo ᴋʏᴜ + O.

ZAKAT *isl* aumône.
ZAKOUSKI hors-d'œuvre.
ZAMAK alliage. ZOU**K** danse.
ZWIEBACK *helv* biscotte sucrée.
ZYKLON gaz mortel.

L

Attention au doublement du L au présent, au futur et au conditionnel de la plupart des verbes en -ELER : ÉPELER, ÉPELLE, ÉPELLERA. ÉPELLERAI.

Nombreuses finales en -AL, en -EL (INDICIEL, LUDICIEL), en -IL (VOLATIL, AUTORAIL) et en -OL (GIRASOL, MOLLISOL).

Si vous avez deux L, pensez à les dédoubler : LILIAL, LAGUIOLE, LOBULE, LOCALIER, LUCIOLE.

Mots terminés par LL : BILL BULL FULL HALL NELL PULL TELL - ATOLL DRILL GRILL KRILL SCULL TROLL - BRINELL MAXWELL PITBULL TORBALL - BASEBALL CROSKILL FOOTBALL HANDBALL MANDRILL MOTOBALL SHRAPNEL(L) SOFTBALL.

Mots terminés par RL : GIRL, MERL, MAËRL

LABADENS** *scol* camarade.
LABARUM étendard. **LA**BBE *ois*.
LABDANUM gomme-résine, ladanum.
LABEL, LABÉLISER.
LABELLE d'orchidée. (G-).
LABIACÉE (menthe, lavande).
LABIAL... *anat* # LABELISA (BI-).
LABIÉ,E # BALISEE (BI-).
LABILE *psy* instable BAILLE,
LABILITÉ.
LABIUM *ins* lèvre # SUBLIMA.
LABO. LABRADOR chien.
LABRE *icht*. LABRET ornement.
LABRI chien de berger ou LABRI**T**.
LABRIDÉ *icht* (labre).

LAÇAGE. LACAUNE mouton.
LACCASE enzyme.
LACEMENT (P-),
LACERIE vannerie (G-),
LACEUR... (G- P-).
LÂCHER,S *vt*, LÂCHAGE,
LÂCHEUR**... # CHAULEES.

LACINIÉ,E *bot* découpé # SAUCINE,
LACIS. LACK 100 000 ou LAKH.
LACRYMAL... LACTAIRE *cham*,
LACTAME *chim*, LACTASE,
LACTATE sel ECLATAT CALETAT,
LACTIQUE, LACTODUC tuyau,
LACTONE *chim* ester # ECLATONS
ECLOSANT CLONATES,
LACTOSE** sucre du lait.

LACUNEUX...
LACURE de corsage lacé (G- P-).
LACUSTRE* vivant au bord d'un lac.

LA**D** *hipp* garçon d'écurie.
LADANG *agr* ray GLANDA.
LADANUM labdanum. LADIES.
LADIN *lang*, LADINO *lang* (cf LAT-).
LADITE/, LESDITES.
LADRERIE léproserie DELIRERA,
LADRESSE *méd* DESSALER DELASSER.
LAD**Y**,S (MI-) ou LADIES (MI-).
LAETARE 4e dim. de carême ETALERA.

LAGAN épave. LAGON.
LAGOPÈDE perdrix des neiges.
cf LOGOPÈDE et GALOPADE
LAGUIOLE** *from.* LAGUIS corde.
LAGUNAGE (bassins d'épuration).

LAHAR coulée boueuse de volcan.
LAI,E. LAÏC, LAÏCAT CALTAI.
LAÎCHE *bot* CHIALE LECHAI (cf M-).
LAÏCISER # CISELAI,
LAÏCITÉ, LAÏCISME, LAÏCISTE
LAICITES CISELAIT SILICATE.

LAIDERON,ONNE ORDINALE,
LAIDEUR DILUERA DELURAI.
LAINER,S v lisser et n *étof* LANIER n,
LAINERIE LAINIERE LINEAIRE
ENLIERAI,
LAINEUR... ULNAIRE LUNAIRE,
LAINEUX...,
LAINIER,E*** LINAIRE # SALINIER.

LAIRD propriétaire écossais LIARD.
LAITANCE sperme de poisson,
LAITÉ,E *(icht)* qui a de la laitance,
(AL-v DÉ-v) ; ≠ OEUVÉ,E (œufs),
LAITERON plante avec du latex.
LAITONNER un chapeau.
LAÏUSSER vi RUILASSE RUISSELA.
LAIZE largeur d'une étoffe.
LAKH lack.
LAKISTE poète anglais des lacs.
LALA !

LAMAGE. LAMAÏQUE *hind,*
LAMAÏSME MALAIMES,
LAMAÏSTE ALITAMES MALTAISE.
LAMANAGE *mar,* LAMANEUR.
LAMANTIN *mam mar* LAMINANT.

LAMBADA danse. LAMBDA,S.
LAMBEL *hér.* LAMBI *moll* (-C -N).
LAMBIC bière (A-) ou LAMBICK.
LAMBINER vi # MINABLE.
LAMBLIA parasite, LAMBLIASE.

LAMBRIS revêtement de bois.
LAMELLÉ,E (-EUX...).
LAMENTO *mus* TELAMON.
LAMER aplanir (B- C- ACC-
DÉC- EXC- RÉC- PROC-).

LAMIACÉE ortie
ou LAMIALE EMAILLA.
LAMIE requin. LAMIER n ortie.
LAMIFIÉ,E, LAMINEUR...,
LAMINEUX... *anat,* LAMINOIR.

LAMPANT,E (pétrole) # SAMPLANT,
LAMPARO, LAMPASSÉ,E *hér,*
LAMPER, LAMPERON godet,
LAMPIER n lustre.
LAMPROIE sorte d'anguille.
LAMPYRE ver luisant.

LANCER,S vt (É- BA- RE- FOR-),
LANÇAGE enfoncement de pieu,
LANCÉOLÉ,E *bot* pointu,
LANCETTE *méd* CALETENT
ECLATENT,
LANCEUR... # ENUCLEAS
CANULEES NUCLEASE.
LANCIER** n, LANCINER.
LANÇON anguille (P- PA-).

LAND,S (E- G-), pl LÄNDER/.
LANDAIS,E # DELAINAS.
LANDAU,S. LÄNDER/ lands.
LANDIER n chenet (A-)
(pas d'«Irlande»).
LANDTAG assemblée GLANDAT,
LANDWEHR *mil* réserve.
LANERET faucon ALTERNE.

LANGER.
LANGRES *from* SANGLER.
LANGUE (NOV-), LANGUÉ,E *hér,*
LANGUEYER (orgue) → CHANTER.
se LANGUIR* (A-), LANGUIDE.
LANGUIER*** n *orf* (c. un arbre).

LANICE (laine) CALINE # SANICLE.
LANIER* n faucon (-E).
LANIFÈRE duveté FLANERIE
ENFILERA ENFLERAI OU LANIGÈRE.
LANISTE maître des gladiateurs.
LANLAIRE/.

LANOLINE graisse de mouton.
LANTANA arb. LANTERNER vt.
LANTHANE mét ANHELANT HALENANT.
LANTURLU,S (cause toujours!).
LANUGO embry # GAULONS.

LAO lang OLA. LAOGAI Chine
goulag.
LAONNOIS,E. de Laon.
LAOTIEN... ENTOILA ENTOLAI
ISOLANTE ETALIONS OISELANT.

LAPER, LAPEMENT EMPALENT.
LAPEREAU EPAULERA.
LAPIAZ géog ciselure,
LAPICIDE graveur, LAPIDEUR...,
LAPIÉ géog, lapiaz (C- F- G-),
LAPILLI,S pierres de lave projetées.
LAPINER** vi INALPER vt
(cf ALÉPINE et PINÉALE)
Pas de «lapineur»; cf PARULINE.
LAPIS pierre fine de couleur bleue.

LAPON,E ou -ONNE NOPAL
LAPPING méc finition.
LAPS,E rel, LAPSI/ pluriel de
LAPSUS (COL- PRO-).
LAPTOT Afr débardeur.

LAQUAGE, LAQUEUR...,
LAQUEUX...

LARAIRE autel (dieux lares)
RALERAI # SALARIER RESALIRA.
LARDACÉ,E anat DECLARA
DECALERA DELACERA,
LARDOIRE broche,
LARDONNER. LARE dieu.
LARGABLE, LARGAGE.

LARGESSE, LARGET mét,
LARGO,S. LARGONJI argot.
LARGUEUR de parachutistes.
LARI monnaie de la Géorgie (-X).
LARIGOT flûte (cf M- P-) RIGOLAT.
LARIX mélèze.
LARMIER n arch,
LARMOYER vi (-EUR...).
LARRON,-ONNE ou -ONNESSE.
LARSEN radio. LARVAIRE.
LARYNX,
LARYNGAL,E, LARYNGÉ,E.

LASAGNE LANGEAS AGNELAS
GLANASSE.
LASCIF... FISCAL # VESICAL
CLIVASSE.
LASSERIE vannerie, lacerie.
LASSIS (soie). LASTEX text.
LASTING étof # GLISSANT.
LASURE vernis.

LATANIER n palmier ALTERNAI
RALAIENT ALENTIRA.
LATENCE ECALENT.
LATERE/ du côté (du pape) (B-vi).
LATÉRITE* roche rouge.
LATEX. LATIF ling cas (É- AB-
adj AL- OB-adj RE-adj COL-adj).

LATINISER (P-),
LATINITÉ (P-) LITAIENT,
LATINO immigré U.S. (cf LAD-).
LATOMIE Rome carrière-prison.
MOLETAI # MOLESTAI.
LATRIE/ culte ALTIER LITERA.
LATRINES (cf ALENTIR***).
LATS monnaie letton(n)e.
LATTER, LATTAGE, LATTIS.

LAUDANUM. LAUDATIF...,
LAUDES prière (SA- SOÛ-).
LAUDIEN... de St-Lô.
LAURACÉE arb, LAURÉ,E,
LAURÉOLE bot daphné.
LAUSE dalle ou LAUZE.

LAVANDIN mi-lavande, mi-aspic.

LAVARET *icht* RELAVAT.

LAVATORY,S ou -IES vécés.

LAVERIE. **LA**VIS *art.*

LAVRA monastère RAVAL.

LAVURE eau de vaisselle (EMB-).

LAWSONIA *arb* (donne le henné).

LAXATIF…, LAXISME,
LAXISTE, LAXITÉ.

LAYER rayer, LAYAGE,
LAYEUR. LAYETIER nm *ouv.*

LAYON sentier forestier.

LAZARET *méd* pour quarantaine.

LAZULITE lapis, **L**AZURITE *géol.*

LAZZI plaisanterie.

LEADER** n. LEASING *fin.*

LEBEL fusil.

LÉCANORE lichen OLECRANE
CLONERA + E.

LÉCHAGE (F-), LÉCHERIE*,
LÉCHEUR*… LECKERLI *helv*
ou LÉCRELET* pain d'épice.

LECTORAT** (É-).

LÉCYTHE vase grec.

LEDIT/. LÉDONIEN… de Lons.

LÉGATION ELOIGNAT LONGEAIT.

LEGATO,S *mus.* Pas de «tôlage».

LÈGE *mar* vide. LÉGENDER.

LEGGINS jambières, LEGGINGS.

LEGHORN poule (Livourne).

LÉGIFÉRER vi, LÉGISTE.

LEGO jeu. LEGS.

LÉGUMIER,E, LÉGUMINE.

LEHM limon. LEI/ *mon* (Roumanie).

LEIPOA *ois.* LEK *mon.* LEM (A-).

LEMME *math.* LEMMING *mam.*

LEMNACÉE *bot.* **L**EMPIRA *mon.*

LÉMUR maki, LÉMUR**E** spectre
MERULE # RELUMES MUSELER.

LÉMURIDÉ maki, LÉMURIEN,

LÉMURIES *Rome* fêtes MEULIERS
LUMIERES RELUIMES.

LENDIT foire.

LÉNIFIER, LÉNITIF…

LENSOIS,E.

LENTIGO gr. de beauté LINGOTE.

LENT**O**,S *mus.*

LÉONAIS**,E du pays de Léon
ou LÉONARD,E # OLEANDRE.

LEONBERG chien ENGLOBER.

LEONE monnaie de la Sierra Leone.

LÉONIN,E LIONNE # LESIONNE.

LÉONTINE montre.

LÉONURE *bot* ENROULE # ELUERONS.

LÉOPARD,É,E tacheté
DEPLORA POLARDE.

LÉOTARD maillot (danse) TOLARDE.

LÉPIOTE *cham* PILOTEE PETIOLE,E.

LÉPISME *ins* EMPILES EMPLIES.

LÉPORIDÉ lièvre DEPOLIR + E.

LÉPROME tumeur.

LEPTA/ pl de lepton. LEPTE larve,

LEPTINE protéine EPILENT.

LEPTIS mouche, LEPTON,S *mon.*

LEPTURE *ins* PLEUTRE REPLEUT.

LERCH/ ou LERCHE/ LECHER.

LÉROT loir # STEROL.

LESBIEN… # SENSIBLE,

LESBISME BLEMISSE.

LESDITS, LESDITES.

LÉSINER** vi, LÉSINEUR…
se LÉSIONNER, LÉSIONNE**L**…
LIONNES + E.

LESOTHAN**,E *Afr* du Lesotho.

LESTAGE GALETES GELATES TELEGAS.

LET! *sp.* LÉTAL… mortel,
LÉTALITÉ. LETCHI litchi.
LÉTHÉEN… du fleuve Léthé.

LETTE, LETTON,E ou -ONNE
TOLENT # ENTOLENT TONNELET.

LETTRER, LETTRAGE,
LETTREUR…, LETTRINE.

LEU, pl LEUS (B- I-) ou LEI/ *mon.*
LEUCANIE *pap* ENUCLEAI.
LEUCINE *biol*(ISO-). LEUCITE *chim.*
LEUCOMA # COULAMES CLOUAMES,
ou LEUCOME tache blanche sur l'œil,
LEUCOSE leucémie
ECOULES CLOUEES COULEES.
LEUDE vassal.

LEV,S *mon* (Bulgarie). LEVANT,E,
LEVANTIN,E NIVELANT VALENTIN.
LEVER,S, LEVEUR… *ouv* (papier)
LEVURE # REVULSE # VELEUSE.
LÉVIGER* broyer.
LÉVIRAT (mariage avec belle-sœur)
LIVRATES.
LEVIS (pont).
LÉVISIEN… *Québ* de Lévis VILENIES.

LÉVITER vi se soulever
(cf TÉLÉVISE) # VELITE.
LÉVOGYRE *opt* (dévie à gauche)
LEVRAUT REVALUT LEVURAT
REVULSAT,
LEVRETTER mettre bas (hase),
LEVRON,ONNE lévrier.
LÉVULOSE *chim* VOLEUSE + L.
LEVURER, LEVURAGE AVEUGLER,
LEVURIER nm *fab.*

LEXÈME *ling*, LEXICAL…,
LEXIE unité lexicale (A- DYS-),
LEXIS *log* énoncé.
LEZ, se LEZARDER.

LI unité. LIAGE, LIANT,E.
LIARD, LIARDER vi lésiner.
LIASIQUE *géol* du lias, période.

LIBAGE *const.* LIBANAIS*,E.
LIBATION. LIBECCIO vent.
LIBELLER. LIBER n *(bot),*
LIBÉRIEN… du Liberia LIBERINE.
LIBÉRINE* *chim.* LIBERO** *foot,*
LIBERTY,S étoffe légère.

LIBIDO *psy.* LIBOURET *pêche.*
LIBRETTI/ *mus* livrets
pl de LIBRETTO,S BLOTTIR + E.
LIBYEN…

LICE (joutes). LICÉITÉ *dr* LICITEE.
LICHEN. LICHER, LICHETTE,
LICHEUR… (C-). LICIER n *ouv text*
ou LISSIER n (cf LISIER n).
LICITER *dr* (FÉ- EXP- SOL-).
LICOL ou LICOU.
LICTEUR *mag rom.* LIDAR radar.
LIDO. LIED,S ou LIEDER/n *mus.*

LIÉGER* *pêche.* LIÉGEOIS,E.
LIÉGEUR…, LIÉGEUX…
LIEMENT liage (P-) ELIMENT.
LIERNE *arch* nervure.
LIESSE LISSEE # SESSILE (JO-).
LIEU,E,R,S ou X, LIEUDIT,S.
LIEUR, LIEUSE.

LIFT *tennis*, LIFTER,
LIFTEUR… FLEURIT # SULFITER,
LIFTIER,E* d'asc., LIFTING *chir.*

LIGAND ion, LIGASE enzyme
GLAISE LISAGE # LISSAGE,
LIGATURER # LUGERAIT REGULAIT.
LIGE dévoué.
LIGÉRIEN… de la Loire LINGERIE.
LIGHT/ allégé. LIGIE *crust.*

LIGNAGER,E *dr*, LIGNARD *mil,*
LIGNER** marquer de lignes,
LIGNETTE *pêche* LINGETTE.
LIGNEUL fil. LIGNEUX… du bois,
se LIGNIFIER, LIGNINE *(bot),*
LIGNITE charbon naturel fossile.

LIGOT fagotin,
LIGOTAGE TALEGGIO.
LIGUEUR… LIGULÉ,E *(bot).*
LIGURE (Gênes), LIGURIEN…

LILIACÉE (lis), LILIAL... du lis.
LILLOIS,E.
LIMAÇON (CO-). L**I**MAGE.
L**I**MAN lagune. LIMANDE *icht.*
LIMBA bois africain.
LIMBAIRE BLEMIRAI, LIMBE *(bot)*,
LIMBIQUE *anat* (système nerveux).
LIMÉNIEN... de Lima (Pérou).
LIMEQUAT fruit. LIMERICK poème.
LIMETTE citron MELITTE.
LIMEUR... # SIMULER.

LIMICOLE qui vit dans la vase.
LIMINAL... *psy* à peine perceptible.
LIMITEUR. LIMIVORE *(icht).*
LIMNÉE *moll.* LIMONAGE *agr,*
LIMONÈNE *chim,* LIMONEUX...
LIMONIER,E (cheval) d'attelage.
LIMONITE *mét* minerai.
LIMOUSIN MILOUINS (-ER vt).
LIMULE invertébré marin.

LINACÉE lin CALINEE # SELACIEN,
LINAIRE**. LINÇOIR *const* linsoir.
LINDANE insecticide.
LINDOR 7 de carreau.
LINÉAIRE** (A-),
LINÉAL... # NASILLEE,
LINÉIQUE, LINER n *mar.*
LINETTE graine de lin.

LINGA phallus ou LINGAM.
LINGALA langue bantoue.
LINGER**,E # RESINGLE.
LINGETTE* petite serviette.
LINGOTER de l'or RIGOLENT.
LINGUAL,E**,AUX *anat.*
LINGUE *icht* (É-v F-v BI- CH-vi
FO- RA-v BUR- CAR- DÉG-v
ÉTA-v SCH-vi TRI- UNI-).
LINGUE**T *(mar) méc* LIGUENT.
LINIER,E du lin. LINIMENT *méd.*
LINKS *golf* terrain, LINKAGE *biol.*
LINNÉEN... *(bot)* de Linné.

LINO, LINOLÉUM MOULINE + L
MOUILLE + N NOUILLE + M.
LINON *étof.* LINOTTE *ois.*
LINOTYPE *impr* composeuse.
LINSANG *Asie* carnassier.
LINSOIR *const* linçoir LIRIONS.
LINTEAU** *arch.* L**I**NTER n duvet.

LIPARIS *pap* PLAISIR, LIPARIDÉ.
LIPASE (graisse), LIPÉMIE,
LIPIDE. LIPIZZAN *éq* (pour dressage).
LIPOÏDE comme de la graisse,
LIPOLYSE destruction,
LIPOME *méd* EMPLOI # POLIMES IMPLOSE,
LIPOSOME *biol,* LIPOSUCER.
LIPPE lèvre (F-vi K-), LIPPÉE festin,
LIPPU,E # SUPPLIE.
LIQUETTE (C-).
LIRE,S vt.
LIRETTE tissage # STERILET.
LIRON loir.

LISAGE** dessin sur tissu (BA-).
LISBOÈTE de Lisbonne BESTIOLE.
LISERER un fil LIERRES IRREELS,
LISERAGE. LISERON *bot* (lis).
LISETTE *théâ* SITTELE. LISEUR...
LISIER n *agr* (A-n BA-n) # LISSIER.

LIS**P** *inf.* LISSAGE** (G- P-),
LISSEUR... d'étoffe (G- P-).
LISSIER* n *ouv text* licier.
LISSOIR *tech* (G- PO-) LOISIRS.
LISTER (B-n), LISTAGE # GLATISSE.
LISTEAU *arch* LAITUES
ou LISTE**L** TILLES SILLET.
LISTERIA bactérie. LISTING.
LISTON *arch.* LISTRAC vin CRISTAL.
LITANIE ITALIEN LIAIENT ENLIAIT.
LITCHI letchi ou lychee.
LITEAU tasseau.
LITER disposer par couches (A-).
LITHAM *isl* voile.
LITHARGE *chim,* LITHIASE *méd,*

LITHINÉ,E, LITHIQUE (pierre),
LITHIUM *mét*, LITHO THIOL,
LITHOBIE *zoo*, LITHOSOL sol.

LITIGANT,E *dr.*
LITORNE grive LIERONT ELIRONT
RETINOL # LITERONS SILERONT.
LITOTE *rhét* TOLITE # LOTITES.
LITRER mesurer, LITRON.
LITSAM *isl* voile, litham.
LITTORAL… TORTILLA.
LITUUS bâton d'augure.
LIURE (P PA- RE- SUR-).

LIVARDE vergue DELIVRA VALIDER.
LIVAROT *from* VIROLAT.
LIVE/ *mus.* LIVÈCHE *bot.*
LIVEDO tache sur la peau.
LIVET (entre pont et coque) (O-).
LIVIDITÉ. LIVING.
LIVRABLE, LIVREUR…
LIXIVIER *chim* lessiver.
LLANOS plaine. LLOYD *fin.*

LOADER n *T.P.* engin DOLERA.
LOB *tennis* chandelle.
LOBAIRE (lobe) LOBERAI BARIOLE.
LOBBY,S ou -IES, LOBBYING,
LOBBYSME, LOBBYSTE,
LOBBYISME, LOBBYISTE,
LOBE (G- BI-adj CO ENG-v
ÉPI- TRI-adj UNI-adj POLY-adj).
LOBÉLIE *bot* BOILLE + E,
LOBÉLINE *chim.* LOBER *ten* (lob).
LOBULÉ*,E # SOLUBLE (cf LOC-),
LOBULEUX… (G-; cf LOC-).
LOCALIER nm journaliste
COLLERAI ROCAILLE RECOLLAI.
LOCATEUR *dr* (exécute un ouvrage).
LOCH *mar.* LOCHER *arb* secouer
SCHEOL SLOCHE
(C-vt et n FI-vt TA-vt BOU vi-)
LOCHIES** flux après l'accouch.
LOCI/ pl de locus. LOCO.
LOCKOUT, LOCKOUTER.

LOCULÉ,E *bot* (F-vi) # COLLEUSE,
LOCULEUX… LOCUS *gén.*
LOCUSTE criquet CLOUTES.
LOCUTEUR *ling* qui parle.

LODEN. LODS *dr féod.*
LOEMPIA crêpe # POILAMES.
LOESS limon fertile.
LOF *mar*, LOFER vi. LOFT appart.

LOG *mine.* LOGATOME *ling*
LOGEABLE.
LOGETTE *arch*,
LOGEUR…, LOGGIA.
LOGICIEL… COLLIGE + I,
LOGICIEN*… LOGISTE *(Bx-arts).*
LOGO *com* ou LOGOTYPE.
LOGOPÈDE *méd* (cf LAGO-).
se LOGUER *inf* LOUGRE LOGEUR
(DÉ- DIA- ÉPI- tous vt),
LOGUE (ANA- APO- ÉCO- GÉO-
IDO- PRO UFO- URO- ZOO-),

LOISIBLE,S. LOKOUM loukoum.
LOLETTE *helv* tétine.
LOLITA. LOLLARD *rel.* LOLO.

LOMBAGO, LOMBAIRE*.
LOMBARD,E. LOMBES (P-).
LOMBRIC ver de terre.
LOMÉEN…, de Lomé (Togo)
MOLENE # MELONNEE.
LOMPE *icht* lump.
LONDRES cigare RONDELS.

LONGANE* fruit # AGNELONS
LANGEONS.
LONGEOLE *helv* saucisse.
LONGER (É- P- AL- FOR- PRO-
RAL- REP-),
LONGÈRE de maisons bretonnes,
LONGERON.
LONGOTTE *étof* (cf ONGLETTE).
LONGRINE pièce de charpente.
LONGUET… LOGUENT.

LOOCH sirop. LOOFA courge.
LOOK. LOOKÉ,E. LOOPING.
LOPE homme veule,
LOPETTE POTELET # SEPTOLET
(cf TOPETTE).
LOQUETER vi, je LOQUETTE.
LORAN (radionavigation).
LORD. LORDOSE (dos trop cambré).
LORETTE fille. LORGNEUR…
LORI perroquet. LORIOT *ois*.
LORIQUET lori.
LORISIDÉ singe. LORRAIN,E.
LORRY,S ou LORRIES wagon.
LORS.

LOS louange.
LOSANGÉ,E # ENLOGEAS ELONGEAS.
LOSER n raté (G-vt). LOTE lotte.
LOTIER n *bot* (Î-, fém ÎLOTIÈRE)
ORTEIL TOLIER # ROLISTE.
LOTIONNER. LOTIR.
LOTOIS,E du Lot # OOLITES OSTIOLE.
LOTTA *mil* Finlandaise (F-).
LOTUS.

LOUANGER (-EUR…).
LOUBAR ou LOUBARD,E**.
LOUCHER. LOUCHET bêche.
LOUCHEUR*…,
LOUCHIR vi se troubler.
LOUCHON,ONNE loucheur.
LOUER (C- F- AL- RE- AFF-
DÉC- ENC- REC- SUR- RENF-),
LOUEUR, LOUEUSE (C-).
LOUF. LOUFIAT g. de café FOULAIT.
LOUGRE** petit trois-mâts.
LOUISE *helv* femme.
LOUKOUM. LOULOU,TE ou TTE.

LOUPAGE.
LOUPIOT,E POULIOT.
LOURDAIS,E ALOURDIS.
LOURDER # OUDLER n REDOUL,
LOURDAUD,E, LOURDISE (BA-).
LOURER des notes ROULER OURLER.

LOUSSE non serré (B- F- G-vi).
LOUSTIC*.
LOUTRIER n chasseur de loutres.

LOUVER soulever.
Pas de «louveur»; cf REVOULU.
LOUVET… *éq* couleur de loup,
LOUVETER vi VELOUTER,
je LOUVETTE.
LOUVOYER vi.
LOVELACE séducteur.
LOVER enrouler (DÉ-).
LOZÉRIEN…

LUANDAIS,E *Afr* de Luanda (cf R-).
LUCANE coléoptère, «cerf-volant»,
LUCANIDÉ (pas de «Claudine»).
LUCANIEN… *Rome* de la Lucanie.
LUCIFUGE *zoo* qui fuit la lumière,
LUCILIE *ins* CUEILLI # SILICULE,
LUCIOLE*, LUCITE *méd* (A-).
LUCQUOIS,E de Lucques (Italie).

LUDDITE *hist ouv* (cf LYDDITE),
LUDDISME destruction des machines.
LUDICIEL *inf* (jeu) CUEILLI + D.
LUDION *phys* jouet # DILUONS,
LUDIQUE, LUDISME (cf luddisme).
LUDWIGIA *bot* jussiée.

LUÉTINE *biol* LUTINEE LUTEINE
INSULTEE.
LUETTE *anat* (A- B- F-).
LUFFA courge.
se LUGER,S (cf GLUER vt),
LUGEUR… # GUEULES.
LUIRE vi (RE-vi TRA-vi) LUÎMES
LUÎTES LUIRENT ou LUISIS etc.,
LUISANCE ENCULAIS SANICULE,
LUISETTE saule (cf N- P-).
LULU *ois*. LUMBAGO lombago.

LUMEN unité, LUMIGNON,
LUMITYPE *photo*. LUMP *icht* lompe.

LUNAIRE**,
LUNAISON ALUNIONS.
LUNAPARK *Belg* (jeux
électroniques).
LUNCH, LUNCHER vi. LUNÉ,E.
LUNETTÉ,E, LUNETIER,E,
LUNULÉ,E rond, LUNURE (bois).

LUPANAR. LUPERQUE *Rome rel.*
LUPIN *agr.* LUPIQUE a un lupus.
LUPOME lésion due au lupus.
Cf LIPOME POMELO AMPOULE.
LUPULIN,E luzerne. LUPUS *méd.*

LURETTE/. LUREX fil (tricot).
LURON,ONNE.
LUSAKOIS,E *Afr.* LUSHOIS,E *Afr.*
LUSIN amarre, luzin.
LUSITAIN,E *géog* INSULTAI LUTINAIS.
LUSTRER # ULSTER n, LUSTRAL...,
LUSTRAGE SURGELAT,
LUSTREUR...,
LUSTRINE INSULTER SURLIENT,
LUSTROIR pour nettoyer les vitres.
LUSTUCRU pauvre type.

LUT,S enduit de bouchage,
LUTER,
LUTAGE (B-) # GLUATES.
LUTÉAL... (ovaire) # SAUTELLE.
LUTÉCIEN..., LUTÉCIUM *mét.*

LUTÉINE** hormone.
LUTER boucher avec du lut.
LUTÉTIEN..., LUTÉTIUM lutécium.
LUTH, LUTHIER,E # LUTHERIE,
LUTHERIE*(-N), LUTHISTE.
LUTINER.
LUTRAIRE *moll* LEURRAIT RURALITE
RUTILERA TRALUIRE.
LUTRIN pupitre.
LUTZ saut de patineur.

LUX unité (F-). LUXER (F-),
LUXMÈTRE (F-).
LUZIN lusin. LUZULE *bot.*

LYCAON *Afr* mi-chien, mi-hyène.
LYCÈNE *pap*, LYCÉNIDÉ.
LYCHEE litchi. LYCHNIS *bot.*
LYCOPE *bot*, LYCOPODE.
LYCOSE araignée. LYCRA *étof.*
LYDDITE *expl.* LYDIEN...
LYMPHE, LYMPHOME tumeur.
LYNCHER, LYNCHAGE,
LYNCHEUR...
LYNX. LYONNAIS,E.
LYOPHILE (conservation).
LYRER vi *québ* pleurnicher,
LYRIC couplet de music-hall.
LYS. LYSER *chim*, LYSAT,
LYSINE, LYSOSOME *biol*,
LYSOZYME, LYTIQUE.

M

Les mots terminés en -M et en -UM sont répertoriés pages 340 et suivantes.

MAAR de volcan. **MAAT**JE hareng.
MABOUL,E.
MA**C** souteneur. **MA**CACHE/.
MACADAM.
MACANÉEN… de Macao.
MACAQUE. MACAREUX pingouin.
MACARONI MAROCAIN ROMANCAI.
MACASSAR huile MASCARAS MASSACRA.
MACERON *bot* ROMANCE.

MAC**H**/ *av.* MACHAON *pap.*
MÂCHEFER n. MACHETTE arme.
MÂCHEUR**…
MACHICOT *péj* chantre (-ER vi).
MACH**O**, MACHISME,
MACHISTE CHEMISAT TACHISME.
MÂCHO**N** mets. MÂCHURER *étof.*
MACIS capsule de noix de muscade.

MACLER du verre, MACLAGE*.
MÂCON. MAÇONNER (-AIS,E).
MACOUTE (tonton) # COUTAMES.
MACQUER broyer du chanvre,
MACQUAGE.
MACRAMÉ dentelle # CRAMAMES.
MACRE *bot.* MACREUSE canard
ECUMERAS ECURAMES.
MACRO *inf.* MACROURE* homard.
MACULER, MACULAGE.
MACUMBA vaudou.

MADAME,S (cf MESDAMES).
MADÈRE MADREE DERAME,
MADÉRIEN***…, se MADÉRISER.
MADICOLE *zoo* (eau) MELODICA.
MADIRAN *vin.* MADISON danse.

MADONE EMONDA NOMADE MONADE.
MADRAGUE *pêche* MARGAUDE.
MADRAS *étof.* MADRASA medersa.
MADRURE du bois # MUSARDER.

MAËRL sable qui amende ou MERL.
MAESTOSO/ *mus,* MAESTRIA,
MAESTRO ROTAMES OMERTAS.

MAFÉ ragoût africain FAME.
MAF(F)IA, MAF(F)IEUX…,
MAF(F)IOSO,S, MAF(F)IOSI/.
MAFFLU,E à grosses joues.

MAGANER *québ* user.
MAGASINER vt. MAGAZINE.
MAGENTA rouge ENGAMAT
MANGEAT # GANTAMES MAGNATES.
MAGHZEN *Maroc* administration.
MAGISTER,E.
MAGMA *géol.* MAGNAN ver.
se MAGNER. **MA**GNAT.
MAGNÉSIE* (-N…). MAGNE**T** *déco,*
MAGNÉT**O** *élec* MONTAGE,
MAGNÉTO**N** unité MONTAGNE.
MAGNIFIER. MAGNOLIA.
MAGNUM.
MAGRET viande. MAGYAR,E.

MAHALEB cerisier.
MAHARAJA,H, **MAHA**RADJA,H,
MAHARANÉ ou MAHARANI.
MAHATMA *rel hind* personnalité.
MAHAYANA (bouddhisme).
MAHDI *isl* messie,
MAHDISME, MAHDISTE

MAHONIA houx.
MAHONNE chaland de port.
MAHORAIS,E de Mayotte (oc. Ind.).
MAHOUS, MAHOUSSE.
MAHRATTE *lang* marathe, marathi.

MAÏA crabe (cf MAYA).
MAICHE marais (cf L-).
MAIE huche. MAÏEUR,E *mag belg*
MUERAI # MARIEUSE, ou MAYEUR,E.
MAIGRIR vt, MAIGRIOT,OTTE.
MAIL. MAILING *com*.
MAILLER**, MAILLAGE (É-),
MAILLANT,E (filet) aux mailles larges.
MAILLETER *mar*, je MAILLETTE.
Pas de «mailleur»; cf MAILLURE (É-)
et MURAILLE(R).
MAINATE. MAINMISE*.
MAINT,E,S.
MAÏORAL… du maïeur # AMELIORA,
MAÏORAT # MORTAISA. Voir
MAYEUR,E, MAYORAL…,
MAYORAT
MAIRESSE.
MAÏSERIE EMERISAI EMIFRAIS.
MAITRANK vin. MAÏZENA farine.

MAJE *mag* (cf MAYE et MAZE vt),
MAJORAL,AUX (langue d'oc),
MAJORAT *dr*, MAJORANT,E *math*.
MAKAIRE poisson osseux, marlin.
MAKÉMONO peinture, makimono.
MAKHZEN maghzen.
MAKI singe. MAKILA canne ferrée.
MAKIMONO peinture, makémono.

MAL,S ou MAUX. MALABAR.
MALACIE** *méd*. MALAGA vin.
MALAIMÉ,E. MALAIRE (joue).
MALAIS,É,E.
MALAMUTE chien de traîneau.
MALANDRE* *éq vét* (-EUX…).
MALARD canard ou MALART
cf MULARD,E.
MALAVISÉ,E. MALAWITE *Afr*.
MALBAR *Réun* non-musulman.
MALBÂTI,E AMBLAIT BLAMAIT.

MALBEC *cép*. MALBOUFFE.
MALDONNE.
MALEFAIM faim.
MALÉKI *isl* sunnite ou MALÉKITE.
MALEMORT mort cruelle.

MALFAÇON. MALFAIRE/.
MALFAMÉ,E. MALFRAT.
MALGACHE. MALHERBE mauv. h.

MALI,S *fin*. MALIEN… # MELANINE.
MALIGNE. MALINE *helv* marée.
MALINKÉ langue africaine.
MALINOIS,E de Malines MONILIAS.
MALIQUE (acide de pomme).

MALLÉOLE saillie de l'os.
MALM ère du jurassique.
MALOTRU,E TUMORAL,E.
MALOUIN,E MOULINA # MIAULONS.
MALOYA *Réun* danse.
MALPÈQUE *Québ* huître.
MALPOLI,E. MALSAIN,E
LAMINAS # ANIMALES LAINAMES.
MALSÉANT,E LAMENTAS.
MALSTROM tourbillon.

MALT, MALTER, MALTAGE.
MALTAIS,E**. MALTASE *chim*
MATELAS LAMATES,
MALTERIE (-S -Z),
MALTEUR MULATRE TREMULA,
MALTOSE sucre MOLETAS MOLESTA.
MALTÔTE taxe MOLETAT MATELOT.
MALURE *ois* MURALE (ANO-).
MALUS.
MALVACÉE, MALVALE *bot* mauve.
MALVENU,E.

MAMBA *Afr* serpent. MAMBO.
MAMELLE, MAMELON,
MAMELU,E. MAMELUK,E
ou MAMELOUK,E soldat égyptien.
MAMIE (cf MIAM!). MAMMA.
MAMMAIRE, MAMMITE du sein.
MAMMOUTH. MAMMY,S.
MAMOURS. MAMY,S ou -IES.

MAN larve. **MANA** *rel Océ* force.
MANADE troupeau AMENDA AMANDE,
MANADIER n éleveur.
MANAGER,S vt, MANAGEUR…
MANAMÉEN… de Manama (cf. P-).
MANANT. MANA**T** *mon* (Azerbaïdjan).

MANCEAU, **MAN**CELLE.
MANCHOIS,E de la Manche
MACHIONS MOHICANS.
MANCHON.
MANCHOT,E # AMOCHENT.
MANCHOU,E mandchou # MANOUCHE.
MANCIE divination CINEMA EMINCA.

MANDALA *rel* image de l'univers.
MANDALE gifle.
MANDANT,E # AMENDANT.
MANDARIN,E MANDRINA.
MANDATER.
MANDCHOU,E (Chine) manchou,e.
MANDÉE**N**… *rel ar* gnostique.
MANDER. Pas de «mandeur»;
cf DURAMEN.
MANDILLE manteau de laquais.
MANDOLE luth DOLMAN + E
(cf MENDOLE) ou MANDORE
ROMANDE MONDERA MONARDE.
MANDORLE *art rel* (Christ).
MANDRILL singe au museau coloré.
MANDRIN *out*, MANDRINER.

MANÉGER** des chevaux. **MÂ**NES.
MANETON (vilebrequin) MATONNE
ENTAMONS TONNAMES (cf C- P-),
MANETTE ETAMENT # TENTAMES.
MANGA bande dessinée japonaise
MANGABEY singe d'Afr. tropicale.
MANGANIN,E alliage.
MANGER**,S vt,
MANGEOTER (-TTER),
MANGERIE goinfrerie,
MANGEUR**E** d'une étoffe.
MANGLE fruit du MANGLIER**,
MANGROVE palétuviers.

MANGUE fruit du MANGUIER
GERANIUM MERINGUA RAMINGUA.

MANIAGE ENGAMAI MANGEAI,
MANICLE gant de protection,
MANIEUR… UNIRAMÉ,E.
MANIF. MANIFOLD carnet.
MANILLER *mar*. MANILLAIS,E.
MANILLON as.
MANIOC CAMION.
MANIP,E *fam*. MANIQUE manicle.
MANITOU TINAMOU.
MANIVEAU panier plat (cf C-).

MANNE du frêne. MANNETTE *réc*.
MANNITE exsudat du frêne ANIMENT
MANIENT # ENSIMANT NANTIMES
ou MANNITOL. MANNOIS,E (Man).
MANNOSE sucre de la mannite
EMANONS AMENONS # SONNAMES.
MANON *belg* friandise pralinée.
MANOQUER du tabac.
MANOSTAT (maintient la pression).
MANOU paréo. MANOUCHE* gitan.

MANSE *féod agr*, MANSION *féod théâ*.
MANTA grande raie.
MANTELÉ,E *zoo*, MANTELE**T**,
MANTILLE écharpe MAILLENT.
MANTIQUE divination, mancie.
MANTISSE *math* STAMINES SAMNITES.
MANTOUAN,E de Mantoue.
MANTRA *hind* mot, phrase sacrés.

MANUCURER.
MANUÉLIN,E *arch portug*. ENLUMINA.

MAO, MAOÏSME SOMMAI + E
MOISAMES MOSAISME,
MAOÏSTE. MAORI,E.
MAOUS, MAOUSSE EMOUSSA.

MAPPER des données *(inf)* PAMPRE,
MAPPAGE.
MAPUTAIS,E… *Mozamb*. AMPUTAIS.
MAQUER *arg*. MAQUETTER.

MARA lièvre de l'Amérique du Sud.

MARABOUT (-ER vt) TAMBOUR + A.

MARACA *mus* # MASCARA.

MARACUJA fruit de la passion.

MARAGING/ (acier de fer et nickel).

MARANS poule (TRI- ; cf MÉRENS).

MARANTA *bot* ou MARANTE (A-).

MARASQUE cerise.

MARATHE *lang*, MARATHI mahratte.

MARAUD # MUSARDA, MARAUDER.

MARBRER, MARBREUR... *impr*,
MARBRIER adj (-E), MARBRURE.
MARC.

MARCAIRE *anc* domestique CRAMERAI.

MARCEL** tee-shirt.

MARCHER,S vi *basket*.

MARCONI voile triang. # CRAMIONS.

MARCOTTER (enterrer une tige).

MAREMME marais.

MARENGO drap MEGARON
MARGEONS ROGNAMES.

MARENNES huître.

MAREYAGE, MAREYEUR... (A-).

MARFIL ivoire (cf MORFIL).

MARGAUDER vi crier (pie).

MARGAUX. **MAR**GAY chat sauvage.

MARGER *impr*, MARGEOIR,
MARGEUR... # MESURAGE
REMUAGES MAUGREES,

MARGINER annoter.

MARGIS *mil* maréchal des logis.

MARGOT pie,

MARGOTER vi (cf MÉGOTERA)
ou MARGOTTER vi.

MARGOTIN fagot.

MARGRAVE titre allemand.

MARIABLE AMBLERAI BLAMERAI.

MARIACHI musicien mexicain.

MARIAL**,E**,S ou -AUX.

MARIEUR... MURERAI.

MARIGOT bras de rivière.

MARIMBA xylophone africain.

MARINER (A-) MERRAIN RANIMER,

MARINADE, MARINAGE (A-)
MANGERAI MAGNERAI GAMINERA,

MARINIER,E.

MARIOL ou MARIOLE MOLAIRE
LARMOIE # MORALISE

ou MARIOLLE RAMOLLIE MORAILLE.

MARISQUE (hémorro.) MARISTE *rel.*

MARITAL... MARTIAL TRAMAIL.

MARK, MARKKA, MARKKAA/.

MARLE marlou, souteneur.

MARLI bord de plat. MARLIN *icht.*

MARLOU mac, marle MORULA.

MARMITER bombarder.

MARMONNER ou MARMOTTER.

MARNER amender, MARNAGE.

MARNAIS,E.

MARNEUR... # ENUMERAS,

MARNEUX...,

MARNIÈRE REANIMER REMANIER.

MAROCAIN**,E (cf MAROQUIN).

MAROLLES *from* SLALOMER.

MARONAGE *dr* (bois) RAMONAGE.

MARONITE (Église orientale catholique).

MARONNER vi râler (cf MARR-vi).

MAROQUIN cuir (-ER vt).

MAROTTE MOTTERA OMETTRA.

MAROUFLER coller.

MAROUTE *bot* MORTEAU TAMOURE.

MARQUAGE, **MAR**QUETER,
je MARQUETTE, MARQUEUR...
MARQUISAT. MARQUOIR.

MARRANE *Esp* juif MARNERA.

MARRI,E.

MARRONNER vi être un esclave enfui.

MARRUBE *bot* BRUMERA/.

MARSALA vin sicilien ALARMAS.

MARSAULT saule
ou MARSEAU AMUSERA.

MARSHAL,S shérif fédéral.

MARSOUIN *mam* (-ER vi *mar*).

MARTAGON lis. MARTE *mam.*
MARTEL/,
MARTELER, je MARTÈLE,
MARTELET petit marteau.
MARTIN *ois.* MARTINI.
MARTRE marte. MARTYR,E.
MARXIEN..., MARXISER,
MARXISME, MARXISTE.
MARYLAND tabac.

MAS *agr.* MASAI kényan.
MASCARA* fard pour les cils.
MASCARET vague TRACAMES
CRAMATES CARTAMES.
MASCARON *arch* masque
MACARONS ROMANCAS.
MASCOGNE *helv* tricherie.
MASCOTTE.
MASER n laser. MASÉROIS,E *Afr.*
MASO *fam.*
MASQUAGE, MASQUANT,E.
MASSÉTER n muscle de la joue.
MASSETTE (A- RA-).
MASSICOT (papier) (-ER vt).
MASSIER,E élève des beaux-arts.
MASSIFIER *phys*, MASSIQUE.

MASSORAH ** exégèse
ou MASSORE MORASSE ROSAMES.
MASTABA tombeau égyptien.
MASTARD costaud.
MASTÈRE *scol*, MASTERS *sp.*
MASTIFF chien. MASTITE (sein)
METISSAT STATISME.
MASTOC. MASTOÏDE (os).
MASTOSE *méd* (sein) TOMASSE.

MASTURBER. MASURIUM *chim.*
MATADOR *taur.* MATAF* marin.
MATAGE *tech* (DÉ- COL- FOR-
TRÉ).
MATAMORE.
MATCHER vt # MECHTA MECHAT.
MATEFAIM crêpe épaisse.
MATELOTE poisson au vin et oignons.

MATER,S vt mère (cf PATER,S).
MÂTEREAU** mât.
MATERNER.
MATÉTÉ *Antilles* mets # TETAMES
MATEUR... voyeur.
MATH, MATHEUX...
MATHURIN religieux.
MATIF marché (FOR- NOR-)
MATIFIER la peau.

MÂTINER une chienne.
MATINEUX..., MATINIER,E.
MATIR, MATITÉ,
MATOIR AMORTI. MATOIS,E.
MATON,ONNE* de prison.
MATORRAL,S végétation.
MATOS.
MATOU. MATOUTOU matété.
MATRAS *chim* vase.
MATRICER former # CREMAIT
ESCRIMAT.
MATRONE. MATTE de minerai.
MATU *helv scol* bac.
MATURER** durcir (un alliage),
MATURASE enzyme.

MAUBÈCHE *ois* EMBAUCHE.
MAUDIRE MIRAUDE voir FINIR
sauf MAUDIT,E.
MAUGRÉER vt.
MAUL *rugby.* MAURE more,
MAURELLE *bot* RALLUMEE.
MAURISTE religieux (St-Maur).
MAUSER n fusil. MAUSOLÉE.
MAUVÉINE *chim.* MAUVIS grive.

MAX. MAXI *vêt.* MAXILLE *(ins).*
MAXIMA/, MAXIMAL...,
MAXIMANT,E *math*,
MAXIMISER, MAXIMUM,S.
MAXWELL unité de flux magnétique.
MAYA (Mexique). MAYDAY! S.O.S.
MAYE auge. MAYEN pré d'altitude.
MAYEUR,E *mag*, MAYORAL...,
MAYORAT (cf MAÏEUR,E, etc.)

MAZAGRAN *réc.* MAZAMA *Am* cerf.
MAZDÉEN… *rel anc* (Iran).
MAZER *mét* affiner, MAZÉAGE.
MAZETTE (cf MOZETTE).
MAZOT *helv* ferme. MAZOUT**ER**.
MAZURKA. **MBA**LAKH danse sénégal.

MÉANDRE**UX**… MÉAT.
ME**C**.
MÉCANO # NOCAMES SEMONCA,
MECCANO.
MÉCÉNAT CEMENTA.
MÉCHER assainir (un tonneau) (É-),
MÉCHAGE, MÉCHEUX… *text.*
MÉCHOUI. MECHTA** *ar* hameau.
se **MÉ**CONDUIRE.
MÉCONIAL… (bébé) CALOMNIE,
MÉCONIUM de bébé COMMUNIE,
MÉCRÉANT,E (-ANCE).
MECTON mec (cf NECTON).

MÉDAILLER* MÈDE* *anc* (Iran),
MEDERSA *isl* collège, madrasa.
MÉDIA (-L -N -S -T),
MÉDIAL… (lettre) # DEMELAI,
MÉDIAMAT *T.V.* (cf IMMÉDIAT).
MÉDIAN,E # DEMENAI EMENDAI,
MÉDIANTE 3e degré d'une gamme
DEMENAIT DEMATINE EMENDAIT,
MÉDIAT,E (causc) indirecte
MEDITA # ADMITES,
MÉDIATOR *mus* plectre MODERAIT.
MÉDICAT** concours médical.

MÉDIMNE muid (cf INDEMNE).
MÉDINA *ar.* MÉDIQUE mède.
MÉDIRE vi, vous MÉDISEZ.
MÉDIUS doigt, majeur.

MEDLEY pot-pourri. MÉDOC.
MÉDULLA centre d'un organe.
MÉDUSER REDUMES.

MEETING # GISEMENT.
MÉFORME.

MÉGA *inf* (O-/) un million,
MÉGABIT GAMBIT + E, MÉGABYTE.
MÉGALO. MÉGAPODE *ois.*
MÉGAPOLE *urb.*
MÉGARDE,S DEGERMA.
MÉGARON* *Grèce* salle principale.
MÉGAWATT.
MÉGIR tanner GEMIR
ou MÉGISSER. MÉGOHM.
MÉGOTER vt (cf GÉOMÈTRE et
MARGOTER vi), MÉGOTAGE.

MÉHALLA *Afr* mil colonne.
MÉHARA/ pl de MÉHARI chameau,
MÉHARÉE voyage.
MEIJI ère japonaise moderne.
MÉIOSE (divis. cellulaire) MOISEE.
MEISTRE commandant, mestre.
MÉJANAGE *text.* MÉJUGER.

MÉ**L** courriel.
MÉLAENA sang noir # AMENSALE,
MÉLAMINÉ,E revêtu de résine,
MÉLANINE* pigment de la peau,
MÉLANOME *mëd* MELOMANE,
MÉLANOSE.
MÊLANT,E troublant (DÉ-).
MELBA/ BLAME AMBLE.
MELCHIOR alliage, maillechort.
MELCHITE chrétien de Syrie, melkite.

MELDOIS,E de Meaux DEMOLIS
MELODIES MODELISE MELOIDES.
MÉLÉNA melaena NEMALE.
MÉLÈZE.
MÉLIA *Asie* arb, MÉLIACÉE.
MÉLILOT *bot* # MOLLITES.
MÉLINITE* *expl.* MÉLIQUE *bot,*
MÉLISSE *bot,* MÉLITTE* *bot*
(cf MELLITE).

MELKITE chrétien de Syrie, melchite.
MELLAH au Maroc, ghetto juif ;
cf MOLLAH et MULLA(H).
MELLIFLU,E suave,
MELLITE *phar* (miel) # MISTELLE.

MÉLO, MÉLODICA* *mus* instr.
MÉLOÉ coléoptère noir ou bleu,
MÉLOÏDÉ *ins* MELODIE DEMOLIE,
MÉLOMÈLE (membre en trop).
MELONNÉ,E*. MÉLOPÉE chant.
MELUNAIS,E de Melun
ALUMINES ALUNIMES.
MÉLUSINE** feutre.

MEMBRÉ,E (DÉ-vt RE-vt),
MEMBRON baguette (toit mansardé),
MEMBRU,E # EMBRUME,
MEMBRURE*.
MÊMEMENT/. MÉMENTO.
MÉMÉRER vi bavarder (cf PÉPÈRE).
MÉMO, MÉMORIAL,-AUX
IMMOLERA IMMORALE,
MÉMORIEL... IMMOLER + E,
MÉMORISER # MEMOIRES
MOMERIES MOMIERES.

MÉNADE bacchante (PRO-).
MENANT,E (courroie).
MENDIGOT (-ER vt).
MENDOIS,E de Mende DOMINES.
MENDOLE *icht* DOLMEN + E
DEMELONS (cf MANDOLE).
MENEAU traverse de fenêtre.
MENEUR... MURENE MENURE
SURMENE # EUMENES.
MENHIR.

MÉNIANE balcon # SAMIENNE.
MENIN,E *esp* noble. MÉNINGÉ,E.
MÉNISQUE, MÉNISCAL**...
MÉNOLOGE* *rel.* MENON bouc.
MÉNOPOME salamandre.
MENORA chandelier ROMANE
RAMONE # ORNAMES.
MENOTTER TOMERENT.

MENSE *rel* revenu (cf MANSE).
MENSTRUÉ,E ou L...
MENSUR *scol* duel au sabre RUMENS.
MENTERIE TERMINEE EMIERENT.

MENTHANE hydrocarbure,
MENTHOL,É,E (cf MÉTHANOL).
MENTISME *psy* MENTIMES.
MENTOR.
MENUISER # UNIEMES MEUSIEN
MINEUSE.
MÉNURE** oiseau-lyre.

MÉO *Asie* (cf MAO et GÉO).
MÉPLAT,E plus large qu'épais.
se MÉPRENDRE (cf D- R-).
MÉRANTI *arb.* MERCANTI escroc.
MERCUREY vin (cf -REUX...).
MERDER vt, MERDEUX...
DEMESURE DEMEURES,
MERDIER n REDIMER,
MERDIQUE, MERDOYER vi.
MÉREAU jeton de contrôle AMUREE.
MÉRENGUÉ danse antillaise.
MÉRENS poney (cf MARANS).
MERGUEZ. MERGULE** *ois.*

MERINGUER. MÉRINOS MINORES.
MERISE fruit, MERISIER n REMISER.

MÉRISME *ling* REMIMES.
MERL sable qui amende, maërl.
MERLEAU *ois*, MERLETTE.
MERLIN marteau pour tuer les bœufs.
MERLON mur, MERLONNER.
MERLOT *cép* (A-).
MERLU *icht* ou MERLUCHE.
MÉROU. MERRAIN** bois (douves).
MÉRULE** *cham* (bois) (GLO-).
MERZLOTA sol gelé en hiver.

MESA *géol* plateau volcanique.
MÉSAISE ESSAIME EMIASSE.
se MÉSALLIER # EMAILLES
MAILLEES SEMAILLE.
MESCAL,S *alc* mezcal # CLAMSES.
MESCLUN salade (cf ENCLUMES).
MESDAMES. MÉSOMÈRE *chim.*
MÉSON *phys* (cf PESON).

MESS. MESSE (KER- PRO-).
MESSÉANT,E, MESSEOIR v déf
ISOMERES REMOISES,
MESSIED MESSIÉE MESSIÉRA/,
→ SEOIR.
MESSER n messire.
MESSIDOR mois. MESSIE.
MESSIER n garde champêtre.
MESSIN,E de Metz # SIEMENS.
MESSIRE. MESTRE chef, meistre
(BI- SE- TRI- WEB-).
MESURAGE**,
MESUREUR… REMUEURS.
MÉSUSER vi (cf SEMEUSE),
MÉSUSAGE.

MÉTA combustible solide.
MÉTABOLE *ins* TOMBALE + E (A-).
MÉTADONE NEMATODE.
MÉTAIRIE**. MÉTALLO.
MÉTAMÈRE *(zoo)* anneau (cf N.T.M.).
MÉTAYAGE, MÉTAYER n (-E).
MÉTEIL seigle et blé. MÉTÉO.
MÉTÈQUE.
MÉTHANAL,S, MÉTHANE,
MÉTHANOL MENTHOL + A,
MÉTHYLE, MÉTHYLÈNE.

METICAL,S *mon* (Moz.) # CALMITES.
MÉTISSER SERTIMES MEISTRES.
MÉTONIEN calendrier MITONNEE
TOMIENNE.
MÉTOPE *arch* EMPOTE # ESTOMPE.
MÉTRER (EM-),
MÉTREUR… MEURTRE.
MÉTRITE *méd* TERMITE MIRETTE.
METTABLE,
METTEUR… MURETTE.

MEUBLANT,E. MEUF femme.
MEUGLER** vi (cf BEUGLER vt).
MEUH ! MEULAGE,
MEULARD,E meule MULARDE,
MEULERIE MEULIERE,
MEULETON meule EMOULENT,

MEULETTE, MEULEUSE.
Pas de «meuleur»; cf ÉMULSEUR.
MEULIER,E* LUMIERE # RELUIMES
LEMURIES.
MEULON (cf MULON, MEURON).
MEUNERIE MEUNIERE.
MEURETTE sauce EMETTEUR.
MEURON *helv* mûre.
MEURTIAT *mine* mur MATURITE
MUTERAIT.
MEUSIEN**…

MÉVENDRE. MÉZAIL de casque.
MEZCAL,S mescal, MÉZÉ mezze.
MÉZIG/ moi ou MÉZIGUE/.
MEZZE amuse-g., mézé. MEZZO.

MIAM !
MIAOU,S, MIAULER vi ULMAIRE,
MIAULEUR…
MICA, MICACÉ,E,
MICANITE isolant fait de mica
CIMENTAI EMINCAIT.
MICELLE particule colloïdale.
MICHETON* client (-ONNER vi).
MICMAC. MICMAQUE *amérindien*.
MICROBUS. MICROHM.
MICRON. MICTION. MIDI,S.
MIDRASH*,S ou IM/ exégèse.
MIDSHIP *mar* aspirant.

MIELLAT *(ins)* MAILLET # TILLAMES,
MIELLÉ,E (cf EMMIELLER),
MIELLEUX
MIELLURE *(ins)* (cf NIELLURE).
MIÈVRETÉ.

MIGNARD, MIGNARDER,
MIGNONNET…,
MIGNOTER GEMIRONT MEGIRONT.
MIGRER vi (É-vt IM-vt),
MIGRANT,E (É- IM-),
MIHRAB* niche vers La Mecque.
MIJOTER (-EUSE), MIJOTAGE
MIKADO empereur du Japon.

MIL. MILADY,S ou **MILADIES.**
MILAN rapace. MILANAIS,E.
MILANDRE requin (cf MAL- et MIS-).
MILANEAU *ois* ALUMINE + A.
MILDIOU (vigne) OIDIUM + I,
MILDIOUSÉ,E.
MILE, MILER n coureur.
MILIAIRE *méd (mil)* LIMERAI + I.
MILIUM kyste (comme un grain de mil).
MILLAGE (S-) *québ* distance.
MILLAS *pât* (farine de maïs) SMILLA
ou MILLASSE (S- [SMILLER v]).
MILLE,S. MILLET. MILLIBAR.
MILLIME *mon.* MILLIREM *ato.*
MILONGA tango. MILORD.
MILOUIN canard ≠ LIMOUSIN.
MIMI. MIMINE main.
MIMOSÉE fleur OMIMES + E.

MIN *lang.* MINAGE. MINARET.
MINAUDER vi. MINBAR* *isl* chaire.
MINCIR, MINÇOLET... chétif.
MINDEL glaciation, voir GÜNZ.
MINERVAL,S *belg* frais de scolarité,
MINERVE *méd* VERMINE
≠ REVINMES VERNIMES.
MINET... MINEUSE** *(ins).*

MING *Chine.* MINI,
MINIBAR (cf MINBAR),
MINIBUS,
MINICAR MINCIRA AMINCIR.
MINIGOLF, MINIJUPE.
MINIMA/, MINIMAL...,
MINIMANT,E *math*,
MINIMEX *belg* RMI, MINIMEXÉ,E,
MINIMISER, MINIMUM,S,
MINITEL. MINITRIP excursion.
MINIUM antirouille.

MINOEN**... crétois. MINON chat.
MINORER, MINORAT** *rel*,
MINORANT,E ou S *math*.
MINORISER mettre en minorité.

MINOT farine de blé dur,
MINOTIER,E TIMONIER.
MINOU. MINOUCHER caresser.
MINOUNE *québ* tacot.
MINQUE *belg* halle aux poissons.
MINUIT,S. MINUS. MINUTAGE,
MINUTEUR. MINUTIER n registre.

MIOCÈNE *géol.* MIPS *inf* unité.
MIQUELET *Esp* franc-tireur.
MIR village. MIRAUD,E* miro.
MIRBANE**/ *chim.* MIREPOIX sauce.
MIRETTE**, MIREUR... d'œufs.
MIRLITON pipeau.
MIRMIDON myrmidon, avorton.
MIRO bigleux, miraud. MIROITER vt.
MIROTON MONTOIR MONITOR
ou MIRONTON.

MISAINE mât avant.
MISANDRE ≠ MISOGYNE.
MISCIBLE qui se mélange.
MISER (RE- TA- ATO- CHE-
CHRO- DYNA- ISLA- MAXI-
MINI- OPTI- SODO-).
MISERERE*/ psaume. MISFIT *bri.*
MISS. MISSILE. MISSIONNER.
MISSIVE (É- PER-).

MISTELLE* moût. MISTER n.
MISTIGRI chat.
MISTON gamin, fém **MIS**TONNE.
MISTRAL,S. MISTRESS Mme.

MITAGE *urb* ≠ GATISME GITAMES.
MITAN milieu. MITARD cachot.
se MITER (I- LI- MAR- DÉLI-
DYNA-), MITEUX...
MITIGER, MITIGEUR.
MITOGÈNE *biol*
TEMOIGNE MIGNOTEE.
MITON gantelet.
MITONNER MINORENT MINERONT
≠ MENTION MONTIEN.
MITOSE *biol* (A-) SOMITE STOMIE.

MITRAL… # TREMAIL # LITRAMES,
MITRÉ,E, MITRON.
MIX *mus*, MIXER v, MIXER,S.
MIXAGE, MIXEUR, MIXITÉ,
MIXTION (AD- DÉ- IM-).
MNÈME *psy*, MNÉSIQUE.

MOA *ois*. MOABITE *Asie Min.*
EMBOITA.
MOAMBE *Afr* poulet MAMBO + E.
MOB. MOBLOT *hist* soldat.
MOCHARD,E # MORDACHE,
MOCHETÉ (cf POCHETÉE).
MOÇO marin, moko (cf POCO/).
MODAL… (A-), MODALISER
IODLAMES MODELAIS,
MODELER, je MODÈLE,
MODELAGE, MODELEUR*…,
MODÉLISER *inf*. MODEM *inf.*
MODÉNAIS,E de Modène
DOMAINES EMONDAIS NOMADISE.
MODERATO,S (cf ODOMÈTRE).
MODILLON *arch* ornement.
MODULANT,E, MODULO/ *math*,
MODULOR *arch* système de mesure.

MOELLEUX…, MOELLON.
MOERE *agr* lagune asséchée.
MOFETTE *mam* ou MOUFETTE.
MOFFLER *scol* recaler
ou MOFLER MORFLE vt

MOGETTE (cf MÉGOTE),
ou MOJETTE haricot.
MOGOL,E *hind* ou MOGHOL,E.
MOHAIR (cf MOERE).
MOHAWK.
MOHICAN # MACHIONS MANCHOIS.
MOHO* *géol* (entre croûte et manteau).

MOIE partie tendre d'une pierre dure.
MOIGNON. MOINERIE *rel.*
MOIRER, MOIRAGE # ORGIASME,
MOIREUR… *ouv*, MOIRURE.
MOISER assembler MOIRES REMOIS,
MOISAGE*. Pas de «moiseur»;
cf OSMIURE**.

MOISSAC raisin.
MOISSINE (vigne) voir IONISME.
MOITEUR MOUTIER
TOURISME MOUSTIER, MOITIR.
MOJETTE haricot, mogette.
MOKA. MOKO marin ou MOCO.

MOL/ (-E -Y).
MOLALITÉ *chim* MAILLOT + E.
MOLARD *pop* ou MOLLARD,
MOLARDER vi ou MOLLARDER vi.
MOLARITÉ *chim* MORALITE.
MOLASSE grès SAMOLES SALOMES.
(cf MORASSE et MOLLASSE).
MOLDAVE *géog.* MOLÈNE* *bot.*
MOLESTER. MOLETER,
je MOLETTE (cf MOLLETTE),
MOLETAGE, MOLETOIR.

MOLIÈRE *belg* chaussure.
MOLLAH *isl* juriste ou MULLA(H).
MOLLARD, MOLLARDER vi
voir MOLARD, MOLARDER,
MOLLASSE grès SLALOMES
ou MOLASSE.
MOLLET…, MOLLETON
(cf ENTOLOME),
MOLLIR. MOLLISOL (sol gelé).
MOLLO/. MOLOCH lézard.
MOLOSSE chien. MOLTO/.
MOLURE python.
MOLUSSON péniche. MOLY ail.

MOMBIN fruit de l'Amér. tropicale.
MÔMIER,E bigot # MOMERIE MEMOIRE
MOMIFIER.
MONACAL… # AMONCELA
(cf CALOMNIA). MONACO *mon.*
MONADE*** *philo* (cf MANADE
et MÉNADE).
MONANDRE *(bot)* NORMANDE.
MONARDE** *bot* (cf B- C- Z-).
MONAURAL… (son par un seul canal).
MONAZITE phosphate.
MONDER nettoyer (É-).
MONEL alliage de cuivre et de nickel.

MONÈME *ling* unité de sens NOMMEE.
MONEP *fin.* MONÈRE *biol* cellule
NORMEE MORENE ENORME MORNEE.
MONERGOL carburant MONGOLE + R.
MONÉTISER. MONGOL,E*.

MONIAL... *rel* # OSMANLIE SOMALIEN.
MONILIA *cham* (pourrit les fruits).
MONISME *philo* (DÉ- MOR-),
MONISTE (HAR-) TEMOINS
MOISENT # OMISSENT ESTIMONS.
MONITION *rel* (AD- PRÉ-),
MONITOR *mar* cuirassé U.S.

MONO. MONOBASE *chim.*
MONOBLOC COLOMBO + N.
MONOBRIN brin d'un seul fil.
MONOCYTE globule blanc.
MONODIE *mus* (1 voix) MONOIDE.
MONOECIE *(bot)* ECONOMIE.
MONOGAME (a un seul conjoint).
MONOGÈNE *math.*

MONOÏ huile # SOMONI.
MONOÏDE* *math.*
MONOÏQUE *(bot)* (cf DIOÏQUE).
MONOKINI. MONOMANE fou.
MONOMÈRE *chim.* MONOPLAN.
MONOPOLY. MONOPRIX.
MONORAIL. MONORIME.
MONOSKI. MONOSOC (charrue).
MONOTYPE *impr* (exemplaire unique)
MONOXYDE. MONOXYLE (bois).

MONSTERA plante grimpante.

MONTEUR... MONTIEN**... *géol.*
MONTJOIE jalon. MONTOIR** *éq.*
MONTOIS,E de Mont-de-Marsan.
MOTIONS TOMIONS # EMOTIONS.
MONTREUR... d'ours MURERONT.
MONTUEUX... MOQUETTER.
MORACÉE figuier AMORCEE.
MORAILLER pincer (cf MUR-).

MORAINE *géol* (cf MORÈNE)
ROMAINE # AIMERONS ROMANISE.
MORASSE** *impr* # ROSSAMES.
MORAVE tchèque.
MORBAQUE.
MORBIER n *from* (cf ROMBIÈRE).
MORBLEU! MORBUS *méd.*
MORCE *helv* bouchée,
MORCELER, je MORCELLE.

MORDACHE* (pour étau),
MORDANCER (teinture) (A-),
MORDÉE *québ* bouchée,
MORDELLE *ins*, MORDEUR... *icht.*
MORDICUS. MORDIEU!
MORDILLER. MORDORER.
MORE maure.
MOREAU cheval noir ORMEAU.

MORELLE *(bot)* (cf MAURELLE).
MORÈNE** *bot.* MORESQUE *ar.*
MORFAL,S *pop*, MORFALER.
MORFIL *mét*, MORFILER (É-).
MORFLER encaisser (un coup)
(cf MOFLER, MOFFLER vt).

MORGON. MORGUER braver.
MORICAUD,E. MORIGÉNER.
MORILLE *cham* ORMILLE.
MORILLON canard. MORINGA *arb.*
MORIO *pap.* MORION casque.
MORISQUE *ar esp* converti.
MORMON,E. MORNAY sauce.
MORNÉ,E** *hér.* MORNIFLE*.

MORONAIS,E, de Moroni
(Comores).

MORPHÈME unité de signification.
MORPHING *photo.* MORPHO *pap.*
MORPION # ROMPIONS.
MORSE. MORTAISER entailler.
MORTEAU** saucisse.
MORULA* *embry.* MORUTIER,E.

MOS composant de circuit intégré.
MOSAÏQUÉ,E,
MOSAÏSME** (Moïse),
MOSAÏSTE.
MOSAN,E de la Meuse.
MOSELLE vin MOELLES # MOLLESSE,
MOSELLAN,E.
MOSETTE *rel* pèlerine, mozette.
MOSHAV,S kibboutz.
MOSTELLE *icht* loche, motelle.

MOTARD,E**.
MOTEL. MOTELLE *icht* mostelle.
MOTET *rel* musique vocale.
MOTILE qui se meut # LOTIMES,
MOTILITÉ.
MOTIONNER vi (É-vt; cf L-vt).
MOTIVANT,E.
MOTOBALL *sp* TOMBOLA + L.
MOTORISER # MOROSITE.
MOTOSKI.
se MOTTER se blottir (É- MAR-),
MOTTEUX masc *ois*.
MOTTON grumeau. MOTUS.

MOUAIS! MOUCHAGE.
MOUCHARDER.
MOUCHER (É-),
MOUCHET petit passereau (É-),
MOUCHETER (É- DÉ-),
je MOUCHETTE,
MOUCHURE. **MOUCLADE** mets.
MOUDRE (É- RE-), MOUD,S.

MOUFETER vi, je MOUFÈTE
ou MOUFTER vi.
MOUFETTE sorte de putois.
MOUFLER deux murs FORMULE,
MOUFLAGE. MOUFLET…
MOUFLON ruminant des montagnes.
MOUFTER vi voir MOUFETER.

MOUILLADE (tabac).
MOUILLÈRE champ humide.
MOUILLON pattemouille. MOUISE.
MOUJIK. MOUKÈRE *ar* mouquère.

MOULABLE, MOULANT,E,
MOULEUR… (É-) # EMOULUES.
MOULIÈRE élevage de moules.
MOULINER, MOULINET.
MOULOUD *isl* fête, Mulud.
MOULT/ ou MOULTES.
MOULURER. MOUMOUTE.

MOUND tumulus (cf POUND).
MOUNDA *lang hind* ou MUNDA.
MOUQUÈRE moukère.
MOUROIR.
MOURRE jeu # MORSURE.

MOUSMÉ. MOUSSAGE (É-).
MOUSSAKA. MOUSSANT,E.
MOUSSEAU pain (cf R- V-).
MOUSSER promouvoir (É- TRÉ-),
MOUSSOIR. MOUSSOT mousseau
MOUSSU,E.
MOUSTIER*** moutier.

MOÛT.
MOUTARD. MOUTARDER.
MOUTIER* n. MOUTONNER vt.

MOUVANCE,
MOUVETTE cuillère en bois,
se MOUVOIR, **M**EUS **M**EUT
MOUVONS MOUVEZ,
MOUVRAI etc., **M**OUVRAIS etc.,
MEUVE etc., MUSSE etc., **MU**T,
MÛMES.

MOVIOLA *cin* visionneuse.
MOX *ato* combustible. MOXA *méd*.

MOYER scier (une pierre).
MOYENNER procurer.
MOYETTE meule de blé (cf MOZ-).

MOZABITE *Afr* mzabite.
MOZARABE chrétien d'Espagne.
MOZETTE *rel* mosette (cf MAZ-).

MUANCE (voix) (cf NUANCE).
MUCHER cacher.
MUCILAGE *bot* subst. spongieuse.
MUCINE constituant du mucus.
MUCOR *cham*, MUCORALE.
MUCOSITÉ. MUCRON *(bot)*.
MUCUS.
MUDÉJAR,E musulman d'Espagne.
MUDRA *hind.* se MUER.
MUESLI mets, musli. MUEZ**ZIN** *isl.*

MUFFIN petit pain rond.
MUFLERIE. MUFLIER n *bot.*
MUFTI *isl* docteur de la loi, muphti.
MUGE *icht.* MUGIR vt.
MUID mesure de capacité.
MULARD,E* canard (cf MALARD).
MULASSE mule MUSELAS.
MULETA *taur.* MULETIER,E.
MULETTE moule (A-).
MULLA *isl*, MULLAH, MOLLAH.
MULON sel. MULSION (É-) traite MOULINS # SIMULONS.
MULTIPLE (-T ou -X,E).
MULTISOC COUTILS + M.
MULUD fête de la naissance, Mouloud.
MUMUSE/ MUSEUM.
MUNDA mounda. MUNGO soja.
MUNICIPE *Rome.* MUNITION.
MUNSTER n STERNUM.
MUNTJAC *Asie du Sud-Est* cerf.
MUON *ato.* MUPHTI mufti.
MUQARNAS *arch isl.*
MUQUEUX…

MURAGE* (SAU-). MÛRAIE mûriers.
MURAILLER soutenir par un mur
(cf MORAILLER),
MURAL,E,S ou -AUX.
MURÈNE**, MURÉNIDÉ**.
MURER (A- EM- MUR- SAU-).
MÛRERAIE mûraie REMUERAI.
MURET, MURETTE*, MURETIN
MINUTER MUTINER # TERMINUS.
MUREX *moll.* **M**URGER n pierres.

MURIATE *chim*
MUERAIT REMUAIT MUTERAI.
MURIDÉ rat. MÛRIE**R** n.
MUR**IN** chauve-souris, **M**URINÉ.
MURMEL marmotte. MÛRON mûre.
MURRHE mat. préc. (cf MYRRHE),
MURRHIN,E (vase) (cf MURIN,É).

MUSACÉE bananier # ECUMASSE.
MUSAGÈTE conduit les muses.
MUSARD, MUSARDER* vi
(cf DEMEURAS et MÉDUSERA).
MUSCADE**T**.
MUSCADIN,E *hist* SCANDIUM.
MUSCARI fleur. MUSCAT,E.
MUSCIDÉ mouche.
MUSCINAL… (mousses) MASCULIN
CULMINAS,
MUSCINÉE mousses MUCINES + E.
MUSCLER.

MUSÉAL… d'un musée # ELUAMES,
MUSÉIFIER.
MUSELER (DÉ-), je MUSELLE,
MUSELAGE, MUSELET (champag.).
Pas de «museleur»; cf ÉMULSEUR.
MUSER. MUSÉUM*.
MUSHER n (de traîneau) RHUMES.

MUSICAL,E,S ou -AUX,
MUSIQUER. MUSLI muesli.
MUSOIR de jetée SURMOI/ ROUMIS.
MUSQUER.
MUSSER cacher, mucher. MUSSIF… (or).
MUS**T**. MUSTANG.

MUTABLE *biol* MEUBLAT # BLUTAMES,
MUTAGE arrêt de la ferment. du moût.
MUTAGÈNE (-SE) *biol* AUGMENTE,
MUTANT,E,
MUTATEUR TRUMEAU + T.
MUTILANT,E.
MUTIQUE muet, MUTITÉ.
MUTULE *arch* (corniche) MUTUEL.

MYALGIE *méd* (muscle),
MYATONIE (tonus).
MYCÉLIEN… *cham* du mycélium,
MYCÉLIUM. MYCÉNIEN… *Grèce*.
MYCÉTOME *méd* tuméfaction,
MYCOSE *méd*, MYCOSIS de la peau.
MYDRIASE dilatation de la pupille.

MYE *moll*. MYÉLINE (moelle),
MYÉLITE *méd*, MYÉLOÏDE,
MYÉLOME *méd*. MYGALE *arachn*.
MYIASE *méd* (peau).
MYLONITE roche écrasée.
MYOCARDE (-CARDITE).
MYOLOGIE étude des muscles,
MYOME *méd*, MYOPATHE,
MYOSINE *chim*, **MYO**SITE *méd*.

MYOSIS ≠ mydriase. MYOSOTIS.
MYOTIQUE du myosis.

MYRIADE. MYRICA *arb*.
MYRMIDON mirmidon, avorton.
MYROSINE *chim*. MYROXYLE *arb*.
MYRRHE résine. MYRTE *bot*,
MYRTACÉE myrte, MYRTALE,
MYRTILLE.

MYSIDACÉ *crust*.
MYSTIFIER. MYTHIFIER,
MYTHIQUE, MYTHO *fam*.
MYTILIDÉ moule.
MYXINE *icht*. MYXOME tumeur.
MZABITE *Afr* mozabite.

N

Nombreuses finales en -AN, -EN, -IN, -ON. *Les adjectifs féminins et les verbes qui dérivent de ces finales créent un problème à cause du doublement possible du N.*

-AN : *adjectifs féminins tous en* -ANE *sauf* PAYSANNE, ROUANNE et VALAISANNE. *Autres mots en* -ANNE : ARCANNE, BANNE, CAOUAN(N)E, CHANNE, CHOUANNER vi, **D**ÉPANNER, EMPANNER, FIBRANNE, FURANNE, MANNE, PANNÉ,E, PYRANNE, SURANNÉ,E, SCANNER,S vt, TANNER, VANNER, VERRANNE.

-EN : *la liste des mots en* -ÉEN, ÉENNE *se trouve page 31.*

-IN : *deux mots seulement en* -INNE : INNÉ,E *et* PINNE (*mollusque*).

-ON : *adjectifs féminins tous en* -ONNE *sauf* MORMONE ; *notez cependant* LAPON(N)E, LETTON(N)E, NIPPON(N)E.

Notez également les verbes DÉTONER vi (*cf* DÉTONNER vi), ASSONER vi, DISSONER vi, CONSONER vi, s'ÉPOUMONER, PRÔNER, RAMONER, TRÔNER vi, DÉTRÔNER, SULFONER, VIOLONER *et les mots* ABALONE, ANONE, ANNONE (cf ÂNONNER), CHACON(N)E, CHALONE, DÉMONE, ERRONÉ,E, MADONE, MATRONE, PERSONÉ,E, SAUMONÉ,E, SISSON(N)E.

Pensez à dédoubler les N : ENFONCER, MENINE, NANISME, NÉNETTE, RENONCER vt.

NA ! NABATÉEN… (Arabie).
NABI peintre, NABISME**.
NABLA *math*. **N**ABLE *mar* trou.
NABOT, NABOTE.
NACARAT rouge.
NACRER, NACRURE**.
NADIR ≠ zénith, NADIRAL…
NAEVUS grain de beauté, NAEVI/.
NAFÉ fruit de la ketmie.
NAGA génie indien à corps de serpent.
NAGAÏKA fouet cosaque, nahaïka.
NAGARI *lang* GRAINA ≠ SANGRIA.
NAGEOTER vi TERAGONE.
NAGI fém de **N**AGA.
NAGUÈRE,S NARGUEE.

NAHAÏKA fouet ou NAGAÏKA.
NAHUA Indien émigré au Mexique,
NAHUATL *lang* UHLAN + A + T.
NAIAS *bot* naïade. **N**AIRA *mon*.
NAISSAIN larves NANISAIS.

NAJA cobra.
NAKFA monnaie de l'Érythrée.
NAMIBIEN… NAMUROIS,E.

NANA. NANA**N**. **N**ANA**R** film.
NANCÉIEN**…
NANDINIE *Afr mam*. NANDOU *ois*.
NANIFIER rendre une plante naine
ou NANISER NARINES RENNAIS,
NANISME (O-).

NANKIN étof. **NAN**SOUK étof.
NANTAIS,E**. NANTIR (DÉ-).
NANTUA sauce AUNANT.
NANZOUK coton léger, nansouk.

NAOS salle de temple (PRO-).
NAPÉE nymphe. NAPEL aconit.
NAPHTA *hydroc*, **N**APHTE,
NAPHTÈNE PANTHEE + N,
NAPHTOL. NAPOLÉON.
NAPPER un mets (KID-),
NAPPAGE (KID-).

NARCÉINE*** *chim* (opium),
NARCO, NARCOSE ECORNAS
NECROSA NOCERAS (SUB-).
NARD plante des prés.
NARGHILÉ pipe orientale (-H)
ou NARGUILÉ***.
NARSE marécage. NARTHEX de nef.
NARVAL,S cétacé arctique.

NASAL…, NASALISER,
NASALITE,
NASARD *mus*, NASARDE coup (nez)
DANSERA SARDANE,
NASE,
NASILLER vt # NIELLAS # LINEALES,
NASIQUE singe, NASITORT *bot*.
NASKAPI,E amérindien.
NASONNER vt nasiller.
NASTIE *(bot)* réaction rapide (DY-).

NATAL,E,S (cf SANTAUX)
(NÉO- PRÉ- PÉRI- ANTÉ-
POST= MOTS AYANT EN PLUS UN
pluriel en -AUX).
NATEL/ téléphone mobile suisse.

NATICE** *moll* (cf NO-).
NATRÉMIE (sodium dans le sang)
AIMERENT MENERAIT,
NATRIUM, NATRON ORNANT
ou NATRUM sodium MURANT.
NATTER (DÉ-), NATTAGE,
NATTIER,E fabricant de nattes.
NAUCORE *ins*. NAUFRAGER.
NAUPLIUS *crust* (au stade larvaire).

NAURUAN,E de Nauru (Océanie).
NAUSÉEUX… NAUTILE** *moll*,
NAUTISME MENUISAT MUSAIENT.

NAVAJA arme. NAVAJO Indien.
NAVARIN ragoût (cf S-) NIRVANA.
NAVARQUE *Grèce* amiral.
NAVARRIN,E de Navarre.
NAVE niais. NAVEL orange.
NAVETTER vi REVETANT EVENTRAT.
NAVICERT *dr mar* ECRIVANT,
NAVICULE algue, NAVIGANT,E.

NAY flûte arabe ou NEY.
NAZARÉEN… NAZCA (inca).
NAZE. NAZI,E (NÉO- ANTI-),
NAZILLON,ONNE,, NAZISME.

NÉANTISER # TANNISEE.
NEBKA dune ou NEBKHA.
NÉBULISER vaporiser.
NECK piton où il y eut un volcan.
NÉCROBIE *ins* BICORNE + E,
NÉCROSER CREERONS RECREONS
COREENS CORNEES ECORNES
NECTAR, NECTAIRE glande.
NECTON *mar* NOCENT CENTON
CONSENT (cf M-).
NÈFLE fruit du NÉFLIER.

NÉGATEUR, NÉGATIF**…,
NÉGATON *ato* TONNAGE.
NÉGONDO érable.
NÉGRIER**,E # RENEIGER # RESIGNER,
NÉGRILLE pygmée,
NÉGRO, NÉGROÏDE.

NEGUNDO érable. NÉGUS roi.
NEIGER v déf NEIGEA,T,
NEIGEAIT, NEIGERA,IT,
NEIGEOTER v déf NEIGEOTA,T
(-TAIT, -TERA, -TERAIT).
NELL 9 d'atout (au jass) (BRI-).
NÉLOMBO lotus
ou NELUMBO # EMBOLUS + N.

NEM crêpe. NÉMALE* algue ou NÉMALION NOMINALE.
NÉMATODE* ver parasite.
NÉMÉEN… de Némée *(Grèce).*
NÉMERTE ver marin # SEMERENT.
NÉMORAL… *zoo* (forêts) NORMALE.
NEMROD chasseur # MERDONS.
NÉNÉ. NÉNETTE ENTENTE.
NÉNIES *Grèce* chants. NENNI !

NÉO cancer (cf MÉO).
NÉODYME métal rare.
NÉOFORMÉ,E *biol* FORMENE + O.
NÉOGÈNE fin de l'ère tertiaire.
NÉOGREC**, NÉOGRECQUE.
NÉOLOCAL… (exil des époux).
NÉOLOGIE *ling* (mots nouveaux).
NÉOMÉNIE *Grèce* (nouvelle lune) INNOMEE + E.
NÉONATAL,E,S ou -AUX ETALONNA.
NÉONAZI,E (-ISME).
NÉOPRÈNE *chim* EPERONNE.
NÉOPROMU,E # EPOUMONER.
NÉORURAL… citadin ENROULA + R.
NÉOTÈNE larvaire ETONNEE,
NÉOTÉNIE. NÉOTTIE orchidée NETTOIE # ETETIONS NOISETTE.

NÉPALI *lang,*
NÉPALAIS,E APLANIES PENALISA.
NÈPE *ins.* NÉPÉRIEN… *math.*
NEPETA *bot* PATENE # PESANTE PENATES ou NÉPÈTE.
NÉPHRITE (rein) (cf T-),
NÉPHRON, NÉPHROSE.

NÉRÉ *arb.* NÉRÉIS ver marin ou NÉRÉIDE DENIER + E.
NÉRITE *moll* (CI-). NÉROLI huile.
NÉRONIEN… NERPRUN *arb.*
NERVI tueur. NERVIN,E (nerf).
NERVURER. NESCAFÉ.
NETCAM *inf* caméra CAMENT.
NETSUKE *déco jap* attache.
NETWORK réseau T.V.

NEUME *mus* (notation).
NEUNEU,S.
NEURAL… du système nerveux,
NEURONE, NEURONAL…,
NEURULA *embry* (deuxième stade).
NEUTRINO particule TURONIEN,
NEUTRON particule.
NEUVAIN,E poème de neuf vers.

NÉVÉ neige. NÉVICIEN… *Antilles.*
NÉVRAXE cerveau et moelle épinière,
NÉVRITE lésion d'un nerf REVIENT,
NÉVROME tumeur d'un nerf,
NÉVROSÉ,E RENOVES.
NEWS. NEWTON unité (-IEN…).
NEY flûte arabe ou NAY.

NGULTRUM *mon* (Bhoutan, Asie).
NIABLE.
NIACINE* vitamine B.
NIAISER *québ* ridiculiser,
NIAISAGE, NIAISEUX…
NIAMÉYEN… (Niger).
NIAOULI *arb.*
NIAULE ALUNIE.
NIB/ rien. NIBAR ou NIBARD** sein.

NICAM procédé de codage du son.
NICHET** œuf factice,
NICHEUR**…, NICHOIR cage,
NICHON. NICHROME alliage,
NICKELER, je NICKELLE.
NICODÈME nigaud COMEDIEN.
NIÇOIS,E. NICOL *opt* instrument.
NICOSIEN…(Chypre) SOCINIEN.

NIDA matériau alvéolaire.
NIDANGE (pour bébés) GANDIN + E.
NIDATION *embry* INONDAIT,
NIDICOLE *(ois)* INDOCILE
≠ NIDIFUGE, NIDIFIER vi,
NIDOREUX… puant (œuf).
NIÉBÉ haricot africain.
NIELLER *déco,* NIELLAGE*,
NIELLEUR…, NIELLURE.
NIÈME (É- U-). NIET !
NIF *géol* (S-/ U-) ou NIFE nickel-fer.

NIGAUD,E guinda dingua
endigua indague.
NIGELLE *bot* (cf TIGELLE).
NIGÉRIAN*,E,
NIGÉRIEN... ingenier.
NILGAUT *mam* languit liguant.
NILLE bobine sur manivelle (A-).
NIMBER, NIMBUS nuage.
NÎMOIS,E***.
NINAS cigarillo. NINJA *sp jap* maître.
NIOBIUM *mét* biniou + M.
NIÔLE (G-). NIOLO fromage corse.
NIOLU,E sot # eluions.
NIORTAIS,E.

NIPPER (DÉ-).
NIPPON, NIPPONE ou NIPPONNE.
NIQUER. NIRVANA*.
NISSART langue d'oc de Nice
transis.
NIT unité (lumière) tin. NITOUCHE*.
NITRATER,
NITRER (DÉ-), NITRANT*,E,
NITREUX... # reunites uterines,
NITRIÈRE, NITRIFIER (-FIANT,E),
NITRILE, NITRIQUE,
NITRITE trinite # triestin.
NITROSER, NITRURER, NITRYLE.

NIVAL... de la neige,
NIVATION innovait,
NIVE torrent, NIVÉAL... *bot* hivernal.
NIVELER (DÉ-) vreneli,
je NIVELLE,
NIVELAGE evangile,
NIVELEUR... NIVÉOLE* fleur,
NIVICOLE (vit dans la neige) vinicole,
NIVÔSE mois,
NIVOSITÉ vinosite evitions.
NIXE nymphe des eaux allemande.
NIZAM *hind* roi.
NIZERÉ essence de roses blanches.

NÔ *jap* drame poétique dansé.
NOBEL lauréat, NOBÉLIUM *chim.*
NOBLIAUX hobereau.

NOCER vi,
NOCEUR... # cornues encours.
NOCHER,E* pilote de barque (PIG-v).
NOCIVITÉ eviction.
NOCTUIDÉ *pap* conduite
econduit,
NOCTULE chauve-souris
clouent coulent # consulte.
NOCUITÉ nocivité # soucient.

NODAL... (nœud) (SY-) # deafalons,
NODOSITÉ excroissance,
NODULE ondule # eludons,
NODULEUX... avec de petits nœuds.
NOËL. NOÈME *philo*, NOÈSE,
NOÉTIQUE intellectuel (pas affectif).
NOIRAUD,E # douanier.
NOISE,S.
NOLIS fret, NOLISER.
NOLITION refus ≠ VOLITION.

se NOMADISER # emondais
domaines.
NOMBRER. NOME *anc* (Égypte).
NOMINER (pour un prix).
NOMMAGE *inf*(d'un site) engomma.
NON/.
NONANTE/ 90 entonna tenonna,
NONE *Rom* quatrième partie du jour.
NONIDI # dinions.
NONNE, NONNETTE etonnent.
NONOS os. NONUPLER

NOPAL*,S *arb* opuntia.
NORDÉ vent de N-E ou NORDET,
NORDIR vi (A-vi), NORDISTE.
NORIA machine qui élève l'eau.
NORMER, NORMATIF... informat.

NOROIS,E *lang* # erosion
sonorise oserions erosions,
NORROIS,E, NOROÎT vent de N-O.

NOSÉMOSE maladie des abeilles.
NOSTOC algue cotons tocson.
NOSTRAS diarrhée rossant.

NOTARIAL... RATIONAL nm,
NOTARIAT, NOTARIÉ,E.
NOTATEUR ENTOURAT.
NOTEBOOK *inf* petit portable.
NOTULE note LOUENT NOULET
SOULENT.

NOUAGE ENGOUA,
NOUAISON (fruit) (cf NUAISON).
NOUBA. NOUEMENT,
NOUET linge noué pour infuser,
NOUEUR... NOUURE, NOUEUX...
NOUILLE (GE-adj AGE-v COR-
GRE-vi QUE-).
NOULET** pièce de charpente.

NOUMÉEN... NOUMENE.
NOUMÈNE* *philo*, NOUMÉNAL...
NOUNOU. NOUNOURS.
NOURRAIN alevin mis dans un étang.
NOUURE* nouaison. NOUVEL/.

NOVER *dr* (IN- RÉ- TUR-n),
NOVA,S *astr*, pl NOVAE/,
NOVATEUR OEUVRANTE OUVRANTE,
NOVATION. NOVÉLISER un film.
NOVELLE *Rome* loi fondamentale.
NOVICIAT CONVIAIT.
NOVILLO taureau VIOLON + N.

NOYAGE. NOYAUTER (DÉ-).

NUAISON *mar* AUNIONS # SAUNIONS,
NUANCIER n album.
NUBIEN... de Nubie (sud de l'Égypte).
NUBILE (OB-v), NUBILITÉ.
NUBUCK cuir.

NUCAL... de la nuque.
NUCELLE d'ovule (cf NACELLE),
NUCLÉASE** enzyme,
NUCLÉÉ,E *biol* (É-v)
ENCULEE # CENSUEL,
NUCLÉIDE* noyau atomique,
NUCLÉINE *biol* (pas de «Lucienne»),
NUCLÉOLE *biol*, NUCLÉON *ato*,
NUCLÉUS de silex, NUCLIDE *ato*.

NUEMENT/ nûment/ (cf NOUE-).
NUER assortir.
NUGGET croquette.
NUISANCE. NUISETTE TENUITES,
NUITARD,E INDURAT,
NUITÉE # ENSUITE SUINTEE,
NUITEUX... fêtard. NULLARD,E.

NÛMENT/ NUEMENT/ (MO-).
NUMÉRISER.
NUMIDE *Afr* DEMUNI # NUDISME.
NUNATAK rocher du Groenland.
NUNCHAKU *jap* fléau d'armes.
NUNUCHE niais.
NUPTIAL... # PIAULENT.

NURAGHE tour, NURAGHI/.
NURSE, NURSAGE soins,
NURSERY,S ou -IES,
NURSING nursage.
NUTATION *astr* (cf M-).

NYCTURIE *méd* pipi la nuit.
NYMPHAL,E,S ou -AUX *ins*,
NYMPHÉA nénuphar,
NYMPHÉE *Grèce* (lieu consacré),
NYMPHO, NYMPHOSE vie de larve.

O

Voir page 338 la liste des mots se terminant par O. Associez le O, non seulement avec le U ou le I, mais aussi avec le E (NÉO-PRÈNE, ŒUVRER), le A (COAGULER, MAOÏSTE), ou un deuxième O (BOOK).

Parfois le O suit le I au lieu de le précéder (ADAGIO, RIOTER, mots en -TION).

Mots en OO : OOCYTE, etc., ou ZOOÏDE, etc., sans oublier de nombreux mots anglais (voir liste spéciale page 351).

Pensez aussi à démarier le O et le U : LINOLÉUM, NOCTULE etc.

OARISTYS idylle (le I avant le Y dans le mot et sa définition).
OASIEN... des oasis.

OBÉIE # BOISEE. OBEL,E *impr.*
OBÉRER endetter,
OBI ceinture. OBIT *rel.*
OBIER n *arb* (C-n ; cf AUBIER n).
OBJECTAL... *psy* relatif à l'objet.
OBLADE* poisson osseux.
OBLAT,E laïc # LOBATES,
OBLATIF... (cf BATIFOLE),
OBLATION offrande,
OBLATURE TRABOULE BOULERA + T.
OBLONG, OBLONGUE allongé.

OBNUBILER (cf BOULBENE).
OBOMBRER couvrir d'ombre.
OBSCÈNE. OBSÈQUES.
OBSESSIF... OBSOLÈTE ancien.
OBTUS,E, OBTUSION BOUTIONS.
OBUSIER*** n.
OBVENIR échoir, OBVENUE.
OBVERS,E avers d'une médaille.
OBVIER vi remédier.

OC/. OCARINA *mus* # CORANISA.
OCCASE # COCASSE. OCCIPUT.
OCCIRE/ sauf OCCIS,E.

OCCITAN,E* COINCAT.
OCCLURE, subj OCCLUE,
OCCLUS,E, OCCLUSAL...,
OCCLUSIF... OCCULTER.

OCÉAN,E,
OCÉANIDE nymphe ENCODAI + E,
OCÉANIEN... ENONCAI + E.
OCELLÉ,E *zoo* taché, OCELOT.

OCHRACÉ***,E ocre,
OCRER, OCREUX...

OCTAÈDRE à 8 faces DECOTERA,
OCTAL... *math*, OCTANE CANOTE # TOSCANE NOCATES,
OCTANT arc, OCTANTE/ 80,
OCTAVE intervalle entre 2 gammes.
OCTAVIER vi VORACITE CREVOTAI,
OCTAVIN flûte CONVIAT,
OCTAVO/,
OCTAVON,ONNE métis,
OCTET *inf*, OCTIDI,
OCTOGONE, OCTOPODE,
OCTUOR *mus* TORCOU,
OCTUPLER # COUPLET.

OCULAIRE (L-),
OCULÉ,E taché (L-),
OCULI/ pl d'OCULUS *arch* «œil».

ODELETTE. ODÉON *mus* théâtre.
ODOMÈTRE compte-pas (P-).
ODONATE *ins.* ODORISER un gaz.

OEDÈME (MYX-).
OEDIPE # EPISODE, OEDIPIEN…
OEIL,S, OEILLARD trou RODAILLE,
OEILLÈRE OREILLE* + E.
OENANTHE *bot* (cf HANNETON).
OERSTED** unité magnétique,
OERSTITE acier ETROITES.
OESTRAL… de l'œstrus TOLERAS
OLEASTRE.
OESTRE mouche STEREO TOREES,
OESTRIDÉ OSTREIDE STEROIDE.
OESTRIOL hormone LORIOTS + E,
OESTRONE hormone RONEOTES,
OESTRUS période de l'ovulation.
OEUFRIER n *réc* (pas de «fourière»),
OEUVÉ,E *(icht)* qui a des œufs
VOUEE ≠ LAITÉ,E.
OEUVRER vi REOUVRE.

OFF/ *cin* pas sur l'écran (cf PFF/).
OFFICIAL,-AUX juge ecclésiastique.
OFFICIER,E vi, OFFICINE.
OFFRANT,S AFFRONT,
OFFREUR… (C-masc).
OFFSET. OFFSHORE (pétrole).
OFLAG camp d'officiers GOLFA.

OGAM écriture, OGAMIQUE
ou OGHAM, OGHAMIQUE.
OGIVAL… # VOLIGEA VOILAGE.
OGNETTE pour graver.
OGRESSE (PR-).
OH! OHÉ!
OHM, OHMIQUE, OHMMÈTRE.

OÏDIE *(cham)*, OÏDIUM *cham* (vigne).
OIGNON (M-),
OIGNONS (J- M- P- S-).
OÏL/. OILLE mets (B- R-vt) # SOLEIL.
OINDRE → JOINDRE.
OING graisse (C- P-).
OISELER dresser, j'OISELLE,

OISELET ETIOLES ETOILES,
OISELEUR… piégeur… SOULERIE,
OISELIER,E, OISILLON.
OISON (F- P- T- CL- PÂM-).
OJIBWAY Indien.
OKA *from.* (K- M-). OKAPI girafe.
OKOUMÉ.

OLA* *foot.* OLÉ! OLÉACÉE *arb.*
OLÉANDRE* laurier-rose.
OLÉASTRE* olivier, OLÉATE sel.
OLÉCRANE* (os du coude).
OLÉFIANT,E *chim* LOFAIENT,
OLÉFINE*, OLÉICOLE (oliviers),
OLÉIFÈRE (huile),
OLÉINE* ester (ACR- LIN-),
OLÉIQUE acide (LIN-), OLÉODUC,
OLÉOLAT *bot*, OLÉUM *chim* (LIN-).
OLFACTIF… de l'odorat.

OLIBAN encens. OLIBRIUS.
OLIFANT cor, oliphant # SOLFIANT.
OLIGISTE oxyde naturel de fer.
OLIGURIE *méd* (cf UROLOGIE).
OLIM/ registre du parlement de Paris.
OLIPHANT olifant HOPITAL + N.
OLISBOS phallus géant.
OLIVACÉ**,E vert olive,
OLIVADE *agr* DEVOILA DELOVAI,
OLIVAIE lieu planté d'oliviers,
OLIVAIRE VIOLERAI VOILERAI,
OLIVÂTRE, OLIVERIE VOILERIE.
OLIVET *from.* OLIVETTE tomate,
OLIVINE** roche verdâtre.

OLLAIRE pierre de potier. OLLÉ!
OLMÈQUE mexicain.
OLORIME (2 vers homophones) (H-).
OLYMPE ciel, OLYMPIEN…

OMANAIS,E d'Oman, sultanat.
OMBELLÉ,E *bot* en parasol.
OMBILIC nombril. OMBLE *icht.*
OMBRER (N- S-vi), OMBRAGER.
OMBRETTE *ois.* OMBREUX… (N-).
OMBRIEN… (Italie). OMBRINE *icht.*

OMÉGA/. OMERTA loi du silence.
OMEYYADE d'une dynastie arabe.
OMICRON/. OMNIBUS.
OMNIUM *sp*. OMNIVORE.

ONAGRE entre l'âne et le cheval.
ONANISME masturbation,
ONANISTE ETONNAIS SONATINE.
ONC/ jamais. ONCE,
ONCIAL… *écri*.
ONCOGÈNE *méd*. ONCQUES onc.
ONDATRA castor ADORANT ADORNAT.
ONDIN,E génie # INONDE # DENIONS
(R-m BL- GR-m GIR- RAG-m).
ONDOYER baptiser,
ONDOYANT,E, ONDULANT,E,
ONDULEUR *élec*, ONDULEUX…

ONGLÉ,E, ONGLET… LOGENT
GLOSENT # LOGETTE + N.
ONGLIER n # REGLIONS GRELIONS,
ONGLON sabot des ongulés,
ONGULÉ,E* LONGUE # LEGUONS.
ONIRIQUE, ONIRISME MINORISE.
ONLAY or sur une dent (cf INLAY).
ONQUES, ONC/, ONCQUES jamais.
ONTARIEN… *québ*.
ONTIQUE *philo* (DÉ-). ONUSIEN…
ONYCHOSE *méd* (ongles),
ONYX, ONYXIS *méd* (ongles).
ONZAIN *poé*.

OOCYTE gamète, OOGAMIE.
OOGENÈSE, OOGONE *bot* organe.
OOLITE *géol* (Z-) ou OOLITHE (Z-) ;
cf EOLITHE (Z-) et ZOLITE
OOMYCETE *cham*,
OOSPHÈRE *bot* gamète femelle (N-).
OOSPORE œuf des algues (Z-),
OOTHÈQUE *(ins)* où sont les œufs (Z-).

OPACIFIER,
OPACITÉ ECOPAIT # COPIATES.
OPALIN,E # LAPIONS
(pas de «poilane»),
OPALISER # PALOISE POELAIS LEIPOAS.
OPE *arch* trou. OPÉABLE *fin* (O.P.A.).
OPEN.

OPÉRABLE, OPÉRANT,E,
OPÉRANDE *math* PONDERE + A.
OPERCULÉ,E *zoo bot* COUPLER + E.
OPÉRON gènes. OPHIDIEN… *rept*,
OPHITE *rel*, OPHIURE étoile de mer.
OPHRYS fleur. OPHTALMO.

OPIACER, OPIAT *phar* miel et opium.
OPILION faucheux. OPIMES *Rome*.
OPINER vi (C- CH- CL- tous vi).
OPINEL couteau.
OPIOÏDE (opium), OPIOMANE.
OPONCE plante grasse.
OPOPANAX, OPOPONAX *arb*.
OPOSSUM *mam*.
OPPIDA/ *Rome* pl d'OPPIDUM.
OPPOSITE. **OPP**ROBRE.

OPSINE *biol* ESPION OPINES EPIONS.
OPSOMANE obsédé par un mets,
OPSONINE protéine POISON + N + E.
OPTATIF… *ling* exprime le souhait.
OPTICIEN… PICOTIN + E.
OPTIMA/. OPTIMAL…
OPTIMISER, OPTIMUM,S.
OPTOTYPE *opt*. OPTRAKEN *ski*.
OPUNTIA *bot* TOUPINA # TAUPIONS.
OPUS *mus*, OPUSCULE
COUPLES + U ou CUPULES + O.

ORAISON # SONORISA.
ORALISER (M- CAP- DÉM-),
ORALITÉ TOLERAI (M- AM-).
ORANAIS,E d'Oran (Algérie).
ORANGER,S vi, ORANGEATS
ORANGERAIE. ORANT,E *rel*,
ORATOIRE (M- ; cf A-),
ORATORIO.
ORBE globe (S-),
ORBICOLE répandu BICOLORE,
ORBITAL… # OBLITERA LOBERAIT,
ORBITÈLE araignée TRILOBEE
OBLITERE,
ORBITER vi (cf BÉTOIRE)
(EX- DÉS-),
ORBITEUR *spat* ROBURITE TOURBIER.

ORCANÈTE** plante tinctoriale.
ORCHIS fleur (T-), ORCHITE *méd.*
ORDALIE*** jugement de Dieu.
ORDI *inf.* ORDINAL…
ORDINAND clerc, ORDINANT évê.
ORDO/ calendrier liturgique.
ORDRÉ,E # REDORE.
ÖRE,E menue monnaie scandinave.
ORÉADE nymphe des monts ADOREE.
OREILLON de casque. ORÉMUS.
ORFÉVRÉ,E (-RIE).
ORFRAIE aigle FORERAI FOIRERA.
ORFROI *rel* broderie d'or.

ORGANDI *étof* (coton) GRONDAI.
ORGANEAU anneau OURAGAN + E.
ORGANIER,E facteur d'orgues.
ORGANITE *biol* (M-) RONGEAIT.
ORGANSIN fil de soie (-ER vt),
ORGANZA étoffe chatoyante.
ORGEAT sirop ERGOTA RAGOTE.
ORGIAQUE (orgies de Dionysos),
ORGIASME*, ORGIASTE**.

ORIBUS bougie. **OR**IEL fenêtre.
ORIENT,S. ORIGAMI *déco jap.*
ORIGAN marjolaine.
s'ORIGINER.
ORIGINE**L**… RELIGION.
ORIGNAL,AUX élan LORGNAI.
ORILLON *fortif* (M-) # ROILLONS.
ORIN câble (B-adj D-). ORIOLE *ois.*
ORIPEAU vêtement voyant POIREAU.
ORIYA langue indo-aryenne.
ORLE *hér* filet. ORLON *text.*

ORMAIE lieu planté d'ormes.
ORME**T** *moll* ou ORMIER n (C- F-).
ORMILLE* *arb*, ORMOIE ormaie.
ORNAIS,E *géog* # AERIONS NOIERAS.
OROBE légumineuse (cf A-).
OROGÈNE (montagne),
OROGENÈS**E**, OROGÉNIE.
ORONGE *cham* amanite.
ORPHÉON chorale (-IQUE).

ORPHIE poisson à bec pointu.
ORPHIQUE d'Orphée,
ORPHISME secte grecque (M-).
ORPIMENT couleur or. ORPIN *bot.*

ORQUE cétacé. ORSEILLE lichen.
ORTHÈSE* prothèse pour handicapé.
ORTHOSE feldspath SHOOTER.
ORTIVE *astr.* ORTOLAN *ois.*
ORVALE sauge.
ORVET *rept.* ORVIÉTAN drogue
NOVERAIT RENOVAIT.
ORYX antilope.

OS (D- G- L- M- N- R- V-).
OSCAR. OSCIÈTRE**** caviar.
OSCINE *ois* # CESSION.
OSCULE pore CLOUES COULES.
OSERAI**E** osiers (R-).
OSIDE *chim* (HOL- RUT-).
OSMANLI,E** turc LAMIONS.
OSMIUM *mét,* OSMIQUE acide,
OSMIURE ROUMIES ROUIMES
SOURIMES.
OSMONDE fougère.

OSQUE *anc* des Osques (Italie).
OSSÉINE* (os), OSSEMENTS.
OSSÈTE *lang.* OSSICULE* petit os,
OSSIFÈRE *géol* FROISSEE,
OSSIFIER, OSSU,E aux gros os,
OSSUAIRE ROUSSIE + A.

OST *anc* armée (H-; -O, cf HOSTO).
OSTÉITE *méd* (os).
OSTENSIF… *log* FETIONS + S.
OSTÉOME *méd* (os), OSTÉOSE.
OSTIAK *lang* ou **OST**YAK.
OSTINATO *mus* TOISANT + O.
OSTIOLE** *(bot)* pore. OST**O** (H-).
OSTRACA/, **OS**TRACÉ,E de l'huître
ROTACEES ECOTERAS,
OSTRACON* sing. d'ostraca, tesson,
OSTRÉIDÉ** huître. OSTROGOT,E,
OSTROGOT**H**,E.
OSTYAK *lang* (Sibérie) ou OSTIAK.

OTALGIE (oreille). OTHELLO jeu.
OTIDIDÉ *ois* outarde.
OTIQUE (oreille), OTITE # SOTTIE,

OTOCYON canidé aux grandes oreilles,
OTOCYSTE *(zoo)* cavité avec otolithe,
OTOLITHE concrétion de l'oreille,
OTOLOGIE étude de l'oreille,
OTOMI *lang amér.* OTORHINO,
OTORRHÉE écoulement par l'oreille,
OTOSCOPE *méd* COOPTES + O.
OTTOMAN,E, OTTONIEN… *art.*

OUABAÏNE *phar* extrait végétal.
OUAILLE (F-v G-v J-vi T-).
OUAH! (P-/). OUAIS.
OUARINE singe
ENROUAI RENOUAI NOUERAI,
OUASSOU écrevisse antillaise.
OUATER**, OUATAGE,
OUATERIE, OUATEUX… doux,
OUATINER (molleton).
OUBLIEUX…

OUCHE terre fertile.
OUD *ar* luth. OUDLER** n (tarot).
OUED. OUEST/.
OUF! (L- P- R-). OUGRIEN… *lang*
SOIGNEUR GUERISON.
OUGUIYA *mon* (Maurit.).
OUH! (P-/).

OUÏS. OUÏE. OUICHE!
OUÏGOUR *lang asiat,* OUÏGHOUR.
OUILLER un tonneau (D- F- H-adj
M-v et nf R- S- T- AFF- AND-n BAF-
BID)- CAF-vi DEH- DEP- DER-
ENR- GAZ- MAG- PAT- PÉT-vi
PIG- REF- REM- VAS-vi ZIG-),
OUILLAGE** (F- M- T-).
OUILLÈRE ouillère
ROUILLEE OULLIERE. (H- M-)
OUIN!
OUÏR v déf, OUÏS, OYANT, OYEZ.
OUISTITI. OUKASE.
OULÉMA docteur de la loi # LOUAMES.
OULIPIEN… (ouvroir de litt. potent.)
OULLIÈRE** culture dans la vigne.

OUMIAK barque esquimaude.
OUNCE once.
OUOLOF *lang* wolof (Sénégal).

OURALIEN… ENROULAI.
OURAQUE *anat* cordon.
OURDIR (cf HOURDER,
HOURDIS).
OURDOU,E (Pakistan) urdu masc.
OURÉBI antilope africaine.
OURLIEN… *méd* (oreillons).
OURSON,ONNE (C-).

OUST! (-E/).
OUSTACHI,E croate TOUCHAIS.
OUSTE! OUT!

OUTARDE *ois* (M- R- ; -AU).
OUTING d'un homosexuel.
OUTLAW. OUTPUT *inf* sortie.
OUTREMER,S UROMETRE.
OUTSIDER n ETOURDIS OURDITES
RUTOCIDE,

OUVALA *géog* vaste dépression.
OUVRAGER. OUVREAU de four.
OUVRER façonner.
OUVREUR… (C-m DÉC-),
OUVROIR *rel* salle de travail.
OUZBEK,E uzbek,e. OUZO *alc* grec.

OVALAIRE* *zoo* ovale,
OVALIE pays de rugby, OVALISER.
OVARIEN… RENOVAI NOVERAI
ΑΝΟΝΝΑ,
OVARITE *méd* VOTFRAI REVOTAI.
OVATE prêtre gaulois.
OVATION (N-). OVÉ,E *arch* (œuf).
OVERDOSE DEVORES + O.

OVIBOS bœuf musqué.
OVICAPRE hybride ovin-caprin.
OVICULE petit ove (cf AVICULE
AVICOLE CLAVEAU VACUOLE).
OVIDÉ ovin (B-). OVIDUCTE *(zoo)*,
OVIFORME. OVIN,E ovni (B-).

OVIPARE* (reproduct. par les œufs),
OVNI*. OVOCYTE gamète, oocyte,
OVOGÉNIE, OVOGONIE cellule,
OVOÏDE c. un œuf, OVOÏDAL…,
OVOTIDE gamète femelle,
OVULER vi,
OVULAIRE OVULERAI LOUVERAI.

OXACIDE *chim*, OXALATE sel,
OXALIDE oseille ou OXALIS,
OXALIQUE, OXAMIDE *chim*.
OXER n *hipp* obstacle.
OXFORD toile (-IEN…).
OXIME *chim* composé,

OXO/ d'un procédé de synthèse.
OXONIEN… d'Oxford.
OXONIUM *chim*. OXTAIL potage.

OXYACIDE oxacide.
OXYCRAT *Grèce* boisson au vinaigre.
OXYDABLE, OXYDANT,E,
OXYDASE, OXYGÉNER.
OXYLITHE. OXYMEL *phar* (miel).
OXYMORE *rhét* alliance de mots
ou OXYMORON.
OXYTON *ling* (PAR- PROPAR-).
OXYTONNE *chim*.
OXYURE ver, OXYUROSE *méd*.

OYAT *bot* (dunes) (M-/ N-/).
OYANT/ (ouïr) (M- N- S- V-var).
OYE oie. OYEZ (ouïr) (M- N- S- V-).

OZALID *impr* maquette.
OZÈNE *méd* (nez), OZÉNEUX…
OZONER, OZONEUR,
OZONIDE, OZONISER.

P

La lettre P est très riche grâce aux préfixes qu'elle génère: PAR-, PER-, PRÉ-, PRO-. Ne confondez pas l'orthographe de LAPER avec celle de CLAPPER vi ou de la rue de Lappe.

PACA *mam.* PACAGER PARCAGE.
PACANE PANACE CANAPE, fruit du
PACANIER n. PACÉNIEN… (la Paz).
PACFUNG alliage ou PACK**FUNG**.
PACHA**LIK** territoire turc.
PACHTO langue afghane POCHAT
ou PACHTOU, PACHTOUN,E.
PACHYURE musaraigne.

PACK *sp.* PACKAGE *com* ensemble,
PACKAGER n sous traitant (édition).
PACK**FUNG** alliage, pacfung.
PACQUER *(icht)*, PACQUAGE.
PACS, se PACS**ER**.
PACSON, PAQSON ou PAXON.
PACTISER vi
(cf CAPITÉES et ÉPIÇATES).

PADAN,E du Pô (CIS-) PANDA.
PADDOCK *hipp.* PADDY riz brut.
PADICHA,H sultan.
PADINE algue # EPANDIS PENDAIS.
PADOU,E ruban, PADOUAN,E.
PAEAN péan. PAELLA. PAF,S.

PAGAIE. PAGAILLE PAILLAGE.
PAGANISER # SAPINAGE.
PAGAYER vi, PAGAYEUR…
PAGEL daurade ou PAGELLE.
PAGEOT pajot; voir GESTAPO,
se PAGEOT**ER** PROTEGEA
POTAGERE PORTAGEE ou
se PAGER,S v (n: biper,s) PAGRE,
PAGEUR biper PAGURE PURGEA.
PAGI/ cantons gaulois pl de PAGUS.
PAGINER (cf PAGANISE).

PAGING (par un pager).
PAGNE. PAGNON drap.
PAGNOT lit, se PAGNOTER
PAGERONT # PONTAGE.
PAGODON. PAGRE* daurade.
PAGURE* bernard-l'ermite PURGEA.
PAGUS canton gaulois, pl PAGI/.

PAHLAVI *lang* (Iran) ou PEHLVI.
PAIEMENT ou PAYEMENT,
PAIERIE** (cf PAIRIE).
PAILLAGE* (É-), se PAILLARDER,
PAILLER,S vt garnir de paille (É-v)
PALLIER PILLERA # PERSILLA.
PAILLET natte, PAILLETER,
je PAILLETTE, PAILLEUR…,
PAILLEUX… *agr*, PAILLIS *agr*,
PAILLON pour bouteille (-NNER),
PAILLOT,E paillasse.

PAIRAGE *T.V.* PARIAGE PAGERAI.
PAIRESSE, PAIRIE (cf PAIERIE).
PAIRLE *hér* pièce en Y.
PAISSANT,E. **P**AISSEAU pieu.
PAISSON fait de paître.
PAÎTRE (pas de passé simple,
ni de subjonctif imparfait),
PAJOT pageot.

PAL,S. PALA *sp* batte (-N).
PALABRER vi.
PALACE CAPELA. PALADIN.
PALAN (pour levage).
PALANCHE joug pour seaux.
PALANÇON *const* (pour le torchis).
PALANGRE *pêche* lignes réunies.
PALANQUER lever avec un palan.

PALASTRE de serrure PALATRES PARLATES SALPETRA (cf PALESTRE, PILASTRE et PALUSTRE).
PALATAL... (phonème) (-ISER).
PALATIAL... *const* (palais).
PALATIN,E *anat* (palais).
PALÂTRE voir PALASTRE.

PALAUAN,E du Palau (Océanie).
PALÉE (pieux). PALEFROI *éq.*
PALÉMON crevette # EMPALONS.
PALÉOSOL sol ancien.
PALERON viande # LAPERONS.
PALESTRE *Grèce* gymnase.
PALETA raquette # LAPATES.

PALICARE *mil* ou PALIKARE PLACERAI REPLACAI.
PÂLICHON,ONNE. PALIER,E # PARELIE EPILERA PELERAI.
PALIFIER (avec des pilotis).
PALIKARE (guerre contre les Turcs).
PÂLIR, PÂLIE. PALISSER *(arb)*, PALISSON *out* (peausserie).
PALIURE *arb* PIAULER PLEURAI PARULIE.

PALLE *rel.* PALLÉAL... *(moll)*.
PALLIDUM partie du cerveau.
PALLIER**vt. PALLIUM manteau.

PALMACÉE palmier.
PALMAIRE de la paume de la main. LAMPERAI PALMERAI.
PALMARÈS.
PALMER,S vt # SAMPLER,S vt.
PALMERAIE, PALMETTE *déco*, PALMISTE** palmier, PALMITE moelle du palmier EMPILAT # PALMISTE LAMPISTE,
PALMURE des doigts PLUMERA AMPLEUR.

PALOIS, PALOISE** de Pau.
PÂLOT,OTTE # PALETOT PELOTAT.
PALOTER bêcher PARLOTE PORTALE, PALOTAGE, PALOTEUR (cf PELOTER, -AGE, -EUR...).

PALOURDE *moll.* PALOX cageot.
PALPER,S vt, PALPEUR *tech.*

PALU paludisme (-D).
PALUCHER caresser (cf PE-) PLUCHERA # PELUCHA EPLUCHA.
PALUD,E marais, PALUDÉEN... *méd.* PALUDIER**,E (marais),
PALUDINE *moll* PENDULAI,
PALUSTRE relatif au marais.

se PÂMER, PÂMOISON.
PAMPA,
PAMPÉRO vent POMPERA.
PAMPILLE pendeloque.
PAMPRE* de vigne (É-v).

PAN. PANACE**,E *bot.*
PANACHER # EPANCHA.
PANADE. PANAIRE du pain.
PANAMA *coif*, PANAMÉEN...,
PANAMIEN... EMPANNAI.
PANARABE.
PANARD,E *éq* # EPANDRA.
PANARIS PARIANS RAPINAS.
PANATELA cigare PANTELA + A.
PANAX *bot* panace (OPO-).

PANCA écran pour ventiler, panka.
PANCAKE crêpe.
PANCETTA charcuterie (Italie).
PANCRACE lutte. PANCRÉAS.

PANDA*. PANDANUS *arb.*
PANDÈMES *Grèce* fêtes,
PANDÉMIE *méd* PEDIMANE.
PANDIT *hind* érudit.
PANDORE PONDERA # DERAPONS DEPARONS.
PANDOUR *mil* Hongrois.

PANEL (sondage), PANÉLISÉ,E.
PANER. PANERÉE (panier).
PANETIER,E officier du pain.
PANETON panier, panneton TAPONNE # SPONTANE.
PANGOLIN *mam* édenté.

PANIC millet. PANICAUT chardon,
PANICULÉ,E *(bot)* INCULPE + A.
PANICUM millet.
PANIÈRE PEINERA EPINERA RAPINEE.
PANIFIER, PANINI sandwich.
PANIQUER (-ANT,E -ARD,E).

PANJABI *lang*. PANKA panca.
PANMIXIE absence de sélect. nat.
PANNÉ,E fauché (É-v DÉ-v EM-v).
PANNETON de clé ou PANETON.
PANORPE *ins* PROPANE.
PANOSSER *helv* nettoyer.
PANOUFLE peau sur un sabot.

PANSAGE. Pas de «pansable»;
cf ANABLEPS,
PANSEUR… PANURES.
PANSLAVE PAVANES + L.
PANSU,E.

PANTACLE CAPELANT PLACENTA
ou PENTACLE étoile.
PANTE dupe (-T).
PANTELER vi, je PANTELLE.
PANTÈNE *ois* filet PENTANE
PENSANTE ou PANTENNE.
PANTET pan. PANTHÉE*** statue,
PANTHÉON PHAETON + N.
PANTIÈRE *ois* filet, pantène.
PANTIES. PANTOIRE cordage.
PANTOIS,E.
PANTOUM poème # AMPUTONS.
PANTY,S ou -IES (cf PENTY,S).

PANURE. PANZER n char.
PAON, PAONNE, PAONNEAU.
PAP/. PAPABLE *rel*. PAPAÏNE *chim*.
PAPAL…
PAPAVER n pavot VARAPPE vi.
PAPAYE fruit du PAPAYER.
PAPEGAI oiseau servant de cible.
PAPELARD, PAPELARDE hypocrite.
PAPESSE. PAPET… *helv* mets.

PAPI. PAPILLE *anat* (-EUX…).
PAPION babouin.
PAPISME *rel* PIPAMES,
PAPISTE PIPATES.
PAPIVORE lecteur.

PAPOOSE petit Indien OPPOSA + E.
PAPOTER vi, PAPOTAGE.
PAPOU,E. PAPOUILLE.
PAPRIKA.
PAPULE *anat* PEUPLA # SUPPLEA,
PAPULEUX… boutonneux.
PAPY. PAPYRUS.

PAQSON, PACSON ou PAXON
PÂQUE (O-).
PAQUETER, je PAQUETTE.
PÂQUIS pâturage.

PARABASE *théâ grec* harangue.
PARACLET St-Esprit REPLACAT.
PARADEUR… PARADOR *Esp* hôtel.
PARADOS *mil* (cf -DAS -DES -DIS).
PARAFER PARFERA, PARAFEUR.
PARAGE (viande) RAPAGE PAGERA.

PARAISON masse de verre fondu.
PARANGON modèle.
PARANO, PARANOÏA.
PARAPET.
PARAPHER # HAPPERA (-EUR).
PARAPODE d'un ver. PARASITER.
PARATAXE (phrases sans liaison).
PARAÎTRE (cf MARÂTRE) REPARAT.

PARBLEU! PARCAGE*.
PARCE/. PARCELLER une terre,
PARCHET vignoble PRECHAT.
PARDI! PARDIEU! REPUDIA
DUPERAI DEPURAI.

PARÉAGE *dr féod* pariage ARPEGEA.
PARÈDRE** dieu subalterne.
PARÉLIE** *astr* faux soleil, parhélie.
PAREMENT (-ER vt).

PARENTAL... PARÉO.
PARÈRE *dr.* PARÉSIE paralysie.
PAREUR... apprêteur.

PARFAIRE → FAIRE.
PARFILER *text* entremêler.
PARFONDRE des couleurs.
PARHÉLIE *astr* PHALERE + I
OU APHELIE + R.

PARIADE *(ois)* parade nuptiale.
PARIAGE** paréage (convention).
PARIA**N** porcelaine.
PARIDÉ *ois* (S-). PARIÉTAL...
PARTIALE RAPLATIE LAPERAIT.
PARIEUR... # PRESURAI * EPUISERA.
PARIGOT,E, PARISIS *anc mon.*

se PARJURER. PARKA blouson.
PARLER,S vt, PARLOTER vi,
PARLOTTE PETROLAT,
PARLURE *québ* façon de parler.
PARME mauve.
PARMÉLIE *bot* EMPILERA EMPERLAI.
PARMESAN,E. PARMI/.
PARNASSE *litt* PANSERAS.

PARO**I**R couteau de cordonnier.
PAROLI doublement de la mise,
PAROLIER,E REPOLIRA
PARONYME mot consonant.
PAROS marbre. PAROTIDE *anat*
DEPORTAI DOPERAIT PODIATRE.
PAROUSIE du Christ SOUPERAI.

PARPAING.
PARQUETER, je PARQUETTE,
PARQUETEUR...
PARQUEUR... *zoo* ou PARQUIER,E.

PARSE *hind.* PARSEC *astr* unité.
PARSI,E *hind*, PARSISME.

PARTANCE PANCARTE.
PARTHE *lang.* **P**ARTISAN,E ou TE.

PARTITA *mus*, PARTITE.
PARTITIF... (pour la partie d'un tout).
PARTON *ato.* PARTOUSER vi
POUTSERA RETOUPAS ROUSPETA
ou PARTOUZER vi.
PARTY fête.
PARULIE*** abcès. PARULINE *ois.*
PARURE, PARURIER,E.

PASCAL,E,S ou -AUX,
PASCUAN,E de l'île de Pâques.
PASDARAN gardien de la révolution.
PASHMINA laine himalayenne.
PASQUIN bouffon, PASQUINER.

PASSADE. PASSET escabeau.
PASSETTE PESTATES.
PASSEUR... PASSIM/ çà et là.
PASSING *tennis.*
PASSIVER *chim* (un métal).
PASTAGA pastis.
PASTELLER. PASTILLER.
PASTORAT (cf PROSTATE).
PASTRAMI noix de bœuf fumé.

PAT *échecs* (S-). PATACA *mon* (Macao).
PATACHE *véhi*, PATACHON.
PATAGIUM *(mam)* aile GUIMPAT + A.
PATAGON,ONNE PAGNOTA.
PATAPOUF. PATAQUÈS.
PATARAFE affront PARAFAT + E.
PATARAS hauban.
PATARD ancienne monnaie.
PATARIN hérétique (cf PÂTURIN).
PATAS singe d'Afrique (É-).
PATATRAS ! ATTRAPAS.
PATAUD,E.
PATAUGAS, PATAUGER vi
PATURAGE TAPAGEUR.
PATCH pansement adhésif (cf PITCH).
PATELINER amadouer.
PATELLE *moll* PELLETA.
PATÈNE* vase pour l'hostie.
PATENTER # PETANTE EPATENT.

PATER n père. PATÈRE support.
PATERNE mielleux.

PATHIE *zoo* (fuite) (A- EM-
MYO- NAU- SYM- ZOO-),
PATHOS emphase.
PATIO cour. PÂTIR vi.
PÂTISSER, PÂTISSON poissant.
PATOCHE main potache tophace
tapoche # chopates pochates.
PATOISER vi.
PÂTON (pâte) tapon (RI-).
PATOUILLER tripoter.

PATRAQUE. PATRICE *Rome*.
PATRONAL…
PATTÉ,E *hér.*
PATTERN modèle partent
pretant # transept prestant.
PATTIER,E chiffonnier.
PATTU,E pataud,e. PÂTURER vt,
epicent # inspecte # epincete,
PÂTURIN *bot.* PATURON *éq* (jambe).

PAUILLAC bordeaux.
PAULETTE impôt (É-).
PAULIEN… *dr.* PAULISTE *rel.*
PAUMELLE ferrure de porte.
PAUMER, PAUMIER,E *sp* maître,
PAUMOYER *mar* haler à la main.
PAUMURE (des bois d'un cerf).
PAUSE (DIA-), PAUSER vi.
PAUVRET… prevaut (-É).

PAVER, PAVAGE (DÉ- RE-),
PAVEMENT, PAVEUR.
PAVESAN,E de Pavie pavanes.
PAVIE pêche. PAVOISER*** vt.

PAWNEE indien.
PAXON, PACSON ou PAQSON.
PAYEMENT. PAYS,E,
PAYSAGÉ,E, PAYSAGER,E.
PAYSAN,ANNE.

PÉAGER,E # arpegee
ou PÉAGISTE pigeates.

PÉAN hymne grec, paean.
PEAUCIER** n muscle inséré à la peau,
PEAUFINER.
PÉBRINE maladie des vers à soie.
PÉBROC ou PÉBROQUE.

PEC (hareng) fraîchement salé cep.
PÉCAÏRE! recepai.
PÉCAN noix (cf PÉKAN).
PÉCARI crepai percai # precisa.
PECCABLE susceptible de pécher,
PECCANT,E *vx* (humeur).
PECHÈRE!
PÊCHERIE, PÊCHETTE filet.
PÉCLOTER vi aller mal porcelet.

PECNOT,OTTE péquenot,otte.
PÉCORE. PECORINO *from* (Italie).
PECQUE. **P**ECTASE enzyme (É-).
PECTEN *moll*, PECTINÉ,E *anat*
EPICENT # INSPECTE # EPINCETE,
PECTIQUE. PECTORAL**… *anat.*
PECTOSE sucre (cf PECTASE).
PÉCULE (S-vi), PÉCULAT*** *dr*,
PÉCUNE *vx* argent.

PÉDALAGE, PÉDALEUR…,
PÉDALIER** n, PÉDALO podale.
PÉDÉ. PÉDÉGÉ, PÉDÉGÈRE.
PÉDÈSE mouv. brownien speede.
PEDIBUS. PÉDICULÉ*,E *(bot).*
PÉDIEUX… *anat* du pied.
PEDIGREE. PÉDILUVE bain de pieds.
PÉDIMANE* (pied comme la main).
PÉDIMENT glacis PEDUM bâton.
PÈDZER vi *helv* traîner.
PEELING (peau) epingle # sleeping.

PÉGASE poisson volant pesage.
PÉGOSITÉ d'une colle,
PÉGOT couche sur le roquefort,
PÉGUEUX… (colle) instantanée.
PEHLVI *lang* (Iran) ou PAHLAVI.

PEIGNAGE *text*, PEIGNEUR… *text*
PERUGINE PEIGNURE,
PEIGNIER n *fab*, PEIGNURE** *coif.*

PEILLE chiffon PILLEE # ELLIPSE.
PEINARD,E, EPINARD PEINDRA
PENDRAI # REPANDIS
ou PÉNARD,E. PEINTURER.

PÉKAN mart(r)e. PÉKET *alc* péquet.
PÉKIN,É,E *étof*, **PÉ**KINOIS,E.
PEKOE thé noir de Chine.

PELADE *méd*. PÉLAGIEN… *rel*.
PELAGOS *mar* faune GALOPES.
PÉLAMIDE* thon ou PÉLAMYDE.
PELANT,E, PELARD (bois).
PÉLARDON *from* PONDERAL.
PÉLÉEN… (volcan). PÉLIADE vipère
PLEIADE LAPIDEE PLAIDEE # DEPLAISE.

PELLAGRE *méd* (-EUX…).
PELLER pelleter (COU-).
PELLET comprimé sous la peau.
PELLETER, je PELLETTE.
PELLOCHE pellicule ou PÉLOCHE.

PÉLOBATE *batr*, PÉLODYTE *batr*.
PELOTER PETROLE PROTELE,
PELOTAGE. PELOTARI *sp*
PILOTERA POLARITE PETROLAI.
PELOTEUR… PLEUROTE.

PELTA petit bouclier,
PELTASTE *mil* PALETTES,
PELTÉ,E *(bot)* (feuille) # STEEPLE.
PELUCHER vt (-EUX…; cf PA-).
PELVIS *anat* bassin, PELVIEN…

PEMBINA fruit de l'obier, pimbina.
PEMMICAN viande séchée.
PENALTY,S ou -IES. PÉNARD,E**.
PÉNATES voir NEPETA*.
PENCE/ pl de PENNY,S ou -IES.

PENDABLE, PENDAGE *géol* pente,
PENDARD,E # DEPENDRA,
PENDILLER vi.
PENDJABI *lang hind* ou PANJABI.

PENDOIR crochet POINDRE
PERDIONS REPONDIS,
PENDULER chronométrer.

PÊNE (dans l'empênage) (PRO- TER-).
PÉNÉLOPE oiseau sombre.

PÉNIEN… (pénis) PINENE # PENNIES.
PÉNIL mont de Vénus.
PENNAGE *(ois)* (cf EMPÊNAGE),
PENNÉ,E *(bot)* (BI- EM-v).
PENNY,S, PENNIES** ou PENCE/.
PENON *mar*. PENNON drapeau.
PENSER,S vt, **P**ENSABLE,
PENSANT,E**. PENSUM.

PENTACLE talisman étoilé, pantacle.
EPECLANT PLACENT + E.
PENTANE* *hydroc*, PENTANOL.
PENTODE *phys* tube # DEPOSENT
ou PENTHODE (cf ÉPHOD).
PENTOSE** sucre.
PENTRITE *expl* ETRIPENT.
PENTU,E PETUN.
PENTURE *tech* EPURENT PUERENT
PETUNER # SUPERENT.

PENTY maison bretonne (cf PA-).
PÉON paysan, pl PÉONES.
PEOPLE/. PÉOTTE gondole.
PEP énergie. PÉPÉ,E, PÉPÈRE.
PÉPÉRIN roche RENIPPE.
PÉPÈTES ou PÉPETTES.

PÉPIER vi *(ois)*.
PÉPINE *québ* tracteur (É-v)
PEPSINE NIPPEES.
PÉPITE.
PÉPLOS *vêt rom* ou PÉPLUM.
PÉPON courge ou PÉPONIDE.
PEPSINE** enzyme, PEPTIDE,
PEPTIQUE (pepsine), PEPTONE.

PÉQUENOT,-OTTE pecnot,otte.
PÉQUET *alc belg* ou PÉKET.
PÉQUIN. PÉQUISTE *Québ pol*.

PERACIDE acide.
PÉRAMÈLE marsupial EMPALER + E.
PERCALE** tissu de coton.
PERCET perçoir, PERCETTE vrille.
PERCEPT *psy.* PERCEUR…

PERCHAGE. **PER**CHAUDE *icht.*
PERCHEUR… PRECHEUR PERRUCHE,
PERCHIS futaie (-TE),
PERCHMAN,S *cinéma.*
PERCIDÉ* *icht.* PERÇOIR PICORER.

PERDABLE.
PERDURER vi # DEPURER REPERDU.
PÉRÉGRIN *Rome* étranger (-ER vi).
PÉRENNE permanent EPRENNE.

PERF *sp.* PERFECTO blouson.
PERFOLIÉ,E *(bot)* PROFILEE.
PERFORMER *sp* vi PREFORMER vt.
PERFUSER
PERGOLA* tonnelle.

PÉRI,E *hér* « perdu » au centre.
PÉRIBOLE de sanctuaire.
PÉRIDOT pierre. PÉRIF**, PÉRIPH.
PÉRIGÉE *astr.* **PÉRI**GUEUX pierre.
se PÉRIMER.
PÉRINÉE, PÉRINÉAL… PRALINEE.
PÉRIOSTE de l'os. PÉRIPATE limace.
PÉRIPH périf.
PERITEL PERLITE REPTILE TRIPLEE.

PERLAN raisin PLANER.
PERLANT,E (vin).
PERLÈCHE *méd* (lèvres). PERLER.
PERLIER,E REPLIER.
PERLITE** roche volcanique.

PERLOIR *out* (or). PERLON *icht.*
PERLOT huître.
PERLOUSE SPORULE + E
ou PERLOUZE LOUPEREZ.
PERLURE de bois de cerf PLEURER.

PERM, PERME (S- AS-).
PERMAGEL sol gelé REMPLAGE.
PERMÉASE enzyme.
PERMIEN… ère # EMPREINS SPERMINE.

PERNOD PONDRE REPOND.
PÉRONÉ os EPERON PRONEE
PERSONE REPONSE,
PÉRONIER,E.
PÉRORER vi (cf RÉOPÈRE),
PÉROREUR…
PÉROT *arb.* **PER**OXYDER.
PERPÈTE/ ou PERPETTE/.

PERRÉ *mur*, PERRIÈRE* *mil.*
PERS vert. PERSE, PERSAN,E.
PERSÉIDE *astr* DEPRISEE PRESIDEE.
PERSEL sel. PERSICOT liqueur.
PERSIFLER. PERSILLER (-E *réc*).
PERSIQUE.
PERSO. PERSONÉ*,E *(bot).*
PERTUIS détroit PISTEUR PUTIERS
PURISTE.
PÉRUGIN,E** de Pérouse.
PÉRUVIEN… **PER**VIBRER *const.*

PESADE ruade SPEEDA DESAPE.
PESETA PETASE PATEES
PESATES PETASSE.
PESETTE balance, PESEUR…
PESO. PESON balance.
PESSAH pâque juive PHASES.
PESSAIRE anneau. PESSE épicéa,
PESSIÈRE forêt (pesses) PRISEES + E.
PESTREUX # PESTILLES, PESTO sauce,

PÉTANT,E** # PATENTES SEPTANTE.
PÉTARADER vi # READAPTE.
PÉTARD**ER** vt *expl.*
PÉTASE** *Grèce* chapeau à large bord.
PÉTAURE** écureuil volant.
PÉTÉCHIE *méd* tache. PÈTE-
SEC/.
PÉTER (RÉ- COM-vi TEM-vi
ROUS-vi TROM-),
PÉTEUR…, PÉTEUX…

PÉTIOLÉ**,E *bot.* PETIOT,E.
PÉTOCHE, PÉTOIRE*** arme.
PÉTOLE *zoo* crotte PELOTE.
PÉTOMANE. PETON.
PÉTONCLE *moll* PONCELET.
PÉTOULET *belg* cul POULETTE.

PÉTRÉ,E empierré.
PÉTREL oiseau marin REPLET.
PÉTREUX… *anat* # PRETEUSE
REPUTEES.
PÉTROLER brûler.

PÉTULANT,E. PÉTUN** tabac,
PÉTUNER** vi fumer,
PÉTUNIA PUAIENT PETUNAI
EPUISANT SUPAIENT.
PÉTUNSÉ feldspath # SUSPENTE.

PEUCÉDAN *bot.* **PEU**CHÈRE !
PEUH ! PEUHL,E *Afr* ou PEUL,E.
PEULVEN menhir.
PEUPLERAIE peupliers.

PEYOTL *bot* (a de la mescaline).
PÈZE. PEZIZE *cham*, PEZIZALE.
PFENNIG *mon*, PFENNIGE/.
PFF ! PFFT ! **P**FUT !

PHAÉTON calèche.
PHAGE virus (GÉO- ZOO-).
PHALANGE**R**,E renard australien.
PHALÈNE *pap.* PHALÈRE *pap.*
PHALLINE *chim*, PHALLO *péj*,
PHALLOÏDE, PHALLUS.
PHANÈRE poils. PHANIE unité (ÉPI-).

PHARAON,ONNE (-IEN… -IQUE).
PHARYNX, PHARYNGÉ,E.
PHASE (BI-adj DÉ-v DI-adj EM-
ANA- ÉCO- ISO- PRO- TRI-adj),
PHASIQUE (A-).
PHASME insecte caméléon
HAMPES (cf SAPHISME),
PHASMIDÉ phasme.
PHATIQUE *(lang)* pour un contact.

PHÉNATE** sel, PHÉNIQUÉ,E.
PHÉNIX phoenix. PHÉNOL (DI-),
PHÉNYLE (BI- DI-).
PHI/. PHILIBEG kilt ou FILIBEG.
PHILO. PHILTRE.
PHIMOSIS du prépuce.

PHLÉBITE.
PHLEGMON *méd* ou FLEGMON.
PHLÉOLE *bot* ou FLÉOLE.
PHLOÈME *bot* tissu où coule la sève.
PHLOX *bot.*

PHOBIE, PHOBIQUE.
PHOCÉEN…
PHOENIX palmier, phénix.
PHOLADE *moll* (pas d'«Adolphe»).
PHOLIOTE *cham* HOPLITE + O;
cf FOLIOTE(R).

PHONE unité (A- GÉO- TRÉ-),
PHONÈME *ling* élément sonore
(ÉPI-).
PHONIE (liaisons) (A- EU- SYM-),
PHONIQUE (EU- SYM-),
PHONO, PHONO**N** énergie.
PHORMION *bot* ou PHORMIUM.
PHOSGÈNE gaz. **P**HOT unité.
PHOTO**N** *ato* (-IQUE).

PHRASER *litt*, PHRASEUR…
PHRATRIE *Grèce* (tribu) (cf FR-).
PHRYGANE *ins*. PHRYGIEN…
PHTIRIUS morpion. PHTISIE.

PHYLA/ pl de PHYLUM.
PHYLLADE schiste. PHYLLIE *ins*.
PHYLUM *gén* lignée complexe.
PHYSALIE *zoo*. PHYSALIS *bot.*
PHYSE *moll* (APO- DIA- ÉPI- SYM-).
PHYTOPTE acarien.

PI. PIAF. PIAFFER,S vi *éq*,
PIAFFANT,E, PIAFFEUR…
PIAILLER vi. PIAN *méd* (peau).

PIANOLA piano mécanique,
PIANOTER # EPOINTA ANTIOPE.
PIAPIATER vi. PIASSAVA palmier.
PIAULER** vi.
PIAUTE jambe PIEUTA # EPUISAT.
PIAZZA place.

PIBALE* anguille. PIBLE/ (mât).
PIBROCK cornemuse.
PICA *méd.* PICADOR.
PICAGE *vét.* PICARDAN,T vin.
PICAREL *icht* CLAPIER PLACIER
SPIRACLE.
PICARO *Esp* aventurier PICORA.
PICCOLO flûte ou PICOLO.
PICHOU lynx. PICKLES.

PICODON fromage de chèvre.
PICOLER (RA-) POLICER,
PICOLEUR… RUPICOLE.
PICOLO piccolo. PICON (SAL-).
PICOSSER picorer # SCOPIES.
PICOT, PICOTER PERCOÎT,
PICOTAGE, PICOTIN *éq* ration.
PICOULET *helv* ronde. PICPOUL *cép.*

PICRATE, PICRIDE fleur,
PICRIQUE, PICRIS picride.
PICTURAL… PICVERT pivert.

PIDGIN *lang.* PIÉCETTE.
PIEDMONT* glacis ou **PIÉ**MONT.
PIÉDOUCHE petit piédestal.
PIÉDROIT** d'une voûte.
PIÉFORT *mon* pièce PROFITE.
PIÉGEAGE, PIÉGEUR*…,
PIÉGEUX…
PIÉMONT (-AIS,E) # IMPOSENT.

PIER n quai.
PIERCER, PIERCING.
PIÉRIDE *pap* mangeur de chou.
PIERRAGE (É-),
PIERRÉE rigole (cf É-v)
PRESERIE REPRISFE RESPIREE,
PIERREUX… PIERRIER n *mil.*

PIERROT PORTIER # RIPOSTER.
PIERRURE (de bois de cerf).

se PIÉTER se hausser (EM-vi
REM-vt).
PIÉTIN maladie des céréales.
PIÉTISME *rel* IMPIETES,
PIÉTISTE STIPITEE.
PIÉTONNE PITONNEE.
PIÉTRAIN *belg* porcs PINTERAI
RIPAIENT PRIAIENT.
PIEU,X (É-). PIEUSE (É- CO-).
se PIEUTER. PIÈZE unité de pression.
PIF, PIFFER ou PIFFER.
PIGEONNER (A-).
PIGISTE *presse.* (payé à l'article).
PIGMENT**ER**.
PIGNE, PIGNADA, PIGNADE.
PIGNOCHER manger du bout des dents.
PIGNOUF, PIGNOUFE.

PILAF FLAPI. PILAGE (DÉ- EM-).
PILAIRE relatif aux poils.
PILASTRE *arch* TRIPALES PARTIELS.
PILAU,S, PILAF ou PILAW.
PILCHARD sardine. PILET canard.
PILEUR… (É- EM-)
PLIFUR PLIURE PUERIL.
PILEUX…, PILIFÈRE.
PILIPINO langue des Philippines.

PILLER (GAS- GOU- ROU-vi
TOR- TOU- ÉTOU-),
PILLARD,E, PILLEUR… PLURIEL.
PILORI PLIOIR.
PILOSITÉ PISOLITE POLITISEE.
PILOT pieu. **PI**LOTAGE,
PILOTIN *mar* POINTIL.
PILOTIS. PILOU *étof* POILU.
PILS. PILULIER n. PILUM javelot.

PIMBÊCHE.
PIMBINA fruit de l'obier, pembina.
PINACÉE pin. PINAILLER vi.
PINASSE *mar* PENSAIS PISANES
SAPINES.
PINASTRE pin maritime.

PINÇAGE (É-). PINÇARD,E éq.
PINCER (É-), PINCETTE (É-v),
PINCEUR… (É-) PINCURE.
PINCHARD,E (cheval) gris.
PINÇON, PINÇURE*.

PINE (ALE- CHO-vi CLO-vi
CRÉ- ÉPÉ-v INO-adj JAS-v
POU- TER- TOU-v VUL-).
PINÉAL… *anat* voir ALÉPINE*.
PINEAU vin de liqueur.
PINÈDE pins, pineraie # DEPEINS.
PINÈNE* hydrocarbure.
PINERAIE pins EPINERAI PEINERAI.
PINGOUIN. PINGRE.
PINIÈRE* pinède (É-).
PINNE *moll.* PINNULE *opt.*
PINOT *cép.* PINSCHER n chien.
PINTER, PINTOCHER vi boire.
PINYIN écriture phonétique (Chine).

PIOCHAGE, PIOCHEUR…
PIOLET canne d'alpiniste.
PIONCER** vt, PIONCEUR…
PIONNER vi *dames.*
PIORNER vi pleurnicher.
PIOUPIOU.

PIPELET… concierge.
PIPELINE. PIPER.
PIPERADE mets basque.
PIPERIE duperie PIPIERE.
PIPÉRIN,E alcaloïde du poivrier.
PIPETTE. PIPEUR… dupeur…
PIPIER,E*. PIPIT *ois.* PIPO *mil.*

PIQUAGE (A-) (cf PICAGE),
PIQUERIE (pour drogués),
PIQUETER, je PIQUETTE,
PIQUETEUR…,
PIQUEUR… (RE-f), PIQUEUX… *vén,*
PIQUIER n *mil* (cf PIQUERIE),
PIQUOIR aiguille pour dessin.

PIRANHA *icht* ou PIRAYA.
PIRATER, PIRATAGE PAGERAIT.

PIROJOK,S ou PIROJKI,S pâté.
PIROLE *bot* REPOLI # SPOLIER
SPOLIER n (cf PYROLE*).

PISAN,E de Pise. PISÉ *const.*
PISOLITE** concrétion (c. un pois).
PISSAT, PISSETTE appareil,
PISSEUR…, PISSEUX…,
PISSOIR (É-; cf ÉPISSOIRE),
PISSOTER vi (cf POÉTISES)
POSTIERS RIPOSTES.

PISTER, PISTAGE,
PISTARD,E vélo,
PISTEUR…*** # PITEUSES (DÉ-nm).
PISTIL organe femelle d'une fleur.
PISTOLER peindre, PISTOLET.
PISTOU basilic.

PITA *québ* pain, pitta. PITANCE
EPICANT EPINCAT # INSPECTA.
PITBULL chien.
PITCH *golf* (cf PATCH).
PITCHOUN,E (-ET…).
PITCHPIN pin utilisé en ébénisterie.
PITE *text* (extraite d'un agave) (É-).
PITONNER une paroi # OPINENT.
PITOU *québ* chien.
PITOUNE *québ* bois flotté
POINTUE POUTINE TOUPINE.
PITPIT *ois* pipit. PITTA pain, pita.
PITUITER vi *ois* crier (-EUX…).

PIU/ *mus* plus.
PIVE pigne. PIVERT picvert.
PIVOTER couper (un arbre).
PIXEL *T.V.* élément de couleur.
PIZZA, PIZZERIA.

PLAÇABLE CAPABLE + L.
PLACAGE (bois) (cf PLAQUAGE).
PLACEAU de forêt. PLACEBO *phar.*
PLACENTA** *embry.*
PLACER,S vt. PLACET… *dr.*
PLACEUR…, PLACIER,E V.R.P.
PLACOTER** vt raconter.
PLAÇURE** (en reliure). PLAF !

PLAFONNER une salle (DÉ- EM-).
PLAGAL... (plain-chant).
PLAGISTE GLAPITES.
PLAID. PLAIDANT,E. PLAIN uni.
PLAIRE vi, PLAISANTER.

PLANAGE *tech*, PLANAIRE ver
PLANERAI LAPINERA INALPERA,
PLANANT,E euphorisant.
PLANÇON bouture. PLANCTON.
PLANÉITÉ fait d'être plan.
PLANELLE carreau (cf FL-).
PLANER *tech* aplanir, PLANEUSE.
PLANÈZE plateau de basalte volcanique.

PLANISME PLASMINE, PLANISTE.
PLANOIR *out.* PLANORBE *moll.*
PLANQUER.
PLANTAIN LAPINANT INALPANT,
PLANTAGE, PLANTARD bouture,
PLANTOIR PALIRONT PLAIRONT,
PLANTULE embryon de plante.

PLAQUAGE, PLAQUEUR...,
PLAQUIS revêtement de pierre.
PLASMIDE *gén*, PLASMINE* enzyme,
PLASMODE *biol* (cf PSALMODIER).
PLASTE *(bot)* organite (de la cellule).
PLASTIC *expl* CLIPSAT.
PLASTIE *chir* intervention réparatrice.

PLAT (A- MÉ-adj RE-), PLATÉE,
PLATERIE céramique PELERAIT
PLATIERE,
PLATEURE *mine* PLEURAI + E,
PLATIER,E** haut-fond.
PLATINER
PRELATIN PALIRENT REPLIANT.
PLATODE ver plat.
PLÂTRAGE, PLÂTREUX...,
PLÂTRIER,E TRIPLERA.
PLAYMATE. pleyon.

PLÉBAN curé
ou PLÉBAIN BIPLAN + E,
PLÉBÉIEN... PENIBLE + E.

PLECTRE (pour les cordes) médiator.
PLÉNIER,E PELERIN,E,
PLÉNUM réunion plénière.
PLÉTHORE (cf HÉLIPORT).

PLEURAGE déformation du son.
PLEURAL... (plèvre). PLEURANT,E,
PLEURARD,E, PLEUREUR...
PLEURITE pleurésie.
PLEUROTE* *cham.* PLEUTRE**.

PLEUVINER v déf pluviner v déf,
PLEUVINA,T, IT, -NERA, IT,
PLEUVOIR (3es personnes),
PLEUVOTER # VOLUPTE + E
voir PLEUVINER.
PLÈVRE membrane des poumons.
PLEXUS *anat* (COM-).
PLEYON, panier pour faux, playon.

PLIABLE, PLIEMENT EMPILENT,
PLIEUR**...
PLINT *gym* engin (cf FLINT).
PLINTHE de mur.

PLIOCÈNE de l'ère tertiaire.
PLIOIR* lame. PLION brin d'osier.
PLIQUE cheveux entremêlés.
PLISSAGE, PLISSEUR...,
PLISSURE. PLIURE**.

PLOC duvet. PLOCÉIDÉ moineau.
PLOMBEUR..., *douane* PLOMBURE,
PLOMBEUX..., PLOMBOIR *dents*,
PLOMBURE* armature de vitrail.
PLOMMÉE *mil* fléau POMMELE
PLOT (COM- ROTO-)
PLOUC* ou PLOUK. PLOUF!
PLOUK. PLOYABLE, PLOYAGE.

PLUCHER vt *étof* (É-),
PLUCHEUX...
PLUMET,ETTE *coif*, PLUMETÉ,E,
PLUMETIS *brod*, PLUMEUR...,
PLUMEUX..., PLUMITIF écrivain,
PLUMULE. PLUPART/. PLURAL...
PLUTON magma (-IQUE).

PLUVIAL…,
PLUVIAN *ois* PLUVINA VULPIN + A,
PLUVIER n échassier,
PLUVINER PULVERIN # VULPINE
→ PLEUVINER,
PLUVIÔSE mois républicain.
PNEU,S, PNEUMO (-THORAX).

POCHADE *litt.* POCHAGE (mets).
POCHARD, se POCHARDER.
POCHETÉE bêtise PETOCHE + E.
POCHEUSE pour œufs.
POCHOIR *art.* POCHON PONCHO.

POCHOUSE matelote de poissons.
POCO/ *mus* (cf SCOOP).
PODAGRE *méd.* PODAIRE *math*
DOPERAI PARODIE # RAPSODIE.
PODAL… *méd* relatif au pied.
PODESTAT** *hist* magistrat italien.
PODIA/. PODIATRE** *méd.*
PODION *zoo* ventouse, pl PODIA/.
PODZOL sol russe (-ISER -IQUE).

POECILE *arch* POLICEE PICOLEE.
POÊLER, POÊLAGE GALOPEE,
POÊLERIE POELIERE,
POÊLIER,E* REPOLIE REPLOIE,
POÊLON.
POÉTESSE, POÉTISER.
POGNE. POGNON. POGROM,E.

POIGNER saisir. se POILER (S-n),
POILANT,E POINTAL # ANTILOPE.
POINDRE → JOINDRE.
POINTAGE (É-).
POINTAL*, POINTAUX *const*,
POINTEAU EPANOUIT,
POINTER,S v (É-) chien PONTIER
POTINER # ETRIPONS PRETIONS,
POINTEUR… ERUPTION POINTURE
TOUPINER.
POINTIL* *out* pontil (-ILLER vt).
POINTOIS, E de P-à-Pitre POSITION.

POIREAUTER vi. POIRÉE bette.
POIROTER vi.

POISE unité de viscos. (EM- HAR-).
POISSER (EM-), POISSARD,E.
POITEVIN,E. POIVRADE sauce,
POIVRIER,E, POIVROT,E.
POIX. POKER n.

POLACRE *mar anc* CLOPERA.
POLAQUE Polonais. POLAR.
POLARD,E LEOPARD DEPLORA,
POLARISER, POLARITÉ** (cf M-),
POLAROID. POLDER n *géog.*

PÔLE (BI- DI- COU- DUO-
ACRO- DÉCA- ÉQUI- HÉLÉ-
MÉGA- MONO-).
POLENTA POELANT # SALOPENT.
POLICER*, POLICIER,E. POLIO.
POLISTE guêpe.
POLJÉ *géog* dépression.
POLLEN, POLLINIE grains.
POLLUANT,E, POLLUEUR…
POLO POOL. POLOCHON*.
POLOÏSTE *polo*. POLONIUM *mét.*

POLY *scol*. POLYÈDRE *math*.
POLYGALA *bot* ou POLYGALE.
POLYGONE. POLYLOBÉ,E *arch*.
POLYMÈRE *chim*. POLYNÔME.
POLYOL *chim* (fonctions alcool).
POLYPE *zoo*, POLYPEUX…,
POLYPIER n *zoo*. POLYPNÉE *méd.*
POLYPODE fougère.
POLYPORE,E *cham*. POLYSOC.
POLYSOME *chim* ribosomes.
POLYTRIC mousse. POLYURIE *méd.*

POMÉLO. POMERIUM* *rom* enceinte.
POMEROL vin.
POMMADER. POMMARD vin.
se POMMELER, je me POMMELLE.
POMMER (chou), POMMERAIE *arb.*
POMMETÉ,E *hér* ou POMMETTÉ,E.
POMPÉIEN… POMPETTE.
POMPEUR…
POMPIÈRE OPPRIMEE.
POMPILE guêpe.

PONANT ouest.
PONÇAGE. PONCEAU pont.
PONCELET* unité de puissance.
PONCEUR... PUCERON # CONSPUEE,
PONCEUX... de la pierre ponce.
PONCHO* manteau. PONCIF.

PONDÉRER, PONDÉRAL*...
PONDEUR... REPONDU
DUPERONS DEPURONS,
PONDOIR (pour la ponte).

PONEY, PONETTE.
PONGÉ,E *étof* (É-).
PONGIDÉ singe DOPING + E.
PONGISTE *ping-pong* POIGNETS.
PONOT,E du Puy.
PONTER, PONTAGE* *chir*,
PONTET de fusil, PONTIER**,E,
PONTIFIER vi. PONTIL *out* pointil.

POOL*. POP/. POPAH *Océ* Blanc.
POPE prêtre orthodoxe.
POPELINE. POPINÉE *Océ* canaque.
POPLITÉ,E *anat* du jarret.
POPOTE. POPOTIN.
POPULAGE *bot* souci d'eau.
POPULÉUM *phar* onguent (peuplier).
POPULEUX..., POPULO.
POQUER heurter. POQUET *agr*.

PORACE,E couleur poireau, porracée
ECOPERA.
PORCHER,E # REPROCHE,
PORCIN*,E # CREPIONS
PERCIONS CONSPIRE.
PORION *mine* chef. PORNO.

POROSITÉ*.
PORPHYRA *alg*. rouge, PORPHYRE.
PORQUE *mar* pièce de renfort.
PORRACÉ,E poracé,e PROCREA,
PORREAU. PORRIDGE.

PORTAGER vt *mar* # POTAGER.
PORTAL... de la veine porte PROTAL,S.

PORTANCE *av* CAPERONT,
PORTANT,E # PRENOTAT TAPERONT,
PORTATIF... PROFITAT.
PORTER,S vt bière.
PORTERIE loge PORTIERE PRETOIRE.

PORTLAND ciment.
PORTOR marbre noir veiné d'or.
PORTULAN carte LOUPANT + R.
PORTUNE crabe (cf F-) PUERONT
REPUTONS SUPERONT.

POSADA auberge espagnole.
POSEUR... POSITIVER vt,
POSITON *ato* TOPIONS OPTIONS
ou POSITRON PORTIONS
POTIRONS SORPTION.

POSTAGE*** (COM-).
POSTCURE CROUPES + T.
POSTDATER. POSTER,S vt.
POSTFACER.
POSTHITE *méd* OPIUTES + T
POSTHUME. POSTLUDE *mus*.
POSTPOSER.
POSTURAL... SPORULAT.

POTACHE**. POTAGER*,E**.
POTALE *belg* niche de statue.
POTAMOT *bot*. POTARD *arg phar*.

PÔTE,E. POTELET* poteau.
POTELLE *mine* cavité.
POTENCÉ,E *hér* ECOPENT.
POTENTAT TAPOTENT.
POTERNE porte OPERENT PRENOTE.

POTIER,E***. POTINER vi,
POTINIER,E POITRINE.
POTIQUET *belg* petit pot.
POTLATCH *ethn* échange de dons.
POTOROU rat-kangourou.
POTTO lémurien (cf PUTTO).
POTTOK ou POTTOCK poney.
POTU,E *belg* boudeur (cf HOTU).

POUACRE sale COUPERA RECOUPA.
POUAH! (cf POUH!)
POUCER vi (auto-stop), POUCEUR…,
POUCIER n doigtier
CROUPIE COPIEUR (cf POUSSIER).
POUDING, **POU**DINGUE roche.
POUDRAGE DEGROUPA,
POUDRIN embrun,
POUDROYER vi.
POUGNER vi *helv* tricher.

POUH! **P**OUILLÉ registre
(É-v DÉ-v PA- FRI-).
POUILLOT *ois* (cf POULIOT).
POUILLY vin. POULAGA flic.
POULAINE *mar.* POULAMON *icht.*
POULARD blé. POULARDE (É-v).
POULBOT. POULINER vi.
POULIOT* *bot.* POULOT,OTTE.
POU**M**! POUND *mon* livre anglaise.
POUPARD,E. POUPART tourteau.
POUPIN,E. POUPONNER.

POURIM fête juive.
POURPIER n *bot.*
POURPRÉ,E, POURPRIN,E.
POUSSAGE *mar.* POUSSA**H**.
POUSSEUR (pour chalands).
POUSSIER n de charbon SOUPIRES.
POUSSIN,E PUISONS
EPUISONS # PUSSIONS.

POUTINE** mets. POUTOU baiser.
POUTRAGE. POUTSER nettoyer.
POUTURE mise à l'étable.
POYA montée à l'alpage.

PRACRIT prakrit. PRACTICE *golf.*
PRADELLE pré (cf PRÉDELLE).
PRAGOIS,E*
ou PRAGUOIS,E GROUPAIS.
PRAÏEN… de Praia (Cap-Vert).
PRAIRE n *moll.* PRAIRIAL,S.
PRAKRIT, *lang anc* prakrit (Inde).
PRALIN boue, PRALINER.
PRAME barque annexe.

PRANDIAL… (repas) PLAINDRA.
PRAO bateau à balancier.
PRAXIE *psy*, PRAXIS *philo.*

PRÉALPIN,E (cf CIS- SUB-).
PRÉAMPLI. PRÉAVIS**ER**.
PRÉBENDÉ,E *rel* payé.
PRÉCATIF… qui exprime la prière.
PRÉCIPUT prélèvement sur un legs.
PRÉCITÉ,E CREPITE.
PRÉCONÇU,E ou T. **PRÉ**CUIRE.

PRÉDATÉ**,E PETARDEE.
PRÉDÉCÈS *dr* PRECEDES DECREPES.
PRÉDELLE de retable (cf PRADELLE).
PRÉDICAT *ling*, PRÉDIQUER.
PRÉDISEZ. PRÉEMPTER *dr.*

PRÉFET,E.
PRÉFIX fixé d'avance, PRÉFIXA**L**…,
PRÉFIXER. **P**RÉFORMER*.
PRÉGNANT,E qui s'impose.
PRÉLART bâche PLATRER.
PRÉLATIN**,E.
PRÉLAVER (cf PRÉVALOIR).
PRÊLE *bot.* PRÉLEGS legs.

PRÉMICES CREPIMES.
PRÉMISSE *log.* PREMIUM *Bourse.*
PRÉMONTRÉ,E *rel.*
PRÉMOURANT,E *dr* (prédécès).
PRÉMUNIR (cf EMPRUNT).

PRENABLE, PRENANT,E.
PRÉNATAL,E,S ou -AUX.
PRENEUR… **P**RÉNOTER *fin.*
PRÉORAL… *zoo* en avant de la bouche.
PRÉPA *scol.* **P**RÉPAYER.
PRÉPOSER. PR**É**PUCE peau du gland.
PRÉRÉGLER. PRÉREINE abeille.
PRÉROMAN,E.

PRÉSALÉ nm mouton. PRÉSÉRIE.
PRESSEUR… *tech*, PRESSIER n,
PRESSING PINGRES + S,
PRESSURER.

PRESTER fournir,
PRESTANT,S *mus.* **P**RESTO,S *mus.*
PRÉSURER (EM- ; cf PRESSURER).
PRÉTÉRIT *ling* (-ER vt).
PRÉTES**T** *pub* test (cf SERPETTE).
PRÊTEUR… PRETURE REPUTER
RUPESTRE (PRO-nm).
PRÉTIRER *jeu* REPETRIR # ETRIPER.
PRÉTRAITÉ,E. PRÉTURE (PRO-).

PRÉVALOIR,
PRÉVALE PRELAVE PRELEVA,
PRÉVALU,E, S, T PLEUVRA/.
PRÉVENTE. PRÉVERBE.
PRÉVÔT, **P**RÉVÔTÉ # VESPETRO,
PRÉVÔTAL…

PRIANT,E # PRISANT SPRINTA.
PRIAPÉE fête PEPIERA PREPAIE.
PRIEUR,E # PRISEUR # UPERISER,
PRIEURAL…
PRIMAGE d'eau (EX-). PRIMA**L**… *psy,*
PRIMAT,E, PRIMATIE (de primat),
PRIMAUTÉ IMPUTERA REIMPUTA
PERMUTAI (cf PRIVAUTÉ),
PRIMIDI, PRIMO/.
PRINCEPS (édition). PRION *biol.*

PRIORAT fonction de prieur,
PRIORI/, PRIORITÉ (A-).
PRISEUR*… PRISUNIC.
PRIVAUTÉ VITUPERA.

PR**O**, PROACTIF… *psy* qui influence.
PROBA *math.* PROCAÏNE *phar.*
PROCLISE *ling.* **PRO**CLIVE (dent).
PROCORDÉ *zoo.* PROCTITE *méd.*
PRODROME *méd* signe av.-coureur.
PROÈDRE *Grèce* président.
PRO**F**. PROFÈS *rel.*

PROFILEUR… PROFUS,E abondant.
PROLAN *embry* # PARLONS.
PROLEPSE réfutation par avance.
PROLINE acide aminé. PROLIXE.
PROLO. PROLOG *inf.* PROMO.

PRONAOS de temple SOPRANO.
PRÔNEUR… # RUPERONS # EPEURONS.

PROPANE* *hydroc,* PROPANOL,
PROPÈNE.
PROPFAN *av* # FRAPPONS.
PROPHASE de la division cellulaire.
PROPOLIS (abeilles). PROPRE**T**…
PROPRIO. PROPYLE,E *hydroc.*

PRORATA/.
PROSIT! PROSODIE *poé.*
PROSOMA *(zoo)* ou PROSOME
(cf PROTOMÉ) PROSPECT *com.*
PROSTRÉ,E. **PRO**STYLE (temple).

PROTAL*,S *scol* (cf PORTAUX).
PROTASE *ling.* **P**ROTE *impr* chef.
PROTÉASE enzyme OPERATES.
PROTÉ**E** amphibien.
PROTÉIDE, PROTÉINÉ,E.
PROTÈLE** hyène # SERPOLET.
PROTE**T** *dr* constat de non-paiement,
PROTESTER une traite.

PROTIDE**. **PR**OTIQUE (acide).
PROTISTE *zoo* TRIPOTES.
PROTO amibe (-N).
PROTOMÉ *déco* tête d'animal.
PROTO**N** particule positive (-IQUE).
PROTOURE insecte primitif.
PROU/ beaucoup (-E). PROUT pet.

PROVENDE *zoo* vivres.
PROVENIR, PROVENU,E.
PROVIN sarment, PROVIGNER.
PROVO gauchiste néerlandais, PROVO**C**.
PROXÈNE *Grèce* hospitalier.
PROXIMAL… PROYER n *ois* bruant.

PRUCHE sapin (cf BRUCHE).
PRUDERIE REPUDIER.
PRUINE du fruit RUPINE PURINE.
PRUNELÉE confiture, PRUNUS.
PRURIGO de la peau, PRURIT.

PRUSSE épicéa. PRUSSIK *alp* nœud.
PRYTANE,E *Grèce* magistrat.
PSAMMITE grès micacé.
PSAUME, **P**SAUTIER n psaumes.
PSCHENT *coif égypt.* PSCHITT,S.
PSEUDO.
PSI/. PSILOPA mouche du pétrole.
PSILOTUM *bot.* PSITT! ou PST!
PSOAS muscle. PSOQUE *ins.*
PSORE gale. PST!
PSY. PSYCHÉ miroir. PSYCHO,S,E.
PSYLLE cigale. PSYLLIUM (plantain).

PTOMAÏNE substance toxique.
PTOSE *méd* descente (APO-), PTOSIS.
PTYALINE enzyme de la salive.

PU**B**. PUBALGIE *méd* (pubis),
PUBÈRE (IM- PRÉ-), PUBIEN… *anat.*
PUCCINIA *cham* ou PUCCINIE.
PUCHE filet. PUCHEUX cuillère.
PUCIER n # PRECUIS. PUCK palet.

PUDDING. PUDDLER de la fonte,
PUDDLAGE, PUDDLEUR.
PUDIBOND,E, PUDICITÉ CUPIDITE.
PUEBLO amérindien. PUER vt.
PUFFIN oiseau marin (cf MUFFIN).
PUGILAT, PUGNACE.

PUÎNÉ,E cadet.
PUISAGE,
PUISARD puits DISPARU,
PUISETTE (à eau) (É-).
PUJA *hind* image sacrée.

PULA *mon afr.* PULL. PULLMAN.
PULMONÉ *moll* PNEUMO + L.
PULPAIRE *dent*, PULPITE.
PULQUE alcool mexicain.
PULSER (EX- IM- COM- PRO-),
PULSANT,E, PULSA**R** *astr*,
PULSATIF… *méd*, PULSION UPSILON/
(EX- RÉ- IM- COM- PRO-).
PULTACÉ***,E comme de la bouillie.
PULVÉRIN* fine poudre à canon.

PUNA plaine (cf AUNA et BUNA).
PUNAISER UNIPARES.
PUNCH,S ou ES, PUNCHEUR.
PUNCTUM/ *opt.* PUNCTURE piqûre.
PUNIQUE des Carthaginois.
PUNK, PUNKETTE. PUNT *mon.*
PUPAZZO marionnettes, PUPAZZI/.
PUPE *ins* nymphe, PUPIPARE.

PUREAU partie découverte d'une tuile.
PUREMENT*/ (A- É-).
PURGEOIR bassin, PURGEUR.
PURINER *agr* RUPINER PRUNIER,
PURIQUE *chim* (HIP-),

PUROT fosse, PUROTIN pauvre.
PURPURA *méd*, PURPURIN,E.
PURULENT,E.
PUSTULÉ,E (-EUX…).

PUT,S *fin* option. PUTATIF… **PUTE**.
PUTIER n merisier ou PUTIET.
PUTRIDE TURPIDE # DISPUTER.
PUTSCH.
PUT**T** *golf* (sur le green),
PUTTER,S vt, PUTTING.
PUTT**O** bébé, pl PUTT**I**/.
PUY montagne volcanique.

PYCNIQUE (homme) rond,
PYCNOSE *méd.* PYÉLITE *méd* (rein).
PYGARGUE aigle. PYGMÉEN…
PYLÔNE. PYLORE orifice de l'estomac.
PYOGÈNE (pus), PYORRHÉE.

PYRALE *pap*, PYRALÈNE *chim.*
PYRAMIDA**L**…, PYRAMIDER.
PYRANNE *chim*,
PYRÈNE *hydroc.* PYRÉNÉEN…
PYRÈTHRE chrysanthème sauvage.
PYREX, PYREXIE fièvre (A-),
PYRIDINE *chim*, PYRITE,

PYROFLAM verre résistant au feu.
PYROGÈNE (A-) qui rend fiévreux,
PYROLE *bot* pirole (cf PYRROL,E).
PYROLYSE, PYROMANE,

PYROSIS sensation de brûlure, PYROXÈNE *géol*, PYROXYLÉ,E. PYRROL,E (azote) voir PYROLE.

PYTHIE oracle, PYTHIEN..., PYTHIQUE, PYTHON. PYURIE pus dans l'urine. PYXIDE *anc* capsule avec couvercle.

Q

Mots avec Q non suivi d'un U : QAT QANUN QARAÏTE QASIDA QATARI,E QATARIEN... QIBLA QWERTY/ BURQA COQ CINQ/ IRAQIEN MUQARNAS PAQSON...

Mots avec QU- sans voyelle supplémentaire : PIQÛRE et SURPIQÛRE.

QANUN cithare du Proche-Orient.
QARAÏTE *rel* (ou C- ou K-) QATARIE.
QASIDA poème arabe.
QAT *arb* khat (feuilles hallucinogènes).
QATARI,E*, QATARIE**N**...
QIBLA direction de La Mecque.

QUAD *véhi.* QUADO réparat. de pneus.
QUADRA, QUADRANT ¼ de cercle.
QUADRI (-phonie).
QUADRIGE char. **QUA**DRILLE.
QUAHOG *québ* zoo clam.
QUAKER,ESSE *rel* QUARK + E.
QUALIF FLIQUA,
QUALIFIER (DÉ- RE- DIS-).

QUANT/ (-IÈME -IQUE -IFIER).
QUANT**A**/ *phys* pl de QUANTUM,
QUANTEUR *math* RAUQUENT.
QUANTILE *stat.* QUANTON particule,
QUANTUM *phys* # MUSQUANT.

QUARK *phys* particule (ANTI-).
QUARRE carre ARQUER RAQUER (ES-).
QUART (-A -E -O/ -S -Z ; CO-
IN- BRO- CLI- TRIN-),
QUARTER *mine* réduire (une roche),
QUARTAGER *agr* (4e labour ;
cf TERCER, TERSER et TIERCER).
QUARTAUT petit tonneau.
QUARTE**T**... *inf* TRAQUET # SQUATTER,
QUARTIDI 4e jour de la décade.
QUARTIER EQUARRIT TRIQUERA.
QUARTILE *stat* RELIQUAT.

QUARTO/ quatrièmement.
QUARTZ (-EUX... -ITE).
QUASAR *astr* RAQUAS ARQUAS.
QUASI,S. QUASSIA SAQUAIS
ou QUASSIER n *arb*, QUASSINE
NIQUASSE NAQUISSE NASIQUES.
QUATER/ adv, QUATERNE *loto.*
QUATRAIN, QUATUOR.

QUECHUA *lang* (Pérou et Bolivie).
QUÉLÉA oiseau africain LAQUEE.
QUÉMANDER. QUENELLE.
QUÉNETTE fruit antillais.
QUENOTTE dent d'enfant (PÉ-).
QUENOUILLÉ,E.
QUÉRABLE *dr* que l'on doit quérir.
QUÉRIR/ (AC- EN- RE- CON-).

QUÈSACO/ COSAQUE.
QUESTEUR QUESTURE TRUQUEES
QUETEURS ETRUSQUE.

QUÉTAINE *québ* de mauvais goût
ENQUETAI TAQUINEE.
QUÊTE (TI- BOU- ÉCHI-),
QUÊTER (BA- BÉ- CA-vi CO-vi
EN- HO-vi LO-vi PA- PI- RE-
BAN-vi BEC- BRI- CLA-vi CLI-vi
CRA-vi ÉTI- MAR- PAR- DÉBÉ-
DÉPA- EMPA- RELO-),
QUÊTEUR TRUQUEES QUEUTER
(CA- EN- PA- PI- BAN- BRI-
ÉTI- MAR- PAR-),
QUÊTEUSE EQUEUTES (CA- EN-
LO- PA- PI- BAN- ÉTI- PAR-),
QUÊTEUX... *québ* mendiant (LO-).

QUETSCHE ᴛᴄʜᴇǫᴜᴇѕ.
QUETTE *coif* tresse (BA- BÉ-
BI- CA- CO- HO- JA- LI- LO-
MA- MO- PA- PI- RA- RO-
BAN- BAR- BEC- BRI- BRO-
CAS- CLA- CLI- CRA- CRO-
DIS- ÉTI- FLI- MAR- PAR- PLA-
QUÉ- ROU- SOC- TUR-)
QUETZAL,S ou ES *ois* ᴛᴀʟǫᴜᴇᴢ.

QUEUSOT *élec* tube ᴛᴏᴜǫᴜᴇѕ.
QUEUTER** vi (É-vt),
QUEUTAGE (É-).
QUEUX (A- LA- MU- PI- TAL-
VIS- BARO- VARI- tous avec fém.).

QUI/ (-A/ -D/ -Z).
QUIA/ à quia : sans réponse ǫᴜᴀɪ.
QUICHE ᴄʜɪǫᴜᴇ (ES-vt).
QUICHUA quechua. QUICK *tennis*.
QUID/. QUIDAM,S.
QUIDDITÉ *philo* essence.
QUIET,E ᴛɪǫᴜᴇ # ᴇᴛɪǫᴜᴇ ᴇǫᴜɪᴛᴇ,
QUIÉTUDE. QUIGNON.

QUILLE (É- S- JON-),
QUILLER jeter (BÉ- CO- DÉ-
EN- MA- REN- RES-),
QUILLARD *mil*, QUILLEUR... *sp*.
QUILLIER n *out* vrille.
QUILLON (croix de la garde d'une épée).
QUIMBOIS *Antilles* sortilège.

QUINAIRE (5) ɴɪǫᴜᴇʀᴀɪ ɪʀᴀǫᴜɪᴇɴ.
QUINAUD,E honteux.
QUINE *loto* ᴇǫᴜɪɴ ɴɪǫᴜᴇ # ѕᴇǫᴜɪɴ
ᴇɴǫᴜɪѕ (É- CO- TA-v ACO-v
BAS- BIS- BOU-v MES- PAS-v
ROU- ARLE- MARO-v TRUS-v).
QUINÉ,E *bot* (5 par 5) # ᴇǫᴜɪɴᴇ
ɴɪǫᴜᴇᴇ # ᴇɴǫᴜɪѕ ѕᴇǫᴜɪɴ.
QUININE. QUINOA céréale.
QUINOLA valet de cœur ᴀǫᴜɪʟᴏɴ.
QUINONE composé benzénique.
QUINQUA. QUINQUET lampe.
QUINQUIN gosse (-A).
QUINT,E cinquième # ᴇɴǫᴜɪᴛ,
QUINTET quintette ᴛɪǫᴜᴇɴᴛ,
QUINTEUX..., QUINTIDI 5e jour.
QUINTO/ adv (5e) (cf ᴛɪǫᴜᴏɴѕ).
QUINZE/ ɴɪǫᴜᴇᴢ.

QUIPO cordelettes incas,
QUIPOU ou QUIPU.
QUIRAT *dr mar* ᴛʀɪǫᴜᴀ # ʀɪѕǫᴜᴀᴛ.
QUIRITE *Rome* citoyen # ʀᴇǫᴜɪѕɪᴛ.
QUISCALE *Am. centr. ois* ᴄʟɪǫᴜᴇѕ + A.
QUITTER (AC- RE-) ᴛʀɪǫᴜᴇᴛ.
QUITUS (bonne gestion). QUIZ jeu.

QUOLIBET ᴏʙʟɪǫᴜᴇ* + T.
QUORUM. QUOTA,S ᴛᴏǫᴜᴀ,
QUOTIENT. QUOTITÉ de quote-part.
QWERTY/ (clavier anglais).

Mots qui contiennent la lettre Q

ABAQUE boulier. ABDIQUER.
ABIOTIQUE sans vie. ACÉTIQUE.
ACLINIQUE sans inclinaison magnétique.
ACNÉIQUE. s'ACOQUINER.
ACQUÉRIR ᴄʀɪǫᴜᴇʀᴀ,
ACQUIERS (J-),
ACQUIERT ᴀʀᴄᴛɪǫᴜᴇ,
ACQUÉRONS etc.,
ACQUÉRAIS etc., ACQUIS etc.,
ACQUERRAI etc.,
ACQUERRAIS etc.,
ACQUIÈRE,S, ACQUISSE etc.,

ACQUÊT (J-) ᴄᴀǫᴜᴇᴛ, ᴀᴄǫᴜɪᴛ,ѕ.
ADAMIQUE. ADÉQUAT,E.
ADIPIQUE (acide) gras ᴅᴇᴘɪǫᴜᴀɪ.
AFFIQUET petite parure.
AGOGIQUE qui modifie le tempo.

ALBRAQUE *mine*. ALCAÏQUE *poé*.
ALEXIQUE incapable de lire.
ALGIQUE relatif à la douleur
(MY- OT- ANT- COX-).
ALIQUOTE *math* ʟᴏǫᴜᴇᴛᴀɪ.
ALOGIQUE. ALTAÏQUE *géog*.

AMERLOQUE.
AMIMIQUE *méd.* AMYLIQUE.
ANODIQUE. ANOMIQUE.
ANOXIQUE *méd* privé d'oxygène.
AORTIQUE RETOQUAI TOQUERAI.
APIQUER *mar* PIQUERA REPIQUA,
APIQUAGE (vergue qu'on incline).
APNÉIQUE de l'apnée PANIQUEE.

AQUACOLE *bot* ou AQUICOLE,
AQUAGYM. AQUAVIT VAQUAIT
ou AKUAVIT ou AKVAVIT.
AQUEDUC CADUQUE,
AQUEUX… (L-) *bot*,
AQUICOLE *bot* ou AQUACOLE.
AQUIFÈRE. AQUILAIN *éq.*
AQUILIN. AQUILON*.
AQUITAIN,E TAQUINAI.
AQUOSITÉ (aqueux) ESTOQUAI.

ARABIQUE BAQUERAI. ARCTIQUE*.
ARÉIQUE sans eau # RESEQUAI.
ARÉQUIER n palmier, EQUARRIE
EQUERRAI, **A**RÉQUIERS.
ARLEQUIN,E.
ARNAQUER (-EUR…).
ARQUE RAQUE (B- M-v P-v DY- ÉN-
ÉP- ÉT-v EX- ASI- DÉB-v DÉM-v
EMB-v MON- NAV- REM-v),
ARQUER**.

ASEPTIQUE stérilisé.
ASIARQUE *mag rom* SAQUERAI.
ASQUE spore SAQUE (B- C-v M-v V-
BR-v FI- FL- FR- DÉM- MAR- TAR-).
ASTATIQUE.
ATAVIQUE (B-). ATAXIQUE *méd.*
ATHYMIQUE.
ATONIQUE *méd* EQUATION.
ATOXIQUE.
ATTIQUE *Grèce* QUETAIT
STATIQUE TIQUATES.
s'**AT**TRIQUER s'attifer
ETRIQUAT REQUITTA QUITTERA.
ATYPIQUE.

AULIQUE *dr.* **A**URIQUE voile.
AUQUEL/, **AUX**QUELS
LAQUEUX + S, **AUX**QUELLES.
AXÈNE *méd* stérile, AXÉNIQUE *biol.*
AZOÏQUE sans vie. AZOTIQUE.
AZTÈQUE (Mexique) # SQUEEZAT.

BACHIQUE de Bacchus.
BAÏOQUE *mon rel* **BAL**TIQUE.
BANQUER vt.
BANQUETER vi, je **BAN**QUETTE.
BANQUIER,E.
se BAQUER, BAQUET # BASQUET,
BAQUETER, je **BA**QUETTE.

BARAQUER BRAQUERA.
BARBAQUE.
BARJAQUER vi bavarder.
BASIQUE (BI- DI-). BASQUAIS,E.
BASQUET* cageot emboîtable.
BASQUINE *vêt* BANQUISE (cf BIS-).
BASTAQUE hauban BAQUETAS.

BÉCHIQUE *phar* (contre la toux).
BECQUÉE, BECQUET *impr*,
BECQUETER (DÉ-),
je **BEC**QUETE (DÉ-),
ou je **BEC**QUETTE,
BÉQUÉE, BÉQUET,
BÉQUETER (DÉ-),
je **BÉ**QUETE (DÉ-),
ou je **BÉ**QUETTE.
BÉQUILLER.
BERNIQUE *moll.*

BICOQUE.
BILOQUER labourer OBLIQUER vi.
BIONIQUE biol. appliquée à la tech.
BIOTIQUE (A- SYM- ANTI-).
BIQUE, BIQUET, **BI**QUETTE.
BISQUER vi BRISQUE BRIQUES.
BISQUINE bateau breton (cf BAS-).

BLINQUER *belg* astiquer.
BLOQUANT,E, BLOQUEUR…

BORIQUÉ,E contient de l'acide borique.
BOUQUETÉ,E (vin) parfumé.
BOUQUINER vt.

BRANQUE fou. **B**RAQUER,
BRAQUAGE, BRAQUE**T**.
BRAQUEUR…
BRASQUER enduire un creuset.
BRIQUER (É- FA- IM- RU-).
BRIQUE**T**ER, je **B**RIQUETTE.
BRISQUE** chevron.
BROMIQUE.
BROQUARD cerf ou **BRO**QUART.
BROQUETTE clou.
BUQUER *helv* frapper (cf D-).
BURQA burka. BUSQUER (busc-).

CACIQUE chef. CADUQUE*.
CAÏQUE *mar* ICAQUE # ACQUISE.
CALANQUE crique.
CALCIQUE du calcium ou de la chaux.
CALQUER,
CALQUAGE CLAQUAGE,
CALQUEUR… CLAQUEUR masc.
CANAQUE ENCAQUA.
CAPRIQUE (acide du lait de chèvre).

CAQUER *(icht)* (EN-), CAQUAGE.
CAQUELON poêlon.
CAQUETER vi, je **CA**QUETTE,
CAQUETEUR… CAQUEUR…
CARAQUE *mar* CAQUERA,
CARQUOIS CROQUAIS.
CASAQUIN corsage.
CASQUER SACQUER.

CELTIQUE CLIQUETÉ.
CERQUE *(ins)* appendice sensoriel.
CHAQUE/.
CHIQUER, CHIQUEUR…
CHNOQUE (S-). CHOLIQUE (bile).
CHOQUARD corneille, chocard.
CHOUQUE *mar* ou CHOUQUET.

CINOQUE CONIQUE # CONQUISE
ou SINOQUE.
CITRIQUE (acide) du citron CRITIQUE.

CLANIQUE (cf CLI- CLO-).
CLAQUER, CLAQUANT,E,
CLAQUAGE*, CLAQUET latte,
CLAQUE**T**ER vi, je **CLA**QUETTE,
CLAQUEUR* *(théâ)*, CLAQUOIR.

CLIQUART pierre à bâtir.
CLIQUER vt *inf*, CLIQUE**T** (-IS),
CLIQUE**T**ER vi (DÉ- EN-),
je **C**LIQUETTE.

CLOAQUE LOQUACE.
CLOQUER *étof*, CLOQUAGE.
CLONIQUE (CY-).

COLLOQUER *dr*. CONIQUE* (I-).
CONQUE. CONQUÊT *dr*.

COQUARD coup ou **CO**QUART.
COQUÂTRE coq à demi castré.
COQUEBIN,E niais.
COQUELET COQUETEL.
COQUEMAR bouilloire à anse.

COQUERET *bot* COQUETER.
COQUERIE *(mar)* cuisine
COQUERON *(mar)*. COQUETEL*.
COQUETER* vi faire le coq,
je **C**OQUETTE.

COQUILLER (pain) (RE-).
COQUINET…

CORNAQUER guider.
CORNIQUE de la Cornouailles.
COSAQUE*.
COSMIQUE COMIQUES.
COUFIQUE *ar anc* écriture, kufique.
COUQUE brioche.

CRADOQUE. CRAMIQUE *belg* pain.
CRAQUER, CRAQUAGE cracking,
CRAQUANT,E,
CRAQUELER, je **CRA**QUELLE.
CRAQUETER vi crier,
je **CRA**QUETTE.
CRAQUEUR nm (pour le raffinage).

CRÉTIQUE *poé* (pied) (SYN-).
CRIQUER vi se fendre.
CROQUANT,E, **C**ROQUET,
CROQUETTE, CROQUEUR…
CUPRIQUE du cuivre.
CYMRIQUE gallois, kymrique.
CYSTIQUE de la vésicule ou la vessie.

DACQUOIS,E de Dax.
DAÏQUIRI coquetel ou DAÏKIRI.
DARIQUE *mon* (Darius) (PIN-).

DÉBOUQUER vi *mar* (cf EM-vt).
DÉFÉQUER vt *chim* clarifier.
DÉFLOQUER. DÉFROQUER.
DÉLIAQUE de Délos, délien.
DÉPIQUER *agr* battre PREDIQUE.
DÉQUILLER abattre (cf BÉ- EN-).
DERMIQUE MERDIQUE.
DÉROQUER empêcher de roquer.
DESQUAMER (écailles) DEMASQUER.
DESQUELS, **DES**QUELLES.
DÉTROQUER séparer des huîtres.

DIADOQUE successeur d'Alexandre.
DIÉNIQUE *hydroc* INDIQUEE.
DIOÏQUE *(bot)* IODIQUE.
DIPTYQUE *art* (cf DYTIQUE).
DISQUAI**RE**,
DISQUER découper (EN-),
DISQUETTE. DISQUEUSE scie.
DISTIQUE groupe de deux vers.

DOLIQUE haricot, dolic # DISLOQUE.
DORIQUE *arch* (chapiteau).
DUPLIQUER.
DUQUER *bridge* (É-). DUQUE**L**/.

DYADIQUE (2). DYARQUE *pol.*
DYTIQUE coléoptère aquatique.

ÉBRIQUER casser en morceaux.
ÉDÉNIQUE (cf DIÉNIQUE*).
EMBECQUER *ois* nourrir.
EMBOUQUER un canal (cf DÉ-vi).
EMBRAQUER *mar* EMBARQUER.
ÉMÉTIQUE qui fait vomir.

ÉNARQUE.
ENCAQUER *(icht)* mettre en caque.
ENDISQUER enregistrer.
s'**EN**QUÉRIR → ACQUÉRIR,
ENQUERRE/ *hér* (-Z).
ENQUÊTER vt.
s'**EN**QUILLER s'introduire (R-).
ENSUQUER abrutir # ENUQUES.
ENTROQUE *géol* TRONQUEE.
s'ÉNUQUER se casser le cou.

ÉOLIQUE de l'Éolie OLEIQUE (RUB-).
ÉPARQUE chef d'une éparchie.
ÉPIMAQUE oiseau paradisier.

ÉQUARRIR.
ÉQUERRER # RESEQUER.
ÉQUEUTER.

ÉQUIDÉ # DISQUEE.
ÉQUILLE (B-v D-v) *icht* # ESQUILLE.
ÉQUIN**,E**. ÉQUINOXE.
ÉQUIPER (DÉS- SUR-),
ÉQUIPIER,E PIQUERIE.
ÉQUIPOLÉ adj masc *hér*.
ÉQUITANT,E *bot* QUANTITE.
ÉQUIVALU,S,T, ÉQUIVAUX (-T).

ÉRADIQUER. ÉRUCIQUE (acide).

ESQUARRE *hér* escarre EQUERRAS.
ESQUICHER *bridge*. ESQUIF.
ESQUILLE* d'os (R-v ; -EUX…).
ESQUIMAU,X, DE, TER vi
MUSIQUE + A.

ESQUINTER. **E**SQUIRE titre
RISQUEE REQUISE SERIQUE.
ESTOQUER TROQUEES.

ÉTARQUER tendre (une voile)
EQUERRAT TERRAQUE.
ÉTATIQUE ETIQUETA.
ÉTHIQUE (AL- BIO-). ETHNIQUE.
ÉTIQUE** maigre (R- AC- CR- ÉM-
NO- PO- RH- TH- ALO- ASC- CIN-
COM- EID- GÉN- HÉR- HYL- MIM-
MON- PYR- TAB- TON- ZÉT-).
ÉTIQUETER, j'**É**TIQUETTE.
ÉTRIQUER REQUIERT.
ÉTRUSQUE****. EUNUQUE.
EXARQUE titre oriental, civil ou rel.

FAQUIN nm. **FA**UNIQUE.
FELOUQUE barque. FERRIQUE.
FÉTUQUE *bot.* **FI**ASQUE à vin.
FILIOQUE/*rel* et du fils.
FILMIQUE.
FLIQUER épier.
FLIQUESSE ou **FL**IQUETTE.
FLOQUER enduire de floc (DÉ-).

FOLIQUE (acide des f. d'épinard).
FONGIQUE d'un champignon.
FORMIQUE (acide des fourmis).
FORNIQUER vi. FOULQUE *ois.*
FRANQUE. FRASQUE.
FRIQUÉ,E
FRIQUE**T** *ois* # FRISQUET.
FRISQUET*…
FROUSQUE? FROUSQUIN (cf T-)

GAÉLIQUE. GALLIQUE (acide).
GÉNIQUE *gén* (EU- DYS- ORO-).
GESTIQUE nf gestuelle.
GLOBIQUE *méc.* GNOMIQUE.
GNOSIQUE. GOLFIQUE.
GOTIQUE (AR-), GOTHIQUE.
GRECQUER scier. GYMNIQUE.

HAPTIQUE (toucher) PHATIQUE.
HAQUENÉE *éq.* HAQUET charrette.
HECTIQUE *méd* (fièvre) prolongée.

HEIDUQUE *mil.* HÉLIAQUE *astr.*
HOQUETER vi, je **HO**QUETTE.
HOQUETON *hist mil* veste.
HOUQUE avoine (C-) ou HOULQUE.
HOURQUE bateau de transport.

HUMIQUE de l'humus.
HUNNIQUE des Huns.
HYMNIQUE. HYDRIQUE.

IAMBIQUE. IBÉRIQUE.
ICAQUE* fruit de l'ICAQUIER.
ICONIQUE de l'image.
ILIAQUE (os) # LIASIQUE SIALIQUE.
IMBRIQUER (cf **É**-). INIQUITÉ.
INQUART *mét* TRINQUA # RISQUANT.
INQUILIN,E *bot ou zoo* «locataire».
INTRIQUER COMPLIQUER # NITRIQUE.

IODIQUE* (PÉR- APÉR-).
IONIQUE *arch* (B- AN- AV- TH-).
IRAQIEN…, IRAQUIEN**… irakien…
IRÉNIQUE *rel.* IROQUOIS,E
ISIAQUE d'Isis, déesse égyptienne.

JACQUARD,É,E *étof* fait au jacquard.
JACQUES. **J**ACQUET jeu, jaquet.
JACQUIER n ou JAQUIER,
JACQUIERS.
JACQUOT perroquet ou JACO(T).
JAQUE (BAR-vi) fruit du JA(C)QUIER.
JAQUELIN,E cruche en grès pansue
JAQUET jacquet, **JA**QUETTE.
JAQUIER n *arb* jacquier voir JAQUE.
JAZZIQUE. JONQUE.
JUDAÏQUE. JUSQUE,S.

KUFIQUE écriture arabe.

KUMQUAT mandarinier.
KYMRIQUE gallois, cymrique.
KYSTIQUE.

LACTIQUE (acide) CLIQUETA (GA-).
LAÏQUE laïc # SALIQUE.
LAMAÏQUE bouddhiste.

LAQUELLE/, **LES**QUELLES
LAQUAGE (C- P-),
LAQUEUR… (C-masc P-) RELUQUA,
LAQUEUX… LIASIQUE** du lias.
LIMBIQUE (structures nerveuses).
LIMEQUAT limette et kumquat.
LINÉIQUE (unité de longueur).
LIQUETTE (C-vi F- DÉC-v ENC-v).
LITHIQUE de la pierre.

LOQUETER vi (agiter) (RE-vt),
je **LO**QUETTE TOLTEQUE,
je RELOQUETE.
LORIQUET perroquet. LOUFOQUE.

LUCQUOIS,E (It). LUDIQUE (PA-).
LUPERQUE *rel.* LUPIQUE (lupus).
LYRIQUE.
LYTIQUE génère la lyse # STYLIQUE.

MACAQUE petit singe.
MACQUER *text* broyer, MACQUAGE.
MALIQUE (acide) (cf MÉLIQUE).
MALPÈQUE *Québ* huître.
MANIQUE gant de travail, manicle.
MANOQUER des feuilles de tabac.
MANTIQUE pratique de la divination.
MAQUE (ÉPI- MIC-), MAQUER *arg.*
MAQUETTER un livre (cf MO-).

MARASQUE cerise MASQUERA
MAQUERAS ARQUAMES RAQUAMES.
MARISQUE d'hémorroïde MARQUISE.
MAROQUIN peau de chèvre (-ER).
MARQUAGE.
MARQUETER, je **MAR**QUETTE.
MARQUEUR… (DÉ-), MARQUOIR.
MASQUAGE, MASQUANT,E.
MASSIQUE *phys* de la masse.

MÉDIQUE mède.
MÉLIQUE lyrique et choral (FA-).
MÉNISQUE MNESIQUE
MESQUINE ENQUIMES.
MERDIQUE*. MÉTÈQUE.

MICMAQUE *Québ* amérindien.
MIMIQUE (A-).
MINQUE halle *(icht)* # MESQUIN.
MIQUELET *hist* franc-tireur catalan.
MNÉSIQUE*** de la mémoire (A-).

MONOÏQUE. MOQUETTER.
MORBAQUE.
MORESQUE *ar*, MORISQUE *isl esp*.
MOSAÏQUÉ,E. MOUQUÈRE.
MUQARNAS *arch isl* niche.
MUQUEUX, MUQUEUSE.
MUSIQUER. MUSQUER (musc).
MUTIQUE atteint de mutisme.
MYOTIQUE *méd* du myosis (œil).
MYTHIQUE THYMIQUE.

NAQUIS (RE- ABÉ-adj) NIQUAS,
NAQUIT (RE-) NIQUAT TAQUIN.
NARQUOIS,E ARQUIONS RAQUIONS.
NASIQUE singe à nez long et mou.
NAVARQUE *Grèce* amiral.

NIQUE (I- U- CO- CY- GÉ- IO-
MA- PA-v PU- RU- SO- TO-
TU-adj VI- ATO- AXÉ- BER- BIO-
CLA- CLI- CLO- COR- DIÉ-
ÉDÉ- ETH- FAU- FOR-vi GYM-
HUN- HYM- ICO- IRÉ- IRO-
PHÉ-adj PHO- PYC- SCÉ- TAN-
URA- URO- CHRO-v TOUR-vi).
NIQUER. **NI**TRIQUE* azotique.
NOÉTIQUE (intellect) TONIQUE* + E.

OBLIQUER* vi. OBSÈQUES.
OGAM**IQUE** *écri*, OGHAM**IQUE**.
OHMIQUE.
OLÉIQUE* (huile) (LIN-).
OLMÈQUE mexicain.
ONCQUES, ONQUES (C- J-) onc.
ONIRIQUE du rêve IRONIQUE.
ONTIQUE *philo* de l'étant TONIQUE
QUESTION QUETIONS.
OOTHÈQUE *ins* de l'œuf (Z-).
ORGIAQUE. ORPHIQUE d'Orphée.
ORQUE cétacé ROQUE (P- T-
EXT-v REM-v RÉT-v).

OSMIQUE *chim* (C-). OSQUE (It.).
OTIQUE *méd* # STOIQUE (G- AZ-
BI- ÉR- EX- MY- PR- ABI- ARG-
CHA- DÉM- DOM- MAR- MÉI-
MIT- NIL- NOV- ONC- ONK-
OSM- ROB- ZYM-).
OURAQUE *anat* # SOUQUERA.
OXALIQUE (acide) dans l'oseille.

PACQUER *(icht)*, PACQUAGE.
PALANQUER lever avec un palan.
se PANIQUER.
PAQSON, PACSON ou PAXON.
PÂQUE (O-).
PAQUETER PARQUETÉ
(DÉ- EM- REM-), je **PA**QUETTE.
PÂQUIS pré.

PARQUET**ER**, je **PAR**QUETTE,
PARQUETEUR…
PARQUEUR… *zoo*, PARQUIER,E.
PASQUIN bouffon, PASQUINER.
PASTÈQUE PAQUETÉS.

PATAQUÈS *lang* faute PAQUETAS.
PATRAQUE PARQUETA.

PÉBROQUE. PECQUE pécore.
PECTIQUE (acide). **PEP**TIQUE.
PÉQUENOT,OTTE POQUENT + E.
PÉQUET eau-de-vie ou PÉKET.
PÉQUIN civil ou PÉKIN,É,E.
PÉQUISTE *pol* PIQUETÉS SEPTIQUE.
PERSIQUE REPIQUES.
PÉTANQUE.

PHASIQUE SAPHIQUE (A-).
PHATIQUE* (contact par le langage).
PHÉNIQUÉ,E (contient du phénol).
PHOBIQUE. PHONIQUE.
PICRIQUE (acide).

PIQUAGE (A-),
PIQUE (A-v É- DÉ-v LU- RE-v
TO- TY- ADI- ATY- HIP- SUR-v
TRO- UTO-),

PIQUER (A- DÉ- RE- SUR-),
PIQUERIE* pour drogués,
PIQUETER, je **PI**QUETTE.
PIQUEUR… PURIQUE # SURPIQUE,
PIQUEUX… *vén* s'occupe des chevaux.
PIQUIER n *mil.* Pas de « piquière » ;
cf PIQUERIE et ÉQUIPIER.
PIQUOIR, PIQÛRE (SUR-)

PLANQUER. **P**LAQUAGE,
PLAQUEUR…, PLAQUIS.
PLIQUE (cheveux) (AP- DU- EX-
IM- RÉ- COM- RAP- RÉEX- tous
vt ; SUP- INAP-adj INEX-adj).

POLAQUE.
POQUER heurter PORQUE.
POQUE**T** *agr* trou. **P**ORQUE* *(mar)*.
POTIQUET *belg* petit pot.

PRÉDIQUER *ling.*
PROTIQUE (acide) dû à un proton
PORTIQUE TROPIQUE.
PSOQUE *ins (arb)* POQUES.
PULQUE boisson fermentée (Mexique).
PUNIQUE. **P**URIQUE* *chim* base.
PYCNIQUE tout en rondeur.
PYTHIQUE d'Apollon TYPHIQUE.

RABIQUE de la rage (A- ST-).
RAMEQUIN. **R**APPLIQUER vt.
RAQUER (B- C- T- BA- DÉT-
EMB- MAT-). **RA**QUETTE (C-).
RAUQUER vi crier (tigre).

REBIQUER vi. RELIQUAT*.
RELOQUETER vt *belg* nettoyer,
je RELOQUETE.
RELUQUER. **R**EMBARQUER.
RENQUILLER remettre en poche.

REQUÉRIR → ACQUÉRIR.
REQUÊTER *vén* chercher de nouveau.
REQUIEM/ (cf REQUÎMES).
REQUIN**QUER**.

RÉQUISIT*,S *philo* hypothèse.
REQUITTER.

RÉSÉQUER* amputer.
RÉTIQUE de Rhétie (C-), rhétique
STERIQUE ETRIQUES TRIQUEES REQUITES.
RETOQUER rejeter. RHÉTIQUE.
RIQUIQUI ou RIKIKI.

ROMAÏQUE *lang* MOQUERAI
ou ROMÉIQUE MOQUERIE.
ROQUER vi (C- T- DÉ- DÉT-
ESC- DÉF- tous vt).
ROQUERIE (manchots) (ESC-).
ROQUE**T** (C- T- PER- BIST-
MAST-) TROQUE TORQUE TOQUER.
ROQUE**TIN** *text* petite bobine.
ROQUETTE *mil* rocket (B- C-).
ROQUILLE *québ* unité de capacité.
RORQUAL,S baleine.
ROUQUIN,E # URONIQUE.

RUBRIQUER. **R**UNIQUE écriture.
RUSTIQUER *arch* tailler # TIQUEURS.

SACQUER ou SAQUER.
SALANQUE terre dessalée.
SALIQUE* (exclut les femmes) (VAS-).
SAMBUQUE *anc* harpe EMBUSQUA.
SAPÈQUE *mon* (Chine).
SAPHIQUE*.
SAQUER. **SAU**PIQUET sauce piquante.

SCÉNIQUE SCINQUE + E.
SCHNOQUE. SCINQUE lézard.

SÉMIQUE. SEPTIQUE** (A-).
SÉQUELLE. SÉQUENCER *biol.*
SEQUIN**** *mon.* SÉQUOIA *arb u.s.*
SÉRIQUE*** du sérum sanguin.

SIALIQUE** (sial). SIDAÏQUE (sida).
SILIQUE fruit sec (BA-).
SINOQUE ou CINOQUE SONIQUE.
SISMIQUE (A-). SLOVAQUE.

SOCQUE *théâ* COQUES (cf OSQUE).
SOCQUE**T** *élec* SOCKET, SOQUET
COQUETS (-TE).
SODIQUE (sel) (ÉPI- PRO-
RAP- RHAP-).
SONIQUE* (OP- SUB-).
SOQUET socquet, socket TOQUES.

SOUQUER *mar* raidir un cordage.

SQUALE *icht* LAQUES, SQUALIDÉ.
SQUAMATE *rept* TAQUAMES
MAQUATES,
SQUAMÉ,E couvert d'écailles
MAQUES MASQUE (DÉ-v).
SQUAMEUX…, SQUAMULE écaille.
SQUARE. SQUASH.
SQUAT (BI- et ts verbes en -SQUER).
SQUATINA requin TAQUINAS
ou SQUATINE TAQUINES
ESQUINTA NAQUITES ANTIQUES.
SQUATTER**,S vt (-EUR…).
SQUAW.

SQUEEZER *bridge* RESEQUEZ.
SQUILLE *crust* (E- RE-v).
SQUIRE noble (E-) RISQUE REQUIS.
SQUIRRE *méd* (-EUX…) RISQUER
ou SQUIRRHE (-EUX…)
(cf CIRE, CIRRE, CIRRHE).

STANNIQUE contenant de l'étain.
STATIQUE** (A-).
STÉRIQUE**** *chim.* STOÏQUE*.
STUQUER. STYLIQUE*.

SURPIQUER SURPIQURE
SYNDIQUER.
SYRIAQUE *lang.*

TALQUER, TALQUAGE,
TALQUEUX… TANIQUE ANTIQUE
TAQUINE ou TANNIQUE (S-).
TAQUER *impr* (AT- TIC-vi),
TAQUAGE. TAQUE**T**.
TAQUOIR *impr* TROQUAI ROQUAIT.

TARASQUE monstre (cf M-)
ARQUATES RAQUATES TAQUERAS
ETARQUAS

TCHÈQUE. TEQUILA QUALITE.
TERRAQUÉ**,E (terre et eau).
THÈQUE *bot* gaine (OO- APO-
DIA- ZOO-).
THÉTIQUE *philo* d'une thèse (ES- PA-).
THYMIQUE* *anat* du thymus (A-).

TICTAQUER vi.
TIQUE (É- O- AN- AS-v AT- DY-
GO- LY- MU- ON- OP- RÉ- ZU-
ACÉ- AOR- ARC- AZO- BAI- BIO-
BOU- CAN- CEL- CRÉ- CRI-v CYS-
DIS- ÉMÉ- ÉRO- ÉTA- EXO-
GES- HAP- HEC- KYS- LAC-
MAN- MAS-v MYO- MYS- NAU-
NOÉ- PEC- PEP- PHA- POÉ-
POR- PRA-v PRO- RHÉ- RUS-v
SEP- STA- TAC- THÉ- VIA-),
TIQUER vi (AS- CRI- MAS-
PRA- RUS- PLAS- POLI-vi).
TIQUETÉ,E *zoo bot* tacheté (E-v).
TIQUEUR... ayant un tic # RUSTIQUE.

TOLTÈQUE* mexicain.
TONIQUE* (A- CÉ- DÉ- DIA-
ISO- LEP- PHO- PLA- PLU-
PRO- TEC- TEU-).
TOPIQUE *phar* à usage externe
OPTIQUE (U- EC- MÉ- ISO-).
TOQUADE. TOQUANTE.
TOQUARD,E # DETROQUA (cf
TOCADE TOCANTE TOCARD,E).
se TOQUER***.
TOQUET toque (PAL-).

TORIQUE (joint) (HIS- RHÉ-).
TORQUE*** collier. TOUQUE *réc.*
TOXIQUE (A- DÉ-v IN-v).

TRAQUET* *ois* (cf TRI- TRO-).
TRAQUEUR... TRUQUERA (MA-).

TRIBRAQUE pied (3 brèves).
TRINQUER vi (cf ENQUIERT).
TRINQUE**T**... mât TRIQUENT.
TRIQUARD,E *dr arg* tricard,e.
TRIQUER battre (É- AT- IN-).
TRIQUE**T*** échelle (FOU-; -RE).

TROQUER (DÉ-),
TROQUE*** (EN-), TROQUEUR...
TROQUET (BIS- MAS-).
TRUQUAGE, TRUQUEUR...
TRUSQUIN *out* (-ER) TURQUINS.

TUDESQUE EDUQUES + T.
TUNIQUÉ,E *bot.*
TUQUE *coif* (S-v FÉ-).
TURCIQUE (os). TURQUIN bleu.
TYPHIQUE*. TYPIQUE (A-).

UBIQUITÉ. UBUESQUE.
ULLUQUE *bot* ulluco, ullucu.
UNIQUE (P R T adj FA COMM-v)
UNIVOQUE. **URA**NIQUE *chim.*
URÉIQUE de l'urée, URÉMIQUE.
URIQUE (acide) (A- P- DYS-).
URONIQUE* (acide) (NE-).
UTOPIQUE.

VALAQUE de la Valachie (Roumanie).
VAQUER vi.
VAQUE**RO** bouvier REVOQUA.
VASQUE. VÉDIQUE sanskrit.
VEHMIQUE *hist.* VÉLIQUE *mar.*
VIATIQUE. VINIQUE.
VIOQUE. **VIS**QUEUX...
VOMIQUE. VRAQUIER n *mar.*
YTTRIQUE *chim* (yttrium).

ZINCIQUE (zinc). ZIZIQUE.
ZODIAQUE.
ZUTIQUE *poé* (zut !).

R

Certains verbes en -ER peuvent se prolonger et devenir des verbes en -ÉRER: GÊNER, GÉNÉRER - LACER, LACÉRER. Dans ce cas, la désinence -T peut transformer le futur des premiers en subjonctif imparfait des seconds: GÊNERA, GÉNÉRÂT - LACERA, LACÉRÂT - RÊVERA, RÉVÉRÂT - TOLERA, TOLÉRÂT - DECÈLERA, DÉCÉLÉRÂT - DÉFERA, DÉFÉRÂT.

RA *mus.* RAAG *mus hind* ou RAGA.
RAB,E. RABAB *ar* violon, rebab.
RABAN,E corde. **R**ABATTOIR.
RABBI *rel*, RABBIN,
RABBINAT (-NIQUE).
RAB**E**, RABIOT, RABIOTER***
OBERAIT BOITERA.
RABIQUE de la rage (A- ST-).

RÂBLER *tech* purifier.
RÂBLURE *mar* rainure sur la quille.
RABONNIR rendre meilleur.
RABOTAGE ABROGEAT (C-),
RABOTEUR..., RABOTEUX...
RABOUGRIR. **R**ABOUTER.

RAC/ (en) rade (A- C- F- T- V-;
-A/ -E -K).
RACA! fi! RACAGE (T-) collier.
RACAHOUT mélange pour bouillies.
RACCARD grange à blé. **R**ACCROC.
RACCUSER *belg* dénoncer.

RACER n yacht de course.
RACHI anesthésie.
RACINER *déco*, RACINAGE,
RACINAL*,AUX pièce de bois.
RACINIEN... INCINERA.

RAC**K** *mob (électronique)* (A- C-).
RACKET, RACKETTER,S vt.
RACLAGE GLACERA # SARCLAGE,
RACLEUR**...,
RACLOIR # SARCLOIR, RACLURE**.

RACOLEUR... CROULERA.
RACONTA**R**. RACOON raton laveur.
se RACORNIR.

RAD unité. RADER mesurer ras.
RADEUSE fille de joie SERDEAU.
RADIAIRE *zoo* RADIERAI DRAIERAI,
RADIA**L**... # SALADIER.
RADIA**N** *math* DRAINA RADINA.
RADIANCE***, RADIANT,E *astr*,
RADIATIF... *phys* FARDAIT + I.
RADICANT*,E *bot*, RADICULE*.
RADIER,S vt dalle.
se RADINER DRAINER RENDRAI.
RADIUS os. RADJA,H (MAHA-).

RADOIRE pour rader.
RADÔME dôme pour radar.
RADON gaz. RADOTER répéter,
RADOTAGE,
RADOTEUR... ROUTARDE.
RADOUB* *mar*, **R**ADOUBER.
RADSOC radical soc. # COSSARD.
RADULA *moll* langue.

RAFALER vi *québ* souffler en rafales.
RAFFERMIR. **R**AFFINAT.
RAFFLE centre d'une grappe.
RAFFUT, **R**AFFÛTER *rugby*,
RAFFÛTAGE.
RAFIAU**X** ou RAFIOT.
RAFT radeau, RAFTEUR...,
RAFTING.

RAGA *mus* ou RAAG.
RAGAGE (raguer) (D-).
RAGLAN *cost.*
RAGONDIN rongeur GRONDAI + N.
RAGOT,E (cheval) trapu.
RAGRAFER.
RAGRÉER finir, **R**AGRÉAGE.
RAGRÉMENT.
RAGTIME *mus* EMIGRAT GERMAIT.
RAGUER *mar* user par frottement.

RAI. RAÏA *ar* non-musulman, rayia.
RAIDER n *fin* rapace.
RAIFORT radis RAFIOT + R.
RAINER du bois. RAINETTE *batr*
(cf RÉNETTE, REINETTE),
RAINURER. RAIPONCE *bot.*
RAIRE vi déf bramer → TRAIRE.
RAISINÉ confiture (D-),
RAISINET groseille.

RAJA,H (MAHA-), RA**J**OUT.
RAKI liqueur à l'anis.
RÂLANT,E # ALTERNA # RESALANT,
RÂLEMENT (O-/).
RALINGUER une voile, voir
GRANULIE*** (cf ÉLINGUER).
RALLER vi réer vi.
RALLIDÉ* *ois.* RALLYE.

RAM/ *inf* (D- G- T-), RAMADAN.
RAMAGER *déco* MARGERA.
RAMBOUR rendez-v. RAMDAM.
RAMENDER RAMENDER
RAMENER,S vt, RAMENARD,E.
RAMEQUIN *réc* (cuisson au four).
RAMEREAU ramier ou RAMEROT.
RAMETTE de papier TREMATE
EMETTRA # METRATES.
RAMEUX... *arb* # AMUREES
REMUASSE.

RAMI. **R**AMIE *bot.* **R**AMIFIER.
RAMILLE** petits rameaux.
RAMINGUE*** n'aime pas l'éperon.
RAMOLLO.

RAMPEAU PAUMERA.
RAMPON mâche (C-).
RAMULE** ramille, **R**AMURE.

RANALE *bot* # ARSENAL.
RANATRE *ins* # NARRATES.
RANCARD (B-), RANCARDER (B-)
ou RANCART CARRANT
ou RENCARD, RENCARDER,
ou RENCART.
RANCH,E. RANCHER n échelle.
RANCHO *Amérique du Sud* ferme.
RANCIR, RANCIO vin CORNAI.
RANCOEUR ENCOURRA.
RAND *mon* (B- G-). **RAN**DONNER.
RANGER,S *Am mil* vt.
RANI *hind.* RANIDÉ grenouille.
RANZ *mus helv.* **R**AOUT fête.

RA**P** (D-). RÂPAGE.
RAPAILLER *québ* rassembler.
RAPERCHER *helv* récupérer.
RÂPERIE à betteraves (D-).
RAPIIÉ (pcau) (G- PA-v).
RAPHIA # PHRASAI.
RAPHIDE *bot* cristal. RAPIAT,E.
RAPICOLER *helv* ravigoter.
RAPIDO/ DROPAI. RAPIÉCER.
RAPIETTE lézard PETERAIT REPETAIT.
RAPIN artiste. RAPINER vt.

RAPLAPLA. **R**APLATIR.
se **R**APLOMBER se redresser.
RAPPOINTIR un outil # PROMNAIT
(cf APPOINTIR et **R**APPOINTIR).
RAPPARIER.
RAPPER,S vt (F-v T-v ÉG-v VA-vi),
RAPPEUR... (F- T-masc VA-).
RAPPLIQUER. **R**APPOINTIR.
RAPPRENDRE. **R**APPRÊTER.
RAPPUYER.
RAPSODE chanteur DOPERAS
ou RHAPSODE,
RAPSODIE***.
RAPTUS *psy* TRAPUS. RÂPURE.

RAQUER vt.
RASANCE d'un obus. RASCASSE.
RASEMENT (A-). RASETTE soc.
RAS**H**,S *méd* (C- T- MID-),
pl RASHES (C-).
RASIBUS subiras.
RASKOL schisme russe.
RASSEOIR, RASSIR → FINIR,
RASSI,E # rassise sarisse.
RASSORTIR ou RÉASSORTIR.
RASTA. RASTEL *(Midi)* beuverie.

RATAFIA *alc.* RATAGE.
RATAPLAN ! parlant + a.
RATE**L** blaireau. RÂTELER,
je RÂTE**LL**E, RÂTELAGE*,
RÂTELEUR… uretrale ureteral.
RATICHE dent. RATICHON* *rel.*
RATICIDE, RATIER,E chien.
RATINER *étof*, RATINAGE.
RATING *fin* indice. RATIO *écon.*
RATIONAL*,AUX *rel* étoffe.
RATITE autruche (KÉ-).
RATONNER (-ADE -EUR…),
RATONADE adorant + e.
RATTE petite pomme de terre (G-v).
RATURAGE targuera.

RAUCHER*** *mine* remettre à section,
RAUCHAGE, RAUCHEUR nm.
RAUCITÉ accent d'une voix rauque.
RAUGMENTER.
RAUQUER vi crier (tigre).

RAVAGEUR… **R**AVAL*,S *mine*,
RAVALEUR nm. RAVAUDER.
RAVELIN* *fortif* (demi-lune) (G-).
RAVENALA arbre de Madagascar.
RAVER n (B-v D-v G-v),
RAVEUR… (D- G-).
RAVIER,E plat à hors-d'œuvre
reverai arrivee (G-).
RAVIGOTER. **R**AVILIR.
RAVINER.
RAVIOLE (T-/), RAVIOLI virolai.
RAVIVAGE. **R**AVOIR/.

RAY culture sur brûlis.
RAYAGE, RAYEMENT.
RAYÈR**E** (tour) fenêtre (C- F-).
RAYIA *ar* ou RAÏA non-musulman.
RAYONNER vt (C-).
RA**Z**. RAZZIER piller.
RBATI,E de Rabat.

RÉ/. RÉABONNER.
RÉA**C**, **RÉ**ACTANT,S réactif,
RÉACTIF*…, RÉACTIVER.
RÉADAPTER. RÉADMETTRE.
RÉAGINE anticorps.
RÉAJUSTER ou RAJUSTER.

RÉA**L**,E,S ou **R**ÉAUX royal.
RÉALÉSER.
RÉALGAR *chim.* RÉALIGNER.
RÉAMORCER. RÉAPPRENDRE.
RÉASSORT *com* rosatres,
R(É)ASSORTIR. R(É)ASSURER.
RÉAUMUR/ degré (cf SAUMURER).

REBAB *mus ar.* REBAISSER.
REBATTRE. REBEC *M-Âge* violon.
REBELOTE.
RÉBÉTIKO chant grec.
REBIBE *helv* copeau de fromage.
se REBIFFER. REBIQUER vi.

REBOBINER. REBOIRE.
REBORDER rebroder.
REBOT pelote basque. REBOURS.
REBOUTER. **R**EBRANCHER.
REBRAS revers d'une manche.
REBRODER*. REBRÛLER.
REBU,E,S ou T → REBOIRE.
REBUS**E** *helv* retour du froid.

RECADRER recarder
RECALAGE. RECALCUL (-ER v).
RECARDER*.
RECASER. RECASSER.
RECAUSER vi (cf DÉCAUSER vt).
se RECAVER.

RECÉDER (P-).
RÉCENCE. RECENTRER.
RECÉPER *(arb)* couper REPERCE,
RECÉPAGE. RECERCLER.
RECÈS (Diète). RÉCESSIF… *gén.*
RECEVANT,E hospitalier.
RECEZ (Diète) procès-verbal, recès.

RECHAMPIR *déco* faire ressortir.
RECHANGER. RECHANTER.
RECHAPER un pneu, regommer.
RÉCHAPPER vt.
RECHASSER. RECHIGNER vt.

RÉCIF, RÉCIFAL… des récifs.
RECINGLE *out orf* ou RÉSINGLE.
RÉCIDIVER vt. RÉCITANT,E.
RECLASSER. RECLOUER.
RECOIFFER. RECOIN.
RÉCOLER* vérifier. RECOLLER.
RÉCOLLET* *rel.* RECORDER.
RECORE *dr anc* SCORER CORSER.
RECOURIR. RECOUVRER.

RECRACHER.
RÉCRÉ (-A -E -ANCE,S).
RÉCRÉMENT bile
(cf DÉCRÉMENT [-ER]).
RECRÉPIR. RECREUSER.
se RÉCRIER. RÉCRIRE réécrire.
RECROISER ≠ SORCIERE.
RECROÎTRE, RECRU,E ou T.

RECTAL. RECTALITE ≠ CELLURITE.
RECTION*** *ling* (a un compl.) (É-),
RECTEUR (É- DI- COR- CODI-),
RECTITE (rectum) (cf TECTITE).
RECTO. RECTORAL… CORRELAT,
RECTORAT CAROTTER CROTTERA.
RECTRICE *(ois)* (É-) (cf L- T- V-).
RECTUM. RECUIRE (P-).
RECULON* d'ongle.
RÉCUP *fam.* RÉCURAGE.
RÉCURSIF… répétitif.
REDAN *déco* dent. REDÉCORER.

REDÉFAIRE. REDÉFINIR.
REDENT redan (EXHÉ-),
REDENTÉ,E (cf RUDENTER).
REDÉPOSER.
REDEVENIR. REDEVOIR.
RÉDIE larve d'un ver parasite.
RÉDIMER* *rel* racheter.
REDISEUR… rabâcheur…
REDORER. REDORMIR vt.
REDOUL** *arb.* REDOUX.
REDOWA danse. REDOX *chim.*
RÉDUVE punaise ailée.

RÉÉCOUTER. R(É)ÉCRIRE.
RÉÉDIFIER. R(É)EMBAUCHER.
R(É)ÉMETTRE. R(É)EMPLOI,
R(É)EMPLOYER. R(É)ENGAGER.
RÉER vi bramer. R(É)ESSAYER.
RÉÉTUDIER. RÉÉVALUER.
RÉEXAMEN, RÉEXÉCUTER.

REFAÇONNER. REFENDRE.
RÉFÉRENT*** *ling.* REFIXER.
REFLEURIR.
REFLUER vi FLEURER vt (cf IN-vt).
REFLEX *photo*, RÉFLEXIF…
REFONDER. REFONDRE.
REFOUILLER.
REFOUTRE* → FOUTRE.
RÉFRACTER. RÉFRÉNER.
REFUMER. REFUZNIK juif d'URSS.

REG désert ERG GRE (A-/).
RÉGALADE, RÉGALAGE.
RÉGALEC *ich.* RÉGALIEN… royal.
REGARNIR.
RÉGATER vi (cf ÉTAGÈRE)
TERRAGE REGREAT (F-vt),
RÉGATIER,E. REGAZONNER.
REGEL, REGELER.
REGENCY/ *art déco.*
RÉGENDAT*** *belg scol.* REGGAE**.
RÉGICIDE. se REGIMBER.
RÉGINOIS,E de Régina (Canada)
ERIGIONS ORIGINES.
REGISTRER *mus* (avec l'orgue)

RÉGLET… *arch*, RÉGLEUR…
REGLURE REGULER # SURGELER.
RÉGLO LOGER, RÉGLOIR,
RÉGLURE.
RÉGNANT,E (P-). RÉGNIÉ vin.
RÉGOLITE débris.
REGOMMER *helv* rechaper (-AGE).

REGRAT *com*. REGRATTER.
REGRÉER *mar* (nouveaux gréements).
REGREFFER. RÉGRESSER vi.
REGRIMPER. REGROS écorce.
REGROSSIR vt.
RÉGULER, RÉGULAGE.
RÉGUR sol noir de l'Inde.

REHAUT *art* touche claire.
RÉHOBOAM bouteille de 4,5 l.
RÉHYDRATER.
RÉIFIER chosifier.
RÉIMPLANTER. RÉIMPORTER.
RÉIMPOSER. RÉIMPUTER.
RÉIMPRIMER. RÉINDEXER.

REINETTE fruit. RÉINFECTER.
RÉINJECTER. RÉINSCRIRE.
RÉINSÉRER. RÉINVENTER.
RÉINVESTIR. RÉINVITER.
REIS titre turc (NÉ-). REÎTRE *mil*.

REJAILLIR. REJETON,ONNE.
RE JOINTOYER. REJUGER.

RELACER.
RELAIS (B- G-). se RELAISSER *vén*.
RELAPS,E hérétique
PRELASSE PERLASSE.
RÉLARGIR.
RELAVER (P-), RELAVAGE (P-).
RELAX, RELAXER,
RELAXANT,E. RELAYEUR…

RELECTEUR,TRICE.
RELEVAGE, RELEVEUR…

RELIAGE REGELAI GELERAI.
RELIFTER rénover TRÉFILER.
RELIQUAT. RELISH condiment.
RELOOKER. RELOU/ lourd.
RELOUER. RELUIRE vi → LUIRE.
RELUQUER.

REM *méd* unité. REMÂCHER.
REMAILLER (REMM-). REMAKE.
RÉMANENT,E restant,e RAMENENT.
REMANGER. REMARCHER vi.
REMBARQUER. REMBARRER.
REMBAUCHER.
REMBLAI (T-) BLEMIRA,
REMBLAIE (T-).
REMBLAVER. REMBLAYER.
REMBOBINER. REMBOÎTER.
REMBOUGER un tonneau.
REMBOURRER. REMBRUNIR.
REMBUCHER,S vt (cerf).

REMÊLER. REMEMBRER.
RÉMÉRÉ *dr* (rachat) # RESEMER.
REMESURER. REMETTANT,S.
REMEUBLER. RÉMIGE plume.
REMISER, REMISAGE
REAGIMES EGERMAIS SIMAGREE.
REMISIER*,E *fin*. REMIX *mus*,
REMIXER, REMIXAGE.
RÉMIZ petite mésange.

REM(M)AILLER. REMMANCHER.
REMMENER. REM(M)OULER.
REMODELER, je REMODÈLE.
RÉMOIS,E**. REMONTANT,E.
REMONTRER (-ANT,S *rel*).
RÉMORA poisson pilote.
REMORDRE.
REMOTIVER, REMOTIVE.
REMOUDRE.
REMOULER. REMOUILLER.

REMPAILLER. REMPART.
REMPIÉTER vt. REMPILER.

REMPLAGE* (entre des vitraux).
REMPLIER replier (une étoffe).
REMPLOI, REMPLOYER.
se **R**EMPLUMER.
REMPOCHER. **R**EMPOTER.
REMPRUNTER (RÉEMP-).
REMUABLE REMEUBLA MEUBLERA,
REMUAGE MAUGREE,
REMUEUR… d'idées.
REMUGLE*** odeur.

RENÂCLER vi RELANCER vt.
RENAÎTRE (pas de participe passé).
RÉNAL… des reins.
RENARDER vi ruser (-EAU).
RENAUDER vi se plaindre ENDURERA.
RENCAISSER.
RENCARD, RENCARDER,
RENCART** (voir RANCARD, etc.).
RENCHAÎNER.
RENCHAUSSER agr. **R**ENCHÉRIR.
se RENCOGNER.

RENDOSSER. RENDZINE sol.
RÊNE.
RENÉGAT,E # TEENAGER ARGENTEE.
RENEIGER v déf → PLEUVINER
ENERGIE INGEREE.
RÉNETTER (un sabot de cheval)
RETENTER # ENTETER.

RENFAÎTER. **R**ENFILER RENIFLER.
RENFLER. **R**ENFONCER.
RENFORMIR un mur # INFORMER.

RENGAGER. **R**ENGAINER.
RENGRAISSER vt.
RENGRENER du grain.
RÉNINE enzyme.
RENIPPER québ embellir.
RÉNITENT,***E méd ferme
RENNAIS**,E*** RENOMMER.
RENON, **R**ENONCER un bail,
RENONÇANT,S.

RENOTER gronder (P-) REERONT,
RENOTEUR… ENTOURER
RETOURNE ROUERENT.
RENQUILLER.
RENTAMER. **R**ENTER ENTRER.
RENTOILER. RENTRAGE.
RENTRAIRE étof → TRAIRE,
RENTRAITS, RENTRAITE.
RENTRANT,E.
RENTRAYER étof réparer.
RENVIDER* text, **R**ENVIDAGE.
RENVOYEUR…

RÉOCCUPER (P-; cf IN-adj DÉS-adj).
RÉOPÉRER. RÉORDONNER.
RÉOUVRIR ou ROUVRIR.

REPAIRER vi (cf REPÉRER).
se REPAÎTRE → PAÎTRE
+ REPUS etc., REPUSSE etc.
REPARLER vt. REPARTAGER.
REPARTIR → PARTIR ou FINIR.
REPAVER, **R**EPAVAGE.
REPAYER (P-). REPEIGNER.

REPENDRE EPRENDRE.
REPENSER. REPERCER.
REPÉRER. REPESER ESPERER.
RÉPÉTEUR. REPÉTRIR*.
REPEUPLER. REPIC jeu.

REPLANTER. REPLAT géog.
REPLÂTRER
REPLET*,E, RÉPLÉTIF… méd.
REPLEUVOIR (3e pers sing),
REPLU/, REPLUT/.
REPLISSER. **R**EPLOYER.

se **R**EPOINTER. REPOLIR.
RÉPONS rel chant.
REPOSOIR autel. REPOUDRER.
REPOURVOIR vt.
REPRINT impr PRIRENT # SPRINTER.
REPS étof.

REPUBLIER.
RÉPUGNER vt. RÉPULSIF…
RÉPUTER**.

REQUÉRIR → ACQUÉRIR.
REQUÊTER *vén.* REQUIEM/.
REQUIN**QUER**.
RÉQUISIT,S *philo.*
REQUITTER (cf RELAISSER).

RESALER. RESALIR.
RESCAPER sauver.
RESCINDER annuler DISCERNER.
RESCRIT édit RECRITS (P-v).
RÉSÉDA *bot.* RESEMER* ressemer.
RÉSÉQUER *chir* enlever.

RÉSIDANT,E, RÉSIDENT,E (P-).
RÉSIDUEL… RÉSILLE (B-vt G-vi).
RÉSINER un pin (EN-).
RÉSINGLE* *out orf* ou RECINGLE.
RÉSINIER,E.
RÉSISTER vi RETISSER vt
TERRISSE SERRISTE,
RÉSISTIF… *élec.* RESITUER*.
RÉSISTOR *élec* composant RESSORTI.
RÉSONANT,E *phys* RESONNAT
TONNERAS,
RÉSONNER vi, RÉSONNANT,E.
RÉSOUDRE SURDOREE,
RÉSOUS, RÉSOUT,E # ROTEUSE.
RESQUILLE, **RES**QUILLER.

RESSAC. RESSAIGNER.
RESSAT *helv* repas de vendangeurs.
RESSAUT *arch*, RESSAUTER.
RESSAYER (RÉE-),
RESSAYAGE (RÉE-).
RESSEMER ou RESEMER.
RESSORTIR → SORTIR ou FINIR.
RESSOUDER. se RESSOURCER.
RESSUER vi suinter (cf SÉREUSE),
RESSUAGE *mét* USAGERES RAGEUSES.
RESSUI,E *vén* # RUSSISE SURISSE.
RESSURGIR ou RESURGIR.

RESSUYER, **R**ESSUYAGE.
RESTAU,S ou X, RESTO (P-/).
RESUCÉE (cf RÉCUSER).
RÉSULTER (3es p) # LUSTREE RELUTES,
RÉSULTÉE REELUTES, RÉSULTÉS.
RESURGIR ressurgir # GRUERIES.

RETABLE *art rel* (derrière l'autel).
RETAILLER (B-vi).
RÉTAIS,E*** de l'île de Ré.
RÉTAMAGE EMARGEAT,
RÉTAMEUR RAMEUTER.
RETAPAGE PARTAGEE ARPEGEAT.
RETÂTER ATTERRE TARTREE.
RETAXER.
RETEINDRE. **R**ETENDOIR *out.*
RETENTER*.
RETERCER *agr* ou **RE**TERSER.

RÉTIAIRE gladiateur avec filet
ETIRERAI REITERAI ITERERAI,
RÉTICULER *chim.*
RETIGER vi *bot.* RÉTINAL,S vit. A.
RÉTINIEN…, RÉTINITE *méd.*
RÉTINOL*** vit. A (cf RÉTINAL).
RÉTIQUE de Rhétie (Alpes) (C-)
ou RHÉTIQUE.
RETIRABLE, **R**ETIRAGE.
RETISSER***.
RÉTIVETÉ ou RÉTIVITÉ.

RETOMBANT,E.
RETONDRE. RETOQUER rejeter.
RETORDRE, je RETORDS,
RETORS,E *text* # TORREES # RESSORTE.
RETOUPER reprendre (une poterie).

RETRAIRE *dr* reprendre → TRAIRE.
RETRAITER.
RETRAYANT,E *dr*,
RETRAYÉ,E,Z.
RÉTREINDRE *mét*. RETREMPER.
RÉTRO,
RÉTROAGIR vi # ARGOTIER.
RETS filet. RETSINA vin.
RETUBER une chaudière REBUTER.

REVALOIR (P-), REVALU,E (P-),
REVAUT (P-), REVAUX (P-).
se REVANCHER.
REVENANT,E (P-).
REVENTE (P-).
REVERCHER boucher les trous.
REVERDIR. RÉVÉREND**,E *rel.*
REVERNIR.
REVERSER, RÉVERSA**L**... *dr.*
REVERSI *jeu* REVISER
REVISSER RESSERVI.
RÊVEUR... REVEUT, REVEUX.

REVIENT/ NEVRITE.
REVIF (marée) VERIF. REVIGORER.
REVIRER retourner VERRIER,
REVIRAGE** (croûte du roquefort).
RÉVISEUR... REVISITER.
REVISSER**, REVISSE (P-).
REVIVAL,S renaissance.

REVOÎCI/. REVOILÀ/.
REVOIR/ (cf VERSOIR).
REVOLER VEROLER.
REVOTER (C-vi).
REVOULOIR voir REVEUT,
REVOULU,E,S ou T.
REVOYURE/.
REVUISTE de music-hall VITREUSE.
RÉVULSER, RÉVULSIF...

REWRITER,S vt.
REWRITING *anglicisme* REVISTE.
REZ. REZZOU bande (razzia)

RHABILLER.
RHAPSODE chant ou RAPSODE.
RHÉ unité de fluidité. **R**HÈME *ling.*
RHÉNAN,E,
RHÉNIUM *mét* INHUMER.
RHÉOBASE *élec* (cf ABHORRES),
RHÉOSTAT HOTTERAS.
RHÉSUS macaque.
RHÉTEUR orateur HEURTER.

RHÉTIEN... *géol* HIERENT THERIEN.
RHÉTIQUE *géog* ou RÉTIQUE.
RHÉTO *lycée anc* première.
RHINITE *méd.* RHIZOÏDE *bot,*
RHIZOME racine, RHIZOPUS *cham.*
RHÔ/.
RHODIER *mét,* RHODIAGE.
RHODIEN... de Rhodes, île grecque.
RHODINOL *chim,* RHODITE alliage,
RHODIUM *mét.* RHODOÏD mica.
RHOMBE* losange. RHOVYL *text.*

RHUMATO. RHUMB *mar* rumb.
RHUMER, RHUMERIE.
RHYOLITE roche volcanique.
RHYTINE grand mammifère disparu.
RHYTON coupe en forme de corne.

RIA vallée. RIAL,S monnaie de l'Iran.
RIBAT *ar* couvent. RIBAUD,E*.
RIBÉSIÉE *bot* (groseillier).
RIBLER abraser (C-),
RIBLAGE BIGLERA (C-),
RIBLON déchet.

RIBORD *mar* (de bordage) (T-).
RIBOSE sucre,
RIBOSOME *biol* élément d'une cellule.
RIBOTE débauche.
RIBOUIS soulier.
RIBOULER vi rouler des yeux.
RIBOZYME *chim.*

RICAIN,E* *pop* (AF- AMÉ-').
RICANER vi (cf RACINER vt),
RICANANT,E, RICANEUR*...
RICARD CRIARD (cf TRICARD,E).
RICCIE *bot.*
RICHARD,E. RICHI *hind* saint.
RICINÉ,E *méd* # INCISER # SERICINE.
RICKSHAW cyclo-pousse.
RICOCHER vi (cf CHICORÉE).
RICOTTA *from* CROTTAI.

RICTUS.
RIDAGE *mar* fait de tendre (B- DÉ-)
DEGRISA DIGERAS.
RIDELLE de camion (HA-).
RIDEMENT. RIDOIR (p. le ridage).
RIDULE (ST-vt).
RIEL monnaie du Cambodge (O-).
RIESLING *cép*.

RIF *arg* combat (-F -T).
RIFAIN,E *Afr* du Rif FINIRA.
RIFF *jazz*. RIFFE rif, RIFFLE.
RIFIFI. RIFLARD parapluie.
RIFLER limer. RIFLETTE rif.
RIFLOIR lime. RIFT *géol* FRIT.

RIGATONI*** pâtes.
RIGAUDON danse ou RIGODON.
RIGOLAGE *agr*. RIGOLARD,E,
RIGOLER vi (cf GEÔLIER),
RIGOLEUR... RIGOLLOT *méd*.
RIGOLO,TE. RIGOTTE* *from*.
RIKIKI ou RIQUIQUI.
RILLETTES ILLETTRE + S.
RILLONS mets (B-vi D-v G-v
O- T-v V-v).
RILSAN fibre synthétique.

RIMAILLER. RIMAYE crevasse.
RIMER (B- F- G- P- T-vi AR-
PÉ- DÉP- ESC- EXP- IMP- OPP-
RÉP- COMP- SUPP-),
RIMEUR... (F- T- et PRIMEUR).
RIMMEL.

RINCEAU *arch déco* arabesque.
RINCETTE resucée,
RINCEUR... RINCURE # SINECURE.
RINGARD,E* GRANDIR.
RINGARDE**R** du combustible.
RINGGIT monnaie de la Malaisie.
RI**O** fleuve. RIOJA *Esp* vin.
RIOTER vi rire doucement (CHA-vt)
(cf SIROTÉE et ÉROTISE).
RIPAGE (ÉT- ST-). **RI**PAILLER vi.
RIPATON pied PIORNAT PRONAIT.

RIPER gratter (F- ÉT- DÉF-),
RIPEMENT.
RIPIENO *mus* OPINER + I.
RIPOLIN, RIPOLINER.
RIPOSTER vt reproduire.
RIPOU, pl RIPOUS (T-) SPIROU
SOUPIR ou RIPOUX (T-)
RIPPER n engin (G- AG- ST-v
et n DÉG-) ou RIPPEUR.
RIPUAIRE rhénan.

RIQUIQUI rikiki.
RISBAN *fortif* devant un port,
RISBERME talus BRIMEES + R.
RISER n canalisation offshore.
RISETTE TITREES # SERTITES
(F- G- CE- PA-).
RISHI *hind* saint, richi.
RISORIUS muscle ROUSSIR + I.
RISOTTO.
RIS**S** *géol* (C- K-). RISSOLER.

RIT,S rite. RITAL,E,S.
RIVETER*, je RIVETTE (DÉ-),
RIVETAGE GRAVITE + E,
RIVEUR... RIVURE VIREUR VIRURE
SURVIRE # VIREUSE,
RIVOIR, RIVURE***.
RIXDALE *mon anc*. **R**IXE.
RIYADIEN... *ar*, RIYAL,S *mon ar*.
RIZERIE.
RIZETTE brosse dure. RIZICOLE.

ROADSTER** n cabriolet.
ROANNAIS, E (Roanne) RAISONNA.
ROB *bridge* partie. ROBER un cigare,
ROBAGE ABROGE GOBERA (EN-)
ou ROBELAGE.
ROBER**T** sein.
ROBERVAL,S balance.
ROBEUSE qui robe (DÉ- EN-)
EBROUES.
ROBIN *(litt)* mag. ROBINE *alc*,
ROBINEUX... clochard.
ROBINIER n *arb*. ROBOTISER

ROBRE *bri* rob. ROBURITE** *expl*, ROBUSTA café.

ROCAILLE RECOLLAI COLLERAI.
ROCCELLA lichen ou **R**OCELLE**.
ROCHER,S vt saupoudrer # SCHORRE, ROCHAGE (B- DÉ- ACC- DÉB- DÉC- EMB-).
ROCHET *cost rel* (B- C- T-).
ROCHIER n *icht*. ROCK, ROCKER n. ROCKET missile. ROCKEUR..., ROCK**STAR**.
ROCOCO.
ROCOU colorant, ROCOUER, ROCOUYER n *arb*.

RÔDAILLER vi. RODER vt *tech*.
RÔDEUR... (B-).
RODOIR pour roder.
RODOMONT fanfaron.
RO(E)NTGEN unité GENERONT.
ROESTI p. de terre rissolées, rösti.

ROGATON.
ROGNAGE (papier) (CHA-), ROGNEUR... ROGNURE RONGEUR # RONGEUSE GUEERONS (G-).
ROGNEUX... coléreux, ROGNOIR, ROGNURE**.
ROGNONNER vi bougonner (G-vi).
ROGOMME eau-de-vie.
ROGUÉ,E *icht* (œufs) GOURE,E (D-).

ROHART ivoire (cf ARTHROSE).
ROIDE, ROIDIR, ROIDEUR.
ROILLER battre ROLLIER # OREILLE.
ROITELET ETOILER + T.

RÔLAGE du tabac à chiquer LOGERA # GLOSERA (VI-).
RÔLISTE*** adepte des jeux de rôle.
ROLLER n (C- vt) ou ROLLEUR... # ROUELLES. ROLLIER** n *ois*.
ROLLMOPS mets. ROLLOT *from*.
ROLLS (T-).

ROM gitan. ROMAÏQUE roméique.
ROMANCER (-O), ROMANCHE *lang*, ROMAND,E***.
ROMANÉE bourgogne.
ROMANI *lang*, **ROM**ANISER, ROMANITÉ, ROMAN**O** gitan.
ROMARIN # ARRIMONS MARRIONS.
ROMBIÈRE MORBIER + E.
ROMÉIQUE *lang* ou ROMAÏQUE.
ROMPRE, ROMPS, ROMPT, ROMPE etc. **ROMS**TECK.

RONCEUX... RONCHON.
RONCIER*,E**.

RONDACHE bouclier.
RONDADE *sp* # DERADONS.
RONDEAU *poé* ou RONDE**L**, RONDELET... DOLERENT.
RONDIER n palmier, rônier # REDIRONS RIDERONS.
RONDIR des ardoises.
RONDO refrain et couplets.

RONÉO, RONÉOTER.
RÔNERAIE rôniers ORNERAI + E.
RONFLEUR...
RONGEANT,E, RONGEUR**...

RÔNIER palmier, rondier # ERRIONS (PÉ-adj CAP-). RÔNIN samouraï.
RONRON, RONRONNER vi.
RÖNTGEN RONGENT ROGNENT ou ROENTGEN.
ROOF *mar*, ROOFING revêtement.
ROOKERIE manchots, ROOKERY ou ROQUERIE.
ROOTER n engin TORERO.

ROQUER vi. ROQUERIE rookerie.
ROQUET**IN** *text* petite bobine.
ROQUETTE *mil* (B- C-).
ROQUILLE unité de capacité.
RORQUAL,S baleine.

ROS *text* peigne.
ROSACÉ,E rose # ECOSSERA,
ROSAGE *bot*, ROSALBIN cacatoès
BLAIRONS RABLIONS,
ROSALIE *ins.* ROSÂTRE
ROTERAS TORERAS # REASSORT.
ROSBIF.

ROSELET hermine rouge
SOLERET TOLERES.
ROSELIER,E (roseaux) OISELER + R.
ROSÉOLE éruption de taches rouges,
ROSER rendre rose,
ROSERA**I**E rosiers, ROSEUR.
ROSEVAL****,S pomme de terre.
ROSIÈR**E** jeune fille vertueuse.
ROSIFÈRE (rosée) FOIREES + R.
ROSIR. ROSSARD,E**, ROSSER
(B- C- D- CAR- DÉG- ENG-),
ROSSERIE (B- G-) ROSIERES.
ROSSOLIS *bot.* RÖSTI,S roesti.
ROSTRE*** *mar* éperon (P-adj),
ROSTRAL…

ROTACÉ,E *bot* en forme de roue
(cf CAROTTE, RUTACÉE).
ROTANG palmier.
ROTANGLE rotengle LOGEANT + R.
ROTARY, ROTARIEN…
ROTATEUR (muscle) TAROTEUR…,
ROTATIF… FROTTAI # FRISOTTA.

ROTENGLE *icht* (yeux rouges) rotangle.
ROTÉNONE insecticide
TORONNEE RONEOTE + N.
ROTER vi (cf TORÉE),
ROTEUR… (SI- TA-). ROTIFÈRE
ver TORREFIE FIEROTE + R.
ROTONDE. ROTOR (BI-).
ROTOPLOT sein. ROTOTO rot.
ROTRING stylo.
ROTULIEN… ROTURE.

ROUABLE perche de boulanger.
ROUAN,ANNE *éq* (robe rouge et noire).

ROUBINE* terre argileuse (cf RU-).
ROUBLER (T-) *Afr* tromper.
ROUCHI *lang.* **ROU**COULER.

ROUELLE de veau.
ROUER (F-vi T- ÉB- ÉC- EN-
ENC-adj RAB-).
ROUERGAT,E OUTRAGER.
ROUERIE. ROUETTE *(bot)* (B-).

ROUF *mar* roof (de cabine) (BA-).
ROUGAIL *cuis.* ROUGEAUD,E.
ROUGET, ROUGETTE* rouge.
ROUGH *golf* herbe non tondue (BO-).
ROUILLER (B- F-vi G- T-vi DÉ-
EN- ; voir DÉROUILLER).
ROUIR *text* isoler les fibres (ÉC-).

ROULADE mets DEROULA
SOULARDE SUDORALE,
ROULAGE LOGUERA # SOULAGER,
ROULANT,E # ULTRASON (DÉ-),
ROULEUR…,
ROULIER n voiturier # IRRESOLU.
ROULISSE d'un puits de mine.
ROULOIR à bougies (cf B- C- F-).
ROULOTTER ourler, ROULURE.

ROUMAIN,E # AUMONIER.
ROUMI,E *ar* chrétien.
ROUPETTE. ROUPILLER vi.
ROUSPÉTER vi # RETOUPES
PORTEUSE.
ROUSSEAU *icht* (T- ; cf M- V-).
ROUSSELER, avoir des taches de
rouss. # RESOLUES, je ROUSSELLE,
ROUSSELET poire
ROUSSEUR (T- DÉT-…)
ROUSSI**N** *éq* (B-) RUSIONS OURSINS.
ROUSTE. ROUSTIR voler.
ROUSTON.

ROUTER, ROUTARD,E* (B-masc).
ROUTEUR, ROUTEUSE (C- ÉC-).
ROUTINÉ,E routinier.

ROUVERIN (fer). **ROU**VIEUX *éq.*
ROUVRAIE *arb* rouvres OUVRERAI.
ROUVRIR ou RÉOUVRIR.
ROWING *sp* aviron.
ROYAL**TIES**,
se ROYAUMER *helv* se prélasser.

RU ruisseau.
RUANDAIS,E INDURAS + A (T-vt).
RUBANER *déco*, RUBANEUR…,
RUBANIER,E BURINFRA
BRUINERA RURBAINE.
RUBATO,S *mus* joué librement.
RUBÉFIER la peau.
RUBÉNIEN*… digne de Rubens.
RUBÉOLE** *méd* (-EUX…).
RUBIACÉE *bot.* RUBICAN *éq.*
RUBICOND,E, RUBIDIUM *mét,*
RUBIETTE *ois,* RUBINE sulfure.
RUBRIQUER.

RUCHER,S vt *étof* plisser.
RUCLON *helv* depotoir.
RUDENTER *arch* DURERENT
REDURENT.
RUDÉRAL… *bot* (décombres)
DELURERA.
RUDIMENT. RUDISTE *moll foss.*
RUFIAN ou RUFFIAN débauché.
RUFIYAA monnaie des Maldives.
RUGBYMAN,S ou -MEN.
RUGINER *chir* racler
(cf INSURGER).
RUGIR. RUGOSITÉ ROUGITES.

RUILER raccorder # LUIRE.
RUINISTE *art.* RUINURE *const.*
RUISSELET.
RUMB (-A), rhumb (rose des vents)
RUMEN panse. RUMEX oseille.
RUMINER, **RUM**STECK.
RUNABOUT petit canot rapide.
RUNE *anc* lettre, **R**UNIQUE.
RUOLZ *orf* métal argenté.

RUPER *helv* dévorer, dépenser.
RUPESTRE** *bot* vit dans les roches.
RUPIAH monnaie de l'Indonésie.
RUPICOLE* coq de roche.
RUPIN. RUPINER** réussir.
RUPTEUR (COR-).
RURALITÉ**. RURBAIN,E*** *urb.*

RUSH,S ou ES afflux.
RUSSIFIER ou RUSSISER.
RUSSULE *cham.* RUSTAUD,E.
RUSTINE. RUSTIQUER tailler.

RUT. RUTABAGA.
RUTACÉE* citronnier.
RUTHÈNE ukrainien HUERENT.
RUTILER vi (cf RELUITES).
RUTINE *(bot)*, RUTOSIDE***.

RU**Z** vallée.
RWANDAIS,E ruandais,e.
RYAL,S *mon* riyal. RYE whisky (BA-).

S

Mots terminés par -SS : BOSS GUS(S) JAS(S) MES(S) MIS(S) RIS(S) TOSS YASS - CRIS(S) ou KRISS CROSS GAUSS GLAS(S) LOESS - GNEISS SCHUSS SPEISS STRAS(S) STRESS - BICROSS BIZNESS EXPRES(S) FITNESS SCHLASS SENSAS(S) TOPLESS - BUSINESS MISTRESS TUBELESS.

Pensez aux flexions -ÎMES, -ÎTES, *mais aussi aux suffixes* -ISME, -ISTE. *Avec beaucoup de voyelles, n'oubliez pas* -EUSE. *Le suffixe* -OSE, *difficile, transforme certains pluriels en* -OS : NARCOS, NARCOSE, STÉNOS, STÉNOSE.

SAANEN chèvre suisse.
SABAYON crème. SABBAT *rel.*
SABÉEN... de Saba (l'actuel Yémen),
SABÉISME *rel* ABIMEES + S.
SABELLE* ver (I-; cf GA- LA- TA-).
SABIN,E *Rome* # BASSINE BINASSE.
SABIR langue disparate.

SABLAGE (DES-), SABLERIE,
SABLEUR..., SABLEUX...,
SABLIER,E,
SABLON sable, SABLONNER.
SABORD *mar* trou, SABORDER.
SABOTIER,E.
SABOULER malmener.
SABRAGE** *text*, SABREUR...***
SABURRE*** (langue), SABURRAL...

SACCADER**.
SACCULE de l'oreille interne.
SACHÉE (sac). SACHEM *Am* chef.
SACHERIE (sacs) SECHERAI.
SACOLÉVA *mar* VOCALES + A
ou SACOLÈVE VOCALES + E.
SACOME *arch* moulure en saillie.
SACQUER ou SAQUER.
SACRAL... SACRET faucon.
SACRISTI ! CRISSAIT,
SACRISTI/(-E -NE). SACRUM os.
SADO, SADOMASO.
SADUCÉEN... juif rival des pharisiens.

SAFARI. SAFRANER # FANERAS.
SAFRE oxyde de cobalt FRASE FERAS.

SAGA. SAGACE, SAGACITÉ.
SAGAIE lance # ASSAGIE.
SAGARD scieur GARDAS GRADAS.
SAGETTE flèche GATTEES
TAGETES TESTAGE.

SAGINA *bot* ou SAGINE.
SAGITTAL... aigu,
SAGITTÉ,E*** ATTIGES GITATES.
SAGOU fécule (-TIER n).
SAGOUIN,E # ENGOUAIS.
SAGUM *rom* manteau court.

SAHARIEN... HARNAIS + E.
SAHEL *Afr* (au nord du Sahara),
SAHÉLIEN... HALEINES INHALEES.
SAHIB *hind* M. SAHRAOUI,E *Afr.*

SAÏ *Amérique du Sud* petit singe.
SAIE brosse, SAIETTER.
SAÏGA antilope (cf TAÏGA)
SAIGNEUR... INSURGEA SERINGUA,
SAIGNEUX..., SAIGNOIR couteau
AGIRIONS IGNORAIS ORIGINAS.

SAILLIR v déf, SAILLI,S,T ou E,
SAILL**E** **S**AILLENT,
SAILLAIT, **S**AILLERA, -RAIT,
SAILLIRA, -RAIT, -RENT,
-RONT, SAILLISSE, -SSENT,
-SSAIT, -SSANT.
SAÏMIRI singe, saï.
SAINBOIS *arb* BAISIONS BIAISONS.
SAINDOUX. SAINFOIN.
SAISINE *dr* NIAISES.
SAÏTE *anc* de Saïs (Égypte).

SAJOU singe, sapajou.
SAKÉ *alc jap.* SAKI singe, saï.
SAKIEH machine hydraulique, noria.
SAKTI *rel* voir shakti, SAKTISME.

SAL,S *arb.* SALACE lubrique,
SALACITÉ ECLATAIS CALETAIS.
SALADERO cuir préparé d'après la saumure,
SALADIER,E menteur, SALAGE,
SALANQUE terre, SALANT,S.
SALARIER***.
SALAT *isl* prière. SALAUD,E.
SALBANDE* *mine* enduit argileux.
SALCHOW saut de patinage artistique.

SALEP *phar* (bulbes d'orchidées).
SALERON de salière. SALERS *from.*
SALÉSIEN*... de St-François-de-Sales.
SALEUR... # SALUEES SAULEES ELUASSE.

SALICINE*,E *chim* (écorce de saule).
SALICOLE (indust. du sel) LOCALISE.
SALICYLÉ,E de l'acide salicylique.
SALIEN... (Franc) germanique (BIS-).
SALIFÈRE (sel), SALIFIER.
SALIGAUD,E.
SALIGNON pain de sel,
SALINAGE, SALINIER**,E,
SALINITÉ. SALIQUE salien.
SALISSON fillette malpropre.
SALIVER vi (cf ÉLEVAIS et
SLAVISEE), SALIVANT,E.
SALMIS de gibier.

SALOIR # RISSOLA. SALOL *chim.*
SALOMÉ escarpin à bride en T.
SALONARD,E mondain, SALOON.
SALOP, SALOPER, SALOPARD,E,
SALOPIAU,X ou D LOUPAIS + A ou
SALOPIOT. **S**ALPE *zoo mar* (DÉ-vi).

SALPÊTRER, SALPICON mets
CLOPINAS PLACIONS.
SALSA *mus.* SALSE *géol* (boue).
SALSIFIS.
SALTO saut périlleux.
SALURE teneur en sel (DES-).

SAMARA sandale. SAMARE akène.
SAMARIUM *mét.* SAMBO judo.
SAMBUCA anisette italienne.
SAMBUQUE *fortif* pont mobile.
SAME *lang* (Lapons) (DÉ-v SÉ-).
SAMIEN... de Samos # MINASSE.
SAMIT *anc* étoffe à trame de soie.
SAMIZDAT littérature clandestine.
SAMMY,S *mil* (U.S.), SAMMIES.
SAMNITE gladiateur.

SAMOAN,E *Océanie* de Samoa.
SAMOLE *bot.* SAMOS vin grec.
SAMOURAÏ samurai. SAMOVAR (thé).
SAMOYÈDE chien de traîneau.
SAMPAN *mar* ou SAMPANG.
SAMPI/ *Grèce* 900.
SAMPLER*,S vt *mus*, SAMPLING.
SAMPOT *Asie* pagne
SAMU. **S**AMURAI AMURAIS AMUIRAS.

SANA. SANCERRE vin.
SANCTUS *rel* chant SUCANT + S.
SANDIX *anc* colorant
ou SANDYX (cf SCANDIX).
SANDJAK territoire turc
SANDOW. SANDRE *icht* perche.
SANDWICH, SANDWICHER.
SANDYX colorant, sandix.
SANGLAGE**, SANGLON *éq.*
SANGRIA**. SANGSUE.

SANICLE** *bot* ou SANICULE**.
SANIE *méd* (pus) (VÉ-),
SANIEUX…
SANSCRIT,E *lang* CRISSANT
ou SANSKRIT,E.
SANTAL,S ou -AUX *Asie* arbuste.
SANTIAG botte à talon oblique.
SANTON,E *isl* # ANNOTES ETONNAS.
SANVE *bot*. SANZA *mus* instrument.

SAOLA ruminant vietnamien.
SAOUDIEN… DENOUAIS SOUDAINE
ou SAOUDITE.
SAOULER (DES-), SAOULANT,E,
SAOULARD,E (voir SOÛLER etc.).

SAPAJOU singe, sajou. SAPELLI *arb*
PAILLES PALLIES PELLAIS.
SAPÈQUE *anc mon*. SAPERDE *ins*.
SAPHÈNE veine. SAPHIR.
SAPHIQUE de Sapho, SAPHISME.

SAPIDE savoureux,
SAPIDITÉ DEPISTAI DEPITAIS.
SAPIENCE** sagesse.
SAPINAGE*, SAPINE planche,
SAPINEAU PUNAISE + A.
SAPITEUR *mar* expert en marchandises.

SAPONACÉ,E du savon,
SAPONASE enzyme, SAPONÉ *phar*,
SAPONINE *chim* ESPIONNA,
SAPONITE silicate naturel.
SAPOTE* fruit du SAPOTIER.
SAPPAN *Asie arb* NAPPAS.
SAPRISTI! SAPROPEL,E boue
(cf PROLEPSE et PROPULSE).

SAQUER sacquer.
SAR *icht* sargue (-I -T; K- T-).
SARCELLE SCLERALE SCELLERA.
SARCINE bactérie.
SARCLAGE**, SARCLEUR…,
SARCLOIR*, SARCLURE.
SARCOÏDE *méd* lésion cutanée.
SARCOME AMORCES OCRAMES
CORSAMES SCORAMES.

SARCOPTE acarien CRAPOTES.
SARDANE** *Esp* danse. SARDE.
SARDOINE pierre fine brunâtre.
SARDONYX agate SANDYX + O + R.

SARGASSE algue AGRESSAS GARASSES.
SARGUE sar. SARI *vêt*. SARIN *gaz*.
SARIGUE *mam*. SARISSE** *grec* lance.
SARMENTER ôter les sarm. (-EUX…).

SAROD,E luth indien (-ISTE).
SARONG jupe. SAROS (éclipses).
SAROUAL,S *vêt ar* ou SAROUEL.
SARRASIN,E.
SARRAU,S blouse # RASSURA.
SARRÈTE *bot*, SARRETTE
ou SERRETTE.
SARROIS (-E; DÉ-) ROSIRAS RASOIRS.
SART terre déboisée. SARTHOIS,E.
SARTRIEN…

SAS. SASHIMI poisson cru.
SASSER tamiser (RES-),
SASSAGE (RES-),
SASSEUR… (RES-).

SATI veuve brûlée. SATINER,
SATINAGE TANISAGE GAINATES,
SATINEUR… SATIRISER.
SATISFIS, SATISFIT/.

SATORI élévation spirituelle (zen).
SATRAPE *mag* (Perse), SATRAPIE.
SATURANT,E (SUR-).
SATURNE *alchimie* plomb,
SATURNIE *pap* (-N…),
SATURNIN,E *méd* SURINANT.

SAUCER, SAUCETTE* *québ* visite.
SAUCIER,E** cuisinier.
SAUGE plante aromatique.
SAULAIE saules, SAULÉE rangée.
SAUMONÉ,E AUMONES NOUAMES.
SAUMUR vin. SAUMURER (sel),

S / 263

SAUNER vi (cf NAUSÉE),
SAUNAGE, SAUNIER,E*.
SAUPE *icht.* **SAU**PIQUET sauce.

SAUR salé, SAURER fumer,
SAURAGE. SAUREL maquereau.
SAURET saur, SAURIN hareng.
SAURIEN. SAURIR saurer.
SAUSSAIE saules, saulaie.

SAUTAGE explosion # TAGUASSE,
SAUTELLE* branche enracinée.
SAUTIER n *helv* fonctionnaire (P-).
SAUVAGIN,E (goût) NAVIGUAS.
SAUVETÉ asile # ETUVASSE,
SAUVETTE/ ETUVATES.

SAVARIN *pât* NAVRAIS RAVINAS.
SAVART *mus* unité de diff. de hauteur.
SAVETIER,E.
SAX saxo. SAXATILE *bot zoo* (rochers).
SAXE porcelaine. SAXHORN *mus.*
SAXICOLE *bot* saxatile. SAXO.
SAXON,ONNE, SAXONIEN… *géol.*
SAYNÈTE *théâ.* SAYON casque.

SBIRE. SBRINZ fromage suisse.
SCABIEUX… de la gale.
SCABINAL… de l'échevin.
SCALAIRE. *math,* SCALANT,E.
SCALDE *anc* poète scandinave.
SCALDIEN… de l'Escaut DECLINAS.
SCALÈNE (triangle) quelconque.
SCALP, SCALPER, SCALPEL.
SCAMPI *crust.*

SCANDIUM* *mét.*
SCANDIX *bot* peigne de Vénus ;
cf **SAN**DIX et SANDYX.
SCANNER,S vt, **SCAN**NEUR**.
SCANSION *poé* action de scander.
SCAPHITE *moll foss* CHIPATES
PASTICHE PISTACHE.
SCAPULA *zoo* de l'omoplate CAPSULA.
SCARE *icht* (coraux) SCARIEUX… *(bot).*

SCARIFIER *méd* SACRIFIER (cf SCO-).
SCAROLE (E-) RECOLAS ORACLES
SCLEROSA.
SCAT *jazz* style vocal.
SCATOL**,E*** *chim* composé puant.
SCELLAGE.
SCÉNARIO, SCENARII/***,
SCÉNIQUE.
SCEPTRE RESPECT SPECTRE PERCETS.

SCHADER* *helv* vi aller vite.
SCHAH ou SHAH.
SCHAKO shako *coif.*
SCHAPPE *text* bourre (cf CHAPE).
SCHAPSKA coiffure des lanciers.
SCHEIDER *mine* trier DECHIRES.
SCHEIK CHEIK ou CHEIKH.
SCHELEM *bridge* schlem ou chelem.
SCHÈME structure d'un processus.
SCHÉOL** séjour des morts, shéol.
SCHERZO *mus.* SCHIEDAM *alc.*

SCHINDER vi *helv* tricher.
SCHISME, SCHISTE (-EUX…).
SCHIZO fou, SCHIZOSE.
SCHLAGUE. SCHLAMM résidu.
SCHLASS. SCHLEM voir schelem.
SCHLEU,E,S. SCHLICH *mine.*
SCHLINGUER vi.
SCHLITTER du bois. SCHNAPS.
SCHNICK mauvaise eau-de-vie.
SCHNOCK ou SCHNOQUE.
SCHNOUF drogue ou SCHNOUFF.

SCHOFAR *mus.* SCHOLIE** scolie.
SCHOONER n petit deux-mâts.
SCHORRE* vase salée.
SCHPROUM,S bagarre.
SCHUPO policier allemand.
SCHUSS.
SCHWA ou CHVA voyelle inaccentuée.

SCIABLE (cf SKIABLE),
SCIANT,E****. SCIÈNE** *icht,*
SCIÉNIDÉ INDICEES INDECISE.
SCIEUR… SCILLE *bot* (*phar*).

SCINCIDÉ *rept*, SCINQUE lézard.
SCINDER (RE-). SCION pousse.
SCIOTTE scie # SCOTISTE.
SCIRPE jonc.
SCISSILE (roche) qui se scinde,
SCISSURE fente (du cerveau).
SCIURIDÉ écureuil SUICIDER.

SCLÈRE blanc de l'œil,
SCLÉRAL..., SCLÉREUX...,
SCLÉROSER # COLERES + S.
SCLÉROTE*** *cham* tubercule.

SCOLEX du ténia. SCOLIE note.
SCOLIOSE *méd*. SCOLYTE *ins*.
SCONE petit gâteau anglais.
SCONSE fourrure, skons, skuns, skunks
SCONES # CESSONS.
SCOOP (news). SCOPA jeu de cartes.
SCOPE (DIA- ÉPI- OTO-), SCOPIE.
SCORER** *sp* marquer.
SCORIACÉ des scories, SCORIACÉE
CORIACES ECORCAIS,
SCORIFIER (cf SCA-) # ORIFICES.
SCORPÈNE *icht* RECEPONS.

SCOTCH, SCOTCHER CROCHETS.
SCOTIE moulure COTISE # COTISSE.
SCOTISME *rel*, SCOTISTE*.
SCOTOME tache ds le champ visuel,
SCOTOPIE vision nocturne.
SCOTTISH danse.
SCOURED (laine lavée sur le mouton).

SCRABBLER vi (-EUR...).
SCRAPER n engin ou SCRAPEUR.
SCRAPIE maladie du mouton.
SCRATCH *sp*, SCRATCHER.
SCRIBAN *mob* (cf CINABRES).
SCRIPT,E scénario # TRICEPS.

SCROFULE écrouelles, (-EUX...).
SCROTUM bourses (cf CASTRUM).
SCROTAL..., du scrotum,
SCRUB brousse, SCRUBBER n *tech*.

SCULL (deux avirons par rameur).
SCUTA/ pl de SCUTUM bouclier.
SCYTHE *anc* (Russie du Sud).

SÉANT,E (MAL- MES-).
SÉBACÉ,E (sébum) BESACE # BECASSE.
SÉBASTE** *icht*. SÉBILE écuelle.
SEBKA lac, SEBKHA ou SEBKRA.
SÉBUM sécrétion cutanée.

SÉCABLE *math* BACLEES CABLEES.
SECAM,S *T.V.* SÉCANT,E.
SECCO *Afr* palissade.
SÉCHANT (AS- DES-),
SÉCHANTE (DES-).
SÉCHERIE (*icht*),
SÉCHEUR... RUCHEES.

SECOUAGE, SECOUEUR... à blé
RECOUSUE SECOURUE COUREUSE.
SÉCRÉTAGE, SÉCRÉTEUR.
SÉCU. SÉCULIER,E.
SECUNDO/.
SÉCURISER, SECURIT*** verre.

SEDAN drap fin et uni.
SÉDATIF... DEFAITS, SÉDATION
(cf SÉDITION et SUDATION).
se SÉDIMENTER.
SÉDON *bot* orpin ou SÉDUM.
SÉDUNOIS,E *helv* (Sion)
INDOUES + S.
SÉFARADE juif FARDEES + A,
SEFARDI,S ou M/ DEFRISA.

SÉGALA terre à seigle.
SEGHIA* *Afr* canal ou SEGUIA.
SEGMENTER.
SÉGOVIEN*... *Esp*. SÉGRAIS bois.
SÉGRÉGER ou SÉGRÉGUER
SUGGEREE EGRUGEES.
SEGUIA seghia AIGUES GUEAIS.

SEHTAR** luth iranien, setar.
SEICHE *moll* CHIEES.
SÉIDE dévoué (PER-).
SEILLE seau (O-), SEILLON.

SEIME *éq* maladie du sabot.
SEINE filet. SEING signature.
SÉISMAL… SISMALE LIMASSE
SALIMES # ELIMASSE.
SEIZAIN poème de seize vers.

SÉLACIEN**… requin.
SÉLECT, SÉLECTER # CELESTE.
SÉLÉNATE *chim*, SÉLÈNE (Lune),
SÉLÉNIÉ,E *chim* (-UX…),
SÉLÉNIEN… de la Lune,
SÉLÉNITE (-EUX…) (cf SÉNILITÉ),
SÉLÉNIUM** *chim*. SELF.
SELLAGE, SELLETTE TELETELS,
SELLIER, SELLERIE SERIELLE.
SELTZ (eau de).
SELVA forêt vierge ou SELVE.

SEMAILLE***. SEMBLANT,S.
SEMELAGE. SÉMÈME *ling*.
SEMER (RE- BES-n PAR- RES-
SUR-),
SÉMILLON cépage blanc.
SÉMINAL***… SEMINOLE indien.
SÉMINOME *méd* (cf INNOMMÉ).
SÉMIQUE *ling*. SEMONCER**.
SEMPLE *text*. SEMTEX explosif.

SEN *mon*. SÉNAIRE *Rome* vers.
SENAU,S ou X deux-mâts.
SÉNÉ *bot*. SÉNÉCHAL* bailli.
SÉNEÇON *bot* ENONCES.
SENESTRÉ,E *hér* à gauche de l'écu.
SÉNEVE *bot*, SÉNEVOL *chim*
ELEVONS ENVOLES SLOVÈNE
(cf CÉVENOL,E).
SÉNIORAT aînesse.
SÉNIORIE m. de retraite IRONISE + E.
SENNE filet, seine, SENNEUR *mar*.

SÉNONAIS,E de Sens,
SÉNONIEN… (crétacé supérieur).
SEÑORITA petit cigare.
SENSA,S,S.
SENSÉ,E, SENSEUR capteur,
SENSUEL… (cf CENSÉ,E etc.).

SENSILLE *ins* poil NIELLES + S.
SENTINE *mar* cale INTENSE TIENNES.

SEOIR v déf, SEYAIT
SEYAIENT, SIED, SIÉE
SIÉENT, SIÉRA SIÉRONT,
SIÉRAIT SIÉRAIENT.
SÉOULIEN… de Séoul NIOLUES + E.

SEP de soc. SÉPALE *(bot)* (cf T-).
SÉPIA coloris, SÉPIOLE seiche
EPLOIES POILEES SPOLIEE.
SEPPUKU *jap* suicide.
SEPTAIN *poe*. SEPTAL… du septum.
SEPTANTE/ PATENTES PETANTES,
SEPTIDI, SEPTIME (escrime),
SEPTIMO/. SEPTIQUE *méd* (A-).
SEPTOLET** *mus* groupe de 7 notes.
SEPTUM *anat* cloison.
SEPTUOR *mus*, SEPTUPLER.
SÉPULCRE*** tombeau.

SÉQUENCER *biol*. SEQUIN *mon*.
SÉQUOIA *u.s.* énorme conifère.

SÉRAC glace. SÉRAN *out* (I-adj),
SÉRANCER du lin avec un séran.
SERAPEUM nécropole EPURAMES.
SÉRAPHIN,E ange.
SERDAB (tombe) BRADES BARDES.
SERDEAU* officier qui sert l'eau.

SÉRÉ *from*. SÉRÉSIEN… de Seraing.
SÉREUX… (sérum ou sérosité) (MI-').
SERFOUIR sarcler, SERFOUETTE.
SERGETTE *text*.
SERIAL,S *T.V.*
SÉRICINE* protéine de la soie.
SÉRIEL…, SÉRIER. SERINER.
SERINGA,T arbuste.
SERINGUER (-O *ouv*).
SÉRIQUE du sérum sanguin.
SÉROSITÉ SIROTEES EROTISES.
SÉROTINE*** chauve-souris.
SÉROTYPE *biol* caractères.

SERPETTE. SERPOLET** *bot.*
SERPULE ver PLEURES PELURES.

SERRAN *icht.* SERRANT,E (*vêt*).
SERRATE *mon rom* à bord dentelé,
ou SERRATUS, pl SERRATI/.
SERRETTE *bot* ou SARRET(T)E.
SERRISTE*** exploitant de serres.
SERTÃO (Brésil). SERTE sertissage
(DÉ-v DI- DES- DIS-v).
SERVAL,S *zoo* VALSER VELARS LARVES.
SERVITE religieux mendiant.

SÉSAME plante oléagineuse.
SESBANIA *arb* ou SESBANIE**.
SESSILE** (*bot*) inséré sur la tige.
SESTERCE *Rome mon* SECRETES.

SÉTACÉ,E (en forme de soie de porc)
(cf CÉTACÉ,E).
SETAR luth iranien ou SEHTAR.
SETIER de grain, SÉTÉRÉE superficie.
SÉTOIS,E** SÉTON *méd* (de drain).
SETTER n. chien. SEULET…
SÉVICES. SÉVILLAN,E VANILLES.
SEVRUGA* caviar.

SEXAGE tri des poussins.
SEXENNAL… qui dure 6 ans.
SEXISME, SEXISTE.
SEXTANT *mar*, SEXTE *rel* (BIS-),
SEXTIDI, SEXTINE *poé*,
SEXTO/, SEXTOLET *mus*,
SEXTUOR *mus*, SEXTUPLER.
SEXUÉ,E, SEXUEL…, SEXY/.

SEYANT,E. SEYVAL,S *Québ* cép.
SÉZIG/ lui ou SÉZIGUE/.
SFAXIEN… de Sfax (Tunisie).
SFUMATO demi-jour MOUFTAS.
SGRAFFITE *tech* (décoration murale).

SHABBAT. SHABIEN… du Katanga.
SHABOUOT fête juive.
SHAH schah. SHAHNAÏ *mus* shana.

SHAKER n. SHAKO *coif* shako.
SHAKTI *hind* çakti, sakti (-SME).
SHAMA *Asie ois.* SHAMISEN *jap* lyre.
SHANA hautbois (DAR-).
SHANTUNG *étof.*
SHARPEÏ chien. SHARPIE voilier.
SHAVING *mét* procédé de finition.

SHED (usine). SHEKEL *mon* (Israël).
SHELF plateau de glace.
SHÉOL séjour des morts, schéol.
SHÉRIF. SHERPA. SHERRY,S,
SHERRIES HERISSER (cf CH-).
SHETLAND (pas de « Stendhal »).

SHIATSU *méd* HIATUS + S.
SHIFT (dockers) 8 heures.
SHIGELLE bactérie de la dysenterie.
SHIKHARA ou SIKHARA *hind* tour.
SHILLING *mon.* SHILOM pipe.
SHIMMY *auto.* SHINGLE ardoise.
SHINTO *rel jap* (-ÏSME -ÏSTE).
SHIRTING *étof* INSIGHT + R.
SHIT hasch.
SHIVAÏSME *rel hind* (ou ÇI- ou SI-),
SHIVAÏTE, ÇIVAÏTE ou SIVAÏTE.

SHOCKING/. SHOGI jeu d'échecs.
SHOGOUN *mil jap* (-AL…, -AT)
ou SHOGUN, SHOGUNAL…,
SHOGUNAT dignité.
SHOOT, se SHOOTER*.
SHOPPING.
SHOW, SHOWBIZ,
SHOWROOM salon.

SHRAPNEL,L obus.
SHTETL *hist* bourgade juive.
SHUDRA* caste ou SUDRA.
SHUNT *élec* dérivation,
SHUNTER, SHUNTAGE.

SI,S. SIAL,S *géol*, SIALIQUE.
SIALIS *ins.* SIAMANG singe
MAGNAIS MAGASIN.

S / 267

SIBILANT,E sifflant.
SIBYLLE oracle (cf IDYLLE),
SIBYLLIN,E.

SIC/. SICAIRE tueur. SICAV/.
SICCATIF... qui sèche, SICCITÉ.
SICLER vt *helv* crier, cicler SLICER.
SIDA (-TIQUE), SIDAÏQUE,
SIDÉEN... SIDÉRAL...
SIDÉRITE *méd* ou SIDÉROSE*.
SIDI *ar* monsieur.
SIEMENS** *élec* unité de conductance.
SIENNOIS,E (Italie). SIERRA *géog.*
SIESTER vi. SIEUR (MON/).
SIEVERT unité d'effet de la radiation.
SIFFLAGE AFFLIGES, SIFFLEUR...,
SIFFLEUX *mam*, SIFFLOTER.
SIFILET oiseau de paradis.

SIGILLÉ,E marqué d'un sceau.
SIGISBÉE cavalier servant.
SIGLÉ,E.
SIGMA/, SIGMOÏDE *anat.*
SIGNET repère.
SIKH,E *rel.* SIKHARA shikhara.
SIKHISME *rel* (Inde).

SIL argile.
SILANE *chim.* SILÈNE *bot.*
SILER vi (son aigu) (DÉ- EN-).
SILÉSIEN... de Silésie (Pologne).
SILICATÉ,E, SILICE *chim*,
SILICEUX..., SILICIUM,
SILICONER, SILICOSÉ,E *méd.*
SILICULE** *bot* silique courte.
SILIONNE fil ENLIIONS
(cf ÎLIENNES).
SILIQUE fruit sec (BA-).

SILLET** *violon* support (BRÉ-).
SILO, SILOTAGE.
SILPHE *ins*, SILPHIDÉ.
SILT sable fin.

SILURE grand poisson, SILURIDÉ.
SILURIEN... *géol* (ère primaire).
SILVANER** n ou SYLVANER.
SILVES *poé rom.* SILY *mon* ou SYLI.

SIMA *géol.* SIMAGRÉE***.
SIMARRE longue et belle robe.
SIMARUBA arbre tropical.
SIMBLEAU cordeau AMEUBLIS
MEUBLAIS.
SIMIEN... du singe (PRO-masc).
SIMILI, SIMILISER *text* faire briller,
SIMILOR simili-or

SIMONIE*** trafic d'objets sacrés
SIMOUN vent du désert # MUSIONS.
SIMPLET...,
SIMPLEX *inf,* SIMPLEXE *math.*
SIMULIE *ins* # LUISIMES.

SINAGOT *mar.* SINAPISER *méd.*
SINCIPUT sommet de la tête.
SINGLE disque (RÉ-).
SINGLET chemise GENTILS (-ON).
SINISER (Chine), SINISANT,E,
SINITÉ # INSISTE. SINOC fou.
SINOPLE *hér* vert. SINOQUE.
SINTER n mâchefer (-ISER).
SINUER vt, SINUS,
SINUSAL*... (cœur) # ALUNISSE,
SINUSIEN... du sinus *anat* INSINUES.

SIONISME voir IONISME,
SIONISTE. SIOUX.
SIPHONNER, SIPHOÏDE (cf X-).
SIPO *arb.* SIR. SIRDAR chef turc.

SIRÉNIEN* *mam mar.* SIREX *ins.*
SIRLI *ois.* SIROCO ou SIROCCO.
SIROP, SIROTER (cf ÉROTISER),
SIROTEUR...
ROUTIERS TOURIERS SOUTIRER,
SIRTAKI danse. SIRUPEUX...
SIRVENTE poème satirique provençal.

SIS,E. SISAL,S agave.
SISMAL... séismal, SISMIQUE (A-).
SISSONE *danse* saut SESSION ou
SISSONNE. SISTRE instr. à percuss.
SISYMBRE *bot.*
SITAR luth indien (cf SE[H]TAR).
SITCOM *T.V.* feuilleton.
SITTÈLE** *ois*, SITTELLE STELLITE,
SITTIDÉ oiseau grimpeur.
SIUM plante aquatique.
SIVAÏSME (voir SHI-) MISSIVE + A,
SIVAÏTE (voir SHI-) ESTIVAI EVITAIS.

SIXAIN poème de 6 vers,
SIXTE *mus*,
SIXTIES. SIXTUS épingle à cheveux.
SIZAIN,E sixain. SIZERIN *ois.*

SKA musique jamaïcaine. SKAÏ.
SKAT jeu. SKATE *sp*, SKATING.
SKEET *sp* tir sur assiettes.
SKELETON *sp* toboggan sur neige.
SKETCH,S pl SKETCHES.
SKIER vi, SKIABLE.
SKIF *mar* (1 rameur) ou SKIFF,
SKIFEUR... ou SKIFFEUR...
SKIN (crâne) rasé ou SKINHEAD.
SKIP benne mue par un treuil.
SKIPPER,S *mar*, SKIPPER vt.

SKONS sconse. SKOPIOTE (Skopje).
SKUA *ois.* SKUNS skons, SKUNKS.
SKYDOME hublot de plafond.

SLALOMER* vi. SLANG argot.
SLASH,S ou ES *inf* barre oblique.
SLAVISER LIVRASSE # SALIVES
VALISES LESSIVA,
SLAVISME, SLAVISTE LESSIVAT,
SLAVON,ONNE. SLEEPING*.
SLICER* *sp.* SLIKKE (vasière).
SLOCHE slush. SLOOP *mar* (1 mât).
SLOUGHI lévrier.
SLOVAQUE. SLOVÈNE*** *géog.*
SLURP ! SLUSH neige sale, sloche.

SMALA, SMALAH. SMALT bleu,
SMALTINE *chim* ALIMENTS,
SMALTITE. SMART/.
SMASH, SMASHER,
SMASHEUR... RHUMASSE.

SMEGMA sécrétion GAMMES
GEMMAS (cf MAGMAS).
SMIC, SMICARD,E. SMILAX *bot.*
SMILEY *inf* mimique (sourire...)
SMILLER tailler, SMILLAGE.
SMOCKS fronces. SMOG (fog).
SMOKING. SMOLT petit saumon.
SMURF danse, SMURFER vi,
SMURFEUR...

SNACK. SNIF ! ou SNIFF !,
SNIFER ou SNIFFER de la drogue.
SNIPER n tireur embusqué.
SNOBER. SNOOKER n billard.
SNOREAU *québ* espiègle.

SOAP *T.V.* SOC (BI- RAD- TRI-
MONO- POLY- MULTI-).
SOCCER n football ESCROC.
SOCIAL... (A- DYS- ANTI-),
SOCIALO. SOCIÉTAL... TEOCALIS
(pas d'« éclosait »).
SOCINIEN*... hérétique. SOCIO.
SOCKET *élec* douille, so(c)quet.
SOCQUE *théâ.* SOCQUET socket.

SODA. SODABI* alcool de palme.
SODÉ,E (DÉ-),
SODIQUE (ÉPI- PRO- R[H]AP-).
SODOKU maladie venant du rat.
SODOMIE* coït anal,
SODOMISER, SODOMITE.

SOFFITE *arch.* SOFIOTE de Sofia.
SOFT,S *inf.* SOFTBALL baseball.
SOFTWARE *inf.* SOIERIE.
SOIFFARD,E. SOIGNANT,E.
SOJA. SOLAGE *const* LOGEAS.

SOLARISER une maison
(cf ORALISER), SOLARIUM.
SOLDATE***.
SOLDEUR***… # DESSOULE,
SOLDERIE.
SOLEÁ,S *mus* (Andalousie),
pl SOLEARES ASSOLER + E.
SOLÉAIRE muscle ORALISEE.
SOLEN *moll* couteau. SOLENNEL…
SOLERET** d'armure (pour le pied).
SOLETTE sole (CAS-). SOLE**X**.
SOLFÈGE GOLFÉ + E + S, SOLFIER.

SOL**I**/ *mus* pluriel de SOLO.
SOLIDAGE *bot* ou SOLIDAGO.
SOLIFUGE *arachn* (fuit le soleil).
SOLI**N** enduit.
SOLIPÈDE*** *zoo* (sabot). **S**OLIVE,
SOLIVEAU SOULEVAI EVOLUAIS.
SOL**O**. SOLOGNOT,E de Sologne.
SOLSTICE. SOLUTÉ *chim* SOULTE.
SOLVANT,S VOLANTS, SOLVATE.

SOM monnaie kirghize. SOMA *biol*.
SOMALI,E # ISOLAMES,
SOMALIEN… SOMA**N** *mil* gaz.
SOMATION *biol* TOMAISON,
SOMATISER *méd* (psychosomatique).
SOMBRERO feutre à large bord.
SOMITE*** *embry* (cf SOMMITÉ).
SOMMABLE qu'on peut additionner.
SOMMITAL… du sommet (d'un mur).
SOMONI* monnaie tadjike.

SONAL,S jingle, SONAR *mar*,
SONATINE**. SONDEUR*…
SONE unité (pour le son).
SONÉGIEN… (Soignies) GENIONS + E.
SONGER vi (voir ÉOGÈNES),
SONGERIE IGNOREES ERIGEONS.
SONIE (audition), SONIQUE,
SONNER (NA- RÉ-vi TI- BLA-
FOI-vi GRI-vi RAI-),
SONNANT,E, (MAL-),
SONNEUR… *mus* NUERONS (RAI-),
SON**O**, SONORISER, SONOTONE.

SOPHISME *log*, SOPHISTE *rhét*.
SOPHORA *Asie* arbre ornemental.
SOPOR coma, SOPOREUX…
SOPRANE ou SOPRANO*,
pl SOPRANI/ (cf ASPIRONS).
SOQUET douille, socquet ou socket.

SORBE fruit du SORBIER.
SORBITOL *chim* BRISTOL + O.
SORE *biol* (P-). SORGHO *bot*.
SORITE suite de syllogismes.
SORNETTE TETERONS.
SORORAL…, SORORAT *anthr*,
SORORITÉ solidarité entre femmes.

SORPTION*** (d'un gaz).
SORTEUR… qui aime sortir.
SORTIR *dr* obtenir,
SOR**T**ISSANT, **S**OR**T**ISSAIT.
SOTCH *géog* grande dépression.
SOTIE *litt* M-Âge ou SOTTIE.

SOUABE *Allemagne* EBOUAS.
SOUAGE *orf* ourlet.
SOUAHÉLI,E swahéli,e, swahili,e.
SOUBISE *déco vêt mil* bordure.
SOUCHET** canard.
SOUCHONG thé SHOGOUN + C.
SOUDABLE*, SOUDAGE*.
SOUDAN sultan (-AIS,E -IEN…).
SOUDANT,E. SOUDARD.
SOUDEUR… SOUDURE SURDOUE.
SOUDIER***,E* de la soude.

SO**U**E porcherie.
SOUFFLET**ER**, je SOUFFLE**TTE**.
SOUFI,E *isl* sufi (masc seul.) FOUIS,
SOUFISME sufisme FOUIMES + S.
SOUFRER*** *étof* blanchir (EN-),
SOUFRAGE *étof* FOUGERAS,
SOUFREUR… *ouv* ou *mach*,
SOUFROIR *étof* atelier FURIOSO + R.

SOUILLON,ONNE OUILLONS.
SOU**K**.
SOUKHOT fête juive, SOUKKOT.

SOULANE versant ensoleillé.
SOÛLER, SOÛLANT,E # SAOULENT,
SOÛLARD,E SUDORAL,E LOURDAS,
SOÛLAUD,E, SOÛLERIE*,
SOÛLON,ONNE ou SOÛLOT,
SOÛLOTE («elle n'aime pas le T»).
SOULTE* *dr.* SOU**M** mon. uzbeke.

SOUNA *isl* ou SOUNNA AUNONS.
SOUPANE *québ* bouillie d'avoine.
SOUPENTE EPOUSENT.
SOUPEUR... SOUPIRER vt.

SOUQUER *mar* raidir.
SOURATE *isl* ROUATES TOUERAS.
SOURCEUR... d'idées COUREURS
RECOURUS,
SOURCIER,E.
SOURDINE*, **SOUR**DINGUE.
SOURDRE v déf,
SOURDENT TONDEURS SURTONDE,
SOURDAIT. Pas de «sourdais»
(cf ASSOURDI ou SURDOSAI)
ni de «sourdant» (cf TOUNDRAS).
SOUSLIK écureuil d'Amérique.

SOUTACHER galonner.
SOUTASSE *belg* TOUASSES.
SOUTIER n *mar.* SOUTIF*.

SOUTRA aphorismes sanskrits, sutra.
SOUTRAGE débroussaillement.
SOUVLAKI brochette grecque.
SOVIET. SOVKHOZ,E.
SOYA. SOYER,E de la soie.

SPA *éq.* SPADICE* de palmier.
SPAETZLI pâtes (cf SPÄTZLE/).
SPAHI *mil* cavalier en Algérie.
SPALAX rat-taupe.
SPALTER n brosse pour faux bois.
SPARDECK *mar.* **S**PARE *bowling.*
SPARIDÉ *icht.* SPARKLET (Seltz).
SPART *bot* (pour cordes) ou
SPARTE.

SPAT unité d'angle solide.
SPAT**H** *min.* SPATH**E** (d'un épi).
SPATIAL... APLATIS.
SPATULÉ,E # PULSATES.
SPÄTZLE/ pâtes (cf SPAETZLI,S).

SPÉCIEUX... SPECTRAL...
SPÉCULOS biscuit COUPLES + S.
SPÉCULUM *méd.* pour explorer.
SPEECH,S ou ES.
SPEED, SPEEDER droguer,
SPEEDWAY *moto* (sur cendrée).
SPEISS minerai. SPÉLÉO POELES.
SPENCER n veste. SPÉOS temple.
SPERGULE *bot.* SPERMINE** *biol.*
SPET barracuda.
SPETSNAZ forces spéciales russes.

SPHACÈLE (nécrose) CHAPELES.
SPHAIGNE mousse SPHINGE + A.
SPHÈNE minerai. SPHÉRULE sphère.
SPHEX insecte paralysant.
SPHINX, SPHINGE (buste de femme).
SPHYRÈNE barracuda.

SPI grande voile (A- GA- THLA-).
SPI**C** lavande (A- TÉRA-).
SPICA bandage. SPICULE *(zoo).*
SPIDER n *auto* coffre avec sièges.
SPIEGEL alliage (cf ESPIÈGLE).
SPIN *phys* (CRI- ISO-). SPINAL... *anat.*
SPINELLE *joaill* minéral.
SPINULE épine # SPLENIUS.

SPIRACLE*** trou (têtard).
SPIRAL... (spire), SPIRALÉ,E.
SPIRANT,E *phon* (A-). SPIRÉ**E** *bot.*
SPIRIFER n *zoo foss* FRIPIERS.
SPIRILLE bactérie. SPIRITE.
SPIRORBE ver. SPIROU** gosse.

SPITANT,E enjoué PISTANT
PATIENTS PINTATES, SPITTANT,E.
SPITZ chien nordique à museau pointu.

SPLEEN, SPLÉNITE *méd* (rate).
SPLÉNIUS* muscle de la base du cou.
SPOILER*** n *(auto)* # POLISSE + R.
SPONDÉE *poé* pied # SPEEDONS.
SPONDIAS *arb.* SPONDYLE *moll.*
SPONSOR. SPOOLER n *inf.*
SPORE *(cham)*, SPORANGE**,
SPORIDIE *(cham)* spore.
SPORTULE *Rome* don POSTULER.
SPOT. SPOULE *inf.* SPOUTNIK.
SPORULER vi former des spores
(cf PERLOUSE).

SPRAT hareng. SPRAY aérosol.
SPRINGER n chien de chasse.
SPRINTER,S vi (-EUR…).
SPRUE. *méd.* SPUMANTE vin,
SPUME *méd* liquide, SPUMEUX…

SQUALE *icht*, SQUALIDÉ.
SQUAMATE lézard ou serpent,
SQUAMÉ,E couvert d'écailles (DÉ v),
SQUAMEUX…,
SQUAMULE petite écaille.
SQUARE. SQUASH.
SQUAT. SQUATINA requin
ou SQUATINE.
SQUATTER,S vt (-EUR…).
SQUAW. SQUEEZER *bridge.*

SQUILLE *crust* (E- RE-v).
SQUIRE petit noble (E-).
SQUIRRE *méd* (-EUX…)
ou SQUIRRHE (-EUX…)
(cf CIRE, CIRRE, CIRRHE).

STABILE *sculp* non mobile.
STACCATI/ *mus* pl de STACCATO
TOCCATAS ACCOSTAT.
STADIA mire graduée DATAIS.
STADIER,E vigile.
STAFF plâtre, STAFFER,
STAFFEUR… RAFFUTES.
STAGNER vi (CA-vt).
STAKNING technique de ski de fond.
STALAG. STALLE *rel* siège (IN-v).

STAMINÉ,E (n'a que des étamines),
STAMINAL… TALISMAN.
STAMM pour réunions (cf STEM[M])
STANCE standing (DI-v IN-
CON- CUI- PRE- SUB-).
STANNEUX… (contient de l'étain),
STANNEUSE, STANNIQUE.

STARETS moine russe, stariets.
STARIE *mar* délai (E- SUR-).
STARIETS moine russe, starets.
STARIFIER, STARISER.
STARKING pomme.
STAROSTE chef de mir TOASTERS.
STARTER n. STASE *méd* (DIA-).

STAT *math.* STATÈRE *Grèce* unité.
STATICE plante à fleurs roses
CATITES CITATES CITES.
STATIF… *ling* (cf ÉVITATES),
STATINE anticholestérol (NY-).
STATISME**, STATIQUE (A-),
STATOR *élec* partie fixe d'un moteur.
STATUER vt STATURE TATEURS.
STATUFIER. STATUS rang social.
STAWUG *ski.* STAYER n *cyclisme.*

STEAK. STEAMER n *mar.*
STÉARATE *chim*, STÉARINE,
STÉARYLE, STÉATITE*,
STÉATOME tumeur,
STÉATOSE (graisse) TOASTEES.

STEENBOK antilope.
STEEPLE* *sp.* STEGOMYA *ins.*
STÈLE monument monolithe.
STELLAGE *fin.* STELLITE* alliage.
STEM,M *ski.* STEMMATE *ins* œil.

STENCIL clients # CLISSENT.
STÉNO. STÉNOPÉ*** *photo* trou,
se STÉNOSER *méd* ESSORENT
ENTORSES.
STENT *méd.* STENTOR *zoo* SORTENT.
STEP d'aérobic, STEPPAGE *méd*,
STEPPER n *éq* ou STEPPEUR.

STÉRER du bois, STÉRAGE.
STÉRÉO**. STERFPUT puisard.
STÉRIDE graisse (A-). STÉRILET*.
STÉRIQUE *chim* (structure spatiale).
STERLET esturgeon LETTRES.
STERLING,S TRINGLES.
STERNAL… du sternum.
STERNE *ois* (BA- CON-v PRO-v).
STERNITE *(zoo)* partie d'anneau.
STÉROL* *chim*, STÉROÏDE** (A-).
STERTOR *méd* respiration bruyante.
STETSON *coif* TESTONS TOSSENT.
STEWARD,ESS.

STHÈNE unité de force (DI-),
STHÉNIE** *méd* (b. santé) (A- MYA-).
STIBIÉ,E (antimoine), STIBINE *chim*.
STICK canne. STICKER n *pub*.
STIGMA d'un être unicellulaire,
STIGMATE (A- ANA-).
STILB unité. STILTON *from*.
STIMULI/ pl de STIMULUS.
STIPE tige non ramifiée, STIPITÉ,E*.
STIPLE *sp* steeple.

STOÏCIEN… NICOISE + T.
STOKER n de loco. STOKES unité.
STOLON tige rampante.
STOMACAL… COLMATAS.
STOMATE *bot* EMOTTAS, STOMATO.
STOMIE*** anus artificiel (DY-),
STOMISÉ,E. STOMOXE mouche.

STOPPER, STOPPAGE,
STOPPEUR… SUPPORTE.
STORAX arbrisseau exotique, styrax.

STORISTE *fab* (stores) SORTITES.
STOT minerai abandonné (FI- CUI-).
STOTINKA *mon*, pl STOTINKI/.
STOUPA *monu bouddh.* stupa POUTSA.
STOUT bière TOUTS.

STRADIOT *mil* (-E ; E-).
STRAS,S *joaill* verre. STRASSE (soie).

STRATE *géol*, STRATUM/ (peau),
STRATUS nuage TRUSTAS.
STRESS, STRESSER.
STRETCH *text*. STRETTE de fugue.

STRIDOR *méd* bruit de l'inspiration,
STRIDULER vt *ins* (-EUX…).
STRIER (DE-n).
STRIGE** vampire, stryge,
STRIGIDÉ *ois*. STRIGILE étrille.
STRIKE *bowling*. STRING *vêt*.
STRIP (teaser), STRIPAGE *ato*,
STRIPPER,S vt *(tech)* ou n *(chir)*.
STRIURE TIREURS TRIEURS.
STRIX hulotte.

STROBILE inflorescence TRILOBÉS.
STROMA *anat*. STROMBE *moll*.
STRONGLE ver parasite.
STRUDEL *pât* (cf DÉLUSTRE v).
STRUME goitre. STRYGE strige.

STUC (marbre), STUCAGE.
STUD poker. STUDENT *belg*.
STUDETTE petit studio.
STUKA avion allemand.
STUP *arg*. STUPA *monu* stoupa.
STUPRE débauche. STUQUER.
STURNIDÉ* étourneau.

STYLER, STYLET,
STYLIQUE design, STYLISER,
STYLISME, STYLISTE,
STYLITE ermite sur une colonne,
STYLOÏDE en forme de stylet.
STYRAX *arb* storax. STYRÈNE *chim*.

SUAGE *orf* (RES-),
SUANT,E USANT,E.

SUBAIGU,Ë *méd*. SUBALPIN,E.
SUBARIDE** presque aride.
SUBER n liège, SUBÉREUX…,
SUBÉRINE substance BURINEES.
SUBITO/.

SUBLER (Acadie) siffler. SUBLIMER*.
SUBODORER. SUBORNER.
SUBPOENA assignation à comparaître.
SUBROGER *dr* # BOUGRES GOBEURS.
SUBSIDIER subventionner.
SUBSTRAT base.
SUBSUMER qqch dans un ensemble.
SUBULÉ,E *bot* pointu (cf T-).
SUBVENIR vi.
SUBVERTIR (subversion).

SUCCÉDER vi.
SUCCIN ambre. SUCCINCT,E.
SUCCION. SUCCUBE démon.
SUCEMENT, SUCEPIN *bot*,
SUCEUR..., SUÇOIR, SUÇON,
SUÇOTER (cf SURCOTER).
SUCRAGE, SUCRANT,E,
SUCRASE *chim*, SUCRATE,
SUCRETTE*, SUCRIER***,E,
SUCRIN,E melon.

SUD/. SUDATION (EX-).
SUDÈTE** (Europe centrale).
SUDISTE SEDUITS SUSDITE.
SUDORAL**... de la sueur.
SUDRA caste ou SHUDRA*.

SUÉDÉ,E *étof*, SUÉDINE***.
SUET/ sud-est. SUETTE *méd*.
SUFFÈTE *mag* (Carthage).
SUFFIXER, SUFFIXAL...
SUFI *isl*, SUFISME FUIMES + S
voir SOUFI,E et SOUFISME.

SUIDÉ porc.
SUIFER (EN-), SUIFFER SUFFIRE,
SUIFFEUX...
SUIFORME porcin FOURMIS + E.
SUINT, SUINTER vt,
SUINTINE TUNISIEN.
SUITÉE *zoo* (mère et petit).
SUIVEUR..., SUIVISME *pol*,
SUIVISTE.
SUJÉTION.

SUKIYAKI mets japonais.
SULFATER, SULFITER,
SULFONER FLEURONS FLUERONS
REFLUONS # FEULONS # FUSELONS,
SULFOSEL (2 sulfures) FLOUSSE + L,
SULFURER.
SULKY,S ou -IES *hipp* voiture (trot).
SULTAN,E**, SULTANAT.
SUMAC arbre à gomme-résine.
SUMÉRIEN... (Asie). SUMMUM.
SUMO lutte, SUMOTORI.

SUNDAE glace. SUNLIGHT *cin*.
SUNNA *isl*, SUNNISME,
SUNNITE NUISENT USINENT
SINUENT # UNISSENT.
SUPER aspirer. SUPER,E (-ETTE).
SUPERFIN,E.
SUPERMAN,S ou -MEN/.
SUPIN *ling*. SUPION seiche.
SUPPLÉER vt. SUPPO. SUPPÔT.
SUPPURER vt. SUPPUTER.
SUPRA/ plus haut.
SUPREMA/ *math* pl de SUPREMUM
PARUMES PRESUMA RUPAMES.

SURACTIF*..., SURACTIVER.
SURAH soie (cf SYRAH).
SURAIGU,Ë. SURAL... du mollet.
SURANNÉ,E. SURARMER.
SURATE verset du Coran, sourate.
SURBAU,X *mar*. SURBOOKÉ,E.
SURBOUM. SURBOUT *tech*.

SURCHOIX.
SURCOT *vêt anc*. SURCOTER
SURCOÛT. SURCROÎT.
SURCUIT chaux très cuite.
SURDENT dent. SURDORER.
SURDOS *(éq)* pièce de harnais.
SURDOSER SURDORES.
SURDOUÉ**,E.

SUREAU** *arb* (moelle ds les tiges).
SURELLE oseille RUELLES.
SURÉLEVER.

SURET,
SURETTE TESTEUR TRUSTEE.
SURFACER *tech* FARCEURS.
SURFAIRE*** → FAIRE.
SURFAIX (*éq*) pièce de harnais.
SURFER vi, SURFAIT,
SURFEUR... FUREURS.
SURFIL, SURFILER. SURFIN,E*.
SURFONDU,E, SURFUSION.

SURGÉ *scol* GRUES. SURGELER**.
SURGEON** (*bot*) (-ONNER vi).
SURICATE mangouste, SURIKATE.
SURIMI poisson en bâtonnets.
SURIN couteau, SURINER.
SURIR.

SURJALER une ancre sur le jas.
SURJET, SURJETER.
SURLIER ligaturer. SURLIGNER.
SURLIURE ligature.
SURLONGE (bœuf) LUGERONS
REGULONS.
SURLOUER. SURLOYER n.

SURMOI/**. SURMOULER *art.*
SURMULET *icht.* SURMULOT rat.
SURNAGER vi (cf NARGUÉES
et NAGUÈRES).
SURNOTER TONSURER RUSERONT
TOURNES.
SUROFFRE OFFREURS.
SUROÎT vent. SUROS *éq* tumeur.
SUROXYDER.
SURPATTE surboum PUTTERAS.
SURPAYER.
SURPÊCHE *écol* PECHEURS.
SURPIQUER SURPIQÛRE,
SURPIQÛRE*. SURPLACE.
SURPLIS *vêt rel.* SURPLOMBER.
SURPOIDS. SURPRIME PRIMEURS.

SURRÉEL... LEURRES.
SURRÉNAL... au-dessus du rein.

SURSEMER une terre déjà ensemencée.
SURSEOIR SOURIRES,
SURSOIS,T, SURSOYONS etc.,
SURSOIE,S, SURSEOIRA etc.,
SURSEOIRAIS etc., SURSIS etc.,
SURSISSE etc., SURSISE,S.
SURSTOCK, SURSTOCKER.

SURTAUX. SURTAXER.
SURTEMPS *Québ* heures sup.
SURTITRER # TRITURES TITREURS.
SURTOILÉ,E (voilure importante).
SURTONDRE la laine d'une peau,
SURTONTE TONTURES.
SURTOUT,S cape, manteau.

SURVENDRE vendre cher.
SURVENIR (-ANT,E).
SURVENTE ENTREVUS VENTRUES
(cf SIRVENTE).
SURVENTER v déf → VENTER,
(sauf que «surventée» n'est pas bon).
SURVESTE, SURVÊT *fam* VERTUS.
SURVIRER vi (cf RÉVISEUR).
SURVOLTER.

SUSDIT,E**. SUSHI *jap* mets.
SUSNOMMÉ,E. SUSPENS,E.
SUSPENTE* corde. SUSTENTER.
SUSURRER.
SUSVISÉ,E # VISSEUSE.

SUTRA *hind* rituel et morale, soutra.
SUTURER, SUTURAL...
SUZERAIN,E. SUZETTE.

SVASTIKA croix gammée.
SWAHÉLI,E, SWAHILI,E
ou SOUAHÉLI,E.
SWAP *fin*, SWAPPER échanger.
SWASTIKA croix gammée, svastika.
SWAZI, E (Afrique australe).
SWEAT (-SHIRT) ou SWEATER n.
SWING, SWINGUER vi.
SWITCH *élec*, SWITCHER *sp* permuter.

SYBARITE jouisseur.
SYCOMORE *arb.* SYCONE figue.
SYCOSIS *méd.* SYÉNITE roche.
SYLI *anc mon* (Guinée) ou SILY.
SYLLABUS *rel.* SYLLEPSE *ling.*
SYLPHE génie, SYLPHIDE.
SYLVE forêt (-STRE), SYLVAIN,E.
SYLVANER n vin blanc, silvaner.
SYLVIE anémone. SYLVIIDÉ *ois.*
SYLVITE minerai de potasse.

SYMBIOSE, SYMBIOTE.
SYMPA,S. **SYM**PHYSE *anat.*
SYNASE enzyme, SYNAPSE *anat.*
SYNCHRO (-NE -NIE -NISER).
SYNCOPER, SYNCOPAL...
SYNDERME Skaï.
SYNDIC. SYNÉCHIE *méd.*

SYNÉRÈSE *ling.* SYNERGIE.
SYNODE, SYNODAL...
SYNOPSE *rel,* SYNOPSIE *méd,*
SYNOPSIS ébauche de scénario.
SYNOVIE *anat,* SYNOVIAL...,
SYNOVITE. SYNTAGME *ling.*
SYNTHÉ *mus,* SYNTHÈS**E**,
SYNTONE *psy,* **SYN**TONIE *phys.*

SYPHILIS. SYRAH *cép* (cf SURAH).
SYRIAQUE, SYRIEN... (AS-).
SYRINGE tombe royale d'Égypte.
SYRINX *ois* organe du chant.
SYRPHE mouche, SYRPHIIDÉ.
SYRTE *Afr* côte sablonneuse.

SYSTOLE (cœur). **SY**STYLE *arch.*
SYZYGIE *astr.* SZLACHTA noble.

T

Pensez aux mots en -ET, le T pouvant jouer le rôle de rajout :
BARONNET, JOLIET, TRINQUET.

Les adjectifs et les noms verbaux en -ANT sont répertoriés page 346.

TA (-C -F -G -N -O -R -S -T -U).
TAAL,S *mus hind* structure savante.
TABAR *anc* manteau court,
TABARD.
TABASCO** sauce. **TABA**SKI fête.
TABASSER BRASATES SABRATES
BASTERAS.
TABELLE liste. TABÈS syphilis.
TABLA**R** étagère RABLAT
ou TABLARD,
TABLER vt (É- EN- ATT-),
TABLEUR *inf* BLUTERA BRUTALE
TABULER.
Pas de «tableuse»; cf TABULÉES.

TABLOÏD,E *presse*. TABOR *mil.*
TABORITE hussite BOTTERAI.
TABOU, TABOU**ER** ou
TABOUISER # EBOUTAIS ABOUTIES.
TABOULÉ. TABULER*** trier.
TABUN gaz de combat.

TA**C**,S. TACAUD morue.
TACCA *bot*. TACET *mus* silence.
TÂCHERON**.
TACHETER*, je TACHETTE.
TACHINA mouche ou TACHINE.
TACHISME** *art*, TACHISTE.
TACHYON *ato*. TACLER vt *foot.*
TA**C**O tortilla. **T**ACON saumon.
TACONEOS (talons dans le flamenco).
TACO**T**. TACTILE, TACTISME *biol.*

TADJIK,E. TADORNE canard.
TAEL *mon*. TAENIA ver, ténia.
TA**F** peur. TAFFE cig. (cf TIAFFE).
TAFFETAS *étof.* TAFIA *alc* (RA-).
TA**G**. TAGAL,S *lang* ou TAGALOG.

TAGÈTE œillet ou TAGETTE
(cf SAGETTE).
TAGGER,S vt → AIMER.
TAGINE ragoût ou TAJINE.
TAGME partie d'insecte.
TAGUER, TAGUEUR…
AUGUSTE + E.

TAHITIEN… HAITIEN + T.
TAÏAUT! **T**AIE (É-). TAÏGA *bot.*
TAIJI symbole chinois.
TAILLANT,S de lame.
TAILLOIR *arch* ROILLAIT.
TAILLOLE ceinture.
TAIN (É-). TAISEUX…
TAJINE ragoût, tagine.
TAKA *mon* (Bangladesh) (JA-).

TALAIRE *vêt*. TALAPOIN *hind.*
TALE**D** *rel* châle juif, voir TALET.
TALEGGIO* fromage de Lombardie.
TALER meurtrir des fruits.
TALE**T** taled ou TALET**H**, TALITH,
TALLETH, TALLITH châle juif.

TALIBAN,E, TALIBÉ *isl* élève.
TALIPOT palmier d'Asie PILOTAT.
TALITH *rel* châle juif ou TALET**H**.
TALITRE *crust* LETTRAI TILTERA.

TALLER vi (rejets), TALLAGE.
TALLETH ou TALLITH taled.
TALLIPOT *Asie* palmier, talipot.
TALMOUSE mets TAMOULES
MOULATES.
TALMUD *rel.*

TALOCHER*.
TALPACK *mil* bonnet.
TALQUER, TALQUAGE,
TALQUEUX, TALQUEUSE.
TALURE (taler) LUTERA # RESULTA.
TALUS, TALUTER, TALUTAGE.
TALWEG (hautes pressions) thalweg.

TAMANDUA *mam* fourmilier,
TAMANOIR RAMONAIT.
TAMARIN *arb* (-IER n), TAMARIS
ou TAMARIX. TAMAZIRT *lang.*
TAMBOUYÉ *mus Antilles* batteur.
TAMIA écureuil. TAMIER n *arb.*
TAMIL,E (Sri Lanka) ou TAMOUL,E.
TAMISAGE AGITAMES,
TAMISEUR…, TAMISIER,E *fab.*
TAMOUL,E tamil,e.
TAMOURÉ**.
TAMPICO crin COMPTAI COMPATI.

TAN.
TANAGRA statuette TANGARA.
TANAISIE *bot.*
TANCER (DIS- QUIT-).
TANDEM. TANDIS.
TANDOOR four ODORANT
RADOTONS,
TANDOORI ragoût.

TANGAGE GAGEANT # GAGNATES.
TANGARA* oiseau aux couleurs vives.
TANGENCE AGENCENT ENCAGENT,
TANGIBLE TIMBON *peintre,*
TANGUER vi (voir EUGÉNATE)
TANIN, TANIQUE tannique,
TANISER (BO-vi TÉ-),
TANISAGE**.
TAN**K**. TANKA icône tibétaine.
TANKER n. TANKISTE d'un tank.

TANNAGE, TANNANT,E,
TANNERIE, TANNEUSE (S-),
TANNIN, TANNIQUE tanique
(S- BRI-), TANNISER (-AGE).
TANREC tenrec. TANSAD *moto* siège.

TANTALE** *mét.*
TANTIÈME *math* (OC- HUI- SEP-).
TANTINE**T**/ INTENTAT TEINTANT.
TANTOUSE ou TANTOUZE
(cf TATOUES et TATOUEZ).
TANTRA *hind* livre sacré.
TA**O** *rel*, TAOÏSME, TAOÏSTE.
TAO**N**.

TAPAGER vi (cf AGAPÈTE),
TAPAGEUR…**, TAPANT,E,
TAPECUL*** *véhi,*
TAPEMENT EMPATENT ETAMPENT.
TAPENADE mets. PEDANTE + A.
TAPETTE. TAPEUR…
TAPI**N**,S, TAPINER vi (-EUSE).
TAPINOIS POTINAIS POINTAIS.
TAPIOCA CAPOTAI. se TAPIR,S.

TAPOCHER *québ* frapper.
TAPON** tampon,
TAPONNER palper (des cheveux)
PANERONNE PATRONNE.
TAPOTER, TAPOTAGE PAGEOTAT.
TAPURE *méc* fissure.

TAQUER *impr*, TAQUAGE.
TAQUET. TAQUOIR *impr.*

TA**R** luth iranien. TARAF orch. tsig.
TARAGE (tarer). TARAMA mets.
TARARE *agr*, TARARAGE.
TARASQUE monstre (cf M-).
TARATATA !
TARAUD* *out* (pour fileter),
TARAUDER # TAUDERA.
TARBAIS,E.
TARBOUCH,E turban.

TARENT**E** *rept* gecko RETENTA
TENTERA RENETTA (-LLE).
TARENTIN,E.
TARER peser. TARE**T** *moll.*
TARGE bouclier, TARGETTE.
TARGUI,E****. TARGUM (Bible).

TARIÈRE *out* vrille.
TARIFER** ou TARIFIER (S-).
TARIN. TARMAC *av* CRAMAT.
TARNAIS,E.
TARO *bot.* TAROT, TAROTÉ,E
ROTATES TOASTER # TOREATES,
TAROTEUR*… joueur de tarot.

TARPAN *éq* (Asie). TARPON *icht.*
TARSE (os du pied), TARSIEN…,
TARSIER n *mam.*
TARTAN *sp* # TRANSAT.
TARTANE *mar* NATTERA.
TARTARE ARRETAT ATTERRA.
TARTARIN. TARTIR vi chier.
TARTRAGE REGRATTA GRATTERA,
TARTRATE sel ATTERRAT,

TARTRÉ,E (DÉ-v EN-v),
TARTREUX…
TARTUFE FEUTRAT FURETAT
REFUTAT
ou TARTUFFE AFFUTER + T.
TARZAN.

TASSAGE GATASSE.
TASSEAU. TASSETTE d'armure.
TASSILI grès LISSAIT LISTAIS.
TAT test. TATA. TATAMI *judo.*
TATANE. TATAR,E russe.
TÂTEUR… goûteur… # STATUEE.
TATI, TATIE. TATIN.
TÂTONNER vi. TATOU *mam.*
TATOUEUR… TOURTEAU.

TAU,X.
TAUD *mar* tente, TAUDER couvrir.
TAULARD,E # ADULTERA, TAULE,
TAULIER,E** (cf TÔLARD,E etc).
TAUON particule.
TAUPER *helv* taper (de l'argent à qqn).
TAUPIER,E # PIEUTERA EPEURAIT,
TAUPIN *ins*, TAUPINÉE tas.
TAURE, TAURIDES étoiles
DUITERAS TRADUISE,

TAURIN,E # RUAIENT URANITE
SURINAT.
TAUZIN chêne.

TAVEL vin. TAVELAGE,
TAVELER tacher, je TAVELLE,
TAVELURE. TAVILLON latte.

TAXABLE. TAXACÉE taxinée.
TAXAGE *québ* vol, TAXATEUR,
TAXATIF…
TAXIE *biol* (A-). **TAXI**ARQUE *mil.*
TAXIMAN,S ou -MEN/ chauffeur.
TAXINÉE if. TAXIWAY *av* piste.
TAXODIER n *arb*, TAXODIUM.
TAXOL hydrocarbure extrait de l'if.
TAXON *biol* espèce ou TAXUM.
TAXUS if.
TAYAUT! ou TAÏAUT!

TCHADIEN… DENICHAT CHIADENT.
TCHADOR voile, TCHADRI.
TCHAN *lang.* TCHAO! ou CIAO!
TCHAPALO *Afr* bière.
TCHATCHER. TCHETNIK *Yougo.*
TCHIN! TCHITOLA *afr* bois.

TEAM. TEASER n *pub*, TEASING.
TEC/ tonne équivalent charbon.
TECHNÈME élément EMECHENT,
TECHNISER # ENTICHES,
TECHNO *mus.*
TECK. TECKEL.
TECTITE verre. TECTRICE plume.

TEE *golf* (O-). TEENAGER** n ado.
TEFAL,S revêtement.
TEFILLIM/ *(rel)* (cf TÉLÉFILM)
ou TEFILLIN/.
TEFLON (-ISÉ,E). TÉGUMENT.

TEILLER *text* écorcer, tiller (BOU-n).
TEILLAGE tillage LEGALITE,
TEILLEUR… tilleur… TULLIERE
TULLERIE RITUELLE TREUILLE.

TEINTANT,E. TÉJU lézard. TE**K**.
TÉLAMON* statue sous une corniche.
TÉLÉ (A- S-), TÉLÉASTE ATTELEES.
TÉLÉCOMS. TÉLÉCRAN *t.v.*
TÉLÉFAX. TÉLÉFILM.
TÉLÉGA chariot ou TÉLÈGUE.
TÉLÉMARK *ski* virage.
TÉLÉPORT (télécoms).
TÉLÉSKI. TÉLÉTEL Minitel.
TÉLÉTEX *inf* (-TE). TÉLÉTHON.
TÉLÉTYPE, TÉLE**X**, TÉLEXER.

TELL *Afr* terre fertile.
TELLIÈRE format de papier ETRILLEE.
TELLINE mollusque bivalve (VI-).
TELLURE *chim* (-EUX…) TRUELLE.
TÉLOCHE. TÉLOMÈRE *gén.*
TÉLOUGOU ou TELUGU *lang.*
TELSON *(crust)* # LESTONS.

TEMENOS de temple MONTEES.
TEMPÊTER vi PERMETTE.
TEMPI/ pluriel de TEMPO,S.
TEMPORAL… de la tempe.
TEMPOREL… du temps (A-).
TEMPURA *jap* mets AMPUTER
PERMUTA # PRESUMAT.

TENABLE** (IN- SOU-).
TENAILLER ENTAILLER.
TENANT,E (AT- CON- SOU-').
TENDANT,E (EN- IN- PRÉ-').
TENDELLE collet DENTELLE.
TENDER n *ch d f* wagon à charbon.
TENDERIE (É-) *ois* piégeage
DENITREE ETEINDRE,
TENDEUR***…,
TENDOIR séchoir (É- RE-).
TENDRETÉ (viande) ENDETTER.

TÉNÈBRES (cf BÉÈRENT).
TÈNEMENT *féod* terre louée.
TÉNESME tension des sphincters.
TENEUR… (CON-nm SOU-').
TENGE monnaie kazakhe.

TÉNIA, TÉNICIDE, TÉNIFUGE.
TENON *menui* partie en saillie,
TENONNER ENTONNER.
TÉNORINO NOIERONT,
TÉNORISER vt. TÉNORITE *chim.*
TENREC porc-épic, tanrec.
TENSEUR muscle (EX-).
TENSON *M-Âge* poème dialogué.
TENTER (AT-vi IN- PA- RE-
CON- SUS-).
TÉNUITÉ (ténu). TENURE *féod.*
TENUTO/ *mus* TEUTON TOUENT.
(SOS-/).

TEOCALI pyramide précolombienne.
ou TEOCALLI COLLETAI LOCALITE.
TÉORBE luth ou THÉORBE.
TE**P**/ unité (S-). TÉPALE *(bot).*
TÉPHRITE roche volcanique (cf N-).
TEPUI haut plateau. TEQUILA *alc.*

TE**R**/ (O-) TÉRAGONE* polygone.
TÉRASPIC plante ornementale.
TÉRATOME tumeur EMOTTERA.
TÉRAWATT.
TERBIUM* métal rare (YT-).
TERCER *agr* (RE-), TERCE**T** *poé.*
TERFÈS truffe, **TER**FESSE
ou TERFÈZE.

TERGAL,E**,S ou -AU**X** du dos.
TERGITE *(zoo)*. TERLENKA *text.*
TERNAIRE (QUA-).
TERPÈNE *chim* PEINTRE REPENTE,
TERPINE PEINTRE REPENTI REPEINT,
TERPINOL.

TERRAGE** *agr féod* redevance.
TERRAQUÉ,E (terre et eau).
TERRAZZO revêtement.
TERRI (-L -R vi -T).
TERRIÈRE chienne REITERER,
TERRIL déblais de mine.
TERRINÉE EREINTER RENTIERE.
TERRIR vi atterrir (AT-vt)

TERSER (RE-), TERCER (RE-)
ou TIERCER. TERTIO/ ETROIT.
TERYLÈNE *text.* TERZETTO *mus.*
TESLA *élec* unité. TESSELLE *déco.*
TESSÈRE *Rome* jeton. TESSON.
TESTABLE** (DÉ- CON- PRO-).
TESTACÉ*,E *(moll).* TESTAGE***,
TESTEUR**... TESTON *anc mon.*

TÊT *chim.* TÉTANIE *méd,*
TÉTANISER. TÊTEAU *(arb).*
TÉTER, je TÈTE (cf TETTE).
TÊTIÈRE de bride.
TÉTIN,E, TÉTON. TÉTRA *icht.*
TÉTRADE (pollen) # DESERTAT.
TÉTRODE *élec* (cf TÉTRADE).
TÉTRODON *icht* DOTERONT.
TETTE *zoo* tétin. TEUF fête (É-).
TEUTON**,ONNE (-ONIQUE).

TEX *text* unité. TEXAN,E.
TEXTO/. TEXTURE**R** *text.*
TÉZIG/ toi ou **TÉ**ZIGUE/.

THAÏ,E *géog.* THALAMUS *anat.*
THALASSO. **T**HALER n *mon.*
THALLE *(bot).* THALLIUM *mét.*
THALWEG *météo* ou TALWEG.
THANATOS pulsion de mort (-E).
THANE baron écossais (É- MÉ-
LAN- MEN- URÉ-).

THÉATIN religieux # HESITANT.
THÉÂTREUX...
THÉBAÏDE solitude, THÉBAIN,E.
THÉIER,E** HERITE # HESITER,
THÉINE* (DÉ-v).
THÉISME (dieu) (A-), THÉISTE.
THÈME (ANA- APO- ÉPI- ÉRA-
ÉRY-).
THÉNAR saillie de la main (HYPO-)
HANTER # HERSANT.

THÉORBE luth, téorbe. THÉORISER.
THÈQUE *bot zoo* gaine.

THÉRAPIE. THÉRIEN** *mam préhist.*
THERMES, THERMIE unité,
THERMITE *chim*, THERMOS.
THÉSARD,E, THÈSE (AN- OR-
DIA- PRO- SYN-).

THÊTA/ lettre grecque.
THÈTE *Grèce* citoyen (ES- ÉPI-).
THÉTIQUE d'une thèse (cf RH-).
THÉURGIE magie pour communiquer.

THIAMINE vit. B1,
THIAZINE colorant,
THIAZOLE *chim.*
THIBAUDE de moquette HABITUDE.
THIOFÈNE *chim*, THIOL* soufre,
THIONATE, THIONINE.
THLASPI *bot.*

THOLOS *Grèce* temple rond.
THOMAS vase de nuit.
THOMISE *arachn* (marche oblique).
THOMISME *rel*, THOMISTE.
THON (PY- ZY- BER- MARA-
TÉLÉ),

THONAIRE filet, THONIER n
HIERONT THORINE # HERITONS,
THONINE thon # HONNITES.
THORA loi juive, Torah. THORAX.
THORINE* *chim*, THORITE.
THORIUM *mét*, THORON.

THRACE (au nord de la Grèce).
THRÈNE chant (AN-) # HERSENT.
THRIDACE suc de laitue DECHIRAT.
THRILLER n (à suspense).
THRIPS *ins.* THROMBUS caillot.

THUG *hind* étrangleur.
THULIUM métal rare.
THUNE 5 francs ou TUNE.
THURNE* (CO-) ou **T**URNE.
THUYA conifère ornemental.

THYADE bacchante ou THYIADE (cf HYADES, étoiles).
THYM. THYMIE humeur (A-).
THYMINE base azotée.
THYMIQUE *anat* du thymus (A-).
THYMOL phénol. THYMUS glande.
THYROÏDE. THYRSE *Grèce* bâton.
TIAFFE chaleur (cf TAFFE, TIFFE).
TIAN pot. TIBÉTAIN,E BITAIENT.
TIBIAL... TICAL,S *mon thaïe* (ME-).
TICSON TOCSIN TONICS CITONS.
TICTAC, TICTAQUER vi.
TIÉDIR (AT-),
TIÉDASSE DIESATES EDITASSE.
TIENTO *mus* # TOISENT TETIONS.
TIERCER *agr*, TIERÇAGE.
TIF ou TIFFE.
TIFOSI,S ou TIFOSO,S *foot.*

TIGER vi *bot* (É-vt AT-vt MI-vt RE-vi FUS-vt VOL-vi),
TIGELLE *(bot)*, TIGETTE *arch.*
TIGLON *zoo* LINGOT. TIGNASSE.
TIGRER rayer, TIGRIDIA ou TIGRIDIE *bot* RIGIDITE,
TIGRON *zoo* tiglon, TIGRURE*.
TIKI *Océanie* statue de dieu.

TILAPIA poisson osseux # PLAISAIT.
TILBURY *véhi.* TILDÉ,E (exemp.: Ñ).
TILIACÉE tilleul LAICITE + E.
TILLAC *mar* *pont* GILLAT (CA-)
TILLAGE**, TILLER teiller (COUPÉ-vt TI- VÉ-vt BOI-vt DISFRÉ-vt INS- PAS- SAU-vt TOR-),
TILLEUR**... TILSIT *from helv.*
TILT,S, TILTER vi (voir ÎLETTE)

TIMBREUR... TIMING *sp.* TIMON.
TIMORAIS,E MIROITAS MOITIRAS.
TIN *mar* cale. TINAMOU* *ois.*
TINCAL,S borate # SLICANT.
TINE *réc.* TINÉIDÉ *pap* INEDITE.
TINETTE petite tine, baquet.

TINTER le tocsin. TINTIN!
TINTOUIN.
TIP tuyau. TIPER (à la caisse).
TIPI tente. TIPPER tiper.
TIPULE *ins* (S-v) TULIPE.

TIQUETÉ,E taché (É-v).
TIQUEUR... atteint d'un tic (CRI-).
TIRAMISU pâtisserie italienne.
TIRANAIS,E (Albanie). TIRANT,S.
TIREFOND vis à tête carrée REFONDIT.
TIRELIRE. TIRETTE. TISONNER.
TISSERIN *ois* SINISTRE INSISTER,
TISSEUR... REUSSIT SURITES
TISSURE # SURSITES (SER-),
TISSU,E tissé, TISSURE*.

TITAN,É,E (-IQUE). TITILLER.
TITISME (Tito), TITISTE.
TITRER (AT- SUR-), TITRAGE*,
TITREUR... TRITURE # SURTITRE # RESTITUE TRUITEES,
TITRISER *fin.* TITUS *coif.*
TJÄLE sol gelé.
TMÈSE *ling* (lors même *que*).

TOARCIEN... *géol* (jurassique).
TOASTER**,S vt ou TOASTEUR.
TOBOGGAN. TOBY *icht* (coraux).
TOC,S (É-). TOCADE DECOTA (ES-)
TOCANTE** montre.
TOCARD**,E DECORAT.
TOCCATA,S** ACCOTAI, pl TOCCATE/.
TOCSIN***. TOCSON,ONNE têtu # COTONNES CONNOTES.

TOFFEE caramel (É-) ETOFFE.
TOFU *jap* pâté. TOGOLAIS,E.
TOILER vt (É- EN- REN-),
TOILAGE, TOILERIE TOILIERE.
TOILETTER.
TOILEUSE *ouv.* Pas de «toileur»; cf SURTOILÉ,E. TOILIER*,E*.

TOKAI vin d'Alsace.
TOKAJ (Hongrie). TOKAY tokai.
TOKAMAK *mach* ou TOKOMAK.
TOKYOTE ou TOKYOÏTE
TOLAR, pl TOLARJI/ *mon* (Slovénie).
TÔLARD,E*.
TÔLER *québ* (-A -E ; EN- PIS-),
TÔLERIE.
Pas de « tôlage » ; cf LEGATO,S.
TOLET d'aviron (PIS- SEP- SEX-).
TÔLIER**,E. TOLITE *expl* LITOTE.
TOLLÉ. TOLTÈQUE mexicain.
TOLU baume,
TOLUÈNE *chim*, TOLUOL.

TOM tam-tam. TOMAHAWK.
TOMAISON*. TOMAN *anc mon perse.*
TOMBAC alliage COMBAT.
TOMBAL,E,S ou -AUX.
TOMBELLE *anc* tombe.
TOMBER,S vt,
TOMBEUR... # EMBOUTES.
TOMBOLO isthme.
TOMER *impr*. TOMETTE carreau.
TOMIEN des T.O.M. TEMOIN MOIENT,
TOMIENNE**
TOMME *from.* TOMMETTE.
TOMMY,S *mil* ou -IES # SOMMITE.

TONAL,E,S ou -AUX (A- BI-),
TONALITÉ (A-). TONCA fève.
TONDRE (RE- SUR-),
TONDAGE, TONDEUR...
TONER n *impr.* TONG sandale.
TONGRIEN... *géol* IGNORENT.
TONGUIEN... *Océanie* des Tonga.

TONIC, TONICITÉ (cf C-).
TONIE (son) (A- DYS- ISO-
MYA- SYN-).
TONIFIER NOTIFIER.
TONITRUER vi.
TONKA fève (cf TANKA).
TONLIEU**,X *féod* péage.
TONNELET**, TONNELLE.

TONSURER**,
TONTE (SUR-). TONTINER *agr.*
TONTISSE bourre TESTIONS,
TONTURE *étof* (coupage des poils).

TOP. TOPAZE *pierre.*
TOPER vi (cf POTÉE).
TOPETTE fiole.
TOPHUS *méd*, TOPHACÉ***,E.
TOPIAIRE *arb* taillé géométriquement.
TOPIQUE *phar* à usage externe.
TOPLESS (a ôté son haut).
TOPO. TOPONYME nom de lieu.

TOQUADE. TOQUANTE.
TOQUARD,E (cf TOCADE,
TOCANTE et TOCARD,E).
se TOQUER. TOQUET toque.

TORAH loi de Moïse ou THORA.
TORAILLER vi fumer
(cf ALLOTIR).
TORANA temple. TORBALL foot.
TORCHÈRE vase. TORCHIS.
TORCOL *ois* ou TORCOU*.
TORDAGE, TORDEUR... RETORDU,
TORDOIR garrot DORTOIR.
TORE *math* (S-). TORÉER vt TORREE,
TORÉADOR, TORERA, TORERO*.
TORGNOLE LOGERONT.

TORIES, TORYS. TORII *jap* portique.
TORIL *taur*. TORIQUE *méc* (joint),
TOROÏDAL... DORLOTAI.
TORON gros cordage,
TORONNER assembler ORNERONT.
TORPÉDO.
TORPEUR, TORPIDE.
TORQUE *anc* collier.

TORR unité. TORRÉE* *bot.*
TORRÉFIER. TORS,E tordu,
TORSADER**, TORSEUR *math.*
TORTE tors,e (BIS-).
TORTIL d'or, TORTIS corde.

TORTORER *arg* manger.
TORTU,E tordu. TORVE (œil).
TORY,S ou -IES, TORYSME.
TOSCAN,E***. TOSS tirage au sort.
TOSSER vi *mar* (cf OSSÈTE).
TOTO pou (RO-). TOTON toupie.

TOUAGE. TOUAILLE torchon.
TOUAREG, TOUARÈGUE.
TOUBAB *Afr* Européen. TOUBIB.
TOUCAN oiseau grimpeur coloré.
TOUCHAU,X *orf*, TOUCHAUD
ou TOUCHEAU.
TOUCHEUR… de bœufs.

TOUER remorquer, TOUEUR…
TOUFFEUR chaleur (É-).
TOUILLER, TOUILLAGE.
TOULADI truite (cf SOLITUDE).
TOULOUPE pelisse. TOUNDRA.

TOUPAYE *mam* tupaja ou tupaïa.
TOUPILLER *menui* (É-; -EUR…).
TOUPIN cloche POINTU.
TOUPINER*** vi tourner.
TOUQUE *réc* (fer-blanc) (cf C- H- S-).
TOURAINE vin.
TOURBER vi *mine* (cf ÉBOUTER**),
TOURBEUX…, TOURBIER**,E.
TOURD,E *icht*. TOURET *out* tour.

TOURIE *réc* (grès). TOURIER,E *rel.*
TOURIN potage TURION ≠ TOURNIS.
TOURNEUR…, TOURNUS tour.
TOURON *pât*. TOURTE *pât*.
TOURTEAU*. TOUSELLE blé.
TOUSSEUR…, TOUSSOTER vi.
TOUT,S* (A- S-).
TOUTIM/, TOUTIME/.
TOUTOU. TOWNSHIP *Afr. du Sud.*

TOXÉMIE, TOXICITÉ,
TOXICO, TOXICOSE (bébé),
TOXINE, TOXIQUE (A-).

TRABAN hallebardier.
TRABE hampe. TRABÉE toge.
TRABENDO contrebande (Algérie).
TRABOULER vi (à Lyon).

TRAC (LIS- TRIC-).
TRAÇAGE, TRAÇANT,E,
TRACELET pointe RACLETTE ou
TRACERET RETERCAT RETRACTE,
TRACEUR… RECURAT RECRUTA.
TRACHÉAL… HARCELAT RELACHAT,
TRACHÉEN… TRACHOME* *méd.*
TRACHYTE roche. TRACLET train.
TRAÇOIR CROITRA.
TRACTER, TRACTAGE,
TRACTIF…, TRACTUS *anat* SCRUTAT.

TRADER* n *fin* (EX-v) ou
TRADEUR, TRADING GRANDIT.
TRAGUS saillie de l'oreille.

TRAIL moto. TRAILLE bac (PRÉ-),
TRAÎNAGE, TRAÎNANT,E,
TRAÎNARD,E, TRAÎNEUR…
TRAINING.
TRAIRE v déf, TRAIS
TRAYONS etc, TRAYAIS etc,
TRAIRAI etc (-S etc),
TRAIE,S TRAYIONS etc,
TRAYANT (AT-adj EX- RE-adj
ABS- DIS-adj REN- SOUS-).

TRALALA. TRÂLÉE grand nombre.
TRALUIRE**** vi *helv* mûrir (raisin).

TRAMAGE. TRAMAIL** trémail.
TRAMELOT *helv* traminot.
TRAMEUR**… *ouv* (pour fils de trame).
TRAMINER n vin ARRIMENT.
TRAMINOT MONTRAIT MATIRONT.
TRAMP *mar*, TRAMPING*.

TRANCHET lame CHATRENT.
TRANS *chim* (-E -I). TRANSAT**.
TRANSEPT*. TRANSFO FARTONS.

TRANS**IR**. TRANSIT**ER** vt.
TRANSMUER *alchim* (en or).
TRANTRAN traintrain.

TRAPPER chasser, **T**RAPPEUR nm.
TRAQUE**T** *ois*, TRAQUEUR…
TRASH *mus*. TRAUMA *méd* AMURAT.

TRAVAIL,S (pour ferrage), ou -AUX.
TRAVELO. **T**RAVIOLE/.
TRAX *helv* bulldozer, bull.
TRAYEUR…, **T**RAYON.

TRÉBUCHER vt peser (-T).
TRÉCHEUR *hér* RECHUTER.
TRÉFILER* *mét* (-AGE, -EUR…).
TRÉFLÉ,E en trèfle. **T**RÉFONDS.
TREILLE vigne, TREILLIS.
TREK randonnée en montagne,
TREKKEUR…, TREKKING.

TRÉMAIL* filet ou TRAMAIL.
TRÉMATER *mar* dépasser.
TREMBLÉ,E, **T**REMBLAI**E** *(arb)*.
TRÉMELLE *cham*. TRÉMIE à blé.
TRÉMIÈRE (rose). TRÉMOLO.
TREMPEUR de métal.
TRÉMULER agiter.
TRÉNAIL *ch de f* cheville.
TRENCH *vêt*. **T**REND tendance.
TRENTAIN 30 messes (-E).

TRÉPAN *chir*, TRÉPANER.
TRÉPAN**G** tripang. **T**RÉPASSER.
TRÉPHONE *embry*.
TRÉPIDER vi REPERDIT.
TRÉPIGNER vt piétiner.
TRESSAGE, TRESSEUR…
TREUILLER. **T**RÉVIRER *mar*.
TRÉVISE salade, TRÉVISAN,E (It)
REVISANT INVERSAT RAVISENT.

TRIACIDE.
TRIADE mafia chinoise (CO-).

TRIAIRE *mil rom*. **T**RIAL,S *moto*.
TRIALLE *moll* donax.
TRIBADE* lesbienne.
TRIBAL,E,S ou -AUX.
TRIBALLER une peau # BARILLET.
TRIBART bâton.
TRIBORD (-AIS).
TRIBUNAT BRUITANT BITURANT
TURBINAT.
TRIBUT**E**** *Rome* (comice).

TRI**C** *bri*. **T**RICARD,E *dr* triquard,e.
TRICEPS*. TRICHER qqn.
TRICHINÉ,E *méd* ENRICHIT (-EUX…).
TRICHITE groupe de fins cristaux.
TRICHLO (cf CHARTIL et
CHLORAT*).
TRICHOME* feutrage des cheveux
ou TRICHOMA CHROMAIT.
TRIC**K** *bridge* tric, levée (-STER n).
TRICÔNE*** trépan. TRICORNE.
TRICOUNI clou. **TRI**COURANT/.
TRICTRAC.

TRIDACNE mollusque géant.
TRIDENT (S-), TRIDENTÉ,E
DETIRENT RETENDIT.
TRIDI (calendrier républicain).
TRIÈDRE *géom* DETIRER # DESTRIER.
TRIENNAL…, TRIENNAT,
TRIÈR**E** *mar* (trois rangs de rameurs)
(NI- VI- HUÎ- PLA- VEN-).
TRIESTER n *chim* TERRITES.
TRIESTIN**,E. **T**RIEUR…

TRIFIDE *(bot)*. **TRI**FOLIÉ,E,
TRIFOLIOLÉ,E. **TRI**GÉMINÉ,E.
TRIGLE *icht* grondin.
TRIGO, TRIGONE *géom*
GITERONS TIGERONS.
TRILLER *mus* orner (É-). TRILLION.
TRILOBÉ,E**.

TRIMARAN *mar* ARRIMANT.
TRIMARD route, TRIMARDER vi.
Pas de «trimage»; cf RAGTIME**.

TRIMBALER # TREMBLAI
ou **TRIMB**ALLER. TRIMER vi.
TRIMÈ**RE** polymère
TRIREME MERITER.
TRIMÉTAL,AUX.
TRIMÈTRE vers à trois accents.
TRIMEUR… MEURTRI.
TRIMMER n *pêche* flotteur.

TRIN,E *rel* triple. TRINERVÉ,,E *bot.*
TRINGLER. TRINGLOT *mil.*
TRINÔME *math* OMIRENT MOIRENT.
TRINQUET… mât de misaine (avant).
TRIODE *élect* DROITE REDOIT.
TRIO**L** *chim* (ES- VI- OES-).
TRIOLET 8 vers.
TRIONYX tortue aquatique.

TRI**P** (S-). **T**RIPAILLE.
TRIPALE hélice à trois pales.
TRIPANG trépang (cuisine chinoise).
TRIPANT,E *québ* excitant (É-/).
TRIPARTI,E ou -TITE.
TRIPERIE TRIPIERE PITRERIE,
TRIPETTE, TRIPIER,E**
TRIPHASÉ*,E.
TRIPLACE. TRIPLAN.
TRIPLE**T** (3), TRIPLE**X** appart,
TRIPLURE *étof* (donne du maintien).
TRIPO**D**E, TRIPODIE** *poé* (3 pieds).
TRIPOLI roche (débris d'algues).
TRIPOUS pl ou **T**RIPOUX pl mets.

TRIQUARD,E interdit de séj., tricard,e
TRIQUER un âne (É- AT- IN-).
TRIQUE**T** échelle double.
TRIRÈGNE *rel* INTEGRER REGIRENT.
TRIRÈME** (3 rangs de rameurs), trière.

TRISCÈLE *déco* ou TRISKÈLE.
TRISME *méd* (mâchoire) ou TRISMUS.
TRISOC* charrue.
TRISOMIE *biol* MIROITES.
se TRISSER. TRITIUM *ato* isotope.

TRITON batracien.
TRIUMVIR *mag* TRIVIUM + R.
TRIVALVE. TRIVIUM 3 arts libéraux.
TROCART *chir* poinçon.
TROCHANTER n (fémur).
TROCHE *moll.* **T**ROCHÉE *poé* pied.
TROCHET fleurs. **TRO**CHILE* *ois.*
TROCHIN de l'humérus # TRICHONS.
TROCHLÉE *anat* (articulation) (-N…).
TROCHURE 4e andouiller du cerf.

TROÈNE. TROÏKA (trois chevaux).
TROLL lutin. TROLLE (chasse au cerf).
TROLLEY. TROMBINE.
TROMBLON fusil à canon évasé.
TROMMEL *tech* crible.
TROMPETER (aigle) (-EUR),
je TROMPETTE.

TRONCE billot,
TRONCHE**T** billot TORCHENT.
TRÔNER vi (cf TROÈNE et
RENOTE).
TROP**E** *rhét.* TROPISME (A-) *(bot)*
IMPORTES PROMITES ROMPITES.
TROQUET. TROQUEUR…

se TROTTER,
TROTTIN employée, TROTTIN**G**.
TROUBADE *mil.* **T**ROUE**T** trou.
TROUFI**ON** FOUIRONT.
TROUILLER vi *belg* avoir peur.
TROUVÈ**RE**, TROUVEUR…
TROY/ once d'or. TROYEN…

TRUANDER # ENDURAT # DENATURE.
TRUBLE filet. TRUBLION.
TRUCAGE.
TRUCIDER # CRUDITE.
TRUC**K** wagon en plate-forme.
TRUDGEON nage DROGUENT.
TRUELLÉE.
TRUFFER, TRUFFADE mets,
TRUFFIER,E des truffes.

TRUISME évidence MURITES.
TRUITÉ,E tacheté.
TRULLO *arch* (It. du Sud),
TRULLI/.
TRUMEAU mur entre deux fenêtres.
TRUQUAGE, TRUQUEUR…
TRUSQUIN *out*, TRUSQUINER.
TRUSTER, TRUSTEUR.
TRUSTIS *mil* compagnonnage (Francs).
TRYPSINE enzyme du suc pancréatique.

TSAR, TSARINE, TSARISME,
TSARISTE. TSIGANE.
TSUBA *jap* garde de sabre.
TSUNAMI raz de marée séismal.
MINUTAS MUTINAS.
TUABLE BLEUTA TABULE.
TUAGE, TUANT,E.

TU**B**. TUBAGE *méd* (EN-).
TUBAIRE *méd*. TUBARD,E.
TUBELESS (pneu).
TUBER (EN- IN- RE- TI-vi).
TUBÉRACÉ,E en forme de truffe,
TUBÉRALE truffe,
TUBÉREUX… à tubercules,
TUBÉRISÉ,E EBRUITES BITUREES,
TUBICOLE *(zoo)*, TUBIFEX ver,
TUBING *sp* (chambre à air sur rivière),
TUBIPORE* *zoo*, TUBISTE** *mus*.
TUBITÈLE *(arachn)*,
TUBULÉ,E (tubulures) (cf S-),
TUBULEUX…, TUBULINE *chim*,
TUBULURE.

TUCARD,E # DECRUAT # DECRUSAT
ou TUCISTE *(T.U.C.)*.
TUDESQUE. TUDIEU! (VER-/).
TU**F** roche, TUFEAU, TUFFEAU,
TUFIER,E du tuf FRUITE,E.
TUGRIK monnaie de Mongolie.

TUILER, TUILEAU,
TUILERIE TUILIERE,
TUILETTE, TUILIER,E*.

TULIPIER *arb*. TULLERIE****,
TULLIER*,E****, TULLISTE,
TULLOIS,E de Tulle # OUTILLES
TOUILLES.
TUMBLING *sp*. TUMÉFIER,
TUMEUR, TUMORAL*…
TUMULI/ pl de TUMULUS.
TUNAGE clayonnage TANGUE
GUEANT.
TUNE thune. TUNE**R** n.
TUNGAR *élec* redresseur.
TUNICIER n *zoo*, TUNIQUÉ,E *bot*.
TUNISOIS,E SITUIONS.
TUPAÏA *mam* # PAUSAIT TAUPAIS,
ou TUPAJA ou **TOU**PAYE.
TUPI *lang* # PUITS. TUQUE bonnet.

TURBÉ *monu isl* ou TURBE**H**.
TURBIDE trouble (cf TURDIDÉ
TURGIDE et TURPIDE).
TURBIN, TURBINER vt BRUIRENT.
TURBITH *arb* (feuilles purgatives).
TURBO (-T). TURBOT**IN**.
TURCIQUE (os), TURC**O** *mil*.
TURDIDÉ grive.
TURELURE refrain.
TURF**ISTE**. TURGIDE enflé.

TURINOIS,E. TURION* *bot* (CEN-).
TURISTA diarrhée TRUSTAI.
TURKMÈNE *Asie*.
TURLUPIN (-ER -ADE).
TURLUTER chantonner # LUTTEUR.
TURLUTTE gâterie.
TURNE (SA- NOC-).
TURNE**P** chou-rave.
TURNOVER n rotation ROUVRENT.
TURONIEN*… *géol* crétacé.
TURPIDE* vil. TURQUIN bleu.
TURSAN vin du Sud-Ouest.

TUSSAH *étof*, TUSSAU,S ou X,
TUSSOR ou TUSSORE.

TUTEURER *agr*.
TUTIE *chim* # TUTSIE ou TUTHIE.

TUTORAT *scol.* TUTOYEUR…
TUTSI,E* *Afr.* TUTTI *mus.* TUTU.
TUVALUAN,E *Océanie* de Tuvalu.
TUYAU,X, TUYAUTER (-EUR…),
TUYÈRE.

TWEED. TWEEN *chim* mouillant.
TWEETER n haut-parleur d'aigus.
TWILL *étof.* TWIRLING *mus* (bâton).
TWIST, TWISTER vt, TWISTEUR…

TYMPAN, TYMPANAL… (os),
TYMPANISER critiquer,
TYMPANON *mus* cymbalum.

TYPER, TYPAGE *méd*, TYPESSE.
TYPHA *bot*, TYPHACÉE.
TYPHIQUE. TYPHLITE *méd.*
TYPHOÏDE, TYPHOSE,
TYPHUS. TYPICITÉ.
TYPO, TYPOTE. TYPON *impr.*
TYRAMINE amine.
TYRANNEAU.
TYRIEN… TYROLIEN…
TYROSINE acide aminé (cf M-).

TZAR, TZARINE, TZARISME,
TZARISTE. TZIGANE.

U

Pensez à séparer le U du O: COAGULER, INOCULER, NOCUITÉ, OCULISTE, UFOLOGIE, UNICORNE.

Les finales en -UEL sont difficiles à construire: ÉVENTUEL, GRADUEL, HABITUEL, INUSUEL, MENSUEL, PONCTUEL, RÉSIDUEL, SAROUEL nm, VIRTUEL, VISUEL.

Mots en UU: DUUMVIR, LITUUS, NOUURE, VACUUM.

Avec un U, un joker et beaucoup de voyelles, pensez aux mots en -(G)UE, -(Q)UE *et* -EU(X).

UBAC versant à l'ombre.
UBÉRALE (sein arroseur) (T-) EBERLUA.
(UBÉRALE et TUBÉRALE uniq. fém.).
UBIQUITÉ. UBUESQUE.
UFOLOGIE (ovnis), **UFO**LOGUE.
UHLAN. UKASE (O-).
UKULÉLÉ guitare hawaïenne.

ULCÉREUX… ULÉMA *isl* (O-).
ULLUCO plante comestible
ou ULLUCU ou ULLUQUE.
ULMACÉE orme MACULEE
EMASCULE ECULAMES.
ULMAIRE* *bot* # SIMULERA RUILAMES.
ULMISTE (U.L.M.) MUTILES
ULTIMES STIMULE.
ULNA cubitus, ULNAIRE.
ULSTER** n pardessus. ULTIMO/.
ULTRA, ULTRASON ROULANTS.
ULULER vi (H-). ULVE algue (V-).

UMBANDA culte du Brésil.
UMLAUT tréma (cf MUTUEL).

UNAU,S ou X mammifère arboricole.
UNCINÉ,E *bot* crochu. UNETELLE/.
UNGUÉAL… de l'ongle # ENGUEULA,
UNGUIS petit os de l'orbite.

UNIATE *rel* # SUAIENT USAIENT.
UNIAXE. UNICAULE à tige unique.
UNICITÉ*. UNICORNE licorne.
UNIÈME. **UNIF** *belg* université.
UNIFLORE* à une seule fleur.
UNIFOLIÉ,E. UNILOBÉ*,E.
UNIMENT/. UNIMODAL…

UNIOVULÉ, UNIOVULÉE.
UNIPARE (femelle à un seul petit).
UNIPRIX.
UNIRAMÉ*,E *bot* # ENUMERAI.
UNISEXE,
UNISEXUÉ,E, UNISEXUEL…
UNITIF… (P-) # ENSUIVIT VISNUITE.
UNIVALVE. UNIVOQUE.
UNTEL/, UNETELLE/.

UPAS *arb* (latex). UPÉRISER* du lait.
UPPERCUT *boxe, bridge.*
UPSILON/ PULSION.

URACILE base azotée.
URAÈTE aigle # AUSTERE SATUREE.
URAEUS** *rept déco* (Égypte).
URANAIS,E d'Uri (cf ORANAIS,E).
AUNERAIS SAUNERAI.
URANE *chim*, URANATE sel,
URANEUX… dérivé de l'uranium,

URANIDE ENDUIRA ENDURAI.
URANIE *pap.* URANIQUE *chim.*
URANISME, URANISTE homosexuel.
URANITE*** *chim*, URANYLE.
URATE sel de l'acide urique (S-).

URBANISER, URBANITÉ.
URCÉOLÉ,E *bot* pansu.
URDU *lang* ou OURDOU,E (Inde).

URE aurochs.
URÉDINÉE *cham* ENDUIRE + E.
URÉ**E**, URÉIDE, URÉIQUE,
URÉMIE, URÉMIQUE,
URETÈRE ≠ TERREUSE,
URÉTÉRAL**…, UR**É**THANE,
URÈTRE, URÉTRAL… LEURRAT,
URÉTRITE *méd* TRITUREE.

URGER vi et déf (3es personnes et part. présent seulement); cf GUÉER.
URGONIEN *géol* crétacé,e.

URICÉMIE, URINAL,-AUX,
URINER (B- P- S- CHO-),
URINEUX…,
URIQUE (acide) (A- P- DYS-).

UROCORDÉ *zoo mar* tunicier,
URODÈLE *zoo* LOURDEE DEROULE.
UROLOGIE (cf UF-),
UROLOGUE (cf UF-),
UROMÈTRE*. URONIQUE *chim.*
UROPODE *(crust)*, UROPYGE *arachn.*
URSIDÉ** ours. URSULINE *rel.*
URTICALE ortie, URTICANT,E.
URUBU vautour. **U**RUS ure (G- K-).

US. **U**SABLE. USAGER,E*,
USANCE* *fin* terme. USANT,E (F-).
USINER, USINAGE*,
USINIER,E. USNÉE lichen.
USURAIRE, USUS *dr* (AB-).

UT/. UT**E** amérindien. UTÉRIN,E.
UTOPIE TOUPIE EPOUTI,
UTOPIQUE,
UTOPISME, UTOPISTE.
UTRICULE de l'oreille (-EUX…).

UVAL… du raisin,
UVÉE (œil) (B- C-), UVÉITE *méd.*
UVULA luette ou UVULE,
UVULAIRE de la luette.
UZBEK,E (O-) (ex-URSS).

V

Mots terminés par un V : LEV,S, SICAV/, MOSHAV,S *et* LEIT-MOTIV,S *ou* E.

VACCAIRE herbe à vaches.
VACCIN**ER**, VACCINA**L**…
VACHARD,E.
se VACHER *(U.L.M.)* VARECH (CRA-),
VACHER,E, VACHERIN mets,
VACHETTE.
VACIEU,X brebis sans lait,
VACIVE jeune brebis VIVACE,
VACUITÉ, VACUOLE *anat*,
VACUOME *biol* # COUVAMES,
VACUUM vide.

VAGAL… (nerf) VALGA/ # LAVAGES.
VAGILE *zoo mar* (qui rampe) GLAIVE.
VAGINÉ,E, gainé VINAGE #
VENGEAI # VISNAGE (IN-v),
VAGINAL…, VAGINITE *méd*.
VAGUER vi errer.
VAHINÉ ENVAHI.

VAIÇYA caste, vaisya ou vaishya.
VAIGRE *mar* planche,
VAIGRAGE AGGRAVE + I.
VAINCRE, VAIN**C**,S etc.
VAIR fourrure, **V**AIRÉ,E *hér*.
VAIRON *icht*.
VAISYA, VAIÇYA ou VAISHYA.

VAL,S ou VAU**X**.
VALAISAN,ANNE du Valais, Suisse.
VALAQUE de la Valachie (Roumanie).
VALDINGUER vi.
VALDISME *rel* (Vaudois).
VALENÇAY *from.* VALENCE*
(BI- CO- DI- TRI- UNI-).
VALENCIA orange ENCLAVAI.

VALENT/ voir DIVALENT.
VALENTIN**,E amoureux.
VALGA*/(jambe) déviée, masc
VALGUS.
VALINE acide (CHE-). VALIUM.
VALKYRIE ou **WAL**KYRIE.
VALLEUSE petite vallée,
VALLONNER (-EUX…).
VALOCHE.
VALSER***vt, VALSEUR…
VALVE (BI- TRI- UNI-)
(cf VOLVE, VULVE), VALVÉ,E,
VALVAIRE (cf VO- VU-),
VALVULE des vaisseaux sanguins.

VAMP, VAMPER, VAMPIRE.
VA**N** *véhi*. VANADIUM métal dur.
VANDA orchidée à grandes fleurs.
VANDOISE gardon EVADIONS.
VANESSE *pap* vulcain ENVASES.
VANGERON gardon, vengeron.
VANILLÉ,E, VANILLON (cf M-).
VANISÉ,E *text* # AVINEES VESANIE,
VANISAGE (cf T-).

VANNAGE (cf C- T-). **V**ANNEAU *ois*.
VANNELLE vanne, vantelle (cf C-).
VANNERIE VANNIERE (cf T-).
VANNE**T** filet de pêche.
VANNETTE panier
EVENTANT (cf B- C- M-).
VANNEUR… (cf C- T-),
VANNIER,E* (cf C-) INNERVA,
VANNURE résidu du vannage.
VANTAIL,AUX de porte.
VANTELLE vannelle (cf P-).
VANTERIE (cf G-).

VAPE pave # VESPA.
VAQUER vi. VAQUERO *taur.*

VAR unité. VARA/ fém de VARUS.
VARAIGNE sas ENGRAVAI.
VARAN *rept.* VARANGUE *(mar).*
VARAPPER vi *sp.*

VARECH*.
VARENNE sol sableux.
VAREUSE** (cf P-). VARHEURE.
VARIANCE, VARIANT,E,
VARIÉTAL… d'une variété de plante.
VARIOLÉ,E (-EUX…).
VARIORUM/ édition avec notes.

VARLET jeune noble.
VARLOPER raboter.
VARMÈTRE *phys* appareil de mesure.
VAROIS,E du Var # OVAIRES (BA-).
VARON ou VARRON larve
VARROA parasite de l'abeille.
VARUS cagneux, fém VARA/.
VARVE *géog* dépôt.

VASARD,E (vase). VASELINER.
VASIÈRE RAVISEE VAIREES VARIEES
ASSERVIE.
VASISTAS. VASQUE *déco* bassin.
VATICANE***. VATICINER vi
VATU *Océanie* monnaie du Vanuatu

VAUX. VAUDAIRE vent (VAUD),
VAUDOIS,E *Suisse* # DEVOUAIS.
VAUDOU,E. VAUTRAIT,S *vén.*
VAUVERT/.
VAVASSAL,AUX, VAVASSEUR.

VÉ cale.
VEAU (BI- CA- CU- JA- NI- CER-
CLA- NOU- BALI- CANI- ÉCHE-
GODI- HÂTI- MANI- SOLI-).
VÉCÉS w.-c. VESCE.
VECTEUR REVECUT (CON-),
VECTRICE.

VÉDA *anc litt hind,*
VEDANTA EVADANT # DEVASANT.
VEDIKA *monu hind* balustrade.
VÉDIQUE des Védas, VÉDISME.
VÉHICULER. VEHMIQUE *dr hist.*
VEINER *déco,* VEINETTE brosse,
VEINULE # VESULIEN,
VEINURE *déco* # ENSUIVRE.

VÊLAGE (CU- JA- NI- TA- GRA-
TRA-). VÉLAIRE *phon.*
VÉLANI chêne. VÉLAR *bot.*
VELARIUM *Antiquité* tente.
VELCHE *péj* étranger, welche, welsche.
VELCRO.
VELD *Afr du Sud* plateau ou VELDT.
VÊLER vi (CU- JA- NI- RÉ- TA-
GRA- GRI- DÉNI- ÉCHE- ENJA-),
VÊLEMENT. VELET *rel* voile.
VÊLEUSE* (JA- NI- CLA- GRA-
GRI-). Pas de «vêleur»;
cf LEVEUR… et LEVURE.
VÉLIE *ins.* VÉLIN (RA- GRA-).
VÉLIQUE *mar* (voiles). VÉLITE* *mil.*
VÉLIVOLE (vol à voile).
VELLAVE du Velay.

VÉLOSKI.
VELOT peau de veau (JA- GRA-).
VELOUTER* (-EUX…).
VELTE jauge pour les tonneaux (S-),
VELTAGE jaugeage VEGETAL…
VELUM voile, VELUX lucarne,
VELVET velours, VELVOTE *bot.*

VENAISON chair de gros gibier.
VENANT,E (A- CO-nm RE- PRÉ-
SUR-).
VENDABLE. VENDÉEN…
VENDETTA DEVETANT.
VENELLE ruelle (RA-).
VÉNÉRIEN… INNERVEE REVIENNE.
VENET barrage de filets (HA-).
VENETTE peur. VENEUR *vén.*
VENGERON gardon, vangeron.

VENIAT/ *dr* (CON-). VÉNITIEN…
VENTAGE vannage VENGEAT.
VENTAIL,AUX de casque (-LLE),
VENTEAU trou, VENTER déf
(3ᵉ du sing ; pas de participe présent).
VENTÉ,E, VENTEUX…,
VENTIS *(arb)*, VENTÔSE.
VENTRAL…, **V**ENTRÉE (É-v),
VENTRU,E # ENTREVU.
VENTURI tube (débit) # SURVIENT.
VÉNUS**IEN**… *astr*, VÉNUSTÉ.

VÊPRES, VÊPRÉE soirée # VESPREE.

VÉRACE sincère RECAVE.
VÉRAISON maturité. VÉRANDA.
VÉRATRE *bot* (vénéneux) REVERAT/.
VERBATIM/ fait de citer texto/,
VERBEUX…, VERBIAGE.

VERDAGE engrais vert DEGREVA,
VERDELET…, VERDET *(mét)*,
VERDIE**R***** n *ois*, VERDIN *ois*,
VERDIR (DÉ- RE-), VERDOYER vi.

VERGÉ,E (étoffe, papier) rayé (EN-v).
VERGENCE *opt* (cf CONVERGE).
VERGETÉ,E (peau), VERGETTE,
VERGEURE du papier.
VERGLACER (3ᵉ pers. du singulier),
VERGLACÉ,E (-ÇANT,E).
VERGNE aulne, verne VENGER.
VERGOGNE,S. VÉRIF*.

VÉRIN**E** *mar* filin, verrine.
VÉRISME *litt ital.* naturalisme.
MIEVRES REVIMES # SERVIMES,
VÉRISTE.
VERJUS (raisin), **VER**JUTER une sauce.

VERLAN (« laisse béton ») VERNAL.
VERMÉE appât. VERMET *moll.*
VERMILLER vi fouger (sanglier).
VERMIS *anat.* se **VER**MOULER,
VERMOUT ou VERMOUT**H**.

VERNAL*… printanier, **VER**NATION.
VERNE vergne (CA- HI-v TA-
GOU-v).
VERNIE**R** n *out.* VERNISSER.
VÉROLER*, VÉROLEUX…
VÉRONAIS,E. VÉRONAL,S
RELAVONS LAVERONS REVALONS.

VERRANNE fibre de verre.
VERRA**T** porc. VERRÉ,E,
VERRIER*,E # VERRERIE.
VERRINE filin ou VÉRINE.

VERSAGE *agr.* VERSANT,E *mar.*
VERSEAU**. VERSEUR… (IN-nm).
VERSION RENVOIS VIORNES REVIONS
(A- É- DI- IN- RÉ- CON- PER-
SUB-).
VERS**O**, VERSOIR *agr* (DÉ- RE-).
VERSTE kilomètre russe.
VERSUS ou VS par opposition à.
VERTE**X** du crâne (cf VORTEX).
VERTIGO maladie du cheval.
VERTISOL sol VIROLETS.
VERVELLE rivet. VERVE**T** singe.
VERVEUX… plein de verve.

VÉSANIE** folie. VESCE* *(bot)*.
VÉSICAL*… de la vessie,
VÉSICANT,E *méd* donne des ampoules,
VÉSICULÉ,E (-EUX..).
VESOU (canne à sucre). VESPA**.
VESPÉRAL… PREVALES PRELEVAS.
VESPÉTRO* *phar anc* liqueur.
VESPIDÉ *ins.* VESPRÉE* vêprée.

VESSER vi péter silencieusement.
VESSIGON *vét éq* VOSGIENS.
VESTALE.
VÉSULIEN*… de Vesoul.

VÊTAGE de mur VEGETA
(RI- BOU- CLA- SAU-).
VÉTILLER vi (cf VELLÉITÉ)
(-EUX… ou -ARD,E).
VÉTIVER n *bot* REVIVE + T.
VETO,S. VÊTURE. VÉTUSTE

VEULERIE.
VEXATEUR.
VEXILLE étendard ou VEXILLUM.

VIA/. se VIANDER, VIANDEUX…
VIBICE tache violette sur la peau.
VIBOR *(mar)* ou VIBOR**D**.
VIBRAGE *tech*,
VIBRAT**O** *mus*, VIBRER vt,
VIBREUR, VIBRION bactérie,
VIBRISSE poil. VIBURE/ (à toutc).

VICARIAL…, VICARIAT,
VICELARD,E.
VICENNAL… 20 ans (durée ou interv.).
VICENTIN,E de Vicence (Italie) VICIENT + N.
VICHY, VICHYSME, VICHYSTE.
VICIER, VICIABLE.
VICINAL… (chemin).
VICOMTE, VICOMTAL…
VICTORIA *bot* ou *véhi*.

VIDAGE (É- DÉ- REN-).
VIDAME *(rel)*, VIDAMIE.
VIDÉASTE (vidéo). VIDEAU dé.
VIDELLE outil de pâtissier.
VIDÉO**, VIDÉOTEX Minitel.
VIDEUR… (DÉ- REN-).
VIDICON tube T.V.
VIDIMER *dr* certifier par VIDIMUS.
VIDOIR dépôt de vidanges (É- DÉ-).
VIDUITÉ veuvage. VIDURE (É-).

VIEIL/. VIÈLE *mus*, VIELLER vi,
VIELLEUR… ou VIELLEUX…
VIENNOIS,E ENVIIONS VEINIONS VISIONNE.
VIET. VIGIL,E qui veille.
VIGNEAU *moll* vignot NAVIGUE.
VIGNETER *déco*, je VIGNETTE.
VIGNOT vigneau. VIGOGNE lama.
VI**GO**USSE *helv* vigoureux.
VIGUIER n *anc mag*, VIGUERIE.
VIHARA *hind* HAVIRA # HAVRAIS.
VIKING.

VILAYET province turque.
VILEMENT/, VILENIE.
VILLEUX… velu # VISUELLE VEUILLES.
VIMANA *hind* tour pyramidale.

VINAGE (viner) # VISNAGE (A- ALE-),
VINAIGRER, VINAIRE du vin.
VINDAS petit treuil. VINDICTE,S.
VINER alcooliser (A- ALE- PLU-déf),
VINEUX… # ENSUIVE.
Pas de «vineur»; cf UNIVERS.
VINICOLE* (cf VITICOLE),
VINIFÈRE, VINIFIER,
V**I**NIQUE, VINOSITÉ**.
VINTAGE (porto) VIGNETA.
VINYL,E, VINYLITE.

VIOC. VIOLACER**,
VIOLAT *phar* (violette),
VIOLÂTRE.
VIOLENTE**R.**
VIOLETER, je VIOLETTE.
VIOLEUR… VOILURE.
VIOLIER n giroflée,
VIOLINE** couleur violet pourpre.
VIOLISTE (viole), VIOLONER vt.
VIOQUE. VIORNE *arb* RENVOI.

VIPEREAU,X VIPÉRIAU,X,
VIPÉRIDÉ, VIPÉRIN,E.
VIRAGO mégère.
VI**R**AILLER vi tournicoter.
VIRAL…
VIRELAI *poé* RAVILEH # RIVETTE
VIRÉMIE *méd*. VIRETON flèche.
VIREUR***… (SUR-), VIREUX…
VIRGINAL,E,S *mus* ou -AUX vierge.
VIRGINIE tabac. VIRGULER.

VIRILISER. VIRION (virus),
VIROCIDE virucide, VIROÏDE* *méd*.
VIROLAGE VOLIGERA,
VIROLER baguer (cf VÉ-),
VIROLET *helv* petit virage.
VIROLIER,E *ouv* VOILIER + R.

VIROSE *méd* (due à un virus) REVOIS,
VIRUCIDE tueur de virus, virocide.
VIRURE*** *mar* bordages.

VISCACHE rongeur à belle fourrure.
VISCÉRAL… CLIVERAS CLAVIERS.
VISCOSE *chim*. VISEUR SURVIE.
VISIGOTH,E wisigoth,e (-IQUE).
VISIONNER.
VISNAGE* fenouil.
VISNUITE** *hind* (Visnu).
VISOU/ *québ* (avoir du) adresse.
VISSAGE, VISSERIE VISIERES,
VISSEUSE*. VISTA, VISU/.

VIT,S pénis.
VITACÉE vigne ACTIVEE.
VITAMINER.
VITELLIN,E (ovule), VITELLUS.
VITICOLE. VITILIGO *méd* (peau).
VITOULET boulette de veau hachée.
VITRAIN constituant du charbon,
VITRER, VITRERIE VITRIERE,
VITRIFIER, VITRIOLER.
VITUPÉRER.

VIVABLE*.
VIVARAIS,E (Massif centr.) RAVIVAIS.
VIVARIUM zoo pour petits animaux.
VIVAT (A-v). VIVEMENT/ (A-n).
VIVEUR… ≠ SURVIVE.
VIVIDE *psy*, VIVIDITÉ.
VIVIPARE *zoo*. VIVOIR living,
VIVOTER vi ≠ VOTIVE.
VIVRÉ,E *hér rept* ondulé ≠ REVIVE.
VIVRIER,E alimentaire.
VIZIR, VIZIRAT.
VLAN!

VOCABLE (É- RÉ- CON-).
VOCALISER changer en voyelle.
VOCATIF *ling* («O tempora»).
VOCATION (É-) CONVOITA.
VOCERI/ pl de VOCERO,S chant fun.,

VOCIFÉRER, **VO**CODEUR *inf*.
VOGELPIK *belg* fléchettes.
VOGOUL,E *lang* (est de l'Oural).

VOÏÉVODE *mag* (Pologne).
VOILAGE**, VOILERIE* *mar*.
VOIRE/. VOIRIE (cf SOIERIE).
VOISÉ,E *phon* (consonne).
VOISINER vi REVISION (A-vt).
VOITURER, VOITURIN cocher.
VOÏVODE *mag* ou VOÏÉVODE,
VOÏVODAT, VOÏVODIE.

VOLABLE. VOLAILLE**R**,E.
VOLAPÜK espéranto. VOLATIL,E.
VOLÉMIE volume du sang.
VOLER (EN- RE- CON-vi SUR-).
VOLERIE chasse VIROLEE VOLIERE.
VOLETER vi, je VOLETTE,
VOLETANT,E. VOLIÈRE**.
VOLIGER planchéier.
VOLIS *arb* cime cassée.
VOLITIF… *psy*, VOLITION (≠ N-).

VOLLEY, VOLLEYER vt (-EUR…).
VOLNAY bourgogne.
VOLTAIRE fauteuil.
VOLTER vi *hipp* (cf VOLETÉ).
VOLUBILE.
VOLVE *(cham)*, VOLVAIRE.
VOLVOCE algue ou VOLVOX.
VOLVULUS *méd* cause d'occlusion.

VOMER n os du nez, VOMÉRIEN…
VOMIQUE (noix), VOMITIF…,
VOMITO fièvre jaune (-IRE).
VORTEX tourbillon (cf VERTEX).
VOSGIEN…
VOTATION vote. VOTIF…

VOUCHER n bon de voyage.
VOUGE serpe. VOUGEOT vin.
VOUIVRE serpent fabuleux
(cf GUIVRÉ,E et VIVRÉ,E).

VOUSOYER, **VOUS**SOYER
ou **VOU**VOYER.
VOUSSEAU *arch* (cf M- R-),
VOUSSOIR (cf VOUSSOIE,
VOUSOIES), VOUSSURE.
VOÛTAI**N** de voûte, VOÛTER.
VOUVRAY vin (Indre-et-Loire).

VOYANCE.
VOYER adj m (agent) (A-v).
VOYEUR... (EN- CON- REN-).
VOYOU, VOYOUTE.

VRAC,S, VRAQUIER n *mar.*
VRENELI* *Helv* pièce d'or.
se VRILLER, VRILLAGE.
VROMBIR vi. VROOM!
VROUM!
VS par opposition à, VERSUS.

VULCAIN *pap.*
VULGATE *rel*, VULGO/.
VULPIN,E* du renard.
VULTUEUX... *méd* congestionné.
VULVE, VULVAIRE, VULVITE.
VUMÈTRE *élec* appareil de contrôle

W

Verbes contenant un W : CRAWLER REWRITER SANDWICHER SWAPPER SWINGUER vi TWISTER vt WARRANTER ZWANZER vi.

Avec un W et un joker, pensez à faire de celui-ci un K : (K)WA WO(K) (K)AWI (K)IWI (K)AWA, *ou un Z :* WIT(Z) WEN(Z)E.

Pour les mots allemands WEHNELT et LANDWEHR, rappelez-vous qu'en allemand, la séquence «WH» n'existe pas ; la séquence «EHN» est la même dans WEHNELT et dans FOEHN.

Petits mots : WU - WAD WAP WAX WEB WOK WON DAW ÉWÉ KWA - WALÉ WALI WATT WHIG WHIP WITZ WÜRM BIWA DAUW IWAN KAWA KAWI KIWI NEWS SHOW SLOW SWAP WASP YAWL.

La liste ci-dessous est exhaustive.

WAD terre riche en manganèse.
WAD**ING** pêche à gué.
WAGAGE limon.
WAGON, WAGONNÉE,
WAGONNET, WAGONNIER n.

WAHHABITE réformiste arabe.
WALÉ *Afr* jeu (A-). WALI *mag afr*.
WALKMAN. **WAL**KYRIE (ou V-).
WALLABY,S ou -IES, kangourou.
WALLACE fontaine parisienne.
WALLON,ONNE (-ONISME).

WAP (tél. + Internet) # SWAP WASP.
WAPITI cerf.
WARGAME. WARNING *auto*.
WARRANT titre de garantie,
WARRANTER garantir.
WASP** white anglo-saxon protestant.
WATERS. WATERZOI mets.

WATT (GIGA- KILO- MÉGA-
TÉRA-), WATTÉ,E (DÉ-),
WATTMAN,S ou -MEN/.
WAVRIEN *Belg* de Wavre.
WAX *Afr* coton imprimé.

WEB. WEB**CAM**. WEB**ER** n unité.
WEHNELT électrode.
WELCHE *péj* étranger,
WELSCHE ou VELCHE.
WELTER n *boxe* mi-moyen.
WENGE *arb*. WENZE *Afr* marché.
WERGELD *M Âge* indemnité.
WESLEYEN… *rel* ELYSEEN + w.
WESTERN. WESTIE petit chien.

WHARF quai. WHIG *pol* libéral.
WHIP député. WHIPCORD *étof*.
WHIPPET lévrier.
WHISKY, WHISKEY,
WHISKIES. WHIST.

WIDIA *mét* aggloméré.
WIENERLI petite saucisse allongée.
WIGWAM tente.
WILAYA province algérienne.
ou WILLAYA. WILLIAMS poire.
WINCH treuil, WINCHES (-TER n).
WINDSURF, **WIND**SURFER n.
WINSTUB débit de vin alsacien.
WISHBONE vergue en arceau.
WISIGOTH,E visigoth,e (-IQUE).

WITLOOF chicorée donnant l'endive.
WITZ *helv* plaisanterie.

WOK poêle chinoise en fonte.
WOLFRAM minerai de tungstène.
WOLOF *lang* ou OUOLOF.

WOMBAT marsupial (-IDÉ).
WON *mon* (Corée). WOOFER n boomer.
WORMIEN d'un os du crâne.

WU dialecte chinois.
WÜRM glaciation, WÜRMIEN…

Mots qui contiennent la lettre **W**

ARAWAK amérindien. AWACS *mil.*
AWALÉ *Afr* jeu ou AWÉLÉ.

BIWA luth japonais.
BOWETTE *mine.* BOWLING.
BROWNIE *pât.* BROWNIEN… *ato.*
BROWNING. BUNGALOW.

CAWCHER/ voir CACHER/.
CLOWN (-ERIE -ESSE -ESQUE).
COWPER n récupérateur de chaleur.
CRAWL, CRAWLER vt,
CRAWLEUR… CROWN *opt.*

DA**W** zèbre ou DAUW.
DEWAR *réc* (froid). **D**ÉWATTÉ,E.
DRAWBACK rembours. de dr. de douane.

ÉWÉ langue nigéro-congolaise.

FAIRWAY *golf* parcours tondu.
FATWA *isl* condamnation à mort.
GIGAWATT.
GROWLER n gros bloc de glace.
GURDWARA lieu de culte des sikhs.

HARDWARE *inf* matériel.
HAWAÏEN… ou HAWAIIEN…

IWAN salle voûtée de mosquée.
KAKAWI canard, cacaoui.
KAWA poivrier. KAWI *lang anc.*
KIWI. KILOWATT.

KOWEÏTI,E ou KOWEÏTIEN…
KWA *lang afr.* KWACHA *mon* (Zambie).
KWANZA monnaie de l'Angola.

LANDWEHR *mil* subdivision.
LAWSONIA *arb* (donne le henné).
LUDWIGIA *bot* jussiée.

MALAWITE *Afr.* MAXWELL unité.
MÉGAWATT. MOHAWK amérindien.

NETWORK *TV.* NEWS (-MAGAZINE).
NEWTON (-IEN…).

OJIBWAY amérindien. OUTLAW.

PAWNEE amérindien.
PILAW, PILAF ou PILAU,S

QWERTY/ (clavier anglais).

REDOWA danse ancienne à 3 temps.
REWRITER,S vt.
RICKSHAW *Asie véhi.* ROWING.
RWANDAIS,E *Afr centrale* ruandais.

SALCHOW *patinage* saut.
SANDOW.
SANDWICH, SANDWICHER.
SCHWA voyelle non accentuée, CHVA.
SHOW, SHOWBIZ,
SHOWROOM.
SLOW. SOFTWARE logiciel.
SPEEDWAY *sp moto.* SQUAW.
STAWUG *ski de fond* pas de marche.
STEWARD DEWARS + T (-ESS).

SWAHÉLI,E *lang* ou SWAHILI,E.
SWAP** *fin*, SWAPPER échanger.
SWASTIKA croix gammée, svastika.
SWAZI,E (Afrique australe).
SWEAT (-SHIRT) ou SWEATER n.
SWING, SWINGUER vi.
SWITCH *élec*, SWITCHER *sp, bri*.

TALWEG météo ou THALWEG.
TAXIWAY *av* piste. TÉRAWATT.
TOMAHAWK. TOWNSHIP *Afr*.
TRAMWAY.

TWEED. TWEEN *chim* mouillant.
TWEETER n haut-parleur d'aigus
≠ WOOFER n.
TWILL *étof*. TWIRLING *mus* (bâton).
TWIST, TWISTER vt, TWISTEUR...

YAWL voilier.

ZAWIYA *isl*. ZUGZWANG *échecs*.
ZWANZER vi plaisanter.
ZWANZEUR...
ZWIEBACK *helv* biscotte sucrée.

Mots en 2 et 3 lettres : EX XI/ - AUX AXA AXE BOX DIX EUX FAX FOX IXA IXE LUX MAX MIX MOX OXO/ SAX SIX TEX WAX.

Mots en 4 lettres : APAX APEX AULX AXEL AXER (-AI etc) AXIS BAUX BOXA BOXE CEUX DEUX DOUX EAUX EXAM EXIL EXIT/ EXON EXPO FAIX FAUX FAXA FAXE FEUX FIXA FIXE FLUX FOXE HOUX INOX IXER (-AI etc) IXIA JEUX LUXA LUXE LYNX MAUX MAXI MIXA MIXE MOXA NIXE NOIX ONYX ORYX OXER PAIX PEUX POIX POUX PRIX RIXE ROUX SAXE SAXO SEXE SEXY/ TAUX TAXA TAXE TAXI TOUX TRAX VAUX VEUX VEXA VEXE VOIX YEUX.

XANTHIE *pap*, XANTHINE base.
XANTHOME tumeur bénigne.
XÉNOLITE *géol*. XÉNON gaz.
XÉRÈS. XÉRUS écureuil.
XHOSA (Afrique australe).
XI/. XIANG dialecte chinois.
XIMÉNIE *arb* ou XIMENIA.

XIPHO *icht*. XIPHOÏDE *anat*.
XYLÈME *(bot)*. XYLÈNE *hydroc*,
XYLIDINE. XYLOCOPE *ins*.
XYLOL xylène. XYLOSE sucre.
XYSTE *Grèce* galerie de gymnase.

Mots qui contiennent la lettre X

ABOTEAU**X** digues entre claies à huitres ou ABOITEAU**X**.
ABRAXAS *pap*.
ABSIDAUX (-AL,E).
ABYSSAU**X** (-AL,E).

ACÉTEUX... EXECUTA CETEAUX.
ACIÉREUX... ACINEUX... (glande).
ADDAX antilope d'Afrique.
ADEXTRÉ *hér* DETAXER EXTRADE,
ADEXTRÉE. ADIPEUX...

AFFIXÉ,E *ling*, AFFIXAL...
AFOCAUX (-AL,E) *opt*.
AGONAUX (-AL,E) *Grèce* (jeux).
AGALAXIE *méd* absence de lait.

AÏEUX (C- CAM-).
AIDEAU de charrette, **A**IDEAUX.
AISSEAU**X** planchettes (P- V-).
AIXOIS,E.
ALEXIE *méd*. ALEXINE *chim*.
ALEXIQUE incapacité de lire.
ALLEU**X** terres non taxées (C- G-).
ALOYAU, **A**LOYAUX.

ALPAX alliage (cf SPALAX).
ALUMINEUX...
AMENSAUX (-AL,E) *(bot)*.
AMIXIE *biol* non-croisement.
AMITIEUX... *belg* affectueux.
AMODAUX (-AL,E) *math*.
AMORAUX (-AL,E).

ANATEXIE *géol* fusion de croûte.
ANAUX (-A**L**,E ; B- C- F-).
ANNAUX (-AL,E) durent un an.
ANNEAU**X** (P- V- TYR- FAIS-).
ANGINEUX… GENIAUX + N.

ANNEXITE *méd* ANXIETE + N.
ANOMAUX (-AL,E ou A).
ANOREXIE *méd* EXONERAI.
ANOXÉMIE *méd*, ANOXIE,
ANOXIQUE privé d'oxygène.
ANTÉFIXE ornement d'un toit.
ANTHÉLIX *anat* XANTHIE + L.
ANTHRAX *méd* (cf NARTHEX).
ANTIJEU**X**.
ANXIEUSE AUXINES** + E.

APAX *ling* (H-). APEX *astr* sommet.
APHTEUX… qui donne des aphtes.
APICAUX (-AL,E) *biol* de l'apex.
APOMIXIE reprod. sans fécondation.
APPARAUX *mar*. APPEAU**X**.
APRAXIE *méd*. APTÉRYX *ois* kiwi.
APYREXIE *méd*. **A**QUEUX… (L-).
ARÉNEUX… sablonneux.
ARGILEUX… GLAIREUX.
ARSENAUX (-AL).

ASEXUÉ,E. **A**SEXUEL…
ASOCIAUX (-AL,E).
ASPHYXIER.
ASPIRAUX (-AIL).
ASSEAU**X** marteaux (C- T- BÉC-).
ASTRAUX (-AL,E ; CAD-) SURTAXA.
ATARAXIE quiétude de l'âme.
ATAXIE *méd*, ATAXIQUE.
ATONAUX *mus* (-AL,S,E).
ATOXIQUE. ATRIAU**X** crépinettes.

AUDIOTEX informations téléphonées.
AUGURAUX *Rome* (-A**L**,E).
AULX ou AILS.
AURORAUX (-AL,E).
AUSTRAUX (-AL,S,E ; CL-).

AUX. AUXDITS DISTAUX,
AUXDITES EXSUDAIT.
AUXINE hormone UNIAXE # SANIEUX
(cf ANXIEUSE, NIAISEUX,
SAIGNEUX et SÉMINAUX).
AUXQUELS LAQUEUX + S.

AVEUX (B- DÉS-).
AXEL saut de patinage.
AXÈNE *biol*, AXÉNIQUE *méd*.
AXER (F- T- DÉS- DÉT- MAL-
REL- RET- SURT-),
AXIAL… (CO-), AXILE *bot*,
AXIS vertèbre du cou (M- T- PR-).
AXIOME *philo*. AXOLOTL larve.
AXONE *anat*. AXONAIS,E (Aisne).
AXONGE saindoux.
AZONAUX (-AL,E). AZOTEUX…

BARBEAU**X**. BARDEAU**X**.
BANAUX (-AL,S,E) *M Âge* (fours).
BASAUX (-AL,E).
BATHYAUX (-AL,E) (profondeur).
BAU**X** (GLO- KAR- SUR- TOM-
TRI- VER- KÉRA- DÉVER-).
BAUXITE EXTUBAI # BESTIAU**X**.
BAVEUX, BAVEUSE.

BESTIAU**X**** (-AL,E).

BIAURAUX (-AL,E) (des 2 oreilles).
BIAXE. **BI**FOCAUX (-AL,E).
BIENNAUX (-AL,E). BIGLEUX…
BILEUX…, **BI**LIEUX…
BILOCAUX (-AL,E) *ethn* (époux).
BIMÉTAUX (-AL).
BIMODAUX (-AL,E) *stat*.

BIOXYDE. **BIS**SEXTE (29e jour).
BISEXUÉ,E, **BIS**SEXUÉ,E,
BISEXUEL…, **BIS**SEXUEL…
BITONAUX (-AL,S,E) *mus*.
BITUMEUX…
BIVEAU**X** équerres.
BLOCAUX. BOCAUX (-AL).
BOMBYX papillon.

BORAX borate de sodium.
BORDEAUX.
BORÉAUX (-AL,S,E).
BOUCAU,X,D, ou T entrée de port.
BOULEUX... (cheval) trapu (É-).
BOURBEUX... BOUSEUX...
BOX. **B**OXER,S vt, BOXEUSE.
BOXON bordel. BOYAU**X**.

BRANLEUX... *québ* hésitant.
BRUINEUX... BRUXISME *méd*.
BUCCAUX (-AL,E) de la bouche.
BULBEUX... BULLEUX... *méd*.
BURGAU**X** nacres.
BUTYREUX... du beurre.
BUXACÉE plante, type buis.

CÂBLEAU**X**. CACHEXIE *méd*.
CAECAUX (-AL,E) du cæcum.
CAGNEUX... CAHOTEUX...
ÇAÏEU, **C**AÏEU**X** bulbe, cayeu,x.
CALLEUX... (cals).
CAMAÏEU**X** ou S *art* (1 couleur).
CAMBIAUX (-AL,E) du change.
CAMÉRAUX (-A**L**,E) *dents*
MACARÉUX.
CAPTIEUX... trompeur CAPITEUX.

CARDIAUX (-A**L**,E) RADICAUX.
CAREX *bot* laîche.
CARIEUX... de la carie (S-).
CARNAU**X** (fours) ou CARNEAUX.
CARPEAU**X**.
CASÉEUX... du fromage EXAUCES.
CASSEAU**X** *impr* casiers (BÉ-).
CAUDAUX (-AL,E) de la queue.
CAUSAUX (-A**L**,S,E).
CAYEU**X** bulbes ou CAÏEU**X**.

CEDE**X**. CENDREUX...
CÉRAMBY**X** capricorne.
CERNEAU**X** de noix CRENEAUX.
CÉTEAU**X**** *icht* petites soles.
CHANTEAU**X** de violon.

CHAUX (DÉ- TOU- MARÉ- SÉNÉ-).
CHENAUX (-AL). CHÊNEAU**X**.
CHIRAUX (-AL,E) *chim* (cf CHIRO).
CHLOREUX...
CHORAUX (-AL,S,E). **C**HOU**X**.
CHROMEUX... CHYLEUX... *anat*.

CIPAUX (-AL,E) municipaux.
CISEAU**X** # EXCUSAI.
CLAMEAU**X** crampons à 2 pointes.
CLAVEAU**X** pierres taillées.
CLIMA**X** point culminant.
CLOACAUX (-AL,E) d'un cloaque.
CLOSEAU**X** petits clos.

COAXIAL... COCCY**X** *anat*.
CODE**X** répertoire pharmaceutique.
COEXISTER vi. COMATEUX...
COMPLEXER. COMTAUX (-AL,E).
CONNEAU**X** conard,e, connard,e.
CONNEXE.
CONTUMA**X** jugé en son absence.

CORAUX (-AIL).
CORONAUX (-AL,E) *astr*.
CORTE**X** enveloppe d'un organe.
COSTAUX (-AL,E ; SUR-) des côtes.
COSTEAU**X** ou COSTAUD,E.
COTEAU**X** (BIS-).
COTIDAUX (-AL,E) (marées égales).
COURROUX.
COXAL... de la hanche,
COXALGIE.
COYAU**X** pièces de charpente.

CRAUX ou S. **CRA**YEUX...
CROUPAUX (-AL,E) *méd* du croup.
CROÛTEUX... CRUCIFI**X**.
CRURAUX (-AL,E) de la cuisse.
CUBITAUX (-AL,E) du coude.
CUISTA**X** kart. CUIVREUX...
CULE**X** moustique EXCLU.
CURIAUX (-AL,E) *Rome* de la curie.
CUVEAU**X**.

DALEAU**X** canal d'écoulement.
DARTREUX… EXTRADUR.
DÉCANAUX (-AL,E) du doyen.
DÉCHAUX (moines) déchaussés.
DÉCITE**X** *text* dixième de TEX.
DEMODE**X** acarien parasite.
DENTAUX (-AL,E) cf EXSUDANT.
DÉSAVEU**X**.
DÉSAXER. DÉSEXCITER.
DÉSOXYDER. DÉTAXER**.
DÉVERBAUX (-AL,E) *ling.*
DEXTRE (A-adj). DEXTRINE *bot,*
DEXTRORSE/ de gauche à droite.
DEXTROSE glucose.

DIEU**X** (A- O- PÉ- RA- STU-).
DIGITAUX (-AL,E).
DIOXINE produit toxique.
DIOXYDE (cf BI-).
DIOXYGÈNE.

DISCAUX (-AL,E) *anat* d'un disque.
DISTAUX* (-AL,E) *anat* éloignés.
DIURNAUX (-AL) de bréviaire.
DIXIE (-LAND). **DI**XIÈME.
DIXIT/.

DOLEAU**X** haches. DONA**X** *moll.*
DORSAUX (-AL,E).
DOTAUX (-A**L**,E).
DOUX (RE- SAIN- EXTRA-).
DUAUX (-AL,S,E) (deux) (DÉCI-).
DUCAUX (-AL,E) du duc.
DUPLEX, DUPLEXER (-AGE).
DURAUX (-A**L**,E) de la dure-mère
(ÉPI- PÉRI- PROCÉ-).

DUVETEUX… DUXELLES farce.
DYSLEXIE difficulté pour lire.

ÉBOULEUX…
ÉCOTAXE taxe écologique
EXOCET + A.
ÉCUMEUX…
ÉLIXIR. ÉLOXÉ,E en acier doré.
ÉLUVIAUX (-AL,E) des éluvions.
ÉMAUX (-AIL,S).

ENFEU**X** ou S niches # FUXEEN.
ENTRAXE *phys* AXERENT.
ÉPACTAUX (-AL,E) de l'épacte (Lune).
ÉPIEU**X** (cf ÉPIEUR…).
ÉPISTAXIS saignement de nez.
ÉPITAXIE (cristaux) EXPIAIT + E.
ÉPITEXTE notes. ÉPOUX.
ÉPOXY,S résine, **É**POXYDE.
ÉQUINOXE. **ÉQUI**VAUX.
ERSEAU**X** anneau (G- V-) RESEAUX.
ESQUIMAU**X**. ESTIVAUX (-AL,E).
ÉTAUX (-A**L**,E,ALS) (L- M-).
EUTEXIE fusion à temp. constante.

EX. **EX**ACTEUR, **EX**ACTION.
EXAM.
EXARQUE titre, EXARCHAT.
EXCAVER.
EXCÉDANT,E, EXCÉDENT,S.
EXCENTRER. EXCIPER vi.
EXCISER *chir*, EXCISEUR…,
EXCISION. EXCITON *élec.*
EXCORIER écorcher légèrement.
EXCRÉTER *méd* éliminer.
EXCURSUS *rhét* digression.

EXEAT/ sortie TAXEE.
EXÉCRER EXERCER.
EXÈDRE *Grèce* salle de conversation.
EXÉGÈSE interprét., EXÉGÈTE.
EXERÇANT,E *méd.*
EXÉRÈSE excision.
EXERGUE inscription.
EXEUNT/ *théâ* «ils sortent».
EXFILTRER un agent secret.
EXFOLIER une ardoise (-ANT,E).
EXHALER. EXHAURE des eaux.
EXHAUSSER (cf EXAUCER).
EXHÉRÉDER déshériter.
EXHIBER. EXHORTER.

EXIGEANT,E. EXIGENCE,
EXIGIBLE. EXIGU,Ë,
EXIGUÏTÉ.
EXIT/ *théâ* «il sort» (cf SIXTE).

EXOBASE (atmosph.). EXOCET *icht.*
EXOCRINE (glande) EXCORIE + N.
EXOGAME *ethn*, EXOGAMIE.
EXOGÈNE formé à l'extérieur (H-).
EXON de gène. s'EXONDER émerger.
s'**EX**ORBITER sortir de l'orbite.
EXORCISER # EXCORIES.
EXORDE 1ʳᵉ partie d'un discours.
EXOSMOSE. EXOSTOSE (os).
EXOTISME TOXEMIES.
EXOTIQUE TOXIQUE + E.

EXPANSÉ,E *const.* EXPASSER *bri.*
EXPÉDIENT,E. EXPIABLE.
EXPIRER, EXPIRANT,E.
EXPLANT *biol* (cf IMPLANT).
EXPLÉTIF... (mot superflu).
EXPLOSER vt (-EUR nm).
EXPO. EXPORT.
EXPRESS,E ou O.
EXPULSIF... EXQUIS**ITÉ**.

EXSANGUE.
EXSUDER vt, EXSUDAT,S.

EXTENSIF... EXTENSO/.
EXTERNAT EXTRANET RETAXENT
TAXERENT.
EXTOURNER rembourser des frais.
EXTRA,S. EXTRADER.
EXTRADOS *av.* EXTRADUR*,E.
EXTRAFIN,E REFIXANT.
EXTRAIRE → TRAIRE.
EXTRANT *inf* ≠ INTRANT.
EXTRANET*** *inf*
≠ INTRANET.
EXTREMA/ *math*, EXTRÉMAL...,
EXTREMIS, EXTREMUM,S limite.
EXTRORSE *(bot)* (D-/).
EXTRUDER *mét*, EXTRUSIF...
EXTUBER *méd* ≠ INTUBER.

EXULCÉRER. EXULTER vi.
EXUTOIRE.
EXUVIE peau après mue VIEUX + E.

FABLIAU**X**. FACTIEUX...
FACIAUX (-AL,S,E).
FAÎTEAU**X** *arch* ornements.
FAIX (SUR- PORTE-).
FANAUX (-**AL**).
FANGEUX... FARINEUX...
FASTUEUX... FAUCHEUX...
FAUX (RÉCI- ARCHI-).
FAX (TÉLÉ-), **F**AXER.

FÉAUX loyaux (-AL,E ; TU- TUF-
GIRA-).
FÉCAUX (-AL,E).
FÉCIAUX (-AL,E) *Rome* (prêtres).
FÉCULEUX...
FÉMORAUX (-AL,E) du fémur.
FÉODAUX (-AL,E).
FÉRAUX (-**AL**,S,E) *zoo* sauvages.
FÉRIAUX (-**AL**,E) *rel* (j. de semaine).
FERMAUX (-**AIL**) agrafes.
FERREUX...
FÉTIAUX (-AL,E) *Rom rel* féciaux.
FEU**X** (EN- SUIF- BOUTE-).

FIBREUX...
FIEU**X** fils (MA- MAF-).
FIELLEUX... FILIAUX (-AL,E).
FINAUX (-AL,S,E).
FISCAUX (-AL,E).
FIXAGE, **F**IXANT, FIXANTE,
FIXATEUR, FIXATRICE.
FIXATIF..., **F**IXE (AF- IN- RE-v
PRÉ-v SUF-v ANTÉ-).
FIXER (RE- PRE- SUF-),
FIXETTE idée fixe, FIXING (or),
FIXISME théorie biologique,
FIXISTE FIXITES, FIXITÉ.

FLACHEUX... sans écorce.
FLEXION (DÉ- IN- RÉ- GÉNU-
IRRÉ- RÉTRO-),
FLEXUEUX... ondulant, FLEXURE.
FLORAUX (-AL,E).
FLÛTEAU, **F**LÛTEAUX ou
FLÛTIAU**X**. FLUVIAUX (-AL,E).

FLUX (AF- IN- RE-),
FLUXER diluer, FLUXAGE,
FLUXION (SOLI-),
FLUXMÈTRE.

FOCAUX (-AL,E ; A- BI- HOMO-).
FOETAUX (-AL,E).
FOIREUX… FOLKEUX…
FONGUEUX… (tel un champignon).
FOOTEUX… **FOU**GUEUX…
FOUTEAU**X** hêtre.
FOVÉAUX (-A**L**,E) (rétine).
FOX. FOX**É**,E amer (vin U.S.).

FREUX corneille (AF-).
FRONTAUX (-AL,E),
FRONTEAU**X** *rel* bandeaux.
FRUGAUX (-AL,E).
FURAX. FUXÉEN*… de Foix.

GALAXIE (A-).
GALEUX… LEGAUX.
GALLEUX… (composés du gallium).
GÉMEAU**X**. GEMMAUX (-AI**L**).
GÉNAUX (-A**L**,E) de la joue.
GÉNIAUX (-AL,E) INEGAUX.
GÉNITAUX (-AL,E). GENOU**X**.
GÉOTAXIE *bot* (mû par pesanteur).
GERSEAU**X** filin renforçant une poulie.
GERZEAU**X** nielles des blés.

GIBBEUX… bossu. **GIBO**YEUX…
GIVREUX… *joaill* ou GLACEUX…,
GLACIAUX (-AL,S,E).
GLAIREUX*… GLAISEUX…
GLIAUX (-AL,E) (tissus conjonctifs).
GLOBAUX (-AL,E).
GLOBULEUX…
GLOTTAUX (-AL,E) (consonne).
GLOXINIA *bot*. GLUAU**X** piège.

GOITREUX… GOMMEUX…
GOÛTEUX… GOUTTEUX…
GRATTEUX… *québ* avare.
GRAU**X** ou S chenaux.

GRÊLEUX… GRÉSEUX…
GRÉMIAUX (-AL) *rel* pièces d'étoffe.
GRIPPAUX (-A**L**,E).
GROUPAUX (-A**L**,E) *psy* du groupe.
GRUAU**X** semoules.
GUEUX… (PÉ- RU- FON- FOU-
PÉRI-nm).
GUIDEAU**X** filet. GYPSEUX…

HADAUX (-AL,E) *mar* (profonds).
HAPAX mot attesté une seule fois.
HÉBREU**X** HERBEUX…
HÉLIX de l'oreille (ANT-).
HERBEUX*… HERNIEUX…
HEXAÈDRE EXHEREDA,
HEXAGONE. HEXANE *hydroc*.
HEXAPODE insecte à 6 pattes.
HEXOGÈNE *expl*. HEXOSE sucre.

HIATAUX (-AL,E) d'un hiatus.
HIBOU**X**.
HIÉMAUX (-AL,E) (hiver) EXHUMAI.
HOSTEAU**X**, HOSTO ou OSTO.
HOUSEAU**X** jambières.
HOU**X** (C-).
HOYAU**X** houes. HUILEUX…
HUMÉRAUX (-A**L**,E) de l'humérus.
HUMORAUX (-AL,E) des humeurs.
HYPOXIE privation d'oxygène.

ICEUX.
ICHOREUX… purulent ROCHEUX + I.
IDÉAUX (-AL,E,ALS ; A- R- V-)
ADIEUX.
ILÉAUX (-AL,E) de l'iléon (intestin).
IMPLEXE compliqué (S-).
INDE**X**, INDEXER (DÉS-),
INDEXAGE, INDEXEUR…
INEXAUCÉ,E ACINEUX + E.
INEXERCÉ,E.
INEXPERT,E EXPIRENT.
INEXPIÉ,E.
INFIXE élément inséré dans un mot.
INFLUX. INITIAUX (-A**L**,E).
INOX NOIX. INTOX.

IODEUX… ODIEUX…
IXER un film (F- M-v ou n REF-
REM- PRÉF- SUFF-),
IXAGE (F- M- REM-).
IXIA *bot.* IXIÈME (D- S-).
IXODE tique.

JAVEAUX îles de sable d'un fleuve.
JÉJUNAUX (-AL,E) (intestin).
JEUX (EN- ANTI- ENTRE-).
JINGXI spectacle chinois.
JOUAUX (-AL,S,E).
JOUJOUX. JOUXTER.
JOVIAUX (-AL,S,E).
JOYAUX.
JUGAUX (-AL,E ; CON-) de la joue.
JUTEUX…

KARBAUX ou S buffles d'Asie.
ou KÉRABAUX ou S.
KHÂGNEUX… *scol.*
KLAXON, KLAXONNER.
KLEENEX.

LABIAUX (-AL,E) des lèvres.
LACUNEUX…
LAINEUX… LINEAUX.
LAITEUX… EXULTAI LITEAUX.
L.AMINEUX… LAQUEUX…
LARIX mélèze. LARYNX.
LATEX suc, LASTEX fil.
LAXATIF…,
LAXISME, LAXISTE LAXITES,
LAXITE.

LÉTAUX (-AL,E) mortels EXULTA.
LEXÈME unité de signification,
LEXICAL… # EXCELLAI,
LEXIE unité lexicale (A- DYS-),
LEXIS énoncé logique.

LIÉGEUX… LIEUX (BI- MI-
OUB- TON- COUR-) ou LIEUS.
LIGNEUX… LILIAUX (-AL,E).
LIMINAUX (-AL,E ; SUB-).

LIMONEUX… (pas de «Moulinex»).
LINÉAUX* (-AL,E) (CO-) (lignes).
LINGUAUX (-AL,E ; PER- SUB-).
LINTEAUX au-dessus d'une porte.
LISTEAUX moulures EXULTAIS.
LITEAUX** tasseaux.
LIXIVIER lessiver.

LOBULEUX… formé de lobules (G-).
LOCULEUX… *bot* partagé en loges.
LUMINEUX… (A- VO-).
LUREX fil à tricoter LUXER.
LUSTRAUX (-AL,E) qui purifient.
LUTÉAUX (-AL,E) (F-) (ovaire).
LUX (F- VE-) unité d'éclairement.
LUXER* (F-), LUXATION.
LUXMÈTRE (F-). LYNX.

MACAREUX* pingouin.
MAFIEUX… ou MAFFIEUX.
MAÏORAUX (-AL,E) (bourgmestres)
ou MAYORAUX.
MAJORAUX (-AL) poètes d'oc.
MALAXER, MALAXAGE,
MALAXEUR.
MANCEAUX. MARGAUX vin.
MARIAUX (-AL,S,E) de la Vierge.
MARITAUX (-AL,E) MARTIAUX.
MARNEUX… contenant de la marne.
MARSEAUX saules ou MARSAULT.
MARXIEN… de Marx,
MARXISER # MIXERAS REMIXAS,
MARXISME, MARXISTE.

MATHEUX… EXHUMAT.
MATINEUX… matinal.
MAUX (-AL,E,ALS ; É-).
MAX (cf EXAM). MAXI *vêt* MIXA.
MAXILLE mâchoire d'insecte.
MAXIMA/, MAXIMAL…,
MAXIMANT,E *math*,
MAXIMISER. MAXIMUM,S.
MAXWELL unité de flux.
MAYORAUX (-AL,E) *mag* maïoraux.

MÉCHEUX... (laine) en mèches.
MÉDIAUX (-AL,E) (lettre) au milieu.
MÉMORIAUX (-AL).
MENEAUX *arch*. MERDEUX...
MÉREAUX jeton (RA-). MERLEAUX.
MEXICAIN,E XIMENIA + C.

MIELLEUX...
MINIMAUX (-AL,E).
MINIMEX,É,E *belg* érémiste.
MIREPOIX sauce. MITEUX...
MITRAUX (-AL,E) (valvule).
MIX *mus*, **MIXER**, MIXERS n,
MIXAGE, MIXEUR, MIXITÉ,
MIXTION (AD- DÉ- IM- ; -NNER).

MODAUX *ling* (-AL,E ; A- BI- UNI-).
MOELLEUX...
MONIAUX (-AL,E) monacaux.
MONACAUX (-AL,E) des moines
(cf MONACO).
MONOPRIX. **MON**OXYDE *chim*.
MONOXYLE. MONTUEUX...
MOREAUX *éq* noirs ORMEAUX.
MORTEAUX saucisses.
MOTTEUX passereau.
MOX *ato* combustible. MOXA *méd*.

MUQUEUX... MULTIPLEX,E.
MURAUX (-AL,S,E).
MUREX *moll* RUMEX.
MUSÉAUX (-AL,E) du musée,
MUSICAUX (-AL,S,E).
MYROXYLE arbre résineux.
MYXINE *icht*. MYXOME tumeur.

NADIRAUX (-AL,E) ≠ zénithaux...
NARTHEX *arch* (cf ANTHRAX).
NASAUX (-AL,E), NASEAUX.
NAUSÉEUX...
NÉMORAUX (-AL,E) *zoo* (forêts).
NEURAUX (-AL,E) URANEUX,
NÉVRAXE cerveau + moelle épin.

NIAISEUX... AUXINES** + I.
NIDOREUX... puant. NITREUX...
NIVAUX (-AL,E) de la neige.
NIVEAUX (CA- MA-).
NIXE nymphe des eaux germanique.
NOBLIAUX.
NODAUX (-AL,E ; SY-),
NODULEUX... ONDULEUX...
NOIX*. NOMINAUX (-AL,E).
NUCAUX (-AL,E) de la nuque.
NUITEUX... fêtard.
NUMÉRAUX (-AL,E).
NUPTIAUX (-AL,E).
NYMPHAUX (-AL,S,E) *(ins)*.

OCREUX...
OCTAUX (-AL,E) *math* (base 8).
OESTRAUX (-AL,E) (ovulation).
OFFICIAUX (-AL) *rel* juges.
OGIVAUX (-AL,E).
OMBREUX... (N-).
ONCIAUX (-AL,E) (écritures).
ONDULEUX*...
ONYX (TRI- SARD-),
ONYXIS inflammation de l'ongle.

OPOPANAX ou OPOPONAX *arb*.
OPTIMAUX (-AL,E).
ORAUX (-AL,E) (C- M- AM-
CH- FL- AUR- CAP- FÉM-
HUM- IMM- MAÏ- MAJ- MAY-
NÉM- PRÉ- SOR- SUD- TUM-).
ORBITAUX (-AL,E ; SUB-).
ORDINAUX (-AL,E).
ORIGNAUX (-AL) élans.
ORIPEAUX POIREAUX.
ORYX antilope. OUATEUX...
OUBLIEUX... OUVREAUX (fours).
OVOÏDAUX (-AL,E) (pas d'«audiovox»).

OXACIDE *chim*, OXALATE,
OXALIDE oseille ou OXALIS,
OXALIQUE, **OX**AMIDE *chim*.
OXER n *hipp* obstacle (B-v et n).

OXFORD toile de coton (-IEN…).
OXIME *chim*, OXO/.
OXONIEN… d'Oxford (cf SAXO-).
OXONIUM *chim*. OXTAIL potage.

OXYACIDE. **OXY**CARBONÉ,E.
OXYCOUPAGE, **OXY**COUPEUR.
OXYCRAT *Grèce* (vinaigre + eau).
OXYDE (BI- DI- ÉP- DÉS-v
MON- PER-v SUR-v),
OXYDER (DÉS- PER- SUR-),
OXYDABLE, OXYDANT,E,
OXYDASE (PER-),
OXYGÉNER, OXYGÉNASE.
OXYLITHE dioxyde de sodium.
OXYMEL *phar* (miel + vinaigre).
OXYMORE *rhét*, OXYMORON.
OXYTON (accent tonique) (PAR-).
OXYTONNE (production d'oxyg.).
OXYURE ver, OXYUROSE *méd*.
OZÉNEUX… puant.

PAILLEUX… **P**AISSEAUX *agr*.
PALATAUX (-AL,E) (phonèmes).
PALLÉAUX (-AL,E) *(moll)*.
PALOX cageot. PANAX *bot* (OPO-).
PANMIXIE abs. de sélection naturelle
XIMENIA + P.
PAPAUX (-AL,E). PAPULEUX…
PARATAXE phrases sans liaison.
PASCAUX (-AL,S,E).
PAXON, PACSON ou PAQSON.

PEAUX (AP- CO- PI- CAR- CHA-
DRA- ORI- RAM- TROU-).
PÉDIEUX du pied, PÉDIEUSE.
PÉGUEUX… (colle) instantanée.
PÉNAUX (-AL,E). PERDRIX.
PEROXYDER. PESTEUX…
PÉTEUX… PÉTREUX…
PEU, **P**EUX (RA- ADI- POM-
PUL- POLY- SIRU-).

PHARYNX.
PHÉNIX ou PHOENIX. PHLOX *bot*.
PIÉGEUX… PIERREUX…

PILEUX… PINEAUX (-AL,E ; SA-).
PIQUEUX… *vén* (pour la meute).
PISSEUX… PIXEL (écran T.V.).
PLACEAUX parcelles de forêt.
PLAGAUX (-AL,E) *M Âge* (chants).
PLÂTREUX…
PLEURAUX (-AL,E) de la plèvre.
PLEXUS (COM-).
PLOMBEUX… PLUCHEUX…
PLUMEAUX, PLUMEUX…
PLURAUX (-AL,E) (plusieurs unités).
PLUVIAUX (-AL,E), PLUVIEUX…

PODAUX (-AL,E) *méd* du pied.
POINTAUX (-AL) pièces de charpente,
POINTEAUX. POIX (MIRE-).
POLYPEUX…
PONCEAUX. PONCEUX…
POPULEUX…
PORREAUX poireaux PREORAUX.
PORTAUX (-AL,E) de la veine porte.
POUX (É- RI- TRI-tirs pl).

PRAXIE *psy* (A- DYS-),
PRAXIS *philo*. **PRÉ**EXISTER vi.
PRÉFIX *dr*, **P**RÉFIXER,
PRÉFIXAL…
PRÉORAUX* (-AL,E) *(zoo)*.
PREUX (LÉ-…).
PRÉVAUX (cf **P**RÉVAUT/).
PRIMAUX (-AL,E) *méd* (par les cris).
PRIX (UNI- MONO-).
PROLIXE bavard.
PROXÈNE *Grèce* hospitalier (-TE).
PROXIMAL… *zoo bot* proche.

PUCHEUX grande cuillère à sucre.
PULPEUX… PUREAUX (tuiles).
PYREX, PYREXIE fièvre (A-),
PYROXÈNE *chim*, PYROXYLÉ,E.
PYXIDE *archéo* boîte à couvercle.

QUÊTEUX… *québ* mendiant (LO-).
QUEUX (A- LA- MU- PI- TAL-
VIS- BARO- VARI-, tous avec fém.).
QUINTAUX (-AL). QUINTEUX…

RABOTEUX…
RACINAUX (-**AL**) pièces de charpente.
RADIAUX (-**AL**,E), **R**ADIEUX…
RAFIAU**X**.
RAMEUX… branchu.
RAMPEAU**X** égalité !
RÂPEUX… PREAUX.

RÉAUX (-**AL**,E ; P-) royal.
RÉCIFAUX (-**AL**,E) du récif.
RECTAUX (-**AL**,E) du rectum.
REDOX *chim*. REDOUX.
RÉEXAMEN, RÉEXAMINER.
REFIXER (P-).
REFLEX *photo*, RÉFLEXIF…
REFLUX. RÉINDEXER
RELAX, RELAX**ER**,
RELAXANT,E.

REMIX *mus*, **REM**IXER,
REMIXAGE.
RÉNAUX (-**AL**,E ; SUR-) du rein.
RÉOXYGÉNER.
RESTAU,X ou S RESTO SURTAXE.
RETAXER.
REVAUX (P-) (cf REVAUT/).
REVEUX (revouloir) VÉREUX
(cf REVEUT/ et RÊVEUSE).
REXISME *Belg* fascisme REMIXES,
REXISTE EXISTER.

RINCEAU**X** *arch* ornements végétaux.
RIPOU,X ou S (T-pl).
RIXDALE ancienne monnaie.
ROBINEUX… clochard.
ROGNEUX… *helv* coléreux.
RONCEUX… RONDEAU**X**.
ROSTRAUX (-**AL**,E) *mar* (colonne).
ROUVIEUX gale du cheval.
RUDÉRAUX (-**AL**,E) (*bot*) (ruines).
RUMEX* oseille.

SABLEUX…
SACRAUX (-**AL**,E) sacré.
SAIGNEUX… AUXINES** + G.
SAINDOUX.
SANDIX colorant ou SANDYX.
SANIEUX**… purulent.
SANTAUX (-**AL**,S) *phar* bois.
SARDONYX agate
SANDYX + O + R.
SAXATILE *bot zoo* (rocs)
EXALTAIS.
SA**X** ou SAX**O**. SAX**E** porcelaine.
SAXHORN instrument à vent.
SAXICOLE saxatile. SAX**O**.
SAX**O**N,ONNE, SAXONIEN… *géol.*

SCABIEUX… *méd* de la gale.
SCARIEUX… *bot* membraneux.
SCANDIX *bot* SANDIX + C.
SCÉRAUX (-**AL**,E) (œil),
SCLÉREUX… fibreux EXCLURE + S.
SCOLEX tête de ténia.
SCROTAUX (-**AL**,E) du scrotum.

SÉISMAUX (-**AL**,E) ou SISMAUX.
SÉMINAUX (-**AL**,E).
SEMTEX *expl*.
SENAU,X ou S ancien navire.
SEPTAUX (-**AL**,E) *anat* (cloison).
SERDEAU**X** sert l'eau
EXSUDERA.
SÉREUX… (cf XÉRÈS et XÉRUS).

SEXAGE tri d'animaux.
SEXENNAL… qui dure 6 ans.
SEXISME, **S**EXISTE.
SEXTANT *mar*, SEXTE *rel*,
SEXTIDI, SEXTINE *poé*,
SEXTO/, SEXTOLET *mus*,
SEXTUOR *mus*, SEXTUPLER.
SEXUÉ,E (A- BI- BIS- UNI-),
SEXUE**L**… (A- BI- BIS- UNI-),
SEXY/. SFAXIEN…

SIDÉRAUX (-**AL**,E ; INTER-).
SIFFLEUX… marmotte.
SILEX exils. SILICEUX…
SIMPLE**X** *inf*, **S**IMPLEXE *math*.
SINUSAUX (-AL,E). SIOUX.
SIRE**X** ins. SIRUPEUX…
SISMAUX (-AL,E) séismaux.
SIXAIN 6 vers, **S**IXIÈME,
SIXTE intervalle musical, SIXTIES,
SIXTUS épingle à cheveux.

SMILAX *bot*.
SNOREAU**X** *québ* espiègle.
SOCIAUX (-**AL**,E ; A- DYS- ANTI-).
SOIXANTE/. SOLE**X** (vélo).
SOPOREUX… comateux.
SORORAUX (-AL,E) de la sœur.

SPACIEUX… speciaux.
SPALAX rongeur.
SPATIAUX (-AL,E). **S**PÉCIEUX…
SPHEX guêpe. SPHINX, SPHINGE.
SPINAUX (-AL,E) de l'épine dorsale.
SPIRAUX (-AL,E ; A-n) spiralés.
SPUMEUX… rempli d'écume.
SQUAMEUX… couvert de squames.
STANNEUX… de l'étain.
STERNAUX (-AL,E) du sternum.
STOMOXE mouche.
STORAX *arb* ou STYRAX.
STRIX hulotte.

SUBÉREUX… liégeux.
SUDORAUX (-AL,E) de la sueur.
SUFFIXER, SUFFIXAL…
SUIFFEUX…
SURAUX (-AL,E) du mollet.
SURBAUX *mar*. **SUR**CHOIX.
SUREAUX. SURFAI**X** de harnais.
SUROXYDER.
SURTAUX. **SUR**TAXER.
SUTURAUX (-AL,E).
SYNODAUX (-AL,E).
SYRINX *ois* organe du chant.

TAISEUX… TALQUEUX…
TAMARIX *arb*. TARTREUX…
TASSEAU**X**. **T**AU**X** (É-).

TAXABLE. TAXACÉE if.
TAXAGE *québ* vol, TAXATEUR,
TAXATIF… taxable,
TAXE (ÉCO- SYN- PARA-),
TAXER (DÉ- RE- SUR-).
TAXI**E** (A- ÉPI- GÉO- ZOO-).
TAXIARQUE *mil grec* commandant.
TAXIMAN,S ou -MEN/ chauffeur.
TAXINÉE taxacée ANXIETE.
TAXIWAY *av* piste.
TAXODIER n *arb* ou TAXODIUM.
TAXOL hydrocarbure extrait de l'if.
TAXON *biol* espèce ou TAXUM.
TAXUS if.

TEIGNEUX… **TÉLÉ**FAX.
TÉLÉTEX *inf* (traitement de texte).
TÉLEX (-ISTE), TÉLEXER.
TERGAUX (-AL,S,E) *zoo* du dos.
TÊTEAU**X** extrémités de branche.
TEX *text* (LA- COR- LAS- SEM-
VER- VOR- DÉCI- TÉLÉ-
AUDIO- VIDÉO- NÉOCOR-).
TEXAN,E. TEXTO/.
TEXTUEL…, TEXTURER *text*.

THERMAUX (-AL,E).
THORA**X** (PRO- MÉSO- MÉTA-)
TIBIAUX (-AL,E) du tibia.

TOMBAUX (-AL,S,E).
TONAUX (-AL,S,E) (A- BI-).
TONLIEU**X** impôts féodaux.
TOUCHAU**X** (pour titrer l'or)
ou TOUCHEAU**X**.
TOURBEUX… TOUX.
TOXÉMIE, TOXICITÉ,
TOXICO, TOXICOSE (bébé),
TOXINE, TOXIQUE
(A- DÉ-v IN-v ÉCO-).

TRAX bulldozer, bull.
TRIBAUX (-AL,S,E).
TRIONYX tortue aquatique.
TRIPLE**X** verre.
TRIPOUX, **T**RIPOUS tjrs pl.
TRIVIAUX (-AL,E).
TRUMEAU**X** pans de mur.

TUBÉREUX… TUBIFEX ver.
TUBULEUX… en forme de tube.
TUFEAU, **TU**FEAUX *const*
ou TUFFEAU**X**. TUILEAUX.
TUMORAUX (-AL,E) d'une tumeur.
TUSSAU,X ou S *étof.* TUYAU**X**.

ULCÉREUX…
UNAU**X** ou S *mam* paresseux.
UNGUÉAUX (-AL,E) des ongles.
UNIAXE*. **UNI**PRIX.
UNISEXE,
UNISEXUÉ,E, **UNI**SEXUEL…
URANEUX*… dérivé de l'uranium.
URÉTRAUX (-AL,E).
URINAUX (-A**L**).
URINEUX… RUINEUX.
UVAUX (-AL,E) du raisin.

VACIEU**X** brebis sans lait
VAGAUX (-AL,E) (nerfs).
VAGINAUX (-AL,E).
VANNEAU**X** *ois.*
VANTAUX (-AIL) battants de porte.
VAU**X** *arch* (U- NI- RE- RI- CHE-
OGI- PRÉ- TRA- ÉQUI- ESTI-).
VEAU**X** (BI- CA- CU- FO-adj pl
JA- NI- CER- CLA- NOU- BALI-
CANI- ÉCHE- GODI- HÂTI-
MANI- SOLI-).

VEINEUX… ENVIEUX.
VELU**X** lucarne.
VÉNAUX (-AL,E).

VENTAU**X** (-AIL) de casque
(cf VANTAUX (-AIL)),
VENTEAU**X** d'air, VENTEUX…
VENTRAUX (-AL,E).
VERBAUX (-AL,E ; AD- DÉ-),
VERBEUX…
VÉREUX*… (CADA-).
VERNAUX (-AL,E ; HI-) printaniers.
VÉROLEUX… **V**ERSEAU**X**.
VERTE**X** sommet du crâne
(cf VORTEX).
VERVEUX… qui a de la verve.

VÉSICAUX (-AL,E) de la vessie.
VEUX (A- BA- NE- RE- CHE-
MOR- NER- VER- DÉSA-).
VEXATEUR, VEXATION.
VEXILLE étendard ou VEXILLUM.

VIANDEUX… bien en chair
VIDEAUX + N.
VICINAUX (-AL,E) voisins.
VIDEAU, **V**IDEAU**X** dé (backgam.).
VIDÉO**TEX** Minitel.
VIEUX (EN- PLU- ROU-nm).
VIGNEAU**X** bigorneau.
VILLEUX… velu. VINEUX…
VIRAUX (-A**L**,E). VIREUX…
VIELLEUX… joueur de vielle.
VITRAUX (-AIL). VITREUX…

VOCAUX (-AL,E). VOEU**X**.
VOLVOX algue d'eau douce.
VORTEX remous (cf VERTEX).
VULTUEUX… rouge et gonflé.

WAX *Afr* coton imprimé.

YEUX… (CA-nm JO- MO-nm
SO- CRA- ENNU- GIBO-).
YPRÉAU**X** peupliers.

ZONAUX (-A**L**,E ; A-) *géol.*
ZOOTAXIE classification.

Y

La lettre Y *est la plus difficile parce qu'elle entre dans de nombreux mots rares et qu'elle joue tantôt le rôle de voyelle* (SEXY), *tantôt le rôle de consonne* (FUYARD, YODLER).

Elle se marie bien avec le H (THYM HYPER HAÜYNE), *le* K (YAK HUSKY), *le* X (ÉPOXY OXYDE) *(voir la liste spéciale des mots à plusieurs lettres chères).*

Elle n'est suivie d'un I *que dans les mots suivants*: YIN GOYIM RAYIA MYIASE PINYIN YIDDISH FED(D)AYIN THYIADE LOB-BYING, *à l'imparfait des verbes en* -YER (RAYIONS) *et des verbes* TRAIRE, VOIR, ASSEOIR, FUIR *et de leurs composés* (TRAYIONS VOYIONS ASSEYIEZ ASSOYIEZ ENFUYIEZ).

Elle n'est précédée d'un I *que dans les mots suivants*: KSA-TRIYA ORIYA OUGUIYA RIYAL SUKIYAKI ZAWIYA.

Verbes en -AYER. *Devant un* E *muet, le* Y *peut se changer en* I: *je* PAYE *ou je* PAIE, *je* PAYERAI *ou je* PAIERAI.

La liste des verbes en -AYER *figure page 335 avec celle des mots en* -AIE.

Verbes en -OYER *et en* -UYER. *Devant un* E *muet, le* Y *se change toujours en* I: *je* NOIE, *je* NOIERAI. *Il en résulte que* -ENT *est le seul rajout possible à l'infinitif*: NOYÈRENT. ENVOYER *a un futur et un conditionnel irréguliers. La liste des verbes en* -OYER *figure page 336 avec celle des mots en* -OIE.

Verbes en -EYER. *Au nombre de six* (BRASSEYER CAPEYER *vi* FASEYER *vi* GRASSEYER LANGUEYER VOLLEYER), *ils se conjuguent comme* CHANTER: *je* CAPEYERAI.

Tirages incluant les lettres YOUT. *Penser bien entendu à* VOYOUTE, YAOURT, YOURTE *et* YOUTSER *vi*, *mais aussi à se* BOYAUTE(R), LOYAUTÉ, NOYAUTE(R), ROYAUTÉ, TUTOYER, *ainsi qu'à certains subjonctifs imparfaits* COUDOYÂT, SOUDOYÂT.

Tous les mots en -Y *peuvent prendre le pluriel en* -S *sauf les adjectifs anglais nantis d'un butoir.*

Mots en 2 et 3 lettres: AY - BEY BOY BYE/ DEY DRY/ GAY GOY GYM KYU LYS MYE NAY NEY OYE PSY PUY RAY RYE YAK YAM YEN YIN YOD YUE.

Mots en 4 lettres: AISY AYEZ BABY BAYA BAYE BODY BYTE CARY CLAY COSY CYAN CYME CYON DYKE DYNE EYRA

GOYM/ GRAY JURY KYAT LADY LAYA LAYE LYNX LYRA LYRE
LYSA LYSE MAMY MAYA MAYE MOLY MOYA MOYE NOYA
NOYÉ ONYX ORYX OYAT OYEZ PAPY PAYA PAYE PAYS POLY
POYA RAYA RAYE RYAL,S SEXY/ SILY SOYA SYLI THYM TOBY
TORY TROY/ TYPA TYPE TYPO YACK YAKA YANG YARD YASS
YAWL YÉTI YEUX YÉYÉ YOGA YOGI YOLE YOUP/ YUAN YUKO.

YACHT, YACHTING,
YACHTMAN,S ou -MEN/,
YACHTSMAN,S ou -MEN/.
YACK *Asie* ou YAK bovidé.
YAKA (demander!).
YAKITORI *jap* brochette.
YAKUSA ou YAKUZA maf(f)ieux.
YAM jeu de dés.
YANG force ≠ YIN (cf XIANG).
YANKEE. YAOURT (-IÈRE).
YAPOK *mam* ou YAPOCK. YARD.
YASS *helv* jeu de cartes, YASSER vi,
YASSEUR… ressuya (cf JASS, etc).
YATAGAN sabre. YAWL 2-mâts.

YEARLING *hipp* (1 an) LARYNGE + I.
YÈBLE sureau. YÉMÉNITE. YEN.
YEOMAN,S ou -MEN/ propriétaire,
YEOMANRY. YERSINIA bactérie.
YESHIVA école juive, YESHIVOT/.
YÉTI abominable homme des neiges.
YEUX (CA-nm JO- MO-nm SO-
CRA- ENNU- GIBO-).
YEUSE *arb* (JO- PA- SO- VO-
ABO- BRO- CRA- TRA-).
YÉYÉ.

YIDDISH langue hébraïque.
YIN force (PIN- FED[D]A-).
YOD *ling.* YODLER vi ou
JODLER, IODLER, IOULER.
YOGA, YOGI.
YOGOURT ou YOGHOURT.
YOLE bateau à rames.
YONNAIS,E de La Roche-sur-Yon
≠ ennoyais (L-).
YORUBA d'un peuple du Nigeria.
YOUP! YOUPI! YOUPIE!
ou YOUPPIE! YOUP**ALA** (bébé).
YOURTE tente ≠ youtser.
YOUTSER* vi *helv* chanter (cf P-vt).
YOUYOU petite embarcation.
YOYOTER ou YOYOTTER vi.
YPÉRITE gaz asphyxiant.
YPRÉAU peuplier blanc PAYEUR.
YPRÉSIEN… *géol* PYRENES + I.
YSOPET fables. YTTRIA minerai,
YTTRIUM *mét*, YTTRIQUE.
YUAN monnaie chinoise.
YUCCA *arb*.
YUE cantonais.
YUKO *judo* KYU + O (-NNAIS,E).
YUPPIE,S cadre B.C.B.G.

Mots qui contiennent la lettre Y

ABBAYE.
ABOYER, ABOYEUR… YORUBA + E.
ABYME/ *art*, ABYSSE, ABYSSAL…
ABYSSIN,E. ABZYME anticorps.
ACÉTYLE. ACHYLIE *méd*.

ACOLYTE, ACOLYTAT.
ACRONYME (cf ANO- ÉPO-
ANTO- AUTO- HOMO- HYPO-
PARO- SYNO- TOPO-).
ACYLE *chim* radical. **A**CYCLIQUE.

ADYNAMIE *méd.* ADYTON *Grèce.*
AEGYRINE *chim* silicate.
AEPYORNIS *ois fos.*
AÉRODYNE aéronef.
AGLYCONE *chim.* **A**GLYPHE *(rept).*

AIS**Y** ferment lactique.

ALCOYLE *chim.* ALCYNE *chim.*
ALCYON *ois* LYCAON CLAYON.
ALDÉHYDE. ALKYLE alcoyle.
ALLYLE *chim,* ALLYLÈNE.
ALOYAU, **A**LOYAUX.
ALYSSE *bot* ≠ LYSASSE
ou ALYSSON ou ALYSSUM.
ALYTE crapaud accoucheur.

AMAREYEUR… d'huîtres.
AMBLYOPE malvoyant.
AMMODYTE *rept.* AMYGDALE.
AMYLE (amidon), AMYLÈNE *hydroc,*
AMYLACÉ,E, AMYLASE LAYAMES,
AMYLOSE, AMYLIQUE,
AMYLOÏDE comme de l'amidon.

ANALYSTE. **AN**HYDRE sans eau.
ANKYLOSER.
ANONYME MONNAYE MOYENNA.
ANTONYME contraire.

APHYLLE sans feuilles (cf PHYLLIE).
APITOYER. **APO**PHYSE d'un os.
APPUYER (R-), APPUYOIR *oui.*
APTÉRYX oiseau coureur, kiwi.
APYRE incombustible PAYER,
APYREXIE absence de fièvre,
APYROGÈNE ne donne pas la fièvre.

AQUAGYM.

ARGYRIE *méd,* ARGYROL *chim,*
ARGYROSE minerai d'argent.
ARROYO chenal. ARYEN…
ARYLE *chim* (STÉ-). ARYTHMIE.

ASSEYE ASSEYENT,
ASSEYAIS **AS**SEYAIT,
ASSEYANT,
ASSEYONS ASSEY(I)EZ,
(cf **B**RASSEYE, **G**RASSEYE etc),
ASSOYAIS -AIT, ASSOYANT,
ASSOYONS **AS**SOYEZ
ASSOYIONS ASSOYIEZ
(idem pour RASSEOIR).
ASSYRIEN…
ASYNDÈTE *ling* DYNASTE + E.
ASYMÉTRIE. **A**SYNERGIE.
ASYSTOLE arrêt du cœur.

ATERMOYER vt.
ATHYMIE *psy,* **A**THYMIQUE.
ATMOLYSE décompos. d'un gaz.
ATTORNEY homme de loi.
ATYPIE, **A**TYPIQUE, ATYPISME.
AUTOLYSE *biol* LOYAUTES.
AUTONYME *ling.*
AVOYER régler une scie.

AY,S vin de Champagne (G- N- R-).
AYANT (B- L- P- R-),
AYANTS (P- ÉG- BÉG-).
AYMARA langue péruvienne.
AZERTY/ *inf* TRAYEZ.
AZOTYLE radical chimique.
AZYGOS veine. AZYME (pain).

BABY,S ou -IES.
BAGAYOU *Océanie* étui pénien.
BAJOYER n digue. BANYULS vin.
BARYE unité, BARYON *ato.*
BARYTÉ,E *chim,* BARYTINE
ou BARYTITE sulfate de baryum.
BARYTON voix d'homme BROYANT.
BARYUM métal alcalino-terreux.

BATAYOLE *mar* (de rambarde).
BATHYAL… *mar* semi-profond.
BAY**ADÈRE** danseuse DEBRAYA + E.
BAYER vi. BAYLE berger.
BAYOU,S *Am* eau stagnante BOYAU.
BAYRAM *isl* fête (cf EMBRAYA)
ou BEIRAM ou BAÏRAM.

BÉGAYER, BÉGAYANT,E,
BÉGAYEUR…
BENZYLE *chim*, BENZOYLE.
BERRUYER,E de Bourges.
BÉRYL pierre. BÉTYLE pierre.
BEY, BEYLICAL…, BEYLICAT.
BEYLISME attitude de Stendhal.

BICYCLE.
BIOTYPE individu de même type.
BIOXYDE ou DIOXYDE.
BISCAYEN… basque ou BISCAÏEN…
BLONDOYER vi.

BOBBY,S ou -IES policier anglais.
BODY,S ou -IES justaucorps.
BOGEY *golf* par + 1. BOGHEY *véhi éq.*
BOMBYX *pap.* BORNOYER viser.
BOSCOYO racine de cyprès.
BOTRYTIS champignon parasite.

BOUCHOYER tuer (un porc).
BOY. BOYARD noble russe.
BOYAUX (cf CO- HO- JO- LO-
NO- RO- ALO- DÉLO-),
se BOYAUTER.
BOYCOTT,
BOYCOTTER (-AGE -EUR…).
BOYOMAIS,E de Kisangani (Congo).

BRADYPE *mam* ay. BRANDY.
BRASSEYER orienter (un espar),
je BRASSEYE (cf GRASSEYER).
BRAYER,S vt enduire ou n cuir.

BROUILLY beaujolais.
BROYER, BROYAGE,
BROYAT,S BROYEUR…
BRUYANT,E. BRUYÈRE.
BRYONE plante grimpante
BROYE + N.

BUGGY,S ou -IES *véhi* tout-terrain.
BUTYLE (butane), BUTYLÈNE.
BUTYRATE *chim* (beurre),
BUTYREUX…, BUTYRINE.

BYE!
BYLINE épopée russe LIBYEN.
BYRONIEN…
BYSSUS *moll* filaments.
BYTE *inf* octet (GIGA- KILO-
MÉGA- PRES-).
BYZANTIN,E.

CACAOYER,E. CACODYLE *chim.*
CADDY,S ou -IES *golf* cadet.
CAITYA temple bouddhiste.
CALOYER,E moine grec.
CALYPSO danse. CANYON (-ING).

CAPEYER vi (voilure réduite) capéer.
CAPYBARA rongeur, cabiai.

CARROYER quadriller (cf CORR-).
CARTAYER vi éviter les ornières.
CARY, CARRY, CURRY ou CARI.
CARYER n noyer d'Amérique,
CARYOPSE fruit sec COPAYERS.

CATALYSER # CATLEYAS (-EUR).
CATLEYA *bot* (cf ACÉTYLE et
ACOLYTE) ou CATTLEYA
(cf CLAYETTE et ACOLYTAT).

CAYENNE poivre.
CAYEU,X bulbe ou CAÏEU,X.

CÉRAMBYX capricorne.

CHAMBRAY *text.* CHARROYER.
CHATOYER vi # CHAYOTE.
CHAYOTE* *bot* # CHOYATES
ou CHAÏOTE.
CHERRY,S ou -IES (cf SHERRY…).
CHEYENNE. CHLAMYDE *vêt grec.*
CHRYSIS guêpe, CHRYSOPE *ins.*
CHUTNEY condiment aigre-doux.

CHYLE (intestin plein),
CHYLEUX…
CHYME (après la digestion).
CHYPRE parfum, CHYPRÉ,E.

CLAY *(tir).* CLAYÈRE (huîtres) (cf CLOYÈRE), **CLAYETTE**.
CLAYMORE grande épée.
CLAYON**, CLAYONNER.
CLOYÈRE panier à huîtres.
CLYSTÈRE lavement.

COBAYE. COCCYX os.
COCHYLIS *pap.* COCKNEY.
COENZYME. COLLEY chien.
COLLYBIE *cham.* **COLLYRE**.
CONDYLE extrémité d'os (ÉPI-).
CONGAYE fém viet GYNÉCO + A.
CONVOYER, **CON**VOYEUR...,
CONVOYAGE. COPAYER n *arb.*

CORROYER du cuir (-YÈRE *arb*).
CORYMBE *bot* (cf MICROBE).
CORYPHÉE chef du chœur.
CORYZA rhume. COSY,S ou -IES.
CÔTOYER OCTROYE
≠ COYOTE OOCYTE
COTYLE (os) ≠ SCOLYTE.
COUDOYER. COUNTRY/ *mus.*
COUYON jeu de cartes belge.
COYAUX (toit) ou COYER n.
COYOTE**.

CRAYÈRE (craie), CRAYEUX...
CRAYONNER (-AGE -EUR...).
CRÉSYL désinfectant.
CROYABLE, CROYANCE.
CRYOGÈNE (froid) REGENCY/ + O,
CRYOLITE (aluminium et sodium),
CRYOSTAT (froid), CRYOTRON.
CRYPTER, CRYPTAGE,
CRYPTIE *Grèce* chasse aux hilotes.
CURRY, CARRY, CARY ou CARI.

CYAN bleu-vert, CYANATE gaz,
CYANEA ou CYANÉE grande méduse,
CYANELLE algue, CYANOSER,
CYANURER un métal.
CYCAS palmier, CYCADALE.
CYCLAMEN. CYCLANE *hydroc.*

CYCLE (BI- RE-v ÉPI- TRI-),
CYCLECAR.
CYCLÈNE *hydroc*, CYCLINE *phar.*
CYCLIQUE (A- CO- EN-),
CYCLISER *chim.* CYCLO.
CYCLOÏDE *math.* CYCLONAL...
CYCLOPE, CYCLOPÉEN...,
CYCLOPIE (borgne) CYCLOPIEN...

CYLINDRER (-AGE -AXE -EUR...),
CYMAISE moulure ou CIMAISE
CYMBALE, CYMBALUM *mus.*
CYME *(bot)* inflorescence.
CYMRIQUE gallois ou KYMRIQUE.
CYNIPS *ins*, CYNIPIDÉ.
CYON chien sauvage (AL- OTO-).
CYPHOSE scoliose ≠ PSYCHOSE.
CYPRÈS, CYPRIÈRE cyprès.
CYPRIN *icht.* CYPRINE sécrétion vag.
CYPRIOTE. CYPRIS *crust.*
CYRARD (St-Cyr). CYSTINE *chim*,
CYSTÉINE, CYSTIQUE
CYSTITE *méd* (vessie). CYTISE *arb.*
CYTOKINE *biol*, **CYTO**LYSE.
CYTOSINE base CITOYENS,
CYTOSOL suc cellulaire.

DACTYLE (DI- TRI- SYN-),
DACTYLÉ,E (doigt), DACTYLO.
DAIMYO *jap* aristocrate, daïmio.
DANDY,S ou -IES, DANDYSME.
DARBYSME *rel*, DARBYSTE.
DASYURE marsupial
(cf DYSURIE et RUDOYÉS).
DAYAK langue indonésienne.

DÉBLAYER. **DÉB**RAYER.
DEBYE *élec* unité.
DÉCHOYONS, **DÉ**CHOYEZ,
DÉCHOYIONS, **DÉ**CHOYIEZ,
DÉCRYPTER. **DÉ**FRAYER.
DÉLAYER.
DÉNOYER, **DÉ**NOYAGE.
DÉNOYAUTER (-AGE -EUR).
DÉPLOYER POLYEDRE.

DÉRAYER *agr* délimiter,
DÉRAYAGE amincissement du cuir,
DÉRAYEUSE,
DÉRAYURE sillon entre 2 champs.
DERBY,S ou -IES. DERNY *cycl.*

DÉSOXYDER.
DESTROY/ destructeur (-ER n).
DÉVOYER. DEY.

DIALYSER. **DIA**PHYSE d'un os.
DICARYON cellule de champignon.
DIDYME *bot* double (ÉPI-).
DINGHY,S ou DINGHIE,S canot.
DIOXYDE. **DIO**XYGÈNE.
DIPTYQUE *art* (cf DYTIQUE).
DISTYLE *arch* avec deux colonnes.
DIZYGOTE faux jumeau.

DOLBY. DOYENNE**TÉ**.
DRAYER du cuir, **D**RAYAGE,
DRAYOIR *out* ou DRAYOIRE.
DRY/. DRYADE nymphe (HAMA-).

DYADE paire, DYADIQUE.
DYARQUE *pol*, DYARCHIE.
DYKE filon de roche éruptive.
DYNAMISER, DYNAMITER,
DYNAMO (pas de «monday»),
DYNASTE chef,
DYNE unité (AÉRO- GIRO-).

DYSBASIE *méd* (marche),
DYSLALIE (parole) DIALYSE + L.
DYSLEXIE (lecture),
DYSLOGIE (langage),
DYSMÉLIE (d'un membre),
DYSOSMIE (odorat),
DYSPNÉE (respiration),
DYSTASIE (station debout),
DYSTOCIE (accouchement),
DYSTOMIE (prononciation),
DYSTONIE (tonus),
DYSURIE (miction).

DYTIQUE insecte aquatique.

ECDYSONE hormone.
ÉCOTYPE espèce adaptée au milieu.
ECSTASY drogue (-SIÉ,E).
ECTHYMA pustules.
ECTYPE *philo* ≠ ARCHÉTYPE.
ÉCUYER,E.
ÉGAYER (B-), ÉGAYANT,E (B-).
ÉGYPTIEN... EPIGYNE + T.
ÉLYME *bot* (dunes). ÉLYSÉEN...
ÉLYTRE nm *(ins)* aile dure.

EMBRAYER (-YAGE -YEUR).
EMBRYON.
EMPYÈME pus. EMPYRÉE ciel.
ENDYMION *bot*. s'ENKYSTER.
ENNOYER *géol*, **EN**NOYAGE.
ENNUYER (H-adj var. DÉS-).
ENRAYER (DÉS-),
ENRAYAGE pose de rayons de roue,
ENRAYOIR, **EN**RAYURE *agr*.
ENVOYEUR... (R-).
ENZYME (CO- APO-).
ÉOLIPYLE appareil.

ÉPENDYME *anat*. **ÉPI**CYCLE *astr*.
ÉPIGYNE (*bot*) ≠ HYPOGYNE.
ÉPIPHYSE (os). ÉPIPHYTE *(bot)*.
ÉPISTYLE *arch* PYÉLITES.
ÉPLOYER REPLOYE.
ÉPONYME (nom), ÉPONYMIE.
ÉPOXY,S *chim*, **É**POXYDE.
ÉPYORNIS oiseau fossile (A-).
ÉRYTHÈME rougeur.

ESSAYER (R- ou RÉ-),
ESSAYAGE (R-) EGAYASSE,
ESSAYEUR...
ESSUYER (R-), ESSUYAGE (R-),
ESSUYEUR...
ÉTAYER (M-n var.),
ÉTAYAGE (M-) ≠ EGAYATES.
ÉTHYLE (M-), ÉTHYLÈNE (M-).
ÉTYMON. EUMYCÈTE *cham*.
EUROCITY train.
ÉVRYEN... d'Évry.
EYALET (Turquie). EYRA puma.

FAIRWAY *golf.* FANNY/ *sp.*
FARADAY unité électrique.
FASEYER vi battre (voiles), faseiller.
FAYARD foyard. FAYOT.
FAYOT**ER** vt, FAYOTAGE.
FED(D)AYIN.
FERRY,S ou -IES.
FESTOYER vt (-EUR…).

FLAMBOYER vi. FLYSCH *géol.*
FORMYLE radical chimique.
FOSBURY saut. FOSSOYER vt.
FOUDROYER (-AGE -ANT,E).
FOYALAIS, E de Fort-de-France.
FOYARD hêtre, fayard.

FRAYER, FRAYAGE du flux nerveux,
FRAYEMENT *vét*, **FRAYÈRE** *(icht).*
FRAYOIR *vén.* **F**RAYURE *vén.*
FUNK**Y**,S *mus.* FUYAIS etc. (EN-),
FUYANT,E, FUYARD,E.

GAMAY *cép* ou GAMET.
GAY (MAR-). GAYAL,S *Asie* buffle.
GÉNOTYPE patrimoine génétique.
GENTRY,S ou -IES petite noblesse.
GEYSER n.
GIBOYER, **GIBO**YEUX…
GIGABYTE *inf.* **GIRO**DYNE *av.*

GLYCÉMIE *méd*, GLYCÉRIE *bot,*
GLYCÉROL,É, GLYCINE,
GLYCOL dialcool.
GLYPHE ciselure (A ANA GÉO
TRI).

GONOCYTE *embry* cellule (cf M-).
GOY,S ou GOYIM/ ou GOYM/.
GOYAVE *voyage,* GOYAVIER n.
GRASSEYER (cf B- et RASSEYE).
GRAY *ato* unité de radiation absorbée.
GRIZZLY ours, grizzli. GROGGY/.
GROSSOYER *dr* copier.
GRUYER n faucon. GRUYÈRE.
GRYPHÉE sorte d'huître.
GUERROYER vt (-EUR…).

GUPPY,S ou -IES poisson tropical.
GUYANAIS,E,
GUYANIEN… (Guyana) ENNUYAI + G.
GUYOT poire.

GYM. GYMKHANA.
GYMNASE,
GYMNASTE SYNTAGME.
GYMNIQUE, GYMNOTE anguille.
GYNÉCÉE, GYNÉCO,
GYNÉRIUM roseau à panache blanc.

GYPAÈTE vautour.
GYPSAGE, GYPSERIE,
GYPSEUX…, GYPSIER n plâtrier.
GYRATION giration, GYRIN *ins,*
GYROBUS ancien bus,
GYROSTAT (tourne sur son axe).

HAÜYNE *géol.* HAYON.
HAINUYER,E *belg* du Hainaut
ou **HEN**NUYER, HENNUYÈRE.
HÉMOLYSE destruct. glob. rouges.
HENRY unité. HICKORY *Am* noyer.
HINAYANA (bouddhisme) traditionnel.
HIPPY,S ou -IES.

HOBBY,S ou -IES.
HOCKEY (-EUR…). HOLOTYPE,
HONGROYER tanner (-EUR).
HOYAU,X houe.
HUSKY,S ou -IES chien eskimo.

HYADES sept étoiles (T- sing et pl).
HYALIN,E de l'apparence du verre,
HYALITE opale, HYALOÏDE transpar.

HYBRIDER croiser deux races.
HYDATIDE larve du ténia.
HYDNE champignon des bois.

HYDRAIRE animal à tentacules,
HYDRANT,E borne à incendie
ou HYDRANT**HE.**
HYDRATER (RÉ- DÉS-),
HYDRAULE orgue (cf HYDROLÉ),

HYDRE, HYDRÉMIE eau dans le sang,
HYDRIE vase grec, HYDRIQUE,
HYDROGEL *chim* gel aqueux,
HYDROLAT eau, HYDROLÉ *phar*,
HYDROMEL, HYDROSOL *chim*,
HYDRURE composé chimique.

HYÈNE. HYGROMA *méd* (articulat.)
HYMÉNÉE, HYMÉNIUM *(bot)*.
HYMNE HYMEN, HYMNIQUE.
HYOÏDE os en U, HYOÏDIEN…
HYPER. HYPERFIN,E *phys*.
HYPERGOL *chim*. HYPÉRON *ato*.
HYPÈTHRE *Rome* temple sans toit.
HYPHE *(cham)*. HYPNE mousse.
HYPNOSE, HYPNOÏDE.
HYPOCRAS vin à la cannelle.
HYPOGÉ,E sous terre ≠ ÉPIGÉ,E.
HYPOGYNE *bot* ≠ ÉPIGYNE.
HYPOÏDE *auto* (engrenage).
HYPOMANE excité.
HYPONYME *ling*. HYPOSODÉ,E.
HYPOXIE *méd*. HYSOPE arbrisseau.

ICHTHYS *rel*, ICHTYOL *phar*,
ICHTYOSE maladie de la peau.
IDYLLE. ILLYRIEN… (Adriatique).
IMPAYÉ,E, **IM**PAYABLE.
INLAY *dents* obturation (cf ONLAY).
INOCYBE champignon à lamelles.
ISOHYÈTE (mêmes pluies).
ISOHYPSE (mêmes altitudes).

JAYET jais. JAZZ**Y**/.
JENNY machine textile.
JERRYCAN ou JERRICAN,E.
JERSEY. JOCKEY.
JOINTOYER *const* (RE- ; -EUR).
JOYAU**X**. **JOY**STICK *inf* manette.
JUNKY,S ou -IES. JURY.

KABYLE. KAYAC ou KAYAK.
KÉNYAN,E. KÉPHYR *boiss* kéfir.
KILOBYTE *inf*. KLYSTRON tube.
KOUMYS *éq* lait ou KOUMIS.

KRYPTON gaz.
KSATRIYA de la caste des guerriers.
KYAT *mon*. KYMRIQUE cymrique.
KYRIE/ (VAL- WAL-). KYRIE**LLE**.
KYSTE (EN-v), KYSTIQUE.
KYU *dan*. KYUDO *jap* tir YUKO + D.

LACRYMAL…
LAD**Y**,S ou -IES (MI-).
LAMPYRE ver luisant (MÉ-).
LANGUEYER un orgue.
LARMOYER vi. LARYNGAL…,
LARYNGÉ,E du LARYNX.
LAVATORY,S ou -IES.

LAYER vt tracer un sentier (BA-
DÉ- RE- DÉB- REMB-),
LAYAGE (BA- DÉ- DÉB- REMB-).
LAYETIER n (coffres). LAYETTE (C-).
LAYEUR (BA-… et RE-…).
LAYON *(arb)* ONLAY (C- P-).

LÉCYTHE vase grec LYCHEE + T.
LÉVOGYRE *opt* (dévie à gauche).
LIBERTY,S *étof*. LIBYEN*…
LINOTYPE *impr*. **LIPO**LYSE *chim*.
LLOYD compagnie d'assurances.

LOBBY,S ou -IES, LOBBYING,
LOBBYSME, LOBBYSTE,
LOBBYISME, LOBBYISTE,
LOGOTYPE logo.
LORRY,S ou -IES *ch d f* chariot.
LOUVOYER vi.
LOYAL… (-ISME -ISTE),
LOYAUTÉ # AUTOLYSE.
LOYER n (P- CA-nm et f ÉP-
DÉP- EMP- REP- SUR-nm
REMP- REDÉP- RÉEMP-).
LUMITYPE composeuse.

LYCAON* *Afr* mammifère carnivore.
LYCÈNE papillon LYCEEN,
LYCÉNIDÉ.
LYCHEE letchi, litchi CHYLE + E.
LYCHNIS *bot*.

LYCOPE *bot*, LYCOPODE.
LYCOSE tarentule. LYCRA *étof*.
LYDDITE *expl*. LYDIEN… *Asie Min*.
LYMPHE, LYMPHOME tumeur.

LYNCHER, LYNCHAGE,
LYNCHEUR…
LYNX. **L**YONNAIS,E.
LYOPHILE (conservation).
LYRER vi *québ* pleurnicher,
LYRIC couplet de music-hall.

LYS. LYSAT *chim*,
LYSE (ANA-v DIA-v ATMO-
AUTO- CATA-v CYTO- HÉMO-
LIPO- PARA-v PYRO-),
LYSER *chim* (ANA- DIA- CATA-
PARA-),
LYSINE, LYSOSOME *biol*,
LYSOZYME enzyme bactéricide,
LYTIQUE génère la lyse # STYLIQUE.

MAGYAR,E MARGAY.
MAHAYANA (bouddhisme).
MALOYA *Réun* danse cf LARMOYA.
MAMY,S ou -IES # SAMMY
ou MAMMY,S.

MANGA**BEY** singe africain.
MAREYAGE, MAREYEUR… (A-).
MARGAY° *Amérique du Sud* chat.
MARTYR,E. MARYLAND tabac.

MAYA *rel*. MAÏDAY° S.O.S.
MAYE auge de pressoir à huile (RI-).
MAYEN pré (-ÇAIS,E, -NNAIS,E).
MAYEUR,E *mag*, MAYORAL…,
MAYORAT (voir MAÏEUR,E etc).

MEDLEY *mus*. **MÉGA**BYTE *inf*.
MERCURE**Y** vin. MERDOYER vi.
MÉTAYER,E, **MÉ**TAYAGE.
MÉTHYLE, **MÉ**THYLÈNE.

MILADY,S ou -IES.
MISOGYNE. MITOYEN…

MOLY ail.
MONNAYER (-AGE -EUR -ABLE).
MONOCYTE *anat* (cf G-).
MONOPOLY.
MONOTYPE *impr* TOPONYME.
MONOXYDE.
MONOXYLE (bois) (cf MYR-).
MORNAY sauce RAYON + M.
MOYENNER vt (cf ANONYME).
MOYER scier (LAR-vi PAU- ATER-).
MOYETTE *agr* meule. MOYEU**X**.

MYALGIE douleur musculaire,
MYATONIE (tonus) MOYAIENT.
MYCÉLIEN… du MYCÉLIUM *(cham)*.
MYCÉNIEN… *Grèce*.
MYCÉTOME *(cham)* tumeur,
MYCOSE, MYCOSIS *méd* (peau).
MYDRIASE (œil) MYRIADES.
MYE *moll*. MYÉLINE (moelle),
MYÉLITE *méd*, MYÉLOÏDE,
MYÉLOME. MYGALE *arachn*.
MYIASE lésion de la peau.
MYLONITE roche (cf LIMONITE).

MYOCARDE (cœur) (-CARDITE).
MYOLOGIE étude des muscles,
MYOME *méd* tumeur bénigne,
MYOPATHE, **MYO**PATHIE,
MYOSINE *chim*, MYOSITE *méd*.
MYOSIS (œil). MYOSOTIS.
MYOTIQUE du myosis.

MYRIADE MÉTRICA aluvisseau.
MYRMIDON homme chétif.
MYROSINE *chim* (cf MYOSINE).
MYROXYLE arbre résineux.
MYRRHE résine. MYRTE *bot*,
MYRTACÉE ou MYRTALE,
MYRTILLE.
MYSIDACÉ *crust*.
MYSTIFIER (DÉ-).
MYTHIFIER (DÉ-),
MYTHIQUE THYMIQUE, MYTHO.
MYTILIDÉ moule.
MYXINE *icht*. MYXOME tumeur.

NAY ou NE**Y** flûte arabe.
NÉODYME *mét.* NÉOPHYTE.
NETTOYER (-EUR… -ANT,E).
NEY nay. **NIAMÉ**YEN… (Niger).

NOYADE DENOYA,
NOYAGE *tech* # EGAYONS.
NOYA**U**,
NOYAUTER (DÉ- ; -AGE -EUR…).
NOYER,S vt (DÉ- EN- BOR-
TOUR-vi).
NURSERY,S ou -IES.

NYCTURIE pipi au lit. NYLON.
NYMPHAL,E,S ou -AUX *ins* (-IDÉ),
NYMPHÉ**A** nénuphar (-CÉE),
NYMPHÉ**E** lieu dédié aux nymphes,
NYMPHO, NYMPHOS**E** vie de larve.

OARISTYS idylle (le I avant le Y
dans le mot et dans sa définition).
OCTROYER. ODYSSÉE.
OJIBWAY amérindien.
OLYMPE, OLYMPIEN…
OMEYYADE *ar* (dynastie).

ONDOYER baptiser.
ONLAY* or sur une dent (cf INLAY).
ONYX (TRI- SARD-),
ONYX**IS** *méd* (ongles),
ONYCHOSE CHOYONS + E.

OOCYTE** *biol.* OOMYCÈTE.
OPHRYS orchidée.
OPTOTYPE pour contrôler la vue.
ORIYA *lang.* ORYX antilope.
OTOCYSTE *(zoo)* COTOYES + T.
OTOCYON *mam* # COTOYONS.
OSTYAK *lang* (Sibérie) TOKAYS.
OUGUIYA *mon.* OVOCYTE oocyte.

OXYACIDE. **OXY**CARBONÉ,E.
OXYCOUPAGE. **OXY**COUPEUR.
OXYCRAT vinaigre + eau.
OXYDE (BI- DI- ÉP- DÉS-v
MON- PER-v SUR-v),

OXYDER (DÉS- PER- SUR-),
OXYDABLE, OXYDANT,E (DÉS-),
OXYDAS**E** (PER-),
OXYGÉNER (RÉ- DÉS-),
OXYGÉNAS**E**.
OXYLITHE. OXYMEL *phar.*
OXYMORE ou OXYMORON *rhét.*
OXYTON (accent tonique) (PAR-).
OXYTONNE (production d'oxygène).
OXYURE ver, OXYUROSE *méd.*

OYAT plante des dunes (M-/ N-/).
OYANT/ (M-/ N-/ V-var).
OYE oie (M-v N-v).
OYEZ! (M- N- S- V-).

PACHYURE musaraigne.
PADDY riz.
PAGAYER vi, PAGAYEUR…
PANTY,S ou -IES (cf PENTY,S).
PAPAYE fruit du **PA**PAYER.
PAPY. PAPYRUS.
PARONYME *ling* PYROMANE.
PART**Y**. **PAU**MOYER *mar* haler.
PAYE (CI- IM-adj PA- TOU-),
PAYER* (CO-n PA-n RE- PRÉ-
SUR-),
PAYEUR*…, PAYEMENT,
PAYS, PAYSE (DÉ-v).
PAYSAGÉ,E, PAYSAGER,E.
PAYSANNE (-NNAT -NNERIE).

PÉLAMYDE *icht.* PÉLODYTE *batr.*
PENALTY,S ou -IES.
PENNY,S ou -IES (cf PENCE/).
PENTY maison (cf PANTY).
PEYOTL cactacée hallucinogène.

PHARYNX,
PHARYNGÉ,E PHRYGANE.
PHÉNYLE *chim* radical (BI- DI-).
PHRYGANE* *ins.* PHRYGIEN…
PHYLLADE schiste. PHYLLIE *ins.*
PHYLA/ *gén* pl de PHYLUM,S.
PHYSALIE méduse. PHYSALIS *bot.*
PHYSE *moll* (APO- DIA- ÉPI- SYM-).
PHYSIQUE. PHYTOPTE acarien.

PINYIN *écri.* PIRAYA *icht* piranha.
PLAYMATE. PLAYON *agr* (faux)
ou PLEYON PYLONE.
PLOYER PYLORE PYROLE (É- DÉ-
EM- RE- REM- REDÉ- RÉEM-),
PLOYABLE (EM-), PLOYAGE.

POLY *scol.* POLYÈDRE* *math.*
POLYGALA *bot* ou POLYGALE.
POLYGONE. POLYLOBÉ,E *arch.*
POLYMÈRE EMPLOYER REMPLOYE.
POLYNÔME. POLYOL *chim.*
POLYPE, POLYPEUX…
POLYPIER n. POLYPNÉE *méd.*
POLYPODE fougère.
POLYPORE,E *cham.* POLYSOC.
POLYSOME *chim* (cf LIPOSOME).
POLYTRIC mousse. POLYURIE *méd.*

PONEY.
PORPHYRA algue rouge, PORPHYRE.
POUDROYER vi.
POUILLY vin du Mâconnais.
POYA inalpage (cf M- N- S-).

PRÉPAYER. PRESBYTE.
PROPYLE *hydroc,*
PROPYLÉE porte (cf POLYPORE).
PROSTYLE *arch* (colonnes devant).
PROYER n passereau.
PRYTANE *Grèce* magistrat,
PRYTANÉE PAYERENT REPAYENT.

PSY. PSYCHÉ grand miroir.
PSYCHO, PSYCHOSE*.
PSYLLE cigale. PSYLLIUM graine.
PTYALINE enzyme PENALTY + I.
PUY montagne volcanique.

PYCNIQUE tout en rondeur,
PYCNOSE *méd* SYNCOPE.
PYÉLITE *méd* (muqueuse du rein).
PYGARGUE aigle. PYGMÉEN…
PYLÔNE*. PYLORE** *anat.*
PYOGÈNE (pus), PYORRHÉE.

PYRALE *pap*, PYRALÈNE *chim.*
PYRAMIDER. PYRAMIDAL…
PYRANNE composé chimique,
PYRÈNE. PYRÉNÉEN…
PYRÈTHRE chrysanthème,
PYREX, PYREXIE fièvre (A-),
PYRIDINE *chim*, PYRITE minerai,
PYROFLAM verre,
PYROGÈNE qui chauffe (A-).
PYROLE** *bot* pirole (cf PYRROL,E).
PYROLYSE, PYROMANE*,
PYROSIS sensation de brûlure,
PYROXÈNE *géol*, PYROXYLÉ,E.
PYRROL,E (azote) voir PYROLE.

PYTHIE oracle, PYTHIEN…,
PYTHIQUE d'Apollon TYPHIQUE,
PYTHON TYPHON (-ISSE).
PYURIE pus dans l'urine.
PYXIDE *Grèce* boîte à couvercle.

QWERTY/ (clavier anglais).

RALLYE. RAPPUYER.
RASSEYE etc (B- G-) → ASSEYE.
RAY *agr* (G- SP- VOUV- CHAMB-).
RAYER (B-v et n D- F- DÉ- EN-
DÉB- EMB- DÉF- EFF- RENT-),
RAYAGE (D- F- DÉ- EN- DÉB-
EMB- RENT-),
RAYEMENT (F- EN-).
RAYÈRE fenêtre de tour (C- F-).
RAYIA non-musulman, raïa RAYAI.
RAYONNER (C-).
RAYURE (F- DÉ- EN-).

RECYCLER.
REGENCY/ *déco* style anglais.
RELAYER, RELAYEUR…
REMBLAYER. Pas de «rembrayer».
REMPLOYER.

RENTRAYER *étof* réparer.
RENVOYER, RENVOYEUR…
REPAYER (P-). REPLOYER.

RESSAYER ou RÉESSAYER,
RESSAYAGE.
RESSUYER, RESSUYAGE.
RETRAYANT *dr* (cohéritier),
RETRAYANTE,
RETRAYÉ,E (cf RETRAIRE).
REVOYURE/ (à la).

RHOVYL fibre.
RHYOLITE lave volcanique vitreuse.
RHYTINE mammifère disparu.
RHYTON *Antiquité* coupe.
RIBOZYME (acide) BROYIEZ + M.
RIMAYE crevasse de glacier.
RIYADIEN… RIYAL,S *mon ar* LYRAI,

ROCOUYER n *arb* CORROYE + U.
ROOKERY,S ou -IES (manchots).
ROTARY *mach.* ROUGEOYER vi.
ROYALTIES,
se ROYAUMER *helv* se prélasser,
ROYAUTÉ # YOUTSERA.

RUDOYER. RUFIYAA *mon* (Maldiv.).
RUGBY, RUGBYMAN,S ou -MEN/.
RYAL,S *mon ar* riyal. RYE whisky.
RYTHMER (cf MYRTE, MYRRHE).

SABAYON crème (œufs, sucre, vin).
SALICYLÉ,E de l'acide salicylique.
SAMMY*,S ou -IES *anc mil u.s.*
SAMOYÈDE chien de traîneau.
SANDYX colorant ou SANDIX.
SARDONYX agate SANDYX + O + R.
SATYRE STAYER.
SAVOYARD, SAVOYARDE.
SAYNÈTE SEYANTE.
SAYON *anc* casaque AYONS NOYAS.

SCOLYTE* *ins.* SCYTHE *anc* (Russie).
SÉROTYPE *biol.* SEXY/.
SEYAIT (AS- FA- MES- RAS-
BRAS- GRAS-), SEYAIENT,
SEYANT,E* # YASSENT.
SEYVAL,S cépage québécois.

SHERRY,S ou -IES (voir CHERRY).
SHIMMY oscillation de roues d'auto.
SIBYLLE voyante, SIBYLLIN,E.
SILY *mon afr* syli. SISYMBRE *bot.*
SKYDOME hublot de plafond.
SMILEY *inf* mimique (sourire…)
SOUDOYER. SOYA ou SOJA.
SOYER,E de la soie (FOS-
VOU- GROS- VOUS- tous vt),
SOYEUX, SOYEUSE (FOS-).
SOYONS, SOYEZ (AS- FOS- RAS-
SUR- VOU- GROS- VOUS-).

SPEEDWAY *moto* (sur cendrée).
SPHYRÈNE *icht* barracuda.
SPONDYLE *moll.*
SPRAY aérosol.

STAYER* n (cycliste derrière moto).
STÉARYLE radical chimique.
STEGOMYA moustique.
STRYGE vampire ou STRIGE.

STYLE (DI- SY- ÉPI- PRO-),
STYLER, STYLET,
STYLIQUE* design,
STYLISER, STYLISME,
STYLISTE # STYLITES,
STYLITE ermite,
STYLO (-BATE -MINE),
STYLOÏDE *anat* en forme de stylet.
STYRAX *arb* ou STORAX.
STYRÈNE *hydroc.*

SUKIYAKI mets japonais.
SULKY,S ou -IES *hipp* (pour le trot).
SURLOYER n. SURPAYER.
SUROXYDER.
SURSOYEZ, SURSOYONS.

SYBARITE jouisseur.
SYCOMORE *arb.* SYCONE figue,
SYCOSIS *méd.* SYÉNITE roche.
SYLI *mon afr* sily. SYLLABUS *rel.*
SYLLEPSE *ling* accord selon le sens.

SYLPHE génie, SYLPHIDE.
SYLVE forêt (cf SILVES),
SYLVAIN,E.
SYLVANER n vin ou SILVANER.
SYLVIE anémone. SYLVIIDÉ *ois.*
SYLVITE minerai de potasse.
SYMBIOSE, SYMBIOTE *biol.*
SYMPA,S. **SYM**PHYSE *anat.*

SYNASE *chim*, SYNAPSE *anat.*
SYNCHRO (-NE -NIE).
SYNCOPER, SYNCOPA**L**...
SYNDERME Skaï. SYNDROME.
SYNDIC. SYNÉCHIE *méd.*
SYNÉRÈSE *ling.* SYNERGIE (A-).
SYNODE, SYNODAL...
DELAYONS.
SYNOPSE *rel* (cf SYNAPSE),
SYNOPSIE *méd*, SYNOPSIS *cin.*
SYNOVIE *anat*, SYNOVIAL...,
SYNOVITE. SYNTAGME* *ling.*
SYNTHÉ *mus.* SYNTHÈSE.
SYNTONE *psy*, SYNTONIE *phys.*

SYPHILIS.
SYRAH *cép* (cf SURAH).
SYRIAQUE. SYRIEN... (AS-).
SYRINGE tombe égyptienne.
SYRINX *ois* (organe du chant).
SYRPHE mouche, SYRPHIDÉ.
SYRTE *Afr* côte.
SYSTOLE *physio* (A-). **SY**STYLE *arch.*
SYZYGIE opposition Lune-Soleil.

TACHYON particule CHOYANT.
TAMBOUYÉ batteur BOYAUTE + M.

TAXIWAY voie d'aéroport.
TAYAUT! **TÉLÉ**TYPE.
TÉRYLÈNE fibre.

THUYA conifère ornemental.
THYADE bacchante, **T**HYADES
ou THYIADE.
THYM. THYMIE humeur (A-).
THYMINE base azotée.

THYMIQUE* du thymus (A-).
THYMOL phénol. THYMUS glande.
THYROÏDE. THYRSE *Grèce* bâton.
TILBURY cabriolet hippomobile.

TOBY *icht* (coraux). TOKAY vin.
TOKYOTE ou TOKYOÏTE.
TOMMY,S ou -IES soldat anglais.
TOPONYME* nom de lieu.
TORY,S ou -IES TROY/, TORYS**ME**.
TOURNOYER vi (-ANT,E).
TOUPAYE *Asie mam* tupaja, tupaïa.

TRACHYTE roche volcanique.
TRAYEUR... (REN-), **T**RAYON,
TRAYEZ, **T**RAYAIS etc,
TRAYANT (RETRAYEZ etc).
TRICYCLE. **TRI**ONYX tortue.

TROLLEY.
TROY/* once d'or.
TROYEN... # NOYERENT.
TRYPSINE enzyme.
TUTOYER, TUTOYEUR...
TUYAU,X, TUYAUTER
(-AGE -EUR... -ERIE),
TUYÈRE élément de canalisation.

TYMPAN, TYMPANAL...,
TYMPAN**ISER** critiquer.
TYMPANON *mus* cymbalum.
TYPAGE *méd* méthode de compar.
TYPE (EC- BIO- ÉCO- GÉNO-
HOLO- LINO- LOGO- LUMI-
MONO- OPTO- SÉRO- TÉLÉ-),
TYPER, TYPESSE.

TYPHA *bot*, TYPHACÉE.
TYPHIQUE*. TYPHLITE (cæcum).
TYPHOÏDE. TYPHON*.
TYPHOSE *vét*, TYPHUS.
TYPICITÉ.
TYPO, TYPOTE. TYPON *impr.*
TYRAMINE amine. **TYR**ANNEAU.
TYRIEN... TYROLIEN...
TYROSINE acide aminé (cf M-).

URANYLE *chim* LAYEUR + N.
UROPYGE *arachn.*
VAIÇYA caste ou VAISYA (cf AISY)
ou VAISHYA.
VALENÇAY *from* (cf VALENCIA).
VALKYRIE déesse guerrière (ou W-).
VERDOYER vi.
VICHY (-SSOIS,E),
VICHYSME, VICHYSTE.
VILAYET province turque.
VINYL,E, VINYLITE (disques).

VOLLEY, VOLLEYER (-EUR…).
VOLNAY vin de Bourgogne.
VOUSOYER, VOUSSOYER
ou VOUVOYER.
VOUVRAY vin de la Loire.
VOYAGER vi.
VOYAIS etc, VOYONS **V**OYEZ,
VOYIONS VOYIEZ (A- DÉ-
EN- RE- CON- LOU-vi PRÉ-
REN- VOU- FOUR- POUR-),
VOYANT,E (MAL- PRÉ- CLAIR-),
VOYANCE (PRÉ- CLAIR-).
VOYELLE.
VOYER adj m (agent) (A-vt DÉ-
EN- CON- LOU-vi REN- VOU-).

VOYEUR… (EN- CON- REN-
POUR-; -ISME -ISTE).
VOYOU**TE.**

WALKYRIE ou VALKYRIE.
WALLABY,S ou -IES kangourou.
WESLEYEN… *rel* méthodiste.
WHISKY,S ou -IES, WHISKEY.
WI(L)LAYA province algérienne.

XYLÈME *(bot)*. XYLÈNE *hydroc,*
XYLIDINE. XYLOCOPE *ins.*
XYLOL xylène, XYLOSE sucre.
XYSTE galerie.

ZAWIYA *isl* école ou ZAOUÏA.
ZAYDITE chiite du Yémen.
ZÉPHYR (-IEN… -INE) ou ZEF.

ZLOTY monnaie de la Pologne.
ZYDECO musique de Louisiane.
ZYEUTER zieuter.
ZYGÈNE *pap.* ZYGNÉMA algue.
ZYGOMA os. ZYGOTE *biol* (DI-).
ZYKLON gaz. ZYMASE enzyme.
ZYTHON bière ou ZYTHUM.

Z

Mots en 3 lettres: FEZ GAZ LEZ NEZ RAZ REZ RIZ RUZ ZEC ZÉE ZEF ZEN ZIG ZIP ZOB ZOÉ ZOO ZOU/ ZUP ZUT/.

Mots en 4 lettres: AVEZ AXEZ AYEZ AZUR BÉEZ BINZ CHEZ CZAR FIEZ GAZA GAZE GÜNZ HIEZ HUEZ IREZ IXEZ JAZZ JÈZE LIEZ LUTZ MAZA MAZE MÉZÉ MUEZ NAZE NAZI NIEZ NUEZ ONZE/ OSEZ ÔTEZ OUZO OYEZ PÈZE PUEZ QUIZ RANZ RÉEZ RIEZ RUEZ SUEZ TUEZ TZAR USEZ WITZ ZAIN ZANI ZARB ZÉBU ZÉLÉ ZEND ZÉRO ZEST/ ZÊTA/ ZINC ZIRE/ ZIST/ ZIZI ZONA ZONE ZOOM ZOUK ZOZO.

ZABRE *ins* ZEBRA.
ZAGAIE *Afr* lance, sagaie GAZAI + E.
ZAIBATSU *jap* conglomérat BIZUTAS + A.
ZAIN sans poils blancs NAZI ZANI.
ZAÏRE *anc mon* AIREZ AZERI, ZAÏROIS,E du Congo.
ZAKAT aumône. ZAKOUSKI mets.
ZAMAK alliage. ZAMBIEN…
ZAMIA *bot* MAZAI ou
ZAMIER n ARMIEZ MARIEZ RAMIEZ.

ZANCLE *Océanie icht* LANCEZ.
ZANI** bouffon ou ZANNI.
ZANZI *Afr* jeu ou ZANZIBAR.
ZAOUÏA *isl* école ou ZAWIYA.
ZAPPER vt, ZAPPEUR…, ZAPPING.
ZARABE *Réun* indien arabe (MO-).
ZARB bizarre ou **Z**ARBI.
ZARZUELA *Esp* théâtre lyrique.
ZAWIYA *isl* école ou ZAOUÏA.
ZAYDITE chiite du Yémen.
ZAZOU,E.

ZÉBRER, ZÉBRURE BEURREZ.
ZÉBU. ZEC zone de chasse et pêche.
ZÉE *icht* saint-pierre. ZEF vent FEZ.
ZÉINE du maïs. ZEITNOT *échecs*.
ZÉLATEUR,TRICE.
ZELLIGE *Maroc* brique émaillée.
ZÉLOTE nationaliste juif.

ZEMSTVO assemblée locale russe.
ZEN *rel jap* (MAGH- MAKH-).
ZÉNANA *étof.* ZEN**D**,E *lang.*
ZÉNITH, ZÉNITHAL… INHALEZ + T.
ZÉOLITE *géol* ETOILEZ ETIOLEZ ou **Z**ÉOLITHE.

ZÉPHYR (-IEN… -INE) ou ZEF.
ZEPPELIN dirigeable.
ZÉRO,S, ZÉROTER ROTEREZ # OTEREZ TOREEZ # ZOSTERE.
ZÉROTAGE calibrage de thermomètre.
ZÉRUMBET gingembre.

ZEST/(cf ZIST/). **Z**ESTER peler.
ZÊTA/ (D-/).
ZÉTÈTE *Grèce* magistrat ETETEZ
ZEUGITE *Grèce mil* TEZIGUE/.
ZEUGMA *rhét* ou ZEUGME.
ZEUZÈRE *pap.* ZÉZAYER vi.

ZIBELINE martre BELIZIEN.
ZICRAL,S alliage d'alu pour skis.
ZIEUTER TUERIEZ ou ZYEUTER.

ZIG (CÉ-/ MÉ-/ SÉ-/ TÉ-/).
ZIGGOURAT temple babylonien.
ZIGOMAR zig,
ZIGOTEAU GOUTIEZ + A
ou ZIGOTO. **Z**IGOUILLER.
ZIGUE (CÉ-/ MÉ-/ SÉ-/ TÉ-/).
ZIGZAGU**ER** vi (-GANT,E).

ZINC, ZINCAGE ou ZINGAGE.
ZINCATE sel CATINEZ TANCIEZ,
ZINCIQUE avec du zinc (-CIFÈRE),

ZINGAGE zincage GAGNIEZ.
ZINGARI/ tzigane pl de ZINGARO,
ZINGUER RUGINEZ (DÉ-)
cf INSURGEZ,
ZINGUERIE, ZINGUEUR.
ZINNIA fleur. ZINZIN.
ZINZOLIN,E violet.
ZIP fermeture Éclair, ZIPPER (DÉ-).

ZIRABLE voir zire/ BLAIREZ RABLIEZ.
ZIRCON,E *chim* # CORNIEZ
(-ITE -IUM).
ZIRE/ dégoût RIEZ IREZ (cf zirable).
ZIST/. ZIZANIA *bot* ou ZIZANIE.
ZIZI. ZIZIQUE. ZIZYPHE *arb*.
ZLOTY monnaie de la Pologne.

ZOB. ZODIAC canot,
ZODIACAL…, ZODIAQUE.
ZOÉ *crust* larve. ZOÉCIE *(zoo)*.
ZOÏDE *biol* cellule IODEZ (cf zooïde).
ZOÏLE critique envieux.
ZOMBI ou ZOMBIE.

ZONAGE (DÉ-), ZONAL… *géol* (A-),
ZONALITÉ,
ZONARD,E # ADORNEZ,
ZONE (O-v DÉ-v EV- AMA-
CAN-), ZONER *inf* (O- DÉ-),
ZONIER,E (Paris) ORNIEZ # NOIEREZ,
ZONING *urb*. ZONURE *rept*.
ZOO. ZOOGLÉE bactéries agglutin.
ZOOÏDE *fos* (cf ZOÏDE).
ZOOLÂTRE (adore les animaux).
ZOOLITE *zoo fos* ou ZOOLITHE.
ZOOLOGIE, ZOOLOGUE.

ZOOM, ZOOMER vt.
ZOONOSE *méd* OZONES + O.
ZOOPHAGE insecte carnivore.
ZOOPHILE déviant.
ZOOPHORE frise.
ZOOPHYTE *zoo* comme une plante.
ZOOPSIE hallucination.
ZOOSPORE spore d'algues.
ZOOTAXIE *zoo* classification.
ZOOTHÈQUE musée d'animaux.
ZOOTROPE jouet.

ZOREILLE habitant de la Nlle-Caléd.
ZORILLE *mam* ROILLEZ.
ZOSTÈRE* *bot* (sous la mer) # TOSSEREZ
(cf OSEREZ et ÔTEREZ).

ZOU! ZOUGOIS,E *Helv* du Zoug.
ZOUK danse, ZOUKER vi.
ZOULOU,E.
ZOURNA *ar* hautbois # AZURONS.
ZOZO.
ZOZOTER vi, ZOZOTEUR…

ZUCHETTE courge.
ZUGZWANG *échecs* coup forcé.
ZUP zone à urbaniser par priorité.
ZUT!, ZUTIQUE *poé* # STUQUIEZ,
ZUTISTE (zut à tout).

ZWANZER vi *belg* plaisanter,
ZWANZEUR…
ZWIEBACK *helv* biscotte sucrée.
ZYDECO *mus* ZYEUTER zieuter.
ZYGÈNE *pap*. ZYGNÉMA algue.
ZYGOMA os. ZYGOTE *biol* (DI-).
ZYKLON gaz mortel.
ZYMASE enzyme AZYMES.
ZYTHON bière ou ZYTHUM.

Mots qui contiennent la lettre Z

ABZYME enzyme. ALCAZAR palais.
ALEZAN,E *éq*. ALÉZÉ,E *hér*.
ALGUAZIL *Esp* policier
(cf GAZOUILLA).
ALIZARI racine de garance (-NE).
ALIZÉ LAIZE # SALIEZ,
ALIZÉEN… ALIENEZ.
ALIZIER n sorbier ou ALISIER.

AMAZONE. **ANTI**NAZI,E.
ARZEL *éq* (pieds arrière blancs) RALEZ.
ASSEZ (C- J- L- M- P- S- T- Y-).

AZALÉE nf arbuste.
AZÉRI**,E (Asie occid.) # AERIEZ.
AZEROLE fruit de l'aubépine.
AZERTY/ (clavier) TRAYEZ.
AZILIEN... *préhist* LAINIEZ.
AZIMUT,É,E, AZIMUTAL...

AZOBÉ *Afr* arbre au bois lourd.
AZOÏQUE sans vie (DI-).
AZOLLA fougère aquatique.
AZONAL... mondial.
AZORER *helv* réprimander.
AZOTER ZEROTA, AZOTATE,
AZOTÉMIE, AZOTEUX...,
AZOTIQUE, AZOTITE,
AZOTURE, AZOTURIE,
AZOTYLE.

AZTÈQUE # SQUEEZAT.

AZULEJO carreau bleu,
AZULÈNE hydrocarbure bleu,
AZURER, AZURANT,S,
AZURAGE, AZURÉEN... AUNEREZ,
AZURITE carbonate de cuivre (L-).
AZYGOS veine entre veines caves.
AZYME (pain sans levain).

BALÈZE. BALZAN,E *éq.* BANZAI !
BARBOUZE. BARZOI lévrier.
BAZARDER. BAZOOKA.
BAZOU bagnole (cf BI- et GA-).

BÉLIZIEN*... du Honduras.

BENZÈNE, BENZINE,
BENZOATE, sel,
BENZOL (-ISME), BENZOLÉ,E,
BENZYLE, BENZOYLE.
BÉRÉZINA. **BER**ZINGUE/.

BÉZEF/ ou BÉSEF/.
BÉZOARD concrétion animale
ABORDEZ # ADSORBEZ SABORDEZ.

BINZ bazar. BIOGAZ.
BIZARRE zarb(i) BARRIEZ BRAIREZ.
BIZERTIN,E de Bizerte (Tunisie).
BIZET mouton du Massif central.
BIZINGUE/ (de travers) BIGUINE + Z.
BIZNESS.
BIZOU. BIZUT ou BIZUTH,
BIZUTER BRUITEZ BITUREZ,
BIZUTAGE.

BLAZE # SABLEZ BLASEZ.
BLAZER n RABLEZ.
BLETZ rustine (cf BLETSER rapiécer).
BLITZ partie éclair. BLIZZARD.

BONZE, BONZESSE,
BONZERIE ENROBIEZ.
BOUZOUKI buzuki. BRETZEL.
BRIZE *bot.*
BRONZER # BORNEZ # ZEBRONS
SNOBEREZ (DÉ-),
BRONZANT,E,
BRONZEUR... *mét*, BRONZIER,E.

BUZUKI luth grec bouzouki.
BUZZER n. BYZANTIN,E.

CANEZOU corsage sans manches.
CANZONE poeme, CANZONI/.
CAZETTE argile (cf G- M-).
CÉZIG/, **CÉ**ZIGUE/ sézig/, sézigue/.

CHALAZE *(bot* ou *biol)* ACHALEZ.
CHINTZ tissu de coton.
CHORIZO. **CO**ENZYME.
COLZA (-TIER n).
COROZO ivoire végétal. CORYZA.
CRUZADO *anc* monnaie du Brésil,
CRUZEIRO COURRIEZ.
CZAR. CZARDAS danse, csardas.

DAZIBAO tract. **DÉ**BRONZER.
DÉDISEZ.
DÉGAZER DERAGEZ, **DÉ**GAZAGE.
DEUZIO/ DOUIEZ DOUZE + I.
DÉZINGUER *arg* # ENDIGUEZ.
DÉZIPPER *inf* (un fichier).
DÉZONER *géog*, **DÉ**ZONAGE.
DIAZÉPAM *phar*. **DI**AZOTE.
DIZAIN,E strophe (-IER n),
DIZENIER n *anc mag* DINERIEZ.
DIZYGOTE faux jumeau.

DONZELLE. DOUZE/ DOUEZ,
DOUZAIN,E, DOUZIÈME.
DRUZE (Proche-Orient) (cf DRUSE).
DUGAZON *théâ* (cf GAZODUC).
DZÊTA/ lettre grecque.

ECZÉMA (-TEUX…).
ELZÉVIR (-IEN…) LIVREZ + E.
ENZOOTIE *zoo* épidémie.
ENZYME (CO- APO-).
ERSATZ. **EV**ZONE *mil* grec.

FALZAR. FANZINE *(B.D.)*.
FAZENDA propriété au Brésil.
FEZ* *coif*. FIZZ.
FLOUZE FLOUEZ FOULEZ.
FORÉZIEN… (pas d'«enfoirez»).
FREEZER n REFEREZ. FRIT**Z**.

GAIZE roche.
GAZER (DÉ-), GAZAGE (DÉ-),
GAZÉIFIER. GAZELLE ALLEGEZ.
GAZETTE, GAZETIER,E
REGATIEZ AGITEREZ GATERIEZ.
GAZIER,E RAGIEZ GARIEZ
EGARIEZ AGREIEZ,
GAZODUC, GAZOGÈNE,
GAZOLE, GAZOLINE (DÉ-v).
GAZONNER # ZONAGE + N (DÉ-
EN- RE-; -AGE -ANT,E -EUX…).
GAZOU *mus québ* (cf B-).
GAZOUILLER vt.
GERZEAU nielle des blés.

GONZE, GONZESSE.
GRAZIOSO/ *mus* (cf gracioso,s).
GRIZZLI ou GRIZZLY.
GUÈZE langue liturgique.
GUEUZE de bière # GUEUSEZ.
GÜNZ glaciation. GUZLA violon.

HERTZ unité, HERTZIEN…
HOAZIN *ois*. HORIZON.

JACUZZI. JAZZIQUE,
JAZZMAN,S ou -MEN/, JAZZ**Y**/.
JÈZE *fam*. JEREZ vin. JUREZ !

KAMIKAZE. KAZAKH,E *lang*.
KIBBOUTZ (-IM/).
KIBITZ *bridge*, KIBITZER.
KIRGHIZ,E *lang*. KOLKHOZ,E.
KONZERN (entreprises intégrées).
KREUZER n *mon* ou KREUTZER.
KWA**NZA** monnaie de l'Angola.

LAIZE* lé. LAPIAZ *géol*.
LAUZE pierre ou LAUSE.
LAZARET local de quarantaine.
LAZULITE phosphate.
LAZURITE pierre. LAZZI.
LEZ. LÉZARD LARDEZ,
se LÉZARDER. LIPIZZAN *éq*.
LOZÉRIEN… ENROLIEZ.
LUT**Z** saut piqué. LUZERNE.
LUZIN petit cordage ou LUSIN.
LUZULE *bot* ULULEZ.
LYSOZYME enzyme bactéricide.

MAGAZINE MAGANIEZ MANAGIEZ.
MAGHZEN *Maroc* ou MAKHZEN.
MAÏZENA fécule de maïs.
MAZAGRAN *réc*. MAZAMA *Am* cerf.
MAZDÉEN… *rel* (Iran) AMENDEZ.
MAZER *mét* affiner, MAZÉAGE.
MAZETTE (cf MOZETTE).
MAZOT ferme. MAZOU**TER** (DÉ-).
MAZURKA.

MÉDISEZ. MÉLÈZE. MERGUEZ.
MERZLOTA sol gelé.
MÉZAIL de casque LAMIEZ.
MEZCAL,S *alc* mescal # CLAMSEZ.
MÉZÉ amuse-gueule ou MEZZE.
MÉZIG/ moi ou **MÉ**ZIGUE/.
MEZZO.

MONAZITE phosphate naturel.
MOZABITE *Afr.* **MO**ZARABE *Esp.*
MOZETTE *vêt* OMETTEZ EMOTTEZ.
MUEZZIN *isl* appelle à la prière.
MZABITE *Afr* mozabite, du Mzab.

NANZOUK *étof* nansouk (coton).
NAZARÉEN... NAZCA inca.
NAZE. NAZI**,E (NÉO- ANTI-),
NAZILLON,ONNE, NAZISME,
NÉONAZI,E (-ISME).
NEZ. NIZAM roi hindou.
NIZERÉ essence de roses RENIEZ
NIEREZ # INSEREZ RESINEZ SERINEZ.

ONZE/ (B- G-), ONZAIN *poé,*
ONZIÈME. ORGANZA *étof.*
OUZBEK,E *lang* uzbek,e.
OUZO liqueur d'anis. OYEZ!

OZALID maquette à imprimer.
OZÈNE *méd* (nez), OZÉNEUX...
OZONER, OZONEUR,
OZONIDE, OZONISER.

PANZER n char allemand.
PARTOUZER vi (pis d'accouplez)
PÈDZER vi *helv* traîner
(cf SPEEDEZ).
PERLOUZE perlouse LOUPEREZ.
PÈZE. PÉZIZE *cham*, PÉZIZALE.

PIAZZA. PIÈZE unité EPIEZ.
PIZZA, PIZZERIA.
PLANÈZE plateau volcanique.
PODZOL sol (-ISER -IQUE).
PRÉDISEZ PRESIDEZ DEPRISEZ.
PUPAZZO marionnette, PUPAZZI/.
PUZZLE.

QUARTZ (-EUX... -ITE -IQUE).
QUETZAL,S ou ES *ois* TALQUEZ.
QUIZ jeu. QUINZE/ NIQUEZ.

RAZ. RANZ *mus.* RAZZIER.
RECEZ (Diète) ou RECÈS CREEZ.
REFUZNIK juif de l'ex-URSS.
RÉMIZ *ois* MIREZ RIMEZ.
RENDZINE sol calcaire.
REZ. REZZOU bande armée (razzia).

RHIZOÏDE (algues) RHODIIEZ,
RHIZOME racine. RHIZOPUS *cham.*
RIBOZYME fragment d'acide.
RIZ, RIZERIE RIZIERE.
RIZETTE brosse dure. RIZICOLE.
RUZ. RUOLZ *orf* métal argenté.

SAMIZDAT littérature clandestine.
SANZA *mus.* SBRINZ *from* (cf BINZ).
SCHERZO *mus* ROCHEZ + S.
SCHIZO *fou*, SCHIZOSE *psy*
SEIZE/, SEIZIÈME, **SEI**ZAIN *poé*
SIZAINE ANISIEZ NIAISEZ.
SELTZ (eau de).
SÉZIG/ lui cézig/, cézigue/ ou
SÉZIGUE/ ZIGUES + E GUEIEZ + S.
SHOW**BIZ**.

SIZAIN,E*** strophe ou SIXAIN
(voir SEIZAIN ; cf ZINNIAS).
SIZERIN *ois.* SOVKHOZ,E.
SPAETZLI gnocchi ou SPÄTZLE/.
SPETSNAZ forces spéciales russes.
SPITZ chien.
SQUEEZER *bridge* RESEQUEZ.
SUZERAIN,E. SUZETTE.
SWAZI,E *Afr* du Swaziland.
SYZYGIE *astr.* SZLACHTA noble.

TAMAZIRT langue berbère.
TANTOUZE TATOUEZ + N.
TARZAN. TAUZIN chêne.
TERFÈZE truffe FETEREZ.
TERRAZZO *québ* revêtement.
TERZETTO *mus* TROTTEZ + E.

TÉZIG/ toi GITEZ TIGEZ
ou **TÉ**ZIGUE/ ZEUGITE.
THIAZINE colorant,
THIAZOLE composé chimique.
TOPAZE pierre jaune # APOSTEZ.
TRAPÈZE RETAPEZ TAPEREZ.
TREIZE/ ETIREZ (cf STÉRIEZ).

TZAR, TZARINE RATINEZ
TRAINEZ NAITREZ,
TZARISME, TZARISTE.
TZIGANE GANTIEZ # STAGNIEZ.

UZBEK,E (O-) (ex-URSS).

VIZIR, VIZIRAT.

WATERZOI mets (poulet ou poisson).
WENZE *Afr* marché (cf WENGE).
WITZ *helv* plaisanterie.

YAKUZA jap yakusa, maf(f)ieux

Mots à deux lettres chères

JK
JACK JACKET JACKPOT JATAKA JERK JERKER vi JOCKEY JOCKO
JOKARI JOKER JONKHEER JOYSTICK JUDOKA JUDOKATE JUNK
JUNKER JUNKIE JUNKY KANDJAR KANDJLAR KANJI KHARIDJI
KINKAJOU MOUJIK PIROJKI PIROJOK SANDJAK TADJIK,E TOKAJ.

JQ
BARJAQUER vi JACQUARD,É,E JACQUES JACQUET JACQUIER
JACQUOT JAQUE JAQUELIN,E JAQUET JAQUETTE JAQUIER
JAZZIQUE JONQUE JUDAÏQUE JUSQUE,S.

JW
OJIBWAY.

JX
ANTIJEUX BIJOUX ENJEUX JALOUX JAVEAUX JÉJUNAUX JEUX
JINGXI JOUJAUX JOUJOUX JOURNAUX JOUXTER JOVIAUX
JOYAUX JOYEUX JUGAUX JUMEAUX JUTEUX MAJORAUX.

JY
BAJOYER n JAYET JAZZY/ JENNY JERRYCAN JERSEY JOCKEY
JOINTOYER JOYAU JOYEUX JOYSTICK JUNKY JURY OJIBWAY
PYJAMA.

JZ
AZULEJO JACUZZI JAZZ JAZZIQUE JAZZMAN JAZZMEN/ JAZZY/
JEREZ JÈZE (plus tous les verbes comportant un J).

KJ voir JK.

KQ
KIOSQUE KUFIQUE KUMQUAT KYMRIQUE KYSTIQUE QUA-
KER,ESSE QUARK QUICK.

KW
ARAWAK DRAWBACK KAKAWI KAWA KAWI KILOWATT KIWI
KOWEÏTI,E KOWEÏTIEN… KWA KWACHA KWANZA MOHAWK
NETWORK RICKSHAW SWASTIKA TOMAHAWK WALKMAN
WALKYRIE WHISKY WHISKIES WHISKEY WOK ZWIEBACK.

KX
FOLKEUX KARBAUX KÉRABAUX KHÂGNEUX KLAXON KLAXON-NER KLEENEX.

KY
ALKYLE ANKYLOSER COCKNEY CYTOKINE DAYAK DYKE ENKYSTER FUNKY GYMKHANA HICKORY HOCKEY HUSKY JOCKEY JOYSTICK JUNKY KABYLE KAYAC KAYAK KÉNYAN,E KÉPHYR KILOBYTE KLYSTRON KOUMYS KRYPTON KSATRIYA KYAT KYMRIQUE KYRIE/ KYRIELLE KYSTE KYU KYUDO KYS-TIQUE OSTYAK ROOKERY SKYDOME SUKIYAKI SULKY TOKAY TOKYOTE TOKYOÏTE VALKYRIE WALKYRIE WHISKY WHISKEY YAK YACK YAKA YAKITORI YAKUSA YAKUZA YANKEE YAPOCK YAPOK YUKO ZYKLON.

KZ
BAZOOKA BOUZOUKI BUZUKI COKÉFIEZ ENKYSTEZ JERKEZ KAMIKAZE KAZAKH,E KIBBOUTZ KIBITZ KIBITZER KIRGHIZ,E KOLKHOZ,E KONZERN KOTEZ KREUZER n KREUTZER n KWANZA MAKHZEN MAZURKA NANZOUK NICKELEZ OUZBEK,E REFUZ-NIK RELOOKEZ SKIEZ SKIPPEZ SOVKHOZ,E STOCKEZ UZBEK,E YAKUZA ZAKAT ZAKOUSKI ZAMAK ZOUK ZOUKER vi ZWIEBACK ZYKLON.

QK voir KQ.

QW
CLOWNESQUE QWERTY/ SQUAW.

QX
ALEXIQUE ANOXIQUE AQUEUX ATAXIQUE ATOXIQUE AUX-QUELS AXÉNIQUE ÉQUINOXE ÉQUIVAUX EXARQUE EXO-TIQUE EXPLIQUER EXQUIS EXTORQUER LAQUEUX LEXIQUE MUQUEUX OXALIQUE PIQUEUX QUÊTEUX QUEUX QUINTAUX QUINTEUX SQUAMEUX TALQUEUX TOXIQUE VISQUEUX.

QY
ACYCLIQUE AMYLIQUE AQUAGYM ATHYMIQUE ATYPIQUE CYCLIQUE CYMRIQUE CYNIQUE CYSTIQUE DIPTYQUE DYA-DIQUE DYARQUE DYTIQUE GYMNIQUE HYDRIQUE HYMNIQUE KYMRIQUE KYSTIQUE LYRIQUE LYTIQUE MYOTIQUE MYS-TIQUE MYTHIQUE THYMIQUE PHYSIQUE PYCNIQUE PYTHIQUE

TYPHIQUE QWERTY/ STYLIQUE SYNDIQUER SYRIAQUE THYMIQUE* TYPIQUE TYPHIQUE* YTTRIQUE.

QZ

AZOÏQUE AZOTIQUE AZTÈQUE JAZZIQUE QUARTZ QUARTZEUX QUARTZITE QUATORZE QUETZAL QUINZE/ QUIZ SQUEEZER ZINCIQUE ZIZIQUE ZODIAQUE ZUTIQUE (plus tous les verbes comportant un Q).

WK voir KW.

WQ voir QW.

WX

MAXWELL TAXIWAY WAX.

WY

FAIRWAY QWERTY/ SPEEDWAY TAXIWAY TRAMWAY WALKYRIE WALLABY WESLEYEN WHISKY WHISKEY WIL(L)AYA YAWL ZAWIYA.

WZ

CRAWLEZ KWANZA REWRITEZ SHOWBIZ SWAPPEZ SWAZI,E SWINGUEZ TWISTEZ WATERZOI WENZE WITZ ZAWIYA ZUGZWANG ZWANZER vi ZWANZEUR… ZWIEBACK.

XJ, XK, XQ, XW voir JX, KX, QX, WX.

XY

ADYNAMIA ADYNAMIE APTÉRYX APYREXIE ASPHYXIER BATHYAUX BIOXYDE BOMBYX ROYAUX BUTYREUX CATEUX CÉRAMBYX CHYLEUX COCCYX COYAUX CRAYEUX DÉLOYAUX DÉSOXYDER DIOXYDE DYSLEXIE ENNUYEUX ÉPOXY,S ÉPOXYDE GIBOYEUX GYPSEUX HOYAUX HYPOXIE JOYAUX JOYEUX LARYNX LOYAUX LYNX MAYORAUX MONOXYDE MONOXYLE MOYEUX MYROXYLE MYXINE MYXOME NOYAUX NYMPHAUX ONYX ONYXIS ORYX OXYACIDE **OXY**CARBONÉ,E **OXY**COUPAGE **OXY**COUPEUR OXYCRAT OXYDER OXYDABLE OXYDANT,E OXYDAS**E** OXYGÉNER OXYGÉNAS**E** OXYLITHE OXYMEL OXYMORE OXYMORON OXYTON OXYTONNE OXYURE OXYUROSE PAROXYTON PEROXYDER PHARYNX POLYPEUX PYREX PYREXIE PYROXÈNE PYROXYLÉ,E PYXIDE ROYAUX SANDYX

SARDONYX SEXY/ SOYEUX STYRAX SUROXYDER SYNODAUX SYNTAXE SYRINX TAXIWAY TRIONYX TUYAUX XYLÈME XYLÈNE XYLIDINE XYLOCOPE XYLOL XYLOSE XYSTE YPRÉAUX YEUX.

XZ
AZONAUX AZOTEUX GAZEUX GERZEAUX OZÉNEUX ZONAUX ZOOTAXIE (plus tous les verbes comportant un X).

YJ, YK, YQ, YW, YX voir JY, KY, QY, WY, XY.

YZ
ABZYME AYEZ AZERTY/ TRAYEZ. AZOTYLE AZYGOS AZYME BENZOYLE BENZYLE BYZANTIN COENZYME CORYZA DIZYGOTE ENZYME GRIZZLY JAZZY/ LYSOZYME OYEZ RIBOZYME SYZYGIE YAKUZA ZAWIYA ZAYDITE ZÉPHYR ZÉZAYER vi ZIZYPHE ZLOTY ZOOPHYTE ZYDECO ZYEUTER ZYGÈNE ZYGNÉMA ZYGOMA ZYGOTE ZYKLON ZYMASE ZYTHON ZYTHUM (plus tous les verbes comportant un Y).

ZJ, ZK, ZQ, ZW, ZX, ZY voir JZ, KZ, QZ, WZ, XZ, YZ.

Mots à trois lettres chères

ENKYSTEZ EXTRAYEZ JAZZIQUE JAZZY/ JERKEZ JOCKEY JOYAUX JOYEUX JOUXTEZ JOYSTICK JUNKY KWANZA KYMRIQUE KYSTIQUE OJIBWAY OXYDEZ OXYGÉNEZ QWERTY/. TAXIWAY WALKYRIE WHISKY WHISKEY YAKUZA ZAWIYA ZWIEBACK ZYKLON.

Finales en -AIE

Lieux plantés d'arbres en -AIE

AMANDAIE	COCOTERAIE	JONCHAIE	PEUPLERAIE
AULNAIE	COUDRAIE	JONCHERAIE	PINERAIE
AUNAIE	ÉPINAIE	MÛRAIE	POMMERAIE
BOULAIE	FOUGERAIE	MÛRERAIE	RÔNERAIE
BUISSAIE	FRAISERAIE	OLIVAIE	ROSERAIE
CANNAIE	FRÊNAIE	ORANGERAIE	ROUVRAIE
CÉDRAIE	FUTAIE	ORMAIE	SAULAIE
CERISAIE	HÊTRAIE	OSERAIE	SAUSSAIE
CHÊNAIE	HOUSSAIE	PALMERAIE	TREMBLAIE

Autres noms en -AIE

CLAIE	MAIE	SAIE
IVRAIE	ORFRAIE	THAÏE
LAIE	SAGAIE	ZAGAIE

Formes en -AIE des verbes en -AYER

BAIE	DÉLAIE	ÉTAIE	RENTRAIE
BALAIE	DÉRAIE	FRAIE	REPAIE
BÉGAIE	DRAIE	LAIE	RESSAIE
BRAIE	EFFRAIE	PAGAIE	RÉESSAIE
CARTAIE	ÉGAIE	PAIE	SURPAIE
DÉBLAIE	EMBRAIE	PRÉPAIE	ZÉZAIE
DÉBRAIE	ENRAIE	RELAIE	
DÉFRAIE	ESSAIE	REMBLAIE	

Formes en -AIE des verbes en -AIRE

ABSTRAIE	DISTRAIE	RETRAIE
ATTRAIE	EXTRAIE	SOUSTRAIE
BRAIE	RENTRAIE	TRAIE

Finales en -OIE

Formes en -OIE des verbes en -OYER

ABOIE	EMPLOIE	NOIE
APITOIE	ENNOIE	OCTROIE
ATERMOIE	ENVOIE	ONDOIE
AVOIE	ÉPLOIE	PAUMOIE
BLONDOIE	FESTOIE	PLOIE
BORNOIE	FLAMBOIE	POUDROIE
BOUCHOIE	FOSSOIE	REMPLOIE
BROIE	FOUDROIE	RÉEMPLOIE
CARROIE	FOURVOIE	RENVOIE
CHARROIE	GIBOIE	REPLOIE
CHATOIE	GROSSOIE	ROUGEOIE
CHOIE	GUERROIE	RUDOIE
CONVOIE	HONGROIE	SOUDOIE
CORROIE	JOINTOIE	TOURNOIE
CÔTOIE	LARMOIE	TUTOIE
COUDOIE	LOUVOIE	VERDOIE
DÉNOIE	MERDOIE	VOUSOIE
DÉPLOIE	MOIE	VOUSSOIE
DÉVOIE	NETTOIE	VOUVOIE

Formes en -OIE des verbes en -OIR

ASSOIE	ENTREVOIE	RASSOIE
DÉCHOIE	POURVOIE	REVOIE
ÉCHOIE	PRÉVOIE	SURSOIE

Noms en -OIE

BAUDROIE	JOIE	ORMOIE
COURROIE	LAMPROIE	PROIE
FOIE	MOIE	SOIE
GROIE	MONTJOIE	VOIE

Finales en -OIR (liste non exhaustive)

Noms en -OIR

ACCOTOIR
AFFILOIR
AFFINOIR
AJUSTOIR
ALÉSOIR
ALLUMOIR
AMORÇOIR
APPUYOIR
ARRÊTOIR
ATTISOIR
AVALOIR,E
BÊCHOIR
BLUTOIR
BOBINOIR
BOSSOIR
BOUGEOIR
BOULOIR
BOURROIR
BROCHOIR
BRÛLOIR
BUT(T)OIR
CHANTOIR
CHASSOIR
CLAQUOIR
COI**R**
COUCHOIR
COULOIR,E
COUPOIR
COUSOIR
COUVOIR
DÉMÊLOIR
DÉVALOIR
DÉVIDOIR
DRAGEOIR
DRAYOIR,E
DRESSOIR
ÉBARBOIR
ÉCRÉMOIR
ÉMONDOIR
ÉMOUCHOIR
ENRAYOIR

ENTOIR
ÉPISSOIR,E
ÉTENDOIR
ÉVIDOIR
FENDOIR
FERMOIR
FICHOIR
FONDOIR
FOSSOIR
FOULOIR
FOUTOIR
FRAISOIR
FRAYOIR
FROTTOIR
FUMOIR
GAUFROIR
GERMOIR
GLISSOIR,E
GRAVOIR
GREFFOIR
GRÉSOIR
GRILLOIR
GRUGEOIR
GUIPOIR
HÂLOIR
HEURTOIR
HOIR
HOUSSOIR
JABLOIR,E
JUCHOIR
LAMINOIR
LINÇOIR
LINSOIR
LISSOIR
LUSTROIR
MARGEOIR
MARQUOIR
MATOIR
MONTOIR
MOUROIR
MOUSSOIR

MUSOIR
NICHOIR
OUVROIR
PARO**I**R
PENDOIR
PERÇOIR
PERLOIR
PIQUOIR
PISSOIR
PLANOIR
PLANTOIR
PLIOIR
PLOMBOIR
POCHOIR
PONDOIR
POUSSOIR
PURGEOIR
RABATTOIR
RACLOIR
RÉGLOIR
RETENDOIR
REPOSOIR
RIDOIR
RIFLOIR
RIVOIR
RODOIR
SALOIR
SARCLOIR
SEMOIR
SOUFROIR
SUÇOIR
TAILLOIR
TAMANOIR
TENDOIR
TAQUOIR
TORDOIR
TRAÇOIR
VERSOIR
VIDOIR
VIVOIR
VOUSSOIR

Verbes en -OIR

APPAROIR/	**D**ÉCHOIR	REDEVOIR
ASSAVOIR/	**É**CHOIR	REVALOIR
ASSEOIR	MESSEOIR	SEOIR
CHALOIR/	**R**ASSEOIR	SURSEOIR
CHOIR	RAVOIR/	VALOIR

Mots en -O :
invariabilité, rajouts, pluriels et faux pluriels étrangers

ACCRO, ACCRO**C**
ADO, ADO**N**
AFRO/
AGI**O**
AGITAT**O**/
ALCOOL**O**
ALLÔ/
AMERLO, AMERLO**T**
AMOROSO/
ANIMAT**O**/
ARCHÉ**O**
AUDIO/
AVIS**O**
BANC**O**
BARJO, BARJO**T**
BINGO
BI**O**
BISTRO, BISTRO**T**
BOB**O**
BOSCO, BOSCO**T**
BRASER**O**
BRAVO, BRAVI/
BRIO, BRIO**N**
BROCCIO, BROCCIU
BUTÔ
CACA**O**
CALA**O**
CAL**O**, CALO**T**
CAMP**O**
CAPO, CAPO**N**, CAPO**T**
CAPUCINO

CHOC**O**
CIAO/
COCO, COCO**N**, COC**A**, COC**U**
COGITO/
COL**O**, COLO**N**
COMBO, COMB**I**, COMB**E**
COMMAND**O**
COMPO, COMPO**N**, COMPOS**E**
CONCERT**O**, CONCERT**I**/
CONDO, CONDO**M**, CONDO**R**
CONTINU**O**
CORS**O**
CRADO, CRADO**T**
CROC**O**
DA**O**
DECIMO/
DÉC**O**/, DÉCO**R**, DÉCI,**S**
DÉMO, DÉMO**N**, DEMI,**S** DÈM**E**
DERMATO, DERMATOS**E**,
DEUSIO/
DEUZIO/
DING**O**
DIT**O**/
DU**O**
ÉDIT**O**
EGO/
ÉLECTRO, ÉLECTRO**N**
EXPO, EXPOS**E**
EXPRESS**O**
EXTENSO/
FAR**O**

FELLATIO, FELLATION
FILAO
FLAMENCO, FLAMENCA,S
FLUO, FLUOR
FOLIO, FOLIOT
FOLKLO/
FRANCO/
GADJO, GADJE/
GALLO, GALLON, GALLOT
GIORNO/
GRACIOSO
GRANITO
GRAZIOSO/
HALO, HALON
HARO/
HÉLICO, HÉLICON
HÉLIO, HÉLION
HELLO/
HÉRO, HÉRON
HOSTO
ILLICO/
INTERRO, INTERROI
INTRO, INTRON
ISO/
JACO, JACOT
KAPO, KAPOK
KILO
KOTO
LADINO
LAMENTO
LAO
LATINO
LEGATO
LENTO
LIBERO
LIBRETTO, LIBRETTI/
LINO, LINON
LOCO, LOCI/
LOGO
LOTO, LOTI, LOTE
MACHO, MÂCHON
MAESTOSO/
MAF(F)IOSO, MAF(F)IOSI/
MAGNÉTO, MAGNÉTON
MAMBO, MAMBA

MAO
MASO
MÉLO, MÉLOÉ MELON
MÉO
MICRO, MICRON
MIRO
MODERATO
MODULO/, MODULOR
MOKO, MOKA
MOLLO/
MOLTO/
MONO, MONOÏ
MORIO, MORION
MOTO
NAVAJO, NAVAJA
NARCO, NARCOSE
NÉO, NÉON
NIOLO, NIOLU,E NIOLE
NYMPHO, NYMPHOSE
OCTAVO/, OCTAVON
ORDO/
OSTO
OXO/
PACHTO, PACHTOU
PARÉO
PATIO
PERSO
PESO, PESON
PHONO, PHONON
PHOTO, PHOTON
PIANO
POCO/
POLIO
PORTO, PORTOR
PRESTO
PRIMO/
PRO, PROF, PROS, PROU/
PROLO, PROLOG
PROTO, PROTON
PROVO, PROVOC
PSYCHO, PSYCHOSE
PUPAZZO, PUPAZZI/
PUTTO, PUTTI/, PUTTE
QUADO

QUART**O**/
QUÈSAC**O**/
QUINT**O**/
QUIPO, QUIPO**U**
RANCH**O**
RANCI**O**
RATIO, RATIO**N**
RECTO, RECTA
RHO/
RHUMAT**O**
RI**O**
RODÉ**O**
ROMAN**O**, ROMANI,S
ROND**O**, ROND**I**
SAX**O**, SAXO**N**
SCÉNARIO, SCENARII/
SCHIZO, SCHIZOS**E**
SECUNDO/
SEPTIMO/
SERINGUER**O**
SEXTO/
SIL**O**
SOCIAL**O**
SOLO, SOLI/
SOMBRER**O**
SON**O**
SOPRANO, SOPRANI/
SOPRANE
STACCATO, STACCATI/
STÉNO, STÉNOS**E**
STÉRÉ**O**
SUBIT**O**/
SUPPO, SUPPO**T**
TAC**O**, TACO**N**, TACO**T**

TANGO, TANGO**N**
TA**O**, TAO**N**
TARO, TARO**T**
TCHAO/
TEMPO, TEMPI/
TENUTO/
TERTIO/
TEXTO/
TIENT**O**
TIFOSO,S ou TIFOSI,S.
TOMBOLO, TOMBOLA
TOP**O**
TORERO, TORERA
TOT**O**, TOTO**N**
TOXICO, TOXICOS**E**
TRIO, TRIO**L**
TRULLO, TRULLI/
TURBO, TURBO**T**
TURC**O**
TYPO, TYPO**N**
ULLUCO ULLUC**U**
ULTIMO/
VAQUER**O**
VÉLO, VÉLO**T**
VERS**O**
VET**O**
VIBRAT**O**
VIDÉ**O**
VOCERO, VOCERI/
VOMIT**O**
VULGO/
ZINGARO, ZINGARI/
ZOO, ZOO**M**

Mots se terminant en -UM

ACTINIUM
ADDENDUM/
ADDENDA/
ADIANTUM
AÉRIUM
AGERATUM
ALBUM
ALYSSUM

AMMONIUM
AQUARIUM
ARUM
ASPIDIUM
ATCHOUM/
ATRIUM
BADABOUM/

BALATUM
BALATA,S
BARNUM
BARYUM
BÉGU**M**
BIBENDUM
BOHRIUM
BOUM

BROU**M**/
CADMIUM
CAECUM
CAESIUM
CALADIUM
CALCIUM
CAMBIUM
CARDIUM
CASTRUM
CELTIUM
CÉRIUM
CÉSIUM
CHUM
CIBORIUM
COAGULUM
CRITHMUM
CURIUM
CYMBALUM
DÉCORUM
DELIRIUM
DILUVIUM
DOUM
DUBNIUM
DUODÉNUM
ÉLECTRUM
EMPORIUM
EMPORIA/
ERBIUM
ERRATUM
ERRATA/
EUROPIUM
EXTREMUM
EXTREMA/
FACTOTUM
FACTUM
FANUM
FATUM
FERMIUM
FORUM
FRANCIUM
GALBANUM
GALLIUM
GÉRANIUM
GNETUM
GOUM
GRANUM
GRANA,S

GYNÉRIUM
HAFNIUM
HAHNIUM
HASSIUM
HÉLIUM
HOLMIUM
HUM/
HYMÉNIUM
ILLUVIUM
IMPERIUM
INDIUM
INOCULUM
IRIDIUM
JÉJUNUM
KALIUM
KEUM
LABARUM
LABDANUM
LABIUM
LADANUM
LAUDANUM
LINOLÉUM
LITHIUM
LOKOUM
LOUKOUM
LUTÉCIUM
LUTÉTIUM
MAGNUM
MASURIUM
MAXIMUM
MAXIMA/
MÉCONIUM
MÉDIUM
MEDIA,S
MILIUM
MINIMUM
MINIMA/
MINIUM
MUSÉUM
MYCÉLIUM
NATRIUM
NATRUM
NIOBIUM
NOBÉLIUM
NGULTRUM
OÏDIUM

OLÉUM
OMNIUM
OPIUM
OPOSSUM
OPPIDUM
OPPIDA/
OPTIMUM
OPTIMA/
OSMIUM
OXONIUM
PALLIDUM
PALLIUM
PANICUM
PANTOUM
PARFUM
PATAGIUM
PÉDUM
PENSUM
PÉPLUM
PHORMIUM
PHYLUM
PHYLA/
PILUM
PLÉNUM
PODIUM
POLONIUM
POMERIUM
POPULÉUM
PREMIUM
PSILOTUM
PSYLLIUM
PUNCTUM/
QUANTUM
QUANTA/
QUORUM
RADIUM
RECTUM
RECTA/
RHÉNIUM
RHODIUM
RHUM
RUBIDIUM
SACRUM
SAGUM
SAGA,S
SAMARIUM
SCANDIUM

SCHPROUM	SPÉCULUM	TRIVIUM
SCROTUM	STERNUM	URANIUM
SCUTUM	STRATUM/	VACUUM
SCUTA/	SUMMUM	VALIUM
SÉBUM	SUPREMUM	VALIUM
SÉDUM	SUPREMA/	VANADIUM
SÉLÉNIUM	SURBOUM	VARIORUM/
SEPTUM	TARGUM	VELARIUM
SERAPEUM	TAXODIUM	VELU**M**
SÉRUM	TAXUM	VEXILLUM
SILICIUM	**T**ERBIUM	VIVARIUM
SIUM	THALLIUM	VROUM/
SODIUM	THORIUM	YTTRIUM
SOLARIUM	THULIUM	YTTRIA,S
SOUM	TRITIUM	ZYTHUM

Autres mots en -M

ALASTRIM	DIRCOM	INTÉRIM
ALE**M**	DIRHAM	ISLAM
ANGSTRÖM	DIRHEM	ITEM
AQUAGYM	DO**M**	JAM
ASHRAM	DRAM	JÉROBOAM
ASPARTAM	DURHAM	KILIM
ASRAM	**É**DAM	KILOHM
BAÏRAM	EPROM/	LEHM
BAYRAM	ESSAI**M**	LE**M**
BEÏRAM	EXAM	LINGA**M**
BLOOM	FAIM	LITHAM
BOOM	FIL**M**	LITSAM
CEDEROM	GOI**M**/	MACADAM
CHELEM	GOLEM	MALEFAIM
CHILOM	GOYIM/	MAL**M**
CLAIM	GOY**M**/	MALSTROM
CLAM	GRAM/	MATEFAIM
CLIM	GROOM	MÉGOHM
CONDO**M**	GYM	MIAM/
CRAMCRAM	HAMMAM	MICROHM
CRÉNOM/	HAREM	MILLIREM
CUSTOM	HASSIDIM/	MODE**M**
DAIM	HEM/	NAPALM
DA**M**	IBIDEM/	NE**M**
DENI**M**	IDE**M**/	NETCAM
DIA**M**	IMAM	NICAM
DIAZÉPAM	INCOTERM	NIZAM

NOM
OGAM
OGHAM
OHM
OLIM/
PASSIM/
PERM
POGROM
POURIM
PRÉNOM
PRONOM
PYROFLAM
QUIDAM
RAM/
RAMDAM
RÉHOBOAM
REM
RENOM

REQUIEM/
ROM
SACHEM
SCHELEM
SCHIEDAM
SCHLAMM
SCHLEM
SECAM
SEFARDIM/
SHILOM
SHOWROOM
SITCOM
SLALOM
SOM
STAMM
STEM
STEMM
SURNOM

TANDEM
TEAM
TEFILLIM/
TÉLÉFILM
THYM
TOM
TOTEM
TOUTIM/
TRAM
VERBATIM/
VROOM/
WEBCAM
WIGWAM
WOLFRAM
WÜRM
YAM
ZOOM

Mots se terminant en -ING

BASTAING
BASTING
BETTING
BING/
BOEING
BOWLING
BRIEFING
BROWNING
BRUSHING
BUILDING
CAMPING
CASING
CASTING
CLEARING
COACHING
COING
COKING
COPING
CRACKING
CURLING
DANCING
DING/
DOPING
DRESSING

DRING/
DUMPING
FADING
FEELING
FIXING
FOOTING
FORCING
FOULING
HOLDING
HONING
JOGGING
JUMPING
KARTING
LAPPING
LASTING
LEASING
LEGGINGS
LEMMING
LIFTING
LISTING
LIVING
LOBBYING
LOOPING
MAILING

MARAGING/
MEETING
MING
MORPHING
NURSING
OING
OUTING
PAGING
PARKING
PARPAING
PASSING
PEELING
PIERCING
PLANNING
POING
POUDING
PRESSING
PUDDING
PUTTING
RAFTING
RATING
RIESLING
RING
ROOFING

ROTRING
ROWING
SAMPLING
SEING
SHAVING
SHILLING
SHIRTING
SHOCKING/
SHOPPING
SKATING
SLEEPING
SMOKING

STAKNING
STANDING
STARKING
STERLING
STRING
SWING
TEASING
TIMING
TRADING
TRAINING
TRAMPING
TREKKING

TROTTING
TUBING
TUMBLING
TWIRLING
VIKING
WADING
WARNING
YACHTING
YEARLING
ZAPPING
ZONING

Mots comportant un G et un H
(sauf les mots en -AGE)

AFGHAN,E
AFGHANI
AGATHOIS,E
AG(H)A
AGLYPHE
AGNAT(H)E
AGRAPHIE
BIGHORN
BOGHEAD
BOGHEI
BOG(H)EY
BOROUGH
BRUSHING
DINGHIE
DINGHY
ÉGO(H)INE
FELLAG(H)A
GÉHENNE
GEISHA
GÉOPHILE
GÉOPHONE
GHANÉEN...
GHETTO
G(H)ILDE
GLYPHE
GOETHITE
GOLIATH
GOTH, A ou E
GOT(H)IQUE

GRAPHE
GRAPHÈME
GRAPHEUR
GRAPHIE
GRAPHITER
GRYPHÉE
GYMKHANA
HAGARD,E
HAGGIS
HALOGÉNER
HANGAR
HANGUL
HARANGUER
HARENG
HARFANG
HARGNE
HARGNEUX...
HARPAGON
HÉBERGER
HÉGÉLIEN...
HÉGIRE
HÉLIGARE
HERBAGER v ou n
HERBAGER,E
HEXAGONE
HEXOGÈNE
HIDALGO
HIRAGANA
HOLDING

HOMOGAME
HOMOGÈNE
HONGRER
HONGREUR
HONGROIS,E
HONGROYER
HONING
HOOLIGAN
HORLOGE,R,E
HOULIGAN
HUGOLIEN
HUGUENOT,E
HUMAGNE
HYDROGEL
HYGIÈNE
HYGROMA
HYPERGOL *chim.*
HYPOGÉ,E
HYPOGYNE
INSIGHT
KHÂGNE
KHÂGNEUX...
KIRGHIZ,E
LEGHORN
LIGHT/
LITHARGE
MAGHZEN
MÉGOHM
MOG(H)OL,E

MORPHING	ROUGH	SLOUGHI
NARGHILÉ	SEGHIA	SORGHO
NURAGHE	SHANTUNG	SOUCHONG
NURAGHI/	SHAVING	SPHAIGNE
OG(H)AM	SHIGELLE	SPHINGE
OUIG(H)OUR	SHILLING	SUNLIGHT
PHALANGE,R,E	SHINGLE	T(H)ALWEG
PHARYNGÉ,E	SHIRTING	THÉURGIE
PHILIBEG	SHOCKING/	THUG
PHLEGMON	SHOGI	VISIGOTH,E
PHOSGÈNE	SHOG(O)UN	WHIG
PHRYGANE	SHOGUNAL...	WISIGOTH,E
PHRYGIEN	SHOGUNAT	YACHTING
QUAHOG	SHOPPING	YOG(H)OURT

(plus tous les mots avec CH et G et tous les mots en -AGE).

Mots où le H est séparé du C

ACALÈPHE ACEPHALE	CIRRHE CHERIR	ECTHYMA
ACANTHE	CIRRHOSE ROCHIERS	ETHICIEN...
ETANCHA ENTACHA	CITHARE CHATIER*	HACIENDA DECHAINA
ACÉPHALE*	CLASH	HACKER n
CAHIER AICHER***	CLEPHTE CHEPTEL	HADDOCK
CAHORS ROCHAS	COHABITER vi	HAÏDOUC DOUCHAI
CAHOTER vt	COHÉRENT,E	HALECRET
CAHOTANT,E	ECHERONT	HALICTE LECHAIT
CAHOTEUX...	COHÉREUR	HAMAC MACHA
CAHUTE	COHÉRITER ≠ ECHOTIER	HAMEÇON
CALATHÉA	COHÉSIF...	HANDICAP
CAMPHRER	COHÉSION	HARCELER ≠ LECHERA
CANTHARE ECHARNAT**	COHOBER	HARDCORE
CARTHAME REMACHAT*	COHORTE	HARICOT CHARIOT**
CASBAH BACHAS	COHUE OUCHE	HAVRESAC VACHERAS
CASH CHAS	COLOPHON POLOCHON	HECTARE ACHETER***
CASHER/CHERAS***	COPAHU	HECTIQUE
CASHMERE CHARMEES***	COPRAH	HECTISIE
CATARRHE CHATRERA	CORINTHE CHIERONT	HECTO
CATHARE RACHETA*	CORYPHÉE	HÉLICE LICHEE
CATHÈDRE DETACHER	COTHURNE CHOURENT	HÉLICIER nm
CATHÉTER TACHETER	CRASH CHARS	HÉLICO ≠ LOCHIES
CATHO, CATHODE	se CRASHER	HÉLICON CHOLINE
CÉPHALÉE CHAPELEE	CRITHME	HERBACÉ,E BECHERA*
CÉPHÉIDE	CRITHMUM	HERCULE LECHEUR
CÉRITHE TRICHEE	CYPHOSE ≠ PSYCHOSE	HIBISCUS
CINÉSHOP CHOPINES*	ÉCOPHASE	

HIRCIN,E # ENRICHI HUMICOLE SCYTHE
HIC/ HYPOCRAS SHOCKING/
HICKORY JACINTHE SPHACÈLE CHAPELES
HOCA # CHAOS LÉCYTHE TOPHACÉ,E PATOCHE**
HOCCO MICROHM THRACE
HOCKEY MOHICAN # MANCHOIS* THRIDACE DECHIRAT
HOLOCÈNE OCHRACÉ,E TYPHACÉE
HOMICIDE PHOCÉEN… VÉHICULER CHEVREUIL
HORDÉACÉ,E RACAHOUT WHIPCORD
HOSPICE PIOCHES SCAPHITE CHIPATES**
HUMECTER SCOTTISH

Adjectifs verbaux

ACCÉDANT,E CARIANT,E DÉTONANT,E
ACHALANT,E CAUSANT,E DÉVIANT,E
ACTIVANT,E CÉDANT,E DÉVORANT,E
ADOPTANT,E CESSANT,E DILATANT,E
AGISSANT,E CHANTANT,E DONNANT,E
AIDANT,E CHASSANT,E DOPANT,E
ALIÉNANT,E CHÉRANT,E DORMANT,E
ALLANT,E CHIANT,E DOUBLANT,E
ALTÉRANT,E CLAQUANT,E DRAINANT,E
ANÉMIANT,E CODANT,E ÉCHÉANT,E
APPELANT,E COGÉRANT,E ÉCOUTANT,E
ARRIVANT,E COIFFANT,E ÉCUMANT,E
ASPIRANT,E COLORANT,E ÉGAYANT,E
ASSONANT,E COTISANT,E ENDURANT,E
AVALANT,E COUCHANT,E ENNUYANT,E
BALLANT,E COULANT,E ENTÊTANT,E
BANDANT,E COUVRANT,E ENTRANT,E (R-)
BARBANT,E CRAQUANT,E ÉPEURANT,E
BATTANT,E CREVANT,E ÉVACUANT,E
BÉGAYANT,E CRISPANT,E EXCÉDANT,E
BÊLANT,E CROQUANT,E EXERÇANT,E
BERÇANT,E CROULANT,E EXISTANT,E
BEUGLANT,E DANSANT,E EXPIRANT,E
BLOUSANT,E DÉBITANT,E EXPOSANT,E
BLOQUANT,E DÉCAPANT,E FENDANT,E
BOUFFANT,E DÉFIANT,E FERMANT,E
BRISANT,E DÉMÊLANT,E FEUTRANT,E
BROCHANT,E DÉPLIANT,E FICHANT,E
BRONZANT,E DÉPOSANT,E FILANT,E
CAHOTANT,E DÉRIVANT,E FILTRANT,E
CAILLANT,E DÉSIRANT,E FIXANT,E

FLAMBANT,E
FLASHANT,E
FLIPPANT,E
FOULANT,E
FRAPPANT,E
FRISANT,E
FROTTANT,E
FUMANT,E
FUSANT,E
FUYANT,E
GALOPANT,E
GARANT,E
GEIGNANT,E
GERBANT,E
GISANT,E
GIVRANT,E
GLAÇANT,E
GLISSANT,E
GONFLANT,E
GRIMPANT,E
GRINÇANT,E
GRONDANT,E
HURLANT,E
INCITANT,E
INNOVANT,E
INVITANT,E
IONISANT,E
JASANT,E
JUBILANT,E
LAMPANT,E
LEVANT,E
LIANT,E
MAILLANT,E
MAJORANT,E
MANDANT,E
MANQUANT,E
MARCHANT,E
MARQUANT,E
MASQUANT,E
MÉDISANT,E
MÊLANT,E
MENANT,E
MESSÉANT,E
MEUBLANT,E
MIGRANT,E

MINORANT,E
MODULANT,E
MONTANT,E
MOTIVANT,E
MOULANT,E
MOUSSANT,E
MOUVANT,E
MUTANT,E
MUTILANT,E
NETTOYANT,E
NITRANT,E
ONDOYANT,E
ONDULANT,E
OPÉRANT,E
OUVRANT,E
OXYDANT,E
PAISSANT,E
PARTANT,E
PAYANT,E
PELANT,E
PENDANT,E
PERLANT,E
PÉTANT,E
PIAFFANT,E
PIVOTANT,E
PLAIDANT,E
PLANANT,E
PLEURANT,E
POILANT,E
POLLUANT,E
PORTANT,E
PRENANT,E
PRIANT,E
PULSANT,E
RADIANT,E
RAGEANT,E
RÂLANT,E
RAMPANT,E
RASANT,E
RECEVANT,E
RÉCITANT,E
RÉGNANT,E
RELAXANT,E
RENTRANT,E
RÉSIDANT,E

REVENANT,E
RICANANT,E
RESTANT,E
RONFLANT,E
RONGEANT,E
ROULANT,E
RUMINANT,E
SALIVANT,E
SATURANT,E
SÉANT,E
SÉCHANT,E
SERRANT,E
SEYANT,E
SIDÉRANT,E
SINISANT,E
SOIGNANT,E
SONNANT,E
SORTANT,E
SAOULANT,E
SOUDANT,E
SOÛLANT,E
SUANT,E
SUCRANT,E
SUINTANT,E
TANNANT,E
TAPANT,E
TEINTANT,E
TENANT,E
TENDANT,E
TITUBANT,E
TOMBANT,E (RE-)
TONNANT,E
TORDANT,E
TRAÇANT,E
TRAITANT,E
TUANT,E
USANT,E
VARIANT,E
VENANT,E (RE-
SUR-)
VERSANT,E
VOLANT,E
VOLETANT,E
VOTANT,E

Substantifs verbaux en -ANT

ABAT(T)ANT,S
ACTANT,S
AYANT,S
AZURANT,S
BUVANT,S
COMPTANT,S
COÛTANT,S
CRÉMANT,S

DEVANT,S
DILUANT,S
DRESSANT,S
ÉLUANT,S
ÉTANT,S
FERRANT,S
FORMANT,S
GUINDANT,S

INCLUANT,S
OFFRANT,S
PENCHANT,S
PRESTANT,S
SALANT,S
SEMBLANT,S
TAILLANT,S
TIRANT,S

Substantifs verbaux en -ANTE

GOURANT,E

GUEULANT,E

TOQUANT,E

Infinitifs en -ER pouvant être complétés - par un S

BÊCHER,S
BIPER,S
BITTER,S
BOOSTER,S
BOXER,S
BRAYER,S
BÛCHER,S
CARTER,S
CHOPPER,S
CLIPPER,S
CORNER,S
DEALER,S
DÉBÂTER,S
DEBUGGER,S
DÉBUCHER,S
DÉNIER,S
DÉSIGNER,S
DISCOUNTER,S
DRIVER,S
DOUBLER,S
FLIPPER,S
GABARIER,S
GRADER,S

GRIMPER,S
JOGGER,S
JUMPER,S
LÂCHER,S
LAINER,S
LANCER,S
LEVER,S
LUGER,S
MANAGER,S
MANGER,S
MARCHER,S
MATER,S
MIXER,S
NOYER,S
ORANGER,S
PAGER,S
PALMER,S
PALPER,S
PARLER,S
PENSER,S
PIAFFER,S
PLACER,S
POINTER,S

PORTER,S
POSTER,S
PUTTER,S
RADIER,S
RAMENER,S
RANGER,S
RAPPER,S
REMBUCHER,S
REPORTER,S
REWRITER,S
ROCHER,S
RUCHER,S
SALER,S
SAMPLER,S
SCANNER,S
SKIPPER,S
SPRINTER,S
SQUATTER,S
STRIPPER,S
TAGGER,S
TOASTER,S
TOMBER,S

- par un E

CACHER,E/	GOUGER,E	PRIER,E
CARDER,E	JONCHER,E	RAYER,E
CHÂTIER,E	LONGER,E	TORCHER,E
CORROYER,E	MANIER,E	TRIER,E
DÉGÊNER,E	MOUILLER,E	TRIMER,E
ÉTAGER,E	OUILLER,E	TROUVER,E
FRAYER,E	PARER,E	

- par un S ou un E

AFFOUAGER,S ou E	ÉCAILLER,S ou E	OFFICIER,S ou E
APANAGER,S ou E	FIER,S ou E	PÊCHER,S ou E/
BOUCHER,S ou E	FOURRAGER,S ou E	RÊVER,S ou E
BOULANGER,S ou E	HERBAGER,S ou E	SUPER,S ou E
COCHER,S ou E	MÉNAGER,S ou E	VACHER,S ou E

Prénoms (et noms mythologiques)

ADONIS	CHARLOT	HENRY
ALIBORON	CHARLOTTE	HERCULE
APOLLON	CLARISSE	HERMÈS
ARGAN	CRÉSUS	HERVE
ARLEQUIN,E	CRISPIN	HILAIRE
ASTARTÉ	DANAÏDE	ISABELLE
ATLANTE	DAPHNÉ	JACK
AUBIN	DENI(S)	JACQUES
AUGUSTIN,E	DIANE	JACO(T)
AURÉLIE	DORIS	JACQUOT
BAPTISTE	DOUGLAS	JEAN
BENJAMIN,E	ÉMILIEN…	JENNY
BENOÎT,E	ESCULAPE	JÉSUS
BETTE	EUSTACHE	JOJO
BERTHE	FIGARO	JOSEPH
BOB	FLORENCE	JULES
BONIFACE	FRITZ	JULIE
CALYPSO	GAVROCHE	JULIEN…
CANDIDA	GÉRONTE	KAREN
CAROLIN,E	GILLE(S)	KIKI
CASIMIR	GISELLE	LAURE
CÉLADON	GLORIA	LÉONARD,E
CÉLESTIN	GOLIATH	LÉONTINE
CÉSAR	GORGONE	LISE

LISETTE
LORETTE
LOUIS
LOUISE
LOVELACE
MANON
MARC
MARCEL
MARK
MARTIN
MATHURIN
MAX
MELCHIOR
MÉLUSINE
MERCURE
MINERVE
NECTAIRE
NEMROD
OCTAVE
OCTAVIE(R)
OEDIPE
OLYMPE
OSCAR

PANDORE
PASCAL,E
PATRICE
PAULETTE
PÉGASE
PÉNÉLOPE
PIERROT
PLUTON
PROTÉE
PSYCHÉ
PUCK
PYTHIE
RAY
RÊNE
RICHARD,E
ROBERT
ROBIN
ROSALIE
SABINE
SALOMÉ
SAMMY
SATURNE
SATURNIN,E

SÉRAPHIN
SERGE
SIBYLLE
SILÈNE
SPENCER
SUZETTE
SYLVAIN,E
SYLVIE
TANTALE
THIBAUDE
THOMAS
TOM
TOMMY
TOPAZE
TOTO
URANIE
URSULINE
VALENTIN,E
VICTORIA
VIRGINIE
VULCAIN
WILLIAMS

Personnalités et personnages divers

BEL GAZOU
BIZET
BLONDIN,E
BOBET...
TOTO BRUGNON
BUSH
CAPET
CAROLINE de
MONACO
MARCEL CERDAN,E
CHABROL
CHANCEL
CHOPIN
CLARK GABLE
COCHET
CONDÉ
DALTON
DOC GYNÉCO
DORIN

DORIS
ÉON
FARADAY
FAUCHON
FOSBURY (FLOP)
FOURNIER
GRANDET...
HARPAGON
HIDALGO
JACQUES CHANCEL
JACQUES TATI
JULES VERNE
LÉOTARD
MALHERBE
MARCONI
MARK SPITZ
MAX GALLO
MAXWELL
MERLIN

MIRO
MOLIÈRE
NAPOLÉON
NEY
NINJA
OTHELLO
PIAF
PIERRE ARDITI/
POUTINE
ROUSSEAU
SOUBISE
SPIROU
TARTUF(F)E
TARZAN
TOBY
URBANISTES et
JOBELINS
VOLTAIRE

Mots anglais (ou homographes)

Locutions

BODY & SOUL	JACK THE RIPPER
CASH & CARRY	MARK(S) & SPENCER
CATCHER IN THE RYE	L'affaire THOMAS CROWN

Mots (les mots en -ING sont répertoriés plus haut).

N.B. Les mots en -ER sont des noms sauf s'ils sont suivis de «v»
ou de «vi».

ABLE	BARMAN	BLOCK
ABOUT	BARMEN/	BLOOM
ABSTRACT	BARMAID	BLOOMER
ACE	BARN	BLUES
ACHE	BARNACLE	BLUSH
ADO	BARON(N)ET	BLUSHES
ADOBE	BARRENS	BOB
AFFECT	BASEBALL	BOBBY
ALDERMAN	BASIC	BOBBIES
ALDERMEN/	BASIN	BOBTAIL
ALE	BASKET	BODY
ANTABUSE	BATCH	BODIES
APERTURE	BATCHES	BOG
APEX	BATH	BOGEY
ARENA	BAYOU	BOGHEAD
ATTORNEY	BEAGLE	BOILER
AUTOCOAT	BEATNIK	BOLLARD
AY	BECAUSE/	BONDAGE
	BESET	BOOGIE
BABY	BICYCLE	BOOK
BABIES	BIGHORN	BOOM
BACON	BILL	BOOMER
BADGE	BIRDIE	BOOSTER v ou n
BADGER v	BISHOP	BOOT
BADLANDS	BIT	BOROUGH
BAFFLE	BITE	BOSS
BAGEL	BITTER v ou n	BOSTON
BALE	BLACK	BOULDER
BANG	BLAZE	BOXER v ou n
BARD	BLAZER	BOY
BAREFOOT	BLIND	BOYCOTT
BARGE	BLISTER	BRAN

BRAND
BRANDY
BREAK
BREAKER v
BREAKFAST
BREEDER
BRI(C)K
BRITISH/
BROKER
BROOK
BROWNIE
BRUNCH
BRUNCHER vi
BUFFER
BUG
BUGGY
BUGGIES
BUGLE
BULGE
BULL
BULLDOG
BUN
BUNGALOW
BUNKER
BURGER
BURMESE
BUSH
BUSHES
BUSHMAN
BUSHMEN/
BUSINESS
BUZZER
BYE/
BYLINE

CAB
CADDY
CADDIE,S
CAIRN
CAKE
CALL
CANCEL
CANT
CANTER
CARDIGAN

CARRY
CARTER v ou n
CARTOON
CASH
CASHMERE
CATCH
CATCHER vi
CATGUT
CHADBURN
CHARTER
CHATTER vi
CHEAP/
CHERRY
CHERRIES
CHESTER
CHINTZ
CHIP
CHIPMUNK
CHISEL
CHOKE
CHOP
CHOPPER vi ou n
CHUM
CIF/
CITRUS
CLAIM
CLAM
CLAMP
CLAP
CLASH
CLASHES
CLAY
CLAYMORE
CLEAN/
CLIMAX
CLICK
CLINKER
CLIP
CLIPPER v ou n
CLUSTER
COACH
COACHES
COALTAR
COB
COCKER

COCKNEY
COCKPIT
COCOON
COFFIN
COLEADER
COLLAPSE(R v)
COLOURED
COMICS
COMMA
COMMAND
COMMUTER v
COMPOST
COMPOUND
COMPUTER
CONDOM
CONVENT
CONVICT
COOKIE
COOL/
COOLIE
COPS
CORE
CORNER v ou n
CORONER
CORPORAL,AUX
CORRAL,S
COTTAGE
COUNTRY/
COVENANT
CRACK
CRACKER
CRAPS
CRASH
CRASHER (se)
CRAVE
CRAWL
CREEK
CRIB
CRICKET
CROONER
CROSS
CROWN
CRUISER
CRUMBLE
CURRY

CUSTOM
CUT
CUTTER

DAB
DAM
DAMAGE
DAMNABLE
DAMPER
DANCE
DANDY
DANDIES
DEAL
DEALER v ou n
DEB
DEBATER v ou n
DEBUGGER v ou n
DECCA
DELETION
DENIM
DERBY
DERBIES
DERRICK
DESIGN
DESIGNER v ou n
DESK
DESTROY
DEVON
DIAGNOSE
DIAL,S
DIGEST
DIGIT
DIN/
DINGBAT
DINGHY
DINGHIE(S)
DISABLE
DISCORD
DISCOUNT
DISCOUNTER v ou n
DIVE
DIXIE(LAND)
DOC
DOLBY
DOLDRUMS
DOLE

DONG
DRAG
DRAGLINE
DRAGSTER
DRAM
DRAWBACK
DRIFT
DRIFTER
DRILL
DRILLER v
DRINK
DRIVER v ou n
DROP
DROP(P)ER v
DRUMS
DRUMMER
DRY/
DUDGEON
DUMPER
DUNDEE
DUNK
DUPLEX
DUPLEXES v
DURHAM
DYKE

EAGLE
ECSTASY
EJECT
EMPORIUM
EMPORIA/
ENCODER v
ENDYMION
ENGRAVER v
EON
ESCAPE
ESQUIRE
EVENT
EWE
EXAM
EXEUNT/
EXIT/
EXPANSE(E)
EXPORT

FAIRWAY
FANZINE
FARE
FEEDER
FEEDBACK
FELLATIO
FENIAN,E
FERAL
FESTIVE
FILLER
FINISH
FINN
FIT
FITNESS
FITTER v
FLAG
FLASH
FLASHER vt
FLAT
FLINT
FLIPPER vi ou n
FLOOD/
FLOP
FLUENT,E
FLUSH
FLUSHES
FLUTTER
FOB/
FOCUS
FOG
FOIL
FOLDER
FOLK
FOLKSONG
FOOT
FOOTBALL
FOX
FOXES
FREAK
FREEZER
FRISBEE
FUDGE
FULL
FUN
FUNBOARD
FUNK
FUNKY

GABLE
GADGET
GAGMAN
GAGMEN/
GALLON
GALLUP
GAP
GASOIL
GAY
GENTRY
GENTRIES
GETTER
GIFT
GIMMICK
GIRL
GLAMOUR
GLASS
GLASSES
GLIDE
GOAL
GOLDEN
GOLFER vi
GONE
GORE
GOSPEL
GRADER
GRAM/
GRAY
GREEN
GRINGO
GRIP
GRIZZLY
GROOM
GROOVE
GROUP
GROUPIE
GROWLER
GRUNGE
GUIDANCE
GROUSE

HACKER
HADDOCK
HAND
HARD

HARDCORE
HARDWARE
HEREFORD
HERO
HICKORY
HIP/
HIPPY
HIPPIES
HIT
HOBBY
HOBBIES
HOLSTER
HOME
HOMESPUN
HOST
HOT
HOUSE
HUB
HUNTER
HURDLER
HUSKY
HUSKIES
HYDRANT,E

IGNITION
IMMATURE
IMMUN(E)
IMPORT
IN/
INCH, ES
INDOOR/
INLAY
INPUT
INSANE
INSERT
INSIGHT
ITEM

JAB
JACK
JACKET
JACKPOT
JACUZZI
JAM
JAMBOREE

JAR
JAZZMAN
JAZZMEN/
JAZZY/
JEAN
JEEP
JERK
JERKER vi
JERRYCAN
JERSEY
JINGLE
JOB
JODHPUR
JOGGER vi ou n
JOYSTICK
JUMBO
JUMP
JUMPER vi ou n
JUNK
JUNKIE
JUNKY
JURY

KEEPSAKE
KEROSENE
KETCH
KETCHUP
KIBITZ
KIBITZER v
KICK
KICKER
KID
KILT
KIT
KLEENEX
KNACK
KNICKER(S)
KODAK

LACK
LADY
LADIES
LAND
LAPSE
LAVATORY

LAVATORIES
LET/
LIBERTY
LIFT
LIGHT/
LINER
LINIMENT
LINKS
LINKAGE
LIVE/
LLOYD
LEADER
LOADER
LOBBY
LOBBIES
LOCKOUT
LOFT
LOOK
LORD
LORRY
LORRIES
LOSER
LULU
LUMP
LUNCH
LUNCHER vi
LYRIC

MAC
MAGNET
MANAGER v ou n
MANGLE
MANGROVE
MANIFOLD
MANSION
MARSHAL
MARYLAND
MASTERS
MASTIFF
MATURE
MAUL
MAYDAY/
MEAT
MEDLEY
MEMO
MIDSHIP

MILADY
MILADIES
MILE
MILER
MILORD
MINI
MINIBUS
MINICAR
MISFIT
MISS
MISSES
MIX
MOB
MONITOR
MUFFIN
MUSHER

NAVEL
NAY
NECK
NETCAM
NETWORK
NEWS
NIB/
NIT
NOISE
NUGGET
NURSE
NURSERY
NURSERIES

OFF/
OFFSET
OFFSHORE
ONLAY
OPEN
OPPOSITE
OUNCE
OUT/
OUTLAW
OUTPUT
OUTSIDER
OUTING
OXTAIL
OVERDOSE
OYEZ!

PACK
PACKAGE
PACKAGER
PADDOCK
PADDY
PAGER v ou n
PALACE
PANCAKE
PANIC
PAPOOSE
PARTY
PATCH
PATTERN
PAVEMENT
PEDIGREE
PEDIMENT
PENALTY
PENALTIES
PENNY
PENCE/
PENNIES
PEOPLE/
PEP
PERFORMER vi
PICKLES
PIDGIN
PIER
PIERCER
PILCHARD
PINE
PIPELINE
PITBULL
PITCH
PITCHPIN
PLACER v ou n
PLAIN
PLAYMATE
POISE
POLAROID
PONEY
POOL
PORRIDGE
PORTER v ou n
PORTLAND
POSTAGE

POSTER v ou n
POSTLUDE
PRACTICE
PREGNANT
PREMIUM
PRETERIT(ER v)
PRIMAGE
PROSPECT
PUB
PUCK
PULL
PULLMAN
PUNCH
PUNCHES
PUNCTURE
PUNK
PUNT
PUT,S
PUTT
PUTTER v ou n
PUZZLE

QUAD
QUAKER
QUARK
QUARTET
QUICK
QUINTET
QUIZ
QWERTY/

RACER
RACK
RACKET
RACOON
RAFFLE
RAGTIME
RAIDER
RAM/
RANCH
RANCHES
RANGER v ou n
RAP
RAPPER v ou n
RASH

RASHES
RATIO
RATIONAL,AUX
RAVER
RAY
REFLEX
REGENCY/
RELAX
RELISH
REMAKE
REPLETE
REPRINT
RESISTOR
REVIVAL,S
RIFLE
RIFFLE
RIFT
RIPPER
RISER
ROADSTER
ROCK
ROCKER
ROLLER
ROLLS
ROOF
ROOKERY
ROOTER
ROTARY
ROUND
ROYALTIES
RUF(F)IAN
RUNABOUT
RUSH
RUSHES

SALOON
SAME
SAMMY
SAMMIES
SAMPLER v ou n
SAX
SAXHORN
SCANNER v ou n
SCARE
SCAT

SCHOONER
SCION
SCONE
SCOOP
SCOOTER
SCOPE
SCORE
SCORER v
SCOTCH
SCOTCHES
SCOTTISH
SCOURED
SCRAPER
SCRATCH
SCRATCHES
SCRIPT
SCRUB
SCRUBBER
SCULL
SEDAN
SELECT(ER v)
SELF
SERE
SERIAL,S
SETTER
SEXY/
SHAKER
SHARPIE
SHED
SHELF
SHERRY
SHERRIES
SHETLAND
SHIFT
SHIMMY
SHINGLE
SHIT
SHOOT
SHOOTER (se)
SHOW
SHOWBIZ
SHOWROOM
SHUNT
SIGNET
SILT

SINGLE	SPEECHES	STUD
SINGLET	SPEED	STUDENT
SIR	SPEEDWAY	SUET/
SIXTIES	SPENCER	SULKY
SKATE	SPIDER	SULKIES
SKEET	SPIN	SUNDAE
SKELETON	SPLEEN	SUNLIGHT
SKETCH	SPOILER	SUPERMAN
SKETCHES	SPONSOR	SUPERMEN/
SKIF(F)	SPOOLER	SURGE
SKIP	SPOT	SURGEON
SKIPPER v ou n	SPRAY	SWAP
SKUNKS	SPRINGER	SWAPPER v
SKYDOME	SPRINTER vi ou n	SWEAT
SLANG	SPRUE	SWEATER
SLASH	SQUASH	SYRINGE
SLASHES	SQUAT	
SLICER v	SQUATTER v ou n	TABLOID(E)
SLOOP	SQUAW	TAG
SLUSH	SQUIRE	TAGGER v ou n
SMART/	STAFF	TANKER
SMASH	STAFFER v	TAR
SMASHER v	STARTER	TAT
SMILEY	STATUS	TAXABLE
SMOCKS	STAYER	TAXIMAN
SMOG	STEAK	TAXIMEN/
SMURF	STEAMER	TEAM
SNACK	STEM(M)	TEASER
SNIF(F)ER v	STENCIL	TEE
SNIF(F)	STEP	TEENAGER
SNOOKER	STEPPER	TELL
SOAP	STETSON	TENDER
SOCCER	STEWARD	TENEMENT
SOCKET	STICK	TERSE
SOFT,S	STICKER	TERYLENE
SOFTBALL	STIGMA	TEXAN,E
SOFTWARE	STILTON	THRILLER
SORE	STOKER	THUG
SPA	STOKES	TILBURY
SPARDECK	STOUT	TILT
SPARE	STRATUM/	TIP
SPARKLET	STRETCH	TOAST
SPAT	STRIKE	TOASTER v ou n
SPEAKER	STRIP	TOFFEE
SPEECH	STRIPPER v ou n	TOM

TOMAHAWK
TOMMY
TOMMIES
TONER
TONIC
TOP
TOPLESS
TORY
TORIES
TOSS
TOWNSHIP
TRADER
TRAIL
TRAMP
TRASH
TRENCH
TREND
TRIAL,S
TRIBUTE
TRICK
TRIMMER
TRIP
TROLL
TROLLEY
TROY/
TRUCK
TRUST
TRUSTEE
TUB
TUBELESS
TUNER
TURF

TURNOVER
TWEED
TWEEN
TWEETER
TWILL
TWIST
TWISTER vt

UPPERCUT
ULSTER

VACUUM
VAMP
VERSUS
VIGIL,E
VINYL,E
VOLLEY
VOLLEYER v
VORTEX
VOUCHER

WAD
WALE(S)
WALLABY
WALLABIES
WAP
WARRANT
WARRANTER v
WASP
WATERS
WAX
WEBCAM

WEB
WELTER
WESTERN
WHARF
WHIG
WHIP
WHIPCORD
WHISKY
WHISKIES
WHISKEY
WHIST
WILLIAMS
WINCH
WINCHES
WINDSURF
WISHBONE
WOMBAT
WON

YAWL
YANKEE
YEOMAN
YEOMEN/
YEOMANRY
YIDDISH
YUPPIE

ZEST/
ZIP
ZIPPER v
ZOOM(ER) vt

Certains mots qui n'ont d'anglais que la consonance ont été squee-
zés de cette liste : CLAPMAN, CROSSMAN, PERCHMAN, RUGBYMAN,
WALKMAN, WATTMAN, YACHTMAN

Règlement du Scrabble Duplicate de compétition

Les organisateurs de compétitions importantes ou de rencontres officielles sont invités à se référer au «Guide d'Organisation et d'Arbitrage» édité par la Fédération Internationale de Scrabble Francophone, qui est le complément naturel de ce Règlement.

INTRODUCTION

Le Duplicate est un système de jeu qui fait du Scrabble une véritable discipline de compétition en éliminant le facteur chance : à tout moment d'une partie, chaque joueur dispose des mêmes lettres que ses concurrents et se trouve confronté au même problème. Il en résulte que si, dans le Scrabble traditionnel en partie libre, un seul jeu suffit pour quatre joueurs au plus, il en faut un par joueur en Duplicate.

Comme pour le Scrabble traditionnel en partie libre, il faut former des mots entrecroisés sur une grille, à l'exemple des mots croisés, en employant des lettres de valeurs différentes ainsi que deux jokers (lettres blanches) qui peuvent être utilisés à la place de n'importe quelle lettre, de préférence en réalisant un «Scrabble», c'est-à-dire en plaçant ses sept lettres, ce qui vaut une prime de 50 points. En Duplicate, toutefois, il n'y a pas de stratégie de jeu comme en partie libre : il faut à chaque coup marquer le nombre de points le plus élevé possible, sans se soucier des coups suivants.

À l'issue de chaque coup, les joueurs marquent les points que leur rapporte la solution qu'ils ont eux-mêmes trouvée mais placent tous sur leur grille le même mot, correspondant à la solution maximale retenue («le top»). Ainsi, tous les joueurs ont avant chaque coup la même grille et bénéficient du même tirage.

Le gagnant d'une partie est celui qui obtient le plus de points sur l'ensemble de celle-ci ; les autres joueurs se classent en ordre décroissant de points. Le résultat peut également s'exprimer et le classement s'effectuer par un pourcentage obtenu en divisant le score de chaque participant par le total des «tops».

On notera, enfin, que le Duplicate peut se jouer en solitaire, soit que le joueur tire ses lettres au hasard, soit qu'il refasse, coup après coup, une partie antérieurement jouée en compétition ou tirée aléatoirement par un logiciel de jeu.

RÈGLES DU JEU

1. Matériel de jeu

1.1. Le matériel du joueur

- Un jeu : une grille et les lettres visibles ;
- Des bulletins sur lesquels il inscrit son numéro de table, et, coup après coup, le mot qu'il a trouvé ainsi que les points rapportés ;
- Une feuille de route qui lui permet de noter ses scores ;
- Éventuellement du brouillon vierge.

Il lui est interdit :
- d'utiliser toute documentation écrite ou enregistrée ainsi que tout appareillage, électronique ou informatique, de documentation ou de communication ;
- d'écrire au crayon de papier ou au stylo rouge ou vert.

1.2. Le matériel du juge-arbitre

- Un sac opaque dans lequel il a mis, après vérification, les cent lettres et les deux jokers ;
- Un minuteur ou chronomètre pour mesurer le temps de réflexion ;
- Si possible un ordinateur muni d'un logiciel de jeu lui indiquant pour chaque coup la ou les solutions maximales ;
- Une grille de jeu sur laquelle il placera les mots joués ;
- Un *Officiel du Scrabble* (O.D.S.), édition en vigueur, seul ouvrage de référence ;
- Un (ou plusieurs) tableau(x) sur le(s)quel(s) sont placées, coup après coup, les lettres dans l'ordre où le juge-arbitre les énonce et les mots qu'il retient. La lettre dont un joker tient lieu doit être indiquée au tableau (lettre d'une couleur différente ou inscription de la lettre sur plaque vierge).

2. Procédures de jeu

2.1. Tirage et annonce des lettres

Au premier coup, le juge-arbitre tire au hasard du sac sept lettres qu'il annonce, dans l'ordre où elles ont été extraites, par référence aux mots types du tableau d'épellation ci-après, sous la forme «Pays-Lettre». Aux coups suivants, il agit de même en tirant le nombre de lettres nécessaire pour compléter le tirage à sept lettres.

Pour chaque coup, le juge-arbitre annonce :
- le nombre de lettres du reliquat ou du rejet (s'il y a lieu) ;
- les lettres du reliquat (Pays seul) dans l'ordre alphabétique, joker en dernier ;
- les nouvelles lettres tirées sous la forme «Pays-Lettre» ;
- les lettres du tirage complet (Pays seul), en groupant les lettres identiques ;
- le début et la fin du temps de jeu.

TABLEAU D'ÉPELLATION

Algérie	A	Hongrie	H	Océanie	O	Venezuela	V
Belgique	B	Italie	I	Portugal	P	Wallonie	W
Canada	C	Jordanie	J	Québec	Q	Xénophon	X
Danemark	D	Kenya	K	Roumanie	R	Yougoslavie	Y
Égypte	E	Luxembourg	L	Suisse	S	Zambie	Z
France	F	Maroc	M	Tunisie	T	Joker	?
Grèce	G	Norvège	N	Uruguay	U		

2.2. Validité et annonce des tirages

Chaque tirage doit comporter au minimum :
- pour les quinze premiers coups : deux voyelles et deux consonnes, si le reliquat le permet ;
- à partir du seizième coup (ou plus tôt du fait du reliquat) : une voyelle et une consonne.

Si tel n'est pas le cas, les sept lettres du tirage sont remises dans le sac et sept nouvelles lettres sont tirées, ceci jusqu'à ce que les conditions requises soient remplies.

Pour l'appréciation du minimum de consonnes et de voyelles, le juge-arbitre peut considérer, à son gré, les jokers et la lettre Y comme voyelles ou comme consonnes. Cette liberté de choix n'est plus possible en fin de partie, lorsque le reliquat de lettres (sans joker ni Y) est constitué exclusivement par des consonnes ou des voyelles (voir 2.7.).

2.3. Temps de jeu

Le temps de jeu accordé aux joueurs est de trois minutes par coup. Ce temps peut être réduit pour certaines compétitions (ex. : paires, blitz) ainsi que pour des épreuves appelées à départager des ex aequo.

Après avoir répété les lettres en jeu, le juge-arbitre annonce le début de temps de jeu et déclenche le minuteur. À chaque coup, il signale aux joueurs les trente (ou vingt) dernières secondes de jeu, puis la fin du temps réglementaire.

2.4. Choix et annonce des mots

À l'issue de chaque coup, le juge-arbitre annonce le mot qui représente le nombre de points le plus élevé, que ce mot ait été trouvé ou non. En cas d'égalité de points entre plusieurs mots, il retient le mot le plus apte, selon lui, à ouvrir le jeu. Toutefois, si un ou plusieurs de ces mots n'utilisent pas le joker, il doit obligatoirement choisir ce mot ou l'un de ces mots.

Il annonce la solution retenue en indiquant successivement :
- le nombre de points ;
- le sens de placement (horizontal ou vertical) ;
- la place, par indication alphanumérique de la première lettre du mot en se référant à la grille type (voir modèle en page suivante) ;
- le mot retenu ;
- l'épellation de ce mot, y compris, s'il y a lieu, la lettre représentée par le joker (pour celle-ci, maintenue comme telle jusqu'à la fin de la partie, il fait référence au tableau d'épellation) ;

• s'il y a lieu, le ou les nouveaux mots formés au passage par croisement ou prolongement;

Il termine par une annonce de rappel condensée reprenant: mot, place, score.

2.5. Formation et placement des mots

Pour chaque coup, chaque joueur doit former, avec une ou plusieurs lettres du tirage ainsi qu'avec les lettres du ou des mots déjà placés, un mot de deux lettres ou plus.

Le premier mot doit recouvrir la case étoilée centrale. Les mots suivants sont placés soit perpendiculairement, soit parallèlement à un mot déjà placé (dans ce cas, le ou les nouveaux mots créés simultanément doivent aussi être valables).

Les mots doivent toujours être écrits de gauche à droite ou de haut en bas.

Un mot déjà placé peut être prolongé par l'avant, par l'arrière ou simultanément par l'avant et l'arrière.

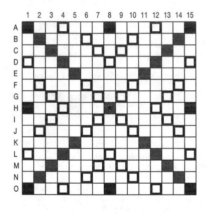

Grille type

Les colonnes sont numérotées de 1 à 15 (de gauche à droite) et les rangées sont identifiées par une lettre de A à O (de haut en bas).

Une case est identifiée par la lettre de la rangée et le numéro de la colonne.

Lorsque la référence de la première lettre du mot commence par:
• une lettre, le mot se place horizontalement,
• un chiffre ou un nombre, le mot se place verticalement.

2.6. Décompte des points

La valeur de chaque lettre est indiquée par un chiffre. Les deux jokers sont de valeur nulle.

2.6.1. *Incidence des cases de couleur*

Le placement d'une lettre sur une case
• bleu clair, double la valeur de la lettre;
• bleu foncé, triple la valeur de la lettre;
• rose, double la valeur du mot;
• rouge, triple la valeur du mot.

Le placement d'un mot sur deux cases
• roses, quadruple la valeur du mot;
• rouges, nonuple la valeur du mot.

Le placement d'un mot sur trois cases rouges multiplie la valeur du mot par vingt-sept.

Les règles se combinent le cas échéant. Dès qu'une case de couleur est recouverte, elle perd son effet multiplicateur pour les coups ultérieurs.

2.6.2. *Mots formés simultanément*

Lorsque deux ou plusieurs mots sont formés lors d'un même coup, les valeurs de chacun de ces mots se cumulent, la valeur de la ou des lettres communes est reprise dans chaque mot avec ses points de prime éventuels : si une lettre placée sur une case de couleur est commune à deux mots, le coefficient multiplicateur s'applique aux deux mots formés.

2.6.3. *Bonification pour Scrabble*

Tout joueur plaçant les sept lettres du tirage en un seul coup (Scrabble) reçoit une bonification de 50 points.

2.6.4. *Bonification pour solo*

Tout joueur réalisant seul, sur un coup quelconque, un score supérieur à celui de tous les autres joueurs, obtient une prime pour solo (même si, du fait d'une amélioration fournie par le logiciel utilisé, sa solution reste inférieure à celle effectivement retenue). Cette bonification est de 10 points si le nombre de joueurs est au moins seize.

Le ou les solos sont annoncés par le juge-arbitre en fin de partie.

2.7. Fin de partie

Il est mis fin à la partie :
* • soit lorsque toutes les lettres ont été tirées et placées sur la grille ;
* • soit s'il n'est plus possible de placer de lettres ;
* • soit si le reliquat de lettres est constitué en totalité par des voyelles ou des consonnes et en particulier s'il ne reste qu'une seule lettre à jouer (quelle qu'en soit la nature) ; toutefois, il ne peut être mis fin à la partie tant qu'il reste un joker et/ou le Y dans un reliquat de deux lettres ou plus.

Si une des éventuelles solutions équivalentes en points met fin à la partie, elle doit être retenue ; toutefois, la prescription relative à la conservation du joker reste à observer (voir 2.4.).

3. Comment remplir un bulletin

Le joueur écrit le mot joué et le raccord sur la partie quadrillée (qui représente une partie de la grille de jeu). La case en haut à droite sert à indiquer le numéro de table, la case médiane la référence alphanumérique (si le joueur a choisi ce système de notation et non le raccord), la case du bas le score du coup joué. Une partie grisée située en bas du bulletin est réservée à l'arbitrage.

3.1. Généralités

À l'expiration du temps réglementaire, le joueur n'a plus le droit d'écrire et il doit lever son bulletin, rempli au recto et portant :
* • son numéro de table ;
* • le mot qu'il a retenu, écrit lisiblement, de préférence en lettres majuscules d'imprimerie, en entier, dans le sens où il est joué sur la grille (sauf 3.2.2. et 3.3.2.) ;
* • la lettre dont tient lieu l'éventuel joker, s'il est utilisé, entourée d'un cercle ;

Bulletin type

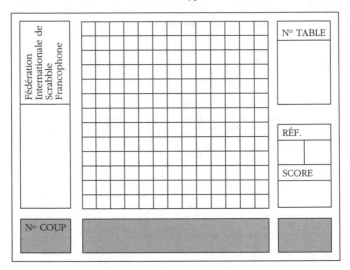

• son raccord, lisiblement rédigé, par indication alphanumérique (voir 3.2.) ou par lettres (voir 3.3.);
• le nombre de points revendiqués.

À partir du moment où l'arbitre annonce la fin du coup, le bulletin de jeu doit être levé par le joueur et ne peut en aucun cas être modifié ou échangé, pour quelque raison que ce soit. Il est alors collecté.

À partir du deuxième coup, pour indiquer le placement de son mot sur la grille, le joueur a le choix entre deux modes de référence:
• l'indication alphanumérique;
• le raccord par lettres.

3.2. Localisation alphanumérique du mot formé

3.2.1. *La référence alphanumérique*

Le joueur indique la position du mot joué en se référant aux repères alphanumériques de la grille type. Sur la grille, tout mot placé
• horizontalement requiert une référence lettre-chiffre (par exemple H 4),
• verticalement requiert une référence chiffre-lettre (par exemple 5 H).

Pour le premier coup, la référence est facultative.

3.2.2. *Le mot joué et sa référence*

Le joueur doit:
• écrire son mot en entier horizontalement s'il est joué de gauche à droite et verticalement s'il est joué de haut en bas;
• écrire la référence alphanumérique qui correspond à la place de la première lettre de son mot.

S'il s'agit du prolongement par l'avant et/ou par l'arrière d'un mot existant, la règle devient la même que celle qui concerne les lettres de raccord. Toutefois, il n'est pas tenu compte, dans ce cas, de l'indication alphanumérique.

3.3. Localisation du mot formé par lettres de raccord

3.3.1. La lettre de raccord

Une lettre de raccord est une lettre déjà placée sur la grille, qui doit :
• soit faire partie du mot joué ;
• soit être adjacente par un de ses côtés à une des lettres du mot formé ;
• soit être adjacente par un de ses côtés à une lettre elle-même lettre de raccord.

Le joueur écrit trois lettres minimum.

3.3.2. Le mot joué et son raccord

Le seul cas où le mot formé peut ne pas être écrit en entier est le prolongement par l'avant et/ou par l'arrière d'un mot de trois lettres ou plus. Dans ce cas, au moins une lettre du mot formé attenante à la prolongation ou à chaque prolongation doit être écrite (mais le nombre de lettres de raccord doit toujours être de trois, aux deux extrémités s'il y a lieu).

3.3.3. Cas où plusieurs emplacements sont possibles

Il peut arriver que le raccord par lettres ne permette pas de localiser exactement l'emplacement d'un mot. Si le score indiqué ne correspond à aucune place correcte bien déterminée, le score minimum est appliqué (en excluant la nullité).

3.4. Cas où les deux méthodes sont utilisées

Le joueur a le choix entre les deux modes de référence, mais il ne doit utiliser, en principe, que l'un des deux.

Si, sur un ou plusieurs coups, il fait usage des deux modes de référence, il doit respecter les règles qui régissent ces deux modes, sauf exception stipulée à l'article 3.2.2.

Dans le cas contraire, il est sanctionné même si l'une des deux références est correcte. Si les deux références sont fautives, la sanction la plus forte est appliquée (sauf s'il s'agit du prolongement d'un mot existant, voir *3.1*)

4. Correction des bulletins

4.1. Validité des mots

Sont admis au Scrabble Duplicate tous les mots repris en tête d'article dans l'*Officiel du Scrabble* (O.D.S.). Les flexions de ces mots (féminins, pluriels, formes verbales) sont admises si l'O.D.S. les valide explicitement ou implicitement.

4.2. Manquements dont la sanction est la nullité

• Absence de remise de bulletin.
• Remise d'un unique bulletin vierge.

- Remise de plusieurs bulletins non vierges.
- Remise d'un bulletin écrit après le temps imparti.
- Échange de bulletin après la deuxième sonnerie.
- Remise d'un bulletin sur lequel le mot joué :
  - ne peut être formé à partir des lettres du tirage ;
  - n'est pas écrit en entier alors qu'il devrait l'être ;
  - n'est pas raccordé ou référencé correctement ;
  - ne répond pas aux prescriptions de placement ou d'admissibilité ; il en est de même pour le ou les mots formés ou modifiés par l'adjonction d'une ou plusieurs lettres à des mots déjà placés sur la grille ;
  - est illisible.
- Remise d'un bulletin sur lequel le raccord ou l'indication alphanumérique **et** le sens dans lequel est écrit le mot joué sont inversés (sauf dans le cas de la pose sur la grille d'une seule lettre formant simultanément un mot horizontal et vertical).
- Remise d'un bulletin sur lequel le raccord ou l'indication alphanumérique est illisible.
- Motif disciplinaire.

4.3. Manquements dont la sanction est un avertissement

- Absence ou erreur de calcul des points du mot joué. Au premier coup, le joueur obtient le score qui correspond au placement le plus avantageux ; si le calcul est absent ou erroné, il reçoit un avertissement.
- À partir du deuxième coup (sauf si le mot placé au premier coup ne comporte que deux lettres), raccord de deux lettres au lieu de trois.
- Absence, dans un mot formé, d'un cercle autour de la lettre dont le joker tient lieu, sauf si le joker est déjà posé sur la grille.
- Encerclement dans le mot formé d'une autre lettre que celle dont le joker tient lieu.
- Remise d'un bulletin sur lequel l'indication alphanumérique **ou** le sens dans lequel est écrit le mot joué est inversé ; au cas où le mot peut être joué horizontalement ou verticalement à partir de la case indiquée et en cas d'erreur de score, le score minimal est attribué.
- Présentation du bulletin rendant sa lecture difficile (ratures, rédaction en travers, mots rayés et repris, signes divers, rédaction au verso…).
- Motif disciplinaire.

4.4. Bulletin avec plusieurs manquements

Lors d'un coup, un joueur ne peut recevoir plus d'un avertissement :
- les avertissements ne sont pas cumulables ;
- un avertissement ne se cumule pas avec un zéro.

Toutefois, la règle énoncée ci-dessus ne s'applique pas à l'avertissement pour motif disciplinaire (par exemple pour bavardage) qui, lorsqu'il est donné, peut s'ajouter à un autre avertissement ou à un zéro.

4.5. Bulletin avec plusieurs solutions et cas de coups joker

- Si deux solutions ou plus sont portées sur le bulletin, seule la solution minimale (incluant la nullité) est retenue ;
- Si une ou plusieurs solutions (ou lettres) portées sur le bulletin sont rayées, elles sont considérées comme inexistantes ;
- Si le mot formé est localisé par les deux modes de référence

(lettres de raccord et référence alphanumérique), seule la solution minimale (incluant la nullité) est retenue (sauf s'il s'agit du prolongement d'un mot existant, voir 3.2.);
   • Si l'absence ou l'erreur d'encerclement d'une lettre dont un joker tient lieu ne permet pas d'identifier clairement l'emplacement de celui-ci au sein du mot formé, et si le score indiqué ne correspond à aucune place correcte bien déterminée, le score minimum est appliqué.

4.6. Notification des sanctions

L'arbitre signale après chaque coup joué, sur une fiche prévue à cet effet, les avertissements, pénalités et nullités infligés. Il indique au joueur le ou les motifs de la décision.

Lorsqu'un double arbitrage est pratiqué, le double arbitre transmet par une fiche les rectifications ou notifications de sanctions à l'arbitre qui les enregistre et envoie la fiche au joueur.

Il peut se produire que le joueur reçoive la fiche d'avertissement en retard ou qu'elle soit remplie de façon incorrecte ou incomplète. Si de ce fait, le joueur rejoue ultérieurement (ou reforme en raccord) le même mot non admis, il n'y a pas de nouvelle nullité ; il se voit octroyer pour le ou les coups ultérieurs à cette nullité la moyenne des scores obtenus par les joueurs relevant de son arbitre (zéros inclus), sauf s'il a commis une autre erreur entraînant la nullité. Cette règle reste valable tant qu'il n'a pas été averti du motif de la nullité. Mais le joueur ne peut en aucun cas marquer plus de points que sa solution proposée.

Cette compensation n'est jamais accordée au joueur qui répète une faute due à un mauvais placement de mot sur sa grille ou à l'utilisation d'une lettre absente du tirage annoncé. Chaque joueur est responsable de sa grille et de ses lettres, qu'il peut contrôler à tout moment en se référant à un des tableaux témoins.

Toutes les sanctions, y compris les zéros pour une solution supérieure au top, sont notifiées ; seuls les avertissements relatifs à une erreur de score pour le mot retenu par le juge-arbitre ne nécessitent pas obligatoirement l'envoi d'une fiche.

4.7. Pénalités pour avertissements

Pour chaque joueur, les avertissements sont comptabilisés. Au quatrième, il se voit retirer cinq points de pénalité, il en va de même à chaque nouvel avertissement qui suit. Le cumul de ces pénalités est retiré en fin de partie.

5. Décisions arbitrales

5.1. Retard

Quand un joueur en compétition individuelle (ou les deux joueurs, en compétition par paires) arrive en retard, tous les coups déjà joués lui sont comptés comme nuls.

5.2. Annulation d'un coup

Si, à l'issue d'un coup, il apparaît qu'aucun score positif n'est réalisable, le juge-arbitre remet toutes les lettres du coup dans le sac et procède à un nouveau tirage.

En cas d'erreur portant sur le chronométrage, l'épellation, le placement ou l'acceptation d'un mot, le juge-arbitre peut exceptionnellement

368 / Le guide Marabout du Scrabble

décider d'annuler le coup en cause. Dans ce cas, les points afférents à ce coup sont annulés, toutes les lettres qui s'y rapportent (y compris le reliquat du coup précédent) sont remises dans le sac et sept nouvelles lettres sont tirées.

5.3. Recours des joueurs et des arbitres

Toute décision prise par les arbitres, juges-arbitres ou doubles arbitres, peut faire l'objet d'un recours de la part du ou des joueurs qui s'estiment lésés.

Le corps arbitral peut également être amené à saisir l'organisme de recours.

FORMULES ORIGINALES

Les formules développées ci-dessous sont toutes des variantes du Duplicate classique. Elles permettent d'organiser des manifestations originales et d'augmenter la diversité et la richesse du jeu.

Certaines des formules ci-dessous peuvent être combinées. Selon la formule choisie, le classement peut s'effectuer au choix :
- par addition des points marqués (classique) ;
- par addition des places (total minimal) ;
- aux pourcentages par rapport au top.

Il convient de retenir l'une des deux dernières solutions en cas d'arbitrage tournant (chaque joueur arbitrant une manche).

1. Partie joker

Les deux jokers sont mis à part du jeu. À chaque coup, le tirage comporte six lettres et un joker. Si le joker est joué, on le remplace par la lettre adéquate de manière à le récupérer.

Lorsque la lettre que remplace le joker est épuisée, celui-ci reste sur la grille et on continue avec le second joker. Lorsque ce dernier ne peut à son tour plus être récupéré, on termine la partie en Duplicate classique.

2. Partie blitz

La seule modification par rapport au Scrabble Duplicate classique réside dans la réduction du temps de réflexion : 1 minute (40 secondes + 20 secondes). On peut aussi envisager des «semi-blitz» en 1 minute 30 (1 minute 10 + 20 secondes), ou 2 minutes (1 minute 30 + 30 secondes).

3. Partie « huit lettres » ou « sept sur huit »

Dans cette formule, les tirages comportent huit lettres au lieu de sept. Les joueurs ont l'obligation de jouer avec au maximum sept lettres parmi les huit lettres du tirage. La prime de Scrabble s'applique de manière usuelle lorsque sept lettres sont placées.

4. Partie sans prime de Scrabble

Dans cette formule, la prime de Scrabble (lorsqu'on se débarrasse de ses sept lettres) n'est pas attribuée.

5. Partie sans conjugaisons

Les conjugaisons sont interdites à l'exception :
- de l'infinitif (**JOUER**) ;
- des formes du participe passé autorisées par la version la plus récente de l'O.D.S. (**JOUÉ, JOUÉE, JOUÉS, JOUÉES**) ;
- du participe présent (**JOUANT**).

Cependant, il va de soi que certaines formes verbales peuvent apparaître dans l'O.D.S. sous forme de noms, adjectifs... et sont donc admises (**CODA, CANNA, RECULONS...**).

6. Partie « multitops »

À chaque coup, les joueurs doivent jouer 2 (ou 3) solutions différentes. Par différentes, il faut entendre que les mots doivent correspondre à des entrées différentes dans l'O.D.S., sans recoupement possible (ainsi, **DAN** et **DANS** ne seraient pas admis, **DANS** pouvant être considéré comme le pluriel de **DAN**). Si un joueur se trompe à ce niveau, la solution correspondant au score le plus faible mérite zéro.

Lorsqu'en posant une seule lettre, on forme simultanément deux mots, on ne peut jouer l'un des deux mots (ou son pluriel) comme seconde solution.

7. Partie au top

A. Top simplifié :

- Le top (joué dans la salle) rapporte 3 points ;
- Le sous-top (joué dans la salle) rapporte 2 points ;
- Toute autre solution non nulle rapporte 1 point ;
- Un zéro rapporte 0 point.

B. Top intégral :

Si n joueurs participent, les bulletins sont triés par ordre décroissant de points. Le meilleur rapporte (n-1) points, le deuxième (n-2),… le dernier 0 point.

Si plusieurs joueurs ont joué le même score, ils marquent la moyenne arithmétique des points impartis à leur classement dans le tri.

Exemple : 6 joueurs ont joué 40, 30, 30, 20, 0, 0.

40 marque 5 ; 30 marque 3,5 ; 20 rapporte 2 ; 0 rapporte 0,5.

Comme au bridge, il convient de rapporter le total des « points top » au total maximum possible (n-1) × (nombre de coups de la partie) pour présenter les résultats sous forme de pourcentage.

Règlement du Scrabble en partie libre

1. Introduction

Le Scrabble est un jeu de lettres qui se pratique à deux, trois ou quatre joueurs. Les parties à deux joueurs sont les plus courantes, c'est pourquoi le présent règlement ne traite que celles où un joueur est opposé à un autre, mais les règles sont facilement applicables aux parties à trois ou quatre joueurs.

Il consiste à former des mots entrecroisés sur une grille avec des lettres de valeurs différentes, les cases de couleur de la grille permettant de multiplier la valeur des lettres ou des mots. Le gagnant est celui qui cumule le plus grand nombre de points à l'issue de la partie.

2. Le matériel de jeu

Les joueurs utilisent un jeu standard (pas de lettres magnétiques). Les lettres doivent être dépourvues de tout élément permettant leur identification au toucher; en particulier, les jokers doivent être lisses et sans pastilles adhésives.

Les lettres sont placées dans un sac opaque ou retournées sur la table, face cachée. Les joueurs peuvent utiliser une feuille de brouillon vierge, une fiche récapitulative des cent deux lettres, pour pointage, et un chevalet ou un écran pour cacher leurs lettres.

3. Le début de la partie

Avant de mettre les lettres dans le sac ou de les retourner sur la table, les joueurs sont tenus de vérifier que le jeu est complet: cent lettres et deux jokers ou lettres blanches. Chacun tire une lettre, le joueur qui a la lettre la plus proche du A commence. Si les deux joueurs tirent la même lettre, ils recommencent l'opération. Si un joueur tire un joker, il pioche une autre lettre. Les lettres utilisées pour ce tirage au sort initial sont remises dans le sac ou retournées sur la table. Chaque joueur pioche alors sept lettres une à une, en les cachant à la vue de son adversaire.

4. La formation et le placement des mots

Le premier joueur forme un mot de deux lettres au moins et le place sur la grille. Ce mot peut être placé horizontalement ou verticalement et une de ses lettres doit recouvrir la case centrale. Comme tous les mots joués au Scrabble, il doit être lisible de gauche à droite ou de haut en bas car les mots en diagonale ne sont pas autorisés. Quand il a posé son mot, le joueur annonce à haute voix le total des points qu'il rapporte. Une lettre ou un mot posé sur la grille ne peut jamais être repris. Ensuite le joueur prend au hasard dans le sac autant de lettres qu'il en a placé, de manière à avoir à nouveau sept lettres en main.

Le second joueur, pour former un nouveau mot, ajoute une ou plusieurs lettres à celles déjà placées sur la grille. Les lettres posées lors d'un coup doivent être placées sur une même ligne horizontale ou verticale. Un nouveau mot doit être placé parallèlement ou perpendiculairement à un mot déjà placé sur la grille et les mots supplémentaires formés simultanément doivent aussi être valables. Un mot déjà placé peut être prolongé d'une ou de plusieurs lettres, dans un sens, dans l'autre ou dans les deux.

Les jokers, de valeur nulle, peuvent être utilisés en remplacement de n'importe quelle lettre. Lorsqu'un joueur utilise un joker, il y inscrit la lettre qu'il représente, maintenue comme telle jusqu'à la fin de la partie. Si un joueur se trouve à un moment donné en possession des deux jokers, il peut les utiliser au même coup. Pour le décompte des points, voir Règlement du Scrabble Duplicate, 2.6. à 2.6.3.

5. La limitation de temps

En compétition officielle, les joueurs peuvent utiliser une pendule d'échecs. Le temps imparti à chaque joueur est alors de trente minutes pour l'ensemble de la partie. Lorsqu'un joueur a épuisé ce temps, il n'a plus le droit de jouer : il ne peut ni rejeter de lettres (voir 6.), ni en piocher, ni en poser sur la grille. Son adversaire continue à jouer seul, sans possibilité de rejet, jusqu'à la fin de la partie ou du solde de son temps de jeu.

Si les joueurs jouent avec un chronomètre au lieu d'une pendule, ils disposent chacun de deux minutes pour jouer chaque coup. Si un joueur pose son mot en moins de deux minutes, aussitôt après avoir joué, il remet le chronomètre à zéro et il le déclenche pour son adversaire. Si un joueur n'a pas joué à l'expiration de ses deux minutes, il passe son tour.

6. Le changement de lettres

Tant qu'il reste au moins sept lettres non tirées, un joueur peut changer une, plusieurs ou toutes ses lettres, en perdant son tour. Pour ce changement, le joueur annonce d'abord combien de lettres il désire changer et place celles-ci, face cachée à la vue de son adversaire. Il tire alors les nouvelles lettres avant de remettre les lettres échangées dans le sac. S'il s'avère qu'un joueur a changé une ou plusieurs lettres alors qu'il en restait moins de sept, tous les coups qu'il a joués à partir de ce moment lui sont comptés comme nuls.

Un joueur peut passer son tour sans changer aucune lettre. Si les deux joueurs passent leur tour l'un après l'autre sans changer aucune lettre, le joueur qui a passé le premier a l'obligation de jouer ou de changer au moins une lettre.

Si un joueur prend trop de lettres, son adversaire lui en enlève au hasard jusqu'à ce qu'il n'en ait plus que sept. Les lettres enlevées sont remises dans le sac ou sur la table.

7. Les mots admis

Sont admis au Scrabble tous les mots repris en tête d'article dans l'*Officiel du Scrabble* (O.D.S.). Les flexions de ces mots (féminins, pluriels, formes verbales) sont admises si l'O.D.S. les valide explicitement ou implicitement.

L'O.D.S. ne peut être consulté qu'en cas de contestation. Si un joueur estime qu'un mot placé par son adversaire est erroné, il doit dire « Je conteste » avant que l'adversaire n'ait pioché de nouvelles lettres. Si le contestataire a raison, le fautif reprend ses lettres et perd son tour. Si le contestataire a tort, il est pénalisé de dix points et la partie continue. Dans le cas d'un mot erroné non contesté et laissé sur la grille, si l'adversaire du joueur qui l'a posé le prolonge et est contesté à juste titre, il reprend ses lettres et rejoue à une autre place.

En cas de partie où le temps de jeu est mesuré par pendule d'échecs ou par chronomètre, le décompte du temps est suspendu pendant les vérifications consécutives à une contestation. Un joueur dont le temps est épuisé peut toujours contester un mot placé par son adversaire ; si la contestation s'avère fondée, la partie s'arrête.

8. La fin de partie

La partie s'arrête lorsqu'un joueur n'a plus de lettres et qu'il n'en reste plus à piocher. Ce joueur ajoute à son score le total de la valeur des lettres restant à son adversaire et ce dernier retranche ce même total de son score. La partie peut aussi s'arrêter par blocage, les joueurs ne pouvant plus placer aucune lettre. Ils se contentent alors de retrancher de leur score la valeur de leurs lettres non jouées. Il en va de même si les deux joueurs ont épuisé le temps qui leur était imparti.

Principales fédérations

• FÉDÉRATION FRANÇAISE DE SCRABBLE
50, rue Raynouard - 75016 Paris
Tél.   (33) 01 53 92 53 20 (de l'étranger, après le 33, omettre le 0)
Fax   (33) 01 53 92 53 29 (de l'étranger, après le 33, omettre le 0)
Mél   info@ffsc.asso.fr
Web   http://www.ffsc.asso.fr
Revue «Scrabblerama» (mensuelle, 7 200 exemplaires)

• FÉDÉRATION BELGE DE SCRABBLE
Avenue Minerve, 33 - 1190 Bruxelles
Tél.   (32) 02 219 15 87 (de l'étranger, après le 32, omettre le 0)
Mél   fbsc@skynet.be
Web   http://www.fbsc.be
Revue «Le Scrabbleur» (mensuelle, 700 exemplaires)

• FÉDÉRATION QUÉBÉCOISE DES CLUBS DE SCRABBLE FRANCOPHONE
4545, rue Pierre-de-Coubertin, C.P.1000, Succ. M - Montréal (Québec) -
H1V 3R2
Tél.   (1514) 252 3007
Fax   (1.514) 251 8038
Mél   fqcsf@fqjr.qc.ca
Web   http://www.fqjr.qc.ca/scrabble
Revue «Écho Scrab» (trimestrielle, 2 000 exemplaires)

• FÉDÉRATION SUISSE DE SCRABBLE
Chemin des Champs-Courbes, 1 - 1024 Écublens
Tél.   (41) 24 499 24 42
Mél   fsscr@hotmail.com
Web   http://atelier5.webacademie.ch/scrabble
Revue «Le Scrabblophile» (8 numéros par an et un agenda, 450 exemplaires)

• FÉDÉRATION SÉNÉGALAISE DE SCRABBLE
B.P. 22527 - Dakar Ponty
Tél.   (221) 837 23 01 ou (221) 638 88 91
Fax   (221) 834 27 92
Mél   sn-scrabble@ht.st ou sbarry@crodt.isra.sn
Web   http://www.sn-scrabble.ht.st

• FÉDÉRATION BÉNINOISE DE SCRABBLE
Tél.   (229) 93 26 23 ou (229) 21 42 87
Fax   (229) 31 37 01 ou (229) 31 38 09
Mél   fenabescrabble@yahoo.fr
896 joueurs dont 594 licenciés et 8 clubs scolaires
Revue «Scrabblomane»

• FÉDÉRATION CONGOLAISE DE SCRABBLE (BRAZZAVILLE)
B.P. 12 135 Brazzaville
Tél.   (242) 68 76 17 ou 51 47 79
Mél   marcely799@yahoo.fr
103 licenciés, 14 clubs

- FÉDÉRATION LIBANAISE DE SCRABBLE
B.P. 175350 - Beyrouth
Tél. (961) 3 252 575
Fax (961) 4 984 871 ou (961) 4 982 492
Mél Raymonde-Ayoub@yahoo.com
60 licenciés, 10 clubs

- FÉDÉRATION MAURITANIENNE DE SCRABBLE
B.P. 2706 Nouakchott
Tél. (222) 63 52 468
Fax (222) 52 56 518
Mél fedmauscra@caramail.com
350 joueurs

- FÉDÉRATION ROUMAINE DE SCRABBLE
16, rue Vasile Conta, secteur 2 - 70139 Bucarest
Tél. (40) ((0)21) 203 82 52 ou (40) ((0)21) 256 81 78
Fax (40) ((0)21) 311 24 43
Mél spall@snn.rdsnet.ro ou president@scrabble.ro ou scrabble@fx.ro
Web http://underworld.fortunecity.com/boardgame/34 ou
http://www.scrabble.ro
140 licenciés, 8 clubs
Revues «Ro-Scrabble-mania», «Le Hibou Bleu», «Argus Magazin»

- FÉDÉRATION TUNISIENNE DE SCRABBLE
c/o INNORPI - B.P. 23 - 1012 Tunis Belvédère
Tél. (21698) 69 23 80
Fax (21671) 78 15 63
Mél inorpi@email.ati.tn
70 joueurs, 5 clubs

- FÉDÉRATION INTERNATIONALE DE SCRABBLE FRANCOPHONE

Siège social
Avenue Minerve, 33 B-1190 Bruxelles (Belgique)

Points de contact
Courrier : 50, rue Raynouard F-75016 Paris (France)
Tél. : (33) 01 53 92 53 23 (de l'étranger, après le 33, omettre le 0)
Fax : (33) 01 53 92 53 29 (de l'étranger, après le 33, omettre le 0)
Mél : contact@fisf.info
Web : http://www.fisf.info

Adresses utiles

Principaux clubs parisiens :
S.C. Élysées, 7 rue Le Sueur, 16e. Tél. 01 45 00 15 03
PLM, 190 rue Lecourbe, 15e. Tél. 01 48 28 72 23

Autres clubs : s'adresser à la Fédération Française de Scrabble 50, rue Raynouard - 75016 Paris. Tél. (33) 01 53 92 53 20
Abonnements à la revue Scrabblerama : écrire à la FFSc.
Tous ouvrages et matériels pour le Scrabble : Le Bridgeur, 28, rue Richelieu, 75001 Paris.
Tableaux muraux : s'adresser à la FFSc.

Composition des jeux français

Lettre	Valeur	Nombre	Lettre	Valeur	Nombre
A	1	9	O	1	6
B	3	2	P	3	2
C	3	2	Q	8	1
D	2	3	R	1	6
E	1	15	S	1	6
F	4	2	T	1	6
G	2	2	U	1	6
H	4	2	V	4	2
I	1	8	W	10	1
J	8	1	X	10	1
K	10	1	Y	10	1
L	1	5	Z	10	1
M	2	3	Joker	0	2
N	1	6			TOTAL : 102

Composition
des jeux anglais

Lettre	Valeur	Nombre	Lettre	Valeur	Nombre
A	1	9	O	1	8
B	3	2	P	3	2
C	3	2	Q	10	1
D	2	4	R	1	6
E	1	12	S	1	4
F	4	2	T	1	6
G	2	3	U	1	4
H	4	2	V	4	2
I	1	9	W	4	2
J	8	1	X	8	1
K	5	1	Y	4	2
L	1	4	Z	10	1
M	3	2	Joker	0	2
N	1	6		TOTAL : 100	

Table des matières

À vos grilles...

À vos grilles...

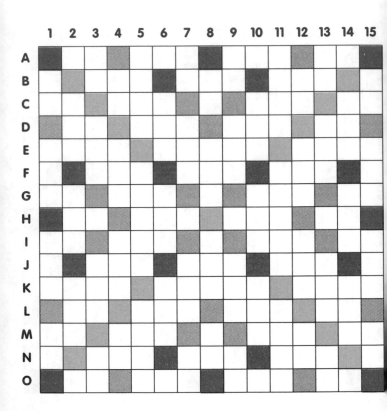

À vos grilles...

À vos grilles...

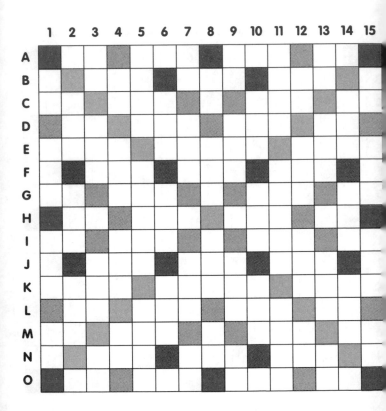

	1	2	3	4	5	6	7	8	9	10	11	12	13	14	15
A															
B															
C															
D															
E															
F															
G															
H															
I															
J															
K															
L															
M															
N															
O															

À vos grilles...

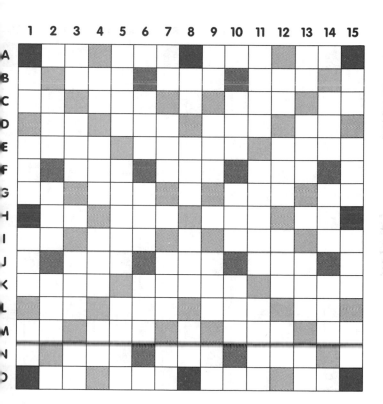

À vos grilles...

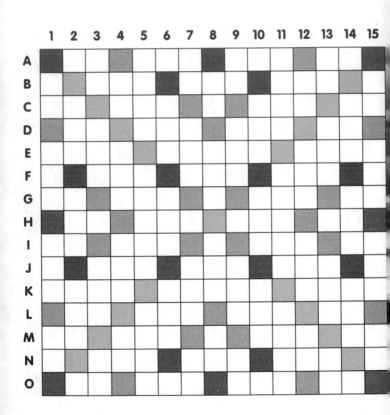

Au catalogue
Marabout

Loisirs - jeux

- **ABC de la calligraphie**
  A. Terrier - Poche n°5325
- **Année du bonheur (L')**
  I. Filliozat - Maxi-bloc
- **Dictionnaire Marabout des mots fléchés**
  A. Bidard de La Noé - Hors collection
- **Dictionnaire Marabout des mots croisés T1**
  L. et M. Noël - Poche n°5306
- **Dictionnaire Marabout des mots croisés T2**
  L. et M. Noël - Poche n°5307
- **Échecs (Les)**
  F. Van Seters - Poche n°5313
- **Grand dictionnaire des mots croisés (Le)**
  L. et M. Noël - Hors collection
- **Grand livre de tous les jeux de cartes (Le)**
  P. Romano - Hors collection
- **Grand guide Marabout du scrabble (Le)**
  M. Charlemagne - Hors collection
- **Guide Marabout de la photographie (Le)**
  M. Biderbost - Poche n°5310
- **Guide Marabout du bridge (Le)**
  M. Charlemagne et M. Duguet - Poche n°5349
- **Guide Marabout du scrabble (Le)**
  M. Charlemagne - Poche n°5312
- **Histoires de cœur**
  C. Soulayrol - Hors collection
- **Jeux d'intérieur et de plein air**
  M. Basset-Clidière - Hors collection
- **Jeux du monde entier**
  N. Masson et P. Clermont - Hors collection

Brico - déco - loisirs créatifs

- **300 plans pour construire votre maison**
  Hors collection
- **Accessoires au crochet**
  N. Spiteri - Marabout Pratique
- **Alphabet et monogrammes au point de croix**
  F. Clozet et L. Roque - Marabout Pratique
- **L'art de la récup'**
  Marabout Pratique
- **Bons gestes du bricolage (Les)**
  C. Pessey - Hors collection
- **Bons gestes de la déco (Les)**
  Côté Brico
- **Cadeaux pour tout-petits**
  L. Turris - Marabout Pratique
- **C'est moi qui l'ai fait**
  Z. Mellor - Hors collection
- **Chausson en tricot**
  K. Sorrel - Côté brico
- **Crochet au jour le jour**
  N. Spiteri - Marabout Pratique
- **Encadrement mode d'emploi**
  C. Vincent - Côté brico
- **Électricité**
  D. Day - Côté brico
- **Escaliers et sols**
  M. Corke - Côté brico
- **Grand guide Marabout du bois**
  C. Simpson - Hors collection
- **Grand guide Marabout du bricolage**
  A. Jackson et D. Day - Hors collection

Jardin

- **Aménager et entretenir son jardin**
  Brico jardin
- **Annuelles et bisannuelles**
  Côté jardin
- **Arbres et arbustes**
  Côté jardin
- **Bons gestes du jardinage**
  Hors collection
- **Bulbes**
  Royal Horticultural - Côté jardin
- **Constructions pour le jardin**
  C. Maton et M. Edwards - Brico jardin
- **Dallages et terrasses**
  Brico jardin
- **Fontaines et bassins**
  C. Maton et M. Edwards - Brico jardin
- **Grand guide marabout du jardin**
  Hors collection
- **Guide 2004 de la lune**
  P. Ferris - Poche n° 6112
- **Jardinage d'hiver**
  S. Bradley - Hors collection
- **Jardiner à la belle saison**
  S. Bradley - Hors collection
- **Jardiner parfumé**
  S. Bradley - Hors collection
- **Jardinières**
  Debbie Patterson, Tessa Evelegh - Côté jardin
- **Jardinage des paresseux**
  Royal Horticultural - Hors collection